現代を知る文献ガイド

育児・保育をめぐって

待機児童問題から児童虐待まで

日外アソシエーツ

Child-care

A List of Current Literatures to Know the Present Age

Compiled by
Nichigai Associates, Inc.

©2013 by Nichigai Associates, Inc.
Printed in Japan

本書はディジタルデータでご利用いただくことができます。詳細はお問い合わせください。

●編集担当● 高橋 朝子
装 丁：赤田 麻衣子

「現代を知る文献ガイド」刊行にあたって

　インターネットで調べられる情報量は近年ますます豊富になり、携帯情報端末が普及した昨今では、知りたいことはすぐ簡単に調べられるようになったと思われがちである。だがネット上の情報は豊富になった分、たまたま同じ言葉が使われていたためほとんど関係のない情報が拾われてしまったり、逆に一つの用語では関連領域のものまで探せなかったり、またその情報が正しいかどうか確かめられない場合があったりと、意外に難しい面がある。

　「現代を知る文献ガイド」は、現代を象徴するような様々な社会問題や社会現象に関する最新の主要雑誌記事・論文や図書を紹介する文献目録シリーズである。一口に現代の社会問題や社会現象と言っても様々な要因が絡み合って問題や現象として現れるため、自分が必要とする文献を簡単に検索することは難しい。そこで本書では、一つのテーマに対し様々な側面から文献を網羅的に収集、体系的に分類して、探したい本や雑誌記事をすぐに見つけることができるように編集した。これにより、関連する文献を一覧することが可能になった。

　今回は、現代社会に大きな影響を与え、また一般の関心も高いと思われる「いじめ・自殺」「育児・保育問題」「食の安全性」の３つのテーマを取り上げた。それぞれの収録範囲・内容については各冊の目次・事項名索引で通覧いただける。

　本書が、こうした問題に関心を持たれる方々の文献探索の一助となり、現代社会を読み解く際の手がかりとして、広く利用されることを願いたい。

2013年1月

日外アソシエーツ

凡　例

1. 本書の内容

　　本書は、育児・保育、またそれらをめぐる問題に関する雑誌記事と図書を収録した文献目録である。

2. 収録対象

　　原則として2010年以降に日本国内で発行された総合誌、週刊誌、専門誌など各種雑誌の掲載記事・論文より上記のテーマに関連するもの3,783点と、同時期に国内で刊行されたこのテーマに関連する図書1,079点を収録した。

3. 見出し

　1) 文献の主題により「育児問題」「育児ストレス・トラブル」「子ども虐待」「育児環境」「育児と労働」「育児分担」「保育施設・サービス」「早期教育」に大別した。

　2) いずれの見出しの下にも細分用の小見出しを設けた。見出しの詳細は目次を参照されたい。

4. 文献の排列

　1) 各見出しの下で初めに雑誌記事を、次に図書を排列した。

　2) 雑誌記事、図書とも発行年月順に排列した。

　3) 発行年月が同じ場合は、誌名または書名の五十音順に排列した。

5. 文献の記述

　1) 雑誌記事

　　記事タイトル／著者名／「掲載誌名」／（出版者）／巻号・通号／発行年月／掲載頁

　2) 図　書

　　書名／副書名／巻次／著者名／版表示／出版地（東京以外を表示）／出

版者／発行年月／頁数または冊数／大きさ／叢書名／叢書番号／注記／定価（刊行時）／ISBN（Ⓘで表示）／NDC（Ⓝで表示）／内容

6．事項名索引
1) 本文の見出しに包含されるテーマなどを索引の見出しとした。
2) 排列は事項名の五十音順とした。
3) 見出しの所在は掲載頁で示した。

目　　次

凡　例 …………………………………… (4)
育児問題 ……………………………………… 1
　育児論 ………………………………………… 11
　　育児法 ……………………………………… 16
　　しつけ・家庭教育 ………………………… 26
　　　しつけ法 ………………………………… 31
　親論 …………………………………………… 32
　　母親論 ……………………………………… 33
　　　母性 ……………………………………… 35
　　父親論 ……………………………………… 36
　育児観 ………………………………………… 37
　　男性の育児観 ……………………………… 38
　　女性の育児観 ……………………………… 38
　育児体験記 …………………………………… 40
　多胎児育児と支援 …………………………… 45
　未熟児・低出生体重児 ……………………… 46
　ひとりっ子・きょうだい …………………… 47
　男の子・女の子 ……………………………… 48
　障害児の育児 ………………………………… 51
　言葉の遅れ …………………………………… 59
　テレビ・ゲーム・ネット・ケータイ ……… 60
　環境問題と育児 ……………………………… 61
　食と育児 ……………………………………… 62
　　母乳 ………………………………………… 70
　　粉ミルク …………………………………… 79
　　ベビーフード ……………………………… 79
　　食物アレルギー …………………………… 80
　育児用品 ……………………………………… 81
　　チャイルドシート ………………………… 82
　　おむつなし育児 …………………………… 82
　住環境と育児 ………………………………… 83
　育児の医学 …………………………………… 85
　　母子同室 …………………………………… 91
　　乳幼児突然死症候群 ……………………… 92
　　助産師 ……………………………………… 92
　　母子保健 …………………………………… 92
　　子どもの心 ………………………………… 95
　　アトピー・アレルギー …………………… 96
　　予防接種 …………………………………… 97
　育児の歴史 …………………………………… 98
　　習俗 ………………………………………… 99

　育児語 ………………………………………… 100
　宗教と育児 …………………………………… 100
　在日外国人の育児 …………………………… 102
　海外事情 ……………………………………… 102
育児ストレス・トラブル ……………… 106
　育児不安 ……………………………………… 110
　育児ノイローゼ ……………………………… 112
　育児放棄 ……………………………………… 112
　　赤ちゃんポスト …………………………… 112
　母親の人間関係 ……………………………… 114
子ども虐待 ……………………………………… 115
　虐待への対応 ………………………………… 128
　被虐待児のケア ……………………………… 136
　虐待事件 ……………………………………… 138
　　岸和田中学生虐待事件 …………………… 138
　　大阪二児遺棄事件 ………………………… 139
育児環境 ……………………………………… 140
　経済問題 ……………………………………… 141
　　児童手当 …………………………………… 145
　少子化 ………………………………………… 153
　単親家庭 ……………………………………… 159
　育児支援 ……………………………………… 161
　　育児相談 …………………………………… 175
　　育児ネットワーク・サークル …………… 177
　　育児サービス業 …………………………… 179
　　育児支援（行政） ………………………… 180
　　　「子ども・子育て新システム」 ……… 181
　　母子生活支援施設 ………………………… 191
　　休憩室 ……………………………………… 192
育児と労働 ……………………………………… 193
　育児休業 ……………………………………… 199
　　男性の育児休業 …………………………… 203
　　改正「育児・介護休業法」 ……………… 204
　育児時短制度 ………………………………… 209
　企業の育児支援 ……………………………… 210

(6)

育児分担 ………………………………… 212

- 男女共同参画 ………………………… 212
- 父親の育児参加 ……………………… 213
  - 父親の育児への影響 ……………… 216
  - 父親の育児ストレス ……………… 217

保育施設・保育サービス ……………… 218

- 保育従事者 …………………………… 240
  - 保育従事者の労働問題 …………… 246
- 保育園と幼稚園 ……………………… 247
  - 保育園・幼稚園と保護者 ………… 253
  - 園児の病気・ケガ・安全管理 …… 259
  - 障害児保育 ………………………… 263
- 保育所・保育園 ……………………… 275
  - 待機児童問題 ……………………… 284
- 公立保育所民営化問題 ……………… 286
- 延長保育・夜間保育 ………………… 288
- 乳児保育 ……………………………… 288
- 一時保育 ……………………………… 290
- 病児保育 ……………………………… 290
- 学童保育 ……………………………… 291
- 幼稚園 ………………………………… 297
- 地域と育児 …………………………… 303
- ベビーシッター ……………………… 309
- 里親制度 ……………………………… 309

早期教育 ………………………………… 313

- 「お受験」 …………………………… 319

事項名索引 ……………………………… 321

育児問題

【雑誌記事】

◇精神発達における環境（学習）要因について（前）子育て論議の基（起）点としての生物学的考察　渡邉悌吉　「通信医学」（郵研社）　61（5）　2009.12　p318～328

◇他者志向的達成動機の規定因としての親の養育態度と期待　伊藤忠弘　「青山心理学研究」（青山学院大学心理学会）　（10）　2010　p1～16

◇おかあちゃんだより（第6回）毎日が事件ですよ 育児とはの巻　かきやかなえ　「家庭フォーラム」（昭和堂）　通号21　2010　p40～43

◇データから見る幼児教育 幼児の生活と子育て意識—5年の変化　「これからの幼児教育を考える」（ベネッセコーポレーション）　2010（秋）　[2010]　p20～24

◇摂食障害患者の子育ての問題—治療経過・家族の役割を中心に　大森美湖, 高木洲一郎, 濱中禎子［他］　「心身医学」（日本心身医学会, 三輪書店（発売））　50(9)通号374　2010　p849～856

◇障害のある親の子育て—聞こえない親の事例から　澁谷智子　「相関社会科学」（東京大学大学院総合文化研究科国際社会科学専攻）　（20）　2010　p37～51

◇「子育ての原点」を問う　浦川末子　「長崎女子短期大学紀要」（長崎女子短期大学）　（35）　2010　p42～48

◇こどもの性格と親の養育態度に関する日中比較研究　葛西真記子, 山田旭　「鳴門教育大学学校教育研究紀要」（鳴門教育大学地域連携センター）　（25）　2010年度　p49～59

◇症例報告 乳幼児期における視覚障害者の子育て状況と子育て支援ニーズ—夫婦ともに視覚障害者の2家庭に焦点を当てて　石上智美, 富樫美奈子　「日本医療科学大学研究紀要」（日本医療科学大学）　（3）　2010　p91～96

◇摂食障害患者と家族関係に関する文献検討—父親の養育態度の特徴に焦点をあてて　住岡理恵, 上平悦子　「日本看護学会論文集. 精神看護」（日本看護協会出版会）　41　2010　p54～57

◇初産の褥婦が必要とする育児情報と収集方法の調査　大谷智子, 阿部幸恵　「日本看護学会論文集. 母性看護」（日本看護協会出版会）　41　2010　p92～95

◇メディアを読む(19)「社会全体による子育て」とは？—二〇一〇年のスタートに　丸山重威　「人間と教育」（旬報社）　通号65　2010.春　p134～137

◇年金制度はケア労働をどのように評価してきたか—育児を中心に（現代人間学部紀要（7））　寺本尚美　「梅花女子大学現代人間学部紀要」（梅花女子大学現代人間学部）　通号7　2010　p9～14

◇攻撃行動の形成と親の養育行動の関連の検討—社会的情報処理を媒介として　桑原千明　「発達研究 : 発達科学研究教育センター紀要」（発達科学研究教育センター）　24　2010　p57～71

◇養育者の内在的要因が子どもの愛着行動に与える影響—定型発達児と自閉症児の比較研究から　山口正寛, 山根隆宏, 花村香葉［他］　「発達研究 : 発達科学研究教育センター紀要」（発達科学研究教育センター）　24　2010　p167～178

◇持続可能な社会における子育て生物学的文化人類学の視点から　八木玲子, 河合徳枝　「プロジェクト研究」（早稲田大学総合研究機構）　（6）　2010年度　p1～15

◇子育て家庭の孤立化の論理　榊ひとみ　「北海道大学大学院教育学研究院紀要」（北海道大学大学院教育学研究院）　（110）　2010　p65～84

◇精神発達における環境（学習）要因について（後）子育て論議の基（起）点としての生物学的考察　渡邉悌吉　「通信医学」（郵研社）　62（1）　2010.1　p51～61

◇子育て講演会 2010 小さな集落の幸せの日々［含質疑応答］　ジェフリー・S. アイリッシュ，青木厚志　「育てる」（育てる会）　（499・500）　2010.2・3　p16～46

◇子育ての大地を耕す　横田昌子　「総合社会福祉研究」（総合社会福祉研究所）　（36）　2010.3　p90～97

◇子ども研究 男女差の理解と個人の尊重を子育てに　竹下秀子　「チャイルド・サイエンス：子ども学」（「日本子ども学会」事務局）　6　2010.3　p5～7

◇子育て事情に関する日中の比較考察　許艶鳳，片桐智佳，岡田弘　「東京成徳大学臨床心理学研究」（東京成徳大学大学院心理学研究科）　（10）　2010.3　p16～27

◇母親の養育行動が娘の予期的養育行動に及ぼす影響について　横張梓　「北星学園大学大学院論集」（北星学園大学大学院）　（1）　2010.3　p99～112

◇マッキーの子育て讃歌(1)子育ち・子育て・親育ち　山本万喜雄　「子どものしあわせ」（草土文化）　通号710　2010.4　p58～61

◇対談 2010年参院選挙 「子育てが楽しい国」にしたいから　浅井春夫，田村智子　「女性のひろば」（日本共産党中央委員会，日本共産党中央委員会出版局（発売））　通号374　2010.4　p44～54

◇マッキーの子育て讃歌(2) スローラブ 子育て　山本万喜雄　「子どものしあわせ」（草土文化）　通号711　2010.5　p56～59

◇晩婚化・晩産化が一層進行―平成22年版子ども・子育て白書を閣議決定　「週刊社会保障」（法研）　64（2581）　2010.5.31　p56～59

◇政府 2010年版子ども・子育て白書を閣議決定　「労働法令通信」（労働法令）　通号2216　2010.6.8　p2～7

◇平成22年版「子ども・子育て白書」を閣議決定　「週刊年金実務」（社会保険実務研究所）　（1896）　2010.6.14　p32～36

◇［平成］22年版子ども・子育て白書を閣議決定　「週刊国保実務」（社会保険実務研究所）　（2714）　2010.6.28　p38～41

◇医々トーク(74)育児に科学的思想を　岸本由次郎　「共済新報」（共済組合連盟）　51（8）　2010.8　p39～41

◇雨宮処凛のらんきりゅう―乱起流(18)子育ても「自己責任」の社会で　雨宮処凛　「金曜日」（金曜日）　18（30）通号825　2010.8.20　p49

◇平成22年版「子ども・子育て白書（旧少子化社会白書）」から―出生率と結婚、出産、子育てをめぐる最近の状況　「調査月報」（百十四経済研究所）　（283）　2010.9　p49～51

◇夫婦の家事・育児事情(国立社会保障・人口問題研究所)―共働きでも妻の負担はまだまだ大きい　「労働と経済」（共文社）　（1510）　2010.9.10　p49～54

◇マッキーの子育て讃歌(7)悩みはいつも具体的　山本万喜雄　「子どものしあわせ」（草土文化）　通号716　2010.10　p58～61

◇育児 親子のふれあいが生きる力を育てる　内田伸子　「婦人之友」（婦人之友社）　104（10）通号1289　2010.10　p105～109

◇母親の養育スキルと子どもの心理的適応に関する縦断的検討　渡邉賢二，平石賢二　「家族心理学研究」（日本家族心理学会）　24（2）　2010.11　p171～184

◇進化的人間考(4)ヒトの子育て―ヒトは共同繁殖　長谷川眞理子　「UP」（東京大学出版会）　39（11）通号457　2010.11　p28～32

◇子育てに関する省察プログラムの開発　朴信永，杉村伸一郎　「教育学研究ジャーナル」（中国四国教育学会）　（7）　2010.12　p21～29

◇育児の社会化を考える―中国の「寄養」と「寄宿制幼稚園」のレビューより　石暁玲，桂田恵美子　「人文論究」（関西学院大学人文学会）　60（3）　2010.12　p1～9

◇一次スクリーニングにおけるSOC（首尾一貫感覚）の使用可能性の検討―3歳児を持つ親のSOCと育児に対する心理的側面との関連性より　本田光，宇座美代子　「日本看護研究学会雑誌」（日本看護研究学会）　33（5）　2010.12　p101～108

◇親が抱く子どもの安全への心配―妊娠期から小学校入学までの縦断研究から　岡本依子，菅野幸恵，東海林麗香［他］　「発達心理学研究」（日本発達心理学会）　21（4）　2010.12　p353～364

◇母親が子育てにおいて「子どもの原始性」に出会う時―子育てにまつわる「影」の気持ちとつきあうこと　岡田尚子　「心の危機と臨床の知」(甲南大学人間科学研究所)　12　2011　p105～116

◇子育ての夢 昔・いま・近未来調査 日本福祉大学鍋谷州春ゼミ発表資料　「社会保障」(中央社会保障推進協議会、あけび書房(発売))　43通号436　2011.初夏　p60～63

◇子育て中の親によるニーズ表明　平塚謙一　「東洋大学大学院紀要」(東洋大学大学院)　48(社会学・福祉社会)　2011　p37～47

◇親子教室における親子・家族関係の変化―1歳半健診以降の発達支援事例を通して　田丸尚美　「福山市立女子短期大学紀要」(福山市立女子短期大学)　(38)　2011　p51～56

◇養育性と教育　陳省仁　「北海道大学大学院教育学研究院紀要」(北海道大学大学院教育学研究院)　(113)　2011　p1～12

◇発達の研究と社会的合意のあいだで―発達研究者はいかにして「養育性の教育」を語るか　川田学　「北海道大学大学院教育学研究院紀要」(北海道大学大学院教育学研究院)　(113)　2011　p13～19

◇養育実践を学校に導入するために　伊藤崇　「北海道大学大学院教育学研究院紀要」(北海道大学大学院教育学研究院)　(113)　2011　p21～25

◇養育性形成に寄与する学校知をめぐる試論―社会生活に連接した養育性形成に向けて　高橋均　「北海道大学大学院教育学研究院紀要」(北海道大学大学院教育学研究院)　(113)　2011　p27～40

◇人間発達における養育性の意味―国民の教育権の観点から　宮盛邦友　「北海道大学大学院教育学研究院紀要」(北海道大学大学院教育学研究院)　(113)　2011　p41～49

◇[養育性と教育]補足及びコメントに答えて　陳省仁　「北海道大学大学院教育学研究院紀要」(北海道大学大学院教育学研究院)　(113)　2011　p51～53

◇養育者の子育て目標志向性と育児行動に関する原因帰属との関連性　浜崎隆司，田村隆宏，塩路晶子[他]　「幼年教育研究年報」(広島大学大学院教育学研究科附属幼年教育研究施設)　32　2011　p53～63

◇育児に対する自己効力感尺度(Parenting Self-efficacy Scale:PSE尺度)の開発とその信頼性・妥当性の検討　金岡緑　「小児保健研究」(日本小児保健協会)　70(1)　2011.1　p27～38

◇書評 根ヶ山光一・柏木惠子編著『ヒトの子育ての進化と文化』　内田伸子　「書斎の窓」(有斐閣)　(601)　2011.1・2　p66～70

◇母親による乳幼児への「子育て状況」の要因分析―育児の「ストレス反応」と「子育て姿勢」の影響　池田隆英　「母性衛生」(日本母性衛生学会)　51(4)　2011.1　p578～585

◇ファミリーカウンセラーの窓から(127)救済しあう夫婦の子育て期 家庭問題情報センター　「住民行政の窓」(日本加除出版)　通号359　2011.2　p128～131

◇調査データを掘り下げる(13)「みんなで子育て」に向かって―"母親発"調査報告『子育ての苦労は子育てにあらず』から　鈴木玲子, 飯島愛, 重本敦子　「生活協同組合研究」(生協総合研究所)　通号421　2011.2　p52～62

◇子育て講演会 2011 21世紀の子育て―学力、知力、生きる力を育てる[含 質疑応答]　保坂亨, 青木孝安　「育てる」(育てる会)　(511・512)　2011.2・3　p8～40

◇育児 新しい世界にふみ出すときに　汐見稔幸　「婦人之友」(婦人之友社)　105(3)通号1294　2011.3　p83～87

◇メールで語る井戸端会議―子育てと仕事(36)子育てはまさに体力勝負　桜井静香, 伊藤句里子　「Training journal」(ブックハウス・エイチディ)　33(3)通号377　2011.3　p54～56

◇校長講話(140)子どもの失敗談や献身的な姿を紹介して自然体で子育てをする必要性を説く講話　野口晃男　「週刊教育資料」(教育公論社)　(1161)通号1291　2011.5.2・9　p12～13

◇就労支援等の環境整備を(子育て白書)　「週刊社会保障」(法研)　65(2634)　2011.6.27　p15

◇「育児力」は誰のものか？　神谷哲司　「学士会会報」(学士会)　2011(4)通号889　2011.7　p81～86

◇マッキーの子育て讃歌(17)保育、子育ての試練のとき　山本万喜雄　「子どものしあわせ」(草土文化)　通号726　2011.8　p60～63

◇子育てタクシー発進中！―全国子育てタクシー協会の取組み　内田輝美　「交通安全教育」(日本交通安全教育普及協会)　46(9)通号545　2011.9　p41～46

◇［平成］23年版子ども白書、行政・民間サービスが子育て意欲に貢献　「週刊国保実務」(社会保険実務研究所)　(2774)　2011.9.5　p30～32

◇複数化する育児の科学と母親の相互作用　水嶋陽子　「人間科学：常磐大学人間科学部紀要」(常磐大学人間科学部)　29(1)　2011.10　p1～12

◇目で見るグラフ　ニッポン子育て「黒書」　「ひろばユニオン」(労働者学習センター)　(596)　2011.10　p4～9

◇チャイルドケアレポート(No.21)巷野悟郎の子育て対談(19)日本の子育て事情の「これまで」と「これから」　巷野悟郎,加藤翠　「小児科臨床」(日本小児医事出版社)　64(11)通号769　2011.11　p2443～2450

◇子育て考：家庭・地域・市町村の役割(特集 子育てを考える)　大森彌　「地方議会人：未来へはばたく地方議員」(中央文化社)　42(6)　2011.11　p18～21

◇大都市における子育て期の親子の安全・安心まちづくりの指標に関する研究(1)　槇村久子　「現代社会研究」(京都女子大学現代社会学部)　14　2011.12　p5～21

◇座談会 乳幼児の養育を考える(特集 乳幼児の養育を考える)　吉岡和代,安藤結,前田佳寿美［他］　「児童養護」(全国社会福祉協議会全国児童養護施設協議会)　42(3)　2011.12　p8～22

◇中国の中学生が認知する親の養育態度とソーシャルスキルとの関連　朱英超　「九州大学心理学研究：九州大学大学院人間環境学研究院紀要」(九州大学大学院人間環境学研究科)　13　2012　p125～135

◇研究と子育ての融合を目指して　梅田恭子　「教育システム情報学会誌」(教育システム情報学会事務局)　29(3)　2012　p137～139

◇保育者効力感とフィードバックとの関連　朴賢晶,真下あさみ,太田由美子［他］　「研究紀要」(愛知文教女子短期大学)　(33)　2012　p9～20

◇座談会 みんなで語ろう！大学での子育て(ジェンダー研究センター(CGS)2011年度イベント報告 トークセッション みんなで語ろう！大学での子育て)　生駒夏美　「Gender and sexuality：journal of Center for Gender Studies, ICU」(国際基督教大学ジェンダー研究センター)　(7)　2012　p104～110

◇育児に関する座談会(ジェンダー研究センター(CGS)2011年度イベント報告 トークセッション みんなで語ろう！大学での子育て)　二木泉　「Gender and sexuality：journal of Center for Gender Studies, ICU」(国際基督教大学ジェンダー研究センター)　(7)　2012　p117～119

◇Child Care Report(No.22)巷野悟郎の子育て対談(20)現代子育てママの本音と想い　巷野悟郎,香月りさ,牧野こずえ［他］　「小児科臨床」(日本小児医事出版社)　65(1)通号771　2012.1　p179～187

◇望星インタビュー この人の"実感"を聞きたい　親野智可等さん(教育評論家)教育・子育てには誤解がいっぱい！(上)　親野智可等　「望星」(東海教育研究所,東海大学出版会(発売))　43(1)通号512　2012.1　p10～16

◇社会不安傾向と養育態度との関連性について　佐合由香,山口勝己　「教育学論集」(創価大学教育学部)　(63)　2012.2　p51～63

◇自身が高機能広汎性発達障害をもつ母親の育児感情：「育児感情尺度」を用いた4事例の報告　飯田法子,佐藤晋治　「別府大学短期大学部紀要」(別府大学短期大学部)　(31)　2012.2　p111～124

◇望星インタビュー この人の"実感"を聞きたい　親野智可等さん(教育評論家)教育・子育てには誤解がいっぱい！(下)　親野智可等　「望星」(東海教育研究所,東海大学出版会(発売))　43(2)通号513　2012.2　p10～16

◇子育ての場における相互性の諸相：養育・保育・教育の場のコミュニケーションの発達論的課題　松浦浩樹　「和泉短期大学研究紀要」(和泉短期大学)　(32)　2012.3　p37～46

◇こんな時代に子どもを大事に育てるということをめぐって（第4回子育て生活基本調査報告書：小学生・中学生の保護者を対象に）　樋田大二郎　「研究所報」（ベネッセコーポレーション）　65　2012.3　p11〜13

◇子育ての気がかり・情報環境（第4回子育て生活基本調査報告書：小学生・中学生の保護者を対象に）　山岡テイ　「研究所報」（ベネッセコーポレーション）　65　2012.3　p15〜31

◇日ごろの子育てのようす（第4回子育て生活基本調査報告書：小学生・中学生の保護者を対象に）　鈴木尚子　「研究所報」（ベネッセコーポレーション）　65　2012.3　p33〜45

◇第80回公開シンポジウム　子育て・子育ちの基本について考える　：　アタッチメントと子どもの社会性の発達　遠藤利彦，小林登，一色伸夫　「子ども学」（甲南女子学園）　(14)　2012.3　p129〜156

◇協働の子育て実践と親の学習　丸山美貴子　「社会教育研究」（北海道大学大学院教育学研究院社会教育研究室）　(30)　2012.3　p1〜12

◇子育て問題研究の展開と課題　榊ひとみ　「社会教育研究」（北海道大学大学院教育学研究院社会教育研究室）　(30)　2012.3　p13〜25

◇母親の子どもに対する「愛着―養育バランス」尺度の開発（第1報）母親から子どもへの「愛着」「養育」の構成因子の抽出　武田江里子，小林康江，加藤千晶　「日本看護科学学会誌」（日本看護科学学会和文誌編集委員会）　32(1)　2012.3　p30〜39

◇母子保健相談員からみた現代家族の育児様相　永谷智恵，笹木葉子，村田亜紀子　「北海道文教大学研究紀要」（北海道文教大学）　(36)　2012.3　p93〜102

◇校長講話（180）学校便りで伝える子育てのポイント「笑顔は子どもへの最速最強のエール」　野口晃男　「週刊教育資料」（教育公論社）　(1201)通号1331　2012.3.26　p10〜11

◇子ども政策　民主党には期待したぶん，「がっかり」も大きい　子育ては「しにくくなる」　猪熊弘子　「Aera」（朝日新聞出版）　25(13)通号1333　2012.3.26　p32〜34

◇脳科学からみた「賢い育児」。　中野信子　「潮」（潮出版社）　(640)　2012.6　p164〜169

◇育児　子どもの本当の気持ちを大切に　：　幼児のいやいや期をとおして　恵良具子　「婦人之友」（婦人之友社）　106(6)通号1309　2012.6　p91〜95

◇24年版の子ども・子育て白書、就労支援必要　「週刊年金実務」（社会保険実務研究所）　(1997)　2012.6.18　p28〜31

◇産後1ヵ月時・4ヵ月時の母親の育児生活肯定的感情に影響する要因　永田真理子，仲道由紀，野口ゆかり［他］　「母性衛生」（日本母性衛生学会）　53(2)　2012.7　p329〜336

◇子育ての社会化における親による養育責任　：　子育てに関する責任の所在と担われ方の検討をとおして　井上寿美　「関西福祉大学社会福祉学部研究紀要」（関西福祉大学社会福祉学部研究会）　16(1)　2012.9　p29〜35

◇IT利用が父母の夫婦関係と子育て関与に及ぼす影響　佐々木卓代　「生活社会科学研究」（お茶の水女子大学生活社会科学研究会）　(19)　2012.10　p45〜57

◇チャイルドケアレポート(No.26)巷野悟郎の子育て対談(24)日本でも世界でも　多文化子育て　巷野悟郎，山岡テイ　「小児科臨床」（日本小児医事出版社）　65(11)通号782　2012.11　p2445〜2451

【図書】

◇薫習―お母さんに伝える子育ての楽しさ　坂口博翁著　東京図書出版会　2010.1　151p　20cm　〈発売：リフレ出版〉　1200円　Ⓘ978-4-86223-402-5　Ⓝ376.1

|内容|薫習　師僧　寶勝心院密翁和尚　清水の舞台「落ち葉まつり」の値打ち　少子社会の「子育て」　じらいこっぺ　子育てほっとサロン　遊べない子供を遊ばす仏教保育　保育園長30年　お寺の保育園、仏教保育その役割〔ほか〕

◇笑顔の力！―子育てにとって一番大切なこと　長野眞弓著　アチーブメント出版　2010.2　152p　19cm　1300円　Ⓘ978-4-902222-84-5

|内容|序章　楽しい子育ての勧め　第1章子育てに必要な技術は7つのステージにある（自分と自分との関係　自分と両親との関係　夫婦の関係　兄弟、親戚との関係　自分と友人との関係　自分と職場、地域との関係）　第2章　子育ての基本（あなたの人生の目的は？子育てで大切にしていることは？　子どもに授けたい3つの力

家族はそれぞれの車に乗る 親の伝達力 マナーは親の在り方だけでよい 温かな家庭には、いつも上質の会話がある 自分らしく生きること) 第3章 21世紀の保育園構想「森の保育園」が目指すもの(育児サポートカスタネットが大切にしていること 「就労支援」から「子育てのベストパートナー」へ 「笑顔の力!」)

◇子育てのための心理学入門 岸見一郎著 アルテ 2010.2 189p 19cm 〈発売:星雲社〉 1800円 ①978-4-434-14184-3 ⓃN379.9
内容 第1章 育児の目標 第2章 子どもの行動を理解しよう 第3章 子どもを叱るのをやめよう 第4章 子どもをほめるのを止めよう 第5章 子どもを勇気づけよう 第6章 子どもとよい関係を築こう 第7章 これからの育児

◇子どもからみた子育て—あなたはわが子に愛されていますか? 永井宏紀著 文芸社 2010.2 195p 19cm 1200円 ①978-4-286-07699-7 ⓃN379.9

◇親になるためのわくわく子育て—ニューモラル読本 モラロジー研究所出版部編 柏 モラロジー研究所 2010.3 151p 21cm 〈発売:廣池学園事業部(柏)〉 1200円 ①978-4-89639-182-4 ⓃN379.9
内容 1 親になるということ 2 子育ては育ち合い 3 気持ちに寄り添う 4 「心の声」が聞こえますか 5 親の思いを伝えよう 6 支え合う親と子 7 「家庭」を取り戻す 8 心の歩調を合わせる

◇子育てよかった物語—子どもの笑顔はこうしてつくる 子育てに悩んでいる方の心に効く処方箋 大沼えり子 学研パブリッシング 2010.3 195p 19cm 〈発売:学研マーケティング〉 1200円 ①978-4-05-404542-2 ⓃN379.9
内容 序章 子育ての基本 第1章 お母さんは太陽 第2章 想いを言葉にして 第3章 子育ては心育て 第4章 わたし流家庭教育 第5章 自分を好きになろう 終章 子どもたちの未来のために

◇団塊の世代の知と経験を生かす子育て・孫育てサポーター養成及び活用プログラム報告書 佐賀女子短期大学子育てコミュニティカレッジ編 佐賀 佐賀女子短期大学子育てコミュニティカレッジ 2010.3 236p 30cm 〈平成21年度「社会人の学び直しニーズ対応教育推進プログラム」採択事業〉 ⓃN376.1

◇保育・子育て政策づくり入門—保育者と保護者がつくる希望のプラン 浅井春夫, 高橋光幸, 中村強士編 自治体研究社 2010.3 166p 21cm 1600円 ①978-4-88037-550-2 ⓃN369.4
内容 第1部 はじめよう!保育・子育て政策づくりQ&A(保育・子育て政策づくりで一番印象に残っていることを教えてください。 このとりくみで、保育者は改めて保育とどう向き合うようになりましたか。ほか) 第2部 みんなでつくった!保育・子育て政策づくり実践編(名古屋—「なごや保育・子育て政策」に子育ての願いと保育の希望をつみこんで! 墨田—すみだで育つこどもの「総幸福」をめざそう! ほか) 保育・子育て政策を運動にどう活かすか 「対話と提言」運動と保育・子育て政策づくり、自治体労働組合の役割 まとめにかえて 私たちが政策を創ることの意義

◇保育・子育てに関する第二次全国調査報告書—保育施設種別集計冊子 〔出版地不明〕 第二次村山科研子育て支援に関する共同研究プロジェクト 2010.3 196p 30cm ⓃN369.4

◇がんばれ!親よ先生よ—やまと子育てメッセージ 奈良県教育振興会編 日本文教出版 2010.4 289p 21cm 1000円 ①978-4-536-60034-7 ⓃN370.4
内容 第1章 家庭教育(子ども教育の原点、それは家庭—家庭の在り方と子育て 子育てって素晴らしい ほか) 第2章 学校教育(教育再生はなるか 教育の未来志向 ほか) 第3章 教職研修(保護者の期待する教師像 教師の指導力・人間力—教師に期待するもの ほか) 第4章 教育観(グローバル時代の教育に求められるもの—世界に通用する日本人の育成を目指して 豊かな時代の教育 ほか)

◇心を抱きしめると子育てが変わる 萩原光著 主婦の友社 2010.5 221p 16cm 714円 ①978-4-07-272313-5 ⓃN379.9
内容 第1章 子育てのピンチをチャンスに 第2章 「楽しい気持ち」を抱きしめて 第3章 「泣きたい気持ち」を抱きしめて 第4章 子どもの「怒り」とどうつきあうのか 第5章 慢性的なイライラから抜け出すために 第6章 援助を受けて、子育てのピンチを脱出する 第7章 ハンディがある子どもの子育て 第8章 子育てのなかで親自身の生き方が変わる

◇その子育ては科学的に間違っています―決定版　國米欣明著　河出書房新社　2010.6　302p　19cm　1600円　①978-4-309-24520-1　Ⓝ379.9

内容 「子ども中心の子育て法」は科学的に間違っています　やはり「3歳までの重要さ」は変わらない―ユニセフも警告！なのになぜその重要性が無視されたか？　第1部 誤った「子ども中心主義」では人間が育たない 理論編―実際にいま何が問題なのか？　第2部 人間を育てる科学合理性をもった子育ての実際 実践編―何をどう変えたらよいのか？　第3部 誤った「子ども中心主義」の落とし子対策 救済措置編―それは予想以上に困難で厳しい道 失敗しない科学合理性のある子育てを！―それが究極の「子育ての真髄」です　眼窩前頭域の働きとEQ（こころの知能指数）

◇国家再生への子育て―永久なる世に、力を入れる　竹井繁著　大阪　新風書房　2010.7　268p　22cm　1500円　①978-4-88269-710-7　Ⓝ370.4

◇子ども・子育て白書　平成22年版　内閣府編　佐伯印刷　2010.7　234p　30cm　1800円　①978-4-903729-81-7

内容 第1部 子ども・子育て支援策の現状と課題（「子ども・子育てビジョン」の策定　出生率等の現状　これまでの取組）　第2部 平成21年度における子ども・子育て支援策の具体的実施状況（子どもの育ちを支え、若者が安心して成長できる社会へ　妊娠、出産、子育ての希望が実現できる社会へ　多様なネットワークで子育て力のある地域社会へ　男性も女性も仕事と生活が調和する社会へ（ワーク・ライフ・バランスの実現））　参考　付録

◇ヒトの子育ての進化と文化―アロマザリングの役割を考える　根ケ山光一, 柏木惠子編著　有斐閣　2010.7　303p　22cm　〈索引あり〉　3400円　①978-4-641-17368-2　Ⓝ599

内容 第1部 アロマザリングの理論―進化（動物におけるアロマザリング―哺乳類を中心に　霊長類のアロマザリング―チンパンジーとヒトを中心に　子別れとアロマザリング）　第2部 アロマザリングの理論―社会・文化（歴史の中のアロマザリング　アロマザリングの文化比較　愛着からソーシャル・ネットワークへ）　第3部 アロマザリングの現実（父親によるアロマザリング　アロマザリングを阻む文化―な

ぜ「母の手で」が減らないのか？　保育園におけるアロマザリング　子どもの安全とアロマザリング　祖父母によるアロマザリング　養子縁組における育て親のアロマザリング　子育て支援の実践―子育てひろば「あい・ぽーと」の実践事例から）

◇子育て親育ちとどけ！親と子への応援歌　東條惠著　新潟　考古堂書店　2010.8　170p　21cm　1400円　①978-4-87499-748-2　Ⓝ599

内容 こうなれたらいいですね　子育てポジティブ　子どもの発達のすばらしさ　人の気持ちを読む―心の発達　懐かしき日々―子どもの自分　懐かしき日々―親の自分　現代の子育て　子育て支援・家庭支援において保育士さんにお願いしたいこと　これから…人間回復プラン　親・大人トレーニングというキーワード　子育てでのあれこれ　親子の絆

◇愛情たっぷり「育脳」子育て―やさしく学べる発達脳科学　大井静雄著　中央法規出版　2010.9　159p　19cm　〈文献あり〉　1400円　①978-4-8058-3372-8　Ⓝ379.9

内容 第1章 おなかの中で赤ちゃんはこんなに発達する　第2章 喜びが子どもの能力を伸ばす―「早期教育」の発達脳科学　第3章 子どもの能力を伸ばす大人の会話―「言葉」の発達脳科学　第4章 子どもを健やかにするママの栄養―発達脳科学からみた「小さく産んで大きく育てる」　第5章 楽しみを見出す脳を育む―「遺伝と環境」の発達脳科学　第6章 よりよく学べる脳を育てる―「学習」の発達脳科学　第7章 豊かな感情を育てる―「情緒」の発達脳科学　第8章 新しいことに挑戦し続ける脳を育む―「創造性」の発達脳科学

◇「ママ」と「ばぁば」の仲良し子育て　山口育子著　大津　三学出版　2010.9　103p　19cm（ei book 15）　1000円　①978-4-903520-52-0　Ⓝ599

◇子育てに悩む親へ―伝えたい子ども教育のヒント　岩井貴生著　リベルタス・クレオ　2010.12　196p　21cm　1700円　①978-4-904425-07-7　Ⓝ379.9

◇いま子育てに必要なこと　金子耕弐著　札幌　中西出版　2011.3　229p　19cm　1300円　①978-4-89115-222-1　Ⓝ379.9

◇子育てに悩むあなたへチョッといい話　三輪睦雄著　ルック　2011.3　133p　21cm　1400円　Ⓘ978-4-86121-089-1　Ⓝ379.9

内容　1 やさしさいっぱいの子（今、なぜ「やさしさ」なの？　どうしたら「やさしい子」に育つのでしょう）　人間とは（未熟な状態で生まれてくる　思春期をもっている　子どもの心の5つの特徴）：3 大人の役割とは（あたたかい家庭をつくろう　本が好きな子にしよう　遊びを豊かに―遊びは心の糧　しっかり躾しよう）　4 子育て上手への道（ゆっくりリズムの子育てをめざして　テレビを消してみませんか　テレビゲームやDSについて　プラス志向の声かけを工夫して）　5 希望のもてる社会に（子どもの貧困　希望のもてる社会をめざして　児童相談所の現場から）

◇子ども・子育て白書―概要版　平成22年版　内閣府政策統括官（共生社会政策担当）編　〔点字資料〕　日本点字図書館（製作）　2011.3　2冊　27cm　〔厚生労働省委託　原本：内閣府政策統括官（共生社会政策担当）2010〕　全3600円　Ⓝ367.61

◇楽しい子育て孫育て　小林正観著　学研パブリッシング　2011.3　199p　19cm　〈発売：学研マーケティング〉　1429円　Ⓘ978-4-05-404788-4　Ⓝ379.9

内容　第1章 子育を難しくしているのは「親自身」―子供に伝えてたくていけない方法論　第2章 子供はほめられたくて生きている―子供がのびのび育つ「ほめる技術」　第3章 親の「思い」が子育ての「苦」になる―実は「問題」はどこにもなかった　第4章 親子関係を見つめなおす―子供とやわらかくつながる　第5章 「優れた」人より「優しい」人に―成績よりも大切なこと　第6章 ストレス無縁の親の生き方―あたたかいものが勝つ　第7章 「男の子」と「女の子」―男の子が理解できないお母さんへ　第8章 日々の子育てが楽になる―目からウロコのエピソード　第9章 子供は「勉強」が嫌いなのではない―教える人しだいで子供は変わる

◇団塊の世代の知と経験を生かす子育て・孫育てサポーター養成及び活用プログラム報告書　佐賀女子短期大学子育てコミュニティカレッジ編　佐賀　佐賀女子短期大学子育てコミュニティカレッジ　2011.3　98p　30cm　〈平成22年度「社会人の学び直しニーズ対応教育推進プログラム」採択事業〉　Ⓝ376.1

◇親が作り出す後天的困ったちゃん　市川昭代著　名古屋　ブイツーソリューション　2011.4　102p　19cm　〈発売：星雲社〉　800円　Ⓘ978-4-434-15614-4　Ⓝ599

内容　1 授乳　2 睡眠　3 成長　4 食事　5 言葉　6 障害　7 病気を持つ子　8 しつけ

◇子どもを守る危機管理術　大泉光一著　創成社　2011.7　174p　19cm　〈文献あり〉　1600円　Ⓘ978-4-7944-8051-4　Ⓝ519.9

内容　序 「危機意識」に乏しい日本人―親が「危機意識」を身につけることが先決（子どもの安全（危機）意識は親が学び、伝える　日本人の国民性と危機意識 ほか）　第1部 子どもを「不慮の事故」から守る方法―親のちょっとした不注意が事故のもと（年齢階級別「不慮の事故」の特徴　乳幼児の月齢・年齢別にみる起こりやすい事故とその予防対策 ほか）　第2部 子どもを「性犯罪」から守る方法―強姦・強制・公然わいせつ・わいせつ誘拐等（13歳未満の子どもの犯罪被害件数および罪種別被害状況の推移　強姦・強制わいせつ・公然わいせつ・わいせつ誘拐等の性犯罪 ほか）　付録 親と住まいの防犯チェックリスト（親の危機管理能力の評価Q&A　お母さんを狙った犯罪の予防策 ほか）

◇子ども・子育て白書　平成23年版　内閣府編　勝美印刷　2011.7　231p　30cm　1800円　Ⓘ978-4-903729-81-7

内容　第1部 子ども・子育て支援策の現状と課題（「子ども・子育て新システム」の構築に向けて　出生率等の現状）　第2部 平成22年度における子ども・子育て支援策の具体的実施状況（子どもの育ちを支え、若者が安心して成長できる社会へ　妊娠、出産、子育ての希望が実現できる社会へ　多様なネットワークで子育て力のある地域社会へ　男性も女性も仕事と生活が調和する社会へ（ワーク・ライフ・バランスの実現）　東日本大震災の被災地等における子ども・子育てに関する対応）　参考　付録

◇家族形成と育児　福田亘孝，西野理子編　〔川崎〕　日本家族社会学会全国家族調査委員会　2011.9　190p　26cm　〈家族についての全国調査 第3巻（NFRJ08）―第2次報告書 第3巻〉　〈文献あり〉　Ⓝ361.63

◇子育てに疲れたときに読む本―親のためのコーチング　菅原裕子著　学研パブリッシング　2011.9　191p　19cm　〈発売：学研マーケテ

ィング〉 1300円 ⓘ978-4-05-405067-9 Ⓝ379.9
内容 序章「親の自立とは何か？」 第1章「子どもから離れて自立する」 第2章「親や夫婦の関係を見つめ直す」 第3章「新しい家族の関係を築く」 第4章「子どもの自立を助ける」 第5章「親子で幸せな未来に向かう」

◇豊かな心をはぐくむ子育て 七田島代著 文芸社 2011.9 278p 19cm 〈今、お母さんに伝えたいこと 2〉 1400円 ⓘ978-4-286-10849-0 Ⓝ379.9

◇絵になる子育てなんかない 養老孟司,小島慶子著 幻冬舎 2011.10 210p 19cm 1300円 ⓘ978-4-344-02083-2 Ⓝ379.9
内容 第1章 子離れなんて、できなくていい（「子ども」と文明社会・都市社会はそもそも折り合わない どうして「一回失敗したら終わり」と思いこむのか ほか） 第2章 それでもお受験、させますか（「こんなに頑張っている私を誰も褒めてくれない！」 子どもはよくわかっているし、よく考えている ほか） 第3章 どんな花だって、世界に一つ（「その人の器なりの人生」という考え方を失った社会 生を支えるのは「誰かの役に立っている」という実感 ほか） 第4章 おカネとエネルギーに依存しない幸せ（周囲とぶつかる人、迷惑かける人のほうが信用できる 弱い者が楽に生きられることが日本のいいところ ほか）

◇子どもの育ちをひらく―親と支援者ができる少しばかりのこと 牧真吉著 明石書店 2011.11 237p 19cm 1800円 ⓘ978-4-7503-3495-0 Ⓝ369.42
内容 第1章 現代の子育てを見直す（子育ての大変さ 子育てのエッセンス ほか） 第2章 発達の呪縛からはなれて（発達の検査とバラツキ 発達とは「何ができるようになったか」 ほか） 第3章 子どもを育てる力とは（子どもを育てる力 心配することが一番難しい ほか） 第4章 ささやかながら支援者ができること（ポジティブな見立て 親にも発達という観点を ほか） 第5章 関わって生きること（人は社会の中で生きる 関係の育ちに着目してみると ほか）

◇子どもは自分で育つもの―あなたは子どもをダメにしていませんか？ 西川昌宏著 文芸社 2011.11 188p 19cm 1200円 ⓘ978-4-286-11011-0 Ⓝ379.9

◇世界一ダメになった日本人の子育て 渡部平吾著 ごま書房新社 2011.11 188p 19cm 1200円 ⓘ978-4-341-08493-6 Ⓝ379.9
内容 第1章 日本の子供たちの恐るべき変化 第2章 子育てで大切なこと 第3章 日本人の資質の低下 第4章 日本社会と住む町の変わりよう 第5章 もう一度、子育ての基本とは何だろう？ 第6章 子育て貧困大国になりさがった日本

◇子供ギライで何が悪い！ 陽華著 日本文学館 2011.12 206p 19cm 1000円 ⓘ978-4-7765-3079-4 Ⓝ599

◇子ども・子育て白書―概要版 平成23年版 内閣府政策統括官（共生社会政策担当）編 [点字資料] 日本点字図書館（点字印刷・製本）2011.12 2冊 27cm 〈厚生労働省委託 原本：内閣府政策統括官（共生社会政策担当）2011〉 全3600円 Ⓝ367.61

◇ユーモア教育のすすめ―イギリスに学ぶ子育ての知恵 松岡武著 オンデマンド版 金子書房 2011.12 225p 19cm 〈文献あり 原本：1996年刊（第8刷）〉 3000円 ⓘ978-4-7608-8010-2 Ⓝ370.4

◇35歳からの育児―高齢妊娠・出産、その先のおはなし 渡辺とよ子著 メディカルトリビューン 2011.12 219p 19cm 1500円 ⓘ978-4-89589-374-9 Ⓝ599
内容 1 高齢出産のその先へ、35歳以上から子どもをもつということ 2 赤ちゃんとママの身体 3 赤ちゃんとの生活 4 ママの心と気持ち 5 育児と私をサポートしてくれるもの 6 子育てと仕事を両立させるなら

◇子育て生活基本調査（小中版）―小学生・中学生の保護者を対象に：ダイジェスト 第4回 ベネッセコーポレーションBenesse教育研究開発センター 2012.3 15p 26cm

◇子別れのための子育て 高石恭子編 平凡社 2012.3 275p 21cm 〈甲南大学人間科学研究所叢書「心の危機と臨床の知」 第13巻〉 2800円 ⓘ978-4-582-73107-1 Ⓝ367.3
内容 第1部 子育てにおける愛着と分離（親と子の分離を阻むもの 発達行動学からみた子別れ 健全な分離を可能にするアタッチメントとは） 第2部 子別れに果たす父親の可能性（今日の父親の子育てをめぐる意識 「ワーク・ライフ・バランス」を超えて―仕事と生活の統合モデ

ルからみる子育ての課題と戦略　思想としての子別れ―「父」「母」イメージと戦後日本の文化意識）　第3部　子別れ支援の臨床（社会的ひきこもりにみる親と子の関係　障害を抱えた親と子にとっての分離―心理療法過程に見出される「閉ざされたもの」へのアプローチ　関係を支える―「子別れ」を支える心理臨床援助）

◇子育てのスキマに読んでほしい話　上野良樹著　金沢　北國新聞社　2012.4　245p　19cm　1200円　①978-4-8330-1863-0　Ⓝ493.9

内容　第1章　子育てが不安なのは当たり前（最初はみんな新米なのです　イライラの99％原因はお父さん　ほか）　第2章　いじめ、不登校と向き合うには（子どもは話すのが大好き　理解できなくてもいい、共感するだけでいい　ほか）　第3章　家族で考えてほしい（心やさしい子ほど自分を傷つける　「勉強できる注射をしてください」　ほか）　第4章　障がいから教えられること（だれに勇気をもらったの？　決して選ばれたわけじゃない　ほか）　第5章　こんな社会になれば（虐待は連鎖しない　0歳の壁をつくってはいけない　ほか）

◇転ばぬ先のこそだて―裁判官を辞めた今、どうしても伝えておきたいことそれは…20年後のわが子のための　内藤由佳著　エール出版社　2012.4　181p　19cm　〔Yell books〕）　1500円　①978-4-7539-3113-2　Ⓝ379.9

内容　第1編　子育ての「転ばぬ先」―少年非行の現場から（ある非行少年との対話　ある家出少女の供述調書　ほか）　第2編「何があるか」より「何に気づき、どうつなぐか」（「実際にあるもの」と「心に入るもの」は違う　心に入れる＝「気づく」ということ　ほか）　第3編　幸せの感性の二本柱（自分と社会の本当の関係　自分の世界は自分が選ぶ）　第4編　子どもの「幸せの感性」を育てるために（種まき思考で力を引き出す　心を育てる鉄則＝体験化　ほか）

◇子育ての理由―かわいい赤ちゃん　面倒な赤ちゃん　中谷勝哉著　丸善プラネット　2012.5　205p　19cm　〈発売：丸善出版〉　1900円　①978-4-86345-120-9　Ⓝ599

内容　第1章　本能をくすぐられる　第2章　赤ちゃんの行動を感じる/知る　第3章　共感性とコミュニケーション　第4章　ひっつこうとする赤ちゃん/放棄される赤ちゃん　第5章　母親の心理　第6章　いろいろと面倒な子育て　第7章　子育ての役割

◇しあわせ育児の脳科学　ダニエル・J・シーゲル, ティナ・ペイン・ブライソン著, 森内薫訳　早川書房　2012.5　266p　19cm　1500円　①978-4-15-209294-6　Ⓝ599

内容　はじめに　今をのりこえ、しあわせになる　第1章　脳を意識した子育てを　第2章　ひとつの脳よりふたつの脳―右脳と左脳を統合する　第3章　心の階段を築く―脳の上の階と下の階を統合する　第4章　ゾワゾワをやっつけろ！―記憶の統合が子どもを癒やし、成長させる　第5章　わたし合衆国―自己のさまざまな側面を統合する　第6章　「わたし」と「みんな」の関係―自己と他者を統合する　結び　すべてをひとつに　付録1　ひとめでわかる『しあわせ育児の脳科学』　付録2　年齢と発達段階別早見表

◇マッキーの子育て讃歌　山本万喜雄著　草土文化　2012.6　159p　21cm　1000円　①978-4-7945-1057-0　Ⓝ376.1

内容　子育ち・子育て・親育ち　スローラブ子育て劇場の「おしゃれ子育て」　三〇〇通のラブレター　つぶやきに愛はぐくんで　「虐待」と街角の子育て応援隊　悩みはいつも具体的　トラブルのときが子どもの育つとき　じいじの孫育て支援　たのしく、元気に、リズムよく〔ほか〕

◇赤ちゃんのママが本当の気持ちをしゃべったら？　ナオミ・スタドレン著, 曽田和子訳　ポプラ社　2012.7　253p　20cm　1500円　①978-4-591-13004-9　Ⓝ599

内容　第1章　どうして私は「孤独」なの？　第2章　未知の世界へ！　第3章　知らなかった24時間　第4章　泣き声は待ったなし！　第5章　「あやし」が育む未来　第6章　実はこんなに素晴らしい！　第7章　もう、へとへと！だけど…　第8章　赤ちゃんのサインがわかるとき　第9章　「お母さん」の誕生

◇子育てが終わらない―「30歳成人」時代の家族論　小島貴子, 斎藤環著　青土社　2012.7　186p　19cm　1400円　①978-4-7917-6658-1　Ⓝ367.3

内容　第1章　成熟について―肯定することからすべてははじまる（子どもが30歳になるまで子育てを?!　成熟するのに時間がかかる社会になった　ほか）　第2章　夫婦関係について―小さなことから関係性を変えていく（本人に自信を

つけさせるにはどうしたらよいか　ちょっとした変化に目を配る　ほか）　第3章　欲望について―コミュニケーションでほんとうに大切なこと（「根拠のない自信」をどう見るか　親子間で「以心伝心」はしてはいけない　ほか）　第4章　自立について―子育てのタイムリミットと関係のメンテナンス（他人を家に入れたがらない日本の家庭　関係のメンテナンスをするという発想　ほか）　第5章　役割意識について―正しい「親」のやめかた（ノンイベントという「石」にどう処するか　ネガティヴな出来事も学習の機会に　ほか）

◇子育てのリアリティ―29,000人のお母さんの実感：「子どもがかわいく思えない」そして、その後　高江幸恵著　子どもの未来社　2012.9　204p　21cm　1800円　①978-4-86412-049-4　Ⓝ367.3

内容　プロローグ　母親はアンビバレント　第1章　子どもがかわいく思えない　第2章　孤立化の実態―孤立しているお母さんとは？（2000年）　第3章　楽しい母―子育てを楽しんでいるお母さんとは？(1998年)　第4章　虐待について―虐待について、お母さんたちは…（1999年）　第5章　8年後のアンケート―気にかかっていたお母さん（2010年）　エピローグ　そして、義務保育

◇子ども期の養育環境とQOL（クオリティ・オブ・ライフ）　菅原ますみ編　金子書房　2012.9　169p　21cm　（お茶の水女子大学グローバルCOEプログラム格差センシティブな人間発達科学の創成　1巻）　〈索引あり〉　2400円　①978-4-7608-9534-2　Ⓝ371.4

内容　1章　子ども期のQOLと貧困・格差問題に関する発達研究の動向　2章　学童期のQOLと心の問題　3章　青年期のQOLと学校適応　4章　子どものメディアライフとQOL　5章　環境心理学からみた子育て環境のクオリティ　6章　幼児期の問題行動と家庭力　7章　発達障害のある子どもたちと養育環境　8章　養育環境格差を乗り越える医療サービスの在り方―発達障害をもつ子どもを地域で守り育てるために　9章　開発途上国の子どもたちのQOL

◇子ども・子育て白書　平成24年版　内閣府編　勝美印刷　2012.9　245p　30cm　1800円　①978-4-906955-02-2

内容　第1部　子ども・子育て支援策の現状と課題（「子ども・子育て新システム」の構築に向けて　出生率等の現状）　第2部　平成23年度における子ども・子育て支援策の具体的実施状況（子ども・子育てを支援し、若者が安心して成長できる社会へ　妊娠、出産、子育ての希望が実現できる社会へ　多様なネットワークで子育て力のある地域社会へ　男性も女性も仕事と生活が調和する社会へ（ワーク・ライフ・バランスの実現）　東日本大震災の被災地等における子ども・子育てに関する対応）

◇あたりまえの親子関係に気づくエピソード65　菅野幸恵著　新曜社　2012.10　179p　19cm　1900円　①978-4-7885-1303-7

内容　1章　子どもはかわいくて当然？かわいくないのはおかしい？　2章　どのようにインタビューしたか　3章　母親が子どもをイヤになるのはどんなとき？　4章　初めて子どもをもつ場合　5章　"反抗期"を乗り越える　6章　わが子という他者

育児論

【雑誌記事】

◇近代以前と以後における民衆向け育児書の変貌―『小児養育金礎』の解説、比較分析、および翻刻　梶谷真司　「帝京大学外国語外国文化」（帝京大学外国語学部外国語学科）　(3)　2010.3　p55～181

◇学生が薦める育児本―「家族援助論」の取り組みから　川崎愛　「流通経済大学社会学部論叢」（流通経済大学）　21(2)通号42　2011.3　p23～32

◇地域を支える（653）子育て生活情報誌「にらめっこ」（フリーペーパー・岐阜県各務原市）母親視点の情報発信で子育て視点　「厚生福祉」（時事通信社）　(5835)　2011.8.2　p11

◇対談　「小人」か「君子」か、その鍵は母親が握る　"子育て論語"で子どもに「根っこ」をはらせよう　大平光代、加地伸行　「婦人公論」（中央公論新社）　97(17)通号1354　2012.8.7　p112～115

【図書】

◇おかあさんのための自然療法―子育てを、もっとたのしく　「月刊クーヨン」編集部編　クレヨンハウス　2010.4　128p　29cm　（クーヨン

books 4) 1400円 ⓘ978-4-86101-171-9 Ⓝ598.3

内容 女性の自然療法(日登美さんの元気のもと—自然療法で「自分」と出会う 大橋マキさんの寄り添う子育て—「触れること」が癒しの原点 健康を維持するのに、お金はかからない!—毎日を元気に過ごすために自然療法をはじめる前に—食べ方を見直す。それが自然療法の基本です ほか) 子どもの自然療法(フランスの家庭に見る—ナチュラル・ホームケア フランスのクリニックから—フランスのホメオパシー治療 ドイツ暮らしで大活躍した—としくらえみさんのくすり箱 おいしい、たのしい、うれしい—ハーブで子育てを豊かに ほか)

◇愛されてる子はたくましい—子育ては心育て 桐山雅子著 名古屋 風媒社 2010.5 217p 19cm 〈『子育ては心育て』(2004年刊)の加筆修正〉 1428円 ⓘ978-4-8331-4073-7 Ⓝ379.9

内容 肩の力をぬく よい子でなくよい大人 子どもから大人へ 体験から学ぶ 愛されてる子はたくましい 遊びの力 心を育てる おしゃべりをしよう 心のキャッチボール ほどよい生活習慣 親の生き方

◇笑顔の力!—子育てにとって一番大切なこと 長野眞弓著 アチーブメント出版 2010.6 152p 19cm 1238円 ⓘ978-4-902222-91-3

内容 序章 楽しい子育ての勧め 第1章 子育てに必要な技術は7つのステージにある(自分と自分との関係 自分と両親との関係 ほか) 第2章 子育ての基本(あなたの人生の目的は? 子育てで大切にしていることは? 子どもに授けたい3つの力 ほか) 第3章 21世紀の保育園構想「森の保育園」が目指すもの(育児サポートカスタネットが大切にしていること 「就労支援」から「子育てのベストパートナー」へ ほか)

◇子どものこころにふれる整体的子育て 山上亮著 クレヨンハウス 2010.6 103p 19cm 1200円 ⓘ978-4-86101-173-3 Ⓝ598.3

内容 春のからだ(肩甲骨をゆるめて花粉症に備える 子どものなかの「自然」を育てる—愉気する 夏のからだ(ケガや虫刺されの急処「化膿活点」 打撲は速度に注意 ほか) からだの声を聴く時間—亮さんといっしょに手当てのlesson 秋のからだ(冷えるタイミングを見極める 育児の要は「腰」育て ほか) 冬のからだ(冬こそ「水」をちびちび摂る 子どものなかの「萌し」を大切に ほか)

◇シンプル育児の正解 主婦の友社編 主婦の友社 2010.6 127p 24cm (暮らしの正解シリーズ) 980円 ⓘ978-4-07-271986-2 Ⓝ599

内容 1 発達(赤ちゃんってどんなもの? 赤ちゃんのふしぎ 0〜2才半 月齢別発達プロセスの目安 0〜3才までのからだ・感覚・こころ・育て方 赤ちゃんの成長プロセス) 2 生活(体験 食 睡眠) 3 遊び(おもちゃ 絵本 手作り) 4 子育て(子育ての究極の目標 ゆっくり・ていねい育児のすすめ 至福のだっこ 親子の絆づくりにわらべうた 人とかかわる力は食卓力で育つ) 5 親として(「子育てに自信が持てない時代」の子育て お父さんへのメッセージ/お母さんへのメッセージ わが子の子育て 気がかりなのはどんなこと? 子育てなんでも相談室)

◇子どもが育つ・つながるコミュニケーション—けんじゅう先生のポジティブ子育て論 高橋けんじゅう著 京都 久美 2010.7 91p 21cm 2500円 ⓘ978-4-86189-157-1 Ⓝ379.9

◇子どもをどう育てますか? どう育てていますか? 竹中豊晴著 文芸社 2010.8 235p 19cm 〈文献あり〉 1500円 ⓘ978-4-286-08901-0 Ⓝ379.9

◇縁側の子育てと親しい他人づくり—アザリングと子育て 浜崎幸夫著 おうふう 2010.10 152p 21cm 1900円 ⓘ978-4-273-03625-6 Ⓝ379.9

内容 第1章 子育ての基本課題と縁側の子育て 第2章 子育て環境 第3章 子育てと魂領域 第4章 親はいかにして親になるのか 第5章 子育て支援の動き—現状と課題 第6章 縁側の子育てとアザリング

◇北斗晶の"鬼嫁流"子育て 北斗晶著 扶桑社 2010.10 167p 18cm 1000円 ⓘ978-4-594-06273-6 Ⓝ379.9

内容 1 子どもはこうしつけろ! 2 いろんな子がいて当然だ! 3 育児ストレスを吹き飛ばせ! 4 どんと来い! 仕事との両立、夫の育児参加 5 いじめは許さん! 6 みんなの悩みを投げワザ解決!

◇子供が育つ「論語」 瀬戸謙介著 致知出版社 2010.11 226p 20cm 〈文献あり〉 1400円 ⓘ978-4-88474-904-0 Ⓝ123.83

育児問題　　　　　　　　　　　　　　　　　　　　　　　　　　　　　　　　　育児論

内容 第1章 人生の指針を立てよう（自分に与えられた役割を見つける努力をしよう―吾十有五にして学に志す。（為政第二）　良い考え方、良い思い、良い行動で、良い人生をつくろう―君子は諸を己に求め、小人は諸を人に求む。（衛霊公第十五）ほか）　第2章 人間としての正道を歩もう（正しいことを知るために本物を追求しよう―異端を攻むるは、斯れ害あるのみ。（為政第二）　言葉に出す前にまずは行動で表そう―古者、言をこれ出ださざるは、躬の逮ばざるを恥じてなり。（里仁第四）ほか）　第3章 正しい判断力を身につけよう（善悪の判断のしっかりできる人間になろう―惟だ仁者のみ能く人を好み、能く人を悪む。（里仁第四）　「文＝知恵」と「質＝精神」をバランスよく鍛えよう―文質彬彬として、然る後に君子なり。（雍也第六）ほか）　第4章 本物の勇気を持った人間になろう（「見て見ぬふり」をするのは絶対にやめよう―義を見て為ざるは、勇なきなり。（為政第二）　悪には正義の心を持って立ち向かおう―直きを以て怨みに報い、徳を以て徳に報いん。（憲問第十四）ほか）

◇しからない、せかさない、求めない子どもが笑顔になる幸せな子育て―小言ママはもう卒業　小学館　2010.12　98p　29cm　（eduコミュニケーションmook）　933円　①978-4-09-105323-7

◇子どもへのまなざし　完　佐々木正美著　福音館書店　2011.1　369p　21cm　〈画：山脇百合子〉　1800円　①978-4-8340-2607-8　Ⓝ599

◇尾木ママの「叱らない」子育て論　尾木直樹著　主婦と生活社　2011.2　175p　19cm　952円　①978-4-391-13999-0　Ⓝ379.9

内容 「モウモウ」母さんと「ダッテ」マン―はじめに　第1章 子どもに本物の学力がつく「叱らない」勉強法（「さんまチルドレン」で本物の学力が手に入る　「家族で登山」で勉強が好きになる　「ママが本を読む」と子どもに国語力がつく ほか）　第2章 子どもがグングン伸びる「叱らない」子育て術（3歳までに脳の発育が決まるは「真っ赤なウソ」　口が裂けても"やめなさい""早くしなさい"は言わない」　"ママから"どうしたの？"と聞くと子どもが素直になる ほか）　あわてず、くり返し―おわりに

◇お坊さんが教える親が「子どもを伸ばす」100話　金嶽宗信著　三笠書房　2011.3　222p　15cm　（知的生きかた文庫 か49-2）　〈文献あり〉　571円　①978-4-8379-7922-7　Ⓝ188.84

内容 1章 お坊さんが考えた「親と子どもの一番いい関係」―「大きな心」を育てる20話（「かわいい子には旅をさせる」がラクにできる話　「あきることなく辛抱強く声をかける」―親の役目 ほか）　2章 「自分から学ぶ」「自分から行動する」心の習慣―「伸びる心」を育てる20話（「考える習慣が身につく」工夫の仕方　「子どもを変えるひと言」ベスト4 ほか）　3章 親しか「子どもに教えられないこと」がある！―「やさしい心」を育てる30話（「ありがとう」の精神を叩き込もう　「心を洗うつもり」で顔を洗う効果 ほか）　4章 親も子も「10年後、後悔しない教育」をしよう―「強い心」を育てる30話（「自分を信じること」が自然にできる　「短所が短所でなくなる」コツ ほか）

◇希望の子育て―5歳から16歳までの認知行動療法　リック・ノーリス著,高野弘辺訳　伊丹　牧歌舎　2011.3　220p　21cm　（発売：星雲社）　1500円　①978-4-434-15499-7　Ⓝ146.82

内容 1 子どもたちはどのようにしてストレスを受け、不安になり、抑うつ的になるか（忘れられた世界・統計上の思い出　つらいときこうなるとは思っていなかった　家族の覚書　ありのままの現実　プレッシャーの下で　ポジティブ思考への道）　2 子どもたちの思考パターンを変える援助（ウォーム・アップ活動　ジョギング　長くたゆみない走行　短距離走　ウォーム・ダウン活動）

◇子どもは育てられて育つ―関係発達の世代間循環を考える　鯨岡峻著　慶應義塾大学出版会　2011.3　318p　22cm　3000円　①978-4-7664-1780-7　Ⓝ143

内容 序章 なぜ、「子どもは育てられて育つ」というテーマなのか　第1章 関係発達という考え方とその再考　第2章 子どもの心の育ちに目を向ける　第3章 「両義性」という概念と、「主体」という概念　第4章 関係発達の観点から子育て支援を考える　第5章 子どもの思いを「受け止める」ということ　第6章 「養護」と「教育」そして「学び」と「教え」　第7章 特別支援教育の理念と障碍の問題を考える　第8章 思春期はいつの時代にも難しい　終章 相手の思いが分かるということ

◇楽―楽しく、楽して、子育てしましょう！　たかはしかおり著　半田　一粒書房　2011.5　71p　22cm　476円　⊕978-4-86431-037-6　Ⓝ599

◇子どもへのまなざし　完　佐々木正美著〔点字資料〕視覚障害者支援総合センター　2011.6　4冊　28cm　〈原本：福音館書店　ルーズリーフ〉　全16000円　Ⓝ599

◇「甘え上手」な子育て論　堂珍敦子著　光文社　2011.7　135p　19cm　（Very books）　1200円　⊕978-4-334-97656-9　Ⓝ379.9

[内容] 1 仕事があるから母親業も頑張れる（仕事があるからこそ、4人の母親になれた　家族が一番、仕事が二番　ほか）　2 子育ては昭和が教えてくれた（立ち会い出産で命の授業　おんぶが好き！　ほか）　3 初めてのお受験、そして小学校入学（お受験はあくまでも水もの　それぞれの学校からの招待状　ほか）　4 母親だって夢がある（母親に限界はない　いつだって、子どものお手本でありたい　ほか）

◇親子関係の生涯発達心理学　氏家達夫, 高濱裕子編著　風間書房　2011.7　279p　22cm　〈文献あり〉　2800円　⊕978-4-7599-1866-3　Ⓝ143

[内容] 第1章 親子関係と生涯発達（本書の基本枠組み　親子関係についての理論　ほか）　第2章 親子関係の生涯発達心理学（乳幼児期　学童期・思春期　ほか）　第3章 歩行開始期における親の変化と子どもの変化（量的アプローチ）（縦断研究の概要　調査結果の分析　ほか）　第4章 歩行開始期における親子システムの変化（質的アプローチ）（理論的枠組み　5事例の分析と質的アプローチ　ほか）　第5章 まとめと今後の展望（本書の基本枠組み再考　本書で扱えなかったことと今後の研究課題について）

◇整体的子育て　2（わが子にできる手当て編）　山上亮著　クレヨンハウス　2011.8　127p　19cm　〈正編のタイトル：子どものこころにふれる整体的子育て〉　1200円　⊕978-4-86101-194-8　Ⓝ598.3

[内容] 第1講 子どものありのままを見つめる　第2講 子どもの自信をはぐくむからだ育て　第3講 手当てのこころ　からだとこころを育てる―亮さんといっしょに手当てのlesson　第4講 子どもの自立を助けることばかけ　亮さんの整体問答

◇ほめるとき、叱るとき、諭すとき、最強の子育て思考法　和田秀樹著　創英社　2011.8　223p　19cm　〈共同刊行：三省堂書店〉　1200円　⊕978-4-88142-554-1　Ⓝ379.9

[内容] 序章 なぜ、家庭教育が必要なのか　第1章 ほめることや叱ることが大切な理由　第2章 ほめるべきか、叱るべきか、諭すべきかを考えよう　第3章 してはいけない叱り方を考えよう　第4章 勉強や習い事はこう考えよう　第5章 子育ての悩みや迷いはこう考えよう

◇「生きる力」の強い子を育てる―人生を切り拓く「たくましさ」を伸ばすために　天外伺朗著　飛鳥新社　2011.10　212p　19cm　（人間性教育学シリーズ 2）〈文献あり〉　1429円　⊕978-4-86410-087-8　Ⓝ370.4

[内容] エリートシステムの崩壊　なぜ「ゆとり教育」は失敗したのか　「生きる力」を失った日本人　世界一教育規制の厳しい国、日本　お国のための教育　「与える」教育ではなく「引き出す」教育を　文字や計算の早期教育は不要　「フロー」体験のすすめ　千住家の教育白書　家庭内保育の落とし穴〔ほか〕

◇育てる者への発達心理学―関係発達論入門　大倉得史著　京都　ナカニシヤ出版　2011.10　303p　21cm　〈文献あり　索引あり〉　2800円　⊕978-4-7795-0589-8　Ⓝ143

[内容] 第1部 実際編（関係発達論という発想　関係発達論の三つの基本概念　「育てる」をめぐる現代社会の状況と若者の意識　妊娠期の女性の心理　出産期の諸問題　誕生から生後3ヶ月まで　生後3ヶ月～7ヶ月の諸行動の出現　生後半年～1年までの"子ども‐養育者関係"　生後1歳前後からの表示機能の出現　1歳代の躾と子どもの主体性の育ち　「私」の意識の発生―1歳半から2、3歳にかけて　保育の場の両義性と相互主体性）　第2部 理論編（ピアジェの発達論　ヴィゴツキーのピアジェ批判　ウェルナーの有機体論的発達論　ワロンの身体・情動・自我論　精神分析学的な諸研究　関係発達論の基本概念1―間主観性　関係発達論の基本概念2―両義性　関係発達論の基本概念3―相互主体性）

◇育児は育自　一色真帆著　文芸社　2012.5　109p　19cm　1000円　⊕978-4-286-11956-4　Ⓝ599

育児問題　　　　　　　　　　　　　　　　　　　　　　　　　　　　　　　　育児論

◇力がいるから私は生きる―ダウン症で、耳の聞こえない力の私の子育て論　寺崎房子著　メディアランド　2012.5　179p　19cm　1300円　Ⓘ978-4-904208-22-9　Ⓝ916

[内容]地獄に突き落とされたような日々　もう力を隠したりしない　私を救ってくれたわかゆり学園との出会い　手をかけてあげれば、かならず結果は出る　力のよいところを伸ばすために　力は家族みんなの宝物　子どもの自主性を育てるために　ふたたびわかゆり学園へ　わかゆり学園のおふたりの先生にうかがったこと　いま、私たちになくてはならない力のちから　尊敬できる父を持った兄 太の幸せ　そして、ふたたび立ち上がるために

◇笑って子育て―物語でみる発達心理学　福田佳織編著　北樹出版　2012.5　133p　21cm　〈索引あり〉　1800円　Ⓘ978-4-7793-0328-9　Ⓝ143

[内容]一真が生まれたよ！　一真、いざ出陣！(保育所入所)　一真がしゃべった！　一真とママの・喜一憂　一真の感覚は絶妙！　微妙な誕生日プレゼント　新しいお友達(小学校入学)　5mの金魚先輩の行方　気になるお隣さん〔ほか〕

◇9歳からは、まかせて、はなれて、ちょっと聴く　尾塚理恵子著　京都　PHP研究所　2012.6　184p　19cm　1200円　Ⓘ978-4-569-80373-9　Ⓝ379.9

◇大平光代の"子育てに効く"論語　大平光代著　中央公論新社　2012.7　215p　20cm　〈文献あり〉　1200円　Ⓘ978-4-12-004404-5　Ⓝ123.83

[内容]1　「学び」の章(教えられていないことはできない　学びてすぐにこれを習う　学問よりも大事なことがある　努力をする大切さ)　2　「愛情」の章(「仁」のある暮らし　信じられる人付き合いとは　ともを選ぶ基準　親孝行って何？　慣用を心がける)　3　「自律」の章(間違いを認められますか？　主体性を持つ　日々の生活で守りたいこと　心が伴って「礼」になる)　4　「知恵」の章(争いを繰り返さないために言葉を慎む　利益には知って見失われたもの　ほどほどを心がける　「贅沢」と「貧乏」)　5　「希望」の章(うまくいかない日もある　「志」を忘れていませんか？　自分を生かしてくれるもの　理想とする生き方　まごころと思いやりを胸に)

◇子どもと生きる・あまえ子育てのすすめ　澤田敬著　長崎　童話館出版　2012.7　191p　21cm　1500円　Ⓘ978-4-88750-132-4　Ⓝ379.9

[内容]私たちの国の子育て文化　親と子の、人と人との、心の響き合い　心のアルバムのなかの物語り写真　乳幼児期の、親と子の心の響き合い　あまえのなかで育まれているもの　こうやってあまえ子育て　子どもをあまえさせられないと悩むあなた　子どもへの虐待と、あまえ　あまえとあまやかし。あまえとしつけ。　親と子を、あまえから遠ざけるもの　子どもの身体症状が訴える心の混乱と、あまえ療法　子ども期を過ぎて現れる"あまえ欠乏症候群"

◇スポーツ子育て論―わが子の潜在力を開花させる　遠山健太著　アスキー・メディアワークス　2012.8　190p　18cm　（アスキー新書 219）〈発売：角川グループパブリッシング〉　743円　Ⓘ978-4-04-886764-1　Ⓝ780.7

[内容]第1章　「遊び」が潜在力を形づくる(「運動音痴」は遺伝する？　スポーツ教育・指導でのライフスキルの視点　自由に遊べば運動能力は高まる　子どもの遊びで心がけるのは？　スポーツ教育・指導と指導者の責任　スポーツ留学の功罪　人気スポーツと競技選択)　第2章　「指導観」と「指導環境」が潜在力を高める(競技選択を見守る「指導観」　子どもを「型にはめない」競技選択　トレーナーという存在を活用する　トレーニングプログラムをトレーナーはどう立案しているのか　パパ・ママ・トレーナーズ　「指導環境」の整備に向けて　総合型地域スポーツセンターをきっかけに)　第3章　「競技選択の自由」が潜在力を開花させる(早期英才教育をめぐって　タレント発掘育成事業の可能性　選別ではなく、育成のために　子どもの適性を見抜くことの難しさ)　第4章　潜在力の開花をコーディネートする(分業制で指導にあたる時代　常に高みを目指し勝負する姿　トップチームのトレーニングの現場)

◇だいじょうぶ！気づいた時が出発点―親子が笑顔になる子育て　東京家庭教育研究所編　佼成出版社　2012.8　259p　19cm　1200円　Ⓘ978-4-333-02556-5　Ⓝ379.9

[内容]人間らしい子どもを育てるために―「知」「情」「意」の心の働きを知る　心の根っこを強くする―「情」の能力を育む家庭のふれあい　子どもを「人間らしい人間」に育てる最初の先生は、お母さん。お母さんを「お母さん」に

現代を知る文献ガイド 育児・保育をめぐって　15

育児論　　　　　　　　　　　　　　　　　　　　　　　　　　　　　　　　　　育児問題

育てる先生は、子ども　子どもは親の背中を見て育つ。親が変われば、子どもが変わる。お母さんの抱っこやさしい声は、赤ちゃんに欠かせない心の栄養　子どもの「困った行動」？それは子どもが成長しているサインです　ぐずる子ども、どうすればいい？─言いなりになるのではなく、気持ちを受けとめる。抑えつけるのではなく、考えさせる　「待って」と言う前に、目と目を合わせて「はい、なあに？」と応える　黙って10秒、抱きしめる。抱きしめれば、親の心も満たされる　幼児の心の特徴がわかれば、子どもの思いが見えてくる〔ほか〕

◇脳の学習力─子育てと教育へのアドバイス　S. J. ブレイクモア, U. フリス著, 乾敏郎, 山下博志, 吉田千里訳　岩波書店　2012.8　353,18p　15cm　（岩波現代文庫─社会 248）〈文献あり　索引あり〉　1360円　①978-4-00-603248-7　Ⓝ491.371

内容　脳の発達・発育　幼児の言葉と数　数学のための脳　読み書きのための脳　読みの学習とその障害　社会的発達・情動的発達の障害　思春期の脳　生涯にわたる学習　記憶と想起　さまざまな学習法　脳の学習力を活用する　脳研究を支える技術

◇最新脳科学で読み解く0歳からの子育て　サンドラ・アーモット, サム・ワン著, 開一夫監訳, プレシ南日子訳　東洋経済新報社　2012.9　398p　20cm　〈文献あり　索引あり〉　2200円　①978-4-492-80085-0　Ⓝ493.98

◇赤ちゃん学を学ぶ人のために　小西行郎, 遠藤利彦編　京都　世界思想社　2012.10　314p　19cm　2400円　①978-4-7907-1570-2

内容　赤ちゃん学とは何か　1　赤ちゃんが体感する世界（世界をさぐる赤ちゃん　赤ちゃんが見ている「ヒト」の世界　赤ちゃんが見ている「モノ」の世界　赤ちゃんの眠り　赤ちゃんのからだと運動）　2　他者とつながる赤ちゃん（赤ちゃんの学び　赤ちゃんの感情と社会性　親子のアタッチメントと赤ちゃんの社会性の発達　赤ちゃんのことば）　3　赤ちゃんと暮らす（赤ちゃんと住まい　赤ちゃんとメディア　赤ちゃん学と保育　赤ちゃんと発達障害）　赤ちゃん学と人間学

◇子どもの心を"荒らす親""整える親"─感情コントロールができる子に育てる　河井英子著　京都　PHP研究所　2012.11　199p　19cm　1200円　①978-4-569-80629-7　Ⓝ379.9

◇安心の子育て塾─親になる前から学びたい　田下昌明著　柏　モラロジー研究所　2012.12　314p　19cm　〈発売：廣池学園事業部（柏）〉　1400円　①978-4-89639-223-4

内容　第1章 子育ての意味と目標　第2章 母子一体感がすべての基礎　第3章 子に与えるもの、子から受け取るもの　第4章 健やかな成長を願うなら　第5章 知っておきたい衣・食・住　第6章 病気も成長過程の一部

◆育児法

【雑誌記事】

◇幼児の発達と育児方針　倉戸幸枝, 橘セツ, 橘弘文〔他〕　「大阪芸術大学短期大学部紀要」（大阪芸術大学短期大学部）（34）　2010　p91〜102

◇育児 生活リズムをどうととのえたらよいでしょう？─実例2つ/助言・石黒依子　「婦人之友」（婦人之友社）104（2）通号1281　2010.2　p103〜109

◇わが国における育児法のスタンダードの形成過程─母子健康手帳の変遷を通して（グローバリズムと教育研究（1））　小柳康子　「福岡大学研究部論集. B, 社会科学編」（福岡大学研究推進部）4　2011.9　p13〜31

◇親子　蜷川実花×宏子「演出・蜷川幸雄の子育て法」　蜷川実花, 蜷川宏子　「Aera」（朝日新聞出版）24（44）通号1306　2011.9.26　p42〜44

◇育児・しつけ100のコツ　「暮しの手帖. 第4世紀」（暮しの手帖社）（56）　2012.早春　p52〜61

◇幼児の道徳性を育む保育方法に関する一考察　北川剛志　「高田短期大学紀要」（高田短期大学）（30）　2012.3　p77〜83

【図書】

◇「甘えさせる」といい性格になる！　京都　PHP研究所　2010.1　99,8p　26cm　（PHPのびのび子育て増刊号）　476円

◇育児に悩んだ時に開く本─くう先生の子育てのヒント　冬野空著　東京図書出版会　2010.1　212p　19cm　〈発売：リフレ出版〉　1200円　①978-4-86223-373-8　Ⓝ599

◇親バカで子は育つ　子育てのヒント0〜2歳　子育てのヒント3歳　子育てのヒント4歳　子育てのヒント5歳　愛されて育つと幸せに生きる　未来は今が作る

◇ハッピー子育て相談室―心がすっと軽くなる　明橋大二監修　家の光協会　2010.1　223p　19cm　952円　Ⓘ978-4-259-54730-1　Ⓝ379.9

内容　片づけられない息子たち。どう教えたらよいのでしょうか？　聞き分けのない息子について手を上げてしまいます。　習い事は当分やらせないと決めたのに…。まわりの友だちがやっていると焦ります。　電子ゲームを買い与えるべきかどうかで迷っています。　テレビやDVDばかり見ている息子。いくら注意しても聞きません。　娘の盗癖を治したいのですが…。　わたしの留守中に、義母が勝手におやつを与えます。食べ物に気を使っているのに…。　おやつ以外は食べたがりません。発育不良になるのでは、と心配です。　下の娘がなかなか言葉を覚えないのが気になります。　次男のおむつが取れません。しかりすぎたせい？〔ほか〕

◇赤ちゃんケア　日本放送出版協会（NHK出版）編、川野元子監修　日本放送出版協会　2010.2　94p　19cm　（NHKすくすく子育て育児ビギナーズブック 3）　780円　Ⓘ978-4-14-011289-2　Ⓝ599

内容　おむつ替え　抱っこ　着替え　お風呂　つめとおへそのお手入れ　鼻と耳のお手入れ　ベビーマッサージ　遊び（ねんねからはいはいのころ　つたい歩きからあんよのころ）　離乳食の与え方　お口のお手入れ　体調がすぐれないとき　泣き対策

◇英国式非完璧子育て術　リチャード・テンプラー著、米谷敬一訳　ディスカヴァー・トゥエンティワン　2010.3　235p　19cm　1500円　Ⓘ978-4-88759-804-1　Ⓝ379.9

◇現代っ子版子育て安心ハンドブック―子どものこころがよくわかる　石川功治著　幻冬舎ルネッサンス　2010.3　172p　19cm　〈絵：堀口ミネオ〉　1200円　Ⓘ978-4-7790-0553-4　Ⓝ599

内容　第1章 けが？お熱？ママは子どものレスキュー隊　第2章 体のサイン、ママが気づいてあげて！　第3章 それは成長ですよ！喜んであげましょう　第4章 ウンチのサインもきちんと見ましょう　第5章 子どもの生活時間、大人とは違います　第6章 子どもの本心が出るこんな行動　第7章 きょうだいができるとどうなるの？　第8章 アレルギー症状あれこれ

◇総まとめめくるくる変わる「育児の常識」―これ1冊でばぁばの知恵もママの新ネタもいいとこどり　小学館　2010.3　156p　19cm　〈文献あり〉　800円　Ⓘ978-4-09-311404-2　Ⓝ599

内容　第1章 "変化した育児" 代表は母乳vs粉ミルク（「絶対、母乳で」「でもかわいそう」　'60年代は過半数が粉ミルク ほか）　第2章 こんなにあった育児のギャップ（これってやっていいの？いけないの？　早い？遅い？いつからが正解？）　第3章 育児グッズも進化中（ベビーカー―A型から、AB兼用型、そして大型バギーへ　お尻拭き―布から紙製へ、今や温めて拭く ほか）　第4章 くるくる変わる育児の "正解" は？(祖父母世代と母親世代のトラブル。その根ことは？コミュニケーション下手な世代 ほか)

◇心の強い子、くじけない子の育て方―完全保存版　京都PHP研究所　2010.3　99,8p　26cm　(PHPのびのび子育て増刊号)　476円

◇育児大全科―赤ちゃんとの毎日がもっともっと楽しくなる！　主婦の友社編、五十嵐隆監修　新版　主婦の友社　2010.4　198p　30cm　(主婦の友生活シリーズ)　〈『Baby-mo』特別編集〉　1333円　Ⓘ978-4-07-271012-8　Ⓝ599

◇初めての育児―新生児から3才までの育児が月齢別にわかる！　ひよこクラブ編、川上義監修　多摩　ベネッセコーポレーション　2010.4　247p　24cm　（たまひよ新・基本シリーズ）　〈『ひよこクラブ』特別編集　索引あり〉　1300円　Ⓘ978-4-8288-6484-6　Ⓝ599

内容　1 新生児期の赤ちゃんとお世話のしかた　2 0〜3才 心と体の発育・発達　3 離乳食の与え方・進め方　4 乳幼児健診と予防接種　5 赤ちゃんの事故防止と応急処置　6 かかりやすい病気とホームケア

◇子育てハッピーアドバイス 大好き！が伝わるほめ方・叱り方　明橋大二著、太田知子イラスト　1万年堂出版　2010.6　193p　19cm　933円　Ⓘ978-4-925253-42-0　Ⓝ379.9

内容　子どもが幸せに育つために、いちばん大切なこと―たとえお金や学歴がなくても、「自己肯定感」があれば幸せを感じることができます　親からの最高の贈り物「自分のいいところも悪いところも、みんな受け入れられ、愛されている」これ1つ伝われば、子どもは輝きます

手のかかる子は、とってもいい子です　やる気の土台となる自己肯定感を育む8つの方法　子どもをほめる、宝探しの旅へ出よう―今すでにある、いいところ、がんばっているところを見つけていく　ほめ方その(1)できた1割をほめていけば子どもはぐんぐん元気になります　ほめ方その(2)やらないときは放っておく。やったとき、すかさずほめるのがいいんです　ほめ方その(3)「どうしてこのくらいできないの！」が、「あら、できたじゃない」に変わる魔法があります　ほめ方その(4)よその子と比較するよりも、その子が、少しでも成長したところを、見つけていきましょう　ほめ方その(5)こんなタイプの子は、時には、失敗をほめましょう〔ほか〕

◇エフエム香川ハッピー子育てハンドブック―保存版　高松　エフエム香川　2010.7　48p　21cm

◇育児全百科―0〜2才　赤ちゃんのすべてがわかる！初めての育児の不安を安心に　オールカラー最新版　細谷亮太総監修　新訂版　学研パブリッシング　2010.9　226p　30cm　（Gakken hit mook）〈発売：学研マーケティング　初版：学習研究社2006年刊〉　1400円　①978-4-05-605935-9

◇家族のための〈おっぱいとだっこ〉　竹中恭子著　春秋社　2010.10　231,4p　19cm　（春秋暮らしのライブラリー）〈文献あり〉　1700円　①978-4-393-33506-2　Ⓝ599.3

内容　先輩ママの私からあなたへ　気になったとき、困ったときに役に立つ、みんなのQ&A！（妊娠・出産期　生後0ヶ月から3ヶ月まで　4ヶ月から1歳くらいまで　1歳から2歳くらいまで　2歳以上）

◇叩かず甘やかさず子育てする方法　エリザベス・クレアリー著、田上時子、本田敏子訳　築地書館　2010.10　348p　19cm　2400円　①978-4-8067-1406-4　Ⓝ379.9

内容　第1部　スターペアレンティングの4つの段階(スター・ペアレンティングを始めよう　スター・ペアレンティングのプロセス(4つの段階)　子どもへの期待を明確にする)　第2部　スター・ペアレンティングの5つのポイントと15のツール(問題を避ける　よい行動を見つける　感情を認める　限度を設ける　ほか)

◇ママのための子育てツイッター入門―現役ツイママが教える、ゆる〜いつながり方　内海裕子著　ディスカヴァー・トゥエンティワン　2010.10　198p　21cm　1200円　①978-4-88759-853-9　Ⓝ599

内容　初級編(ツイッターってなに？　子育てしながらできるツイッター環境)　中級編(ツイッター疲れをしないための子育てママのツイッター活用術)　上級編(ツイッターに慣れてきたら)　発展編(夫婦のコミュニケーション、ワーク・ライフ・バランスにも使えるツイッター)

◇0〜2歳の赤ちゃんの育て方　廣瀬学監修　エクスナレッジ　2010.10　123p　21cm　838円　①978-4-7678-1036-2　Ⓝ599

内容　PROLOGUE　はじめに　1　安心できる環境をつくってあげる　2　おいしく食べて、元気に育て！　3　からだはいつもきれいに気持ちよく　4　遊びのなかでからだも心もすくすく　5　天使の眠りへといざなう　6　イザというときにもあわてず対処

◇0〜2歳の赤ちゃんラクラク子育てガイド　久保田浩也監修　エクスナレッジ　2010.10　125p　21cm　838円　①978-4-7678-1037-9　Ⓝ599

内容　ガイドその1　赤ちゃんはみんな同じエライ人間の種をもっている(赤ちゃんは、生まれてからずっと同じではありません　人生のベースづくりがスタート　人生のベースづくりが完成　ほか)　ガイドその2　迷ったら赤ちゃんの心になる　そうするだけで大人も幸せになれる(迷ったら幼かったころを思いだす　自分はどんな子だった？　赤ちゃんだってがんばりたい　声にだす　ことばにする　ほか)　ガイドその3　昨日の自分をのぞいてみよう　ラクになる種がある(よろこぶ　くらべない　あせらない　ほか)

◇親子で楽しむこどもお手伝い塾　辰巳渚著　明治書院　2010.11　79p　21cm　（寺子屋シリーズ　5）　1500円　①978-4-625-62414-8　Ⓝ590

内容　1　お手伝いってなんだろう？(「あとでする」―気がつくことってムズカシイ？　「おこづかい、ちょうだい」―お手伝いは労働？　「私、できるのに」―「まだ早い」なんて言わないで　「いましようと思っていたのに」―タイミングが大事　「自分のことは自分で」―人のことは関係ない？)　2　やってみよう！お手伝い(自分の部屋のそうじ　ぞうきんがけ　トイレそうじ　お風呂そうじ　玄関・家の前のそうじ　ほか)

3 お手伝い計画表を作ろう　付録 小学校向け「お手伝い」についての授業案

◇月齢ごとに「見てわかる！」育児新百科―新生児期から3才までこれ1冊でOK！　松井潔総監修　多摩　ベネッセコーポレーション　2010.11　263p 26cm（ベネッセ・ムック―たまひよブックスたまひよ新百科シリーズ）《『ひよこクラブ』特別編集》　1300円　①978-4-8288-6526-3

◇子育てのツボ―夜回り先生50のアドバイス　水谷修著　日本評論社　2010.11　165p 19cm　1200円　①978-4-535-58588-1　Ⓝ379.9
[内容]第1部 子どもが幼いとき（できるだけ多くのスキンシップを　たくさんの子どもたちと出会うチャンスを ほか）　第2部 子どもが小学生になったら（週に一回は、親子で「川」の字に　休日は家族で規則正しい生活を ほか）　第3部 子どもが中学生になったら（夜はゲーム、携帯、パソコンを使わせない　毎月の小遣いを決める ほか）　第4部 子どもが高校生になったら（わが家の門限を決める　わが子に勉強を教えてもらう日をつくる ほか）　第5部 子どもが問題を起こしたら（かかえ込まず、多くの人に相談を　家族の問題はみんなで考える ほか）

◇スマイル子育てマニュアル―個性でわかる！　石井憲正著　ワニブックス　2010.11　190p 19cm　1000円　①978-4-8470-1944-9　Ⓝ379.9
[内容]序章 子供の個性に合わせた育て方とは（個性を考えた育て方で、親も子供も幸せになれる　社会で生きていくためのトレーニングをする ほか）　1章 子供の12個性の基本的な傾向（まずは子供の個性を知りましょう　純粋タイプ ほか）　2章 子供の個性別・お悩み対処法（子供の個性に合わせて、対処しましょう　イヤイヤして言うことを聞いてくれない！ ほか）　3章 12タイプ総当たり！親子の個性別コミュニケーションの秘訣（親子のコミュニケーションの基本法則　純粋タイプの親 ほか）

◇ナチュラルな子育て―だっこ　おっぱい　布おむつ　子育て安心スタート！　「月刊クーヨン」編集部編　クレヨンハウス　2010.11　128p 29cm（クーヨンbooks 5）《文献あり》　1400円　①978-4-86101-178-8　Ⓝ599
[内容]「わたし」らしい自然な子育て　「食べる」が基本　布、ときどき紙おむつ　だっこが好き！　安心な住まいづくり　子どもはあそんで育つ　お風呂はパパにおまかせ！　からだのこともっと知ろう　もっと詳しく知りたいひとへ

◇ほめない子育てで子どもは伸びる―声かけをちょっと変えただけで驚くほど変わる　岸英光著　小学館　2010.11　159p 19cm　1200円　①978-4-09-388158-6　Ⓝ379.9
[内容]第1章「ほめる」っていいことなの？―「ほめる」ことで子どもが壊れていく（親の顔色をうかがう、「いい子症候群」が増えている　「ほめる」ってどういうこと？「あなた」が主語で「評価」すること ほか）　第2章「認める」言葉のパワー―「認める」声かけで「生きる力」がつく（「ほめる」と「認める」の大きな違いとは？「認める」は「私」が主語　「認める」は「Iメッセージ」。第2ステップは「意図的」メッセージ ほか）　第3章「認める」声かけのレッスン―「Iメッセージ」のつくり方（「Iメッセージ」は、「バイタリティのサイクル」をぐるんと回す、エンジンのキー　子どもをさりげなく観察して、ありのまま受け入れよう ほか）　第4章 大人だって「ほめる」より「認める」―自然とコミュニケーションがうまくいく（大人も、ほめられたり評価されるより、「認められる」ほうがうまくいく　会社やパート先で、同僚や部下にも「認める」声かけをしてみよう ほか）

◇人に聞けない育児のちっちゃな悩み解決BOOK　赤すぐ編集部著, 大原由軌子イラスト・マンガ　メディアファクトリー　2010.12　176p 19cm（赤すぐセレクション）《『赤すぐ』特別編集》　1000円　①978-4-8401-3658-7　Ⓝ599
[内容]1章 健康・からだの悩み　2章 おっぱい・ミルクの悩み　3章 睡眠の悩み　4章 オムツ・トイレトレーニングの悩み　5章 性格の悩み　6章 しつけの悩み　7章 遊びの悩み　8章 夫に関する悩み　9章 ママ友とのおつきあいの悩み

◇子どもの「やる気」は親がつくる！―完全保存版　京都　PHP研究所　2011.1　103p 26cm（PHPのびのび子育て増刊号）　476円

◇世界に通用する子供の育て方　中嶋嶺雄著　フォレスト出版　2011.1　217p 18cm（Forest 2545 shinsyo 028）　900円　①978-4-89451-829-2　Ⓝ379.9
[内容]第1章 世界レベルの子供を育てる「親の考え方」（日本の教育には根本的な間違いがある！　なぜ、子供のしつけがうまくいかないのか？ ほか）　第2章 子供をやる気にさせる「環

境の作り方」(海外に学んだ「勉強に最適な環境の作り方」とは？　日本の大学に足りないものとは？　ほか)　第3章 子供の才能を育てる「習慣の作り方」(リベラル・アーツ(教養)教育の素養がなければ、世界では通用しない！　名ばかりの国際化では意味がない！　ほか)　第4章 世界に通用する「学力の伸ばし方」(「平等主義」が日本の教育をダメにする！　教育基本法の解釈が間違っている！　ほか)　第5章 子供の学力を伸ばす「大学の選び方」(国公立大学「法人化」で大学教育は変わるのか？　どのような改革を進めているかがポイント！　ほか)

◇あっ、そうか！気づきの子育てQ&A ―総合版　安部利一著　文芸社　2011.2　285p　21cm　1500円　①978-4-286-09765-7　Ⓝ379.9

◇子育てハッピーアドバイス 大好き！が伝わるほめ方・叱り方　2　明橋大二著, 太田知子イラスト　1万年堂出版　2011.2　193p　19cm　933円　①978-4-925253-47-5　Ⓝ379.9

[内容] 赤ちゃん返りがたいへんです。言うことを聞いていると、甘やかしになってよくないでしょうか　ちょっと注意をしただけで、怒って泣いてしまいます　2歳の息子ですが、父親の言うことは聞かず、たたいたり、おもちゃを投げてきたりします　叱らない親が増えているから、子どもが、わがままになるのでは？　テレビで子守りをするパパにイライラ…。子どもの発達への影響が心配です　きょうだいげんかがひどいのですが、上手な仲裁の方法はないでしょうか　きょうだいのほめ方で、気をつけることはありますか？　男の子なのに、ベタベタ甘えてくる子、ちゃんと自立させるには？　「謝りなさい！」と叱っても、がんこで「ごめんなさい」が言えません　あまりほめすぎると、「ほめられないとできない子」になってしまうのでは？〔ほか〕

◇0歳からのハッピー子育て―ママの笑顔がグローバルキッズを育てる　岩沢ゲイティー, 大井静雄著　アルク　2011.3　97p　21cm　1300円　①978-4-7574-1961-2　Ⓝ379.93

[内容] グローバルキッズを育てるために―ママへの問いかけ(自信を持っていますか？　笑っていますか？　ほか)　グローバルキッズの育て方(環境をつくる　たくさん語りかける　ほか)　五感を育てるあそび(感触や香りを楽しませてあげましょう　いろいろな音を聞かせてあげましょう　ほか)　おなかにいるときから始めるバイリンガル脳の育て方(脳の発達を知れば、子どもの感じ方がわかる　おなかの中の赤ちゃんは聞いている！　ほか)

◇間違いだらけの子育て―子育ての常識を変える10の最新ルール　ポー・ブロンソン, アシュリー・メリーマン著, 小松淳子訳　インターシフト　2011.6　311p　20cm　〈発売：合同出版〉　1900円　①978-4-7726-9523-7　Ⓝ379.9

[内容] はじめに 子育て法の多くは逆効果！　第1章 ほめられる子どもは伸びない　第2章 睡眠を削ってはいけない　第3章 触れ合いを増やしても、差別はなくならない　第4章 子どもは正直ではない　第5章 IQは生まれつきの能力ではない　第6章 きょうだい喧嘩を、叱るだけではいけない　第7章 親との対立は、絆を強めるため　第8章 頭より、自制心を鍛えよ　第9章 子どもの攻撃性はマイナス要因ではない　第10章 言葉を覚える早道を誤るな！　おわりに 大人の視点で子どもを見てはいけない

◇自立した子に育てる―「子育て迷路」から脱出できる15人の話　中山み登り著　PHP研究所　2011.7　238p　19cm　1300円　①978-4-569-79706-9　Ⓝ379.9

[内容] 第1章 自分で考え、自分で行動できる子の「根っこ」育て(「親好みの子」を求めていませんか？　子どもは天使ではなくて、同じ「人間」だと知る　ほか)　第2章 母親の愛情が裏目に出ない子育てとは(お母さんに必要なのは、子どもを「守る力」より「見守る力」　母性が、お母さんから冷静な判断力を奪う　ほか)　第3章 父親力で「弾力のある子どもの心」が育つ理由(不器用でも、父親の愛情が子どもの心に届くとき　シングルマザーの出産を支えた父の一言　ほか)　第4章 勉強だけじゃない東大生を育てたママがしてきたこと(高学歴の母親ほど「勉強のできる子」を望む　本当は自分のプライドのためだと気づいた中学受験　ほか)　第5章 生きることに疲れない子の育て方(子ども時代に身に付けた「人づきあい」のスキルは一生もの　人づきあいの基本は「自己主張」と「配慮」のバランス　ほか)

◇いい母は、いい子をつくれない―1人で考えて動く子どもの育て方　岩立京子著　経済界　2011.8　207p　18cm　(経済界新書 011)　800円　①978-4-7667-2021-1　Ⓝ599

[内容] 1章 本当にいい母は、子どもの人生を考えている(誰にとってのいい母を目指すのか

「あなたのためにやっている」は子に伝わらないほか) 2章「ひとりで考え、ひとりでできる子」の心の育て方(子育てのいちばんの目的は「子どもの自立」 仕込むより、考えさせるしつけ ほか) 3章 子どもの心を育む「ほめ方・しつけ」(「ほめて育てる」だけで本当にいいのか 叱っても怒らない ほか) 4章 何気ない行動から「子どもの心」が見えてくる(子どもはみんな、反対のことをするもの 親に反抗するくらいがちょうどいい ほか) 5章 らくらくお母さんから「まっすぐな子」が育つ(「いい母」よりも「らくらく母」を目指そう 「いいかげん」ではなく「よいかげん」なお母さん)

◇いちばんためになるはじめての育児—0歳から3歳までの育児をしっかりサポート 辻祐一郎監修 成美堂出版 2011.8 239,16p 24cm (はじめてBOOKS—Baby & Child) 〈索引あり〉 1300円 ①978-4-415-31003-9 Ⓝ599

内容 1 月齢別赤ちゃんの発育・発達とお世話 2 毎日のお世話の基本 3 母乳とミルク 4 基本の離乳食 5 定期健診と予防接種 6 病気のホームケアと事故の応急処置 7 知っておきたい赤ちゃん・幼児の病気 8 子育てにがんばるママの応援ページ

◇和田秀樹式子どもが正しく育つ親の教科書—悩み多き母親に伝える「子育て不安」解消法 和田秀樹著 技術評論社 2011.8 214p 19cm (ぐっと身近に人がわかる) 1580円 ①978-4-7741-4726-0 Ⓝ379.9

内容 序章 完全な子育てはないが安全な子育てはある! 第1章 いまの「子育て」はどこがむずかしいのか 第2章 "少子化"の本当の問題点 第3章 "核家族化"信仰を廃して、親を上手に使う 第4章 安全な子育てとはなにか 第5章 「子育てノイローゼ」から脱出する 第6章 こうすれば子どもは健全に育つ

◇育児の基本大百科 川上義監修 日本文芸社 2011.10 255p 21cm 〈索引あり〉 1300円 ①978-4-537-20935-8 Ⓝ599

内容 1章 0～3才までの発育 2章 食事と栄養 3章 赤ちゃんのお世話 4章 遊びとしつけ 5章 健診と予防接種 乳幼児のケアと病気 乳幼児がかかりやすい病気

◇子育てのヒント—子育て中のお母さん・お父さんに贈る 外山滋比古著 京都 新学社 2011.10 203p 19cm 1000円 ①978-4-7868-0190-7 Ⓝ379.9

内容 第1章 頭のいい子は耳がいい—聞き取る力がこどもを伸ばす(はじめのはじめ はじめのことば ほか) 第2章 家庭という学校—毎日のくりかえしがよい生活習慣をつくる(家庭は学校 "すりこみ" ほか) 第3章 自ら学ぶ力—よい生活習慣がよい心を育てる(空気の教育 生活習慣 ほか) 第4章 子育てのヒント—暮らしの中ですぐに役立つ(ほほえみ ほうび ほか)

◇尾木ママの親だからできる「こころ」の子育て 尾木直樹著 PHP研究所 2011.11 203p 15cm (PHP文庫 お67-1) 《親だからできる「こころ」の教育》(2001年刊)の改題、再編集 著作目録あり 514円 ①978-4-569-67738-5 Ⓝ379.9

内容 第1章 いま、子どもたちの心に何が起きているのか(「心を育てる」とは、どういうこと? 仮面を脱げない子どもたち 学級崩壊は起きて当然だった!?) 第2章 子どもの心を育てるために(スキンシップをしよう 子どもが育つ前に親が自分を育てよう 友だちと遊ぼう 心を育てる叱り方 子どもの心を開くにはみんなで食卓を囲もう 学校に問題があったとき、親はどうする? テレビとIT、どうつき合う?) 第3章 あるがままの我が子を受け入れて(子どものつらさをわかってあげよう 子どもが自分に自信をもてる環境を 「いのち」の大切さを伝える) 第4章 協同・共生の子育て(学級崩壊させない心の教育 スクール・デモクラシーで学校の再生を)

◇「ストレス」に強くなる育て方—保存版 京都 PHP研究所 2011.11 104p 26cm (PHPのびのび子育て増刊号) 476円

◇ドクター苫米地流「天才脳」子育て術—0歳から18歳までそれぞれの年齢別にアドバイス!! 苫米地英人著 ミリオン出版 2011.11 189p 19cm (Glide media mook 28) 〈発売:大洋図書 付属資料(CD1枚 12cm):聞くだけで賢くなる特殊音源CD〉 1219円 ①978-4-8130-8128-9

◇尾木ママの共感・子育てアドバイス—あせらない 叱らない 抱え込まない 尾木直樹著 中央法規出版 2011.12 188p 19cm 1000円 ①978-4-8058-3600-2 Ⓝ379.9

育児論　　　　　　　　　　　　　　　　　　　　　　　　　　　　育児問題

|内容|保育園に通う娘は、大人をあしらうようなウソをいいます。　読書感想文がなかなかうまく書けません。　娘がボーイフレンドの家から帰って来ません。　近所の小学生に嫌がらせを受けているので、学区変更をしたいのです。　息子のこだわりの強さに、クタクタです。　友達にしつこくする息子に、どう対応すればよいでしょうか。　友達とのトラブルが絶えないやんちゃな息子に悩んでいます。　マイペースでやる気がないと見られている息子に悩んでいます。下の子が生まれてから不安定になっている娘に悩んでいます。　浪人中の娘が、朝帰りをするなど生活態度が乱れて勉強に身が入りません。〔ほか〕

◇くわしいから安心！赤ちゃん育児―いちばん大切な0歳をしっかりサポート　前田由美監修　西東社　2011.12　239p　24cm　〈索引あり〉　1450円　①978-4-7916-1630-5　Ⓝ599

|内容|1 我が家に赤ちゃんがやってくる！　2 月齢別赤ちゃんすくすく成長カレンダー　3 赤ちゃんのお世話の基本　4 赤ちゃんの栄養 飲むこと・食べること　5 赤ちゃんのいる暮らしを楽しもう！　6 はじめてママの心と体 万全サポート　7 おうちケアと赤ちゃんの病気事典

◇子どもの心に風邪をひかせない子育て―7男2女一家11人の大家族石田さんチ　石田千惠子著　マガジンハウス　2011.12　190p　19cm　〈年表あり〉　1000円　①978-4-8387-2377-5　Ⓝ379.9

|内容|1 「親より先に死なない」編(あなたの子どもは、しょせん我が子。神様の子どもではありません。　家族がみんな、やりたい放題、わがまま放題が我が家です　子どもは"おんぶ"して"だっこ"して育てましょう！ ほか)　2 「親きょうだいに迷惑をかけない」編(先生とのコミュニケーションは世間話から始めなさい　親の評判は孫子の代までついて回ります　「皆さんにうちの子が世話になるかも」と常に思って人と接する　ほか)　3 「人のために生きないで、自分のために生きる」編(みんなに好かれようとしなくてもオッケー！　子育ては気力、体力、経済力。特に"経済力"は絶対！　生きるってお金よ。だから、張れない見栄は張らない！ ほか)　4 「石田さんチ」家族年表　特別編 石田さんチのペットとの出会い

◇佐藤初女さんの心をかける子育て―子どもと心を通わせるための7つの質問　佐藤初女著　小学館　2011.12　94p　29cm　(eduコミュニケーションmook)　933円　①978-4-09-105330-5

◇「子育て」と「ママ」の上手な関係。―ボストンで3人を育てた5年間の喜びと悩みの日々　柴田倫世著　ベストセラーズ　2012.1　191p　19cm　〈写真：江森康之、柴田倫世〉　1400円　①978-4-584-13363-7　Ⓝ599

|内容|第1章「ママ」との上手な付き合い方(ママは完璧って本当？　ママは上手に人に頼りましょう　私はこうして「頼らせて」もらっていますほか)　第2章「ママ」「子育て」は長距離マラソン(「仕事」と「育児」は同じパワーでできない　「成長」と「知らない自分」を知るご褒美　子どもがくれるプラスのエネルギー「ほっぺ」　子どもに「ありがとう」を言えるママに ほか)　第3章「子育て」との上手な付き合い方(妊婦の気持ち。1人目、2人目、3人目これってうちの子だけ？　「母乳が出ない」「胸が痛い」授乳の悩み　ほか)

◇子どもの心をギュッ！と抱きしめる子育て―親も子も幸せになるために　あべともこ著　京都PHPエディターズ・グループ　2012.1　218p　19cm　〈発売：PHP研究所(京都)　文献あり〉　1200円　①978-4-569-80090-5　Ⓝ599

◇じょうずな個性の伸ばし方―お母さんの子育てバイブル　大川隆法著　幸福の科学出版　2012.1　181p　18cm　(OR books)　1400円　①978-4-86395-162-4　Ⓝ379.9

|内容|第1章 じょうずな個性の伸ばし方(私の幼少期を振り返る　大川家の個性豊かな子どもたち　幼少期の教育のあり方　それぞれの花が花壇に咲くことがすばらしい)　第2章 子育てのアドバイスQ&A(子どもの魂を正しく見るには霊的観点から見た「胎教のあり方」　ADHDなどに関する考え方　障害を持って生まれることのスピリチュアルな背景 ほか)

◇イライラをおいしくする子育て―おかあさんを勇気づけるレシピ　志道不二子著　パブラボ　2012.3　153p　19cm　〈発売：星雲社〉　926円　①978-4-434-16462-0　Ⓝ599

|内容|イライラ、怒り…おかあさんのネガティブな感情をどうしたらいいの？　叱り方がわからない！こんなときどうしたらいいの？　子どもの困った性格、どうにかしたい！　子どもの責任 親の責任　子どもを理解するには？　最高

のコミュニケーションは勇気づけること！　もしかしてうちの子は遅れてる？　どんな大人に育ってほしい？

◇子育て☆夢育て処方箋　菅原亜樹子, 真船貴代子著　明治書院　2012.3　149p　19cm　1500円　Ⓘ978-4-625-68611-5　Ⓝ379.9

[内容]1 夢をかなえたトップランナーに学ぶ子育て処方箋（子どもの思いを大切にしよう　あきらめないタフな心を育てよう　回り道もOK!と伝えよう　カッコイイ大人の姿を見せよう）　2 夢育て応援プログラム・実践編（夢さがし講演会　夢さがしワークショップ）　3 みんなの子育て☆夢育て処方箋（みんなの子育て処方箋―子育て座談会から　特別インタビュー・八巻寛治（仙台市立沖野東小学校教諭・上級教育カウンセラー）　子どもの「心のエネルギー」を充たす―小学校の現場から　夢育てスペシャル処方箋―やる気を引き出す子育て法）

◇「はやぶさ」式子育て法　川口淳一郎著　青春出版社　2012.3　206p　20cm　1300円　Ⓘ978-4-413-03832-4　Ⓝ379.9

[内容]「学びのプロ」を育てない　「変人教育」のススメ　宇宙飛行士を目指さない　教育・子育ては加点法で　教師もブレインストーミングを　家の壁にかけた一枚の絵が子どもの将来を変える　コツコツ努力を続けるな　ピラミッドを建てようとしないで塔を建てろ　ルールは破るためにある　三日坊主でかまわない　「拾い読み」と「積ん読」のススメ　「折れない心」だけで結果は出せない　口答えができる生意気な子に育てよう　受験はチャレンジではない　できない理由より、できる理由を見つけよう

◇保護者のための子育て・子育ちハンドブック　京都教育大学附属教育実践センター機構特別支援教育臨床実践センター監修, 相澤雅文, 牛山道雄, 田中道治, 藤岡秀樹, 丸山啓史, 水谷宗行編　京都　京都教育大学附属教育実践センター機構特別支援教育臨床実践センター　2012.3　86p　21cm　Ⓝ369.4

◇親バカってすばらしい！―げんきの本：陰山英男先生の子育て処方箋　陰山英男著, 広田奈都美イラスト　講談社　2012.4　111p　21cm　1200円　Ⓘ978-4-06-217560-9　Ⓝ599

[内容]第1章 親バカのすすめ（親バカ、ばんざい！　子育て期は、人生の黄金期　子どもと過ごす時間が「親」をつくる　ほか）　第2章 子どもた

ちへ伝えたい人生の基本（上手な「叱り方」って？　「ありがとう」は究極の守り　「読み聞かせ」「お手伝い」「外遊び」で子どもは賢くなる　ほか）　第3章 がんばっているママたちへ（イヤイヤ期ときちんと向き合う　ママにも「自己肯定感」が必要です　がまんしなくていい育児　ほか）

◇グローバル化時代の子育て、教育「尾木ママが伝えたいこと」　尾木直樹著　ほんの木　2012.4　120p　21cm　（「未来への教育」シリーズ 2）〈著作目録あり〉　1500円　Ⓘ978-4-7752-0080-3　Ⓝ370.4

[内容]尾木ママの被災地・石巻での講演レポート　上海視察インタビュー―尾木ママ、"上海の教育現場"を行く!!日本の教育はグローバル化する世界で通用するのか!?　第1回 原発事故後の日本をどうデザインするか？―戦後最大の困難の中で明らかになってきた日本の課題　グローバル化時代の子育て、教育 尾木ママが答えます―教育問題、学習相談、子育て相談…これで悩みもスッキリ解消！　尾木ママの部屋　子どもたちを取り巻く今、未来がわかる―尾木直樹の"ニュースの分析"　"教育＠インサイト"　震災後を生きる子どもたち

◇10歳までの読み書き子育て法―読書と作文で子どもの心を育てる　勝村和子著　幻冬舎ルネッサンス　2012.4　180p　19cm　1200円　Ⓘ978-4-7790-0810-8

[内容]第1章 本好きな子どもに育てよう（本を読むとたくさんの「力」がつく　絵本で養われる「想像力」と「創造力」　ほか）　第2章 子どもを本好きにするには（子どもと一緒に本を楽しもう　本が読める環境をつくってあげよう　ほか）　第3章 生活体験を豊かにしよう（読書と生活体験と作文と　親子の絆を密にする　ほか）　第4章 表現力を育む作文術（だから、子どもに書かせたい　幼児でも文章は書ける　ほか）　第5章 わが子に書かせる、そのときに（そのときの気持ちを思いだしながら書いてみましょう　おしゃべりするように書いてみましょう　ほか）　第6章 子育て論―勝村家の場合（まずは親の姿勢から　子どもの品性を高めるために　ほか）

◇育児大百科―新生児～2才これ一冊でよくわかる!：たまひよ大百科シリーズ　横田俊一郎総監修　最新版 新装版　多摩　ベネッセコーポレーション　2012.5　197p　30cm　（ベネッセ・ムック―たまひよブックス）〈ひよこクラブ特別編

集 「最新育児大百科」(2006年刊)の改題　索引あり）　1300円　ⓘ978-4-8288-6584-3
◇尾木ママの子どもの気持ちが「わかる」すごいコツ　尾木直樹著　日本図書センター　2012.5　189p　19cm　1000円　ⓘ978-4-284-30594-5　Ⓝ379.9

内容　入門編―子どもが「わかる」ママ・パパになる!（「自分くずし」と「自分づくり」に同時に入るのが思春期　「自立」と「依存」のあいだを行ったり来たり…　"ママ・パパクッション"は自立の必需品!　「子離れ」と「子離し」は全然違うよ ほか）　応用編―子どもを「伸ばす」ママ・パパになる!（ストップ!「孤食」。家族の食卓力はすごいんです　家事の「共働」は人間力を鍛えます　10代だからこそ、お稽古事を奪わないで!　「叱らずにほめる子育て」の極意とは？ ほか）

◇最新版育児の大百科―「月齢別」だからうちの子のことがすぐわかる！　細谷亮太総監修　学研パブリッシング　2012.5　264p　26cm　（〔GAKKEN HIT MOOK〕）〈発売：学研マーケティング　索引あり〉　1238円　ⓘ978-4-05-606634-0

◇AERA with Baby ―0歳からの子育てバイブル　心と体の発達編　特集「学力」「運動」「性格」は遺伝する？　教育・ジュニア編集部編集　スペシャル保存版　朝日新聞出版　2012.6　162p　29cm　（アエラムック）　800円　ⓘ978-4-02-274453-1

◇子育て知恵袋―子どもを健やかに育てるために　滝口俊子、渡邊明子、井上宏子、坂上頼子編著　福村出版　2012.6　162p　21cm　1500円　ⓘ978-4-571-11031-3　Ⓝ379.9

内容　第1章　性格・習い事・勉強・食育・しつけ（性格　習い事　勉強　食育　しつけ）　第2章　発達の心配・くせ・生活習慣（発達の心配　くせ　生活習慣）　第3章　友だち関係・園生活・学校生活（友だち関係　園生活　学校生活）　第4章　家族関係・夫婦関係・実家との関係（家族関係　夫婦関係　実家との関係）　第5章　保護者間の悩み・保育者との関係・新人保育者の悩み（保護者間の悩み　保育者との関係　新人保育者の悩み）

◇ハッピーママの賢い子育て　ヨコミネ式才能を引き出す習慣術　横峯吉文著　幻冬舎　2012.6　159p　21cm　1200円　ⓘ978-4-344-02192-1

内容　1　子どもをやる気にさせる仕掛け　2　小学校で困らないための習慣　3　才能を開花させるヨコミネ式法則　4　自学自習できる子どもに　5　ヨコミネ式男の子の育て方・女の子の育て方　6　ヨコミネ式手抜き育児

◇わが子が育てづらいと感じたときに読む本　南山みどり著，池川明監修　ビジネス社　2012.6　222p　19cm　1400円　ⓘ978-4-8284-1668-7　Ⓝ379.9

内容　第1章　がんばっているお母さんたちに愛をこめて伝えたいこと（「生まれてくれてありがとう」　親のエゴで子育てをしない ほか）　第2章　ガラス細工の子どもたち（私自身がインディゴ・チルドレンだった　「無条件でかわいがる」ことができない親たち ほか）　第3章　多種多様なインディゴ・チルドレン（「きみは病気じゃない」―たかしくんのケース　「知らない」がゆえに生じる誤解 ほか）　第4章　ガラス細工の子どもたちを育てるために（子どもとの接し方のポイント　互いの人格を認めあうことが大切 ほか）　おわりに　インディゴ・チルドレンにかかわるすべての人へ（ガラス細工の子どもを育てているあなたへの手紙　傷つき挫折したまま大人になったあなたへの手紙）

◇0～5歳児の発達と保育と環境がわかる本　大竹節子、塩谷香監修　改訂版　大阪　ひかりのくに　2012.7　113p　26×21cm　1600円　ⓘ978-4-564-60810-0

内容　おおむね6か月未満　おおむね6か月～1歳3か月未満　おおむね1歳3か月～2歳未満　おおむね2歳　おおむね3歳　おおむね4歳　おおむね5歳／おおむね6歳　園生活と保育環境の工夫―発達を支える環境づくりのヒント満載！

◇小さな子は夜7時に寝るのがベスト―子育てハンドブック：0～2歳の子育て奮闘中のママたち必見！　西川隆範，椛澤清子著　アルテ　2012.7　61p　19cm　〈発売：星雲社〉　1000円　ⓘ978-4-434-16899-4　Ⓝ599

内容　1　育児の秘訣A～Z（幼児は7時に寝る　夕食は午後4時　ここちよい目覚め方　日曜は特別の日　行事は旧暦で ほか）　2　子育て相談Q＆A―子育て支援現場より（睡眠について　離乳食について　食事について　オッパイのトラブルについて　断乳について ほか）

◇子育て、ひとりで悩まないで―ばあばの応援メッセージ　冨田久子著　大阪　解放出版社　2012.8

143p 19cm 1200円 ①978-4-7592-6754-9 Ⓝ379.9

内容 1 子育て・孫育て(どこでも起こりうる虐待、その背景は 娘の出産に立ち会って ほか) 2 学校も子育て(「先生、手、痛い!」「子どものため、離婚することだけは我慢したい」ほか) 3 地域と子育て(子どもと家庭・地域の「橋渡し」 六年生の修学旅行―「家族からのメッセージ」 ほか) 4 今、そしてこれから(若者のさまざまな事件から思うこと 私が子どものころと今 ほか)

◇0123発達と保育―年齢から読み解く子どもの世界 松本博雄, 常田美穂, 川田学, 赤木和重著 京都 ミネルヴァ書房 2012.8 224p 21cm 2200円 ①978-4-623-06356-7

内容 序章 保育・子育ての今―私たちの「発達」を見る視点 第1章 「ぼくだれかしらないでもぼくいる」―0歳児の世界をさぐる 第2章 きみに生まれてよかったね―1歳児の世界をさぐる 第3章 ボクはボクであるでもけっこうテキトウ―2歳児の世界をさぐる 第4章 そばにいたきみからひとりで歩むきみへ―3歳児の世界をさぐる 終章 これからの保育・子育て

◇子育てに必要なことはすべてアニメのパパに教わった 柳沢有紀夫著 中経出版 2012.9 191p 19cm 1200円 ①978-4-8061-4476-2 Ⓝ599

内容 第1章 ダメパパだって、ステキパパ! 第2章 「子守り」をやめて「子育て」をしよう 第3章 教えたいのは人の道 第4章 「問題児」こそ「有望児」 第5章 安心を与えよう! 第6章 「オヤジの背中」の見せ方 第7章 みんなで育てりゃ怖くない!

◇尾木ママンガほめすく―叱らずほめて、すくすく子育て 尾木直樹監修, サクラ聖作画, 佐佐木あつし脚本 竹書房 2012.10 127p 19cm (SUKUPARA SELECTION) 1000円 ①978-4-8124-9167-6 Ⓝ726.1

内容 子育てにイライラしたら「ちょっとだけ自分時間」 素直に謝ることも大切よ パパの子育ては「同じ時間を共有すること」が重要なのよ 怒ってしまいそうな時は「どうしたの?」って子どもの目線に立ってみて 子どもの「小さな変化」を見逃さないでそこを認めて「感動」「共感」 子どもと接する時間は「質」がポイント 合言葉は「一緒にやろう」よ 子どもが不安になった時は「自分で解決した体験」を思い出させてあげてね パパを子育てに巻き込むには「ありがとう」の感謝と声かけから 家族の変化はママが背負い込まないで家族みんなの問題として取り組みましょう 苦労を共にして家族のきずなとコミュニケーションを強めましょ 子どもの「ウソ」は「嘘」じゃなくて 気持ちに寄り添ってあげてね 思春期は絶好の成長期で自立期! 優しく見守ってあげて 尾木ママも「ほめすく」で育ったのよ

◇「固有名詞」子育て―ふつうの子でも知らぬまに頭が良くなった55の方法 加藤久美子著 朝日新聞出版 2012.10 254p 19cm 1400円 ①978-4-02-331132-9

内容 第1章「固有名詞」子育てって、何ですか? 第2章 実践例をご紹介します! 第3章 「学ぶ」を「遊ぶ」に変える具体的な方法 第4章 確認です!これだけは言ってはいけません! 第5章 「固有名詞」子育てのエピソードから 第6章 言葉で子どもの世界を広げる

◇ふじたつとむの子育て・保育虎の巻 行動編 藤田勉 長野 ほおずき書籍 2012.10 42p 18×21cm 〈発売:星雲社〉 1000円 ①978-4-434-17206-9

内容 第1章 子どもが"扱いにくい"と感じるとき 第2章 行動の原因 第3章 行動の基本性質 第4章 間違った対応

◇漫画『よつばと!』にも学ぶとーちゃんだからできる魔法の子育てBOOK 川井道子監修 笠倉出版社 2012.10 160p 21×15cm 1300円 ①978-4-7730-8624-9

内容 第1章 とーちゃんの「子育てのきほん」(親と子がともに成長できるのが子育てコーチング 答えは子どもの中にある ほか) 第2章 とーちゃんこんなときどうする?(幼児編 小学生編 ほか) 第3章 とーちゃんの役割って何だろう?(とーちゃんにしかできないことがあるんです! 大切なのは"時間"ではなく家族を思う"気持ち" ほか) 第4章 思春期前にとーちゃんができること(思春期のイライラはホルモンのせい! お父さんはドンと構えて自分が昔、思春期だったころを思い出してみよう ほか)

◇赤ちゃんとふれあおう 1 赤ちゃんの一日 寺田清美著 汐文社 2012.11 31p 27×22cm 2200円 ①978-4-8113-8926-4

しつけ・家庭教育　　　　　　　　　　　　　　　　　　　　　　　　　　　育児問題

内容 朝のおめざめ　赤ちゃんのごはん　離乳食　赤ちゃんのおしっこ・うんち　赤ちゃんのあそび　泣いている赤ちゃん　赤ちゃんのおひるね　赤ちゃんとおしゃべり　赤ちゃんのおふろ　赤ちゃんとすいみん　赤ちゃんの体のしくみ　0～2歳の発達　赤ちゃんについて教えて！

◇赤ちゃんにもママにも優しい安心の子育てガイド―寝かしつけ 授乳 離乳食　マルコ社編　マルコ社　2012.11　221p　19cm　〈発売：サンクチュアリ出版〉　1250円　①978-4-86113-675-7

内容 1 赤ちゃんもママも安心の寝かしつけガイド（寝相が悪くて、いつも布団から出てしまうのを何とかしたい！ベッドに寝かせたとたんに泣きだしてしまうんだけど　添い寝しないと赤ちゃんが寝てくれない ほか）　2 赤ちゃんもママも安心の授乳ガイド（母乳が足りているかわからず不安。飲んでいる量を確認する方法は？　歯が生えておっぱいを噛まれる。痛くて授乳がつらい　卒乳・断乳はしないとダメ？いつどうやって判断すればいい？ ほか）　3 赤ちゃんもママも安心の離乳食ガイド（「朝はバナナとヨーグルト」毎朝同じメニューでも問題ない？　「手づかみ食べ」をさせると周りがぐちゃぐちゃになって大変！　日によって食べる量にむらがあるけど、大丈夫？ ほか）

◇親も子も幸せになれる子育てのヒント100　ティモシー・J.シャープ著、大石美保子、音喜多貴子、コルホネン由江、多賀谷正子、徳永富美恵、山本美和子訳、赤松由美子監訳　バベルプレス　2012.11　231p　19cm　1300円　①978-4-89449-132-8

内容 第1章 家族の基盤を作るための20のヒント（幸せになるために必要なこと　幸せになるための必要条件ではないこと ほか）　第2章 子どもの個性を活かすための20のヒント（子どもの成長に応じた接し方　ソクラテス式問答法の活用 ほか）　第3章 子どもに合った枠組み作りのための20のヒント（手本は行動や態度で示す　境界と枠組みを定める ほか）　第4章 子どもが楽しく着実に学ぶための20のヒント（学ぶ楽しさを教える　学校生活を楽しむ ほか）　第5章 心身ともに健やかな生活を送るための20のヒント（不健康な習慣を見直して手本となる　健康的な習慣を身に付けて手本となる ほか）

◇子育てに困ったママを救う本　小川圭子著　成美堂出版　2012.11　189p　15cm　（sasaeru文庫）　524円　①978-4-415-40187-4

内容 1章 子育てに自信を失いかけた時に…（子育てに「正解」はありません！　質問です。子育てって何ですか？ ほか）　2章 子どもがすくすく育つ、この「ひと言」と「スキンシップ」（スキンシップの効果　子どもを「ほめる」ということ ほか）　3章 こんなとき、どうする？誰もが悩む子育ての「壁」（5歳までに人生の「シナリオ」はできあがる　「母子健康手帳」活用のススメ（愛情の証拠記録）ほか）　4章 子どもの「可能性」を信じよう！（しゃべらない時期から、すでにコミュニケーションははじまっている　赤ちゃんは2歳までは、自分の成長に必要なもの以外要求しない ほか）　5章 お母さん、あなたは十分"はなまるママ"です！（お母さん、あなたの存在そのものが大切です！　子どもは「お預かり」している存在 ほか）

◇伸びる子・できる子の親の日常―いつも子どもは親を見ている　金盛浦子著　さくら舎　2012.11　220p　19cm　1300円　①978-4-906732-22-7

内容 1 子どもの力・親の力って何？　2 普段の生活で「感じて」いますか　3 「甘える」には意味がある　4 好奇心を忘れていませんか　5 「話す」「聞く」には大きな力がある　6 その家の習慣からすべてが始まる　7 「生きる力」はちょっとしたことから　8 認める姿勢が子どもの力になる　9 日常生活から勉強する気が育つ　10 親の生き方を見せる

◇ふじたつとむの子育て・保育虎の巻 見方の"クセ"と"思い込み"編　ふじたつとむ著　長野ほおずき書籍　2012.11　70p　18×21cm　〈発売：星雲社〉　1200円　①978-4-434-17309-7

内容 1 錯視＝目の錯覚　2 子どもを相対的に見ていないか　3 子どもを一面的に見ていないか　4 実際には"ない"ものを見ていないか　5 実際に"ある"ものを見逃していないか　6 わからない部分を勝手な"思い込み"でわかったような気になっていないか　7 自動的になんらかの"思い込み"をしていないか　8 子どもの姿を歪めさせる要因に気づいているか

しつけ・家庭教育

【雑誌記事】

◇山口大学人文学部異文化交流研究施設　第17回講演会講演録　不安の克服―家庭教育と異文化間理解　ChristophMorgenthaler, Peter-

Ackermann 「異文化研究」（山口大学人文学部異文化交流研究施設） 4 2010 p63〜71

◇一九一七(大正六)年向野兄弟の朝鮮・満州旅行—『骨肉』・大正期家庭教育をうかがわせる手づくり雑誌(2) 齊藤太郎 「桜花学園大学人文学部研究紀要」（桜花学園大学） (12) 2010 p176〜166

◇家庭教育の私事性否定の論理構造に関する研究—戦時体制下「教育審議会」における家庭教育振興策の議論の分析を中心にして 松岡寛志, 福田修 「研究論叢. 第3部, 芸術・体育・教育・心理」（山口大学教育学部） 60 2010年度 p239〜253

◇第21回家庭教育公開講座を開催 「子供にまなぶ家庭教育」（佼成出版社） 2010 [2010] p54〜63

◇家庭教育の現状と課題 工藤真由美 「四條畷学園短期大学紀要」（四條畷学園短期大学） (43) 2010 p9〜12

◇家庭教育の主体としての母親の登場と広がり—家庭における母親の位置づけに着目して 本庄陽子 「生涯学習・社会教育研究ジャーナル」（生涯学習・社会教育研究促進機構） (4) 2010 p83〜103

◇文献による中国の家庭教育に関する一考察 翁麗霞, 神川康子 「富山大学人間発達科学部紀要」（富山大学人間発達科学部） 5(1) 2010 p73〜82

◇家庭のしつけと大学生の勉学態度との因果的関連の検討—構造方程式モデルを用いて 森田義宏 「兵庫大学論集」（兵庫大学） (15) 2010 p167〜174

◇戦後の地方の家庭における「物語」の役割—1950年代の家庭教育に関するインタビュー事例より 松山鮎子 「早稲田大学教育学会紀要」（早稲田大学教育学会） (12) 2010年度 p87〜94

◇［日本生活体験学習学会］第10回研究大会 課題研究シンポジウム（概要報告）子育て・親育ちの、今…家庭教育支援の現状と課題 古賀倫嗣 「生活体験学習研究」（日本生活体験学習学会事務局） 10 2010.1 p中扉1枚,97〜99

◇「父親の家庭教育」言説と階層・ジェンダー構造の変化 多賀太 「教育科学セミナリー」（関西大学教育学会） (41) 2010.3 p1〜15

◇「家庭教育」概念の一考察—母親へのアンケート調査からの分析 市島未都 「人間研究」（日本女子大学教育学科の会） (46) 2010.3 p49〜60

◇望星インタビュー この人の"実感"を聞きたい 子育て、しつけは誰のものか？ 広田照幸 「望星」（東海教育研究所,東海大学出版会（発売）） 41(6) 通号493 2010.6 p10〜16

◇教育ソリューション 教育格差と家庭教育の在り方 緑川享子 「月刊カレント」（潮流社） 47(8) 通号792 2010.8 p58〜61

◇家庭教育指導からファミリー・リテラシー獲得支援へ 汐見稔幸 「教育展望」（教育調査研究所） 56(9) 通号614 2010.10 p48〜53

◇戦後社会教育政策史(第11回)ゆれる家庭教育支援 今野雅裕 「社会教育」（全日本社会教育連合会） 65(11) 通号773 2010.11 p42〜45

◇阪谷芳郎の家庭教育 伊藤真希 「愛知淑徳大学現代社会研究科研究報告」（愛知淑徳大学大学院現代社会研究科） (6) 2011 p57〜68

◇子爵岡部長景の家庭教育 伊藤真希 「愛知淑徳大学現代社会研究科研究報告」（愛知淑徳大学大学院現代社会研究科） (7) 2011 p95〜105

◇家庭教育をどうとらえるか(特集「家庭教育」とは何か) 望月嵩 「家庭フォーラム」（昭和堂） 通号22 2011 p4〜10

◇家庭教育のめざすもの—「家庭からの」教育の復権をめざして(特集「家庭教育」とは何か) 足立叡 「家庭フォーラム」（昭和堂） 通号22 2011 p11〜16

◇今こそ、子供を"共感の愛"で育てる(特集「家庭教育」とは何か) 小川健次 「家庭フォーラム」（昭和堂） 通号22 2011 p17〜22

◇家庭教育の現場から今後求められるニーズ(特集「家庭教育」とは何か) 江田英里香 「家庭フォーラム」（昭和堂） 通号22 2011 p23〜33

◇学校・地域が連携する家庭教育支援の考察(1) 栗原保 「教育研究所紀要」（文教大学教育研究所） (20) 2011 p65〜71

しつけ・家庭教育

育児問題

◇養成講座を通して受講生が考えた家庭教育サポーターの役割　高橋恵美子, 吾郷美奈恵, 岸本強　「島根県立大学短期大学部出雲キャンパス研究紀要」（島根県立大学短期大学部出雲キャンパス）　6　2011　p41〜46

◇家庭科家族領域における心理教育の内容と方法―台湾小学校家庭教育『家庭倫理』教材『落穂の天使―人は何で生きるか』を検討する　正保正惠　「福山市立女子短期大学紀要」（福山市立女子短期大学）　(38)　2011　p5〜16

◇特集 家庭学習や習いごとから学ぶ子育て　小倉郁子　「Our music : ピティナ会報」（全日本ピアノ指導者協会）　(291)　2011.Win　p28〜34

◇家庭教育の周辺　近藤昌彦　「弘道」（日本弘道会）　119(1070)　2011.1・2　p63〜66

◇現代の核家族の現状と行方：家庭教育の法制化とその具現をめざして　中田雅敏　「家庭教育研究」（日本家庭教育学会）　(16)　2011.3　p5〜13

◇江戸時代における家庭教育思想の現代的価値：貝原益軒の「和俗童子訓」を中心として　八木由紀　「家庭教育研究」（日本家庭教育学会）　(16)　2011.3　p43〜53

◇妊娠出産から始まる家庭教育　江田英里香　「家庭教育研究」（日本家庭教育学会）　(16)　2011.3　p55〜63

◇教育ソリューション 子育て、教育への家庭支援策を手厚く―将来の人材育成の視点がほしい　緑川享子　「月刊カレント」（潮流社）　48(3)　通号799　2011.3　p64〜67

◇幼児の生活をつくる―幼児期の「しつけ」と保育者の役割　松田純子　「実践女子大学生活科学部紀要」（実践女子大学）　(48)　2011.3　p95〜105

◇教育ソリューション 人格の醸成はまず家庭教育から始まる　緑川享子　「月刊カレント」（潮流社）　48(5)通号801　2011.5　p52〜55

◇教育ソリューション 美しい日本語が美しい日本人をつくる―幼児教育の重要性と家庭教育　緑川享子　「月刊カレント」（潮流社）　48(7)通号803　2011.7　p60〜63

◇地・方・政・界の新風議員 広島県議会議員（広島市佐伯区）自民党（自民会議）宮崎康則 家庭教育のあり方に取り組んでいきたい　宮崎康則　「ビジネス界」（ビジネス界）　31(9)通号314　2011.11・12　p47〜51

◇しつけを通じた親の「悩み」「成長」と子どもにおけるしつけ認知との関連　小武内行雄　「教育心理学研究」（日本教育心理学会）　59(4)　2011.12　p414〜426

◇中国の古典書における家庭教育の社会学的要素について　翁麗霞, 神川康子　「富山大学人間発達科学部紀要」（富山大学人間発達科学部）　6(2)　2012　p119〜124

◇しつけと虐待に関する認識と実態：未就学児の保護者調査に基づいて　李環媛, 山下亜紀子, 津村美穂　「日本家政学会誌」（日本家政学会）　63(7)通号567　2012　p379〜390

◇幼児後期の子どもを持つ父母におけるしつけへの実際の関わり　山本菜摘, 加藤多樹郎, 藤原千惠子　「日本看護学会論文集. 地域看護」（日本看護協会出版会）　42　2012　p96〜99

◇台湾小学校「家庭教育」『家庭倫理』教材を読む：『家庭倫理』で学ぶきょうだい・祖父母・多元的家族・コミュニティー　正保正惠　「福山市立女子短期大学紀要」（福山市立女子短期大学）　(39)　2012　p9〜16

◇台湾中学校・高等学校「家庭教育」『家庭倫理』教材を読む：『家庭倫理』で学ぶ親孝行・ジェンダー・結婚・職業　正保正惠　「福山市立女子短期大学研究教育公開センター年報」（福山市立女子短期大学研究教育公開センター）　(9)　2012　p59〜68

◇大正期先進的教育学者における家庭と家庭教育：佐佐木吉三郎の新しい家庭構想と新しい家庭教育構想　小林嘉宏　「福井県立大学論集」（福井県立大学）　(38)　2012.2　p35〜51

◇子どものしつけ・教育観(第4回子育て生活基本調査報告書：小学生・中学生の保護者を対象に)　木村敬子　「研究所報」（ベネッセコーポレーション）　65　2012.3　p47〜65

◇親が元気になる家庭教育支援策で報告書：文科省検討委員会　「週刊教育資料」（教育公論社）　(1204)通号1334　2012.4.16　p8〜9

◇大阪維新の会・大阪市議団が「家庭教育支援条例(案)」を全面撤回：高橋史朗教授は「更に論議を尽くす必要」を訴える 「国内動向：過激各派の諸動向・教育・労働問題に関する専門情報誌」(日本教育協会) (1250) 2012.5.25 p18～24

◇「つながりが創る豊かな家庭教育：親子が元気になる家庭教育支援を目指して」報告書のとりまとめにあたって(特集 家庭教育支援の推進について) 汐見稔幸 「教育委員会月報」(第一法規) 64(4)通号754 2012.7 p2～5

◇つながりが創る豊かな家庭教育：親子が元気になる家庭教育支援を目指して(特集 家庭教育支援の推進について) 生涯学習政策局男女共同参画学習課家庭教育支援室 「教育委員会月報」(第一法規) 64(4)通号754 2012.7 p6～11

◇家庭教育支援の効果に関する調査研究の結果について(特集 家庭教育支援の推進について) 生涯学習政策局男女共同参画学習課家庭教育支援室 「教育委員会月報」(第一法規) 64(4)通号754 2012.7 p12～20

◇文部科学省における家庭教育支援の施策(特集 家庭教育支援の推進について) 生涯学習政策局男女共同参画学習課家庭教育支援室 「教育委員会月報」(第一法規) 64(4)通号754 2012.7 p21～27

◇子どもの内なる力をはぐくむしつけとは(特集 しつけと虐待の境界をめぐって) 森田ゆり 「教育と医学」(慶應義塾大学出版会) 60(9)通号711 2012.9 p762～770

◇家庭教育に関する国際比較調査 中野洋恵 「新情報」(新情報センター) 100 2012.10 p40～48

【図書】

◇「叱らない」しつけ―ほんの少しの工夫で、「元気な子」「できる子」が育つ 親野智可等著 PHP研究所 2010.2 219p 15cm （PHP文庫 お62-1）〈2006年刊の加筆〉 495円 ①978-4-569-67078-2 Ⓝ379.91

内容 第1章「叱る親」をやめよう 第2章 しつけで大事な五つのこと(厳しさとは、「継続性」「一貫性」「身をもって示す」の三つ まず冷静になり、原因を調べて、具体的な手立てを実行する 趣旨や理由を正しく教える 子育ての初心に返る 親が楽になれば、子どもは幸せになる) 第3章 いい話が、子どもの心を成長させる(人間関係についての話 生活習慣についての話 その他のいろいろな話)

◇しつけ 日本放送出版協会(NHK出版)編, 岩立京子監修 日本放送出版協会 2010.2 94p 19cm （NHKすくすく子育て育児ビギナーズブック 1） 780円 ①978-4-14-011287-8 Ⓝ599.9

内容 第1章 しつけって何をすること？ 第2章 叱り上手と、ほめ上手 第3章 発達に応じたしつけのポイント 第4章 子どものタイプでしつけを変えよう 第5章 「だだ」「かんしゃく」「混乱」を乗り越えよう 第6章 自尊心を育むしつけ

◇学ぶ力は家庭で伸ばす―私の幼児教育論 赤堀哲雄著, 赤堀美鈴監修 角川学芸出版角川出版企画センター 2010.2 206p 19cm 〈発売：角川グループパブリッシング〉 1400円 ①978-4-04-621690-8 Ⓝ379.9

◇子どもといっしょに育つ魔法の言葉―幸せな家庭をつくるために ドロシー・ロー・ノルト著, 平野卿子訳 PHP研究所 2010.3 203p 19cm 1200円 ①978-4-569-77681-1 Ⓝ379.9

内容 1 愛してあげれば、子どもは、人を愛することを学ぶ 2 励ましてあげれば、子どもは、自信を持つようになる 3 メリークリスマス！どうぞ楽しい時間を 4 やさしく、思いやりをもって育てれば、子どもは、やさしい子に育つ 5 叱りつけてばかりいると、子どもは「自分は悪い子なんだ」と思ってしまう 6 認めてあげれば、子どもは、自分が好きになる 7 和気あいあいとした家庭で育てば、子どもは、この世の中はいいところだと思えるようになる

◇子どもが変わるお母さんの「しつけ力」―人間教育+知能教育でみるみる伸びる！ 鶴野元治著 エル書房 2010.8 215p 19cm 〈発売：星雲社〉 1300円 ①978-4-434-13523-1 Ⓝ379.91

内容 プロローグ もっと子育てを楽しもう！ 第1章 最近「早くしなさい」と言っていませんか？ 第2章 しつけって難しい？ 第3章 子どもとのコミュニケーション、きちんとできていますか？ 第4章 まずはしつけの基礎となる身体の準備から 第5章 子どもの心を伸ばす"しつけ力"の実

しつけ・家庭教育　　　　　　　　　　　　　　　　　　育児問題

践　第6章 子どもの知能を伸ばす"しつけ力"の実践　第7章 大人が変われば子どもも変わる

◇子どもは「しつけ」で9割変わる　川嶋優著　三笠書房　2010.8　220p　15cm　（知的生きかた文庫 か50-1）　571円　Ⓘ978-4-8379-7881-7　Ⓝ379.91

内容 1章 親の「この一言」「この対応」が子どもを伸ばす！―"ここ"で厳しくできる親になりましょう　2章 子どもの上手な褒め方、叱り方、学ばせ方―しつけ上手のお母さんは、ここが違う　3章「こんなとき、どうする？」―困った子への対処法 わがままな子、ウソをつく子、悪口を言う子…　4章 詰め込み教育のすすめ―「頭のいい子」を育てるコツ 子どもの才能を、もっともっと伸ばすには？　5章 男の子らしく、女の子らしく育てましょう―当たり前だけど大切な子育てのルール

◇子供の「才能」を引き出す「心」育て「脳」育て―11賢人たちが教える成功する子育て　セブン＆アイ出版　2010.12　96p　30cm　（Saita mook）　743円　Ⓘ978-4-86008-238-3

◇お母さんはしつけをしないで　長谷川博一著　草思社　2011.2　255p　16cm　（草思社文庫 は1-1）　560円　Ⓘ978-4-7942-1804-9　Ⓝ379.91

内容 しつけと少年事件　しつけの「一方向性」を考える　立ちはだかる「信念」の壁　「ふつうのお母さん」に起きていること　「しつけの後遺症」　しつけすぎた子どもたち　重い「しつけの後遺症」　「しつけをしないで」への反論　お母さんたちの気持ち　お母さんを「父性」に走らせたもの　お母さんの救急箱　開きなおりで開かれる「悟り」　子どもへの過関心と無関心　心の中の「子ども」をかわいがる

◇子どもの「心育て」40の知恵　吉元由美子　三笠書房　2011.11　229p　19cm　1200円　Ⓘ978-4-8379-2422-7　Ⓝ379.9

内容 はじめに―この視点があるだけで、子育てはもっと楽しくなる！　1章 親の信頼がしっかり伝わると子どもの心に自信が生まれます　2章 親が「その子らしさ」を大切にすると子どもの心に才能の種が育ちます　3章 親に気持ちを理解してもらえると子どもの心に優しさと強さが備わります　4章 親のちょっとした言葉がけで子どもの心にやる気があふれます

5章 親が子どもへの「思い」を示すと子どもは「人生で大切なこと」を学びます

◇サザエさん家のしつけ　江見季世子著　データハウス　2011.11　214p　18cm　1000円　Ⓘ978-4-7817-0100-4　Ⓝ379.9

内容 第1章 個性をゆがめないしつけ　第2章 家族の愛をはぐくむ場、それが家庭　第3章 お手伝いは、なぜ大切なのか　第4章 子どもを伸ばす叱りかた　第5章 いい子って、どんな子？　第6章 やさしい子になってほしいなら　第7章 やる気を起こさせ、自立心のある子に

◇絶望からの出発　曽野綾子著　PHP研究所　2012.1　270p　18cm　〈講談社1975年刊の加筆修正、復刊〉　950円　Ⓘ978-4-569-80259-6　Ⓝ370.4

内容 子供は親の思い通りには育たない　ダメな親の方がまだ偽善的な親よりよい　悪い環境もまた子供を育ててくれる　子供の事故や病気の責任は親にある　しつけは家庭でしかできない　相手の立場を考える心を教える　ひんぱんに正しく子供を褒める　常識にとらわれない自分の価値観を作る　「何でも人並みに」という考えを捨てる　「信じること」のほんとうの意味を教える〔ほか〕

◇保育と家庭教育の誕生―1890-1930　太田素子, 浅井幸子編　藤原書店　2012.2　336p　20cm　〈執筆：太田素子ほか〉　3600円　Ⓘ978-4-89434-844-8　Ⓝ376.121

◇家庭教育論　住田正樹編著　放送大学教育振興会　2012.3　241p　21cm　（放送大学教材）〈〔発売〕：NHK出版　文献あり　索引あり〉　2400円　Ⓘ978-4-595-31333-2　Ⓝ361.63

内容 第1部 現代家族と家庭教育（子どもの発達と家庭教育）　第2部 家族における子どもの発達（家族と子どもの発達（1）―母親の役割　家族と子どもの発達（2）―父親の役割　家族と子どもの発達（3）―性役割の学習）　第3部 家庭教育の諸相（育児観と子ども観の変容　親になる過程―親役割の取得　母親の育児不安―夫婦関係を中心に　ほか）　第4部 家庭教育の課題（社会の変化と家庭教育）

◇子どもの未来はしつけしだい　塚原千恵子著　日本文化出版　2012.10　221p　19cm　1333円　Ⓘ978-4-89084-207-0

内容 第1章 しつけ―成功者になるための基本習慣（挨拶はすべての基本　返事は「はい」と

元気よく　感謝の心を持つ大切さ　ほか）　第2章　子育て―失敗しない子育ての必勝プラン（親の願いを受け止められる子どもに育てる　親子で約束する　継続は力なり　ほか）　第3章　親の責任―モンスターペアレンツにならないために（子どもに同調するな　太るのは気を引こうとするから　反抗期の対処法　ほか）

◆しつけ法

【図書】

◇アドラー博士(はかせ)が教える「このひと言」で子どものやる気は育つ　星一郎著　青春出版社　2010.10　221p　15cm　（青春文庫　ほ-5）〈『アドラー博士が教えるこんなひと言で子どものやる気は育つ』（2001年刊）の加筆・修正〉　629円　①978-4-413-09480-1　Ⓝ379.9

内容　序章　今日のひと言が「やる気」を引き出す　7つのアドラー法則（「人格」よりも「行動」をほめる　「できないこと」より「できたこと」を見る　ほか）　1章　感情的に叱らないための言葉の知恵（「早く！」と言わなくてすむ3つの言葉　脅し文句よりも胸に響く教え方　ほか）　2章　「自分からやる子」に育てる対話術（"やめてほしい行動"を子どもがしないようになる秘訣　勉強嫌いにはこの助言が効く　ほか）　3章　子どもを"励ます"ひと言、"追いつめる"ひと言（引っ込みじあんな子ほど、否定しないことで自信が生まれる　友だちを自分で見つけられる誘導法　ほか）　4章　勇気づけてこそ、子どもは素直に伸びる（「結果」を評価する生き方は、挫折を引き起こしやすい　勝つことより、能力の生かし方を教えてこそ伸びる　ほか）

◇子どもを伸ばす叱り方―保存版　京都　PHP研究所　2010.11　128p　29cm　（PHPのびのび子育て特別増刊号）　648円

◇「がまんできる子」はこう育てる　多湖輝著　新講社　2011.2　189p　18cm　（Wide shinsho）〈2002年刊の再編集、新版〉　800円　①978-4-86081-369-7　Ⓝ379.91

内容　第1章　「がまんできる子」の将来は明るい（いつ頃から「がまんできる子」に育てたらいいのでしょうか　「がまんできる子」の人生は、得ばかりです　ほか）　第2章　「がまんできる子」を育てるための親子のつきあい方（親ががまんしている姿を見せましょう　親のがまん体験を話して聞かせましょう　ほか）　第3章　「がまん」が育つ子供の日常生活（「お小遣い」をあげ過ぎれば、がまんできない子になってしまう　挨拶ができる子は、人間関係で失敗しません　ほか）　第4章　「がまんできる子」はいつか自分の夢をかなえる子です（「勉強しないとお父さんみたいになってしまう」という言い方はなぜダメか　勉強は、親が思うように苦しいことなのでしょうか？　ほか）

◇子どもが変わる「話し方」―完全保存版　子どもを伸ばす親は、「言葉がけ」が違う！　京都　PHP研究所　2011.5　103p　26cm　（PHPのびのび子育て増刊号）　476円

◇「ダメ！」を言わなければ子どもは伸びる―子育てがもっと楽になる本　親野智可等著　PHP研究所　2011.6　174p　19cm　1100円　①978-4-569-79545-4　Ⓝ379.91

内容　第1章　「ダメ！」をやめると、子どもはイキイキします（子どもは四六時中、叱られている　いつも叱られている子は、いい自己イメージが持てなくなる　ほか）　第2章　「ダメ！」をやめる、うまい方法があります（宿題をスムーズにやらせるコツ　時間をきちんと意識させるコツ　ほか）　第3章　親の心が安定すると、子どもの心も安定します（親が「共感」してくれると、子どもの心は安らかになる　共感されると、子どもは親に信頼感を持つ　ほか）　第4章　子育ては自分自身を成長させてくれます（願いの奥に潜む「親の欲」　子育ての初心に返る　ほか）

◇子どもが変わる最高の叱り方、ほめ方―保存版　京都　PHP研究所　2012.3　104p　26cm　（PHPのびのび子育て増刊号）　476円

◇「甘えさせる」と子どもは伸びる！　高橋愛子著　PHP研究所　2012.4　237p　15cm　（PHP文庫　た87-1）　552円　①978-4-569-67775-0　Ⓝ379.91

内容　第1章　「甘える」は子どもの心の栄養素（「しつける」ではなく「しつかる」子育てを　甘えられた子は強い子になる　ほか）　第2章　「甘える」が育む子どもの大事な力（心の成長には順番がある　甘えさせることで育つ力　ほか）　第3章　「叱る親」から「甘えさせる親」に（言葉の力を見直しましょう　甘えさせてあげられる対話力を磨こう　ほか）　第4章　親子が幸せになる子どもとの関わり方（三歳まではメロメロに、三歳からは言葉力で　困ったときの関わり方）　第5章　子育てを通じて自分を育てる（子育てに

◇子育ての秘伝―立腰と躾の三原則　石橋富知子著　高木書房　2012.5　151p　19cm　1000円　①978-4-88471-093-4　Ⓝ599.9

内容　第1部　家庭編（家庭におすすめしたいこと―豊かな心は、忙しさの中では育たない　親子で向き合う時間を優先してつくることから　心身共に健康な子どもに　悩み相談―心の穴をうめましょう）　第2部　子育て秘伝編（人間を軌道に乗せるための基盤づくり―立腰と躾の三原則　学問を軌道に乗せるための基盤づくり―家庭学習の土台（学問への躾））　第3部　保育園編（保育園の役割、あり方―重要性を増す保育園の役割　仁愛保育園立腰教育の展開―森信三先生との出会い　仁愛保育園の実際）

◇子どもが伸びるほめ方・しかり方―子どものしつけは9歳までに　武田頂介著　学研教育出版　2012.6　182p　19cm　〈発売：学研マーケティング〉　1300円　①978-4-05-405268-0　Ⓝ379.91

内容　第1章　しつけが必要な理由（「しつけ、って何だろう？」　子どものしつけは、"つ"のつくうちに　ほか）　第2章　しつけのコツ5つのポイント（しつけは「教育」ではなく「共育」　あなたのタイプはどれ？―困った親タイプを自己診断　ほか）　第3章　健康な心と身体を育てるしつけ―「生活習慣」「危機管理」「あいさつ・マナー」「食事」（基本的生活技術を身につけるために―「生活習慣」「危機管理」のしつけ　あいさつは気持ちを伝えるための「形」―「あいさつ・マナー」のしつけ　ほか）　第4章　自分をコントロールする力を伸ばすしつけ―「家事分担」「お金の管理」「学習習慣」「整理整頓・物の管理」（家事分担が子どもの自覚と責任感を育てます―「家事分担」のしつけ　お金とのつき合い方から自律心を育みましょう―「金銭管理」のしつけ　ほか）　第5章　人と関わる力を伸ばすしつけ―「人権尊重」「感動」「言葉づかい」（子どもの個性は十人十色―「人権尊重」のしつけ　オンリーワンの感受性を育むために―「感動」のしつけ　ほか）

◇うるさい！やめなさい！と怒鳴る前に人前での叱り方・言い聞かせ方　渡辺弥生著　京都　PHP研究所　2012.10　187p　19cm　1200円　①978-4-569-80833-4　Ⓝ379.91

◇マンガでわかるお母さんのための子どものしつけとマナー　鈴木万亀子著,マナーキッズプロジェクト監修　新潟　シーアンドアール研究所　2012.11　166p　26cm　（目にやさしい大活字）　2000円　①978-4-86354-700-1

内容　第1章　挨拶ができる子にするために（朝の挨拶は子どもからさせていますか？　挨拶をするときは笑顔を相手に見せていますか？　ほか）　第2章　子どもの叱り方・褒め方・接し方（子どもが失敗したとき頭ごなしに叱っていませんか？　余裕があるときでも「早くしなさい」と言っていませんか？　ほか）　第3章　家族の一員として（夫の話より子どもの話を優先して聞いていませんか？　子どもの前で誰かのうわさ話や陰口を言っていませんか？　ほか）　第4章　食事から学ばせること（ご飯のおかずを何にするか子どもに聞いていませんか？　飲食店で親より先に子どもが注文していませんか？　ほか）　第5章　外出先でのマナー（学校行事のときにまで子どもにベッタリではありませんか？　授業参観や保護者会に場違いな服で参加していませんか？　ほか）

親　論

【雑誌記事】

◇子育てによる親役割達成感と親の心理的な発達との関連性　寺薗さおり　「小児保健研究」（日本小児保健協会）　69（1）　2010.1　p47～52

◇子供を育てるコーチング―育児 親力を伸ばす子育てコーチング　ジェイミーカニンガム,アナクチメント　「Newsweek」（阪急コミュニケーションズ）　25（27）通号1209　2010.7.14　p44～47

◇育児期の親性尺度の開発―信頼性と妥当性の検討　大橋幸美,浅野みどり　「日本看護研究学会雑誌」（日本看護研究学会）　33（5）　2010.12　p45～53

◇子育て期の夫婦の共感性と親役割達成感の関連　寺薗さおり　「倉敷市立短期大学研究紀要」（倉敷市立短期大学）　（55）　2011　p53～61

◇「良い親」像と「悪い親」像に関する日本と中国の比較研究　魏孝棟,松原達哉　「国際幼児教育研究：国際早期教育研究」（国際幼児教育学会）　（19）　2011　p49～61

◇Parent Education Theoryと実践―アメリカ合衆国ペンシルベニア州フィラデルフィア地域の9つの事例　上野善子　「滋賀医科大学看護学ジャーナル」（滋賀医科大学）　9(1)　2011　p13～17

◇女子大生における「親準備性」と両親の養育態度　五十嵐南奈　「臨床発達心理学研究」（聖心女子大学心理教育相談所）　10　2011　p58～71

◇妊娠期・育児期の父母の親役割の受容と自己実現のニーズに関する研究　玉熊和子, 益田早苗, 髙橋佳子　「青森中央短期大学研究紀要」（青森中央短期大学）　(24)　2011.3　p185～192

◇3歳児を持つ親の子育てと他者への信頼との関連：父親と母親の特性の違い　本田光, 宇座美代子　「日本公衆衛生雑誌」（日本公衆衛生学会）　59(5)　2012.5　p315～324

【図書】

◇親として大切なこと　松下幸之助著, PHP総合研究所編　PHP研究所　2010.4　127p　19cm　1100円　①978-4-569-77740-5　Ⓝ379.9

内容　第1章 子どもは磨けば必ず輝く（人間としての優等生に育てる　子どもは磨けば必ず輝く　ほか）第2章 親が教えてあげる大切なこと（自立心を育てる　子育ての原則を知る　ほか）第3章 しつけ次第で子どもは育つ（自分で道をひらいてゆく子に　礼儀作法は潤滑油　ほか）第4章 素直な心で学べば子どもは育つ（素直な心を育てる　天分を見出すには　ほか）　第5章 正しいことを教えれば子どもは育つ（真実を教えよう　日本の歴史と伝統を大事に　ほか）

◇親学Q&A　髙橋史朗著　大阪　登龍館　2010.7　76p　21cm　500円　①978-4-902189-05-6　Ⓝ599.9

◇不幸にする親―人生を奪われる子供　ダン・ニューハース著, 玉置悟訳　講談社　2012.7　281p　16cm　（講談社＋α文庫 F35-2）〈2008年刊の再編集〉　780円　①978-4-06-281481-2　Ⓝ146.8

内容　親の有害なコントロールとは　1 こういう親が子供を不幸にする（心が健康な親vs.コントロールばかりする親　有害なコントロールのパターン）　2 問題をよく理解しよう（"有害なコントロール"の仕組みはこうなっている　過去からの遺産は大人になって現れる　彼らはなぜ子供をコントロールばかりするのか）　3 問題を解決しよう（不健康な心の結びつきを断ち切るには　親との関係の持ち方を変えるには　人生をリセットする）　過去に意味を見いだす

◇家庭教育の再生―今なぜ「親学」「親守詩」か。　髙橋史朗著　明成社　2012.9　80p　21cm　800円　①978-4-905410-13-3　Ⓝ379.9

内容　第1章 日本の再生は教育の再生から（子供たちにいま何が!?「新型学級崩壊」の背景にあるもの　道徳の土台は愛着形成　星空を「じんましん」と言った小学生　ほか）　第2章 教育再生への課題と展望（「親学」の原点　児童中心主義が教育荒廃の原因　日本人の遺伝子をオンにするほか）　第3章 親を支援するための「親学」（「愛着形成の不足」と「愛情不足」は明確に違う　全国に広がりつつある「親学」）

◆母親論

【雑誌記事】

◇再掲論文 子育て中の母親のケア能力とセルフヘルプを支える参加型行動研究とその評価　神崎初美, 太田千寿, 中筋美和［他］　「兵庫県立大学地域ケア開発研究所研究活動報告集」（兵庫県立大学地域ケア開発研究所）　4　2010.3　p13～16

◇育児中の母親の家庭内及び職場内における役割機能の変化と対処行動　中井芙美子, 佐々木秀美, 加藤重子　「看護学統合研究」（広島文化学園大学看護学部）　12(1)　2010.10　p24～41

◇乳児を持つ母親のタッチの類型と精神的健康との関連：タッチをいつもする母親としない母親を基準とした比較　麻生典子, 岩立志津夫　「日本女子大学紀要 人間社会学部」（日本女子大学人間社会学部）　(22)　2011　p61～73

◇母親の心の理論と養育した子どもの数：母親による子どもの心の推測のメカニズムの検討　菊野春雄　「大阪樟蔭女子大学研究紀要」（大阪樟蔭女子大学学術研究会）　1　2011.1　p186～189

◇子育て期の母親の役割満足感と精神的健康との関連：多母集団同時分析を用いた日韓比較　金姫鏡, 相川充　「東京学芸大学紀要. 総合教育科学系」（東京学芸大学）　63(1)　2012.2

p115～122

【図書】

◇母親になるということ―母親アイデンティティを巡る考察　山口雅史著　京都　あいり出版　2010.1　145p　22cm　（椙山女学園大学研究叢書 38）　2800円　Ⓘ978-4-901903-27-1　Ⓝ367.3

内容 第1章 親を取りまく研究の動き　第2章 母親自身の持つ母親発達観　第3章 母親アイデンティティの構造　第4章 母親アイデンティティと育児効力感　第5章 母親アイデンティティと育児ストレス　第6章 母親であることの意味　第7章 母親になるということ

◇百万母力―『お母さん業界新聞』コラム集　藤本裕子著　論創社　2010.2　231p　20cm　1500円　Ⓘ978-4-8460-0869-7　Ⓝ599

内容 第1章 新『お母さん業界新聞』（二〇〇八年四月号～〇九年十二月号）（お母さんなら、わかる　地域でお母さんの夢が広がる　お母さんのもてあました手 ほか）　第2章 『リブライフ』（二〇〇四年三月号～〇八年三月号）（母親が新しい価値と出会う日　子育ては感じるもの　自分の居場所はどこ？ ほか）　第3章 『お母さん業界新聞』（一九九九年五月号～二〇〇三年四月号）（お母さん、甘えないで　お母さんはあてにならない　お母さんを甘く見るな ほか）

◇母親はなぜ生きづらいか　香山リカ著　講談社　2010.3　188p　18cm　（講談社現代新書 2044）　〈文献あり 年表あり〉　720円　Ⓘ978-4-06-288044-2　Ⓝ367.3

内容 第1章 江戸時代の子育て事情　第2章 良妻賢母と「母性愛」　第3章 息子たちが求めてやまない母性　第4章 「良妻賢母」の新たなイメージ　第5章 「三歳児神話」の呪縛　第6章 「親子関係」の本質　第7章 母親幻想のゆくえ　第8章 ニッポンの子育て・七つのつぶやき

◇ザ・ママの研究　信田さよ子著　理論社　2010.9　111p　19cm　（よりみちパン！セ 56）　1000円　Ⓘ978-4-652-07856-3　Ⓝ367.3

内容 研究のまえに―ママ、イメージと現実　1 方法と目的（スキルを身につけよう　ママを知る　ほかのママと比較してみる ほか）　2 傾向と対策（プライドめちゃ高　超ウザママタイプ　明るさスゴ盛り スーパーポジティヴ・パーフェクトママタイプ　見ているだけでガチ不安 かわいそうママタイプ ほか）　3 観察と対象化（研究の成果　「わからない」が研究条件　ママには秘密の「不思議リスト」 ほか）

◇太陽ママと北風ママ　あきぴんご著　くもん出版　2010.11　254p　19cm　1200円　Ⓘ978-4-7743-1769-4　Ⓝ379.9

内容 第1章 あなたは太陽ママ？それとも北風ママ？（過干渉・過保護タイプ　ヒステリータイプ　身勝手タイプ　ノーテンキタイプ　カタブツタイプ）　第2章 イソップ物語で賢くなろう（神さまのプレゼント　前と後ろのポケット　銅の壺と土の壺　キツネとツルのごちそう　サルの二匹の子ども ほか）

◇子育てに悩んでいるお母さんのための心のコーチング　山崎洋実著　青春出版社　2010.12　184p　20cm　1257円　Ⓘ978-4-413-03782-2　Ⓝ379.98

◇母の作法―身だしなみから人間関係まで　辰巳渚著　PHP研究所　2012.1　233p　15cm　（PHP文庫 た85-1）　〈岩崎書店2008年刊の加筆・修正〉　533円　Ⓘ978-4-569-67760-6　Ⓝ159.6

内容 第1章 自分の生き方の作法　第2章 着るものの作法　第3章 食べることの作法　第4章 住まいの作法　第5章 お金の作法　第6章 子育ての作法　第7章 学校の作法　第8章 おつきあいの作法　第9章 暮らしの作法

◇母の呪縛から解放される方法　タツコ・マーティン著　大和書房　2012.1　237p　19cm　1300円　Ⓘ978-4-479-77176-0　Ⓝ367.3

内容 第1章 母親との関係を見つめ直す（トラウマを持っていない人などいない　トラウマは真逆にも現れる ほか）　第2章 なぜ、母との関係がこじれてしまったのか？（子どものときに作られた苦しみは親の責任　母と娘の関係が複雑になる理由 ほか）　第3章 娘の心を傷つける母親の10タイプ（あなたの母親はどのタイプ？　無意識のうちに代々受け継がれる伝統）　第4章 母の呪縛から逃れる方法（呪縛を解く3カ月のステップ　母親を許すということ ほか）　第5章 母の呪縛から解放され、自由な人生を手に入れる（自分が変われば、他の家族との関係も改善される　第3章のクライアントたちの「その後」 ほか）

◇わたしのままでママをやる　よしもとばなな, 内田春菊, 中村うさぎ, 倉田真由美, 斎藤学著

WAVE出版　2012.1　223p　19cm　1400円　Ⓘ978-4-87290-552-6　Ⓝ367.3

[内容]第1部 愛し、育む。ばなな流子育て(母を生きる　子どもを自立に導くには　働くことと愛すること)　第2部「新しい母」宣言!(「いのち」の話をしよう　時代とともに変容する家族像　子育てを楽にして!　合理性と健康のウソ　みんな違って咲き誇れ)

◇「毒になる母親」を乗り越える11のリスト　金盛浦子著　講談社　2012.8　206p　19cm　1200円　Ⓘ978-4-06-217789-4　Ⓝ367.3

[内容]1「母親としての私」を知るためのリスト　2 お母さんがラクになるための言葉のリスト　3 小さいときからかけていきたい言葉のリスト　4 子どもの心に寄り添うためのリスト　5 娘ともっとわかり合うためのリスト　6 息子ともっとうまくつきあうためのリスト

◇母親よ、大志を抱け!　マスミ・オーマンディ著　アスペクト　2012.11　157p　19cm　1300円　Ⓘ978-4-7572-2161-1

[内容]第1章「教育ママ」は悪いのか?(母親には「教育」の義務がある　わが子の教育のビジョンをしっかり描くこと ほか)　第2章 賢い母親となる心得とは?(「未来を切り開く力のある人間」に育てる方法　大切なのは「親として賢くなること」ほか)　第3章「父の自慢の妻」である母は子どもの誇り(母であると同時に、妻であることを忘れていませんか?　夫婦関係の維持には「努力」が必要 ほか)　第4章「学ぶ喜び」を知る母は輝いている(自分自身のための時間を持っていますか?　大人になってから「学ぶ」ということ ほか)　第5章 グローバルな子ども、グローバルな母(グローバル社会に必要なもの　英語を学べば自己表現力が磨かれる ほか)

◆◆母性

【雑誌記事】

◇社会福祉及び母性に関する一考察――働く女性と子育ての思想史を端緒として　望月雅和　「千葉経済大学短期大学部研究紀要」(千葉経済大学短期大学部)　(6)　2010　p95～106

◇母性意識および次世代育成意識に影響する要因の検討――父親・母親・祖父母・近隣の人々との体験と保育所での体験　杉山智春　「母性衛生」(日本母性衛生学会)　50(4)　2010.1　p543～551

◇マターナル・アタッチメントの個人差――養育行動及び子どものアタッチメント行動との関連について　小山里織　「人間と科学：県立広島大学保健福祉学部誌」(広島県立保健福祉大学学術誌編集委員会)　10(1)　2010.3　p47～54

◇母性と道徳――アガッツィ幼児教育思想を手がかりに　鈴木昌世　「信愛紀要」(和歌山信愛女子短期大学)　(51)　2011　p45～53

【図書】

◇母性教育の歪み――日韓比較調査をもとに　熊田洋子著　青簡舎　2010.10　182p　22cm　〈文献あり 索引あり〉　3200円　Ⓘ978-4-903996-33-2　Ⓝ379.98

[内容]序章　第1章「賢母」イデオロギーの日韓比較(日本における「賢母」イデオロギーの歴史的変遷　韓国における「賢母」イデオロギーの歴史的変遷)　第2章 日韓の「不登校」「引きこもり」現況(日本の「不登校」「引きこもり」現況　韓国の「不登校」「引きこもり」状況)　第3章 日韓の子育て調査結果報告及び考察(調査概要　調査結果)　第4章 日本における育児指導変化がもたらす母性への影響(増加する母親の子育て負担感　育児指導の変化 ほか)　終章

◇日本中世の母性と穢れ観　加藤美恵子著　塙書房　2012.6　247p　19cm　(塙選書 112)　2400円　Ⓘ978-4-8273-3112-7　Ⓝ384.6

[内容]第1章 中世村落と母性――「女(ムスメ)」の座から女房座へ(年中行事と女性　女房座の成立　女頭人について　如法経田と女性)　第2章 中世の女性と信仰――寄進状・比丘尼・キリシタン(寄進状に見る信仰　巫女と比丘尼　キリスト教と女性)　第3章 中世の女性と血盆経信仰(女性の信仰と血盆経　女性と血穢不浄観)　第4章 中世の出産――着帯・介添え・血穢(妊娠の自覚と社会の認知　出産の風景　産穢とその変遷　月穢とその変遷)　第5章 中世の授乳――乳母と御乳人(二人の「母」と権勢　授乳する乳母と授乳しない乳母　授乳の忌避)

◇母性革命――子育てに惑う人々へ　村山和世著　〔東金〕星舎書房　2012.6　246p　19cm　〈発売：水曜社〉　1300円　Ⓘ978-4-88065-299-3　Ⓝ379.9

[内容]第1章 自閉　第2章 学習困難　第3章 低学力　第4章 低意欲　第5章 思考放棄　第6章 反省放棄

◆父親論

【雑誌記事】

◇子どもの習い事へのかかわりを通した父親の成長と子どもの父親評価　佐々木卓代　「子ども社会研究」(日本子ども社会学会, ハーベスト社)　(16)　2010　p31~44

◇座談会 おやじの背中―お父さん、子供たちに何を伝えますか?　中本賢, 岡見益義, 佐々木浩由[他]　「子供にまなぶ家庭教育」(俊成出版社)　2010　[2010]　p4~11

◇父の親性(親であること)と母の育児負担感に関する研究　森永裕美子　「小児保健研究」(日本小児保健協会)　69(5)　2010.9　p645~656

◇子育てする父親の主体化―父親向け育児・教育雑誌に見る育児戦略と言説　天童睦子, 高橋均　「家族社会学研究」(日本家族社会学会)　23(1)　2011　p65~76

◇「父親になった」という父性の自覚に関する研究　田中美樹, 布施芳史, 高野政子　「母性衛生」(日本母性衛生学会)　52(1)　2011.4　p71~77

◇父親の役割獲得に関する文献検討　杉山希美, 後閑容子　「岐阜看護研究会誌」(岐阜看護研究会)　(4)　2012.1　p59~68

◇育児期の男性を対象とする雑誌における新たな父親像の商品化　橋本嘉代　「生活社会科学研究」(お茶の水女子大学生活社会科学研究会)　(19)　2012.10　p1~14

【図書】

◇モテるお父さんになる!―父親力をアップさせる3つの法則　中野博, 細谷覚著　現代書林　2010.6　187p　19cm　1500円　①978-4-7745-1258-7　Ⓝ367.3

内容 第1章 理想のお父さんを求めて(こんなお父さんになりたい! そもそも親とは何者か? ほか)　第2章 気張らずできるお父さん力の磨き方(父をたずねて三千冊! 一人でできるお父さん力磨き ほか)　第3章 たった一度の旅でモテるお父さんになる(お父さんを探す旅に出た「感動体験の共有」で化学反応を起こす ほか)　第4章 家族を守る大きな愛の拠点として「住みか」を考える(「モテるお父さん」をきわめる家づくりにどんどん参加しよう! ほか)

◇父親再生　信田さよ子著　NTT出版　2010.7　211p　20cm　〈文献あり〉　1600円　①978-4-7571-4245-9　Ⓝ367.3

内容 1 妻は夫をどう見ているか(カウンセリングの場で出会う父親たち 感情を語れない父親たち ほか)　2 息子は父をどう見ているか(父親をリスペクトする?しない? 父を受け継ぐ息子 ほか)　3 父からの脱出(抵抗の対象にならない父親 抵抗すらできない息子 ほか)　4 語らない父と息子の空白(語らない父親 青春を総括できない父親たち ほか)　5 父と息子の世代間伝達(世代間連鎖 父を許す息子たち)

◇パパの本―今日から"自慢のパパ"になる! 01 こどもの夢を応援しよう!　自由国民社　2010.10　112p　30cm　1200円　①978-4-426-11032-1　Ⓝ379.9

◇父親になるということ　藤原和博著　日本経済新聞出版社　2011.5　251p　15cm　(日経ビジネス人文庫 590)　〈『父生術』(日本経済新聞社1998年刊)の改題〉　714円　①978-4-532-19590-8　Ⓝ916

内容 プロローグ 旅立ち　序章 ロンドンにて　1章 プレストン通りの12月　2章 退学の日、誕生の日　3章 ハハジンを探しに　4章 パワー先生の通信簿　5章 父の勘違い　エピローグ 帰還

◇父親になる、父親をする―家族心理学の視点から　柏木惠子著　岩波書店　2011.6　71p　21cm　(岩波ブックレット no.811)　〈文献あり〉　560円　①978-4-00-270811-9　Ⓝ367.3

内容 第1章 父親になること、父親をすること(人間だからこそ必要な子育て 子育てを可能にする人間の「心」 養育するのは親だけではない 「進化の産物」としての父親 父親と母親は違うのか?)　第2章 父親たちは、いま―日本の現状をみる(「イクメン」というけれど 問われる子育ての中身―父親にとって子どもとは 子ども中心家族か、夫婦中心家族か―子どもの誕生と夫婦関係の変化)　第3章 父親として育つとき(妻は夫をどうみているか 子どもにとって父親の意味とは 父親として成長するために)　終章 父親をすることが可能な社会へ

◇「なぜか娘に好かれる父親」の共通点―「思春期の娘」とのつき合い方　多湖輝著　新講社

2011.9 174p 18cm （Wide shinsho） 800円 ①978-4-86081-403-8 Ⓝ367.3

内容 第1章 娘の思春期、「父を避ける」心理について 第2章 娘の思春期は、「父親を演じて」みよう 第3章 こんな父親が、娘を「幸せ」にできる！ 第4章 娘に好かれる父親は、世の中のルールを教える 第5章 父親の「その言動」で娘は深く傷ついています 第6章 大丈夫！父と娘はかならず和解できます

◇現代の父親これで大丈夫！―読むと子育て楽になります！ 岡崎光洋著 文芸社 2012.2 238p 19cm 1500円 ①978-4-286-11423-1 Ⓝ379.9

育児観

【雑誌記事】

◇保育者の子どもへのかかわりについての一考察―子どもを「愛する」というかかわり 鈴木政勝 「香川大学教育学部研究報告. 第1部」（香川大学教育学部） (134) 2010 p13～29

◇子育て意識の変化への戸惑い―事例から学んだこと 西田知佳子 「家庭教育研究所紀要」（小平記念日立教育振興財団日立家庭教育研究所） (32) 2010 p43～46

◇大学生の育児観及び対series情に関する研究 猪木省三 「県立広島大学人間文化学部紀要」（県立広島大学） (5) 2010 p37～43

◇肯定的感情を記載する「育児日記」による育児幸福感増大の効果 砂川公美子, 田中満由美, 黒石由佳里 「日本看護学会論文集. 看護総合」（日本看護協会出版会） 41 2010 p173～176

◇夫婦の出産・育児・子どもに対する気持ちの変化―出産前後のPAC分析を用いた面接調査 楜澤令子 「日本女子大学大学院紀要. 家政学研究科・人間生活学研究科」（日本女子大学） 通号16 2010 p75～83

◇保育者をめざす学生と現任保育者の子育て観について―首都圏の幼保と学生の比較 高田薫, 山下久美 「立命館人間科学研究」（立命館大学人間科学研究所） (20) 2010.1 p13～20

◇子どもの成長に伴う保護者の子育て意識の変化―幼児・小学生・中学生の保護者の比較 松永あけみ, 塩崎政江, 清水彩香 「群馬大学教育実践研究」（群馬大学教育学部附属学校教育臨床総合センター） (27) 2010.3 p269～279

◇保育者を目指す学生の児童観の変化 三谷真穂, 落合結衣 「保育研究」（平安女学院大学短期大学部保育科保育研究会） (38) 2010.3 p24～34

◇子育て世代の意識と消費行動調査 子育てエンジョイママに注目 「DIKウインドゥ」（地域流通経済研究所） (231) 2010.4 p12～17

◇看護学生の職業的アイデンティティ形成要因と生涯発達としての子育て観―初年次学生の調査 上山和子 「インターナショナルnursing care research」（インターナショナルNursing Care Research研究会） 9(4) 2010.11 p79～88

◇あど・とぴっく 変わる子育て意識がビジネスチャンスのテーマに浮上 「企業と広告」（チャネル） 36(11)通号424 2010.11 p36～41

◇保育学生が抱く親の愛情のイメージ 佐々木宏之, 細川千秋 「暁星論叢」（新潟中央短期大学） (60) 2010.12 p41～54

◇育児意識に関する一考察：大学生における意識調査からの検討 黒谷万美子 「愛知学泉大学・短期大学紀要」（愛知学泉大学, 愛知学泉短期大学） (46) 2011 p51～57

◇幼児期の自己決定力と保護者の意識 松本勝信 「日本教科教育学会誌」（日本教科教育学会） 34(1) 2011 p37～43

◇養育者が持つ育児感情と対処行動の関連 吉田恵三, 岡本祐子 「広島大学大学院心理臨床教育研究センター紀要」（広島大学大学院教育学研究科附属心理臨床教育研究センター） (10) 2011 p125～134

◇青年期における対象関係と親の養育態度との関連性について 馮えりか 「臨床心理学研究」（東京国際大学） (9) 2011 p163～175

◇日本と中国の子どもの育ちに関する意識―日本と中国の親と保育者の比較から 劉海紅, 倉持清美, 金敬華 「東京学芸大学紀要. 総合教育科学系」（東京学芸大学） 62(2) 2011.2 p229～240

◇医療系大学生が捉える平成時代の子育て観と子ども観の探索的検討 高木有子, 池田幸恭, 菱谷

純子［他］　「茨城県立医療大学紀要」（茨城県立医療大学）　16　2011.3　p75～84
◇イギリスのチャイルドケアに見る保育観に関する一考察　上村晶　「高田短期大学育児文化研究」（高田短期大学育児文化研究センター）　(6)　2011.3　p1～8
◇親の子育て体験談を聴くことによる看護学生の子育て観への効果　今村美幸, 山口求, 光盛友美［他］　「日本小児看護学会誌」（日本小児看護学会）　20(1)通号40　2011.3　p107～112
◇1～3歳児をもつ保護者の子育て意識に影響する要因の検討　佐藤公子　「小児保健研究」（日本小児保健協会）　70(3)　2011.5　p412～419
◇戦後の家族機能と幼児教育・保育の役割の変遷：育児観と子育て支援　山瀬範子　「四国大学紀要」（四国大学）　(37)　2012　p41～46
◇大学生の将来の育児に対するイメージについて：肯定感と不安感　上田一稔, 金子幾之輔　「桜花学園大学保育学部研究紀要」（桜花学園大学保育学部）　(10)　2012.3　p65～75
◇乳幼児の母親と父親のソーシャルサポートと子育て観の関係と育児休業利用の実態　片山理恵, 内藤直子, 佐々木睦子　「香川大学看護学雑誌」（香川大学医学部看護学科）　16(1)通号17　2012.3　p49～56
◇看護学生の職業的アイデンティティ形成要因と生涯発達としての子育て観の変化(第2報) 2年次学生の調査　上山和子　「インターナショナルnursing care research」（インターナショナルNursing Care Research研究会）　11(4)　2012.11　p163～172

【図書】
◇「幸せに生きる力」を伸ばす子育て—日本の子ども観・子育て観を見直す　増山均著　柏書房　2012.5　227p　20cm　1900円　①978-4-7601-4131-9　Ⓝ379.9
内容　序章 子どもの「主体的に生きる力」が、未来を切り拓く鍵—「最大の教科書」としての東日本大震災　1章 子どもの力はユニバーサル—子どもをとらえる「まなざし」を磨く　2章 「くつろぎ・暇つぶし」が生み出す、豊かな気づき—"想像力"の源泉を探る　3章 「あそび・遊び」は、子どもの生活の本質—「やってみる」プロセスと、自然の叡智を体感する　4章 子どもの育ちを家庭だけで抱え込まない—地域間・世代間交流で、成長の幅がもっと広がる　5章 子どもが「幸せな人生」を実感できる社会に—すべての大人たちが、手をたずさえて

◆男性の育児観

【雑誌記事】
◇データから見る幼児教育 父親の子どもとのかかわりと子育て観　「これからの幼児教育を考える」（ベネッセコーポレーション）　2010(春)　2010.1　p20～24
◇育児 50歳で父になる喜びと覚悟　野村昌二　「Aera」（朝日新聞出版）　23(35)通号1239　2010.8.16　p40～42
◇座談会 男性保育士の思考(第1回)女性保育士との違いから見る男性保育士の役割　入江慶太, A, B　「季刊保育問題研究」（新読書社）　通号255　2012.6　p158～165
◇乳幼児の父親の心理：妊娠期からの変化(特集 小児看護における父親へのアプローチ—父親への支援の視点)　酒井彩子　「小児看護」（へるす出版）　35(10)通号444　2012.9　p1288～1293

【図書】
◇父親が息子に伝える17の大切なこと　森浩美著　双葉社　2010.12　157p　19cm　《『みんなできるかな?』（講談社2004年刊）の加筆修正》　952円　①978-4-575-30275-2　Ⓝ159.7
内容　あいさつって気持ちいい　ほとんどの人は見かけによる　自分がイヤなことは他人もイヤ　欲の適量　命を預かることは親になるということ　すべてのことには期限がある　チャンスは自分の手でつかむ　幸運の女神に微笑んでもらうために　負けたときのこと　不安をチカラに変える　親友って格別なものだよ　リーダーってつらいよね　お金はラクして稼げない"もっと知りたい"それが学ぶということ　プライドは一日にして成らず　生きることを楽しもう　年を取っただけではオトナになれない

◆女性の育児観

【雑誌記事】
◇大学生の被養育経験に関する意識の研究—児童期における母親の具体的な関わりについて　田

中千穂, 三浦佳苗　「昭和女子大学生活心理研究所紀要」(昭和女子大学生活心理研究所)　12　2010　p143〜157

◇母親の居場所感に影響する要因―アイデンティティ・夫婦関係・子どもの行動特徴など　中村雅美　「白百合女子大学発達臨床センター紀要」(白百合女子大学発達臨床センター紀要編集委員会)　(13)　2010　p48〜58

◇幼児期の母親における子育てに関する認識の構造分析　髙城智圭, 星旦二　「日本看護学会論文集. 地域看護」(日本看護協会出版会)　41　2010　p84〜87

◇医療系女子大学生のジェンダーアイデンティティ獲得状況と親から受けた養育体験・子育て観との関連　久保恭子, 岡部惠子, 大森智美　「日本看護学会論文集. 母性看護」(日本看護協会出版会)　41　2010　p50〜53

◇フィンランドの0歳児をもつ母親の子育て観 (CPS‒M97) と支援の3群比較　内藤直子　「香川大学看護学雑誌」(香川大学医学部看護学科)　14(1) 通号15　2010.3　p27〜37

◇母親の子育て意識―親の欲求充足とこどもとの愛着の絆との葛藤について　西本望, 小河佳子, 本玉元　「教育学研究論集」(武庫川女子大学)　(5)　2010.3　p41〜51

◇母親の育児意識に関する研究―子育て支援親子教室参加者の育児意識構造　幸順子, 浅野敬子　「名古屋女子大学紀要. 家政・自然編, 人文・社会編」(名古屋女子大学)　(56)　2010.3　p199〜210

◇第2子妊娠中の母親の子育てに対する主観的体験　礒山あけみ　「日本母性看護学会誌」(日本母性看護学会)　10(1)　2010.3　p17〜23

◇看護系女子大学生の将来の生き方と育児意識の現状　笠浪欣子, 中元万由美, 津間文子 [他]　「インターナショナルnursing care research」(インターナショナルNursing Care Research研究会)　9(1)　2010.4　p105〜114

◇看護系女子大学生の育児意識の現状 (第1報)　中元万由美, 津間文子, 笠浪欣子 [他]　「看護・保健科学研究誌」(全国看護管理・教育・地域ケアシステム学会)　10(1) 通号14　2010.6　p146〜155

◇看護系女子大学生の育児意識の現状 (第2報) 育児意識と育児不安の関連　津間文子, 中元万由美, 笠浪欣子 [他]　「看護・保健科学研究誌」(全国看護管理・教育・地域ケアシステム学会)　10(1) 通号14　2010.6　p156〜165

◇看護系女子大学生の育児意識の現状 (第3報) 育児意識と育児肯定感の関連　笠浪欣子, 中元万由美, 津間文子 [他]　「看護・保健科学研究誌」(全国看護管理・教育・地域ケアシステム学会)　10(1) 通号14　2010.6　p166〜175

◇中国都市部に在住する中国人の母親の育児幸福感と結婚の"現実"―日本在住の日本人の母親との比較　清水嘉子　「母性衛生」(日本母性衛生学会)　51(2)　2010.7　p344〜351

◇育児中の母親の幸福感―就労別にみた母親の年齢, 子ども数, 末子年齢による幸福感への影響　清水嘉子, 関水しのぶ, 遠藤俊子 [他]　「母性衛生」(日本母性衛生学会)　51(2)　2010.7　p367〜375

◇乳幼児をもつ母親のウェルビーイングに影響を及ぼす要因―属性, 子育て支援ニーズならびに充足度からの検討　川村千恵子, 田辺昌吾, 畠中宗一　「メンタルヘルスの社会学 : 日本精神保健社会学会年報」(日本精神保健社会学会)　16　2010.10.31　p42〜52

◇女子青年の育児に対する態度に関連する要因―性役割観, 子どもに対する感情, 母親の養育態度の影響　猪木省三, 加藤美紀　「県立広島大学人間文化学部紀要」(県立広島大学)　(6)　2011　p199〜208

◇女子短大生に子育てについて考えさせる試み―子育て支援のNPO等社会資源の利用を含めた視点から　倉田あゆ子　「名古屋短期大学研究紀要」(名古屋短期大学)　(49)　2011　p9〜18

◇中年期初期の母親による子育て満足感と家族との心理的距離の関係―中学生の子どもを持つ母親の円描画における内的家族イメージの検討　力石靖子　「臨床心理学研究」(東京国際大学)　(9)　2011　p105〜121

◇親育てプログラムの効果に関する研究―3年間の母親の子育て意識の変容を中心に　名須川知子, 楠本洋子　「兵庫教育大学研究紀要」(兵庫教育大学)　38　2011.2　p1〜8

◇母親の子育て意識形成と子育て環境の関係性について─都市近郊地域における母親の意識調査をめぐって 山下由紀夫 「旭川大学女子短期大学部紀要」(旭川大学女子短期大学部) (41) 2011.3 p41〜66

◇妊娠先行結婚の育児期における母親の対児感情,母親役割意識と行動,および夫婦関係に及ぼす影響 盛山幸子,島田三惠子 「小児保健研究」(日本小児保健協会) 70(2) 2011.3 p280〜290

◇乳児期の子どもをもつ母親の親役割獲得過程と意識の変化 : 育児を経験することによる親性の構築 菅由美子,茂手木明美 「幼少児健康教育研究」(日本幼少児健康教育学会) 17(1) 2011.5 p55〜62

◇子育てをめぐる母親の心理的well-being 成田小百合 「新島学園短期大学紀要」(新島学園短期大学) (32) 2012 p149〜156

◇母親の育児意識に関する研究 : 子育て支援利用者の調査回答パターン分析 幸順子,浅野敬子 「名古屋女子大学紀要.家政・自然編,人文・社会編」(名古屋女子大学) (58) 2012.3 p187〜195

◇「育児幸福感」を高める : 母親支援の新しい形(新連載・第1回)育児幸福感とは : 子育て期をより幸福に過ごすために 清水嘉子 「保健師ジャーナル」(医学書院) 68(4) 2012.4 p338〜343

◇「育児幸福感」を高める : 母親支援の新しい形(第2回)子育て中の母親はどのようなときに幸福感を抱いているのか : 「母親の育児幸福感と育児事情の実態」から 清水嘉子 「保健師ジャーナル」(医学書院) 68(5) 2012.5 p434〜440

◇「育児幸福感」を高める : 母親支援の新しい形(第3回)母親が自身の幸福感を高めるためにしている工夫 : 幸福感を阻害するもの,幸福感がもたらすものとは 清水嘉子 「保健師ジャーナル」(医学書院) 68(6) 2012.6 p530〜536

◇「育児幸福感」を高める : 母親支援の新しい形(第4回)母親が自覚している育児幸福感をとらえる : ツールとなる尺度の紹介 清水嘉子 「保健師ジャーナル」(医学書院) 68(7) 2012.7 p624〜629

◇女子大学生の母親イメージと育児観 : 高校生になるまでの母親の就労状況との関連 澤田優美 「母性衛生」(日本母性衛生学会) 53(2) 2012.7 p227〜233

◇「育児幸福感」を高める : 母親支援の新しい形(第5回)母親の育児幸福感をとらえる「短縮版」育児幸福感尺度を活用しよう 清水嘉子 「保健師ジャーナル」(医学書院) 68(8) 2012.8 p716〜723

◇「育児幸福感」を高める : 母親支援の新しい形(第6回)母親の育児幸福感を高めるプログラムの紹介 清水嘉子 「保健師ジャーナル」(医学書院) 68(9) 2012.9 p810〜817

◇授乳期の栄養方法の現状と母親の育児への思いに関する分析 : 乳児健康診査のデータベースの分析から 横山美江,村井ちか子,宮下茜[他]「日本公衆衛生雑誌」(日本公衆衛生学会) 59(10) 2012.10 p771〜780

◇「育児幸福感」を高める : 母親支援の新しい形(第7回)母親の育児幸福感を高める「コースプログラム」の紹介 清水嘉子 「保健師ジャーナル」(医学書院) 68(10) 2012.10 p917〜923

◇「育児幸福感」を高める : 母親支援の新しい形(第8回)母親の就労形態別にみた属性が育児幸福感にもたらす影響 清水嘉子 「保健師ジャーナル」(医学書院) 68(11) 2012.11 p998〜1003

◇「育児幸福感」を高める : 母親支援の新しい形(第9回)父親の育児幸福感はどうなっているの? 清水嘉子 「保健師ジャーナル」(医学書院) 68(12) 2012.12 p1090〜1096

育児体験記

【雑誌記事】

◇第3子を授かった喜び 夫・松坂大輔とのボストン二人三脚子育て 柴田倫世 「婦人公論」(中央公論新社) 95(4)通号1291 2010.2.7 p60〜63

◇母と息子の本音トーク 塩野七生×アントニオ・シモーネ 溺愛し,つき放す,塩野流子育ての極意 塩野七生, AntonioScimone 「婦人公論」(中央公論新社) 95(5)通号1292 2010.2.22 p48〜53

◇撮った！ うちの子育て感動の瞬間 「プレジデント」（プレジデント社） 49(11)（別冊） 2011.4.15 p152～154

◇わたしのワークライフ・スタイル（第2回）子育て奮闘中!! 小野咲子 「臨床作業療法」（青海社） 8(2) 2011.6 p157～160

◇蜷川ファミリー 結婚45年 機嫌よく暮らすコツと才能を伸ばす子育て 蜷川宏子,蜷川幸雄 「婦人公論」（中央公論新社） 96(26)通号1337 2011.12.7 p44～49

◇7年後のああ息子 ファイナル 対談 西原理恵子とお母さん 子育てが私を育ててくれた 印南理津子,西原理恵子 「サンデー毎日」（毎日新聞社） 91(47)通号5133 2012.10.28 p149～152

【図書】

◇ツレと私（わたし）の「たいへんだ!」育児 細川貂々著 文藝春秋 2009.1 141p 21cm 952円 ①978-4-16-370890-4 Ⓝ599

内容 息子のおきにいり 私が妊娠中準備した物 うちで使ってる赤ちゃん用品 私のおきにいりベビー服 産後の下着について ちーと君誕生～0歳2カ月 ちーと君0歳2カ月～0歳4カ月 ちーと君0歳4カ月～0歳6カ月 ちーと君0歳6カ月～0歳8カ月 てんてん&ツレの子育てお悩み相談室 ちー君とスケッチ

◇ツレはパパ1年生 細川貂々著 朝日新聞出版 2009.3 143p 21cm 1100円 ①978-4-02-250555-2 Ⓝ726.1

内容 1 ちーと誕生！（あたらしい家族 おっぱいのこと ついていけない… 産後うつ やっとひといき） 2 ミルクがぶがぶ（ふたりで育児をやるということ それぞれの出発 仕事復帰 コドモをあずける はじめて電車に乗る 産後のひだち） 3 おかゆもぐもぐ（いろいろできるようになる 育児する人仕事する人 育児してる人のストレス解消法は？ 成長 僕は育児パパ）

◇ツレはパパ2年生 細川貂々著 朝日新聞出版 2009.11 143p 21cm 1100円 ①978-4-02-250645-0 Ⓝ726.1

内容 1 どたばたハイハイ（ちーと君成長 楽になったね じーじとウクレレ 結婚式に行く） 2 もうすぐ1歳（ツレの子離れ はじめてのお正月 一升もち やっと認めてもらえた？ 夫婦の信頼度 ツレと離乳食） 3 ぺちゃくちゃしゃべる（コトバ まほう 公園デビュー ホラーな赤ちゃん いくつになっても成長することはたいへん 今が一番かわいい時ね） 4 たくさんのはじめて（ドラマル秘さつえい所訪問記 パパも勉強したい 運動と息子）

◇こんな息子に母がした おぐらなおみ著 辰巳出版 2010.1 127p 21cm 1000円 ①978-4-7778-0738-3 Ⓝ599

内容 1 フリーダム！年少さん（げんまいが憎い クレヨンデビュー～ ほか） 2 エンジョイ！年中さん（トラウマ 喜びの10分後 ほか） 思ひ出アルバム――親たち昭和の子ゴーゴー！（なおみとカッパの「思ひ出ほろほろ」 なおみとカッパの「写真で勝手に読み解く昭和史」ほか） 3 がんばれがんばれ！年長さん（コーちゃんの不安 肥後どこさ？ ほか） 卒園記念描き下ろし・バイバイ園児くん

◇ツレと私（わたし）の「たいへんだ!」育児 2 細川貂々著 文藝春秋 2010.1 157p 21cm 952円 ①978-4-16-372180-4 Ⓝ599

内容 息子のおもちゃ箱 ちーと君スタイファッションショー ちーと君の赤ちゃん用品 パパバッグの中身 おやつポーチの中身 ちーと君がお気にいりの絵本 ちーと君が大好きなCD ちーと君0歳8カ月～0歳10カ月 ちーと君0歳10カ月～1歳 ちーと君1歳～1歳2カ月 ちーと君1歳2カ月～1歳4カ月 ちーと君1歳4カ月～1歳6カ月 てんてん&ツレの子育てお悩み相談室

◇昭和の母の子育て日記―温かな時代が生んだ子育ての知恵 中里文江著 文芸社 2010.2 187p 19cm 1200円 ①978-4-286-07835-9 Ⓝ379.9

◇ひねもす暦―ほのぼの家族の子育て日記。 1 おかざき真里著 マガジンハウス 2010.2 127p 21cm 1000円 ①978-4-8387-2073-6 Ⓝ726.1

内容 春（新学期の巻 行ってらっしゃいの巻 ほか） 夏（夏休み特別編 スイカの巻 ほか） 秋（旬の味覚の巻 梨をむきながらの巻 ほか） 冬（冬の音の巻 冬到来の巻 ほか）

◇大原さんちのムスコさん―子どもが天使なんて誰が言った!? 大原由軌子著 文藝春秋 2010.3 192p 16cm （文春文庫 お48-2） 457円 ①978-4-16-776502-6 Ⓝ726.1

|内容| 第1章 胸騒ぎの出産(置いてけぼりのヨメ 階段落ちのヨメ ダンナの不眠に悩むヨメ 置き物になったヨメ 片目でにらまれたヨメ) 第2章 一卵性の子育て(絶叫泣きのムスコさん 親の背中を見て育てムスコさん 逆さづりのムスコさん あわや犯罪者のムスコさん 反抗期のムスコさん おなかの中のムスコさん) 私のおかしなダンナ様(星を見に行くダンナ様 クライシスを感じるダンナ様 お友だちがやって来ました、ダンナ様 原作書いたよ！ダンナ様)

◇たんぽぽの日々—俵万智の子育て歌集 俵万智著 小学館 2010.3 117p 19cm 〈写真：市橋織江〉 1600円 ①978-4-09-388114-2 Ⓝ911.168

|内容| 1章 たんぽぽの日々 2章 夢の木の実 3章 はじめての海 4章 いつもそのときが

◇ラブロママン—溺愛ママのテキトー育児日記 うえみあゆみ著 ブックマン社 2010.3 125p 21cm 952円 ①978-4-89308-733-1 Ⓝ599

|内容| 女子を育てる ロードto裸族 情操的テレビ鑑賞 子そだて勝負 朝は戦い し・つ・け エロ平和 おっかいさんの失敗 母の告白 母のツケ 金メダルの条件 美しき桃源郷 子どもたちへ

◇これでもかーちゃんやってます 上大岡トメ著 筑摩書房 2010.4 217p 15cm 〈ちくま文庫 か56-1〉 540円 ①978-4-480-42694-9 Ⓝ599

|内容| 育児と仕事、かーちゃんの最初の壁(決断して、保育園に預けます！ 預けるのはカワイソウ？？ ほか) 小学生、かーちゃんは楽になる？(いよいよ小学生 小学校に上がる準備って？ ほか) かーちゃんも悩んで育つ！(かーちゃんはいつも正しい!? かーちゃんにも趣味の時間を ほか) 文庫版あとがき その後のわが家…

◇子育ては愛し夢見せ泣き笑い 斉藤充著 文芸社 2010.5 6,95p 19cm 1000円 ①978-4-286-08305-6 Ⓝ379.9

◇ツレはパパ3年生 細川貂々著 朝日新聞出版 2010.6 135p 21cm 1100円 ①978-4-02-250750-1 Ⓝ726.1

|内容| 1 11歳半になりました(なぞの親バカぶり 息子と生き物 ほか) 2 ばたばたあるくよ(はじめての保育園 じーじの力 ほか) 3 赤ちゃんは卒業!?(ちくちく断乳 はじめて熱を出す ほか) 4 もうすぐ2歳(コドモができてわかったこと いつもありがとう ほか)

◇育休保育士の育児日記 岡マスミ著 文芸社 2010.8 59p 22cm 1000円 ①978-4-286-09055-9 Ⓝ599.049

◇育児ばかりでスミマセン。 望月昭著 幻冬舎 2010.8 246p 19cm 1300円 ①978-4-344-01873-0 Ⓝ599

|内容| 新しい任務 僕は父親？ 赤ちゃんはエイリアン！ 泣きべそ育児 明るく輝く世界 男が育児をするということ 育児と病院 オムツとその中味 コドモとコトバ(萌芽編) 孫の力〔ほか〕

◇良いおっぱい悪いおっぱい 伊藤比呂美著 完全版 中央公論新社 2010.8 275p 16cm 〈中公文庫 い110-1〉〈初版：集英社1992年刊〉 762円 ①978-4-12-205355-7 Ⓝ914.6

|内容| 妊娠編 出産編 授乳編 育児編 家族計画編 産みます育てます

◇ママはぽよぽよザウルスがお好き 1 青沼貴子著 メディアファクトリー 2010.9 175p 21cm 〈幻冬舎2003年刊の加筆・修正、再編集〉 950円 ①978-4-8401-3531-3 Ⓝ726.1

◇ママはぽよぽよザウルスがお好き 2 青沼貴子著 メディアファクトリー 2010.9 175p 21cm 〈幻冬舎2003年刊の加筆・修正、再編集〉 950円 ①978-4-8401-3532-0 Ⓝ726.1

◇0点ママの子育て迷走日記 斉田直世著 幻冬舎 2010.9 205p 18cm 〈文献あり〉 952円 ①978-4-344-01890-7 Ⓝ599

|内容| 0点ママとゆかいな仲間たち 10点ママ、「英才教育」に右往左往の巻 20点ママ、「子どもにいい環境」を考えるの巻 30点ママ、「しつけの仕方」で不安になるの巻 40点ママ、「子育てレジェンド」に振り回されるの巻 50点ママ、「保育園・幼稚園・小学校」について考えるの巻

◇子育てメモリー 春野桜著 文芸社 2010.10 102p 19cm 800円 ①978-4-286-09209-6 Ⓝ599.049

◇ママはぽよぽよザウルスがお好き 3 青沼貴子著 メディアファクトリー 2010.10 165p 21cm 〈幻冬舎2003年刊の加筆・修正、再編集〉 950円 ①978-4-8401-3568-9 Ⓝ726.1

育児問題　　　　　　　　　　　　　　　　　　　　　　育児体験記

|内容| お弁当必勝法　リュウとアンのオムツ外し　ダーリンの旅立ち　魔の月曜日　モップさんにおまかせ!　働きママンの現実　男はスパルタ　子はかすがい?　マダムス夏の牧場へ　幼稚園えらびのポイント〔ほか〕

◇子育てハッピーたいむ―ななとひよこの楽しい毎日　1　太田知子著　1万年堂出版　2010.11　116p　21cm　933円　①978-4-925253-45-1　Ⓝ599

|内容| ななは小食　ひよこのいる部屋　謎の「うすめずこ」ちゃん　子どもには見えている(ちょっとコワい話…)　今日もひよこは絶好調　襲われたひよこ　ひよこからのプレゼント　にしおかさん　数えられるようになった!?　子どもの寝相〔ほか〕

◇オットと育児。―うちのイクメン観察記　たかせシホ著　竹書房　2010.12　134p　21cm　(Sukupara selection)　886円　①978-4-8124-4441-2　Ⓝ726.1

◇ソダテコ―子育てエッセイまんが　宇仁田ゆみ著　竹書房　2010.12　137p　21cm　(Sukupara selection)　857円　①978-4-8124-4440-5　Ⓝ726.1

◇君へのてがみ　菊田まりこ著　角川書店　2011.1　79p　15cm　(角川文庫　16637)　〈発売:角川グループパブリッシング〉　781円　①978-4-04-394411-8　Ⓝ599

|内容| 1 ようちえんの毎日　2 道くさ、遠まわり　3 あの日の虹を　4 おふとんタイム　5 ゆきの味　6 いよいよ一年生　7 君に吹く風　妹がうまれたよ　(あとがき)

◇だっこしておんぶして　菊田まりこ著　角川書店　2011.1　151p　15cm　(角川文庫　16638)　〈発売:角川グループパブリッシング〉　705円　①978-4-04-394409-5　Ⓝ599

|内容| ママになる　一カ月検診　おっぱいへの想い　香りのカギ　おでかけ　熱がでた　ごはんの時間　ママ友のススメ　片づかない部屋で　眠りの森は…　囲む手と声　出産―あの日の私へ

◇突然、9歳の息子ができました。―42歳、バツ3、自己破産男の気ままな育児術　叶井俊太郎著　サイゾー　2011.3　223p　19cm　1400円　①978-4-904209-12-7　Ⓝ599

|内容| 第1章　だめんず、パパになる(600人斬りのだめんずも、くらたまとはプラトニックラブだった!　9歳の息子ができました　同居初日に言われた"大人な一言"　元ヤリチンの娘だもの、目指せ"エロ系の遊び人風な女子"!　ほか)　第2章　だめんず、無職になる(くらたまは本当にズボラ!夫も驚く、衝撃の男性遍歴とは?　赤ん坊の扱いが雑すぎて、くらたまに怒られまくりです!　ダメな子ほどかわいい…オレも親の気持ちがわかるように!　ほか)　第3章　だめんず、よき夫になる("愛すべきだめ息子"まーくんに突撃!叶井パパの父親としての点数は?　くらたまのファッションセンスがヤバい!勝間和代さんとの旅行なのに…　遊んでるのか、遊ばれてるのか!?息子の友達とオレの不思議な友情　ほか)

◇オカアチャン1年生　コンドウアキ著　主婦と生活社　2011.4　149p　21cm　(トリペと2)　952円　①978-4-391-13934-1　Ⓝ599

|内容| 第1章(親の愛　いただきもの　ほか)　第2章(トリペは王様　人見知り　ほか)　第3章(まんま好き　父と娘　ほか)　第4章(うばい合い　お迎えにいったら　ほか)

◇子育て波乱万丈　たまこ著　文芸社　2011.4　174p　19cm　1000円　①978-4-286-10155-2　Ⓝ599.049

◇ごんたイズム―子育てバトル365日　カツヤマケイコ著　双葉社　2011.5　127p　21cm　950円　①978-4-575-30318-6　Ⓝ726.1

|内容| お母ちゃんて一体…　弱味を握られる　道のりは険しく　ホント苦労するよ!　兄としての自覚?　うちの子もしかして…!?　ごんた、外面がよすぎる!?　二歳児のギャグ力　夫婦の攻防　定番のしつけ技　男子の美学!?　柊太、お兄ちゃんになる　フォローが大変　いろいろな温度差

◇わがやのホットちゃん―育児絵日記　にしむらあつこ著　クレヨンハウス　2011.5　135p　19×19cm　1300円　①978-4-86101-191-7　Ⓝ599

◇うちの3姉妹「ぷりっつ家は今日ものほほん」―3姉妹4年間の子育て日記　子育て爆笑エッセイ　松本ぷりっつ著　主婦の友社　2011.6　127p　21cm　950円　①978-4-07-277960-6　Ⓝ599

|内容| 1　2007年4月～2008年3月―フー小2、スー年中、チー3才(入園・入学式シーズンに思

現代を知る文献ガイド　育児・保育をめぐって　　43

うこと　競馬場は3姉妹のパラダイス　ほか）　2　2008年4月～2009年3月—フー小3、スー年長、チー年少（あの"まんま小僧"が幼稚園に！　チーちゃんの弁当いよいよスタート　ほか）　3　2009年4月～2010年3月—フー小4、スー小1、チー年中（くじ引きで役員になっちゃった　3姉妹の学習タイムは寝る前　ほか）　4　2010年4月～2011年3月—フー小5、スー小2、チー年長（全員がひとつ進級する春　3姉妹はやっぱり3段ベッドでしょ！　ほか）

◇まず、ママが幸せに―産んで育てて、ニッポン・イギリス・フランス　蘭部容子文・イラスト　大阪　日本機関紙出版センター　2011.7　239p　19cm　（『子供の生きる国』（新風舎2005年刊）の加筆、修正、改題、新版）　1500円　①978-4-88900-872-2　Ⓝ599

内容　第1章　母国ニッポン（2度の流産、そして不育症？　3度目の妊娠、1820グラム長女を出産　ほか）　第2章　ジェントルマンの国イギリス（イギリス生活―日暮れとともに帰るパパ？　「地域で子育て」って、こういうことだったんだ　ほか）　第3章　愛とバカンスの国フランス（新たな人種、パリジャン　戦う女たち　ほか）　第4章　再びニッポン（何かが違う！日本の子育て　「なんでやねんっ!?」の数々　子どもは厄介なもの？　ほか）

◇ながはりさん家の子育て事情―まんがエッセイ　ながはり朱実著　長野　オフィスエム　2011.8　111p　15×22cm　1200円　①978-4-904570-40-1　Ⓝ726.1

◇働けECD―わたしの育児混沌記　植本一子著　ミュージック・マガジン　2011.8　205p　19cm　（ミュージック・マガジンの本）　1500円　①978-4-943959-29-8　Ⓝ914.6

内容　まえがき　直感で結婚しました　春　夏　秋　冬　巡って春　あとがき　今日も誰かのために生きる　バレたら困ることなんかもうない（ECD）

◇恵さんちのニューヨーク家族新聞　竹野恵著　アップオン　2011.8　74p　28cm　〈発売：主婦の友社〉　1500円　①978-4-07-279410-4　Ⓝ599

内容　1　小学校の先生です。共働きママは、パワー全開！（就活なき就職　婚活なき結婚　長嶋神話　ミジラー　ほか）　2　突然、ニューヨーク郊外での子育てがスタート！感激したり落ち込んだりを家族新聞に。（退職、そして渡米　日本の英語教育　ハムマルセラビー　ほか）　3　帰国して、もう一度先生になりたいと挑戦。子どもも、スクスク成長。そして…（過敏性腸症候群　サンドバッグ　結婚指輪事件　ほか）

◇おにいちゃんの子育て日記　たなせつむぎ編著　青風舎　2011.9　171p　19cm　1500円　①978-4-902326-28-4　Ⓝ599.049

◇ツレはパパ1年生　細川貂々著　朝日新聞出版　2011.9　151p　15cm　（朝日文庫　ほ15-1）　500円　①978-4-02-261708-8　Ⓝ726.1

内容　1　ちーと誕生！（あたらしい家族　おっぱいのこと　ついていけない…　産後うつ　やっとひといき）　2　ミルクがぶがぶ（ふたりで育児をやるということ　それぞれの出発　仕事復帰　コドモをあずける　はじめて電車に乗る　産後のひだち）　3　おかゆもぐもぐ（いろいろできるようになる　育児する人　仕事する人　育児してる人のストレス解消法は？　成長　僕は育児パパ）

◇おなかほっぺおしり　伊藤比呂美著　完全版　中央公論新社　2011.11　283p　16cm　（中公文庫　い110-3）〈初版：集英社1993年刊〉　667円　①978-4-12-205568-1　Ⓝ599

内容　おなかほっぺおしり（滅びゆくカノコ語　2回目の妊娠　元気　輝く夫　絵本　ほか）　うんこ　その他（うんこ　おっぱい　朝　雨の日のカノコちゃん　2回目のお産　ほか）

◇まんが親―実録！漫画家夫婦の子育て愉快絵図　1　吉田戦車著　小学館　2011.12　127p　21cm　（Big comics special）　743円　①978-4-09-183854-4　Ⓝ726.1

◇子育て七転び八起き　佐々木直子著　産業編集センター　2012.3　159p　19cm　1200円　①978-4-86311-070-0　Ⓝ911.56

内容　下町の大家族　佐々木家のアルバム　はじめに　九人の大家族は波瀾万丈！　第1章　一男六女の子どもたちへ　第2章　七人の子だくさん母ちゃんから子育てママへ　第3章　子育ての場は、わが愛すべき下町　第4章　大家族の母・妻、そして一人の女性として　おわりに　下町・肝っ玉母ちゃんのおせっかいな夢

◇たまご絵日記―新米かあちゃん奮闘記　ナナイロペリカン著　マイナビ　2012.3　175p　21cm　1000円　①978-4-8399-4121-5　Ⓝ726.1

内容 1 ゼリー状の宇宙人期　2 地球慣れした宇宙人期　3 借りてきた子猫期　4 放たれた小猿期　5 人間らしき子ども期　6 おっぱい卒業期

◇はるまき日記―偏愛的育児エッセイ　瀧波ユカリ著　文藝春秋　2012.6　255p　19cm　1200円　Ⓘ978-4-16-375380-5　Ⓝ599.049
内容 2010年　2011年

◇春香だより―父イタリア人、母日本人、イギリスで生まれ、スイスに育つ娘との〈親バカ〉育児記録　平川郁世著　文芸社　2012.7　427p　15cm　〈文献あり〉　800円　Ⓘ978-4-286-11976-2　Ⓝ599

◇一緒に歩こ！―ボクの育児日記　遠藤雅大著　文芸社　2012.9　258p　19cm　1200円　Ⓘ978-4-286-12544-2　Ⓝ599

◇女優かあさん　水野真紀著　大和書房　2012.9　174p　21cm　1300円　Ⓘ978-4-479-78251-3　Ⓝ599
内容 新米かあさんの章―生まれてから1歳くらいまで(帰宅1日目の夜　おっぱいとお仕事の関係　ほか)　やや慣れかあさんの章―2～3歳のころ(ああ、カート争奪戦　女優体重、やばいです　ほか)　ハワイかあさんの章(生後8ヵ月でパスポートにサイン？　海とおむつの関係　ほか)　幼稚園かあさんの章―3歳から(幼稚園選びって？　ママさんバレーボール初参加　ほか)　弁当かあさんの章(キャラ弁が苦手です　完食が自信につながる？　ほか)

◇子育て主夫青春物語―「東大卒」より家族が大事　堀込泰三著　言視舎　2012.10　187p　19cm　1400円　Ⓘ978-4-905369-47-9
内容 1 突然訪れた人生の転機―長男誕生から退職まで　2 楽しんだけどむなしい!?―カラ元気の逆単身赴任時代　3 期限なしの兼業主夫へ―在宅翻訳家の兼業主夫的生活スタート　4 実は昔から子育て主夫に向いていた!?―学生時代～長男誕生まで　5 子育ては人生観を変える

◇産めないから、もらっちゃった！　うさぎママ著　メタモル出版　2012.11　183p　19cm　1400円　Ⓘ978-4-89595-834-9
内容 第1章 アンに出会うまで(不妊の予感　マシューとの結婚　ほか)　第2章 ようこそ！アン(新生児アンとの出会い　新しい生活のスタート　ほか)　第3章 アンの子ども時代(乳幼児のアン　小学生のアン　ほか)　第4章 花ざかりのアン(アンの帰省　最後の真実告知―もうひとりの母のこと　ほか)

◇これでいいのだ！働くかあちゃん　ひらたともみ著　中経出版　2012.11　127p　21cm　933円　Ⓘ978-4-8061-4554-7
内容 登場人物紹介　母の葛藤　落ち着け自分！　温度差　将来は誰のもの？　ビバ！保育園　マダムの美容と健康　職業病？　兼業する人々　感謝シテマス！　心亡くさず…　おでかけのセオリー　誕生日の過ごし方　マネーイズマネー　子ヂカラ

◇ときめきの"子育て"―3人の子をテニスプレーヤー・医師・歯科医師・研究者に育てたマネージャーパパの物語　丹野勝弘，丹野惠子著　風土社　2012.11　263p　19cm　1429円　Ⓘ978-4-86390-014-1
内容 1 いわきの海に抱かれて　2 「芸能マネージャー的子育て」って、どういうこと？　3 悩んだ少年時代と、楽しんだ大学時代　4 ボクは芸能マネージャー！　5 いわきに帰ってきたのはいいけれど…　6 子育て、塾経営、テニスのコーチ　7 毎日テニスのことばかり　8 超能力者ウェインダカに教えられたこと　9 子どもたちの成長―テニスと勉強の両立　10 未来へ！

多胎児育児と支援

【雑誌記事】

◇乳幼児期のふたごやみつごを持つ母親の育児負担感の検討　武藤葉子，岩坂英巳，郷間英世 [他]　「教育実践総合センター研究紀要」(奈良教育大学教育学部附属教育実践総合センター) (19) 2010.3　p219～222

◇母親が双子一人ひとりの個性に応じた子育ての自信を得る過程の特徴について　小澤治美　「日本母性看護学会誌」(日本母性看護学会) 10(1) 2010.3　p9～16

◇NICUを退院した双子の母乳育児支援(特集 こんなケース、あなたならどうする？ 双子・三つ子の育児支援のプロになろう)　武市洋美　「ペリネイタルケア」(メディカ出版) 29(7)通号380　2010.7　p652～654

◇三つ子の母乳育児支援(特集 こんなケース、あなたならどうする? 双子・三つ子の育児支援のプロになろう)　氷見知子　「ペリネイタルケア」(メディカ出版)　29(7)通号380　2010.7　p655～657

◇日本双生児研究学会第31回研究会講演記録 地域医療からみた双胎妊娠の分娩と保育　池ノ上克　「日本双生児研究学会ニュースレター」(日本双生児研究学会)　(50)　2011.7　p2～6

◇双子の子育ての疲労に関する文献検討　片山理恵、内藤直子　「香川母性衛生学会誌」(香川母性衛生学会)　11(1)　2011.10　p13～18

◇双子を出産した母親は、2倍の母乳を分泌する?(特集 お母さんの質問に答えるヒントを見つけよう!「今さら聞けない」母乳育児の疑問)　武市洋美　「ペリネイタルケア」(メディカ出版)　30(10)通号397　2011.10　p915～918

◇多胎育児の社会的困難：母親へのインタビュー調査から　越智祐子、横田恵子　「神戸女学院大学論集」(神戸女学院大学研究所)　58(2)通号167　2011.12　p65～78

◇双子の母親の育児ストレスに関する研究：乳児期の双子育児をする母親の体験から　村上淳子、中新美保子、鈴井江三子　「川崎医療福祉学会誌」(川崎医療福祉学会)　22(1)　2012　p79～86

【図書】

◇地域における多胎育児支援に関する調査報告書　横田恵子編　西宮　神戸女学院大学文学部総合文化学科　2010.1　232p　30cm　(神戸女学院大学社会調査実習報告書 2009)　Ⓝ369.4

◇幼い双子と過ごす毎日―ふたご育児のワンポイントアドヴァイス　空井智子編著　ブックレット版　ビネバル出版　2010.7　63p　21cm　(童童 no.6)　〈発売：星雲社〉　980円　Ⓘ978-4-434-14526-1　Ⓝ599

内容 ふたごの親になる　夜泣き―いつまで続くの、この睡眠不足。指しゃぶり―指しゃぶりをしなくなる日は必ずくる。　後追い―この子たち達はストーカー?　ことばの遅れ―大丈夫かしら?　黙りっ子―大勢の中でだまってしまう　ライバル―けんかばかりしていてだいじょうぶ?　子どもの嘘1―おしゃべりが上手な三歳。　子どもの嘘2―注意が必要な子どもの嘘とは。　噛みつく子―攻撃性をよりよい発達に

集団生活へ―友だち二○○人できるかな? 離乳食 ふたごと過ごす毎日―三歳までの忙しさは覚悟しよう。生活リズムで乗り切る 自己主張―自己主張の強い子・弱い子 おもちゃ―同じおもちゃを二つ買う?

◇双子ザウルス奮闘記　川村真貴子著　名古屋　風媒社　2010.8　176p　19cm　1200円　Ⓘ978-4-8331-3158-2　Ⓝ599

内容 第1章 怪獣を育てよう!(地獄の時間差攻撃　「家庭内通訳」で夢が実現?　こだわりのおそろい、果たしていつまで?　ほか)　第2章 ワーキングマザーのつぶやき(未来の球児を今から洗脳　おふくろの味ってなんだろう?　双子育児に大切なものは?　ほか)　第3章 成長するザウルス・苦労は二倍、喜びは?(五月人形はしばらく我慢　ふれあい求める未熟児の母　早すぎる初恋のゆくえは　ほか)

◇多胎育児の特徴とサークル活動に関する調査報告書　横田恵子、越智祐子編　西宮　神戸女学院大学文学部総合文化学科　2011.1　110p　30cm　(神戸女学院大学社会調査報告書 2010)　Ⓝ369.4

◇いつも二人で楽しいな!―双子ザウルス奮闘記2　川村真貴子著　名古屋　風媒社　2012.8　163p　19cm　1200円　Ⓘ978-4-8331-3162-9　Ⓝ599

内容 第1章 もう、黙ってはいられない!(ザウルスよ、大志を抱け!　「ウサギ小屋」にウサギが住む日　ひょっとして、二人とも?　ほか)　第2章 赤ちゃんから子どもへ―新世紀へ突入!(うきうきどきどき、春の一日　懐かしき「授乳地獄」の日々　悩み多き、育ち盛りの靴選び　ほか)　第3章 目指せ!ランドセルの一年生(アカデミー賞ではないけれど…　困った時の「クッキングパパ」　子どもが描く母の顔　ほか)

未熟児・低出生体重児

【雑誌記事】

◇早産児をもつ親の育児に対する反応に関する記述研究　深谷久子　「椙山女学園大学看護学研究」(椙山女学園大学)　2　2010.3　p67～77

◇出生時体重が母親の育児に及ぼす影響―0～12歳児を持つ保護者への調査　鈴木康江、前田隆子、遠藤有里[他]　「米子医学雑誌」(米子医学会)　61(3)　2010.5　p93～99

◇安全?有効?出生直後のカンガルーケア(特集 周産期医療の向上を目指して—予知・予防・治療とシステムの最前線(新生児編)—予知・予防の進歩) 大木茂 「母子保健情報」(母子愛育会) (62) 2010.11 p38〜41

◇低出生体重児の母親がもつ育児不安の要因の検討—子どもがNICU入院中と退院後の比較 北村亜希子 「母性衛生」(日本母性衛生学会) 51(4) 2011.1 p694〜703

◇中国重慶におけるNICU退院後の早産児の母親が体験した育児上の困難・不安と対処行動 周明芳 「せいれい看護学会誌」(せいれい看護学会) 1(2) 2011.3 p1〜9

◇低出生体重児の母親の期待感・予期不安感と子ども統制不能感に影響する因子の検討—子どもがNICU入院中と退院後の比較 北村亜希子 「日本新生児看護学会誌」(日本新生児看護学会) 17(1) 2011.3 p2〜10

◇Late Preterm児を出産した母親の授乳や育児に関連する困難と乗り越えるのに影響した要因 立木歌織, 成田伸 「日本母性看護学会誌」(日本母性看護学会) 11(1) 2011.3 p59〜65

◇早産で出生した乳児の母親の育児困難感の特徴と関連要因：正期産児の母親との比較より 茂本咲子, 奈良間美保 「日本小児看護学会誌」(日本小児看護学会) 20(3)通号42 2011.11 p28〜35

◇低出生体重児の母乳育児確立に向けた支援について(相澤病院看護部講演集) 時田彩子 「相澤病院医学雑誌」(慈泉会相澤病院) 9(別冊) 2012.3 p19〜21

◇分娩直後のカンガルーケア(Skin to skin contact)が母親の対児感情、出産満足度および快適度に及ぼす影響 黒岩ひろ美, 小平有香, 坂口けさみ［他］ 「長野県母子衛生学会誌」(長野県母子衛生学会) 14 2012.3 p20〜27

【図書】

◇小さく生まれた赤ちゃんのこころの発達ケアと育児 大城昌平著 岡山 大学教育出版 2011.1 145p 22cm 3000円 ①978-4-86429-029-6 Ⓝ493.96

ひとりっ子・きょうだい

【雑誌記事】

◇きょうだいがいること・一人っ子であること—出産・子育て意識からの分析 吉原千賀 「奈良女子大学社会学論集」(奈良女子大学社会学研究会) (17) 2010 p83〜96

◇きょうだいに対する劣等感と養育態度の認知との関連 大和美季子, 吉岡和子 「福岡県立大学人間社会学部紀要」(福岡県立大学人間社会学部) 20(1) 2011.7 p61〜69

◇育児 きょうだいが増えるとき 榎田二三子 「婦人之友」(婦人之友社) 105(9)通号1300 2011.9 p83〜87

【図書】

◇ひとりっ子育てで大事にしたい20のこと 石川洋子著 京都 PHP研究所 2010.1 170p 19cm 1200円 ①978-4-569-77086-4 Ⓝ599

◇「ひとりっ子長男」のための本 多湖輝著 PHP研究所 2011.2 200p 15cm (PHP文庫 た29-11) 〈『「一人っ子長男」のための本』(新講社2004年刊)の改題、再編集〉 533円 ①978-4-569-67606-7 Ⓝ367.3

内容 第1章「ひとりっ子長男」ってどんな子?(ひとりっ子長男のイメージは、『ドラえもん』の「のび太くん」? きょうだいがいなくても大丈夫 ほか) 第2章 親は「ひとりっ子長男」とどうつき合うべき?(親とひとりっ子長男にとって、もっとも「重要」なことは? ひとりっ子を伸ばすためには「友だちと比較しない」 ほか) 第3章 今から考えておきたい「ひとりっ子長男」の結婚(ひとりっ子長男が結婚に「臆病」なわけ 「ひとりっ子長男」と「ひとりっ子長女」はベストパートナー ほか) 第4章「ひとりっ子長男」は大人になっても信頼できる(ひとりっ子長男は、会社勤めに向いている! ひとりっ子長男は「上司」とうまくやれる ほか)

◇「ひとりっ子長女」のための本 多湖輝著 PHP研究所 2011.5 189p 15cm (PHP文庫 た29-12) 〈『「一人っ子長女」のための本』(新講社2004年刊)の改題、再編集〉 514円 ①978-4-569-67642-5 Ⓝ367.3

内容 第1章「ひとりっ子長女」ってどんな子?(ひとりっ子長女はどのように育つのか ひと

りっ子のプラス面とマイナス面とは？ ほか）　第2章 お母さんと「ひとりっ子長女」の濃密な世界（「うちの子は特別」は子どもの心に負担になる　負けず嫌いもほどほどに ほか）　第3章「ひとりっ子長女」はどんな結婚を望んでいるか（ひとりっ子長女はどんな男性と相性がいい？　ひとりっ子長女は「家を継ぐ」気持ちがある？ ほか）　第4章「ひとりっ子長女」はどんな女性になるのか（ひとりっ子長女は「万能感」にひたりやすい？　ひとりっ子長女は「観察力」がすぐれている？ ほか）

◇「ひとりっ子長女」はこう育てる　多湖輝著　新講社　2012.3　190p　18cm　(Wide shinsho)　800円　①978-4-86081-431-1　Ⓝ379.9

内容　第1章「ひとりっ子」の子育ては楽か大変か？　第2章「ひとりっ子長女」が陥りがちな欠点に注意しよう！　第3章 ひとりっ子長女を育てる「母」の役割　第4章 ひとりっ子長女を育てる「父」の役割　第5章 ひとりっ子長女の「成長サイン」を知ろう　第6章 こんな時どうする？思春期の娘と母　第7章「子育ての基本」とはなんだろう？　第8章「ひとりっ子長女」の特性を伸ばそう

◇「ひとりっ子長男」はこう育てる　多湖輝著　新講社　2012.3　190p　18cm　(Wide shinsho)　〈『一人っ子長男』の父母の本』(2005年刊)の改題、再編集、新版〉　800円　①978-4-86081-430-4　Ⓝ379.9

内容　第1章「ひとりっ子長男」の何が問題なのですか？（「ひとりっ子はかわいそう」はナンセンス　ひとりっ子長男の代表は、「のび太」くん ほか）　第2章「楽しく育てる」と、明るい子に育つ（子育ては、親育て―子どもは親を映す鏡です　しつけは小さいうちから始めよう ほか）　第3章「ひとりっ子長男」を育てている父母へ、ここを注意して！（親と子が離れる時間も大切です　「無法松の一生」に見る「父」の役割 ほか）　第4章 父親は、ひとりっ子長男の「モデル」になろう（背中を見せる意味は、「雰囲気・生きざま」を見せること　ひとりっ子長男の「悲しい一日」にどうつき合うか？ ほか）　第5章 ひとりっ子長男の「成長サイン」を楽しむ！（乳・幼児の反抗は、成長のバロメーターです　園児のころには理屈屋になりますよ ほか）

男の子・女の子

【図書】

◇はじめての育児 男の子―からだとこころをすくすく育てる 0～3歳　渋井展子監修　大泉書店　2010.3　191p　24cm　〈索引あり〉　1200円　①978-4-278-03644-2　Ⓝ599

内容　1 赤ちゃんの発育とスキンシップ　2 赤ちゃんのお世話　3 心の発達と育みかた　4 毎日の生活としつけ　5 ママのサポート　6 ケガ・病気について

◇はじめての育児 女の子―からだとこころをすくすく育てる 0～3歳　渋井展子監修　大泉書店　2010.3　191p　24cm　〈索引あり〉　1200円　①978-4-278-03645-9　Ⓝ599

内容　1 赤ちゃんの発育とスキンシップ　2 赤ちゃんのお世話　3 心の発達と育みかた　4 毎日の生活としつけ　5 ママのサポート　6 ケガ・病気について

◇男の子の育て方―しっかり伸びる、たくましくなる 最新版　京都 PHP研究所　2010.5　102,8p　26cm　(PHPのびのび子育て増刊号)　476円

◇写真でわかる！はじめての男の子育児 0～3歳　渡辺とよ子監修　西東社　2010.8　255p　24cm　〈索引あり〉　1480円　①978-4-7916-1716-6　Ⓝ599

内容　1 男の子の発達・発育　2 男の子のお世話　3 赤ちゃんの栄養と離乳食　4 男の子の遊びとしつけ　5 産後＆育児中のママへ　6 大切な安全対策と健康

◇写真でわかる！はじめての女の子育児 0～3歳　渡辺とよ子監修　西東社　2010.8　255p　24cm　〈索引あり〉　1480円　①978-4-7916-1717-3　Ⓝ599

内容　1 女の子の発達・発育　2 女の子のお世話　3 赤ちゃんの栄養と離乳食　4 女の子の遊びとしつけ　5 産後＆育児中のママへ　6 大切な安全対策と健康

◇男の子の躾け方―あるドイツ人からの提言　クラウス・シュペネマン著　光文社　2010.11　227p　16cm　(光文社知恵の森文庫 tレ2-1)　〈1980年刊の加筆修正〉　533円　①978-4-334-78568-0　Ⓝ379.9

内容 第1章 家庭でどう躾けるか(子どもは、神から与えられた謎である　集団生活の規律を重んじて、個性の芽をつまない　小さいときから、時間の責任を持たせよう　ほか)　第2章 学校でどう導くか(教師の能力によって、子どもの可能性は見いだされる　PTAに父親を参加させよう　他人の子どもを注意できる親になろう　ほか)　第3章 社会でどう鍛えるか(無趣味型人間は主役になれない　思いっきり遊ばせると、勉強と遊びのケジメがつく　父親が、まずよく学び、よく遊べ　ほか)

◇男の子のしつけに悩んだら読む本―言うこと聞かない！落ち着きない！　原坂一郎著　すばる舎　2010.11　182p　19cm　1300円　Ⓘ978-4-88399-968-2　Ⓝ599.9

内容 第1章 男の子の「しつけ」はタ～イヘン!?(男の子の母親にやってくる「もうっ！」「あ～あ」の毎日　うちの子、どうしてこんなことばかりするの!?　ほか)　第2章 男の子がのびのび育つ「しつけない」しつけ(「10回言って改まったらラッキー」と思う　しないときに叱るより、したときに褒める　ほか)　第3章 親が5％変わるだけで、子どもは50％変わる！(お母さんのほんの少しの変化で、子どもは大きく変わります！　「あきらめる」と、子どもにもっとやさしくなれます　ほか)　第4章 「男の子がいる楽しさ」はこれだ！(これが、男の子のいる母親しか味わえない楽しさです！　男の子は、知らなかった世界を見せてくれる　ほか)　第5章 子育てがラク～になる、ちょっとした考え方(子育てに「プラス思考」を　実際にそれが起こってから悩む　ほか)

◇女の子の育て方―「愛され力」＋「自立力」＝「幸福力」。0～15歳児の親が必ずしておくべきこと。完全保存版　諸富祥彦著　WAVE出版　2010.11　235p　19cm　1300円　Ⓘ978-4-87290-501-4　Ⓝ379.9

内容 第1章 「ハッピーな女の子」を育てるしつけの基本　第2章 女の子の「学力」を伸ばす法則―知的好奇心と向上心のあるお子さんに育てるために　第3章 女の子の「恋愛力」と「結婚力」の育て方―愛されオーラを放つ素敵な女性の秘訣は「自己肯定力」　第4章 「思春期のグループ化」＝「女子の戦場」の乗り越え方　第5章 母娘の絆を深めるために　第6章 「幸せな人生を送れる女性」を目指して

◇男の子が自立する子育て―18歳までに未来を切りひらく力をつける　北原福二著　かんき出版　2011.3　205p　19cm　1300円　Ⓘ978-4-7612-6738-4　Ⓝ379.9

内容 第1章 さなぎの時代にこそ「自立」の芽を育てる　第2章 「自分」をまるごと伝える力を育む　第3章 困難も苦にせず動く「自律心」を養う　第4章 自立力をつける「振り返り・先読み習慣」　第5章 自立心とともに身につく「生きる力」とは？　第6章 子どもを巣立たせるための家庭での生活習慣

◇男の子が本気でやる気を出す育て方―遊んでばかりのうちの子、いつになったらビシッとするの？　横峯吉文著　すばる舎　2011.6　190p　19cm　1300円　Ⓘ978-4-7991-0029-5　Ⓝ379.9

内容 第1章 本気になると、男の子はどこまでも伸びる！(遊んでばかりのうちの子、いつになったら変わる!?　男の子を「本気でやる気にさせる」には？　ほか)　第2章 「小学生のうちは元気に遊んでいればいい」の間違い(「小学校からそんなに勉強しなくていい」は本当？　学校に任せておけば大丈夫？　ほか)　第3章 家庭でできる！やる気スイッチがぐんぐん入る秘訣(今遊んでばかりの子も、たった3カ月で勉強の習慣がつく！　まずは遊びの一環として、やらせてみる　ほか)　第4章 男の子にはどんどん「経験」をさせなさい(男の子はたくさんの経験をして、大きく成長する　まずは「生活全般の面倒をみすぎない」ことから　ほか)　第5章 自分の力で生きていける「強い男」に育てるために(「かまいすぎ」が男の子をダメにしてしまう！　男の子は放っておくと、甘えん坊で弱虫のまま　ほか)

◇男の子が打たれ強くなる子育て　福地信也著　PHP研究所　2011.7　191p　19cm　1200円　Ⓘ978-4-569-79703-8　Ⓝ379.9

内容 序章 今、こんな子どもたちが増えている　第1章 夢や目標を持つと強くなれる　第2章 正しく考える力が道を拓く　第3章 安心できる居場所が子どもを強く成長させる　第4章 成功体験が子どもの心を強くする　第5章 たくましく、積極的な子どもに育てる　第6章 男の子に求められるセルフ・リーダーシップ

◇男の子の育て方―たくましくなる、考える力がつく　京都　PHP研究所　2011.7　128p

29cm 〈PHPのびのび子育て増刊号〉
648円

◇男の子が前向きになる子育て 河合恒男著 PHP研究所 2011.8 191p 19cm 1200円 ⓘ978-4-569-79766-3 Ⓝ379.9

内容 はじめに―多くの人の力を借りて、楽しみながら子育てをしましょう 第1章 「男の子」の特徴を理解する 第2章 前向きな心を育てる親の態度 第3章 男の子を前向きにするスイッチの入れ方 第4章 わが子を自立させるために 第5章 男の子を前向きに勉強させるコツ おわりに―そっと子どものそばに寄り添って、その成長を温かく見守っていきましょう

◇心の強い男の子の育て方―10歳までに知っておきたい! 和田秀樹著 学研パブリッシング 2011.12 215p 19cm 〈発売:学研マーケティング〉 1300円 ⓘ978-4-05-405179-9 Ⓝ379.9

内容 第1章 男の子は、あとからぐんぐん伸びてくる! 第2章 お母さんと男の子は「ベタベタ関係」でOK! 第3章 男の子の「しつけ」で知っておきたいこと 第4章 おけいこごとで、わが子の「強み」をつくる 第5章 心の強さを育む家庭のちから 第6章 「友だち力」の身につけ方 第7章 プレッシャーに負けない子にするために 第8章 心を伸ばす言葉かけの習慣 第9章 思春期、男の子の気持ちに寄り添う方法 第10章 子育てが思うようにいかなくなったとき…

◇マンガでわかる男の子の伸ばし方 諸富祥彦著、池田柚規マンガ 宝島社 2011.12 159p 21cm 1000円 ⓘ978-4-7966-8567-2 Ⓝ379.9

内容 第1章 こんなときどうしたらいいの?男の子のしつけの方法(毎日ガミガミ怒ってしまう自分がイヤになります。どうしたら聞きわけのいい子になりますか? ベタベタと甘えてばかりで、将来が心配です。ほか) 第2章 幼稚園から小学生のしつけ(男の子でも家事をさせたほうがいいですか? モジモジして、言いたいことを言いません。ハッキリものを言う子に育てたいのですが…。ほか) 第3章 男の子が「遊び」から学ぶこと(落ち着きがなくチョロチョロ動き回るので、困っています。 虫の死骸を箱いっぱい集めたり、くだらないことばかりしています。もう、やめさせたいのですが。ほか) 第4章 思春期の男の子への接し方(小学生なの

にブランド志向で、無駄遣いが多いです。将来借金まみれになるのではと心配です。 急にホラー映画ばかり見るようになりました。やめさせたいのですが、どうすればいいでしょうか。ほか)

◇ママのための男の子がわかる本 篠原菊紀著 宝島社 2012.2 187p 16cm 〈宝島sugoi文庫 Fし-3-1〉 〈『男の子の脳を伸ばすのは、どんな親?』(2009年刊)の改題改訂〉 600円 ⓘ978-4-7966-8960-1 Ⓝ379.9

内容 第1章 男の子の脳はこう見よう(男の子ってどうしてこうなの?と感じたら まずはチェック!「男の子脳度」ほか) 第2章 男の子の心身の成長と脳(運動会で行進がちゃんとできているか? 男の子のチョロチョロにはわけがある ほか) 第3章 男の子の学力と脳(前頭葉はいつでも伸びる 男の子は勉強もハマれば伸びる ほか) 第4章 男の子のしつけと脳(脳の中の"イヤイヤ虫"撃退法 言葉遣いで脳が変わる! ほか) 第5章 男の子の脳を伸ばす親とは?(子どもの良いところをいくつ言えますか? 伸びると信じれば子どもは伸びる ほか)

◇お母さんのための「男の子」の育て方 高濱正伸著 実務教育出版 2012.6 228p 19cm 1300円 ⓘ978-4-7889-1054-6 Ⓝ379.9

内容 第1章 お母さんはタイヘン!男の子って、こんな生き物だ!(落ち着きがない 何度言っても忘れる/片づけができない ほか) 第2章 自立―ひとりでメシが食えて頼りになる男に育てる(もう一度見直したい生活習慣としつけ テレビゲームには本当に気をつけて ほか) 第3章 魅力―まわりから好かれてお母さんも大事にする男に育てる(「僕のこと、大好きだもんね」が自信になる 他人とぶつかり合えた回数で幅の広さが決まる ほか) 第4章 学習―お母さんがつい自慢しちゃうほど優秀な男に育てる(「お母さんのためのやっつけ勉強」に注意 「考える=楽しい」だけを目的に ほか)

◇教えてほしい!男の子の育て方―どうしてそんなことするの? 兵頭惠子著 京都 PHP研究所 2012.7 187p 19cm 1200円 ⓘ978-4-569-80470-5 Ⓝ379.9

◇幸せな母娘関係を築く女の子の育て方 川井道子著 すばる舎 2012.7 189p 19cm 1300円 ⓘ978-4-7991-0088-2 Ⓝ379.9

[内容] 第1章 女の子は本当に「育てやすい」？(「育てやすくていいわね」と言われるけれど… 女の子には女の子の大変さがある！ 分かり合える分、ぶつかり合うことも多い 娘に自分自身を投影してしまう でもやっぱり、女の子を産めてよかった！) 第2章「同性だからわかり合える」の誤解(母娘関係にはいくつかのパターンがある 母も娘も完璧主義!?優等生母娘 娘がしっかり者の逆転親子 同じ土俵で張り合うライバル母娘 いつでも一緒!の友だち母娘 母娘だからこそ距離をおこう) 第3章 幸せになれる女の子の育て方(娘さんの話をしっかり聴いていますか？ 女の子は「気持ちをわかってほしい！」 バトルに発展しない上手な叱り方 大げさなほめ言葉は通じない 「女の子らしさ」はどこまで大切？ 気をつけたい"長女"の育て方 娘の友だち寛刑に踏みこみ過ぎない) 第4章 自分の母親との関係を見直そう(子育ての悩みのもとは自分の子ども時代にある あなたの「〜でなければ」は何ですか？ 孫である娘を甘やかす母を見ると… 「私は親とは違う子育てをするんだ」 大人になった今も親の顔色を伺ってしまう 自分を縛りつけていたルールを手放すには？ 「母は母、私は私」と思えたときがスタート) 第5章 娘とずっと良い関係を続けていくために(本当の「女の幸せ」って何？ 「あなたは大切な存在」と伝え続けよう まずはお母さん自身が幸せでなくっちゃ 思春期の女の子とどう向き合う？ イマドキの母娘事情 思春期は子育ての卒業試験 20歳になった娘さんと、どんな親子でいたい？)

◇男の子の育て方—男の子の気持ちがわかるママの心が楽になる 秦野悦子著 日本文芸社 2012.10 175p 19cm 1300円 ①978-4-537-21045-3

[内容] 第1章 疲れないしつけ、あります(まずはイライラの原因と向き合おう 叱り方とほめ方のポイントを知ろう ほか) 第2章 こんなときどうしたらいいの？ケース別対処法(性格編(人の話を聞かない 叱られても同じことをする ほか) 遊び・お友だち・学校編(ゲームばかりしている すぐに手が出る ほか) 第3章 まずは観察、ママさんと子どもの性格を知ろう(子どもの性格を知ろう 「疲れない育児」は性格によって違います ほか) 第4章 ママの悩みはいろいろ！Q&A(ママ友は数人いますが、心から話せる人がいません 祖父母が孫に甘く、しつけの妨げになります ほか)

◇人気心理学者が教える正しい男の子の育て方しつけ方 内藤誼人著 成美堂出版 2012.10 239p 15cm (成美文庫) 524円 ①978-4-415-40200-0

[内容] 1章 子育ての常識は、非常識(男の子には、しっかり勉強させるのが正解 「学校の勉強は無意味」は本当？ ほか) 2章 親の威厳を取り戻す(生意気な口のきき方を許さないように 子どもが尊敬できる親になるには？ ほか) 3章 子どもをぐんぐん伸ばす学習法(男の子には速く食べる習慣をつけさせよう 「うちの子どもは天才」と思い込む ほか) 4章 子育てにまつわる心のモヤモヤを吹き飛ばす(子どもは親が思っているより、百万倍もたくましい 負けの味を教えるのが本当の教育 ほか) 5章 これだけは覚えておきたい子育ての心構え(甘過ぎる教育は、子どもの成長に悪影響 厳しいルール(法律)を作る ほか)

◇息子育てが楽しくなる！男の子あるある 篠原菊紀,男の子あるある委員会著 小学館 2012.10 159p 19cm 900円 ①978-4-09-311408-0

障害児の育児

【雑誌記事】

◇障害児の家族支援における日米比較—米国「ペアレント・センター」「TLG」「ヘッドスタート」の3制度をもとに 高尾淳子 「愛知教育大学幼児教育研究」(愛知教育大学幼児教育講座) (15) 2010 p49〜56

◇デンマークにおける乳幼児期のインクルーシブ教育・保育 齋藤正典, GaborToth 「相模女子大学紀要. A, 人文系」(相模女子大学) 74 2010年度 p59〜70

◇障害のある乳幼児に不適切な養育が生じるプロセス—事例研究を通じて 一瀬早百合 「社会福祉」(日本女子大学社会福祉学科) (51) 2010 p53〜65

◇混合型血管奇形をもつ子どもへの育児の実際 河村翼, 桑田弘美 「日本看護学会論文集. 小児看護」(日本看護協会出版会) 41 2010 p60〜63

◇障害のある児童生徒の養育に関する主養育者へのインタビュー—両親の性的役割分業と家庭内及び社会的支援のニーズについて 遠藤理恵, 平田道憲 「広島大学大学院教育学研究科紀要. 第

二部，文化教育開発関連領域」（広島大学教育学部，広島大学大学院教育学研究科）　(59)　2010　p381～390

◇社会小児科学　聞こえない赤ちゃんの育児について　岡本みどり　「小児科」（金原出版）　51(1)　2010.1　p85～90

◇「聴こえない・聴こえにくい子ども」の子育て―人工内耳がもたらした可能性　星野友美子　「女性文化研究所紀要」（昭和女子大学女性文化研究所）　(37)　2010.3　p51～61

◇自閉性障害児の親に対するペアレントトレーニングに関する研究―ビデオフィードバックが親の養育行動にもたらす効果の検討　上野茜，野呂文行　「特殊教育学研究」（日本特殊教育学会）　48(2)通号190　2010.7　p123～133

◇子育てぶっつけ本番　怒田里恵子　「発達プログラム」（身体障害者団体定期刊行物協会）　(117)　2010.7　p40～45

◇自閉症を主とする広汎性発達障害の子どもをもつ母親の子育てのプロセス　山本真実，門間晶子，加藤基子　「日本看護研究学会雑誌」（日本看護研究学会）　33(4)　2010.9　p21～30

◇第113回日本小児科学会学術集会 教育講演 子育て支援から始める軽度発達障害の臨床―ペアレントトレーニングを中心に　横山浩之　「日本小児科学会雑誌」（日本小児科学会）　114(9)　2010.9　p1367～1372

◇障がいをもつ子どもの家族支援へのとり組み―「fairy noon」育児支援の実践報告と課題　江南宜子，岡本啓子　「畿央大学紀要」（畿央大学）　(12)　2010.10　p51～56

◇子育てぶっつけ本番　島崎純子　「発達プログラム」（身体障害者団体定期刊行物協会）　(118)　2010.10　p40～44

◇障害児を養育する家族のエンパワメント測定尺度Family Empowerment Scale (FES)日本語版の開発　涌水理恵，藤岡寛，古谷佳由理［他］　「厚生の指標」（厚生労働統計協会）　57(13)通号900　2010.11　p33～41

◇子どもの障害を認めず，クレームの多い母親への支援（特集 保育のプロとして保護者を支援する）　安東知子　「保育の友」（全国社会福祉協議会）　58(13)　2010.11　p17～19

◇保育現場からみた発達障害の家族支援（特集 発達障害の家族支援―家族と協働するための実践スキル）　田川元康　「子育て支援と心理臨床」（福村出版）　2　2010.12　p27～32

◇障害児の母親の育児意識―障害児ときょうだいの比較を中心に　三原博光，松本耕二　「総合社会福祉研究」（総合社会福祉研究所）　(37)　2010.12　p139～151

◇子育てぶっつけ本番　佐藤和代　「発達プログラム」（身体障害者団体定期刊行物協会）　(119)　2010.12　p40～44

◇特別支援学校に在籍する子どもの母親のしつけの悩み　山地亜希，白坂真紀，桑田弘美［他］　「岐阜大学教育学部研究報告．人文科学」（岐阜大学教育学部）　60(1)　2011　p189～195

◇発達障がい児やその母親への幼稚園・小中学校からの支援に関する質的研究：発達障がい児をもつ母親の視点から　三島美砂，淵上克義　「研究集録」（岡山大学大学院教育学研究科）　(148)　2011　p61～68

◇発達障害児をもつ親の養育上の不安と支援のあり方について―事例記録からの一考察　新村享子　「東北福祉大学研究紀要」（東北福祉大学）　35　2011　p67～79

◇教育相談機関におけるグループペアレント・トレーニングの効果と参加者アンケートによるプログラムの妥当性の検討　阿部美穂子，深澤大地　「富山大学人間発達科学部紀要」（富山大学人間発達科学部）　5(2)　2011　p29～39

◇障害のある子どものきょうだいを育てる保護者の悩み事・困り事に関する調査研究　阿部美穂子，神名昌子　「富山大学人間発達科学部紀要」（富山大学人間発達科学部）　6(1)　2011　p63～72

◇発達障害児を養育する家族のエンパワメントに関連する要因の探索―Family Empowerment Scale日本版語を用いて　涌水理恵，藤岡寛，古谷佳由理［他］　「小児保健研究」（日本小児保健協会）　70(1)　2011.1　p46～53

◇発達障害とみられる幼児に関する保育者の気づきと対応　畠山美穂，畠山寛　「北海道教育大学紀要．教育科学編」（北海道教育大学）　61(2)　2011.2　p101～107

◇障がい児の母親が療育機関に通所する前に必要とする子育て支援　樋掛優子　「小児の精神と神経 : 日本小児精神神経学会機関誌」（日本小児精神神経学会, アークメディア（発売））　51(1)通号190　2011.3　p67～76

◇障害のある学齢期の子どもと主養育者の生活時間の相互関連　遠藤理恵, 平田道憲　「生活経営学研究」（日本家政学会生活経営学部会）　(46)　2011.3　p25～34

◇発達障害児をもつ母親の育児感情 — 両親が協力しやすい育児環境づくりへの検討　溝部恵　「人間発達研究所紀要」（人間発達研究所）　(22・23)　2011.5　p27～48

◇子育てぶっつけ本番 — 東日本大震災のなかで　高島陽子　「発達プログラム」（身体障害者団体定期刊行物協会）　(121)　2011.5　p46～51

◇発達障害への気づき — 保護者の視点 (特集 発達障害 — 発達障害への気づきと関係諸機関との連携)　田中晶子　「母子保健情報」（母子愛育会）　(63)　2011.5　p49～52

◇子どものほめ方の紹介 — 保健所ほめ方教室から「ほめてほめられニコニコ風土づくり」へ (特集 発達障害 — 子育てを支える取り組み)　弓削マリ子　「母子保健情報」（母子愛育会）　(63)　2011.5　p65～70

◇ペアレントトレーニングの紹介 (特集 発達障害 — 子育てを支える取り組み)　岩坂英巳　「母子保健情報」（母子愛育会）　(63)　2011.5　p71～75

◇親教育支援プログラムNobody's Perfectの取り組み (特集 発達障害 — 子育てを支える取り組み)　三沢直子　「母子保健情報」（母子愛育会）　(63)　2011.5　p76～80

◇障害者自立支援法上の居宅介護（家事援助）等の業務に含まれる「育児支援」について　「リハビリテーション」（鉄道身障者福祉協会）　(533)　2011.5　p24～27

◇発達障害のお子さんをもち, 子育てに困っているお母さんたちへのペアレントトレーニング実践報告　河井悦子, 森口百々子, 鎌倉尚憲［他］「さぽーと : 知的障害福祉研究」（日本知的障害者福祉協会, 星雲社（発売））　58(6)通号653　2011.6　p32～37

◇養育スタイル尺度の作成 — 発達的変化とADHD傾向との関連から　松岡弥玲, 岡田涼, 谷伊織［他］　「発達心理学研究」（日本発達心理学会）　22(2)　2011.6　p179～188

◇障碍のある子どもたちを安心して育てられる環境と仕組みを (特集 子どもの安全と安心をどう保障するのか — 第1分科会 障がいのある子どもの養育を考える)　高山慶子　「社会的養護とファミリーホーム」（福村出版）　2　2011.7　p24～28

◇母子通園施設を利用した母親の心理状態 — 支援過程において障害児を持つ母親の表出された気持ちから　大鐘啓伸　「発達心理学研究」（日本発達心理学会）　22(3)　2011.9　p308～317

◇父親たちによるリレー寄稿 発達障害をもつ子どもの子育てを通じて学んだこと　福島豊　「Aspheart : 広汎性発達障害の明日のために」（アスペ・エルデの会）　10(1)通号28　2011.9　p64～69

◇ADHD児をもつ母親への短期間のペアレント・トレーニングの試み　伊藤信寿　「発達障害研究 : 日本発達障害学会機関誌」（日本発達障害学会）　33(4)通号137　2011.11　p436～446

◇子どもたちの抱える障がいと養育家庭への支援の必要性（心身にハンディのある子どもの里親家庭養育）　川名はつ子　「新しい家族 : 養子と里親制度の研究」（養子と里親を考える会）　(55)　2012　p4～21

◇広汎性発達障害児をもつ母親の育児ストレッサーと父親の母親に対するサポート　岡野維新, 武井祐子, 寺崎正治　「川崎医療福祉学会誌」（川崎医療福祉学会）　21(2)　2012　p218～224

◇特集 発達障がい児をめぐる子育て支援の可能性　「こども未来」（こども未来財団）　(1)　2012年度　p6～11

◇「自閉症スペクトラムの特性を持つ母親」の子育て　栗山惠久子　「障害学研究」（障害学会）　(8)　2012　p163～166

◇障害児を治す医師に聞く(1)片岡直樹医師 テレビ・ビデオに任さない子育てを　片岡直樹　「食品と暮らしの安全」（食品と暮らしの安全）　(273)　2012.1　p12～17

◇就園前の発達障害の特徴を持つ子どもの保護者のための個別育児支援プログラムのアウトカム

◇ダウン症児の両親の子育て：役割行動と夫婦間コミュニケーション　菅原和恵, 前田優紀未　「筑波大学学校教育論集」（筑波大学附属学校教育局）　(34)　2012.3　p9~17

◇気管切開管理を必要とする重症心身障害児を養育する母親が在宅での生活を作り上げていくプロセス　水落裕美, 藤丸千尋, 藤原史恵［他］「日本小児看護学会誌」（日本小児看護学会）21(1)通号43　2012.3　p48~55

◇子育てぶっつけ本番　古家裕美子　「発達プログラム」（身体障害者団体定期刊行物協会）(124)　2012.3　p43~49

◇障害のある子どもと家族支援に関する研究：おもちゃ図書館の福祉機能の検討　高村豊, 伊藤健次　「幼児教育研究紀要」（名古屋経済大学・名古屋経済大学短期大学部幼児教育研究会）(24)　2012.3　p11~33

◇乳幼児期における母親の発達障害の認識と保育者の支援技術についての研究　小川圭子　「幼年児童教育研究」（兵庫教育大学幼年教育コース）(24)　2012.3　p25~31

◇父親たちによるリレー寄稿 発達障害をもつ子どもの子育てを通じて学んだこと　山岡修　「Aspheart：広汎性発達障害の明日のために」（アスペ・エルデの会）10(3)通号30　2012.3　p74~78

◇障がいのある子どもを育てる母親の想い（総特集 発達障がい児への対応と支援：看護師としてできることは何か）　両角美映　「小児看護」（へるす出版）35(5)通号439　2012.5　p652~657

◇子育てぶっつけ本番　久保田千晶　「発達プログラム」（身体障害者団体定期刊行物協会）(125)　2012.5　p36~41

◇障害児の親へのメンタルヘルス支援（特集 子育て支援：乳幼児と向き合う心理臨床）　原仁　「臨床心理学」（金剛出版）12(3)通号69　2012.5　p317~323

◇教育相談センターが実施する「気になる子」の保護者に対するペアレント・トレーニングのあり方と効果　水内豊和, 阿部美穂子　「LD研究」（日本LD学会）21(2)通号49　2012.5　p270~284

◇子ども 偏見と無理解を乗り越えて 発達障害と子育て　大重史朗　「Aera」（朝日新聞出版）25(30)通号1350　2012.7.16　p26~28

◇就学前の発達障害をもつ子どもの親を対象とした育児支援プログラム　中山かおり, 佐々木明子, 田沼寮子　「日本地域看護学会誌」（医学書院エムワイダブリュー）15(1)　2012.8　p45~51

◇チャイルドケアレポート(No.25)巷野悟郎の子育て対談(23)視覚障碍者の子育てに学ぶ　巷野悟郎, 甲賀佳子　「小児科臨床」（日本小児医事出版社）65(9)通号780　2012.9　p2093~2100

◇発達障害児の保護者における養育スタイルの特徴　中島俊思, 岡田涼, 松岡弥玲［他］　「発達心理学研究」（日本発達心理学会）23(3)　2012.9　p264~275

◇子育てぶっつけ本番　渡部敬子　「発達プログラム」（身体障害者団体定期刊行物協会）(126)　2012.9　p39~43

◇「知的障害がある子どもを育てる母親の子育てエンパワメント質問票」の信頼性・妥当性の検討　有吉正則, 山田孝　「作業療法：JOTR」（日本作業療法士協会, 協同医書出版社（発売））31(5)通号170　2012.10　p463~471

◇大平光代×野田聖子 対談 ハンディキャップのある子を授って キャリアか, 子育てか 「母は弱し」を実感しています　大平光代, 野田聖子　「婦人公論」（中央公論新社）97(21)通号1358　2012.10.7　p56~60

【図書】

◇一緒にゆっくり歩んでゆこう―自閉症育児と私の想い　華凛著　東京図書出版会　2010.1　124p　20cm　〈発売：リフレ出版〉　1000円
①978-4-86223-382-0　Ⓝ916
内容　兄弟とのかかわり　病院の先生との出会いの中で　出会いと別れの季節　あしたになればサプライズな毎日!?　「世界に一つだけの花」の想いを胸に―卒園を迎えて　紙と鉛筆とハサミ―遊びに必要なものとは　灯りのつかない教室　「はんぶんこ」の思いやり　退屈な時間とは〔ほか〕

育児問題　　　　　　　　　　　　　　　　　　　　　　　　　　障害児の育児

◇自閉症のこころをみつめる―関係発達臨床からみた親子のそだち　小林隆児著　岩崎学術出版社　2010.3　211p　20cm　〈文献あり〉　2400円　Ⓘ978-4-7533-1002-9　Ⓝ493.9375

内容　第1章「発達」と「障碍」について考える　第2章 関係発達支援の枠組みと具体的な進め方　第3章 臨床経過の記述方法について　第4章 関係発達支援の実際―幼児期における親子関係の変容過程　第5章 親と子のこころのそだち

◇発達障がいと子育てを考える本　1　はじめてみようからだの療育―自閉症スペクトラムを中心に　日原信彦,中山修監修　京都　ミネルヴァ書房　2010.3　61p　27cm　2500円　Ⓘ978-4-623-05707-8　Ⓝ378

内容　第1章 無理をしない療育のすすめ(子どもの育ち方で心配なことが　知っておきたい発達の基礎知識　発達障がいって、どういうの？　動きのぎこちなさはどうして？　どのように育てていけばいいの？　遊びのひらめきを大事に)　第2章 無理をしない「からだ」の療育の実際(ぶらんこ遊びになじめるように　坂道、あぜ道、いろいろな道を歩く　キャッチボールをいっしょにしたいな　跳びはねているのにジャンプは苦手!?　坂すべりで新しい動きにチャレンジ　でんぐり返しはポーズのまねっこ　自転車に乗りたがるけど、どう教える？　立ったりしゃがんだり、姿勢の変換をスムーズに　大人との組み遊びでいろいろな姿勢を　リズムにのって、ダンスできるといいな)

◇発達障がいと子育てを考える本　2　はじめてみようことばの療育　佐竹恒夫,東川健監修　京都　ミネルヴァ書房　2010.3　65p　27cm　〈文献あり〉　2500円　Ⓘ978-4-623-05708-5　Ⓝ378

内容　第1章 無理をしない療育のすすめ(子どもの育ち方で心配なことが　知っておきたい発達の基礎知識　発達障がいって、どういうの？　ことばの発達について教えて　ことばの遅れって、どう考えればいいの？　どのように育てていけばいいの？　ゆたかなコミュニケーションのために)　第2章 無理をしない「ことば」の療育の実際(「ちょうだい」が伝えられるといいな　日常の身近な活動からものごと・ことばの理解へ　「いやだ」「やめて」をもっと穏やかに　予告により見通しをもてるように　今日あったこと、話し合えたらいいな　絵本をいっしょに楽しみたい　遊びも歌も自分だけの世界!?　社会的な約束ごと、どう言えばわかる？　気持ちを伝えられるようになれば　なぞなぞ、しりとり、そろそろできる？)

◇発達障害を予防する子どもの育て方―日本の伝統的な育児が発達障害を防ぐ　澤口俊之,片岡直樹,金子保著　メタモル出版　2010.4　121p　21cm　1200円　Ⓘ978-4-89595-727-4　Ⓝ378

内容　第1章 幼児期の発達の様子が変わってきています　第2章 教室の子どもの様子が変わってきています　第3章 急増している発達障害の子どもたち　第4章 テレビ・ビデオ・DVDに頼らない子育てを　第5章 脳生理学研究からの発達障害の予防　第6章 発達障害の効果的な治療方法からの予防研究　第7章 この実践がわが子を発達障害から守ります　第8章 経験不足による学習不適応(学習障害)を予防しましょう

◇発達障がいと子育てを考える本　3　はじめてみよう・ゆびの療育―自閉症スペクトラムを中心に　日原信彦,中山修監修　京都　ミネルヴァ書房　2010.4　61p　27cm　2500円　Ⓘ978-4-623-05709-2　Ⓝ378

内容　第1章 無理をしない療育のすすめ(子どもの育ち方で心配なことが…　知っておきたい発達の基礎知識　発達障がいって、どういうの？　動きのぎこちなさはどうして？　ほか)　第2章 無理をしない「て・ゆび」の療育の実際(まずは手のひらを大きく使おう　ブロック遊びでつまむ動きを　砂場遊びで道具を使おう　必ず完成!?10分工作から始める　ほか)

◇発達障がいと子育てを考える本　4　はじめてみようきく・みる・かんじるの療育―自閉症スペクトラムを中心に　中山修編,内山登紀夫監修　京都　ミネルヴァ書房　2010.4　61p　27cm　2500円　Ⓘ978-4-623-05710-8　Ⓝ378

内容　第1章 無理をしない療育のすすめ(子どもの育ち方で心配なことが…　知っておきたい発達の基礎知識　発達障がいって、どういうの？　感覚のアンバランスさはどうして？　ほか)　第2章 無理をしない「きく・みる・かんじる」の療育の実際(子どもの感覚の世界に、よりそってみる　人が大勢いるところは、ちょっと苦手？　見えているなら、安心できる？　ぎゅっとされると落ち着く？　ほか)

◇高機能自閉症児を育てる―息子・Tの自立を育てた20年の記録　高橋和子著　小学館　2010.6

253p 18cm （小学館101新書 079） 〈文献あり〉 740円 ①978-4-09-825079-0 Ⓝ916

内容 第1章 自閉症と診断されるまで（Tの誕生 3か月健診は順調 ほか） 第2章 幼稚園時代（幼稚園を探す 最後に出会った幼稚園 ほか） 第3章 小学校時代（就学問題 枚方市で通常学級に入学 ほか） 第4章 中学校での支援とアルクラブ活動（中学校生活を支援する いじめにつながる執拗なからかい ほか） 第5章 義務教育後の進路（洛南高校で 保護者からのクレーム ほか）

◇子どもが発達障害？と思ったら―ペアレンティングの秘訣 服巻智子著 日本放送出版協会 2010.7 187p 21cm 1600円 ①978-4-14-081426-0 Ⓝ378

内容 1 もしかして…（わが子が何か違っていると感じたら 親としての心構え 家族計画と人生設計 "困った行動"の考え方と「氷山もでる」 家族のキーパーソン 夫婦のあり方 きょうだいに気配りすべきこと） 2 これからどうすれば…（その子自身の人生 「子どもがかわいいと思えない」本音 家庭での工夫のコツ 自閉症スペクトラムとペット サポートブックを作ろう！） 3 親だって癒されたい（親だって癒されたい―夢をあきらめて ストレスマネージメントを生活に取り入れる 親のための時間管理法 お役立ち情報を手っ取りは焼く求める） 4 支援あれこれ（自閉症児支援のノウハウ 支援方法のいろいろ 専門家の活用法 園選び・学校選びのコツ 園や学校の先生との関係づくり） 5 子どもと自分自身の人生も考えて（すれ違いの間をつなぐこと 親の気持ちの変遷と子離れの計画 理解し合うことから生まれるもの）

◇これでわかる「気になる子」の育て方 木村順監修 成美堂出版 2010.7 175p 22cm 〈文献あり〉 1300円 ①978-4-415-30807-4 Ⓝ378

内容 1 ちょっと気になる子どもたち（育ちや発達が気になる子どもたち 「広汎性発達障がい」とは？ ほか） 2 グレーゾーンの子どもに多い感覚のくずれ（グレーゾーンの子どもの症状に関わっている3つの感覚 混乱した感覚情報を整理する感覚統合療法 ほか） 3 子どものためにできること（わが子の状態や状況を受け入れることが始まり 子どもの症状を否定しないで認めてあげ ほか） 4 症例別アプローチ（グレーゾーンの子どもたちを4つのスキルから理解する 症例別アドバイス） 5 保育・教育・療育者の方へ（指導者として知識や技法を身につけよう 園や学校で気になることを親に伝えるとき ほか）

◇笑顔がひろがる子育てと療育―発達支援の場を身近なところに 近藤直子、全国発達支援通園事業連絡協議会編著 京都 クリエイツかもがわ 2010.8 150p 21cm （発売：かもがわ出版（京都）） 1500円 ①978-4-86342-049-6 Ⓝ378

内容 第1章 子どもたちに笑顔を保障して―発達支援の取り組み（乳幼児期の発達と発達支援の意味 「自分の思いを伝える」ことへの挑戦） 第2章 父母と家族に笑顔をひろげて―家族支援の取り組み（子育て支援が始まるとき 父母と家族に笑顔をひろげて） 第3章 仲間とともに笑顔をひろげて―保健師・保育所・学校との連携 第4章 地域に笑顔をひろげて―地域システムづくり（歴史と今後の動向 各地の取り組み（北海道の療育システムと実践例について 滋賀県の障害児支援の現状 義務療育―すべての子どもに発達保障を！ わかくさ学園の取り組み））

◇子育て手記 障がいだってスペシャル 内海邦一、ケイプランニング編 雲母書房 2010.10 238p 19cm 1500円 ①978-4-87672-296-9 Ⓝ916

内容 第1章 ダウン症の女児 第2章 ダウン症の男児 第3章 ダウン症の中学生 第4章 ダウン症の高校生・大人 第5章 自閉症・発達障がい・学習障がいほかの女児 第6章 自閉症・発達障がい・学習障がいほかの男児 第7章 父親・夫婦による手記

◇自閉症のきみの心をさがして―シンガーソングライターパパの子育て うすいまさと著 ぶどう社 2010.11 160p 21cm 1600円 ①978-4-89240-207-4 Ⓝ916

内容 1章 誕生から診断まで 2章 保育園でみんなと一緒に 3章 こだわりは大切なカギ 4章 物語を通して伝え合う 5章 学校で、家庭で 6章 交流について思うこと 7章 感じやすい純粋な心 8章 妻と、子どもたちと 9章 音楽でつながれたら エピローグ 彼らの思いを歌に託して

◇アスペルガー症候群子育てハンドブック―お母さんたちからのエール　デイブ・エンジェル著，関口里華訳　クリアサイト・ジャパン　2011.1　157p　19cm　〈発売：JMA・アソシエイツステップワークス事業部〉　1300円　①978-4-904665-21-3　Ⓝ378

内容 第1部 20のアドバイス（子育てのヒント）　第2部 48のQ&A（行動について　育児と家族　教育と社会　医療の問題　その他の問題）

◇さんさんさん―障害児3人子育て奮闘記　佐々木志穂美著　新潮社　2011.1　197p　16cm　（新潮文庫　さ-72-1）　362円　①978-4-10-134385-3　Ⓝ916

内容 長男・洋平誕生　次男・大誕生　三男・航誕生　保育所　洋平と学校　参観日　トモダチ　違うということ　自閉症　運動会〔ほか〕

◇障害のある子どもと「子ども・子育て新システム」　障害乳幼児の療育に応益負担を持ち込ませない会編　全国障害者問題研究会出版部　2011.3　103p　21cm　〈執筆：茂木俊彦ほか〉　1200円　①978-4-88134-914-4　Ⓝ369.49

内容 第1章 障害者自立支援法とウリニつの「子ども・子育て新システム」　第2章 障害児保育はどうなるの？　第3章 学童保育はどうなるの？　第4章 障害者制度改革とこれからの療育　第5章 療育における子どもの発達と指導　第6章 公的・社会的事業としての子育て

◇ふつうを見つめて―発達障がい児の心を伸ばす子育て　遠藤敏子著　文芸社　2011.3　199p　20cm　1200円　①978-4-286-10061-6　Ⓝ378

◇おうちでできる発達障害（つまずき）のある子の子育て　丹野節子著　柘植書房新社　2011.4　150p　26cm　〈文献あり〉　1800円　①978-4-8068-0619-6　Ⓝ378

内容 育ての基本　朝　しごと　学習　遊びから人生の楽しみへ　外出　おやつ　夕食　お風呂　夜　人間関係

◇発達障害母たちの奮闘記　山下成司著　平凡社　2011.4　246p　18cm　（平凡社新書 582）　760円　①978-4-582-85582-1　Ⓝ369.28

内容 第1章 子育ての柱は「無理をせず、無理をさせず」―「広汎性発達障害（PDD）」を抱えるツトム君のお母さん（一口で言えば「真面目な子」　私は特に取り柄もない普通以下の母親

ほか）　第2章 仕事、家事、子育て、目一杯でも「それが喜び」―LD傾向を抱えるタケシ君のお母さん（多忙な子育て。でも、仕事は楽しかった　三〇センチ幅のところにじっと座っていられない子だった　ほか）　第3章 障害を受け入れることは「そのまま」を認めること―「軽度知的発達障害」を抱えるアミちゃんのお母さん（勝手にこの子はできないんだって決めつけてた　障害を持つなんて夢にも思ってなかった　ほか）　第4章 「明るい自由人」の子どもを持って―「高機能自閉症」を抱えるヨシカズ君のお母さん（一言で紹介するなら「自由人」　笑うことで救われる気持ちになることは多い　ほか）　第5章 多くを求めず、穏やかで平凡である幸せ―「学習遅進」を抱えるマリコさんのご両親（仕事中に怒鳴られて泣いたこともあった　子育てって、何て楽なんだろうと思ってましたほか）

◇自閉症の子どもの「子育て」の記録　宮松佐帆著　文芸社　2011.5　154p　19cm　1100円　①978-4-286-10298-6　Ⓝ916

◇「発達障害のわが子」と向き合う本―ADHD&アスペルガー症候群　司馬理英子著　大和出版　2011.10　190p　19cm　1400円　①978-4-8047-6192-3　Ⓝ378

内容 1 子どものサインに気づいてあげよう「わが子が発達障害かも」と思ったら　2「ちゃんとする」のがむずかしい「ADHD」の子どもって、どんな子？　3 日々の「困った！」はこうして解消「ADHD」の子育てのヒント　4「人との関わり方」がわからない「アスペルガー症候群」の子どもって、どんな子？　5 日々の「どうして？」はこうして解消「アスペルガー症候群」の子育てのヒント　6「ADHD」「アスペルガー症候群」どうしてうまくいかないの？親がついやってしまう「不適切な行動」とは？　7 二次障害から守るために 子どもの「自尊心」を育てよう　8 使ってあげたいフレーズ集 子どもの心を育てる8つの言葉　9 治療と薬物療法 専門家にお願いするには？　おわりに お母さんのメンタルケアも考えよう

◇ペアレントトレーニング実践ガイドブック―きっとうまくいく。子どもの発達支援　福田恭介編著　京都　あいり出版　2011.10　257p　21cm　2600円　①978-4-901903-51-6　Ⓝ378

内容 1部 ペアレントトレーニングの概要（ペアレントトレーニングとは　ペアレントトレーニ

ングの実際 ほか）　2部 ペアレントトレーニングの事例（食事中のウロウロを減らす　「かんしゃく」を減らす ほか）　3部 ペアレントトレーニングのひろがり―家庭から園・学校、そして地域へ（ペアレントトレーニングと家族の変化　保育者を志望する学生のためのペアトレを応用したトレーニングプログラム ほか）　4部 ペアレントトレーニングのQ&A（ペアレントトレーニングは、子どもの発達の程度によって受けることができたり、できなかったりするのですか？　ペアレントトレーニングで失敗した例はないのですか？　ほか）

◇ADHD・アスペルガー症候群子育て実践対策集　司馬理英子著　主婦の友社　2011.10　127p　21cm　（セレクトbooks―育ちあう子育ての本）　1400円　①978-4-07-278758-8　Ⓝ378

内容　1 ADHD・アスペルガー症候群これだけは知っておきましょう（子育てがうまくいかないあなた。こんなことがありませんか――　落ち着きがなくて、ちょっと乱暴。片づけが苦手が集中力が続かない。忘れ物がたくさん。Aくん ほか）　2 こじれた子どもとの関係を元に戻そう（今、困っていることは何ですか―困っていることリスト　うまくいかないことは同じパターンで繰り返す ほか）　3 ADHDの子育て実践対策集（ADHDの子育てで重要なのは明確なルールづくり　できたらごほうびをあげる「ポイント制」とは ほか）　4 アスペルガー症候群の子育て実践対策集（アスペルガー症候群の子育てで重要なこと　アスペルガー症候群の子の問題行動を分析する ほか）　5 あなた自身と家族の課題にも取り組もう（あなた自身にもADHDの傾向がありませんか？　お母さんもポイント制でモチベーションを上げよう ほか）

◇自閉症とそだちの科学　黒川新二著　日本評論社　2012.5　183p　19cm　（こころの科学叢書）　1700円　①978-4-535-80428-9　Ⓝ493.9375

内容　第1章 自閉症のこどもたちの育ち（自閉症の兆候がある乳児のケア　広汎性発達障害からみたADHD　思春期の自閉症児　親である人たちと支援する人たちへ　自閉症をとりまく状況はどう変わったのか）　第2章 入院治療と自閉症（自閉症の入院治療　心のつまずきからの回復―こどもの精神科入院治療とそだち）　第3章 災害と自閉症（新潟県中越地震におけるこどもの心のケア　東日本大震災の被災地におけるこどもの心のケア―二〇一一年三月二六日から四月二五日までの気仙沼市での活動　災害時の子どもの心のケア）　第4章 保育と自閉症（ハンディキャップを持つこどもたちの保育）

◇発達障害のある子のこころを育てる―3つ子の子育てハッピー絵日記　じゅん著　学研教育出版　2012.6　159p　21cm　（学研のヒューマンケアブックス）〈発売：学研マーケティング〉　1400円　①978-4-05-405225-3　Ⓝ378

内容　オロオロ手さぐり 幼児編（3つ子誕生　「あれ？」は障害の気づき　ものは考えよう ほか）　じっくり、ゆっくり 小学生編（小学校初登校事件　母は見た！通学班はしんどい　ボクの暴れんぼ菌 ほか）　どーんとかまえて 中学生編（逆・視覚支援？　水色ブーム　7月をもう一度!? ほか）

◇発達障害の子どもとつき合う本―どう関わればいいかわからずに困っているおかあさんや先生方へ：手がつけられない、子どもが怖い…いったいどうすればいいの？答えは目の前の子どもにあります。　浅羽珠子著　主婦の友社　2012.6　127p　21cm　（セレクトBOOKS―育ちあう子育ての本）　1300円　①978-4-07-279835-5　Ⓝ378

内容　第1章 子どもの発達がおかしいと思ったときは（子どものこういう様子は、発達障害を疑いましょう　発達障害は決してしつけの問題ではありません ほか）　第2章 できるだけ問題行動を起こさないためには（問題行動の原因は、必ずその場に存在する　予兆をキャッチすれば、回避できる問題行動 ほか）　第3章 認知レベルのとらえ方と発達を促す指導方法（発達障害児教育の3つの目標と、大切な考え方　子どもに良いと思うことは、全部やってみましょう ほか）　第4章 情緒をうまくコントロールするために（情緒の3つの状態。集中性、高揚性、くつろぎ性　情緒の発達を3つの側面からとらえる ほか）　第5章 発達障害児を持った保護者の心構えは（障害があってもなくても、子育ての基本は同じ　子どもの心理状態に寄り添ってあげましょう ほか）

◇ペアレント・トレーニングガイドブック―困っている子をほめて育てる：活用のポイントと実践例　岩坂英巳編著　じほう　2012.6　309p　26cm　〈索引あり〉　2400円　①978-4-8407-4339-6　Ⓝ378

|内容| 第1章 ペアレント・トレーニングとは　第2章 ペアレント・トレーニングの誤解　第3章 標準版プログラムの各セッションのポイント　第4章 セッション運営時のポイント—インストラクターとなるために　第5章 短縮版プログラム(幼児版)　第6章 学校版プログラム(ティーチャー・トレーニング)　第7章 子どもと親の特性に応じた工夫　第8章 実施機関に応じた工夫　第9章 ペアレント・トレーニングの可能性　資料

◇ゆっくり育て子どもたち—発達相談室で僕が考えてきたこと　鍋谷まこと著　いのちのことば社フォレストブックス　2012.8　142p　17×13cm　1000円　①978-4-264-03048-5

|内容| 第1部 発達相談室のカルテから(育てにくさという悩みに　個性豊かな子への七カ条)　第2部 すべての親に伝えたいこと(「できる子」より「その子らしく輝く子」に　子育ての悩み別アドバイス　「遊び」が人を育てる)

◇育てにくさをもつ子どもたちのホームケア—家族ができる取り組みと相談のタイミング　小枝達也監修,秋山千枝子,橋本創一,堀口寿広編　診断と治療社　2012.9　99p　21cm　1500円　①978-4-7878-1964-2

|内容| 6〜12ヶ月頃(コミュニケーション　行動と遊び　睡眠　運動)　1〜2歳頃　2〜3歳頃　3〜4歳頃

◇発達障害の子を育てる本—イラスト版　ケータイ・パソコン活用編　中邑賢龍,近藤武夫監修　講談社　2012.9　98p　21cm　(健康ライブラリー)　〈文献あり〉　1200円　①978-4-06-259766-1　Ⓝ378

|内容| 1 テクノロジーを使って夢を広げよう!(なにを使う?—すぐに使えて簡単な「アルテク」を活用する　誰が使う?—診断がなくても、いま困難がある子は使う　ほか)　2 子どもたちはかっこいいものを使いたい(読むためのツール—紙にもパソコンにもカラーフィルタをかける　読むためのツール—音声読み上げソフトのレベルはかなり高い　ほか)　3 ツールの利用で人生が変わった子どもたち(最新のとりくみ—「読み書き相談室ココロ」での交流　実例(日本)—タブレットを使ったら、抵抗なく字が書けた　ほか)　4 ケータイ・パソコンは特別扱いになるのか(よくある質問—ケータイのネット接続やゲームが問題になるのでは?　よくある質問—パソコンを使うと、読み書き

の力が落ちるのでは?　ほか)　5 ツール利用が当たり前になる社会をめざして(これからの課題—ツールは充実しているが、制度面が整っていない　これからの課題—いまの教育観のなかで、どこまで活用できるのか　ほか)

◇療育ってええな!—ママとパパの声でつくりました　こどもたちの保育・療育をよくする会編著　京都　かもがわ出版　2012.10　100p　21cm　1100円　①978-4-7803-0574-6

|内容| 第1章 療育につながるまで　第2章 療育とは?　第3章 発達への理解　第4章 医療と情報との上手なつき合い方　第5章 発達検査について　第6章 「よくする会」の足跡とこれから　第7章 どんな制度があるの?

◇わが子が発達障害とわかったら読む本　主婦の友社編　主婦の友社　2012.11　127p　21×19cm　(セレクトBOOKS—育ちあう子育ての本)　1300円　①978-4-07-285764-9

|内容| 第1章 病気なの?障害なの?個性なの?発達障害の基礎知識(発達障害は、大きく3種類に分けられる　発達障害の子どもの基本的な特性—自閉症(アスペルガー症候群/高機能自閉症)の子ども　ほか)　第2章 発達障害を持つ子どもの学校選び(入学・進学前に子どもの状態や行動の傾向を把握する　さまざまな支援を積極的に利用する　ほか)　第3章 思春期を迎えたときの対応をどうする?(友だちとの会話がかみ合わない　他の子と同じように行動できない　ほか)　第4章 自立と就労への道を考える(特性があっても就職は可能なの?　適した仕事と適さない仕事があるの?　ほか)　第5章 特性を抱えた子どもに寄り添う施設—レポート編(学校がもてあました子どもを引き受ける学校/NPO法人楠の木学園　自然の中で感化される若者たち/NPO法人北陸青少年自立援助センター・Peaceful Houseはぐれ雲　ほか)

言葉の遅れ

【雑誌記事】

◇保健師さんに伝えたい24のエッセンス—親子保健を中心に(11)言葉の遅れ　平岩幹男　「公衆衛生」(医学書院)　74(2)　2010.2　p168〜171

◇言葉と発達 いまどき子育てアドバイス(167)いろんな子どものいろんな育ち PART2 ことばの発達をめぐる法則(その1)　中川信子　「月刊

地域保健」(東京法規出版)　42(8)　2011.8　p81〜85

◇言葉と発達 いまどき子育てアドバイス(168)ことばの発達をめぐる法則(その2)　中川信子　「月刊地域保健」(東京法規出版)　42(9)　2011.9　p87〜91

◇言葉と発達 いまどき子育てアドバイス(169)ことばの発達をめぐる法則(その3)　中川信子　「月刊地域保健」(東京法規出版)　42(10)　2011.10　p85〜89

◇言葉と発達 いまどき子育てアドバイス(170)「ことばが遅い」をめぐって(その1)　中川信子　「月刊地域保健」(東京法規出版)　42(11)　2011.11　p89〜93

◇言葉と発達 いまどき子育てアドバイス(171)「ことばが遅い」をめぐって(その2)「注意の向け方」とことばの獲得を中心に　中川信子　「月刊地域保健」(東京法規出版)　42(12)　2011.12　p85〜89

◇言葉と発達 いまどき子育てアドバイス(172)「ことばが遅い」をめぐって(その3)　中川信子　「月刊地域保健」(東京法規出版)　43(1)　2012.1　p91〜95

◇言葉と発達 いまどき子育てアドバイス(173)気がかりのある子にどうかかわる？：「ことばのビル」を建てる暮らし(その1)　中川信子　「月刊地域保健」(東京法規出版)　43(2)　2012.2　p89〜93

◇言葉と発達 いまどき子育てアドバイス(174)気がかりのある子にどうかかわる？：「ことばのビル」を建てる暮らし(その2)　中川信子　「月刊地域保健」(東京法規出版)　43(3)　2012.3　p91〜95

◇子どものみかた(common disease編 第30回)ことばの遅れ　中川信子　「メディカル朝日」(朝日新聞社)　41(3)通号484　2012.3　p55〜57

◇言葉と発達 いまどき子育てアドバイス(175)気がかりのある子にどうかかわる？：「ことばのビル」を建てる暮らし(その3)　中川信子　「月刊地域保健」(東京法規出版)　43(4)　2012.4　p85〜89

◇言葉と発達 いまどき子育てアドバイス(176)気がかりのある子にどうかかわる？：「ことばのビル」を建てる暮らし(その4)　中川信子　「月刊地域保健」(東京法規出版)　43(5)　2012.5　p91〜95

◇言葉と発達 いまどき子育てアドバイス(177)気がかりのある子にどうかかわる？：「ことばのビル」を建てる暮らし(その5)　中川信子　「月刊地域保健」(東京法規出版)　43(6)　2012.6　p75〜79

◇言葉と発達 いまどき子育てアドバイス(178)気がかりのある子にどうかかわる？：「ことばのビル」を建てる暮らし(その6)　中川信子　「月刊地域保健」(東京法規出版)　43(7)　2012.7　p89〜93

テレビ・ゲーム・ネット・ケータイ

【雑誌記事】

◇子育て中の母親の育児番組視聴に関する研究　武市久美　「東海学園大学研究紀要. シリーズB, 人文学・健康科学研究編」(東海学園大学経営学部)　(15)　2010.3　p209〜218

◇テレビゲームの乳幼児への影響に関する実態調査　宇野聖未, 相馬詩織, 望月春奈［他］　「東海学校保健研究」(東海学校保健学会)　35(1)　2011　p43〜51

◇乳幼児を持つ家庭におけるテレビ視聴に関する研究―母親のテレビ視聴時間に着目して　武市久美　「東海学園大学研究紀要. 人文科学研究編」(東海学園大学)　(16)　2011.3　p149〜157

◇著者に聞く 『モバイル社会を生きる子どもたち「ケータイ」世代の教育と子育て』近藤昭一(横浜市立南高等学校校長)　近藤昭一　「週刊教育資料」(教育公論社)　(1172)通号1302　2011.8.1・8　p35

◇就学前児のテレビ視聴と母親の育児態度　旦直子　「帝京科学大学紀要」(帝京科学大学)　8　2012　p47〜56

◇テレビ・DVD・ゲーム・ケータイ・インターネットと子どもの健康(特集 学校の保健と安全―学校保健・学校安全の現状と課題)　山田眞理子　「母子保健情報」(母子愛育会)　(65)　2012.7

p48～52

【図書】

◇モバイル社会を生きる子どもたち―「ケータイ」世代の教育と子育て　近藤昭一著　時事通信出版局　2011.3　289p　19cm　〈発売:時事通信社　文献あり〉　2000円　Ⓘ978-4-7887-1157-0　Ⓝ379.9

内容　第1章 子どもたちのモバイルメディアの実態を知ろう(子どもたちの生活とケータイ・モバイルメディア　保護者は「習うより、慣れろ」で積極的に！　統計から知る実態)　第2章 子どもの成長とモバイル社会(生まれながらのIT世代　IT機器の有用性と子どもの心の成長　子どもたちの心の成長とメディアコミュニケーションの関係　モバイル社会の中で力を弱める「育ちの場」)　第3章 モバイル社会を生き抜く子どもの育て方(「協働」と「役割」の中で実感できる自分の大切さと共感　成長を支えるコミュニケーションの鍵ポイント)　第4章 モバイル社会で求められる家庭の役割(家庭は「命のバトン」を受け渡す場所　「価値あるもの」の意味を考える　時を超えて輝く価値と人の魅力)　エピローグ モバイル社会で輝きを増す「価値あるもの」

◇ケータイ犯罪からわが子を守る！　和田秀樹著　潮出版社　2011.12　223p　19cm　1300円　Ⓘ978-4-267-01890-9　Ⓝ367.61

内容　第1章 子どもにケータイをいつ持たせるか　第2章 メールの役割が変化している　第3章 ケータイ時代のいじめとは　第4章 ケータイ犯罪に巻き込まれないために　第5章 家庭でできるケータイのルールセッティング　第6章 もう放任主義では生き残れない　第7章 ネット時代のメディア活用術　第8章 人間関係至上主義時代だから勉強させよう　第9章 親のあなたがすべきこと

◇ベビー用品完全ガイド―広告一切ナシ！10大ジャンルベスト＆ワーストバイ　晋遊舎　2012.3　119p　29cm　(100％ムックシリーズ)　〈『MONOQLO』特別編集〉　1143円　Ⓘ978-4-86391-470-4

環境問題と育児

【雑誌記事】

◇放射能と妊婦・乳児・幼児 その危険性について―母乳からも放射性物質　「週刊現代」(講談社)　53(20)通号2617　2011.5.21　p46～49

◇低レベルの放射線被ばくが子どもに与える影響について(特集 大災害と母子保健―原子力発電所事故による放射線の環境影響と母子保健)　太田勝正　「母子保健情報」(母子愛育会)　(64)　2011.11　p78～84

◇原子力発電所事故が母児健康に及ぼす影響(特集 大災害と母子保健―原子力発電所事故による放射線の環境影響と母子保健)　水上尚典　「母子保健情報」(母子愛育会)　(64)　2011.11　p90～97

◇原子力発電所事故による健康不安への方策：ヘルスリスクコミュニケーションの立場から(特集 大災害と母子保健―原子力発電所事故による放射線の環境影響と母子保健)　蝦名玲子　「母子保健情報」(母子愛育会)　(64)　2011.11　p98～102

◇放射性物質による環境汚染の影響を危惧する妊娠・授乳婦人への対応 : 日本産科婦人科学会はどのような情報提供を行ってきたか　水上尚典　「臨床婦人科産科」(医学書院)　65(11)　2011.11　p1376～1381

◇放射線汚染下における保育(1)震災と放射線汚染発生後の保育再開期の事例記録から　賀門康博、奥美代　「紀要」(郡山女子大学)　48　2012.3　p117～127

◇保育園における放射能汚染と現場の対応　山本広志　「山形大学教職・教育実践研究」(山形大学教職研究総合センター)　(7)　2012.3　p55～58

【図書】

◇放射線被ばくから子どもたちを守る　セイピースプロジェクト編,松井英介,崎山比早子監修　旬報社　2011.8　63p　21cm　800円　Ⓘ978-4-8451-1226-5　Ⓝ498.4

内容　放射線被ばくから子どもを守るためにインタビュー もう黙ってられない！本当のことに目を向けて、命をつなごう(山本太郎)　解説(放射線による健康障害のメカニズム　内

部被ばくによる健康障害のメカニズム） コラム（私たち一人ひとりが市民科学者になる　自分で信頼できる情報を集め、子どもたちを守っていく　NO MORE HIBAKU！小さなことから始めよう。こどもたちに安全な給食をともにもどしたい！　経済優先から"命"優先の発想へ）　付録 自治体や保育園・学校への要請項目

食と育児

【雑誌記事】

◇保育所における子育て支援活動の実践（食育1・2）　中澤孝江, 出口恵子　「愛国学園短期大学紀要」（愛国学園短期大学）　(25)　2008　p35～43

◇食育と心理の関連を考える試み─子どもの発達における食の観点　林昭志　「児童文化研究所所報」（上田女子短期大学児童文化研究所）　(30)　2008.3　p77～88

◇保育所における子育て支援活動の実践─食育(3)食育カルタの制作　中澤孝江, 出口恵子　「愛国学園短期大学紀要」（愛国学園短期大学）　(26)　2009　p91～102

◇保育士と保護者の食意識に対する一考察─保育所におけるアンケート調査より　伊藤美保子　「ノートルダム清心女子大学紀要．人間生活学・児童学・食品栄養学編」（ノートルダム清心女子大学）　33(1) 通号54　2009　p127～135

◇保育園児の食生活の実態とその課題　田中弘美, 宮丸慶子, 新澤祥恵［他］　「北陸学院大学・北陸学院大学短期大学部研究紀要」（北陸学院大学・北陸学院大学短期大学部）　(2)（第1分冊）2009年度　p103～111

◇食育と心理の関連を考える試み（その2）親の食に関する知識と子どもの発達　林昭志　「児童文化研究所所報」（上田女子短期大学児童文化研究所）　(31)　2009.3　p45～55

◇食育に関して保育園と家庭との連携構築をめざす調査研究(1)2歳児を中心に　梶美保, 豊田和子　「高田短期大学紀要」（高田短期大学）　(27)　2009.3　p129～142

◇子どもの食事場面に関する研究レビュー：かかわりの場としての機能に着目して　富岡麻由子　「有明教育芸術短期大学紀要」（有明教育芸術短期大学）　1　2010　p45～55

◇子育て家庭を支える保育所給食の役割─家庭生活の理解と支援に向けての若干の考察　小口将典　「医療福祉研究」（愛知淑徳大学医療福祉学部論集編集委員会）　(6)　2010　p80～88

◇乳児期の鉄欠乏性貧血と鉄摂取量の検討　今井久美子　「川村学園女子大学研究紀要」（川村学園女子大学図書委員会）　21(2)　2010　p191～209

◇保育園3歳齢児における保育士の給食指導に関する検討　伊藤優　「教育学研究紀要」（中国四国教育学会）　56(2)　2010　p406～411

◇地域における保育園との連携による食育実践に関する調査研究　坂本裕子, 中島千惠, 浅野美登里［他］　「京都文教短期大学研究紀要」（京都文教短期大学）　49　2010　p23～31

◇子どもの食教育─幼稚園・保育所の食育　鈴木礼子　「研究紀要」（福島学院大学）　42　2010　p123～128

◇第19回児童教育学会研究大会ラウンドテーブル　幼児教育 保育現場との交流を求めて(6)保育における食育の現状について　大下市子, 宍戸真規世, 新田真佑子［他］　「児童教育研究」（安田女子大学児童教育学会）　(19)　2010　p55～59

◇デンマークにおける保育所の食事改革─個から共同へ　平本福子　「生活環境科学研究所研究報告」（宮城学院女子大学生活環境科学研究所）　43　2010年度　p9～16

◇学童保育室における食育と自然に親しむための科学プログラム　寺嶋昌代　「東海学院大学紀要」（東海学院大学）　(4)　2010　p95～104

◇幼稚園における弁当の現状とその問題点について　古賀克彦　「長崎女子短期大学紀要」（長崎女子短期大学）　(34)　2010　p117～126

◇「栄養・食生活」に関与する専門職支援に関する研究「栄養・食生活」の支援に関する研究：専門職の対応について　堤ちはる, 高野陽, 三橋扶佐子　「日本子ども家庭総合研究所紀要」（恩賜財団母子愛育会日本子ども家庭総合研究所）　47　2010年度　p317～328

◇幼稚園児に対する食育プログラムの介入効果について　櫻井菜穂子　「人間生活科学研究」（宇部フロンティア大学短期大学部）　46　2010　p15～24

◇保育園児の食事に対する保育士・保護者の意識(2)保育所におけるアンケート調査より　伊藤美保子　「ノートルダム清心女子大学紀要. 人間生活学・児童学・食品栄養学編」(ノートルダム清心女子大学)　34(1)通号55　2010　p134～142

◇食と栄養(保育の歩み(その2)―保育フォーラム 乳幼児期における食育指導のあり方)　小野友紀　「保育学研究」(日本保育学会)　48(2)　2010　p272～274

◇保育園だからこそ展開できる自然体の"食育"(保育の歩み(その2)―保育フォーラム 乳幼児期における食育指導のあり方)　佐々木美緒子　「保育学研究」(日本保育学会)　48(2)　2010　p274～277

◇食と環境「子育て支援センターでの食育」(保育の歩み(その2)―保育フォーラム 乳幼児期における食育指導のあり方)　中山美知子　「保育学研究」(日本保育学会)　48(2)　2010　p277～279

◇人との関係性・心を育む食事場面―食事場面における求心力の意識化(保育の歩み(その2)―保育フォーラム 乳幼児期における食育指導のあり方)　瀧日滋野　「保育学研究」(日本保育学会)　48(2)　2010　p279～282

◇子どもの食と生活リズム(保育の歩み(その2)―保育フォーラム 乳幼児期における食育指導のあり方)　鈴木みゆき　「保育学研究」(日本保育学会)　48(2)　2010　p282～284

◇保育園児の食生活の実態とその課題(その2)箸の持ち方に関する研究　宮丸慶子、新澤祥恵、中村喜代美[他]　「北陸学院大学・北陸学院大学短期大学部研究紀要」(北陸学院大学・北陸学院大学短期大学部)　(3)　2010年度　p241～247

◇メールで語る井戸端会議―子育てと仕事(22)「食」に関するこだわり　桜井静香、伊藤句里子　「Training journal」(ブックハウス・エイチディ)　32(1)通号363　2010.1　p43～45

◇幼稚園児及び母親における食行動と食生活QOLとの関連　堀田千津子　「教育医学」(日本教育医学会)　55(3)通号257　2010.2　p276～282

◇メールで語る井戸端会議―子育てと仕事(23)食事は手づくりしたい　桜井静香、伊藤句里子　「Training journal」(ブックハウス・エイチディ)　32(2)通号364　2010.2　p75～77

◇幼児の生活実態に関する考察―保育園児の朝食欠食と生活要因との関連　泉秀生、前橋明　「運動・健康教育研究」(日本幼少児健康教育学会)　18(1)　2010.3　p17～27

◇保育園児の食行動と保護者の食意識、食態度との関連　吉田和子、板倉洋子　「紀要」(つくば国際短期大学)　通号38　2010.3　p71～76

◇保育園における食育の効果と保護者の食意識・食行動との関連　白木まさ子、杉山鮎美、山瀬寿子「健康プロデュース雑誌」(浜松大学)　4(1)　2010.3　p1～10

◇食育と心理の関連を考える試み(その3)親の食への意識　林昭志　「児童文化研究所所報」(上田女子短期大学児童文化研究所)　(32)　2010.3　p41～49

◇教壇日記 食育…"持続可能な開発のための教育"と子育て　大江ひろ子　「時評」(時評社)　52(3)通号564　2010.3　p178～181

◇食育に関して保育園と家庭との連携構築をめざす調査研究(2)5歳児を中心に　梶美保　「高田短期大学紀要」(高田短期大学)　(28)　2010.3　p57～68

◇保育所給食外部搬入全国展開関連資料　「保育情報」(全国保育団体連絡会、ちいさいなかま社(発売))　(400)　2010.3　p6～9

◇子育て支援から考える食育の視点―保育者として　古郡曜子　「北海道文教大学研究紀要」(北海道文教大学)　(34)　2010.3　p17～23

◇子どもの食育についての実態調査―保育所での事例より　香川実恵子　「松山東雲女子大学人文科学部紀要」(松山東雲女子大学人文科学部紀要委員会)　18　2010.3　p1～13

◇保護者における栄養学的関心と子どもの食習慣の関係―食育開始の目標設定に関する一考察　熊崎貴仁、長濱国世、檜垣俊介[他]　「幼児教育研究紀要」(名古屋経済大学・名古屋経済大学短期大学部幼児教育研究会)　(22)　2010.3　p15～20

◇保育園における0歳児からの食生活への取り組み―一人ひとりを大切にした離乳食　松尾裕子、桐山千世子、内山瑞枝[他]　「幼少児健康教育研究」(日本幼少児健康教育学会)　16(1)　2010.3　p78～84

◇幼稚園における給食を楽しむための食育実践　室谷敦子　「幼年児童教育研究」（兵庫教育大学幼年教育コース）　（22）　2010.3　p123～138

◇自分で食べたい！―子どもの思いに寄り添って（特集 第49回全国保問研・福岡集会提案―分科会提案 乳幼児保育）　大塚光子　「季刊保育問題研究」（新読書社）　通号242　2010.4　p50～53

◇毎日の生活の中に食を!!―積み重ねを通して食べる意欲あふれる子に（特集 第49回全国保問研・福岡集会提案―分科会提案 身体づくり―食）　安井弥生　「季刊保育問題研究」（新読書社）　通号242　2010.4　p173～177

◇健康な身体づくりは 食べることの楽しさから（特集 第49回全国保問研・福岡集会提案―分科会提案 身体づくり―食）　三宅典子　「季刊保育問題研究」（新読書社）　通号242　2010.4　p177～181

◇インタビュー 「食べること」を通して生きることを伝える（特集 家庭と連携した食育活動のあり方とは）　大澤力　「これからの幼児教育を考える」（ベネッセコーポレーション）　2010（夏）　2010.5　p1～3

◇食育に関するQ&A 園と家庭がじょうずに役割分担を（特集 家庭と連携した食育活動のあり方とは）　太田百合子　「これからの幼児教育を考える」（ベネッセコーポレーション）　2010（夏）　2010.5　p10～12

◇データから見る幼児教育 幼児の食事と保護者の意識　「これからの幼児教育を考える」（ベネッセコーポレーション）　2010（夏）　2010.5　p18～24

◇食の立場から（特集 今を生きる力を問い直す―育むもの・阻むもの）　小平洋子　「季刊保育問題研究」（新読書社）　通号243　2010.6　p37～43

◇母親の栄養成分表示利用行動と幼稚園児の間食との関連　堀田千津子　「日本食育学会誌」（日本食育学会）　4(3)　2010.7　p165～170

◇自園調理の給食こそ保育の土台―なぜ、保育所給食の「外部搬入」は問題か　新村洋史　「保育情報」（全国保育団体連絡会，ちいさいなかま社（発売））　（404）　2010.7　p48～52

◇給食外部搬入容認に関する最低基準改正関連資料（2010.6.1）　「保育情報」（全国保育団体連絡会，ちいさいなかま社（発売））　（404）　2010.7　p53～59

◇幼稚園における食育推進計画とその評価　岡智代，福元芳子，久野一恵［他］　「佐賀大学文化教育学部研究論文集」（佐賀大学文化教育学部）　15(1)　2010.8　p1～10

◇保育園の給食室を守りたい！―写真展「給食の時間」　姫野美佐子　「女性のひろば」（日本共産党中央委員会，日本共産党中央委員会出版局（発売））　通号380　2010.10　p56～59

◇食の市場化と食文化―真の食育とは　中西新太郎　「保育情報」（全国保育団体連絡会，ちいさいなかま社（発売））　（407）　2010.10　p2～6

◇豊かな食の体験の積み重ねをめざして（特集 毎日の食事だから大切にしたい）　梶田裕　「保育の友」（全国社会福祉協議会）　58(12)　2010.10　p11～13

◇食事は信頼関係の基礎をつくる営み（特集 毎日の食事だから大切にしたい）　吉松博子　「保育の友」（全国社会福祉協議会）　58(12)　2010.10　p13～16

◇食は保育活動の大事な要（特集 毎日の食事だから大切にしたい）　板倉禮子　「保育の友」（全国社会福祉協議会）　58(12)　2010.10　p16～19

◇食事を通した日常の保育実践（特集 毎日の食事だから大切にしたい）　高橋由紀子　「保育の友」（全国社会福祉協議会）　58(12)　2010.10　p19～22

◇保育所の食育活動でめざすべきこと（特集 毎日の食事だから大切にしたい）　堤ちはる　「保育の友」（全国社会福祉協議会）　58(12)　2010.10　p22～25

◇メールで語る井戸端会議―子育てと仕事(32)食は大事なプロジェクト　桜井静香，伊藤句里子　「Training journal」（ブックハウス・エイチディ）　32(11)通号373　2010.11　p44～47

◇楽しく食べる場をどうつくっていくか 食文化をどう伝承していくか（特集 伝えたい食の喜びと食文化）　長谷部幸子　「季刊保育問題研究」（新読書社）　通号246　2010.12　p6～18

◇子どもたちに伝えたい食 食の共同性（特集 伝えたい食の喜びと食文化）　外山紀子　「季刊保育

問題研究」（新読書社）　通号246　2010.12　p19〜27

◇伝えたい食の喜びと食文化(特集 伝えたい食の喜びと食文化)　安藤節子　「季刊保育問題研究」（新読書社）　通号246　2010.12　p28〜43

◇"給食の時間"で伝えたいこと［含 保護者のみなさんへ］(特集 伝えたい食の喜びと食文化)　谷村律子　「季刊保育問題研究」（新読書社）　通号246　2010.12　p44〜52

◇くらしの土台としての「食」―子どもたちのくらしと響きあう給食づくり(特集 伝えたい食の喜びと食文化)　犬飼奈緒　「季刊保育問題研究」（新読書社）　通号246　2010.12　p53〜59

◇食を通して子どもたちの笑顔を見て(特集 伝えたい食の喜びと食文化)　三宅典子　「季刊保育問題研究」（新読書社）　通号246　2010.12　p60〜67

◇幼稚園児の食べ物の名前認知度と母親の食意識との関連　足立恵子, 中山玲子　「京都女子大学食物学会誌」（京都女子大学食物学会）　(65)　2010.12　p21〜30

◇食品中ダイオキシン等有機化学物質の分析と暴露評価([社団法人日本食品衛生学会］創立50周年記念号)　堀伸二郎　「食品衛生学雑誌」（日本食品衛生学会）　51(6)通号295　2010.12　p373〜382

◇お父さんも簡便調理 冷凍食品を活用する育児積極型男性 育児ママに喜ばれるイクメンの実態―(社)冷凍食品協会調査　「総合食品」（総合食品研究所）　34(7)通号403　2010.12　p29〜34

◇保育者の食の認識からみる食育推進の課題―保育士養成課程におけるカリキュラムを通して　高橋美保, 川田容子　「白鴎大学教育学部論集」（白鴎大学教育学部）　4(2)　2010.12　p351〜370

◇「食卓」は人間を育てる(特集「卓育」で家族団欒)　落合なお子　「家庭フォーラム」（昭和堂）　通号23　2011　p4〜14

◇食卓はこころを育てる場(特集「卓育」で家族団欒)　室田洋子　「家庭フォーラム」（昭和堂）　通号23　2011　p22〜29

◇卓育キャラバン―保育園児に食への感謝や箸の使い方などを伝えました(特集「卓育」で家族団欒)　和崎恵子　「家庭フォーラム」（昭和堂）　通号23　2011　p30〜40

◇保育園児家庭における食費と食生活　米田寿子, 立松麻衣子, 屋代彰子　「九州女子大学紀要」（九州女子大学, 九州女子短期大学）　47(2)　2011　p21〜35

◇幼稚園・保育所の食事指導における保育者の意識についての検討：幼稚園と保育所の比較(幼児教育)　伊藤優　「教育学研究紀要」（中国四国教育学会）　57(2)　2011　p569〜574

◇保育所における食育の実践　曽川美佐子, 田中愛, 吉村彩　「四国大学人間生活科学研究所年報」（四国大学附属人間生活科学研究所）　(5)　2011　p17〜26

◇保育園児の間食に関する過去調査からみた父親の食意識　矢ヶ﨑信子　「所報」（東海大学短期大学部生活科学研究所）　(25)　2011　p21〜31

◇保育所における食育の実態と連携のあり方　逸見眞理子, 焔硝岩政樹, 春名かをり［他］　「ノートルダム清心女子大学紀要. 人間生活学・児童学・食品栄養学編」（ノートルダム清心女子大学）　35(1)通号56　2011　p91〜103

◇保育園の朝食の実態と保育士の課題意識(3)保育園におけるアンケート調査より　伊藤美保子　「ノートルダム清心女子大学紀要. 人間生活学・児童学・食品栄養学編」（ノートルダム清心女子大学）　35(1)通号56　2011　p104〜113

◇幼稚園児とその保護者についての食生活の実態　糟須海圭子, 秋永優子　「福岡教育大学紀要. 第5分冊, 芸術・保健体育・家政科編」（福岡教育大学）　(60)　2011　p153〜159

◇保育園児の食生活の実態とその課題(その3)食生活の実態と保護者の意識について　田中弘美, 宮丸慶子, 新澤祥恵［他］　「北陸学院大学・北陸学院大学短期大学部研究紀要」（北陸学院大学・北陸学院大学短期大学部）　(4)　2011年度　p189〜198

◇育児 入園準備に お弁当包みときんちゃく袋　ささきみえこ　「婦人之友」（婦人之友社）　105(2)通号1293　2011.2　p76,83〜87

◇子どもの豊かな育ちと保育所給食：歴史が積み重ねてきた保育としての給食　北方幸江　「あい

◇ち保育研究所研究紀要」(あいち保育研究所) (2) 2011.3 p12〜17

◇幼稚園児を対象とした食育推進の取り組み―調理師養成課程に所属する学生による食育の実践 弦間夫佐江, 中野貴子, 田中順奈 [他] 「紀要」(愛知江南短期大学) (40) 2011.3 p121〜130

◇「生育環境としての食」研究(その1)子ども時代の食体験は子への対応に反映するかを「朝食」から考察する 岩田章子, 吉田直子 「現代教育学研究紀要」(中部大学現代教育学研究所) (4) 2011.3 p105〜116

◇子育て支援センターにおける食育に対する取り組みに関する調査 橋本加代, 岸田恵津 「神戸女子大学家政学部紀要」(神戸女子大学) 44 2011.3 p36〜42

◇食育と心理の関連を考える試み(その4)朝食の必要性と子どもの発達 林昭志 「児童文化研究所所報」(上田女子短期大学児童文化研究所) (33) 2011.3 p27〜36

◇保育所園児の食生活の実態調査(第4報) 川上螢子, 前田昭子 「相愛大学人間発達学研究」(相愛大学人間発達研究所) (2) 2011.3 p37〜45

◇幼稚園児の食生活調査 近藤みゆき, 日比野久美子, 三田弘子 [他] 「名古屋文理大学紀要」(名古屋文理大学) (11) 2011.3 p137〜143

◇幼児保育における食教育のあり方に関する研究(第2報)体験的学習による食育効果とその影響 高橋美保, 川田容子 「白鴎大学論集」(白鴎大学) 25(2) 2011.3 p191〜209

◇幼稚園と保育所の食育計画―幼児期のあそびをとおして 古郡曜子 「北海道文教大学研究紀要」(北海道文教大学) (35) 2011.3 p1〜9

◇日本の食は子どもをどう変えるか(特集 第50回全国保育問題研究集会 提案―分科会提案 身体づくり―食) 渡部友紀 「季刊保育問題研究」(新読書社) 通号248 2011.4 p205〜208

◇子ども達が食生活を楽しむために(特集 第50回全国保育問題研究集会 提案―分科会提案 身体づくり―食) 井上有子, 植田千寿 「季刊保育問題研究」(新読書社) 通号248 2011.4 p209〜212

◇安心感を育む―一人ひとりを受けとめる給食(特集 第50回全国保育問題研究集会 提案―分科会提案 身体づくり―食) 木山夕子, 小川晴美 「季刊保育問題研究」(新読書社) 通号248 2011.4 p213〜216

◇食べることが大好きな子どもに―楽しく・おいしく・意欲的に食べる大皿盛りの取り組み(特集 第50回全国保育問題研究集会 提案―分科会提案 身体づくり―食) 三島奈緒子 「季刊保育問題研究」(新読書社) 通号248 2011.4 p217〜220

◇給食室と保護者と地域とのつながり(特集 第50回全国保育問題研究集会 提案―分科会提案 身体づくり―食) 東悦子, 吉川愛由美 「季刊保育問題研究」(新読書社) 通号248 2011.4 p221〜225

◇ここちよく食べる(特集 第50回全国保育問題研究集会 提案―分科会提案 身体づくり―食) 古山民子 「季刊保育問題研究」(新読書社) 通号248 2011.4 p226〜229

◇望星インタビュー この人の"実感"を聞きたい 食が浮き彫りにする親子関係 小野寺敦子 「望星」(東海教育研究所, 東海大学出版会(発売)) 42(5) 通号504 2011.5 p64〜70

◇母乳が牛乳より危ない理由 「食品と暮らしの安全」(食品と暮らしの安全) (266) 2011.6 p5

◇LC—MS/MSによる穀物加工食品および粉ミルク中のセレウリドの分析法 八津川洋一, 飯田華子, 永田和子 [他] 「食品衛生学雑誌」(日本食品衛生学会) 52(5) 通号300 2011.10 p287〜293

◇育児 三度の食事と一度のおやつで四回食 「婦人之友」(婦人之友社) 105(10) 通号1301 2011.10 p81〜87

◇幼児教育 幼稚園における食に関する指導 津金美智子 「初等教育資料」(東洋館出版社) (879) 2011.11 p84〜87

◇幼児の朝食共食頻度と生活習慣および家族の育児参加との関連 会退友美, 市川三紗, 赤松利恵 「栄養学雑誌」(日本栄養改善学会, 第一出版(発売)) 69(6) 2011.12 p304〜311

◇新システムでは給食は守れない(特集 保育の現場から保育新システムに思うこと) 加藤雅美

◇「季刊保育問題研究」（新読書社）（252）2011.12　p8〜13

◇保育現場における食育の取り組みについての一考察(1)年中・年長の混合クラスの取り組みより　土井晶子，原佳子　「研究紀要」（小池学園）（10）　2012　p35〜48

◇アメリカの子育て世代における食事マナーの伝達　大森桂，黒川衣代　「日本家政学会誌」（日本家政学会）　63(5)通号565　2012　p247〜255

◇集団保育の食事場面における中国の保育者の意識：日本との比較から　張静，倉持清美　「日本家政学会誌」（日本家政学会）　63(6)通号566　2012　p283〜291

◇食育と心理の関連を考える試み（その5）保育所保育指針と食育　林昭志　「児童文化研究所所報」（上田女子短期大学児童文化研究所）（34）2012.3　p55〜65

◇地域の親子と楽しむ野菜栽培・食育活動：『親子でやさい天国』の活動を通して　池村進　「高田短期大学育児文化研究」（高田短期大学育児文化研究センター）（7）　2012.3　p67〜77

◇幼稚園児の食生活習慣と母親の食育との関連性　岡見雪子，関豪，辻とみ子　「名古屋文理大学紀要」（名古屋文理大学）（12）　2012.3　p131〜142

◇幼稚園における食育カリキュラム作成に関する基礎的研究：幼稚園教諭へのインタビュー調査を通して　古郡曜子，山口宗兼　「北海道文教大学研究紀要」（北海道文教大学）（36）2012.3　p23〜34

◇保育園の給食と保育の連携　小田進一，井坂直人，新明里悦［他］「北海道文教大学研究紀要」（北海道文教大学）（36）2012.3　p69〜79

◇「保育相談支援」の事例：「保育所保育指針」における「食育」に関する事柄　布施仁　「箕面学園福祉保育専門学校研究紀要」（箕面学園福祉保育専門学校）（3）　2012.3　p41〜49

◇食事って、楽しい？（第51回全国保育問題研究集会 提案特集―身体づくり：食）村瀬祐介　「季刊保育問題研究」（新読書社）（254）2012.4　p200〜203

◇保育園給食で大切にしてあげたいこと："食べたいな"という気持ちを大切に（第51回全国保育問題研究集会 提案特集―身体づくり：食）土居ひろみ　「季刊保育問題研究」（新読書社）（254）　2012.4　p204〜207

◇食のありかたを父母とともに考える（第51回全国保育問題研究集会 提案特集―身体づくり：食）犬飼奈緒，高橋由希子，西谷今日子　「季刊保育問題研究」（新読書社）（254）2012.4　p212〜215

◇食への興味が薄い子に対してどうかかわるか（第51回全国保育問題研究集会 提案特集―身体づくり：食）行武花央梨　「季刊保育問題研究」（新読書社）（254）2012.4　p219〜222

◇食べることが楽しくて嬉しくなる子どもに：食育活動を通して（第51回全国保育問題研究集会 提案特集―身体づくり：食）桂木美子　「季刊保育問題研究」（新読書社）（254）2012.4　p227〜230

◇保育所の食育実践における異職種間の連携　小野友紀　「食べもの文化」（芽ばえ社）（443）2012.4　p60〜64

◇幼稚園における園児の食べ物の名前認知度と教諭の保育の中での食育との関連　足立恵子，中山玲子　「日本食育学会誌」（日本食育学会）6(2)　2012.4　p197〜205

◇幼稚園における持参弁当を介した親に対する食育　木川眞美，吉澤さやか，牧野紘子［他］「日本食育学会誌」（日本食育学会）　6(2)　2012.4　p215〜223

◇乳幼児健診をいかした食生活支援（特集 乳幼児健診と子育て支援）堤ちはる　「子育て支援と心理臨床」（福村出版）5　2012.6　p25〜34

◇保育園の食事はどうなるの？（特集 保育制度が変わると食事はどうなるの？ 子ども・子育て新システムを問う！）牧裕子　「食べもの文化」（芽ばえ社）（446）2012.6　p10〜13

◇現行の保育制度の拡充で豊かな給食を（特集 保育制度が変わると食事はどうなるの？ 子ども・子育て新システムを問う！）和泉明子　「食べもの文化」（芽ばえ社）（446）2012.6　p14〜17

◇保育の質が低下し、給食にも悪影響（特集 保育制度が変わると食事はどうなるの？ 子ども・子

育て新システムを問う!) 蛯名孝宏 「食べもの文化」(芽ばえ社) (446) 2012.6 p30〜35

◇摂食障害の育児問題と援助 : 育児問題をかかえた摂食障害症例をもとに 岡本百合, 三宅典恵 「精神医学」(医学書院) 54(7)通号643 2012.7 p713〜720

◇幼稚園児および保護者に対する食育プログラムが両者の食生活に及ぼす影響 砂見綾香, 多田由紀, 梶忍 [他] 「日本食育学会誌」(日本食育学会) 6(3) 2012.7 p265〜272

◇育児 食欲がなくなる夏の食事 丸井浩美 「婦人之友」(婦人之友社) 106(8)通号1311 2012.8 p87〜91

◇保育所の「食」を豊かに 保育所における食事の提供ガイドラインの活用について(特集 育ちの視点から保育と食育を考えよう) 丸山裕美子 「保育の友」(全国社会福祉協議会) 60(10) 2012.8 p11〜14

◇子どもの成長・発育を支える食育の積み重ねが大切(特集 育ちの視点から保育と食育を考えよう) 武居美津枝 「保育の友」(全国社会福祉協議会) 60(10) 2012.8 p14〜17

◇保育における食の環境整備と体験から学ぶ(特集 育ちの視点から保育と食育を考えよう) 中村秀俊 「保育の友」(全国社会福祉協議会) 60(10) 2012.8 p17〜20

◇食事は暮らし・生きることに直結する(特集 育ちの視点から保育と食育を考えよう) 牧野多津子 「保育の友」(全国社会福祉協議会) 60(10) 2012.8 p21〜25

◇「糖原病」の子どもの食事を1年間保育園給食で対応 林野朋子 「食べもの文化」(芽ばえ社) (451) 2012.11 p56〜59

◇第1分科会 「おいしい」が育つ保育園の食事 : 毎日がバイキングの豊かな実践 旬のものを好きな人と一緒に、楽しくおいしく「いただきまーす」(誌上再現! 第27回食と健康を考えるシンポジウム【東京開催】 子どもを育む保育と食をみんなで一緒に考えよう) 小川美智子 「食べもの文化」(芽ばえ社) (453) 2012.12 p8〜11

◇第4分科会 口からはじまる子どもの発達 : 食を通した自己肯定感とこころの成長 肌を触れあうもっとも原始的(基本的)なコミュニケーションから育つこころと体(誌上再現! 第27回食と健康を考えるシンポジウム【東京開催】 子どもを育む保育と食をみんなで一緒に考えよう) 岩倉政城 「食べもの文化」(芽ばえ社) (453) 2012.12 p21〜24

◇会場のみなさんとご一緒に 牛乳のこと、アレルギーのこと、卒乳のことなど……(誌上再現! 第27回食と健康を考えるシンポジウム【東京開催】 子どもを育む保育と食をみんなで一緒に考えよう) A, 角田和彦, 小川美智子 [他] 「食べもの文化」(芽ばえ社) (453) 2012.12 p24〜37

【図書】

◇保育所の食事を通して食育を 亀城和子, 新藤由喜子, 辻ひろみ, 土井正子, 及川静, 岡田由美著 第3版 学建書院 2010.3 122p 26cm 1300円 ①978-4-7624-2861-6 Ⓝ376.1

◇子どもの「できない」を「できる」に変える子育て食事セラピー 笠井奈津子著 河出書房新社 2010.4 187p 19cm 1300円 ①978-4-309-27184-2 Ⓝ493.983

[内容] 子どもが変わる!食事セラピー(なぜ、食事で子育ての悩みが改善できるの? お母さん、頑張りすぎていませんか? 三大栄養素は、ココロの土台をつくります) 食事セラピー実践編―ココロとカラダのトラブル別食事カウンセリング(栄養素で改善編 食環境で改善編) 番外編 ママもパパも元気じゃなきゃね!―ママのお悩みに応援のアドバイス!(子育てに自信がなくていつも不安 夜、ぐっすり眠れないのがツライ ママとパパ、ついケンカしちゃう ほか)

◇食育白書 平成22年版 内閣府編 日経印刷 2010.6 150p 30cm 1500円 ①978-4-904260-58-6

[内容] 第1部 食育推進施策の現状と課題(食育推進施策等の現状 食育推進施策の課題と取組) 第2部 食育推進施策の具体的取組(家庭における食育の推進 学校、保育所等における食育の推進 地域における食生活の改善等のための取組の推進 生産者と消費者との交流の促進、環境と調和のとれた農林漁業の活性化等 食品の安全性に関する情報提供の推進 調査、研究その他の施策の推進) 資料編

◇おやつの力―できる子・強い子・キレない子が育つ　中村信也著　展望社　2010.7　165p　19cm　〈文献あり〉　1200円　ⓘ978-4-88546-216-0　Ⓝ596.65

内容　第1章 現代の困ったおやつ事情（おやつの軽視が子供をむしばんでいる　砂糖の過剰摂取が子供の体を傷めている　ほか）　第2章 おやつのパワー「おやつは母と子のきずなだ！」（おやつがなければ、子供は育たない　食（栄養）とスキンシップが育児の基本　ほか）　第3章 おやつのパワー「手づくりおやつが人生を変える！」（母親の手づくりおやつが最高！　おやつは甘いお菓子だけではない　ほか）　第4章 おやつのパワー「おやつで本物の味を教えよう！」（本物の味の大切さ　旬のものはおいしく、栄養も豊富　ほか）　第5章 手づくりおやつの簡単レシピ―協力：東京家政大学栄養学科公衆衛生学研究室

◇なぜ食べてくれないの？―プロから教わる保育術　鳥居徹也著，南部愛子監修　春陽堂書店　2010.12　157p　21cm　〈文献あり〉　1200円　ⓘ978-4-394-90279-9　Ⓝ599.3

内容　第1章 アヤさんはトレボンテ幼稚園・保育園の門をくぐった（マー君が食べてくれない…阿部園長との出会い）　第2章 阿部園長に「食」に関する現場の知恵を聞く（スプーンはどこまで？　口まわり、ふき過ぎていませんか？　ほか）　第3章 その夜、アヤさんとパパの会話　第4章 阿部園長に「食育とおもちゃ」の深ぁ〜い関係を聞く（コップやお椀を使いましょう！　ストローは確かに便利だけど…　ほか）　第5章 ふたたび、アヤさんとパパの会話

◇五感イキイキ！心と体を育てる食育　小川雄二，中田典子著　新日本出版社　2011.2　206p　19cm　1500円　ⓘ978-4-406-05414-0　Ⓝ498.5

内容　第1章 食育で子どもが育つ　第2章 子どもの発育・発達と食育　第3章 楽しく食べる子どもを育てる食育　第4章 人と関わる力・自己肯定感を育てる食育　第5章 知識・スキル・生きる力を育てる食育　第6章 保育所・学校での食育　第7章 未来につながる食育―御食国・若狭おばまの生涯食育

◇食育アイデアBook―おやこでクッキングIN保育園テレビの本　キッズステーション著　チャイルド本社　2011.3　79p　26cm　1800円　ⓘ978-4-8054-0182-8　Ⓝ376.1

内容　第1章 春（保育室で炊飯し、ごはんもおかずも自分で配膳　絵本の料理をクッキング。給食には世界の料理が　ほか）　第2章 夏（食事は、食べきれる量を自分で注文　季節を感じる生活で食の"旬"を知る　ほか）　第3章 秋（食べものができるまでを知る体験を大切に　エコの心を食育にも。生ごみは肥料に変えて活用　ほか）　第4章 冬（命をいただくことに感謝できる経験を　見て、触って魚の大好きな子に　ほか）

◇食育白書　平成23年版　内閣府編　佐伯印刷　2011.7　147p　30cm　1500円　ⓘ978-4-905428-02-2

内容　第1部 食育推進施策の現状と課題（食育推進施策等の現状　第2次食育推進基本計画の概要）　第2部 食育推進施策の具体的取組（家庭における食育の推進　学校、保育所等における食育の推進　地域における食生活の改善等のための取組の推進　生産者と消費者との交流の促進　環境と調和のとれた農林漁業の活性化等　食品の安全性に関する情報提供の推進　調査、研究その他の施策の推進）　資料編

◇食育のアイデア実践ガイド―保育所で！幼稚園で！　吉田隆行監修　〔川口〕　メイト　2011.9　111p　26cm　（メイトブックス）〈発売：〔アド・グリーン企画出版〕〉　2400円　ⓘ978-4-86051-111-1　Ⓝ376.1

内容　第1章 食事・健康指導　第2章 栽培活動　第3章 調理活動　第4章 味覚教育　第5章 0・1・2歳児　第6章 職員・保護者・地域との連携　付録 食育計画表

◇ベジっ子育て―ちびっ子ベジタリアンのための役立つ知識　シャロン・K. インテマ著，穴原美智子訳　中央アート出版社　2011.9　183p　19cm　1400円　ⓘ978-4-8136-0645-1　Ⓝ493.983

内容　まえがき：子どもへの最高の贈りもの　第1部 ちびっ子ベジタリアンの食と健康（ベジっ子育てを楽しむ　ベジファミリーへのアドバイス　ベジ食で健康に育てる）　第2部 ベジタリアンであること（いのちと食について　あなたの選択）　付録1 かんたんベジ食レシピ10　付録2 ベジタリアンお薦めサイト

◇クスリごはん―おいしく食べて体に効く！　子ども編　リベラル社編　名古屋　リベラル社　2011.12　191p　19cm　〈発売：星雲社　文献あり〉　1100円　ⓘ978-4-434-16235-0　Ⓝ498.583

|内容| 第1章 日常の症状に効く食べものとレシピ（かぜ―葛・大根・ショウガ・みかん・小松菜・キウイ　発熱―ネギ・イチゴ・芽キャベツ　ほか）　第2章 アレルギーに効く食べものとレシピ（アトピー性皮膚炎―カボチャ・バナナ・シソ・ヨーグルト　ぜんそく―イワシ・ふき・ニンジン　ほか）　第3章 メンタルの話とレシピ（夜泣き　かんの虫　ほか）　第4章 成長を促す食べものとレシピ（骨・歯を強くする―牛乳・しらす・ひじき　身長を伸ばす―大豆・チーズ　ほか）　第5章 妊娠中・授乳中に効く食べものとレシピ（妊娠初期（1～4カ月）―豆腐・レバー・ほうれん草　妊娠中期（5～7カ月）―干しエビ・タラ・高野豆腐　ほか）

◇子育てもオーガニック　チャイルズ美佳著　文芸社　2012.1　160p　19cm　1000円　①978-4-286-11312-8　Ⓝ599.049

◇保育としての「食育」―栄養摂取から食の営みへ　藤森平司著　世界文化社　2012.2　127p　26cm　（Pripriブックス―見守る保育 1）〈文献あり〉　2000円　①978-4-418-12802-0　Ⓝ376.1

|内容| 第1章「食育」の考え方（みんなで楽しむ　子どもが持っているはずの力を引き出す　保育指針における食育のポイント）　第2章 食育の実践（環境づくり）　第3章 なぜ今、「食」が重視されるのか？（なぜ今、食育なのか？　人間らしい食とは何か？）

◇附属幼稚園における健康な心と体を育てる"食育"の取組　〔水戸〕　全国国立大学附属学校連盟幼稚園部会　2012.3　10p　30cm　（国立大学附属幼稚園からの提案 7）

◇うちの子どうして食べてくれないの？―授乳から幼児食まで……親子関係のバイブル　カルロス・ゴンサレス著, 湯川カナ訳, 佐々木いずみ日本語訳監修　ジャパンマシニスト社　2012.5　359,6p　19cm　〈文献あり 索引あり〉　1600円　①978-4-88049-192-9　Ⓝ493.983

|内容| 第1部 なぜ食べるのか？食べないのか？（すべては、こうして始まる　こどもは、何が必要なのか、わかっています　食事のとこにしてはいけないこと　離乳食カレンダー）　第2部 すでに「食べない」ときの処方箋（人生を変える、かもしれない実験）　第3部 備えあれば憂いなし（ニコニコおっぱい　ニコニコミルク　離乳食―このむずかしいテーマ　健康についての専門家にできること）　第4部 よくある疑問

◇食育白書　平成24年版　内閣府編　勝美印刷　2012.7　181p　30cm　1500円　①978-4-906955-00-8

|内容| 第1部 食育推進施策の現状と課題（食育推進施策等の現状　食育推進施策の課題と取組　特集「みんなで食べたらおいしいね」　東日本大震災における食育に関連した取組）　第2部 食育推進施策の具体的取組（食育推進施策の動向　家庭における食育の推進　学校、保育所等における食育の推進　地域における食育の推進　生産者と消費者との交流の促進、環境と調和のとれた農林漁業の活性化等　食文化の継承のための活動　食品の安全性等に関する情報提供の推進　調査、研究その他の施策の推進）　資料編

◇食育と保育―子どもの姿が見える食育の実践　師岡章著　メイト　2012.8　166p　27×22cm　1800円　①978-4-86051-118-0

|内容| なぜ今、食育？―食育の意義　食をめぐる実践の現状と課題　子どもに育てたい力とは―食育の目標　食育をどう位置づけるか―保育と食育の関係　食育の進め方―教職員の協力・連携　食育活動の中味とは―食育の内容　食育計画の考え方・作り方　食育活動のふり返り―食育の評価　魅力ある食事とは―食事の内容　食事提供の方法―給食の運営　食育のための環境構成のポイント　特別な配慮を必要とする子どもへの対応　栄養士に期待される役割　保護者支援と家庭との連携・協力　地域とのかかわり～連携と相談・情報発信　3歳未満児までの食育実践のポイント　幼稚園での食育のあり方　食育実践の意味

◆母乳

【雑誌記事】

◇BFH認定をめざして　チームで支える母乳育児（新連載・1）BFHとはなにをする施設か　杉本充弘　「助産雑誌」（医学書院）63(4)　2009.4　p336～342

◇NICUにおける母乳育児支援『搾乳ダイアリー』専門家編―看護スタッフが自信を持って母親を支援するために（新連載・第1回）こんなときどうする？　カウンセリング・スキルを用いた実践的母乳育児支援　お母さんが初めてNICUにいる赤ちゃんに会いにきたとき【搾乳ダイアリー：日齢0～4対応】　大山牧子　「ネオネイタルケア」

（メディカ出版） 22（4）通号290 2009.4 p370〜376

◇BFH認定をめざして チームで支える母乳育児（2）チーム健診での母乳育児支援 北山裕子 「助産雑誌」（医学書院） 63（5） 2009.5 p434〜440

◇NICUにおける母乳育児支援『搾乳ダイアリー』専門家編—看護スタッフが自信を持って母親を支援するために（第2回）こんなときどうする？ カウンセリング・スキルを用いた実践的母乳育児支援 搾乳器を選ぶ際に大切なこと【搾乳ダイアリー：日齢6対応】 大山牧子 「ネオネイタルケア」（メディカ出版） 22（5）通号291 2009.5 p502〜508

◇BFH認定をめざして チームで支える母乳育児（3）分娩室での母乳育児支援 中根直子, 水谷芳江 「助産雑誌」（医学書院） 63（6） 2009.6 p530〜536

◇NICUにおける母乳育児支援『搾乳ダイアリー』専門家編—看護スタッフが自信を持って母親を支援するために（第3回）搾乳量の目安を知りたい【搾乳ダイアリー：日齢10, 14対応】 大山牧子 「ネオネイタルケア」（メディカ出版） 22（6）通号292 2009.6 p638〜643

◇BFH認定をめざして チームで支える母乳育児（4）褥婦棟での母乳育児支援（前編） 橋本加奈枝 「助産雑誌」（医学書院） 63（7） 2009.7 p638〜644

◇NICUにおける母乳育児支援『搾乳ダイアリー』専門家編—看護スタッフが自信を持って母親を支援するために（第4回）こんなときどうする？ カウンセリング・スキルを用いた実践的母乳育児支援 上司や同僚の理解を得るには……【搾乳ダイアリー番外編】 大山牧子 「ネオネイタルケア」（メディカ出版） 22（7）通号293 2009.7 p730〜735

◇BFH認定をめざして チームで支える母乳育児（5）褥婦棟での母乳育児支援（後編） 井下寛子 「助産雑誌」（医学書院） 63（8） 2009.8 p730〜736

◇NICUにおける母乳育児支援『搾乳ダイアリー』専門家編—看護スタッフが自信を持って母親を支援するために（第5回）こんなときどうする？ カウンセリング・スキルを用いた実践的母乳育児支援 何時間ごとに搾乳するのがいいの？【搾乳ダイアリー：日齢9, 12対応】 大山牧子 「ネオネイタルケア」（メディカ出版） 22（8）通号294 2009.8 p869〜875

◇BFH認定をめざして チームで支える母乳育児（6）未熟児室・NICUでの母乳育児支援 斉藤恵美, 赤山美智代 「助産雑誌」（医学書院） 63（9） 2009.9 p818〜827

◇NICUにおける母乳育児支援 搾乳ダイアリー専門家編—看護スタッフが自信を持って母親を支援するために（第6回）こんなときどうする？ カウンセリング・スキルを用いた実践的母乳育児支援 いくら搾乳しても残っているのですが……【搾乳ダイアリー：日齢21対応】 大山牧子 「ネオネイタルケア」（メディカ出版） 22（9）通号295 2009.9 p950〜955

◇BFH認定をめざして チームで支える母乳育児（7）施設がBFHを取得するうえで困難だったこと—何ができて、何ができなかったか 佐藤梅子, 佐々木広子, 豊島紀代子 「助産雑誌」（医学書院） 63（10） 2009.10 p912〜921

◇NICUにおける母乳育児支援 搾乳ダイアリー専門家編—看護スタッフが自信を持って母親を支援するために（第7回）こんなときどうする？ カウンセリング・スキルを用いた実践的母乳育児支援 脂肪の多い後乳が赤ちゃんの栄養によいと聞いたのですが……【搾乳ダイアリー：日齢17〜19対応】 大山牧子 「ネオネイタルケア」（メディカ出版） 22（10）通号297 2009.10 p1094〜1101

◇BFH認定をめざして チームで支える母乳育児（8）産婦人科医師の母乳育児への意識統一 木戸道子 「助産雑誌」（医学書院） 63（11） 2009.11 p1020〜1026

◇NICUにおける母乳育児支援 搾乳ダイアリー専門家編—看護スタッフが自信を持って母親を支援するために（第8回）こんなときどうする？ カウンセリング・スキルを用いた実践的母乳育児支援 搾乳量が減ってきたのですが、どうしたらよいでしょうか？【搾乳ダイアリー：日齢24〜27対応】 大山牧子 「ネオネイタルケア」（メディカ出版） 22（11）通号298 2009.11 p1197〜1203

◇BFH認定をめざして チームで支える母乳育児（9）新生児科医師の母乳育児への意識統一 川上義 「助産雑誌」（医学書院） 63（12） 2009.12 p1134〜1139

◇NICUにおける母乳育児支援 搾乳ダイアリー専門家編 — 看護スタッフが自信を持って母親を支援するために(第9回)こんなときどうする? カウンセリング・スキルを用いた実践的母乳育児支援 薬の相談を受けたら【搾乳ダイアリー:日齢28, 29, 31, 32, 34対応】 大山牧子 「ネオネイタルケア」(メディカ出版) 22(12)通号299 2009.12 p1293〜1300

◇母親が授乳体験を通して得た母乳育児継続に結びつく思い 松永正子 「看護教育研究集録. 教員・教育担当者養成課程. 看護コース」(神奈川県立保健福祉大学実践教育センター) (36) 2010年度 p246〜253

◇母乳栄養(周産期診療指針2010—新生児編 新生児の一般的管理) 水野克己 「周産期医学」(東京医学社) 40(増刊) 2010 p489〜495

◇強化母乳栄養のポイント(周産期診療指針2010—新生児編 ハイリスク児の管理) 村瀬正彦 「周産期医学」(東京医学社) 40(増刊) 2010 p606〜609

◇臨床研究・症例報告 完全母乳栄養により重症の鉄欠乏性貧血を来した1例 渡邉友博, 柏崎ゆたか, 正田哲雄[他] 「小児科臨床」(日本小児医事出版社) 63(1)通号745 2010.1 p75〜79

◇対談 環境汚染と胎児への影響, そして母乳育児 本郷寛子, 森千里 「助産雑誌」(医学書院) 64(1) 2010.1 p52〜59

◇BFH認定をめざして チームで支える母乳育児 (10) 院外への母乳育児推進運動 石井康夫, 杉本充弘 「助産雑誌」(医学書院) 64(1) 2010.1 p86〜93

◇NICUにおける母乳育児支援 搾乳ダイアリー専門家編 — 看護スタッフが自信を持って母親を支援するために(第10回)こんなときどうする? カウンセリング・スキルを用いた実践的母乳育児支援 母乳育児をしているときに, 日常生活で気を付ける必要のあることは何ですか?—食事, アルコール, タバコ, ヘアカラー, パーマ液など【搾乳ダイアリー:日齢37対応】 大山牧子 「ネオネイタルケア」(メディカ出版) 23(1)通号300 2010.1 p89〜97

◇母乳分泌不全と母乳不足感(特集 妊婦のひとことに潜んでいる問題は? 保健指導でキャッチ 異常徴候の見分け方) 横尾さち子, 久保ひろみ 「ペリネイタルケア」(メディカ出版) 29(1)通号372 2010.1 p42〜45

◇臨床研究・症例報告 乳幼児の鉄欠乏性貧血と母乳栄養 木村正彦 「小児科臨床」(日本小児医事出版社) 63(2)通号746 2010.2 p323〜328

◇BFH認定をめざして チームで支える母乳育児 (11) 母乳外来での母乳育児支援 川井由美子 「助産雑誌」(医学書院) 64(2) 2010.2 p175〜179

◇NICUにおける母乳育児支援 搾乳ダイアリー専門家編 — 看護スタッフが自信を持って母親を支援するために(第11回)こんなときどうする? カウンセリング・スキルを用いた実践的母乳育児支援 母乳育児をやめようかと思っている母親への支援【搾乳ダイアリー日齢41対応】 大山牧子 「ネオネイタルケア」(メディカ出版) 23(2)通号301 2010.2 p184〜191

◇日本人の食事摂取基準(2010年版)決定の基礎とした母乳中の水溶性ビタミン含量 柴田克己, 遠藤美佳, 山内麻衣子[他] 「ビタミン」(日本ビタミン学会) 84(2) 2010.2 p53〜58

◇周産期医療体制の変革が母乳育児に与える影響(特集 「お産の集約化」のなかでどう支援する? あきらめない! 母乳育児支援) 笠松堅實 「ペリネイタルケア」(メディカ出版) 29(2)通号374 2010.2 p118〜123

◇セミ・オープンシステムでの母乳育児支援(特集 「お産の集約化」のなかでどう支援する? あきらめない! 母乳育児支援) 上原茂樹, 佐藤梅子 「ペリネイタルケア」(メディカ出版) 29(2)通号374 2010.2 p124〜129

◇分娩が増加する施設での母乳育児支援:病院(特集 「お産の集約化」のなかでどう支援する? あきらめない! 母乳育児支援) 長瀬幸子, 熊谷千景, 山川有紀実 「ペリネイタルケア」(メディカ出版) 29(2)通号374 2010.2 p130〜135

◇つまづきそうな「いま」を支える母乳育児支援(特集 「お産の集約化」のなかでどう支援する? あきらめない! 母乳育児支援) 大城洋子, 内間マキ子, 須藤宏恵[他] 「ペリネイタルケア」(メディカ出版) 29(2)通号374 2010.2 p136〜140

◇集約化の中での地域における母乳育児支援の確保・継続(特集「お産の集約化」のなかでどう支援する？ あきらめない！母乳育児支援) 熊谷淳二 「ペリネイタルケア」(メディカ出版) 29(2)通号374 2010.2 p141～145

◇地域で支える施設退院後の母乳育児支援(特集「お産の集約化」のなかでどう支援する？ あきらめない！母乳育児支援) 荒川有美 「ペリネイタルケア」(メディカ出版) 29(2)通号374 2010.2 p146～150

◇助産所で出産した女性における中・長期的な母乳育児の継続状況 — 母乳で育てたいという女性を誰が支えていくのか 竹原健二, 野口真貴子, 佐々木由理[他] 「助産雑誌」(医学書院) 64(3) 2010.3 p246～251

◇BFH認定をめざして チームで支える母乳育児(12・最終回)母乳育児支援のターニングポイント 杉本充弘 「助産雑誌」(医学書院) 64(3) 2010.3 p272～277

◇19歳ギャルママのちょっと踏んばる母乳育児 福井早智子 「食べもの文化」(芽ばえ社) (414) 2010.3 p66～69

◇NICUにおける母乳育児支援 搾乳ダイアリー専門家編 — 看護スタッフが自信を持って母親を支援するために(第12回・最終回)こんなときどうする？ カウンセリング・スキルを用いた実践的母乳育児支援 看護スタッフが自信を持って母親を支援するために 大山牧子 「ネオネイタルケア」(メディカ出版) 23(3)通号302 2010.3 p304～311

◇19歳ギャルママのちょっと踏んばる母乳育児(2) 福井早智子 「食べもの文化」(芽ばえ社) (415) 2010.4 p68～71

◇NICU看護師への搾乳支援に関する効果 吉川俊恵, 石田貞代 「母性衛生」(日本母性衛生学会) 51(1) 2010.4 p85～91

◇19歳ギャルママのちょっと踏んばる母乳育児(3) 福井早智子 「食べもの文化」(芽ばえ社) (416) 2010.5 p68～71

◇産後2～5か月の母親の母乳育児継続に関する要因 柴田奈緒, 坂間伊津美 「茨城県母性衛生学会誌」(茨城県母性衛生学会事務局) (28) 2010.6 p17～24

◇母乳育児支援外来開設の取り組みと現状 小野寺恵子, 伊藤晶絵, 大内美佳[他] 「茨城県母性衛生学会誌」(茨城県母性衛生学会事務局) (28) 2010.6 p36～40

◇卒前・卒後教育 大学医学部での母乳教育の現状と今後の課題 荒堀仁美 「小児科」(金原出版) 51(8) 2010.7 p1081～1086

◇海外レポート 韓国母乳育児レポート 喜多里己 「助産雑誌」(医学書院) 64(7) 2010.7 p622～626

◇児の母乳吸啜メカニズムに基づく乳房ケア(BSケア)のリラクゼーション効果に関する研究 三根有紀子, 寺田恵子, 佐藤香代[他] 「母性衛生」(日本母性衛生学会) 51(2) 2010.7 p376～384

◇長期母乳育児経験のある女性のSMI得点に関する共分散構造分析 梅野貴恵 「母性衛生」(日本母性衛生学会) 51(2) 2010.7 p498～505

◇母乳育児を継続するために — 妊娠中の授乳は流産を引き起こすか？ 石井廣重 「助産雑誌」(医学書院) 64(8) 2010.8 p722～725

◇NICUにおける院外出生児への母乳育児支援 — パンフレットおよび関連病院への電話依頼を通してシリンジ搾乳を勧める 仲山智美, 森口紀子, 中井宏美[他] 「ネオネイタルケア」(メディカ出版) 23(8)通号308 2010.8 p868～873

◇祖母の母乳育児に対する意識に関する研究 — 祖父母学級受講の有無による比較 右田温美, 梅野貴恵, 熊谷淳二[他] 「ペリネイタルケア」(メディカ出版) 29(8)通号381 2010.8 p808～815

◇産褥早期の母親のSense of Coherence(SOC)と母乳育児自己効力感および母乳育児負担感の関係 山崎真紀子, 入山茂美, 濱嵜真由美[他] 「保健学研究」(長崎大学大学院医歯薬学総合研究科保健学専攻) 22(2) 2010.8 p45～50

◇人工乳首のタイプが母乳の確立に及ぼす影響 松原まなみ, 井上円, 三瓶まり[他] 「島根母性衛生学会雑誌」(島根県母性衛生学会) 14 2010.10 p77～82

◇母乳育児(特集 乳幼児健診 — 食育と保育に関して) 清水俊明 「小児科」(金原出版) 51(11) 2010.10 p1403～1409

◇「授乳・離乳の支援ガイド」について（特集 乳幼児健診—食育と保育に関して） 堤ちはる 「小児科」（金原出版） 51(11) 2010.10 p1411〜1416

◇第19回 母乳育児シンポジウム 「ペリネイタルケア」（メディカ出版） 29(10)通号383 2010.10 p1010〜1012

◇ヒトT細胞白血病ウイルスと母乳育児 山本よしこ 「助産雑誌」（医学書院） 64(11) 2010.11 p1000〜1004

◇大学生に「母乳育児って？」を現場から教えたい（1） 福井早智子 「食べもの文化」（芽ばえ社） (423) 2010.11 p48〜51

◇大学生に「母乳育児って？」を現場から教えたい（2） 福井早智子 「食べもの文化」（芽ばえ社） (425) 2010.12 p46〜49

◇10％以上の体重減少をきたした完全母乳栄養児における高ナトリウム血症性脱水の発症状況 田村賢太郎, 五十嵐登, 岩崎秀紀［他］ 「日本小児科学会雑誌」（日本小児科学会） 114(12) 2010.12 p1896〜1900

◇母親の乳酸菌摂取は母乳哺育による経口免疫寛容の誘導を増強する（平成22年度酪農科学シンポジウム編） 青木亮, 木津久美子, 廣瀬潤子［他］ 「ミルクサイエンス」（日本酪農科学会） 59(3)通号314 2010.12 p345〜348

◇小学1年生における母乳栄養と血中脂質の検討 外山千鈴, 藤井香, 田中祐子［他］ 「慶応保健研究」（慶応義塾大学保健管理センター） 29(1) 2011 p49〜51

◇母乳と血液における硝酸塩および亜硝酸塩の分布について 田中章男, 秋山佳代, 福田馨 「国際学院埼玉短期大学研究紀要」（国際学院埼玉短期大学） (32) 2011 p49〜55

◇産後2週間健診による完全母乳栄養への効果 日野京子, 山内純子, 藤川節子［他］ 「日本看護学会論文集. 母性看護」（日本看護協会出版会） 42 2011 p47〜50

◇お悩み解決！ワクワクおっぱい相談：母乳外来設立に向けて 岩橋加奈, 橋本彩, 藤井奈保子［他］ 「日本看護学会論文集. 母性看護」（日本看護協会出版会） 42 2011 p51〜53

◇大学生に「母乳育児って？」を現場から教えたい（3） 福井早智子 「食べもの文化」（芽ばえ社） (426) 2011.1 p48〜51

◇母乳育児に対する父親の意識とその要因に関する研究—母親との比較から 桝本恭子, 梅野貴恵, 軽部薫 「母性衛生」（日本母性衛生学会） 51(4) 2011.1 p730〜737

◇大学生に「母乳育児って？」を現場から教えたい（4） 福井早智子 「食べもの文化」（芽ばえ社） (427) 2011.2 p52〜55

◇事例検討 母乳育児が効果的に行われず, 母乳育児に対して不安を持つ母親への援助（相澤病院看護部講演集） 黒柳すみれ 「相澤病院医学雑誌」（慈泉会相澤病院） 8（別冊） 2011.3 p25〜28

◇妊婦向け生活指導書および育児書に示された母乳育児に関する指導内容の検討 青柳美秀子 「川崎市立看護短期大学紀要」（川崎市立看護短期大学） 16(1) 2011.3 p101〜106

◇直接授乳行動における母親への心理的影響に関する文献検討—母乳育児中の母親に対する精神的ストレスマーカーとして唾液中クロモグラニンAの有効性 小曽根秀実, 久住武, 近藤昊 「群馬県立県民健康科学大学紀要」（群馬県立県民健康科学大学） 6 2011.3 p1〜12

◇施設における取り組みの違いから見た母乳育児の確立と母乳育児ケアとの関係について 鈴木敦子, 中村紗矢香, 仲本明子［他］ 「長野県母子衛生学会誌」（長野県母子衛生学会） 13 2011.3 p8〜15

◇わが国における母乳育児を行う母親の体験に関する文献検討 山田志枝, 塩野悦子 「宮城大学看護学部紀要」（宮城大学看護学部） 14(1) 2011.3 p81〜87

◇母乳育児に対する母親の肯定的な認識が哺育状況に及ぼす影響—北関東の産科2施設における追跡調査 向田麻里, 前田由衣, 入山茂美［他］ 「助産雑誌」（医学書院） 65(4) 2011.4 p344〜349

◇日本人の母乳成分の日内変動 小林俊二郎, 山村淳一, 中埜拓 「小児保健研究」（日本小児保健協会） 70(3) 2011.5 p329〜336

◇アレルギー疾患と母乳中のTGF—β—TGF—βはアレルギー予防の救世主か？ 中尾篤人

「化学と生物 : 日本農芸化学会会誌 : 生命・食糧・環境」（日本農芸化学会, 学会出版センター［発売］） 49(6)通号571 2011.6 p392〜397

◇初めて母乳哺育を行う母親が困難感を抱く新生児の哺乳行動 柏原英子, 森恵美 「母性衛生」（日本母性衛生学会） 52(2) 2011.7 p270〜277

◇母親が困難と感じた哺乳行動と観察された哺乳行動との関係ー初めて母乳哺育をする母親を対象として 柏原英子, 森恵美 「母性衛生」（日本母性衛生学会） 52(2) 2011.7 p278〜285

◇改めて母乳マッサージとはー母乳マッサージの歴史をとおして考察する 村上房子 「母性衛生」（日本母性衛生学会） 52(2) 2011.7 p377〜383

◇福島原発震災事故で、母乳からも放射性物質を検出 村上喜久子 「土と健康」（日本有機農業研究会） 39(6)通号427 2011.8・9 p18〜22

◇ポジショニングとラッチ・オン指導が母乳育児開始時の母親に及ぼす効果 多々納憂子, 嘉藤恵, 杉原恭子［他］ 「島根母性衛生学会雑誌」（島根県母性衛生学会） 15 2011.10 p87〜91

◇母乳育児のすすめ(38)母乳と放射能 滝元宏 「小児看護」（へるす出版） 34(11)通号432 2011.10 p1536〜1543

◇第20回母乳育児シンポジウム 「ネオネイタルケア」（メディカ出版） 24(11)通号326 2011.11 p1110〜1112

◇母乳育児が心育ちに及ぼす影響（特集 母乳について考える） 堀内勁 「助産師 : 日本助産師会機関誌」（日本助産師会出版部） 65(4) 2011.11.1 p12〜14

◇「ヒヤリ・ハット事例集」を活用して : 母乳育児支援にも活かそう（特集 母乳について考える） 渕元純子 「助産師 : 日本助産師会機関誌」（日本助産師会出版部） 65(4) 2011.11.1 p15〜17

◇日本人の母乳中葉酸濃度の定量 三嶋智之, 中野純子, 唐沢泉［他］ 「岐阜医療科学大学紀要」（岐阜医療科学大学） (6) 2012 p59〜61

◇母乳育児が可能となるまで母乳分泌を維持するための支援の効果 : 母乳育児支援内容の標準化の取り組みに向けて 亀山千里, 門間智子, 小林美幸 「日本看護学会論文集. 小児看護」（日本看護協会出版会） 42 2012 p3〜5

◇妊娠期から始まる母乳育児支援 : 妊娠期間を最大限に活用した支援（特集 入院の短期化に伴う母乳育児支援） 水井雅子 「助産雑誌」（医学書院） 66(1) 2012.1 p10〜17

◇出生直後から母子への母乳育児支援 : 早期接触と早期授乳への支援（特集 入院の短期化に伴う母乳育児支援） 水谷芳江, 中根直子 「助産雑誌」（医学書院） 66(1) 2012.1 p18〜24

◇赤ちゃんのサインに基づいた入院中の母乳育児支援 : 早期の母乳育児確立を目指して（特集 入院の短期化に伴う母乳育児支援） 井村真澄 「助産雑誌」（医学書院） 66(1) 2012.1 p26〜33

◇母親が「できる！」と思える母乳育児支援 : 母親が支えられ、自分もできると思う支援（特集 入院の短期化に伴う母乳育児支援） 本郷寛子 「助産雑誌」（医学書院） 66(1) 2012.1 p34〜40

◇リスクに対応する母乳育児支援「母親編」 : 母乳育児確立リスクを見きわめ支援する（特集 入院の短期化に伴う母乳育児支援） 武市洋美 「助産雑誌」（医学書院） 66(1) 2012.1 p42〜49

◇リスクに対応する母乳育児支援「赤ちゃん編」 : 母乳育児確立リスクを見きわめ支援する（特集 入院の短期化に伴う母乳育児支援） 中村和恵 「助産雑誌」（医学書院） 66(1) 2012.1 p50〜56

◇退院後の母乳育児継続支援 : 支援にかかわるすべての人々の連携（特集 入院の短期化に伴う母乳育児支援） 柳澤美香 「助産雑誌」（医学書院） 66(1) 2012.1 p58〜64

◇母乳栄養の確立に関連する要因の縦断的検討 浦山晶美, 永山くに子, 上田紗弓［他］ 「助産雑誌」（医学書院） 66(1) 2012.1 p80〜86

◇産科診療所における母乳育児推進にむけてのあり方の検討 : BFHとの比較から 福田晴美, 宮崎文子, 梅野貴恵 「日本母子看護学会誌」（日本母子看護学会） 5(2) 2012.1 p37〜45

◇産褥早期の母乳育児自己効力感が産後1ヵ月時の母乳育児状況に与える影響 入山茂美, 濱嵜真

由美, 山崎真紀子［他］　「母性衛生」（日本母性衛生学会）　52（4）　2012.1　p538〜545

◇韓国の工業地域における母乳中のダイオキシン類（PCDDs/DFs及びcoplanar―PCBs）の汚染実態と濃度影響因子に関する研究　パクサンア, ミンビョンユン　「環境化学」（日本環境化学会）　22（1）通号84　2012.3　p1〜8

◇入院中の授乳方法が及ぼす産後1か月の授乳方法の違いについて　渡辺智美, 深沢瑞穂　「山梨県母性衛生学会誌」（山梨県母性衛生学会）　11　2012.3　p28〜35

◇働くお母さんへの母乳指導をどうする？（特集　働くお母さんの妊娠・出産・母乳育児を支援する）　真木めい子　「助産雑誌」（医学書院）　66（4）　2012.4　p317〜321

◇極低出生体重児における母乳栄養継続を可能にする要因　橋本佳美, 平澤美恵子, 村上睦子［他］　「小児保健研究」（日本小児保健協会）　71（3）　2012.5　p354〜359

◇NICU最前線 こんな支援がほしかった！ 母乳育児支援の技・こころ・タイミング：NICU卒業生の母親117名へのアンケートからヒントが見つかる　「ネオネイタルケア」（メディカ出版）　25（8）通号336　2012.8　p789〜848

◇母乳育児の医学　戸田千　「香川産科婦人科雑誌」（日本産科婦人科学会香川地方部会）　14（1）　2012.9　p23〜28

◇母親の精神的ストレスが母乳成分に及ぼす影響　尾筋淑子, 松村惠子　「香川母性衛生学会誌」（香川母性衛生学会）　12（1）　2012.10　p38〜46

◇母乳・授乳に関する電話相談内容の分析　筒井真弓, 池添紀美代, 十河幸恵［他］　「香川母性衛生学会誌」（香川母性衛生学会）　12（1）　2012.10　p56〜60

◇母乳哺育と後期近代のリスク：環境問題のリスクを中心に　村田泰子　「関西学院大学社会学部紀要」（関西学院大学社会学部研究会）　（115）　2012.10　p23〜35

【図書】

◇おっぱい先生の母乳育児「超」入門　平田喜代美著　東洋経済新報社　2010.1　204p　19cm　1500円　Ⓘ978-4-492-04363-9　Ⓝ599.3
　内容　第1章 母乳は赤ちゃんにとって理想の食べ物　第2章 日本は母乳育児の後進国　第3章 母乳は出るもの, 出せるもの　第4章 挫折しないための7か条　第5章 なぜ断乳は大切なのか？　第6章 働くお母さんと母乳育児

◇NICUスタッフのための母乳育児支援ハンドブック―あなたのなぜ？に答える母乳のはなし　大山牧子著　第2版　吹田　メディカ出版　2010.1　225p　21cm　〈文献あり 索引あり〉　2200円　Ⓘ978-4-8404-2974-0　Ⓝ493.983

◇母乳を介したフタル酸ジー（2-エチルヘキシル）による乳幼児の発達毒性と成熟後の脂質量への影響に関する研究―平成21年度総括研究報告書 厚生労働科学研究費補助金食品の安心・安全確保推進研究事業　〔名古屋〕　〔伊藤由起〕　2010.3　45p　30cm

◇母乳のダイオキシン類汚染の実態調査と乳幼児の発達への影響に関する研究―平成21年度総括・分担研究報告書 厚生労働科学研究費補助金食品の安心・安全確保推進研究事業　〔多田裕〕　2010.3　47p　30cm

◇母乳のダイオキシン類汚染の実態調査と乳幼児の発達への影響に関する研究―平成19〜21年度総合研究報告書 厚生労働科学研究費補助金食品の安心・安全確保推進研究事業　〔多田裕〕　2010.3　111p　30cm

◇安心の母乳育児―長く母乳育児を続けるために　日本母乳の会　2010.7　71p　21cm　（母乳育児シリーズ 4）　800円　Ⓘ978-4-902783-07-0　Ⓝ599.3

◇初めてママの母乳育児安心BOOK　多摩　ベネッセコーポレーション　2010.7　133p　26cm　（ベネッセ・ムック―たまひよブックスお役立ち安心シリーズ）　《『たまごクラブ』特別編集》　880円　Ⓘ978-4-8288-6493-8

◇だいじょうぶ, おっぱいは出るよ―「ちょっと踏んばる」母乳育児のコツと知恵　福井早智子文, 國本りか絵　芽ばえ社　2011.3　1冊（ページ付なし）　19×19cm　1400円　Ⓘ978-4-89579-344-5　Ⓝ599.3

◇母乳のダイオキシン類汚染の実態調査と乳幼児の発達への影響に関する研究―平成22年度総括・分担研究報告書 厚生労働科学研究費補助金食品の安心・安全確保推進研究事業　〔三鷹〕　〔岡明〕　2011.3　108p　30cm

◇産婦人科を退院してからの母乳増量マニュアル　田村保憲著　南国　田村こどもクリニック母乳育児相談室　2011.5　67p　21cm　〈制作：飛鳥(高知)　制作：飛鳥〉　476円　Ⓘ978-4-88255-140-9　Ⓝ599.3

◇最強母乳外来―あらゆる悩みにお答えします！　SOLANIN著　朝日新聞出版　2011.7　229p　19cm　〈文献あり〉　1200円　Ⓘ978-4-02-250871-3　Ⓝ599.3

　内容　1章　妊娠中から母乳育児は始まります　2章　これだけは知っておきたい母乳の基本　3章　おっぱいトラブルで泣かないための予防&解決法　4章　飲み方も飲む量も赤ちゃんによって違います　5章　母乳育児の粉ミルクとのつき合い方　6章　仕事復帰などで赤ちゃんと離れる時　7章　おっぱいをやめるように言われたら　8章　おっぱいとのお別れ、断乳と卒乳

◇UNICEF/WHO赤ちゃんとお母さんにやさしい母乳育児支援ガイド　アドバンス・コース　「母乳育児成功のための10カ条」の推進　UNICEF, WHO著、BFHI 2009翻訳編集委員会訳　医学書院　2011.8　428p　26cm　〈背のタイトル：UNICEF WHO母乳育児支援ガイド　索引あり〉　7600円　Ⓘ978-4-260-01212-6　Ⓝ493.983

◇母乳の力―母乳タンパク質に秘められた生体防御機能　大谷元著　食品資材研究会　2011.9　183p　21cm　〈文献あり〉　2800円　Ⓘ978-4-87991-003-5　Ⓝ493.98

　内容　第1章　母乳の基礎知識(母乳で学ぶ食品の機能　母乳タンパク質の一般的性質)　第2章　生体防御機能の基礎知識(哺乳動物の生体防御機能としての免疫　生体防御機能の探索法)　第3章　母乳タンパク質の生体防御機能(母乳タンパク質とその消化により生じるペプチドの生体防御機能　牛乳IgGの獲得液性免疫抑制機能　パン酵母とパン酵母に特異的なヤギ乳IgGのI型アレルギー軽減作用　ウシ後期初乳の生体防御機能)　第4章　牛乳タンパク質の生体防御機能に着目した食・飼料の開発の実際(カゼインホスホペプチドの粘膜IgA産生促進機能とそれに着目した飼料　牛乳IgGの感染予防機能とそれに着目した食品の開発)　第5章　牛乳アレルギーとその治療乳・予防乳(牛乳アレルギー　牛乳タンパク質の抗原構造　牛乳タンパク質を原料に用いた牛乳アレルギーの治療乳・予防乳の開発の実際)

◇母乳哺育のすすめ　小林美智子著　新装改訂版　地湧社　2011.9　190p　19cm　1500円　Ⓘ978-4-88503-213-4　Ⓝ599.3

　内容　女性にとって母乳哺育とは　母乳はこんなに良いものです　子を産めば、誰でも母乳は必ず出ます　母乳はこうして出てきます　母乳哺育を成功させるには　良い母乳を出すために　乳房の健康と病気　弱い子や障がい児にこそ母乳哺育を　働くお母さんと母乳哺育　母乳はいつまで飲ませればいいの？　現代の母乳哺育

◇赤ちゃんはおっぱい大すき―マンガ母乳子育てライフ　すずきともこ著,自然食通信社編集部編,堀内勁監修　自然食通信社　2011.10　127p　21cm　〈文献あり〉　1400円　Ⓘ978-4-916110-94-7　Ⓝ599.3

◇チームで支える母乳育児―「赤ちゃんにやさしい病院」の取り組み　杉本充弘編,日本赤十字社医療センターBFHI推進委員会執筆　医学書院　2011.10　133p　21cm　〈索引あり〉　2800円　Ⓘ978-4-260-01442-7　Ⓝ493.983

◇母乳育児支援講座　水野克己,水野紀子著　南山堂　2011.10　347p　26cm　〈索引あり〉　4200円　Ⓘ978-4-525-50331-4　Ⓝ493.983

◇母乳指導の誤算　熊田洋子著　青簡舎　2011.10　212p　19cm　2000円　Ⓘ978-4-903996-46-2　Ⓝ599.3

　内容　第1章　不自然な育児で負担を抱える日本の母親たち(日本の育児現況　韓国との比較で考える日本の育児　ほか)　第2章　過熱教育、儒教思想に苦悩する韓国(世界トップの進学率　人生を決める修学能力試験「スヌン」ほか)　第3章　母乳育児指導の歪み(軽減された家事労働　三倍に増えた苛つく母親　ほか)　第4章　不登校者数増加時期と重なる育児指導変化(不登校者数の状況　「明るい不登校」「悩まない不登校」ほか)　第5章　少子化から抜け出せない理由(出生率が伸びない理由あれこれ　フランス及びスウェーデンと比較して　ほか)　資料　日韓比較アンケート結果(一歳半前後の子を持つ母親たち対象調査結果　幼稚園児・小学生の子を持つ母親たち対象調査結果)

◇桶谷式母乳ですくすく育てる本　桶谷式乳房管理法研鑽会編,小林美智子監修　主婦の友社　2011.11　223p　21cm　〈文献あり〉　1500円　Ⓘ978-4-07-273614-2　Ⓝ599.3

|内容| 桶谷式母乳育児を紹介します 母乳の栄養とおっぱいが出る仕組み 妊娠中&出産直後の母乳育児 退院から1カ月の過ごし方&母乳不足が心配なとき おいしい!かんたん!やさしい母乳食 授乳中のお母さんの食事 母乳育児を妨げる乳房トラブル 月齢別 赤ちゃんの成長と離乳食 感動の一瞬 桶谷式断乳法 働くお母さん・特別な赤ちゃんの母乳育児 全国桶谷式母乳育児相談室リスト

◇母乳育児 ミルク育児の不安がなくなる本 主婦の友社編,渡辺とよ子監修 主婦の友社 2011.11 127p 24cm (主婦の友αブックスーMother & Baby) 1380円 Ⓘ978-4-07-279321-3 Ⓝ599.3

|内容| 1 がんばれ新米ママ!母乳育児のコツと暮らしのポイント(母乳育児の基礎知識 いい母乳のためのママの暮らし方) 2 だいじょうぶ新米ママ!ミルク育児の不安と気がかり解消(ミルク育児の基礎知識) 3 いつごろ、どれくらい?おっぱい&ミルク飲む量のこと(母乳の量・ミルクの量足りてる?足りてない?) 4 離乳食が完了期に近づいたらそろそろです 卒乳の時期とやり方(いつごろ、どんな方法で?卒乳の基礎知識 コップ&ストローレッスン) 5 おっぱいのこと、ミルクのこと気がかりオール解決Q&A(おっぱいについての疑問 ママの体についての疑問 ほか)

◇母乳哺育学—カルシウム栄養に注目して 米山京子著 相模原 青山社 2012.2 168p 22cm 〈文献あり〉 4381円 Ⓘ978-4-88359-299-9 Ⓝ493.98

◇東日本大震災に伴う東京電力福島第一原子力発電所事故による母乳中の放射性物質濃度評価に関する調査研究—平成23年度総括・分担研究報告書:厚生労働科学研究費補助金成育疾患克服等次世代育成基盤研究事業 〔和光〕 〔欅田尚樹〕 2012.3 66p 30cm

◇母子の絆—健康な母と子を育むカルシウム栄養 米山京子著 京都 東山書房 2012.3 78p 21cm (奈良教育大学ブックレット 第6号) 952円 Ⓘ978-4-8278-1515-3 Ⓝ493.98

◇母乳と育児とこころのケア—大切なことは赤ちゃんが教えてくれる 子育てを一から見直すプロジェクト編 吹田 メディカ出版 2012.3 247p 21cm 2000円 Ⓘ978-4-8404-4032-5 Ⓝ599.3

◇母乳のダイオキシン類汚染の実態調査と乳幼児の発達への影響に関する研究—平成23年度総括・分担研究報告書:厚生労働科学研究費補助金食品の安全確保推進研究事業 〔三鷹〕 〔岡明〕 2012.3 119p 30cm

◇おっぱいで赤ちゃんを育てたい人のための母乳育児の教科書 粟野雅代監修 マイナビ 2012.5 175p 21cm 〈索引あり〉 1500円 Ⓘ978-4-8399-4005-8 Ⓝ599.3

|内容| Introduction 母乳育児を楽しもう 1 母乳育児はいいことがたくさん 2 母乳育児の基本 3 月齢別授乳のポイント 4 おっぱいを卒業するときは 5 授乳中のママの健康管理 6 母乳育児の心配&悩みを解決 7 母乳育児を楽しむさまざまな知恵

◇最強母乳外来 ママをたすける実践編! SOLANIN著 朝日新聞出版 2012.7 237p 19cm 〈文献あり〉 1200円 Ⓘ978-4-02-250986-4 Ⓝ599.3

|内容| 母乳育児の基本講座 1 母乳育児成功のために(妊娠がわかったら 出産後から 卒乳をむかえる時) 2 こんなときどうする?SOLANIN流トラブル対処法(お母さんの仕事復帰 家族の不理解 赤ちゃんとママと歯)

◇母乳育児感染—赤ちゃんとお母さんのために 水野克己著 改訂2版 南山堂 2012.7 152p 26cm (Breastfeeding for a medical profession) 〈文献あり〉 2500円 Ⓘ978-4-525-50302-4 Ⓝ493.98

◇母乳育児支援コミュニケーション術—お母さんも支援者も自信がつく 本郷寛子,新井基子,五十嵐祐子著 南山堂 2012.7 214p 26cm 〈折り込み1枚 文献あり〉 3200円 Ⓘ978-4-525-50341-3 Ⓝ493.983

◇母乳育児支援スタンダード 日本ラクテーション・コンサルタント協会編集 新装版 医学書院 2012.8 366p 26cm 〈索引あり〉 4000円 Ⓘ978-4-260-01684-1 Ⓝ493.983

|内容| 第1章 概論 第2章 エモーショナル・サポート 第3章 母乳育児についての基本的知識 第4章 妊娠中の母乳育児支援 第5章 出産直後の母乳育児支援 第6章 特別な支援を必要とする場合 第7章 退院後から1か月までの母乳育児支援 第8章 1か月以後の母乳育児支援

◇母乳のお悩み解決BOOK —出ない！痛い！わからない！　赤すぐ編集部編，大原由軌子イラスト　メディアファクトリー　2012.8　159p　19cm　（赤すぐセレクション）　1100円　Ⓡ978-4-8401-4670-8　Ⓝ599.3

内容　序章　いったい何がホントなの？ママを悩ます"世間の定説"（おっぱいは、出産したら誰でも出るもの!?　ミルクよりおっぱいで育てた方が頭がよくなる!?　ほか）　第1章　誰が教えて！初めての授乳わからないことQ&A（母乳が十分に出ているかどうかわからなくて不安ですすぐ泣くので、ミルクを足した方がいいのかわかりません　ほか）　第2章　先輩ママもみんな悩んだ！周囲の言葉にストレスを感じたら…（「よく泣くわね、おっぱい足りないんじゃない？」「またおっぱい？しょっちゅうあげすぎじゃない？」　ほか）　第3章　おっぱいだけじゃない、手首も、腰も…授乳で体のあちこちが痛いときは（はじめて乳腺炎になりました。痛みでふらふらです　乳首が切れて痛い。それでも飲ませ続けなきゃダメ？　ほか）　第4章　眠い、疲れる、時間がない！母乳育児の三大ストレスを解決！（いつになったら夜通し寝てくれるの？　泣いたらいつでも飲ませなきゃいけないの？　ほか）

◆粉ミルク

【雑誌記事】

◇中国における粉ミルク問題の影響と中国政府の対応　徐芸，南石晃明，周慧［他］　「九州大学大学院農学研究院学芸雑誌」（九州大学大学院農学研究院）　65（1）　2010.2　p13～21

◇2010 IDF Dairy Innovation Awards, Best newcomer brand or business賞 受賞記念総説　粉ミルクの圧縮成型体製造技術の開発　柴田満穂，豊田活　「ミルクサイエンス」（日本酪農科学会）　59（3）通号314　2010.12　p309～312

◇粉ミルクの錠剤化とその物性に関する研究　柴田満穂，大坪和光，中根昭太［他］　「薬学雑誌」（日本薬学会）　131（10）　2011　p1503～1507

◇金曜アンテナ　粉ミルク「明治ステップ」から出たセシウム「検出せず」だが「0（ゼロ）ではない」　「金曜日」（金曜日）　19（48）通号891　2011.12.16　p4

◇News&Analysis 明治粉ミルクからセシウム　業界が恐れる"空気経由"汚染　「週刊ダイヤモンド」（ダイヤモンド社）　99（50）通号4410　2011.12.17　p17

◇乳糖の結晶転移による固形化粉ミルクの硬度への影響　柴田満穂，大坪和光，大原三佳［他］　「薬学雑誌」（日本薬学会）　132（11）　2012　p1317～1321

◆ベビーフード

【雑誌記事】

◇離乳期の子どもの間食に関する縦断研究 — 離乳期の菓子類の摂取と幼児期の間食　会退友美，秋山陽子，赤松利恵［他］　「栄養学雑誌」（日本栄養改善学会，第一出版（発売））　68（1）　2010.2　p8～14

◇在日ブラジル人家庭の離乳食について　植村直子，林アリッセ真実，畑下博世［他］　「保健師ジャーナル」（医学書院）　66（8）　2010.8　p740～743

◇レトルト1食入りが好調、ベビーフード市場　「酒類食品統計月報」（日刊経済通信社）　52（8）通号628　2010.9　p12～15

◇離乳食（特集　乳幼児健診 — 食育と保育に関して）　水野克己　「小児科」（金原出版）　51（11）　2010.10　p1417～1421

◇栄養講座　離乳食　伊藤浩明　「現代医学」（愛知県医師会）　58（2）　2010.12　p325～329

◇おかあちゃんだより（第7回）離乳食にまつわるエトセトラの巻　かきやかなえ　「家庭フォーラム」（昭和堂）　通号22　2011　p36～39

◇ベビーフードの食品物性検討　濟渡久美，五十嵐由，朝倉徹　「東北生活文化大学・東北生活文化大学短期大学部紀要」（東北生活文化大学）　（42）　2011　p67～74

◇1歳半健診受診者の母親を対象とした離乳食に関する実態調査　天野信子　「帝塚山大学現代生活学部紀要」（帝塚山大学現代生活学部）　（7）　2011.2　p55～63

◇乳児院の離乳食における栄養成分実測値と食品成分表による計算値との比較　今枝奈保美，永谷照男　「名古屋女子大学紀要.家政・自然編，人文・社会編」（名古屋女子大学）　（57）　2011.3　p1～10

◇離乳食場面における母と子の相互交渉の経時的変化　脇田満里子，野村幸子　「奈良県立医科大学医学部看護学科紀要」（奈良県立医科大学医学部看護学科）　7　2011.3　p16～23

◇付加価値商品が伸長するベビーフード　「酒類食品統計月報」（日刊経済通信社）　53（7）通号640　2011.9　p71～74

◇保健師のための閑話ケア（10回目）おっぱいと離乳食　藤本裕明　「月刊地域保健」（東京法規出版）　42（10）　2011.10　p76～79

◇園での離乳食はどうなるの？（特集　保育制度が変わると食事はどうなるの？子ども・子育て新システムを問う！）　柘植まゆみ　「食べもの文化」（芽ばえ社）　（446）　2012.6　p18～21

◇ベビーフード，レトルト1食入りが拡大：「選ぶ楽しさ」提供で急速に市場に浸透　「酒類食品統計月報」（日刊経済通信社）　54（8）通号654　2012.9　p42～45

【図書】

◇離乳食大全科—おいしく食べて元気に育つ，はじめての離乳食　上田玲子監修　新版　主婦の友社　2010.4　192p　30cm　（主婦の友生活シリーズ）〈『Baby-mo』特別編集〉　1333円　①978-4-07-271070-8　Ⓝ599.3

◇ママが知らなかったおっぱいと離乳食の新常識—かしこい育児はおくちからはじまる　中川信子監修　小学館　2010.11　127p　21cm　950円　①978-4-09-311405-9　Ⓝ599.3
内容　おくちから広がる世界　1　赤ちゃんのおくちのフシギ（赤ちゃんはおくちで世界を学んでいく　おっぱいが育てる赤ちゃんのおくち）　2　赤ちゃんのおくちの発達と離乳食（哺乳運動の変化から食べる準備へ　離乳食初期のおくちの発達と食事　ほか）　3　ゆっくり育つ赤ちゃんの発達と食事（小さく生まれた赤ちゃんの発達と食事　口唇裂・口蓋裂の赤ちゃんと食事　ほか）　4　赤ちゃんのおくちの発達なんでもQ&A（歯並び，むしばの心配Q&A　食事の仕方，メニューの心配Q&A　付録　赤ちゃんのおくち発達チャート

◇離乳食全百科—はじめてのひと口からの作り方・あげ方・進め方のすべてがわかる！オールカラー最新版　小池澄子監修・指導　学研パブリッシング　2010.11　214p　30cm　（Gakken hit mook）〈発売：学研マーケティング〉　1400円　①978-4-05-605934-2

◇これで安心離乳食大事典—スタートから離乳完了まで　成美堂出版編集部編，今田みどり監修・料理指導　新版　成美堂出版　2011.3　143p　30cm　（[Seibido mook]）　1000円　①978-4-415-10979-4

◇AERA with Baby —0歳からの子育てバイブル　スペシャル保存版　食育編　特集：大切に考えたい離乳食・幼児食　朝日新聞出版　2011.6　162p　29cm　（アエラムック）　762円　①978-4-02-274436-4

◇離乳食—おっぱい，混合，人工乳　改訂版　日本母乳の会　2011.11（13刷）　56p　21cm　（母乳育児シリーズ 1）　700円　①978-4-902783-01-8　Ⓝ599.3

◇日本ベビーフード協議会50年史　日本ベビーフード協議会　2012.4　45p　30cm　〈年表あり〉　Ⓝ588.9

◆食物アレルギー

【雑誌記事】

◇食物アレルギー対応給食のあり方（4）保育園給食への対応　高木瞳　「岐阜聖徳学園大学短期大学部紀要」（岐阜聖徳学園大学短期大学部）　42　2010　p97～106

◇保育士における食物アレルギーの認識や対象児への対応および栄養士・管理栄養士への期待　恩田理恵　「研究紀要．児童学部人文学部人間栄養学部音楽学部」（聖徳大学）　（21）　2010　p87～94

◇食物アレルギー児を養育する母親の疲労とライフスタイルに関する考察—3歳児健診における質問紙調査から　土取洋子　「小児保健研究」（日本小児保健協会）　69（3）　2010.5　p423～431

◇食物アレルギー児に対する保育所の給食対応—除去食・代替食提供時の工夫と配慮のあり方を中心として　佐藤誓子，佐藤勝昌，増澤康男　「栄養学雑誌」（日本栄養改善学会，第一出版（発売））　68（3）　2010.6　p226～233

◇母乳とアレルギー　近藤直実，金子英雄　「小児科」（金原出版）　51（7）　2010.6　p923～928

◇アレルギー疾患と母乳中TGF－β―TGF－βの経口摂取によって食物アレルギーの予防は可能か(第1土曜特集 TFG－βシグナル研究―メカニズムの解明から新たな治療へ―疾病とTGF－βシグナル伝達異常)　中尾篤人　「医学のあゆみ」(医歯薬出版)　234(10)通号2816　2010.9.4　p983～986

◇食物アレルギーへの対応(特集 乳幼児健診―食育と保育に関して)　今井孝成　「小児科」(金原出版)　51(11)　2010.10　p1431～1435

◇保育所給食における食物アレルギー対応食導入時の調理作業時間および食材費分析　寺本あい,久保田恵　「栄養学雑誌」(日本栄養改善学会,第一出版(発売))　68(6)　2010.12　p388～396

◇病院および保育施設における食物アレルギー対応について　妻木陽子,村上真梨,砂田菜那子[他]　「広島女学院大学論集」(広島女学院大学)　60　2010.12　p133～140

◇保育所職員の食物アレルギーに対する認識と援助の視点　駒田聡子　「食生活研究」(食生活研究会)　32(1)通号182　2011　p38～49

◇保育所給食における食物アレルギーの対応　牧野みゆき,小林朋美,竹田香織　「仁愛女子短期大学研究紀要」(仁愛女子短期大学)　(43)　2011.3　p17～26

◇保育園での食物アレルギー対応の実践と工夫(特集 アレルギーのある子どもへの対応)　早崎久美　「保育の友」(全国社会福祉協議会)　59(5)　2011.5　p21～23

◇アナフィラキシー児の養育者における食物アレルギーの意味　下川伸子　「小児保健研究」(日本小児保健協会)　70(4)　2011.7　p486～494

◇子育て環境と食物アレルギーの関連を考える：新潟市内保育所、幼稚園の実態調査からの提言　沼野みえ子　「人間生活学研究」(新潟人間生活学会)　(3)　2012　p87～97

◇「保育所におけるアレルギー対応ガイドライン」の概要(特集「保育所におけるアレルギー対応ガイドライン」を学ぶ)　「食べもの文化」(芽ばえ社)　(441)　2012.2　p8～19

◇「ガイドライン」に対する私の意見(特集「保育所におけるアレルギー対応ガイドライン」を学ぶ)　眞鍋穣　「食べもの文化」(芽ばえ社)　(441)　2012.2　p20～27

◇アレルギーの基礎知識(特集「保育所におけるアレルギー対応ガイドライン」を学ぶ)　眞鍋穣　「食べもの文化」(芽ばえ社)　(441)　2012.2　p28～34

◇アレルギーを持つ児童への対応(第51回全国保育問題研究集会 提案特集―身体づくり：食)　西崎由果里　「季刊保育問題研究」(新読書社)　(254)　2012.4　p223～226

◇アレルギー食は高い別料金に!?(特集 保育制度が変わると食事はどうなるの？ 子ども・子育て新システムを問う!)　森下彩　「食べもの文化」(芽ばえ社)　(446)　2012.6　p22～25

◇第2分科会 子どもの食物アレルギー：災害時子どもたちを守るには 日本型食事が災害時にも子どもたちを守る(誌上再現! 第27回食と健康を考えるシンポジウム【東京開催】子どもを育む保育と食をみんなで一緒に考えよう)　角田和彦,角田玲子　「食べもの文化」(芽ばえ社)　(453)　2012.12　p11～18

育児用品

【雑誌記事】

◇ユーザーニーズの把握に基づく子育て商品開発の授業実践―シミュレーション型授業の実践を中心として　西村美東士　「生涯学習研究：聖徳大学生涯学習研究所紀要」(聖徳大学)　(8)　2010.3　p29～33

◇公共交通機関におけるベビーカー利用者の行動特性に関する研究―神戸市における鉄道利用調査から　西本由紀子,上野勝代,梶木典子　「日本建築学会技術報告集」(日本建築学会)　16(33)　2010.6　p727～730

◇走行環境がベビーカー使用者に与える身体負担の分析　山田泰之,蒲生洋平,森田寿郎　「日本機械学会論文集. C編」(丸善(発売), 日本機械学会)　76(767)　2010.7　p1804～1811

◇イク(育)メン支援に視野をおいた育児用品の調査研究　安井恵子　「滋賀短期大学研究紀要」(滋賀短期大学)　(36)　2011　p53～63

◇消費財メーカーにおける顧客志向の課題―縮小するベビー用品市場での差別化戦略　千田栄蔵

「経済経営論集」（名古屋学院大学大学院院生協議会）　(14)　2011.2　p67〜83

◇公共交通機関におけるベビーカー利用者に対する女子学生の意識と体験実習による意識変化について　西本由紀子,上野勝代,梶木典子　「日本建築学会技術報告集」（日本建築学会）　17(35)　2011.2　p355〜359

【図書】

◇ベビー用品買っていいものダメなもの―保存版　2011　晋遊舎　2010.12　119p　29cm　（100%ムックシリーズ）《『MONOQLO』別冊》　1143円　①978-4-86391-172-7

◇ベビーグッズ使うとわかる本当にいいもの　田中梨香総監修　東京書籍　2011.6　143p　26cm　1500円　①978-4-487-80527-3　Ⓝ599
内容 1 着る　2 寝る・暮らす　3 食べる　4 お出かけ　5 おせわ　6 遊ぶ　7 贈る

◇お母さんのための子供のデジタルマナーとしつけ　中元千鶴著,マナーキッズプロジェクト監修　新潟　シーアンドアール研究所　2012.12　167p　19cm　1300円　①978-4-86354-115-3
内容 第1章 子供にスマホや携帯電話、パソコンは必要ですか？（子供にスマホや携帯電話を安易に買い与えていませんか？　スマホを持っていないことがイジメにつながると思っていませんか？　ほか）　第2章 子供にスマホやパソコンを持たせるときの必須ルール（子供にスマホを無条件で持たせていませんか？　子供のスマホを定期的にチェックしていますか？　ほか）　第3章 子供を危険から守るのは親の責任（子供にスマホのマナーやモラルを教えていますか？　スマホを子供の自主性に任せて好き勝手に使わせていませんか？　ほか）　第4章 イジメは犯罪！子供を加害者にも被害者にもしない（学校の裏サイトにはかかわらないことを子供に話していますか？　友達がイジメられていたら先生や親に相談しましょう　ほか）　第5章 テレビやゲームをするときの必須ルール（子供部屋で自由にテレビを見たりワンセグを使わせていませんか？　子供にテレビのチャンネル権を持たせていませんか？　ほか）

◆チャイルドシート

【雑誌記事】

◇消えゆくチャイルドシート助成事業―日本の市における助成事業は2001年から2008年でどう変わったのか　日本小児科連絡協議会自動車乗車中の子どもの安全推進合同委員会　「小児保健研究」（日本小児保健協会）　69(3)　2010.5　p457〜461

◇チャイルドシート使用義務化から10年―使用状況の推移と取付状況、その課題　藪下正三　「交通安全教育」（日本交通安全教育普及協会）　45(8)通号532　2010.8　p46〜48

◇短大生のチャイルドシートに関する意識の検討　山口直範　「研究紀要」（奈良佐保短期大学）　(19)　2011　p73〜78

◇今月のR&D最前線　乳児に対する官能評価法―チャイルドシートの「座り心地」評価　西松豊典　「研究開発リーダー」（技術情報協会）　7(10)通号58　2011.1　p39〜41

◇チャイルドシート利用時の留意点　上野昌範　「自動車研究」（日本自動車研究所）　33(4)　2011.4　p9〜12

◇チャイルドシートの効果　西田泰　「月刊交通」（東京法令出版）　43(9)通号528　2012.9　p40〜44

【図書】

◇チャイルドシートアセスメント：子供を大切に思う親のチャイルドシート選び方book　2010-2011　国土交通省監修　自動車事故対策機構　2011.3　23p　30cm

おむつなし育児

【雑誌記事】

◇"おむつなし育児"体験記　赤ちゃんは、ホントはおむつでしたくない！　西山由紀　「助産雑誌」（医学書院）　64(4)　2010.4　p340〜347

◇おむつなし育児コミュニティの生成と重層化―おむつなし育児にみる実践共同体と保育所の関係性　田尻敦子　「関係性の教育学」

（「関係性の教育学」学会） 10（1） 2011.7 p97〜104

【図書】

◇はじめてみませんか布おむつ＆おむつなし子育て―ナチュラルかわいい 岸下未樹著 主婦の友社 2010.9 95p 26cm 1200円 ①978-4-07-273471-1 Ⓝ599.2

[内容]第1章 なーんだ、カンタン！布おむつライフ（布おむつライフのキーワードは「無理しない」「のんびり」 布おむつライフの準備 布おむつの折り方・当て方 ほか） 第2章 はじめてみようおむつなし育児（おむつなし育児‐ECって何？ ECの進め方 わが家の場合 ママも赤ちゃんもECを楽しむために ほか） 第3章 やってみました！布おむつ＆おむつなし育児体験談（体型に合うカバー探しにひと苦労。ECはいやいや期以降、苦戦中です 布おむつもECも楽しんで前向きに！場合によっては割り切りも大切です ナチュラル素材の安心感と夫の協力に支えられました ほか） 布おむつ＆EC 世界の事情 さぁ、あなたもはじめてみませんか？布おむつ＆おむつなし子育て

◇やってみよう！おむつなし育児 西山由紀著 柏書房 2011.6 161p 21cm 〈文献あり〉 1700円 ①978-4-7601-3992-7 Ⓝ599.2

[内容]1章 「おむつなし育児」って何？ 2章 おむつなし育児実践！やってみましょう 3章 おむつなしグッズあれこれ 4章 長く続けるコツ 5章 わが家の失敗の数々 6章 それでもおむつなし育児を続けるワケ

住環境と育児

【雑誌記事】

◇子育て環境から見た集合住宅団地の再評価と課題―UR賃貸住宅の居住者意識調査から（社団法人都市住宅学会―第18回学術講演会 研究発表論文集（学術委員会の審査に合格した論文・論説）） 小林佐和子，小泉秀樹，大方潤一郎 「都市住宅学」（都市住宅学会） （71） 2010.Aut. p38〜43

◇コレクティブハウジングの子育ち・子育て環境としての価値の研究（その1）スウェーデンと日本のコレクティブハウス事例にみる子育ち・子育て環境 櫻井典之，小谷部育子，大橋寿美子［他］ 「日本女子大学大学院紀要．家政学研究科・人間生活学研究科」（日本女子大学） 通号16 2010 p145〜156

◇子育てに適した居住環境に関する研究（報告） 高橋正史，成田佳奈子，落合裕史 「PRI review」（国土交通省国土交通政策研究所）（37） 2010.夏季 p6〜21

◇子育て層における住まいの満足度とニーズに関する調査 小林英士 「調査研究期報」（都市再生機構技術研究所） （150） 2010.3 p4〜10

◇町営住宅を「子育て仕様」に 子ども数に応じ家賃減額―茨城県大子町 前田悠介 「地方行政」（時事通信社） （10142） 2010.5.10 p10〜11

◇チャイルドケアレポート（No.15）巷野悟郎の子育て対談（13）子育て期の住環境を考える 巷野悟郎，定行まり子 「小児科臨床」（日本小児医事出版社） 63（9）通号754 2010.9 p2043〜2050

◇お家を変えよう（11）住宅改修 子育てが楽しくなる住まい（1） 吉田誠治 「臨床作業療法」（青海社） 7（5） 2010.12 p438〜440

◇住環境から見た卓育―親子のコミュニケーションがとれる住まいとは（特集 「卓育」で家族団欒） 天野彰 「家庭フォーラム」（昭和堂） 通号23 2011 p15〜21

◇お家を変えよう！住宅改修（第12回）子育てが楽しくなる住まい（2） 吉田誠治 「臨床作業療法」（青海社） 7（6） 2011.2 p526〜528

◇居住地周辺の子育て環境についての意識と居住地選択 寺内義典 「国士舘大学理工学部紀要」（国士舘大学理工学部） （4） 2011.3 p33〜39

◇子どもの発達と子育てのための公園のあり方（特集テーマ 子育てと公園） 小澤紀美子 「公園緑地」（日本公園緑地協会） 72（2） 2011.11 p4〜6,図巻頭1p

◇子育ての場としての公園：子どもと親の居場所機能、育児不安・困難の予防・軽減機能に注目して（特集テーマ 子育てと公園） 吉田ゆり 「公園緑地」（日本公園緑地協会） 72（2） 2011.11 p10〜12,図巻頭1p

◇建築計画分野における子育ち・子育て（特集 子育ち・子育てと福祉のまちづくり） 山崎晋，八藤後猛 「福祉のまちづくり研究」（日本福祉のまちづくり学会） 14（2） 2012 p17〜22

◇チャイルドケアレポート(No.24)巷野悟郎の子育て対談(22)子ども時代にこそ配慮したい室内照明　巷野悟郎, 中島龍興　「小児科臨床」(日本小児医事出版社)　65(5)通号775　2012.5　p1101〜1108

【図書】

◇頭のよい子が育つ家　四十万靖, 渡邊朗子著　文藝春秋　2010.3　259p　16cm　（文春文庫 し49-1）　600円　Ⓘ978-4-16-777352-6　Ⓝ527.04

内容　第1章「頭のよい子」たちはこんな家で育ちました！—有名中学合格者の11家庭のおうち大公開（栄光学園中学に合格したAくんの家　開成中学に合格したBくんの家　ほか）　第2章「頭のよい子が育つ家」とは、こんな家だ！（立派な子ども部屋はいりません　親子で中学入試問題を解いてコミュニケーションを深めようほか）　第3章 あなたの家をすぐに「頭のよい子が育つ家」に変える10ヵ条（子ども部屋を孤立させないようにしよう　家中を勉強スペースにしよう　ほか）　第4章 建築学から考えた「頭のよい子が育つ家」の秘密（ノマド式勉強法が実現できる家　気配とモノ語る壁のある家　ほか）

◇子育てに配慮した住宅のガイドブック　東京都都市整備局住宅政策推進部住宅政策課編　東京都都市整備局住宅政策推進部住宅政策課　2010.3　84p　30cm　Ⓝ527.1

◇元気な子どもが育つ家—ママ目線のヒントがいっぱい!!　藤田洋著　週刊住宅新聞社　2010.5　182p　21cm　（QP books）　1500円　Ⓘ978-4-7848-2665-0　Ⓝ527

内容　第1章 理想の住まいを家族全員でイメージしてみよう！　第2章 現実的に買える・建てられる我が家の住まいの条件も整理してみよう！　第3章 警告"変わる子育て事情"は、住まいにも大きな関係あり　第4章 元気な子どもが育つための住まいの6つの基本要素　第5章 住まいの場所別"ママ応援の設備・間取り"のおすすめポイント　第6章 住まい全体から見たチェックも大切　第7章 集合住宅では共用部・団地内環境や設備も大切　第8章 暮らしやすい周辺環境をチェック　第9章 我が家の買い時、建て時を考える　第10章 世の中の買い時を考える

◇子育てに適した居住環境に関する研究　国土交通省国土交通政策研究所　2010.5　1冊　30cm　（国土交通政策研究　第92号）　Ⓝ365.021

◇子どもの生きる力を育む家　積水ハウス株式会社総合住宅研究所編・著　住まいの図書館出版局　2010.11　90p　28cm　（生活リテラシーbook 005）　〈発売：星雲社　文献あり〉　1143円　Ⓘ978-4-434-15049-4　Ⓝ527.021

内容　「子育ち」と「生きる力」を巡る考察 子どもの「生きる力」って何だろう。　身の回りの環境によって、子どもはどう育つのだろう。　リテラシー流子育ち・子育ての空間 子どもの生きる力を育む空間　リテラシー流子育ち・子育ての家 子どもの「居どころ」から考える家づくり　3つの「ち縁」で子どもたちを見守り、育てていこう。

◇わが子を天才に育てる家　八納啓造著　PHP研究所　2010.11　189p　19cm　1300円　Ⓘ978-4-569-77967-6　Ⓝ527.5

内容　「勉強部屋なんていらない！」本当の理由　第1部 個室は子供にこんな影響を及ぼす（わが子にとって適切な子供部屋とは？　もともと日本には子供部屋という概念はなかった　今の日本の子供部屋はアメリカに存在しない　ほか）　第2部 わが子の才能を育むために、知っておきたい家造り13のポイント（家を手に入れる意味を考えてみよう　親子でどんな幸せを形にしたいのか話し合ってみよう　どんな環境に住みたいのかを書き出してみよう　ほか）　第3部 家族が幸せになる！子供がクリエイティブに育つための「Q&A」（子供部屋をつくろうと思っていますが、完全な個室にしたほうがいいのでしょうか？　子供もだいぶ大きくなったので、一人で寝かせようと思っています。いつから一人で寝かせればいいですか？　男の子と女の子がいます。いつまでも同じ部屋のままではいけないと思うのですが、部屋を分けるタイミングを教えてください。ほか）

◇ソファを捨てれば、子どもが伸びる！—家族の元気を生む空間のつくりかた　出雲勝一著　吹田　保育社　2011.4　199p　19cm　1300円　Ⓘ978-4-586-08511-8　Ⓝ527

内容　1章 うまくいかないのは家のせい?!　2章「コンビニチルドレン」ただいま増殖中　3章 能ある親はソファを隠す　4章 人も住まいも未完成がいい　5章 塾長は建築家！6章 やってみよう、住まいづくり

◇子どもの才能は間取りが育てる　諸葛正弥著　毎日コミュニケーションズ　2011.6　191p

18cm 〈マイコミ新書〉〈文献あり〉 830円 Ⓘ978-4-8399-3779-9 Ⓝ527
[内容] 第1章 住まいが教育に与える影響 第2章 家族をつなぐ環境づくり 第3章 賢い子を育てる環境 第4章 環境を変えるちょっとした工夫 第5章 設計段階で気をつけるポイント 第6章 私の理想の住まい

◇フィンランドの子ども部屋 ジュウ・ドゥ・ポゥム著 ジュウ・ドゥ・ポゥム 2011.11 128p 21cm 〈発売:主婦の友社〉 1800円 Ⓘ978-4-07-280749-1 Ⓝ597
[内容] ヴァルプ ヘルミ&ヘルマンニ フリーダ&ロディ ルート ユハナ&アントン&オリヴァー&アアヴァ&アアルニ&クウラ トゥーッカ ロベルト&オスカル&クロエ アクセル&イロン&アルヴァー&イーヴァー&エイリック ブルーノ ノア〔ほか〕

◇C'est joli！パリのかわいい子ども部屋 Tetsu Takiura写真 学研パブリッシング 2012.1 129p 21cm 〈発売:学研マーケティング〉 1800円 Ⓘ978-4-05-405138-6 Ⓝ599.1
[内容] Susie & Charlie—とっておきの小屋の中は小さな秘密の遊び場 Jeanne—女の子らしさに遊びを加えた「ピエロのお部屋」 Coline & Louise—きれいなピンクの雑貨を、かわいくデコ Merlin & Rémy & Pacôme—色彩が美しい男の子の自由な遊び場 Ana & Alice—個性を育む双子ちゃんのカラフルインテリア Salomé—淡いトーンでまとめたロマンチック空間 Chiara・Luna & Josephine & Romeo—アートギャラリーのようなクリエイティブな部屋 Alois & Vadim—グレーの家具におもちゃが映える、楽しい空間 Cléophée & Adrien—テーマは「おとぎ話&ちょこっとヴィンテージ」 Nino—家全体がおもちゃ箱みたい！〔ほか〕

◇頭のよい子に育てるためのリフォーム—東大生100人はこんな住まいで育てられた 大内博史著 第2版 大垣 大垣設備 2012.5 75p 21cm 〈文献あり〉 非売品 Ⓝ527

育児の医学

【雑誌記事】
◇幼稚園児を持つ保護者の質問紙による子どものう蝕と食生活および口呼吸に関する項目との関係 畠中能子, 中山真理, 花谷早希子〔他〕 「関西女子短期大学紀要」(関西女子短期大学) (20) 2010 p39～46

◇救急医療における母親の受診行動の変化—母親と子どもをとりまく社会を概観して 中島優子 「京都市立看護短期大学紀要」(京都市立看護短期大学) (35) 2010 p59～65

◇都心に小児科は不要か？—子育て支援策と開業小児科医（これからの小児科クリニック—わが国の小児科クリニックの実態） 山田奈生子 「小児科臨床」(日本小児医事出版社) 63通号751 (増刊) 2010 p1271～1276

◇小児医療電話相談—診療と異なる専門性の理解に向けて（これからの小児科クリニック—小児科クリニックの運営ポイント） 福井聖子 「小児科臨床」(日本小児医事出版社) 63通号751 (増刊) 2010 p1430～1435

◇3か月児を持つ保護者の小児救急医療に対する不安に関連する要因—保護者の育児環境, 育児支援に焦点をあてて 高杉友果, 藤川理恵, 中村美絵〔他〕 「日本看護学会論文集. 地域看護」(日本看護協会出版会) 41 2010 p88～91

◇子育て支援を目標とした地域母子保健活動の質的検討に関する研究(5)乳幼児健診の「満足度」評価に関する研究(第1報) 益ерй千草, 岩田力, 堤ちはる〔他〕 「日本子ども家庭総合研究所紀要」(恩賜財団母子愛育会日本子ども家庭総合研究所) 47 2010年度 p119～130

◇NICU退院児の母親の心配事に対する電話訪問の効果 佐藤しずか, 崎田彩織, 佐藤摩奈美〔他〕 「北海道社会保険病院紀要」(北海道社会保険病院) 10 2010年度 p23～25

◇乳幼児健診に併設し実施する簡易スクリーニング検査および個別指導が行動変容に及ぼす影響 莚原明弘, 金子昇, 杉本智子〔他〕 「口腔衛生学会雑誌」(日本口腔衛生学会) 60(1) 2010.1 p11～16

◇小児メタボリックシンドロームの一般社会への啓発に向けて—いま小児科医がなすべきこと (特集 すべてがわかる！子どものメタボリックシンドローム最新情報—小児におけるメタボリックシンドロームへの介入) 児玉浩子, 藤澤千恵 「小児科診療」(診断と治療社) 73(2)通号863 2010.2 p269～276

◇乳幼児の歯科異常に及ぼす母親の保育環境影響　東博文, 恒松ちひろ　「学術研究紀要」（鹿屋体育大学）　(40)　2010.3　p9〜18

◇子どもの健康に関する母親の認識と健康づくりのための実践に関する研究　木内妙子, 園田あや, 王麗華　「群馬パース大学紀要」（群馬パース大学）　(9)　2010.3　p65〜77

◇育児 季節にはやる病気と対処　若江恵利子　「婦人之友」（婦人之友社）　104(4)通号1283　2010.4　p103〜105

◇病院内保育所の有効活用目指す 医師の子育て支援でネットワーク事業 ― 大阪府医師会　「厚生福祉」（時事通信社）　(5716)　2010.4.6　p6〜7

◇子育ては、ヒヤリハットの連続　高見澤たか子　「月刊フェスク」（日本消防設備安全センター）　(345)　2010.7　p2〜5

◇育児 家の中での"ヒヤリ"を防ぐ ― 子どもを事故・けがから守る　山中龍宏　「婦人之友」（婦人之友社）　104(9)通号1288　2010.9　p103〜107

◇乳幼児健診の意義と最近の動向（特集 乳幼児健診）　衞藤隆, 益邑千草　「小児科」（金原出版）　51(11)　2010.10　p1343〜1348

◇列島ランナー(20)保健師として子育てセンターで働く　宗石こずゑ　「公衆衛生」（医学書院）　74(11)　2010.11　p962〜964

◇ハイリスク児の在宅支援（特集 周産期医療の向上を目指して ― 予知・予防・治療とシステムの最前線(新生児編) ― 新しい新生児医療システム）　平原真紀　「母子保健情報」（母子愛育会）　(62)　2010.11　p102〜105

◇育児 子どもの急性中耳炎　若江恵利子　「婦人之友」（婦人之友社）　104(12)通号1291　2010.12　p135〜139

◇メールで語る井戸端会議 ― 子育てと仕事(35)看病で改めて感じたこと　桜井静香, 伊藤旬里子　「Training journal」（ブックハウス・エイチディ）　33(2)通号376　2011.2　p54〜57

◇病棟保育士という仕事　京極ថ　「華頂社会福祉学」（華頂短期大学社会福祉学科）　(7)　2011.3　p25〜32

◇メールで語る井戸端会議 ― 子育てと仕事(37)子どもはウイルスで成長？　桜井静香, 伊藤旬里子　「Training journal」（ブックハウス・エイチディ）　33(4)通号378　2011.4　p54〜56

◇ある中都市における乳幼児健診システムの構築 ― 母子保健施策の歴史的変遷を中心に　荒木美知子, 荒井庸子, 斉藤洋子　「人間発達研究所紀要」（人間発達研究所）　(22・23)　2011.5　p2〜26

◇乳幼児健診における発達障害への気づきと連携（特集 発達障害 ― 発達障害への気づきと関係諸機関との連携）　林隆　「母子保健情報」（母子愛育会）　(63)　2011.5　p24〜28

◇育児 子どもの歯を健康に保つ　外木徳子　「婦人之友」（婦人之友社）　105(6)通号1297　2011.6　p83〜87

◇入院患児の親への子育て支援（特集 病棟規則再考！ 子どもと家族にやさしい入院環境）　来生奈巳子　「小児看護」（へるす出版）　34(7)通号428　2011.7　p871〜879

◇小児専門病院における保育活動について（特集 保育の本質をさぐる ― さまざまな保育の現場から）　杉山全美　「季刊保育問題研究」（新読書社）　通号250　2011.8　p62〜73

◇育児 子どもの肌を守る 夏のスキンケアQ&A　野崎恵美　「婦人之友」（婦人之友社）　105(8)通号1299　2011.8　p88〜92

◇Clinical Report 小児う蝕予防プログラム"スマイルキッズ"で地域の子育てにかかわる　二井愛子　「DH style」（デンタルダイヤモンド社）　5(9)通号61　2011.9　p94〜100

◇乳幼児健診事後指導教室に関する実態調査研究：心理的援助構造について考える　大鐘啓伸　「心理臨床学研究」（日本心理臨床学会, 誠信書房（発売））　29(4)　2011.10　p420〜429

◇臨床研究・症例報告 乳幼児健診における保健相談 ― 母親が希望する相談内容を医療者は提供できているか？　三品浩基, 竹中加奈枝, 島添淳子 [他]　「小児科臨床」（日本小児医事出版社）　64(11)通号769　2011.11　p2406〜2411

◇日本小児科学会こどもの生活環境改善委員会 Injury Alert（傷害注意速報）(No.26) ベビーカーによる指先の切断　「日本小児科学会雑

◇誌」（日本小児科学会）　115(11)　2011.11　p1832～1834

◇前向き子育てプログラム「トリプルP」の概説と看護への応用(特集　病気の子どもをもつ親への対応)　澤田いずみ　「小児看護」（へるす出版）　35(3)通号437　2012.3　p337～343

◇乳幼児の健康管理に関する研究：子どもの発熱に対する親の対処行動　宮﨑つた子, 前田貴彦, 杉野健士郎　「高田短期大学育児文化研究」（高田短期大学育児文化研究センター）　(7)　2012.3　p51～56

◇共働き夫婦における子どもの病気時の育児への対処　久保桂子　「千葉大学教育学部研究紀要」（千葉大学教育学部）　60　2012.3　p407～412

◇乳幼児健診：子育て支援としての役割(特集　乳幼児健診と子育て支援)　吉田弘道　「子育て支援と心理臨床」（福村出版）　5　2012.6　p6～8

◇地域に密着した乳幼児健診(特集　乳幼児健診と子育て支援)　中村敬　「子育て支援と心理臨床」（福村出版）　5　2012.6　p10～17

◇子育て支援をめざした乳幼児健診と発達障害の早期発見：保健師の立場から(特集　乳幼児健診と子育て支援)　福本恵, 堀井節子　「子育て支援と心理臨床」（福村出版）　5　2012.6　p18～24

◇乳幼児歯科健診と子育て課題(特集　乳幼児健診と子育て支援)　赤坂守人　「子育て支援と心理臨床」（福村出版）　5　2012.6　p35～41

◇育児　子どもの歯と皮膚のトラブル：歯の外傷と水イボ・アタマジラミの対処と対策　外木徳子, 葭矢信弘　「婦人之友」（婦人之友社）　106(7)通号1310　2012.7　p86～91

◇特集　乳幼児健診Q&A　「小児科診療」（診断と治療社）　75(11)通号899　2012.11　p1805～2178

◇小児医療専門施設における保育士の役割(特集　小児看護における専門性：チーム医療を推進する看護職として―小児看護領域のエキスパート)　中村崇江　「小児看護」（へるす出版）　35(13)通号447　2012.12　p1767～1772

◇育児　冬に気をつけたい病気　若江恵利子　「婦人之友」（婦人之友社）　106(12)通号1315　2012.12　p131～135

【図書】

◇病気　日本放送出版協会(NHK出版)編, 横田俊一郎監修　日本放送出版協会　2010.2　94p　19cm　（NHKすくすく子育て育児ビギナーズブック 2）　780円　①978-4-14-011288-5　Ⓝ598.3

　内容　チャートで見分ける子どもの病気（熱が出た　発疹が出た　せきや鼻水が出る　ほか）　1　症状別ホームケア（熱が出たときのホームケア　熱性けいれんを起こしたときのホームケア　湿疹、発疹が出たときのホームケア　ほか）　2　赤ちゃんがかかりやすい病気（突発性発疹　かぜ症候群　インフルエンザ　ほか）

◇子どもの心身の危機をどう救うか　子どもの健康をもとめて指導者協議会編　ナップ　2010.4　151p　21cm　〈執筆：布村幸彦ほか〉　2000円　①978-4-931411-94-4　Ⓝ498.7

◇乳幼児健診ハンドブック―発達障害のスクリーニングと5歳児健診を含めて　平岩幹男著　改訂第2版　診断と治療社　2010.4　158p　21cm　〈文献あり　索引あり〉　2800円　①978-4-7878-1766-2　Ⓝ498.7

　内容　第1章 乳幼児健診の考え方と設計　第2章 1か月ころの健診　第3章 4か月ころの健診　第4章 10か月～1歳ころの健診　第5章 1歳6か月ころの健診　第6章 3歳児健診　第7章 5歳ころの健診　第8章 乳幼児健診の事後フォローと周辺事業、予防接種　第9章 健診における母親の問題：抑うつそして接近感情と回避感情　第10章 児童虐待をめぐる問題　第11章 障害や疾患の受容と対応

◇魅力ある乳幼児健診―クリニックだからできること　後藤洋一編著　中山書店　2010.4　93p　21cm　（小児科wisdom books）〈文献あり〉　2800円　①978-4-521-73206-0　Ⓝ498.7

　内容　1章 現代の子育て事情から乳幼児健診を考えてみると…　2章 みんな、どうしているの？―日本外来小児科学会ワークショップより　3章 新しい健診スタイルを求めて　4章 保育士とともにつくる乳幼児健診　5章 ゆったりとした時間と空間のもとで―松下こどもクリニック　6章 "食べること"から始めてみよう―日本外来小児科学会ワークショップより　7章 ふ

れあいから育む「食べる力」 母親を支援する栄養相談―埼玉協同病院小児科 8章 魅力ある乳幼児健診をめざして

◇症状からすべてわかる子どもの病気の不安に答える本 宮下守著 講談社 2010.8 223p 21cm （講談社の実用book） 1500円 ①978-4-06-299724-9 Ⓝ598.3

[内容] 1 子どもの症状を正しく知る（熱が出た けいれんをおこした 鼻水が出る、鼻づまり（鼻閉）ほか） 2 感染する病気の不安をなくす（かぜ（かぜ症候群）とウイルス インフルエンザ 手足口病 ほか） 3 アレルギーの不安をなくす（アレルギーとは アレルギーの病気 口腔アレルギー症候群（果物症候群）ほか）

◇お母さんが元気になる乳児健診―健診を楽しくすすめるエビデンス＆テクニック 小児科医の一言がお母さんを楽にする！ 水野克己著 吹田 メディカ出版 2010.9 158p 26cm 〈索引あり〉 3000円 ①978-4-8404-3327-3 Ⓝ498.7

[内容] 第1部 おさえておきたい乳児健診の基本（乳児健診をはじめる前に―楽しい乳児健診を演出するのはあなたです 乳児健診の組み立て―発育評価とエモーショナルサポートをバランスよく 医療者に知ってほしい母乳育児のポイント―母親へのアドバイスの幅を広げよう！ 乳児健診で行いたい母乳育児のサポート―それぞれのケースに寄り添って ほか） 第2部 キーエイジ別乳児健診マニュアル（2週間健診 1カ月健診 2カ月健診 3～4カ月健診 ほか）

◇乳幼児健診における境界児―どう診てどう対応するか 前川喜平, 落合幸勝編 診断と治療社 2010.9 145p 26cm 〈『乳幼児健診における境界児の診かたとケアのしかた』（1997年刊）の改訂 索引あり〉 3500円 ①978-4-7878-1802-7 Ⓝ493.92

[内容] 第1章 乳幼児の発育と発達（乳幼児健診の現代的意義 正常な発達のいろいろ 身体発育の正常と異常 ほか） 第2章 どう診てどう対応する（3～4か月健診における境界児 6～7か月児健診における境界児 9～10か月健診における境界児 ほか） 第3章 具体的な発達支援（境界児の運動発達の促し方 境界児の知的発達の促し方 境界児の言葉の発達の促し方 ほか）

◇赤ちゃんの病気でもう悩まない 藤沢博監修 エクスナレッジ 2010.11 127p 21cm

〈文献あり〉 838円 ①978-4-7678-1049-2 Ⓝ598.3

[内容] 1章 気になる症状チェック＆ケア（病気のチェックポイント 熱が出た けいれんが起きた ほか） 2章 子どもがかりやすい病気（かぜ（かぜ症候群） インフルエンザ ヘルパンギーナ ほか） 3章 知っておきたい基礎知識（病院のかかり方 受診のポイント 薬の注意点 ほか）

◇健診・予防接種 日本放送出版協会（NHK出版）編, 宮田章子監修 日本放送出版協会 2010.11 94p 19cm （NHKすくすく子育て育児ビギナーズブック 4） 780円 ①978-4-14-011295-3 Ⓝ498.7

[内容] はじめに 健診・予防接種を育児の味方に 第1章 これでばっちり！赤ちゃん健診 第2章 便利な母子手帳を使いこなそう 第3章 これだけは知っておきたい！予防接種 第4章 かかりつけ医を見つけよう！ おわりに 子どもに向き合い、心で感じて

◇乳幼児健診と心理相談 田丸尚美著 大月書店 2010.11 213p 19cm 〈文献あり〉 1800円 ①978-4-272-41211-2 Ⓝ498.7

[内容] 第1章 乳幼児健診と心理相談のあゆみ（乳幼児健診の変遷と心理相談の導入 乳幼児健診の新たな展開と心理相談の役割） 第2章 心理相談から見えてくるジレンマと葛藤（乳幼児健診の課題が抱える2つのジレンマ 健診で発達の障害を把握することのジレンマ ほか） 第3章 健診を場とする心理相談（心理職として実際にどんな仕事をしているか 心理相談のフィールドはどんな特徴を持っているか ほか） 第4章 子育て支援システムにおける心理相談（障害をもつ子を育てる親を支える 育児の不安に向き合う ほか）

◇子どもが病気になったとき読む本―お母さん1年生 梶谷まきこ著, 山田真監修 大和書房 2010.12 143p 21cm 〈文献あり 索引あり〉 1300円 ①978-4-479-78205-6 Ⓝ598.3

[内容] かぜ―かぜって本当はうれしいもの（かぜひいちゃった！ ん？なんか、熱いっ！ ほか） おなか―おなかの具合も「個性」です（おなかが痛そう！ うんちがゆるーい！ ほか） こころ―赤ちゃんはいい子になりません（ぐずぐずばっかり。どっかオカシイ？ やたら「いたい」って言うんだけど ほか） お肌―アレルギーを心配するの、やめました（ブツブツが出ちゃってる！ おしりがかぶれた！ ほか）

ケガ—イタイのイタイの…痛みはほんとに飛ばせます(あたま打ち泣けば安心ようす見る 打ぼく・あざ動かせるなら心配なし ほか)

◇子どもの保健と支援 平山宗宏編 日本小児医事出版社 2011.2 353p 21cm 〈著:安藤朗子ほか 索引あり〉 2500円 ⓘ978-4-88924-211-9 Ⓝ498.7

内容 第1章 はじめに 子どもの保健とは 第2章 子どもの発育・発達 第3章 時期別に見た子どもの特徴と養育の要点 第4章 子どもの栄養と食育 第5章 子どもの健康支援 第6章 子どもの病気とその予防 第7章 子どもの環境と安全 第8章 保護者への支援 第9章 子どものための保健福祉行政の支援 参考資料

◇最新保育保健の基礎知識 日本保育園保健協議会編, 巷野悟郎監修 第7版改訂 日本小児医事出版社 2011.3 338p 26cm 〈索引あり〉 2800円 ⓘ978-4-88924-209-6 Ⓝ498.7

◇子どもがかかる耳・鼻・のどの病気百科 工藤典代著 少年写真新聞社 2011.4 111p 26cm 〈文献あり 索引あり〉 2000円 ⓘ978-4-87981-382-4 Ⓝ496.5

内容 第1章 耳・鼻・のどの仕組み 第2章 耳・鼻・のどの健康観察 第3章 耳の病気 第4章 鼻の病気 第5章 のどの病気 第6章 その他の病気 第7章 応急手当

◇54の正しい知識で赤ちゃん・子どもを病気から守る!—ベテラン小児科医に聞く 石橋涼子監修 すばる舎 2011.5 143p 19cm (あんしん子育てすこやか保育ライブラリー 5) 〈索引あり〉 1300円 ⓘ978-4-7991-0020-2 Ⓝ598.3

内容 第1章 赤ちゃん・子どもの身体を知る(あたま 体温(赤ちゃん・子どもの発熱) 呼吸・のど 目 ほか) 第2章 赤ちゃん・子どもによくある病気を知る(お母さんの睡眠不足 泣きすぎる おっぱいが出ない 布おむつ?紙おむつ? ほか)

◇子育てできれいな歯並びを!—夢は矯正いらず 倉治ななえ著 主婦の友社 2011.6 191p 19cm (Como子育てbooks) 1300円 ⓘ978-4-07-278534-8 Ⓝ497.7

内容 第1章 子どもの歯に異変アリ!?歯並びの悪い子, 急増中! 第2章 あごの骨を大きく育てましょう 第3章 あごの形をゆがませる習慣やくせに注意! 第4章 永久歯にも影響大!子どもの虫歯を防ごう 第5章 歯列矯正をするならいつ?どうやって進める? 第6章 代表的な6つの不正咬合—どんな子がなりやすい?どうすれば防げる?

◇よくわかる赤ちゃんと子どもの病気&事故—ホームケアのポイントと病気の解説が満載「あってよかった!」安心の一冊 主婦の友社編, 齋藤加代子監修 主婦の友社 2011.6 197p 26cm (主婦の友生活シリーズ—Pre-mo Baby-mo子育てブックス) 952円 ⓘ978-4-07-276067-3 Ⓝ598.3

◇まじめなオチンチンの話—0〜9歳男の子のママへ 男の子の気持ちがわかる本 矢島暎夫著 カンゼン 2011.7 157p 19cm 1200円 ⓘ978-4-86255-101-6 Ⓝ491.351

内容 1章 オチンチンの話(オチンチンとタマタマの断面図 子どもは皆包茎である 男の子の悩みのナンバーワン・包茎 ほか) 2章 睾丸といんのうの話(睾丸はなぜ外にブラ下がっているの? 睾丸がない! 睾丸は上がったり下がったりする ほか) 3章 オチンチンの病気の話(亀頭包皮炎 停留睾丸 尿道下裂 ほか)

◇0歳からのベビー整体—いつでも安心!ママの手がお医者さん 中西貴大著 総合法令出版 2011.8 125p 21cm 1200円 ⓘ978-4-86280-266-8

内容 プロローグ 新米ママ達の憂うつ(出産は子育ての幕開け ロンリーママが増加中 ほか) 第1章 ベビー整体について(きっかけは, わが子の病気, 娘の病気から得たこと ほか) 第2章 ベビー整体の基礎知識(まずママが自分で確かめる 体の構造について) 第3章 実際にベビー整体をやってみる(ベビー整体を始める前に 骨盤サンドイッチ(骨盤の調整)ほか) 第4章 整体的思考あれこれ(習いごとが体を壊す 増え続ける現代の病気 ほか) エピローグ パパ達に伝えたいこと(パパも積極的な子育てを パパの役目は聞き役 ほか)

◇おうちでできる子どものための自然療法—症状別手当てから自然治癒力を高める方法まで 王瑞雲監修 PHP研究所 2011.10 127p 21cm 1200円 ⓘ978-4-569-79953-7 Ⓝ598.3

内容 1章 自然療法ってなあに?(病院や薬に頼るその前に!自然の力を見直しませんか 子どもと家族の元気はお母さんが守ってあげるもの 東洋医学と西洋医学のいいところをもらっちゃおう ほか) 2章 症状別おうちでできる手当て

（かぜのひき始めには？　とっさの発熱　頭痛ほか）　3章　衣食住毎日の自然療法（離乳食の基本　人にやさしい味つけ―天然だし、植物油　冷たい飲み物はできるだけ避けたい　ほか）

◇こどもの心と身体（からだ）を守る本―四〇年間の小児臨床から　定塚甫, 定塚江美子著　近代文芸社　2011.11　121p　19cm　〈文献あり〉　1000円　①978-4-7733-7809-2　Ⓝ493.937

内容　1 心と身体　2 正常と異常とは　3 こどもの一般的な発達　4 こどもの心の病気や不健康　5 こどもの心と関係の深い病気　6 こどもの心の病気や不健康の治療法

◇免疫力をあげる子育て法―かしこく元気な子どもをつくる本当の知識　安保徹, 西原克成, 真弓定夫著　実業之日本社　2012.2　160p　21cm　1400円　①978-4-408-45377-4　Ⓝ599

内容　1 免疫力を活用して健康づくり（免疫力の正体は白血球　白血球と自律神経の関わり　妊娠中のお母さんと胎児の免疫力　ほか）　2 赤ちゃんの特性を知って病気知らず（お腹の中の赤ちゃんの猛烈な変化　ピカピカの赤ちゃんを産む準備　赤ちゃんの病気はおもに免疫病　赤ちゃんの体は不完全で未完成　ほか）　3 子育ての知恵をとりいれて元気づくり

◇子育て支援のための子ども保健学　根岸宏邦, 山崎武美, 村上龍助, 稲垣由子, 上谷良行, 高田哲, 西尾久英, 飯島一誠, 竹島泰弘編, 中村肇監修　日本小児医事出版社　2012.3　221p　21cm　〈索引あり〉　2300円　①978-4-88924-218-8　Ⓝ498.7

◇子どもの保健と支援　平山宗宏編著　第2版　日本小児医事出版社　2012.3　365p　21cm　〈執筆：安藤朗子ほか〉　2500円　①978-4-88924-220-1　Ⓝ498.7

◇写真でみる乳幼児健診の神経学的チェック法　前川喜平, 小枝達也著　改訂8版　南山堂　2012.3　335p　27cm　〈索引あり〉　5800円　①978-4-525-28858-7　Ⓝ493.937

◇最新版0～6才　病気＆ホームケア　渡辺博監修　多摩　ベネッセコーポレーション　2012.4　245p　24×19cm　（たまひよ新・基本シリーズ）　1300円　①978-4-8288-6579-9

内容　赤ちゃん・子どもの病気と気がかり　これって病気なの？　0～3カ月の赤ちゃんの体の気がかり―0～3カ月に多い病気　発熱とけいれんの病気―その症状とホームケア　嘔吐・便秘・下痢の病気―その症状とホームケア　せき・鼻水・鼻詰まりの病気―その症状とホームケア　発疹の出る病気―その症状とホームケア　赤ちゃん・子どもの心の気がかり　ママやパパの目で見て気になること　そのほかの体の気がかり　予防接種―赤ちゃん・子どもを病気から守りましょう　定期健診―積極的に受けて育児の気がかりを解消　ほか）

◇病気知らずの子育て―忘れられた育児の原点　西原克成著　冨山房インターナショナル　2012.5　167p　19cm　1400円　①978-4-905194-41-5　Ⓝ598.3

内容　第1章　世界でもっともすぐれていた日本の子育て―それが、なぜ病気大国になってしまったのか　第2章　早すぎる離乳食が諸悪のもと―アトピー性皮膚炎も根本から治しましょう、必ず治せます　第3章　お産と子育ては伝承と本能ですべきもの―西原流育児法の実例をいくつか　第4章　西原流育児法：7つのポイント―これらを守れば、お子さんは病気知らずでじょうぶに育ちます　第5章　赤ちゃんのアトピー・喘息・発達障害・自閉症・てんかんは、「悪い母乳病」か「離乳食病」　第6章　赤ちゃんが病気知らずで育つ育児法、病気にかかっても法則性をもって必ず治せる小児医学をめざして　むすび　臓器別医学を超えて―すべての病に対処できる新たな治療法を確立した今、私が夢みていること、願っていること

◇正木健雄先生の子どものからだと心を科学する　正木健雄著　合同出版　2012.5　143p　21cm　1500円　①978-4-7726-1016-2　Ⓝ498.7

内容　第1部　子どもの「生存・保護」を科学しよう（男子の死産数が女子の10倍も多いのはなぜ？　世界一低い「乳児死亡率」停滞する「幼児死亡率」　不慮の事故が大きな課題　「オス化」が示唆するもの　発達していない自律神経　体温調節機能に異変　大脳・前頭葉の働きが正常に育っていない　「世紀の妖怪」アレルギー　できあがらない「土踏まず」　子どもの「視力不良」増加の謎　「視力不良」・テレビ/ゲーム・長期欠席の不思議な一致　からだとともに「心」を見守ることの大切さ）　第2部　子どもの「発育・発達」を科学しよう（子どものからだ110年の変化をみる　体力低下がいわれて半世紀　体育教育の制度的欠陥　子どもの体力「うれしさ」と「深刻さ」　「3種競技採点表」を作っ

育児問題　　　　　　　　　　　　　　　　　　　　　　　育児の医学

てわかった課題）　第3部 子どもの「全面発達」をめざして科学しよう（背筋力と柔軟性の低下が示すもの　全面発達の条件はどこにあるか）

◇すくすく赤ちゃん――小児科医が贈るこころとからだをはぐくむ子育ての本　田原卓浩, 吉永陽一郎, 山田奈生子著　改訂新版　保健同人社　2012.6　269p　23cm　〈索引あり〉　2200円　Ⓘ978-4-8327-0672-9　Ⓝ599

[内容]　第1章 赤ちゃんはどう育つ？　第2章 赤ちゃんの育ちとお世話　第3章 赤ちゃんの気になる症状　第4章 予防接種と赤ちゃんの病気　第5章 赤ちゃんの事故　第6章 赤ちゃんとのふれあい

◇わたしの子どもは絶対むし歯0！　前田亨著, 牧憲司監修　牧野出版　2012.6　127p　19cm　1500円　Ⓘ978-4-89500-155-7　Ⓝ497.7

[内容]　第1章 歯医者さんで定期管理を受けましょう！（新しいタイプの歯科医療"早期定期管理"とは　かかりつけの歯医者さんをもちましょう　歯科医院で受けるのはぴかぴかの歯で生涯すごすサポート　ほか）　第2章 乳歯、永久歯、歯並びとむし歯の関係（むし歯はうつる！　食べると歯はとける！　お口とキッチンの汚れは似ている　ほか）　第3章 毎日の生活のなかで（妊娠中もかたよりなく食べましょう　ミルクの場合は人工乳首をよく選んで　授乳で気をつけるのは？　ほか）

◇イラストでわかる子どもの病気ナビゲーター――小児科医が伝えたい子どもの病気の対処法　五十嵐隆編集　メディカルレビュー社　2012.8　184p　21cm　〈索引あり〉　1500円　Ⓘ978-4-7792-0921-5　Ⓝ598.3

[内容]　第1章 子どもを見守り、病気を防ぐために（乳幼児健診を受けましょう　予防接種を受けましょう　保育園・幼稚園に入園する子どもの健康管理）　第2章 子どもに見られる病気の症状（症状を理解して対応しましょう（発熱　せきと鼻水　呼吸が苦しそう　ほか）　このような症状があったら受診しましょう（呼吸音の異常（喘鳴）　けいれん　意識障害　ほか））　第3章 子どもがかかる病気とその治療（突発性発疹　感冒（風邪）　ウイルス性胃腸炎　ほか）

◇小児生活習慣病ハンドブック　清水俊明編集　中外医学社　2012.8　127p　26cm　〈索引あり〉　3800円　Ⓘ978-4-498-14520-7　Ⓝ493.93

◇小児科医が教える親子にやさしい自然育児　スーザン・マーケル著, 望月索訳　草思社　2012.11　357p　19cm　1800円　Ⓘ978-4-7942-1935-0

[内容]　第1部 基本を身につける（赤ちゃんに医療処置する背景を理解しましょう　おっぱいのすすめ　抱っこのすすめ　ほか）　第2部 こころを育てる（ほどよいお母さんになりましょう　話すこと、聞くことのできる子どもに育てましょう　しつける　ほか）　第3部 健康を維持する（日光浴でビタミンをつくりましょう　牛乳を飲まないようにしましょう　アレルギーとぜんそく　ほか）

◇最新 0～6才赤ちゃん・子ども病気百科　主婦の友社編, 細谷亮太監修　主婦の友社　2012.12　243p　24×19cm　（主婦の友新実用BOOKS）　1300円　Ⓘ978-4-07-285988-9

[内容]　1 これはどんな病気？病院へは行く？行かない？症状別赤ちゃんと子どもの病気チェックシート　2 適切なケアが回復を早めます 症状別病気のときのホームケア　3 症状・治療・ケアのすべて 症状別赤ちゃんと子どもの病気事典　これって病気？体や心の気がかりQ&A　4 写真で確認！納得・実感 目で見る病気図鑑　5 健康を守るために、しっかり受けましょう 予防接種と定期健診　6 冷静に、スムーズに対応するための予備知識 赤ちゃんの検査と入院　7 いざというときにあわてない！けがや事故の応急手当て

◆母子同室

【雑誌記事】

◇母子同室で「赤ちゃんが寝てくれない」と訴えられても……（特集「なぜ？」「困った！」からみんなで学ぼう 新人助産師の実践力アップ大作戦）　「ペリネイタルケア」（メディカ出版）　29(4) 通号376　2010.4　p357～359

◇母子同室システムの変更――終日母子同室の導入のための取り組み　大橋悠, 増子くに子, 深川有紀子［他］　「茨城県母性衛生学会誌」（茨城県母性衛生学会事務局）　(28)　2010.6　p31～35

◇母子同室導入に向けて, 褥婦のイメージとニーズを探る：母子同室開始前アンケートより　金平みずえ, 神原英子, 吉川利江　「日本看護学

現代を知る文献ガイド 育児・保育をめぐって　91

会論文集．母性看護」（日本看護協会出版会）　42　2011　p39〜42
◇子どもとつながるタッチケア（特集 育児ストレス 感じてますか？）　「灯台」（第三文明社）（620）　2012.5　p29〜31

◆乳幼児突然死症候群

【雑誌記事】

◇赤ちゃんの急死を考える会「最低基準に関する申入書」（2009.11.20）――保育施設における死亡事故一覧表（1962.2〜2008.12）　赤ちゃんの急死を考える会　「保育情報」（全国保育団体連絡会，ちいさいなかま社（発売））（399）2010.2　p41〜59

◇SIDSへの対応（特集 重篤な小児への初期対応――救急のピットフォールに陥らないために――日常診療における危急的症例）　山南貞夫　「小児科診療」（診断と治療社）　73(6)通号868　2010.6　p1021〜1028

◇臨床研究・症例報告 RSウイルス感染による無呼吸発作で未然型乳幼児突然死症候群（SIDS）を起こした1例　永井秀之　「小児科臨床」（日本小児医事出版社）　65(2)通号772　2012.2　p269〜273

◇こどもの突然死：法医学的視点（特集 子どもの突然死）　吉田謙一　「小児科」（金原出版）53(6)　2012.6　p689〜695

◇乳幼児突然死症候群（特集 子どもの突然死）　中川聡　「小児科」（金原出版）　53(6)　2012.6　p697〜700

◇ワクチンと乳幼児突然死症候群（特集 子どもの突然死）　松尾富士男，甘利裕邦　「小児科」（金原出版）　53(6)　2012.6　p701〜706

【図書】

◇乳幼児突然死症候群（SIDS）における病態解明と臨床的対応および予防法開発とその普及啓発に関する研究――平成21年度総括・分担研究報告書 厚生労働科学研究費補助金子ども家庭総合研究事業　〔名古屋〕　〔戸苅創〕　2010.3　109p　30cm

◇乳幼児突然死症候群（SIDS）における病態解明と臨床的対応および予防法開発とその普及啓発に関する研究――平成20年度〜22年度総括研究報告書 厚生労働科学研究費補助金成育疾患克服等次世代育成基盤研究事業　〔名古屋〕　〔戸苅創〕　2011.3　149p　30cm

◇乳幼児突然死症候群（SIDS）における病態解明と臨床的対応および予防法開発とその普及啓発に関する研究――平成22年度総括・分担研究報告書 厚生労働科学研究費補助金成育疾患克服等次世代育成基盤研究事業　〔名古屋〕　〔戸苅創〕　2011.3　97p　30cm

◇乳幼児突然死症候群（SIDS）および乳幼児突発性危急事態（ALTE）の病態解明および予防法開発に向けた複数領域専門家による統合的研究――平成23年度総括・分担研究報告書：厚生労働科学研究費補助金成育疾患克服等次世代育成基盤研究事業　〔名古屋〕　〔戸苅創〕　2012.3　114p　30cm

◆助産師

【雑誌記事】

◇インタビュー・助産師 武田一子さん "おっぱい" が深める親子の絆　武田一子　「子供にまなぶ家庭教育」（佼成出版社）　2010　〔2010〕p42〜45

◇育児学級を担当した助産師の気づきと変化　池田悠，内藤智子，久保絹子〔他〕　「日本看護学会論文集．母性看護」（日本看護協会出版会）41　2010　p78〜81

◇助産師の伝えていきたいこと 保健師から助産師そして保育園園長へ――私は生涯産婆です　伊藤スゲ　「助産師 : 日本助産師会機関誌」（日本助産師会出版部）　64(1)　2010.2.1　p48〜50

◇電話相談からつながる助産師の支援：母乳・授乳に関する相談内容に着目して　筒井真弓，十河幸恵，池添紀美代〔他〕　「香川母性衛生学会誌」（香川母性衛生学会）　12(1)　2012.10　p61〜67

◆母子保健

【雑誌記事】

◇国際家族計画連盟（IPPF）活動レポート（15）母子保健を日本政府によるアフガン民生復興支援

◇の重点に　中村百合　「人口と開発」(アジア人口・開発協会)　(108)　2010.冬　p63〜70

◇JICA地域別研修「中東地域女性の健康支援を含む母子保健方策」のまとめ—2007年〜2009年　永瀬つや子, 草場ヒフミ, 兵頭慶子［他］　「南九州看護研究誌」(宮崎医科大学医学部看護学科, 宮崎大学医学部看護学科)　8(1)　2010　p41〜47

◇母子保健領域における心理職の役割に関する全国調査　瀬々倉玉奈　「人間科学研究紀要」(大阪樟蔭女子大学人間科学部学術研究会)　(9)　2010.1　p247〜260

◇委員会便り 地域母子保健事業に関する調査の報告　渕元純子, 竹内理恵子, 権田倫子［他］　「助産師 : 日本助産師会機関誌」(日本助産師会出版部)　64(1)　2010.2.1　p92〜95

◇情報ボックス 困難事例, 発達障害児などの増加から保健所等は母子保健機能の強化を—平成21年度「全国保健所長会研修会」開催　「日本公衆衛生雑誌」(日本公衆衛生学会)　57(3)　2010.3　p257〜259

◇NICUに入院した児を持つ母親と健常児を持つ母親の母子保健サービスについての認知・利用状況と希望するサービスの比較　宮岡久子, 深澤洋子, 藤本薫［他］　「弘前医療福祉大学紀要」(弘前医療福祉大学内紀要編集委員会)　1(1)　2010.3.17　p31〜36

◇保健センターにおける親子教室の有効性について—最前線で母子保健活動を担う保健師と臨床心理士の連携　佐田久真貴　「小児の精神と神経 : 日本小児精神神経学会機関誌」(日本小児精神神経学会, アークメディア (発売))　50(3)通号188　2010.9　p303〜314

◇委員会便り 地域母子保健事業に関する調査の報告(第2報)　張ヶ谷智子, 渕元純子, 伊藤きよみ［他］　「助産師 : 日本助産師会機関誌」(日本助産師会出版部)　64(4)　2010.11.1　p65〜68

◇母子保健の現状と課題 : 日本とデンマークの母子保健から　木下照子　「新見公立大学紀要」(新見公立大学)　32　2011　p103〜105

◇日本の保健医療ならびに母子保健の変遷と助産師の活動　大野弘恵　「経済経営論集」(名古屋学院大学大学院生協議会)　(14)　2011.2　p39〜58

◇ミャンマーの貧困削減における母子保健医療の役割　AyeChanPwint　「社会福祉研究所報」(熊本学園大学付属社会福祉研究所)　(39)　2011.3　p1〜36

◇わが国の母子保健と障がいのある子どもへの支援施策　上田衛　「鶴見大学紀要. 第3部, 保育・歯科衛生編」(鶴見大学)　(48)　2011.3　p43〜50

◇ネパールにおける母子保健指標改善方法の研究—地域別特徴による分析と結果　米川安寿　「同志社政策科学研究」(同志社大学大学院総合政策科学研究科総合政策学会)　12(2)　2011.3　p63〜80

◇［2011年］2月号特集 地域における母子保健縦断調査の活用 出生コホート研究の意義　山縣然太朗　「保健の科学」(杏林書院)　53(3)　2011.3　p191〜194

◇スウェーデンの保健・医療・福祉制度 保健活動の視座から(3)母子保健活動 小児ヘルスセンターの役割　小野尚香　「保健師ジャーナル」(医学書院)　67(4)　2011.4　p338〜343

◇育児期にある在住外国人の母子保健制度利用状況と課題　梅原玲子, BuiThiThanhThuy, 田口奈緒　「保健の科学」(杏林書院)　53(9)　2011.9　p641〜646

◇デンマークと日本の母子保健—子育て環境　木下照子　「インターナショナルnursing care research」(インターナショナルNursing Care Research研究会)　10(3)　2011.10　p129〜137

◇中国における母子保健事業 : 発展の沿革・現状・展望(特集 中国における母子保健)　冷志偉, 王凡　「日中医学」(日中医学協会)　26(2)　2012.2　p3〜9

◇日本の母子保健における保健師の役割(特集 中国における母子保健)　奥山則子　「日中医学」(日中医学協会)　26(2)　2012.2　p22〜24

◇遠き国より・番外編 シスター平間に聞くマダガスカルの医療と母子保健状況　平間理子　「ペリネイタルケア」(メディカ出版)　31(2)通号402　2012.2　p168〜170

◇母子保健推進員とのパートナーシップを構築する保健師の技術 : 人口6万人規模の自治体における母子保健活動の実践を通して　本田光, 當

山裕子, 宇座美代子 「日本看護科学会誌」(日本看護科学学会和文誌編集委員会) 32(1) 2012.3 p12～20

◇市町の母子保健事業に関する住民からのクレーム(苦情)の実態と保健師の受け止め 深江久代, 杉山真澄, 杉浦寿子〔他〕 「保健師ジャーナル」(医学書院) 68(5) 2012.5 p424～432

◇保健師に期待する母子保健の課題：「健やか親子21」の評価から(特集 親子保健・母子保健の重点課題) 山縣然太朗 「保健師ジャーナル」(医学書院) 68(11) 2012.11 p942～947

【図書】

◇母子保健学 海野信也, 渡辺博執筆 改訂第2版 診断と治療社 2010.2 284p 21cm 〈索引あり〉 2900円 ①978-4-7878-1757-0 Ⓝ498.7

◇健やか親子21を推進するための母子保健情報の利活用に関する研究—平成21年度総括・分担研究報告書 平成21年度厚生労働科学研究費補助金子ども家庭総合研究事業 山縣然太朗編 〔中央〕 山縣然太朗 2010.3 301p 30cm

◇母子保健分野における国際協力の効果的方法に関する研究—平成20-21年度研究報告書 母子保健分野における国際協力の効果的方法に関する研究編 吹田 母子保健分野における国際協力の効果的方法に関する研究 2010.3 126p 30cm 〈国立国際医療センター国際医療研究委託費 主任研究者：中村安秀〉 Ⓝ498.7

◇わが国の母子保健 平成22年 母子衛生研究会編 母子保健事業団 2010.3 125p 26cm 〈年表あり〉 1600円 ①978-4-89430-053-8 Ⓝ498.7

◇母子保健テキスト—母親学級・両親学級・育児学級用教材 平山宗宏監修 改訂新版 母子保健事業団 2010.5(第10刷) 72p 26cm 〈編集協力：母子衛生研究会 指導：多田裕ほか〉 500円 ①978-4-89430-406-2 Ⓝ498.7

◇母子保健ハンドブック 2010 柳澤正義編集委員長, 五十嵐隆, 遠藤俊子, 小山修, 堤ちはる, 中林正雄, 帆足暁子編集委員 母子保健事業団 2010.6 364p 21cm 〈すぐに役立つキーワード解説付 編集協力：母子衛生研究会 年表あり〉 2200円 ①978-4-89430-163-4 Ⓝ498.7

◇母子保健マニュアル 高野陽, 柳川洋, 中林正雄, 加藤忠明編 改訂7版 南山堂 2010.12 222p 30cm 〈索引あり〉 4800円 ①978-4-525-18447-6 Ⓝ498.7

◇健やか親子21を推進するための母子保健情報の利活用に関する研究—平成22年度総括・分担研究報告書 平成22年度厚生労働科学研究費補助金成育疾患克服等次世代育成基盤研究事業 山縣然太朗編 〔中央〕 山縣然太朗 2011.3 253p 30cm

◇母子感染—インフォームド・コンセントのためのチェックポイント収載 川名尚, 小島俊行編 金原出版 2011.3 357p 26cm 〈索引あり〉 9500円 ①978-4-307-30107-7 Ⓝ498.7

◇母子健康手帳の活用に関する調査研究—報告書 こども未来財団 2011.3 117p 30cm （児童関連サービス調査研究等事業報告書 平成22年度) 〈主任研究者：中村安秀〉 Ⓝ498.7

◇わが国の母子保健 平成23年 母子保健事業団 2011.3 131p 26cm 〈編集協力：母子衛生研究会 年表あり〉 1800円 ①978-4-89430-054-5 Ⓝ498.7

◇母子保健ハンドブック 2011 柳澤正義編集委員長 母子保健事業団 2011.9 359p 21cm 〈編集：五十嵐隆ほか 編集協力：母子衛生研究会 年表あり〉 2600円 ①978-4-89430-164-1 Ⓝ498.7

◇親子保健24のエッセンス 平岩幹男著 医学書院 2011.10 224p 21cm 〈索引あり 文献あり〉 2400円 ①978-4-260-01445-8 Ⓝ498.7

◇近代中国の出産と国家・社会—医師・助産士・接生婆 姚毅著 研文出版 2011.11 387p 22cm 〈索引あり 文献あり〉 7000円 ①978-4-87636-331-5 Ⓝ498.7

◇産後メンタルヘルス援助の考え方と実践—地域で支える子育てのスタート 西園マーハ文著 岩崎学術出版社 2011.11 220p 21cm 〈索引あり〉 2500円 ①978-4-7533-1035-7 Ⓝ498.7

内容 第1章 援助が必要なのはどのような人か 第2章 スクリーニングとモチベーション 第3章 産後に見られるさまざまな病状 第4章 産後の精神的不調に関連する因子 第5章 エジンバラ産後うつ病質問票(EPDS)を用いた産後

メンタルヘルス援助の実践　第6章 多職種による連携、当事者との連携　終章 出産によって、得たことと失ったこと

◇健やか親子21を推進するための母子保健情報の利活用に関する研究―平成23年度総括・分担研究報告書：平成23年度厚生労働科学研究費補助金成育疾患克服等次世代育成基盤研究事業　山縣然太朗編　〔中央〕　山縣然太朗　2012.3　170p　30cm

◇健やか親子21を推進するための母子保健情報の利活用に関する研究―平成21-23年度総合研究報告書：厚生労働科学研究費補助金成育疾患克服等次世代育成基盤研究事業　山縣然太朗編　〔中央〕　山縣然太朗　2012.3　362p　30cm

◇わが国の母子保健　平成24年　母子保健事業団　2012.4　115p　26cm　〈編集協力：母子衛生研究会　年表あり〉　1800円　Ⓘ978-4-89430-055-2　Ⓝ498.7

◆子どもの心

【図書】

◇お母さんのための児童精神医学―子どものこころの脳科学　根來秀樹著　日本評論社　2010.1　221p　19cm　1600円　Ⓘ978-4-535-98321-2　Ⓝ493.937

内容　1　発達障害はここまでわかった（アスペルガー障害の臨床　アスペルガー障害の脳科学　ADHDの脳科学と臨床　大人のADHDとADHDのようにみえる子どもたち　学習障害の脳科学　発達障害がある子の性の問題）　2　児童精神医学はここまでわかった（強迫性障害を科学する　チックを科学する　排泄の問題を科学する―遺尿・夜尿・遺糞など　PTSDを科学する　「キレる」を科学する）　3　児童精神科の現場から（子どもの気分障害を考える―子どものうつ病・躁うつ病　不登校・ひきこもりを考える　アメリカに住むお母さんの子育て相談　子どもの薬物療法）

◇子どもの心をストレスから守る本　笠原麻里監修　講談社　2010.6　98p　21cm　〈健康ライブラリーイラスト版〉〈文献あり〉　1200円　Ⓘ978-4-06-259445-5　Ⓝ493.937

内容　1　ストレスに囲まれて生きている（ケース1―中学校入学を機に非行に走ったAくん　ケース2―親の離婚・再婚で居場所を失ったBさんほか）　2　サインは眠れない・食べない・遊ばない（特性―ストレスのとらえ方は、子どもによって違う　しくみ―「眠・食・遊」に危険信号が現れる　ほか）　3　ストレスと「逆のこと」をして対処する（対応の基本1―「逆のこと」がストレスを解消する　対応の基本2―子どもの行動の背景を読み取る　ほか）　4　不調が長い間つづけば病院へ（判断基準―成長を妨げるかどうかで判断する　病気(1)気分の変動―極度に落ち込んだり、イライラしたりする　ほか）　5　親の「交渉力」が負けない心をつくる（信頼関係―親のまなざしが信頼関係を築く　話し合う1―思春期の子の要求には「交渉」で対応　ほか）

◇子どもの精神医学ハンドブック　清水將之著　第2版　日本評論社　2010.8　286p　21cm　〈年表あり　索引あり〉　1900円　Ⓘ978-4-535-98326-7　Ⓝ493.937

内容　第1章　子どもと発達　第2章　発達の障害　第3章　子ども虐待　第4章　主に心因で起こるとされる病気　第5章　精神病圏の子ども　第6章　子どもの人となり　第7章　子どもと災害　第8章　思春期の病気　第9章　治療をめぐって　資料編

◇うちの子に限って!?―子どもの心の病気を知る本　宮田雄吾文、中村ユキマンガ　学研教育出版　2010.10　229p　21cm　〈発売：学研マーケティング　文献あり〉　1400円　Ⓘ978-4-05-404700-6　Ⓝ493.937

内容　第1章　子どもがいつもと違うと感じたら　第2章　「心の病気」は、脳の病気!?　第3章　まずは病院に行ってみよう　第4章　ありふれた病気、統合失調症　第5章　「心の病気」と真剣に向き合う　第6章　子どもの将来、家族の未来

◇わが子のうつ病を治す方法　税所弘著　最新版　三五館　2011.2　221p　19cm　1300円　Ⓘ978-4-88320-525-7　Ⓝ493.764

内容　1　親子でうつ病を乗り越えた人々　2　まずは周囲が「うつ病」を理解しよう　3　みんなでうつ病を乗りきるために　4　身体を動かすことから始めよう　5　親が変われば、子どもは必ず変わる　6　ケアパートナーとの出会い

◇大災害と子どものストレス―子どものこころのケアに向けて　藤森和美、前田正治編著　誠信書房　2011.10　142p　26cm　1800円　Ⓘ978-4-414-40068-7　Ⓝ493.937

[内容] 子どもが体験する災害　乳幼児のストレスマネジメント　低学年児童のストレスマネジメント　高学年児童のストレスマネジメント　思春期の子どもの災害反応　子どもにみられやすい身体化症状　子どもと睡眠障害　災害と発達障害の子ども　子どものPTSD診断　子どものPTSDの歴史〔ほか〕

◇ポスト3・11の子育てマニュアル―震災と放射能汚染、子どもたちは何を思うのか？　冨永良喜,小城英子,前川あさ美,瀧本孝雄,野口京子著　講談社　2011.11　191p　18cm　857円　①978-4-06-217387-2　Ⓝ493.937

[内容] 1 臨床心理学・冨永良喜―人の英知と絆が災害を克服する(回復する人と、回復できない人の二極化が進む　大災害のあとは学校が荒れる　ほか)　2 社会心理学・小城英子―災害報道とパニック、被災者支援のために(次第にリアルなものになる津波の映像　報道は真実を伝えられない　ほか)　3 児童臨床心理学・前川あさ美―災害後の子どもの心に必要なもの(人は自然災害で心に傷を負う　今回の災害はまだ終わっていない　ほか)　4 性格心理学・瀧本孝雄―災害は性格形成にどんな影響を与えるか(震災は性格形成にどう影響するか　震災から時間がたってもしっかり見守る　ほか)　5 健康心理学・野口京子―災害後をすこやかに生きるために(心の健康を回復させる条件　日常に戻ることで心が元気になる　ほか)

◆アトピー・アレルギー

【雑誌記事】

◇「保育所におけるアレルギー対応ガイドライン」の概要(特集 アレルギーのある子どもへの対応)　「保育の友」(全国社会福祉協議会)　59(5)　2011.5　p12～14

◇保育所におけるアレルギー疾患対応の現状と課題(特集 アレルギーのある子どもへの対応)　遠藤郁夫　「保育の友」(全国社会福祉協議会)　59(5)　2011.5　p14～17

◇個別援助としてのアレルギーへの対応をめざして(特集 アレルギーのある子どもへの対応)　真鍋尚美　「保育の友」(全国社会福祉協議会)　59(5)　2011.5　p18～20

◇母乳中のコエンザイムAとアトピー性皮膚炎　東丈裕,松下祥　「臨床免疫・アレルギー科」(科学評論社)　57(2)通号500　2012.2　p197～202

【図書】

◇アトピッ子ママの心を軽くする本―「しんどいなぁ」と思ったときに…　山崎雅保著,妹尾佳均監修　メタモル出版　2010.11　127p　19cm　1300円　①978-4-89595-762-5　Ⓝ493.94

[内容] 1 治らない…どうして？どうしてなの？　2 この子をみているのがつらい　3 もう疲れちゃったのよ　4 アトピーとつき合うって、どういうこと？　5 大事ですよ、ママのリフレッシュ　6 ママの心を癒せば、アトピッ子も癒される

◇パパ、かぃい！―新米パパとママのアトピー育児記 コミックエッセイ　キム・チュンヒ作,冬芽訳　クオン　2011.1　283p　21cm　(クオンコミックシリーズ 1)　1200円　①978-4-904855-00-3　Ⓝ916

[内容] 1章 ドゥリはアトピー児　2章 親心　3章 ドゥリの恋人　4章 あの手この手　5章 自分のせい　6章 大気浴を始める　7章 食べ物との格闘　8章 ストレス、ストレス　9章 ドゥリと育む希望

◇アトピっ子育て　犬井まき著　コスミック出版　2011.4　142p　21cm　1000円　①978-4-7747-9059-6　Ⓝ726.1

[内容] 0カ月から2カ月―赤いブツブツ？　3カ月から4カ月―乳児湿疹かアトピーか？　5カ月―アトピっ子生活スタート　6カ月その1―除去食ってツライ！　6カ月その2―米粉との出会い　7カ月―お掃除は大切です　8カ月―おフロ対策　9カ月―ヨモギってスゴイ！　10カ月―効果が出てきたゾ　11カ月―ママだってツライよ〔ほか〕

◇子どもをアレルギーから守る本　藤田紘一郎著　大和書房　2012.2　214p　15cm　(だいわ文庫 188-2A)　619円　①978-4-479-30372-5　Ⓝ493.931

[内容] 第1章 劇的に増えているアレルギーの子どもたち　第2章 アレルギーを克服する生活習慣　第3章 神経質になっていませんか？　第4章 腸内細菌ですべてはうまくいく！　第5章 アレルギーには「ほどほど育児」　第6章 免疫力を高めるご飯　第7章 病院との付き合い方

◆予防接種

【雑誌記事】

◇座談会 日本小児保健協会 予防接種・感染症委員会 正しい知識で予防接種を 衞藤隆,加藤達夫,庵原俊嗣[他] 「小児保健研究」(日本小児保健協会) 69(2) 2010.3 p148～172

◇育児 予防接種を受けましょう―ヒブワクチン・小児用肺炎球菌ワクチン 薗部友良 「婦人之友」(婦人之友社) 104(6)通号1285 2010.6 p107～111

◇保健師さんに伝えたい24のエッセンス―親子保健を中心に(16)地域保健と予防接種 平岩幹男 「公衆衛生」(医学書院) 74(7) 2010.7 p607～611

◇日本脳炎ワクチン接種の新展開―予防接種の再開へ 中野貴司 「日本医事新報」(日本医事新報社) (4497) 2010.7.3 p44～49

◇大学新入生の麻疹抗体保有率に及ぼす麻疹流行および高校生への予防接種の影響 澁谷麻由美,藤井香,小坂桃子[他] 「慶応保健研究」(慶応義塾大学保健管理センター) 29(1) 2011 p63～65

◇プライマリケア・マスターコース 小児科診療のすすめ 新しい予防接種 稲井郁子,候聡志,石田也寸志[他] 「日本医事新報」(日本医事新報社) (4551) 2011.7.16 p44～47

◇乳幼児の定期予防接種完了率と未完了のリスク要因 川井巧,後藤あや,渡辺英子[他] 「日本プライマリ・ケア連合学会誌」(日本プライマリ・ケア連合学会) 34(3)通号132 2011.9 p209～214

◇小児科領域における研究と治療の進歩(10)小児の予防接種 鈴木葉子 「東京女子医科大学雑誌」(東京女子医科大学学会) 81(5) 2011.10 p345～348

◇予防接種の陽と陰：経口生ポリオワクチンと不活化ポリオワクチン 岡部信彦 「小児科」(金原出版) 52(13) 2011.12 p1955～1961

◇小児の予防接種Q&A：質問253に最新情報で答える 渡辺博[編] 「小児科学レクチャー」(総合医学社) 2(2) 2012 p231～453

◇任意予防接種に対する保護者の意識調査 上道優子,山下智子,和久谷己恵[他] 「日本看護学会論文集.地域看護」(日本看護協会出版会) 42 2012 p147～150

◇日本小児科学会 予防接種・感染対策委員会報告 わが国の予防接種後副反応報告制度について：2011年12月時点 「日本小児科学会雑誌」(日本小児科学会) 116(1) 2012.1 p116～129

◇セミナー 日本小児科学会推奨の予防接種スケジュール 齋藤昭彦 「日本薬剤師会雑誌」(日本薬剤師会) 64(2) 2012.2 p201～205

◇予防接種の現状と保護者の意識・認識に関する研究 内山有子,片桐朝美,加藤英世 「日本女子体育大学紀要」(日本女子体育大学) 42 2012.3 p1～8

◇育児 予防接種とスケジュール 若江恵利子 「婦人之友」(婦人之友社) 106(4)通号1307 2012.4 p85～91

◇医療機関の予防接種による地域対象児童への寄与率について 後藤正勝,島崎猛 「月刊地域医学」(地域医療振興協会) 26(7)通号309 2012.7 p648～656

◇新しい小児の予防接種プログラム：日本小児科学会推奨の予防接種スケジュール 齋藤昭彦 「呼吸器内科」(科学評論社) 22(1)通号127 2012.7 p63～68

◇公的補助による任意予防接種と医療費控除の小児医療,地域社会への影響 是松聖悟,秋吉健介,高野智幸[他] 「日本小児科学会雑誌」(日本小児科学会) 116(9) 2012.9 p1380～1386

◇mA Report 予防接種・ワクチンをめぐる動き(前編)ついに変わる,ポリオワクチン 舘野綾 「メディカル朝日」(朝日新聞社) 41(9)通号490 2012.9 p30～33

【図書】

◇予防接種ガイドブック―予防接種と子どもの健康 平山宗宏編集指導 母子保健事業団 2010.5 33p 15cm

◇こどもの予防接種―知っておきたい基礎知識 金子光延著 大月書店 2010.7 143p 21cm (子育てと健康シリーズ 28) 〈文献あり〉 1400円 ①978-4-272-40328-8 Ⓝ493.938
内容 1 予防接種ことはじめ(一度かかればだいじょうぶ 天然痘との戦い わが子を実験台？

◇ジェンナーの真実 ほか） 2 日本の予防接種事情（予防接種はなんのため？ 定期予防接種について 定期予防接種で決められている予防接種 定期予防接種の実際 ほか） 3 日本における予防接種の諸問題（日本の予防接種の現状から 世界の予防接種と日本の予防接種 同時接種を受けられない！ ほか）

◇お母さんのためのワクチン接種ガイド―VPD（ワクチンで防げる病気）って何？ 「VPDを知って、子どもを守ろう。」の会編、薗部友良監修 日経メディカル開発 2011.2 71p 26cm 〈発売:日経BPマーケティング〉 1600円 Ⓘ978-4-931400-61-0 Ⓝ493.938
内容 1 VPDって何ですか？ 2 ワクチンで防げる子どもの病気 3 ワクチンに副作用はないの？ 4 ワクチンを接種する前に知っておきたいこと 5 ワクチンQ&A もっと詳しく知りたい人のために 6 日本の予防接種制度はどうなっているの？ 7 おすすめ予防接種スケジュール

◇ヨボーレンジャーのらくちんワクチンガイド―マンガと歌ですっきりわかる 片山道弘著 幻冬舎ルネッサンス 2011.9 79p 26cm 1000円 Ⓘ978-4-7790-0743-9 Ⓝ493.82
内容 予防接種とは 予防接種の種類 ワクチンの種類と予防接種の間隔 予防接種で注意すること ワクチン別解説 ワクチンQ&A ダジャレイ先生が選んだ究極（9曲）の歌 ワクチンかるた

◇新・予防接種へ行く前に ワクチントーク全国・「新・予防接種へ行く前に」編集委員会編 ジャパンマシニスト社 2011.11 187p 18cm （ジャパンマシニスト育児新書 J003）〈文献あり〉 1000円 Ⓘ978-4-88049-613-9 Ⓝ493.938
内容 第1章 どう考える？うつす病気と予防接種（病気とつきあいながら丈夫に育つ ワクチンの誕生と記憶に残したいこと） 第2章 ワクチン別アドバイス（ポリオ―病気そのものがありません DPT/三種混合（ジフテリア・百日せき・破傷風）―D、DTを選べないのが大問題 MR/麻しん（はしか）・風しん（三日ばしか）―単独ワクチンという選択も ほか） 第3章 副作用かな、と思ったら（医師への受診から被害届けまでのポイント）

◇お母さんのためのワクチン接種ガイド―VPD（ワクチンで防げる病気）って何？ 薗部友良監修, VPDを知って、子どもを守ろうの会編 改訂版 日経メディカル開発 2012.7 87p 26cm 〈発売:日経BPマーケティング〉 1600円 Ⓘ978-4-931400-67-2 Ⓝ493.938
内容 1 VPDって何ですか？ 2 ワクチンで防げる子どもの病気 3 おすすめ予防接種スケジュール 4 ワクチンに副作用はないの？ 5 同時接種は赤ちゃんを守るためのもの 6 ワクチンを接種する前に知っておきたいこと 7 ワクチンQ&Aもっと詳しく知りたい人のために 8 日本の予防接種制度はどうなっているの？

◇ジフテリア予防接種禍事件―戦後史の闇と子どもたち 田井中克人, 和気正芳著 京都 かもがわ出版 2012.9 254p 20cm 2200円 Ⓘ978-4-7803-0569-2 Ⓝ519.79
内容 第1章 ジフテリア禍事件 第2章 京都の犠牲者を訪ねる旅 第3章 島根事件を探る旅 第4章 生存被害者回顧の記 第5章 隠された真実を追う 第6章 戦後史の闇とジフテリア禍

育児の歴史

【雑誌記事】

◇子育てに生かそう江戸の知恵―「江戸しぐさ」の教えること（特集 おばあちゃんの知恵袋―家庭の中の老人力）「家庭フォーラム」（昭和堂）通号21 2010 p11～17

◇戦前期における育児事業史研究―日本カトリック社会事業史に関する基礎的研究 赤岩保博 「純心福祉文化研究」（長崎純心福祉文化研究会）(8) 2010 p45～59

◇『養育往来』における江戸の「子育て」について 笠井哲 「研究紀要」（福島工業高等専門学校）(52) 2011 p51～56

◇『嬰児養育』にみる1910―20年代植民地朝鮮の「新しい育児」 入江友佳子 「女性史学：年報」（[女性史総合研究会]）(21) 2011 p17～28

◇「乳」からみた近世大阪の捨て子の養育 沢山美果子 「文化共生学研究」（岡山大学大学院文化科学研究科）(10) 2011 p157～181

◇日本人の子育てのルーツ 三宅捷太 「人権のひろば」（人権擁護協力会）14(4)通号80 2011.7 p1～3

育児問題　　　　　　　　　　　　　　　　　　　　　育児の歴史

◇江戸元禄時代の子育て：香月牛山の著した小児必用養育草（新連載・第1回）子どもの誕生　谷原政江, 關戸啓子, 富田早苗　「小児看護」（へるす出版）　35(1)通号435　2012.1　p126～129

◇江戸元禄時代の子育て：香月牛山の著した小児必用養育草（第2回）産湯と授乳　谷原政江, 關戸啓子, 富田早苗　「小児看護」（へるす出版）　35(2)通号436　2012.2　p258～260

◇江戸元禄時代の子育て：香月牛山の著した小児必用養育草（第3回）乳母と産着　谷原政江, 關戸啓子, 富田早苗　「小児看護」（へるす出版）　35(3)通号437　2012.3　p364～367

◇江戸元禄時代の子育て：香月牛山の著した小児必用養育草（第4回・最終回）乳幼児の育て方　谷原政江, 富田早苗, 關戸啓子　「小児看護」（へるす出版）　35(4)通号438　2012.4　p514～517

【図書】

◇近世の「家」と家族―子育てをめぐる社会史　太田素子著　角川学芸出版　2011.3　238p　20cm　（角川叢書 52）　〈発売：角川グループパブリッシング　文献あり〉　2900円　Ⓘ978-4-04-702152-5　Ⓝ367.3

　内容　第1章　家族と子どもの近世　第2章　子育て書の教育意識　第3章　「家」継承のための子育て　第4章　農村の人口問題と少子化　第5章　子宝意識と農村の子育て　第6章　都市の子ども文化

◇スケッチ「親と子の50年」　小山敦司編著　赤ちゃんとママ社　2011.5　158p　22cm　1550円　Ⓘ978-4-87014-065-3　Ⓝ599

　内容　第1章　スケッチ「親と子の50年」（1945年～1959年―虚無から混乱へ　1960年～1969年―変化と構築の時代　1970年～1979年―争乱と成長と　1980年～1989年―子どもの受難そして再生　ほか）　第2章　50年目の子ども論（赤ちゃんに出会う　子どもだましのやさしさ　やさしさにこだわって　親ができることできないこと　ほか）

◇近世育児書集成　第11巻　小泉吉永編・解題　クレス出版　2011.8　454p　22cm　〈小泉吉永蔵ほかの複製合本〉　Ⓘ978-4-87733-596-0　Ⓝ379.9

◇近世育児書集成　第12巻　小泉吉永編・解題　クレス出版　2011.8　544p　22cm　〈小野御殿天明8年刊ほかの複製合本〉　Ⓘ978-4-87733-596-0　Ⓝ379.9

◇近世育児書集成　第13巻　小泉吉永編・解題　クレス出版　2011.8　532p　22cm　〈小泉吉永蔵ほかの複製合本〉　Ⓘ978-4-87733-596-0　Ⓝ379.9

◇近世育児書集成　第14巻　小泉吉永編・解題　クレス出版　2011.8　556p　22cm　〈西村源六元文2年刊ほかの複製合本〉　Ⓘ978-4-87733-596-0　Ⓝ379.9

◇近世育児書集成　第15巻　小泉吉永編・解題　クレス出版　2011.8　540p　22cm　〈林伊兵衛天明元年刊ほかの複製合本〉　Ⓘ978-4-87733-596-0　Ⓝ379.9

◇近世育児書集成　第16巻　小泉吉永編・解題　クレス出版　2011.8　424p　22cm　〈小泉吉永蔵ほかの複製合本〉　Ⓘ978-4-87733-596-0　Ⓝ379.9

◇近世育児書集成　第17巻　小泉吉永編・解題　クレス出版　2011.8　398p　22cm　〈辻慶儀天保4年刊ほかの複製合本〉　Ⓘ978-4-87733-596-0　Ⓝ379.9

◇近世育児書集成　第18巻　小泉吉永編・解題　クレス出版　2011.8　346.80p　22cm　〈小泉吉永蔵ほかの複製合本　索引あり〉　Ⓘ978-4-87733-596-0　Ⓝ379.9

◆習俗

【雑誌記事】

◇産育意識の変遷と「親になること」に関する一考察　平岡さつき, 奥田雄一郎, 後藤さゆり［他］「共愛学園前橋国際大学論集」（共愛学園前橋国際大学）　(10)　2010　p243～254

◇胞衣にみる産と育への配慮―近世産育書における子どもと母の関係　島野裕子　「神戸大学大学院人間発達環境学研究科研究紀要」（神戸大学大学院人間発達環境学研究科）　4(1)　2010.9　p27～36

◇日本の習俗及び来日外国人の書翰から見える固有の子産み・子育て・子育ち文化　大和正克「西山学苑研究紀要」（京都西山短期大学）　6　2011　p1～23

◇産育習俗からみた臍の緒に関する価値観と今日的意義　村上京子, 豊島よし江, 加藤サツキ　「帝京平成大学紀要」（帝京平成大学）　22（2）　2011.3　p67～76

◇子育てにおける擬態的民俗慣行について：アヤツコと疱瘡除け　武笠俊一　「人文論叢」（三重大学人文学部文化学科）　（29）　2012　p31～43

◇在日台湾人の産育習俗と主な支援者の影響　世津名君, 加納尚美　「茨城県母性衛生学会誌」（茨城県母性衛生学会事務局）　（30）　2012.3　p43～50

◇ヨーロッパの伝統的子育て習俗に関する歴史人類学的考察：子ども学の基礎概念（2）　土本正章　「教育研究：青山学院大学教育学会紀要」（青山学院大学教育学会）　（56）　2012.3　p1～22

【図書】

◇東京新宿商家の子育て歳時記　益田晴代著　講談社　2010.5　201p　20cm　〈文献あり〉　1429円　Ⓘ978-4-06-215997-5　Ⓝ386.1

内容　一月、二月、三月の歳時記（正月　七草粥　ほか）　四月、五月、六月の歳時記（お花見　入学式・入園式　ほか）　七月、八月、九月の歳時記（山開き・海開き　七夕　ほか）　十月、十一月、十二月の歳時記（運動会　七五三　ほか）

◇出産・育児の近代—「奈良県風俗誌」を読む　安井眞奈美編　京都　法藏館　2011.12　523p　22cm　9000円　Ⓘ978-4-8318-6221-1　Ⓝ385.2

内容　研究編（近代の暮らしを知る資料「奈良県風俗誌」　近代の出産習俗　近代の子どもと育児）　資料編（翻刻・出産　翻刻・子供并ニ育児）

◇出産—育児習俗の歴史と伝承「男性産婆」　板橋春夫著　増補改訂版　社会評論社　2012.9　297p　19cm　〈叢書—いのちの民俗学　1〉　〈索引あり〉　2000円　Ⓘ978-4-7845-1710-7　Ⓝ385.2

内容　第1部　出産儀礼（いのちの民俗学—新しい生命過程論の模索　通過儀礼の新視角　出産から学ぶ民俗）　第2部　産育の歴史（いのちと出産の近世—取揚婆、腰抱きの存在と夜詰の慣行　トリアゲバアサンから助産師へ）　第3部　伝承・男性産婆（トリアゲジサの伝承　赤子を取り上げた男たち—群馬県における男性産婆の存在形態　民俗研究と男性産婆　男性産婆の伝承　近代出産文化史の中の男性産婆）

育児語

【雑誌記事】

◇娘と話そう　育児の中でのことば（特集　子どもの育ちとことば）　今村梓　「子どもの文化」（文民教育協会子どもの文化研究所）　44（6）　2012.6　p2～11

【図書】

◇子どもが変わる「育て言葉」　辰巳渚著　京都新学社　2012.10　221p　19cm　1200円　Ⓘ978-4-7868-0206-5

内容　第1章「ちゃんとした大人（一人前）」に育つ基本のアドバイス（手洗いや歯磨きが雑なとき　まわりの人にあいさつができないとき　ほか）　第2章　子どもの性格やクセへのアドバイス（うそをついたり、隠し事をしたりしたとき　思い通りにならないと、すぐに泣いたり、腹を立てたりするとき　ほか）　第3章　親子＆きょうだいの関係のアドバイス（親に口答えをするとき　すぐに人に逆らったり、反抗的な態度をとったりするとき　ほか）　第4章　学校・友だち関係のアドバイス（担任の先生が好きになれないとき　学校の話をしてくれないとき　ほか）

宗教と育児

【雑誌記事】

◇カトリック保育研究（1）教育理念と日々の保育をつなぐもの—教育課程の編成を通して　関聡, 阿久根政子, 大野ひとみ［他］　「久留米信愛女学院短期大学研究紀要」（久留米信愛女学院短期大学）　（32）　2009.7　p33～39

◇キリスト教保育を支える保育者養成—「宗教教育」の授業における学生の宗教感の推移に関する一考察　荒内直子　「大阪キリスト教短期大学紀要」（大阪キリスト教短期大学）　50　2010　p141～151

◇幼児教育と仏教性についての臨床教育学的分析　山内清郎　「関西教育学会年報」（関西教育学会）　（34）　2010　p141～145

◇仏教保育実践の問題点とその対応について　佐藤達全　「宗教学論集」（駒沢宗教学研究会）29　2010　p61〜90

◇H.ブッシュネル『キリスト教養育』解題からの考察―今日のキリスト教保育論の形成にむけて　小見のぞみ　「聖和論集」（聖和保育教育研究会）（38）　2010　p29〜38

◇長野賞論文　教会付属幼稚園の保護者会活動と母親の育ちについての考察―教会付属幼稚園がケアリング・コミュニティとして機能する可能性　佐藤浩代　「東洋英和大学院紀要」（東洋英和女学院大学大学院）（6）　2010　p49〜70

◇宗教と家庭教育：宗教の本質を如何に理解するか　岩井貴生　「家庭教育研究」（日本家庭教育学会）（15）　2010.3　p1〜11

◇書評　H.ブッシュネル著　森田美千代訳『キリスト教養育』　荒井仁　「キリスト教教育論集」（日本キリスト教教育学会）（18）　2010.3　p105〜109

◇カトリック保育研究（2）アプローチの方法　関聡、大野ひとみ、椎山克巳［他］　「久留米信愛女学院短期大学研究紀要」（久留米信愛女学院短期大学）（33）　2010.9　p1〜11

◇保育心理士と宗教　太田清史　「ほいくしんり：保育心理士と子どものこころに寄り添う保育士のための機関誌」（大谷保育協会）（2）　2010.12　p2〜15

◇聖書の中の保育―場面記述に見る神の親心とキリスト教保育　海野展由　「健康プロデュース雑誌」（浜松大学）5(1)　2011.3　p13〜22

◇保育者養成の視点から見た仏教保育と教育の原理　橋本弘道　「鶴見大学紀要．第3部，保育・歯科衛生編」（鶴見大学）（48）　2011.3　p77〜82

◇幼児期の道徳性の形成と仏教保育　橋本弘道　「鶴見大学仏教文化研究所紀要」（鶴見大学）（16）　2011.3　p197〜214

◇ノンクリスチャンによるキリスト教保育の課題―「キリスト教シンパ」と「キリスト教的空間」　深谷潤　「西南学院大学人間科学論集」（西南学院大学学術研究所）7(1)　2011.8　p139〜162

◇カトリック保育研究（3）カトリック保育における教師と子ども　関聡、阿久根政子、大野ひとみ［他］　「久留米信愛女学院短期大学研究紀要」（久留米信愛女学院短期大学）（34）　2011.9　p1〜11

◇近代日本の幼稚園保姆養成とキリスト教との関係についての一考察　大岡紀理子　「学術研究．人文科学・社会科学編」（早稲田大学教育・総合科学学術院）（60）　2012　p1〜16

◇「仏教保育」の研究意義：日仏保設立まで遡った上での仏教保育の定義に向けて　佐藤成道　「淑徳大学大学院総合福祉研究科研究紀要」（淑徳大学大学院総合福祉研究科）（19）　2012　p149〜166

◇学生が「仏教福祉」「仏教保育」を学ぶ意義　千草篤麿、金信昌樹　「高田短期大学紀要」（高田短期大学）（30）　2012.3　p11〜23

◇仏教社会福祉における仏教保育研究の意義　佐藤成道　「日本仏教社会福祉学会年報」（日本仏教社会福祉学会）（43）　2012.10　p107〜125

【図書】

◇社団法人日本仏教保育協会要覧　平成21・22年度版　日本仏教保育協会本部事務局　2010.1　54p　26cm

◇新キリスト教保育指針　キリスト教保育連盟　2010.7　105p　21cm　1143円　Ⓝ197.6

◇慈(み)光りの内に―まことの保育　小池俊文,小池玲子著　京都　探究社　2011.3　96p　19cm　1100円　Ⓘ978-4-88483-871-3　Ⓝ188.74

◇今日のキリスト教教育の可能性を問う　片山信彦,田中哲,原慶子,藤本満,水口洋著　いのちのことば社　2011.4　70p　21cm　（21世紀ブックレット45）　700円　Ⓘ978-4-264-02931-1　Ⓝ197.7

　内容　今日の世界の現実　世界の問題にどう立ち向かうか　キリスト教教育の使命と可能性　子どもたちの心に何が起きているのか　発達問題と育ちの環境　心の中心を占めるもの　養育不全の循環とキリスト教教育の可能性　社会福祉法人新生会の概要　玉川聖学院との出会い―片山直行先生　新生会ワークキャンプのスピリット　キリスト教教育の神髄

◇『キリスト教養育』と日本のキリスト教　森田美千代著　教文館　2011.7　191p　22cm

〈文献あり　索引あり〉　2500円　Ⓘ978-4-7642-9946-7　Ⓝ198.52

◇社団法人日本仏教保育協会要覧　平成23・24年度版　日本仏教保育協会本部事務局　2012.1　51p　26cm

在日外国人の育児

【雑誌記事】

◇在日外国人労働者家族の生活と子育て環境に関する調査研究―愛知県在住の日系ブラジル人家族を中心として　劉郷英, 中田照子, 吉田幸恵［他］　「名古屋産業大学・名古屋経営短期大学環境経営研究所年報」（名古屋産業大学・名古屋経営短期大学環境経営研究所）　(9)　2010.3　p39〜49

◇育児中の在日ブラジル人の生活の特徴と社会文化的背景　杉浦絹子　「母性衛生」（日本母性衛生学会）　51(1)　2010.4　p207〜214

◇在日中国人母親の育児ストレスに関する研究　楊文潔, 江守陽子　「日本プライマリ・ケア連合学会誌」（日本プライマリ・ケア連合学会）　33(2) 通号127　2010.6　p101〜109

◇子育て場面で外国人保護者が直面する書き言葉の課題：保育園・幼稚園児の保護者を対象とした調査から　富谷玲子, 内海由美子, 仁科浩美　「神奈川大学言語研究」（神奈川大学言語研究センター）　(34)　2011　p53〜71

◇在日中国人家庭への子育て支援に関する検討：フォーカスグループインタビューを用いた分析から（子育て支援）　楊世妍　「教育学研究紀要」（中国四国教育学会）　57(1)　2011　p287〜292

◇多文化保育における保育者の意識―日系ブラジル人児童の保育を中心として　品川ひろみ　「現代社会学研究」（北海道社会学会）　24　2011　p23〜42

◇日系ブラジル人労働者家庭の生活と子育て：公的年金を中心に　中田照子　「名古屋芸術大学研究紀要」（名古屋芸術大学）　33　2012　p219〜228

◇在日外国人母の子育て支援の現状と課題：市町村保健師を対象とした実態調査から　歌川孝子, 丹野かほる　「こころと文化」（多文化間精神医学会）　11(1)　2012.2　p81〜87

◇在日フィリピン人母の子育てにおける異文化適応過程に関する研究　歌川孝子, 丹野かほる　「母性衛生」（日本母性衛生学会）　53(2)　2012.7　p234〜241

海外事情

【雑誌記事】

◇統一後のドイツにおける保育・就学前教育事情（その1）家族支援と保育制度　豊田和子　「桜花学園大学保育学部研究紀要」（桜花学園大学保育学部）　(7)　2009.3　p33〜49

◇子の養育開始についてのスイス連邦令(1)二〇〇九年六月五日付け第一次草案について　松倉耕作　「名城ロースクール・レビュー」（名城大学大学院法務研究科）　(15)　2010　p89〜105

◇子の養育開始についてのスイス連邦令(2・完)二〇〇九年六月五日付け第一次草案について　松倉耕作　「名城ロースクール・レビュー」（名城大学大学院法務研究科）　(16)　2010　p87〜111

◇PISA型学力に対するBC州(Canada)の保育― Guiding Children's Behaviourから探るPISA型学力の形成　小林誠　「早稲田大学大学院教育学研究科紀要　別冊」（早稲田大学大学院教育学研究科）　(18-2)　2010　p121〜129

◇就学前保育施設「フォーシュコーラ」における生活空間の報告・考察―スウェーデンの保育施設における環境行動研究　佐藤将之, 山田あすか　「日本建築学会技術報告集」（日本建築学会）　16(32)　2010.2　p261〜265

◇統一後のドイツにおける保育・就学前教育事情（その2）幼稚園における「教育の質」をめぐる研究　豊田和子　「桜花学園大学保育学部研究紀要」（桜花学園大学保育学部）　(8)　2010.3　p29〜42

◇海外研究 幼児期における母親, 家族, 集団保育の役割：2010年1月7日愛知県立大学におけるプレゼンテーション要約　MonaBEKKHUS, 神田直子［訳］　「人間発達学研究」（愛知県立大学大学院人間発達学研究科）　(1)　2010.3　p73〜76

◇世界の動き ECECの一層の進展目指し努力――韓国、台湾の乳幼児期教育と保育の現況を見る 一見真理子 「内外教育」（時事通信社）（5981） 2010.3.26 p2～4

◇海外の動向 フランスの保育と子育て支援 松村祥子 「社会福祉研究」（鉄道弘済会社会福祉部）（107） 2010.4 p114～118

◇各国の福祉事情(70回)中国の一人っ子政策と子育てをめぐる状況(1) 野田正人 「月刊福祉」（全国社会福祉協議会） 93(10) 2010.8 p88～91

◇各国の福祉事情(71回)中国の一人っ子政策と子育てをめぐる状況(2) 野田正人 「月刊福祉」（全国社会福祉協議会） 93(11) 2010.9 p88～91

◇海外便り ロンドン 産後・養育関連制度が生かされる欧州各国 島田歌 「北陸経済研究」（北陸経済研究所）（383） 2010.9・10 p24～29

◇各国の福祉事情(72回)中国の一人っ子政策と子育てをめぐる状況(3) 野田正人 「月刊福祉」（全国社会福祉協議会） 93(12) 2010.10 p88～91

◇新刊書評 牧野カツコ・渡辺秀樹・舩橋惠子・中野洋恵編著『国際比較にみる世界の家族と子育て』 佐々木卓代 「生活社会科学研究」（お茶の水女子大学生活社会科学研究会）（17） 2010.11 p89～91

◇海外だより イギリス育児雑感 飯塚素直 「法曹」（法曹会）（721） 2010.11 p31～36

◇現代ロシア社会における子どもの養育をめぐる諸問題 村知稔三 「青山学院女子短期大学紀要」（青山学院女子短期大学） 64 2010.12 p123～139

◇ニュージーランドの子育て関連政策の現状―子供の貧困は縮小したのか 太谷亜由美 「ニュージーランド研究」（関西ニュージーランド研究会） 17 2010.12 p40～60［含 英語文要旨］

◇世界でいちばん子育てがしやすい国 ノルウェーの幸せな母親たち GuillermoAbril 「Courrier Japon」（講談社） 6(11)通号73 2010.12 p120～125

◇「主婦」から「子ども」の国へ : ノルウェーにおける戦後育児政策の変遷 古市憲寿 「北ヨーロッパ研究」（北ヨーロッパ学会） 8 2011年度 p53～62

◇台湾戒厳令解除後の民主化と教育バウチャー――台湾幼児教育券の検証 篠原清昭 「岐阜大学教育学部研究報告. 人文科学」（岐阜大学教育学部） 59(2) 2011 p199～223

◇労働党政権下(1997―2010)におけるイギリスの幼児教育・保育政策の展開 埋橋玲子 「同志社女子大学学術研究年報」（同志社女子大学教育・研究推進センター）（62） 2011 p83～92

◇ニュージーランドの保育事情―海外での保育実習を通して 高橋一郎 「名古屋短期大学研究紀要」（名古屋短期大学）（49） 2011 p107～119

◇現代フランスの一断面 日本人の書いたフランス子育て事情の本を読む 赤星まゆみ 「フランス教育学会紀要」（フランス教育学会）（23） 2011 p139～146

◇中国農村における「留守児童」問題について 陳小君 「家庭教育研究」（日本家庭教育学会）（16） 2011.3 p35～42

◇韓国における民間保育施設の現状と課題 張京姫 「社会福祉学研究」（日本福祉大学大学院社会福祉学研究科）（6） 2011.3 p21～31

◇一九六〇年頃のドイツでの育児 新田進之 「生活文化研究所年報」（ノートルダム清心女子大学生活文化研究所） 24 2011.3 p29～48

◇各国の福祉事情(79回)フランスの子育て事情(1) 横田増生 「月刊福祉」（全国社会福祉協議会） 94(6) 2011.5 p90～93

◇各国の福祉事情(80回)フランスの子育て事情(2) 横田増生 「月刊福祉」（全国社会福祉協議会） 94(7) 2011.6 p88～91

◇中国上海市における育児の外部化について―家政婦雇用の背景を中心に 翁文静 「国際教育文化研究」（九州大学大学院人間環境学研究院国際教育文化研究会） 11 2011.6 p33～43

◇各国の福祉事情(81回)フランスの子育て事情(3・最終回) 横田増生 「月刊福祉」（全国社会福祉協議会） 94(8) 2011.7 p92～95

◇諸外国における保育の実際(特集 諸外国の保育―保育の質向上の取り組みと実際) 北野幸子 「保育の友」（全国社会福祉協議会） 59(10) 2011.8 p11～14

◇フランスの保育課程改革と保育の質の向上の追究（特集 諸外国の保育—保育の質向上の取り組みと実際） 大津尚志 「保育の友」（全国社会福祉協議会） 59（10） 2011.8 p14～17

◇シェアスタートの取り組み（特集 諸外国の保育—保育の質向上の取り組みと実際） 金子恵美 「保育の友」（全国社会福祉協議会） 59（10） 2011.8 p17～20

◇アメリカNICHD研究からみる「保育の質」（特集 諸外国の保育—保育の質向上の取り組みと実際） 安梅勅江 「保育の友」（全国社会福祉協議会） 59（10） 2011.8 p20～23

◇韓国の保育・幼児教育の「質の向上」への取り組み（特集 諸外国の保育—保育の質向上の取り組みと実際） 勅使千鶴 「保育の友」（全国社会福祉協議会） 59（10） 2011.8 p23～25

◇オーストラリア・クイーンズランド州の保育の状況について 小野寺志 「名古屋市立大学大学院人間文化研究科人間文化研究」（名古屋市立大学大学院人間文化研究科） （16） 2011.12 p169～176

◇デンマークの保育・教育からの学び：保育・教育システムと森の幼稚園 古屋喜美代 「神奈川大学心理・教育研究論集」（神奈川大学教職課程研究室） （31） 2012 p5～15

◇インドネシアにおける都市中間層家族と育児：ジャカルタを事例として ヘラワティクルニアワン 「社会学雑誌」（神戸大学社会学研究会） （29） 2012 p151～166

◇18世紀ドイツにおける子育ての近代化：ファウスト『衛生問答』に注目して 藤井基貴 「日本の教育史学：教育史学会紀要」（教育史学会） 55 2012 p85～97

◇韓国における保育・幼児教育の公共性および質の向上への取り組み：「満5歳共通課程」導入の推進計画をめぐって 勅使千鶴 「日本福祉大学子ども発達学論集」（日本福祉大学子ども発達学部） （4） 2012.1 p27～46

◇フランスの幼児教育・保育と子育て支援 赤星まゆみ 「日本福祉大学子ども発達学論集」（日本福祉大学子ども発達学部） （4） 2012.1 p47～66

◇パリ流子育てに賛否両論 「Newsweek」（阪急コミュニケーションズ） 27（7）通号1288 2012.2.22 p54

◇フィンランドにおける幼児教育・保育カリキュラム（1）ECECの理念と教育目標を中心に 山本理絵 「愛知県立大学児童教育学科論集」（愛知県立大学文学部児童教育学科） （46） 2012.3 p43～50

◇統一後のドイツにおける保育・就学前教育事情（その3）ベルリンの教育プログラムにみる就学前教育改革 豊田和子 「桜花学園大学保育学部研究紀要」（桜花学園大学保育学部） （10） 2012.3 p43～63

◇インドの子育て事情：4つの家庭のインタビューから 名須川知子 「幼年児童教育研究」（兵庫教育大学幼年教育コース） （24） 2012.3 p89～96

◇スウェーデンの養育訴訟：「子どもの最善の利益」をめぐる父母の攻防 善積京子 「ソシオロジ」（社会学研究会） 57（1）通号174 2012.6 p3～20

◇図書紹介 浜野隆・三輪千明著『発展途上国の保育と国際協力』 佐藤隆之 「国際教育」（日本国際教育学会） （18） 2012.9 p78～80

【図書】

◇国際比較にみる世界の家族と子育て 牧野カツコ、渡辺秀樹、舩橋惠子、中野洋恵編著 京都 ミネルヴァ書房 2010.4 204,6p 21cm 〈文献あり〉 2500円 ①978-4-623-05689-7 Ⓝ599

内容 1章 世界の家族と子育ては今 2章 子育ての父母分担は世界いろいろ 3章 世界の父親と家族との関わり 4章 子どもへの期待と子育ての悩み 5章 親になるための教育、親のための教育 6章 支えあう社会での子育て

◇カザフの子育て—草原と都市のイスラーム文化復興を生きる 藤本透子著 風響社 2010.11 66p 21cm （ブックレット《アジアを学ぼう》19） 〈文献あり〉 800円 ①978-4-89489-746-5 Ⓝ385.2

内容 1 草原の村と多民族都市の人々—多様な歴史経験をこえて（中央アジアにおけるカザフ社会の特徴 多民族都市に生きる 草原の村に生きる 社会主義経験とカザフの諸儀礼） 2 子どもの誕生と成長—ポスト・ソビエト時代の文化復興のなかで（子どもをめぐる状況と儀礼実

践　出生祝と揺りかごの祝―現代化のなかの変容　生後四〇日の儀礼―伝統と再解釈(1)　紐切りの儀礼―伝統と再解釈(2)　イスラームの命名儀礼―再活性化のきざし　3 割礼・割礼祝の新たな展開―再活性化にこめられた意味(手術を読み替える―多民族都市の割礼　ムスリムになる/若者になる―草原の村の割礼(1)　「伝統的」割礼祝の試み―草原の村の割礼(2)　儀礼がつむぐつながり)

◇子どもがひとりで遊べない国、アメリカ―安全・安心パニック時代のアメリカ子育て事情　谷口輝世子著　生活書院　2011.11　230p　19cm　1500円　①978-4-903690-83-4　Ⓝ367.653

[内容]1 子どもとの暮らし　2 本当に危ないのか　3 いつからこんな時代になったのか　4 責任者出てこい　5 車社会　6 育児放棄か？　7 格差社会アメリカ　8 子どもを持つ家庭への影響　9 ミシェル・オバマ「レッツ・ムーブ」　10 似たような考え方の人を見つけた　11 代替案を探す

◇世界の子育て格差―子どもの貧困は超えられるか　内田伸子, 浜野隆編　金子書房　2012.9　159p　21cm　〈お茶の水女子大学グローバルCOEプログラム格差センシティブな人間発達科学の創成 2巻〉　〈索引あり〉　2400円　①978-4-7608-9535-9　Ⓝ371.3

[内容]1章 日本の子育ての格差―学力基盤力の経済格差は幼児期から始まっているか　2章 韓国での養育格差―過熱する早期教育の社会環境の中で　3章 中国における子育ての格差―熾烈な学歴競争のもとで　4章 日本で暮らすアジアの子どもの育ち―バイリンガル教育の観点から　5章 発展途上国における子育ての格差―教育達成度向上の鍵を握るもの　6章 ベトナムとモンゴルにおける子育ての格差　7章 アジア・アフリカにおける子どもの病気と親の衛生意識の格差　8章 社会格差と子どもの健康―心理学の立場から　9章 格差是正における保育・幼児教育の役割　10章 しつけスタイルは学力基盤力の形成に影響するか―共有型しつけは子どもの語彙獲得や学ぶ意欲を育てる鍵

◇パリの子育て・親育て　林瑞絵著　花伝社　2012.11　203p　19cm　〈発売:共栄書房〉　1400円　①978-4-7634-0650-7

[内容]1 フランスで親になる(妊娠中～〇歳)(「あっ、陽性だ！」　二頭身のわが子の影 ほか)　2 家族の転機(一歳～四歳)(託児所の弊害？　一歳児、どこに連れていこうか ほか)　3 日仏交えて子は育つ(四歳半～五歳)(ミラがダンスを習い始めた　ディズニーランドのパスポート ほか)　4 学校生活がはじまった(小学校低学年 六歳～七歳)(カルタブルを背負ってフランスには飛び級があった ほか)　5 そして少女になっていく(小学校中学年 八歳～九歳)(お手製「三角クジ」を作った　フェト・ド・ラ・ミュージック ほか)

育児ストレス・トラブル

【雑誌記事】

◇母親が感じる育児上の「困難」に関する研究(1) 幼稚園と保育園における調査から　窪龍子, 井狩芳子　「実践女子大学人間社会学部紀要」(実践女子大学)　4　2007年度　p1～20

◇母親が感じる育児上の「困難」に関する研究(2) 幼稚園と保育園における3歳児の母親の調査から　窪龍子, 井狩芳子　「実践女子大学人間社会学部紀要」(実践女子大学)　5　2008年度　p17～44

◇母親が感じる育児上の「困難」に関する研究(3) 半年後の追跡調査　窪龍子, 井狩芳子　「実践女子大学人間社会学部紀要」(実践女子大学)　6　2009年度　p73～107

◇保育者養成校の子育て支援事業に参加する母親の育児ストレスと援助要請行動との関連　杉本信, 諸井泰子　「有明教育芸術短期大学紀要」(有明教育芸術短期大学)　1　2010　p23～32

◇療育機関に通う自閉症スペクトラム児をもつ母親の育児ストレスに関する研究　山田陽子　「川崎医療福祉学会誌」(川崎医療福祉学会)　20(1)　2010　p165～178

◇発達障害児と定型発達児の育児ストレスに関する比較　北山淳, 三谷保弘, 長谷川昌士［他］「関西総合リハビリテーション専門学校紀要」(関西総合リハビリテーション専門学校)　3　2010　p15～20

◇都市に在住する母親の子育てに関する心配事の検討　勝川一恵, 室田洋子　「研究紀要. 児童学部人文学部人間栄養学部音楽学部」(聖徳大学)　(21)　2010　p55～61

◇母親が感じる育児上の「困難」に関する研究(4) 1年後の追跡調査　窪龍子, 井狩芳子　「実践女子大学人間社会学部紀要」(実践女子大学)　7　2010年度　p1～28f

◇アレキシサイミアと母親の育児困難　宮澤千束　「白百合女子大学発達臨床センター紀要」(白百合女子大学発達臨床センター紀要編集委員会)　(13)　2010　p59～69

◇子育て中において怒りやすい母親の発見とその支援の在り方に関する研究　藤井義久　「Liberal arts」(岩手県立大学共通教育センター『リベラル・アーツ』編集委員会)　(4)　2010　p1～12

◇社会的な要因に関する育児ストレスが母親の精神的健康に及ぼす影響　草野恵美子, 小野美穂　「小児保健研究」(日本小児保健協会)　69(1)　2010.1　p53～62

◇子育て支援サービスを利用する際に働く母親が抱える苦悩―子どもの体調不良時における父親の子育て観から　田中弓子　「研究紀要」(高松大学, 高松短期大学)　(52・53)　2010.2　p331～341

◇育児ストレス軽減に対するアロマテラピーの効果　山本佳代子, 山崎あかね　「アロマテラピー学雑誌」(日本アロマ環境協会)　10(1)　2010.3　p46～52

◇乳幼児をもつ母親の「育児ストレス」の要因分析と影響分析　池田隆英　「精華女子短期大学研究紀要」(精華女子短期大学)　(36)　2010.3　p19～31

◇日本の「育児ストレス」に関する計量的研究の分析視角の検討　池田隆英　「精華女子短期大学研究紀要」(精華女子短期大学)　(36)　2010.3　p33～43

◇育児への否定的感情や子育てへの悩みの関連要因の違い ―就学前保護者を対象にして　齊藤多江子, 庄司順一　「高崎健康福祉大学紀要」(高崎健康福祉大学)　(9)　2010.3　p83～94

◇保育士ストレス評定尺度の作成と信頼性・妥当性の検討　赤田太郎　「心理学研究」(日本心理学会)　81(2)　2010.6　p158～166

◇養育上の困難を抱える母親のempowermentの概念分析　西田みゆき　「日本看護科学学会誌」

◇（日本看護科学学会和文誌編集委員会）　30(2)　2010.6　p44〜53

◇保育園児を持つ母親のディストレス ― 相互協調性・相互独立性およびソーシャル・サポートとの関連　石暁玲, 桂田恵美子　「発達心理学研究」（日本発達心理学会）　21(2)　2010.6　p138〜146

◇母親の育児ストレス尺度 ― 短縮版作成と妥当性の検討　清水嘉子, 関水しのぶ　「子どもの虐待とネグレクト : 日本子ども虐待防止学会学術雑誌」（日本子ども虐待防止学会, 金剛出版（発売））　12(2)通号29　2010.8　p261〜270

◇厚生労働省がメンタルヘルス対策検討会の報告書公表「子ども・子育て労働者のストレスへの気づきと職場環境の改善」を公表 プライバシーに配慮した仕組みづくり提言　「労使の焦点」（日本生産性本部生産性労働情報センター）　(330)　2010.9　p11〜13

◇マッキーの子育て讃歌(8)トラブルのときが子どもの育つとき　山本万喜雄　「子どものしあわせ」（草土文化）　通号717　2010.11　p58〜61

◇母親が認識する乳児の状態と育児困難感の特徴とその関連　茂本咲子, 奈良間美保, 浅野みどり　「小児保健研究」（日本小児保健協会）　69(6)　2010.11　p781〜789

◇母親の育児ストレスに関する研究　堀部めぐみ, 小山直隆明　「岐阜女子大学紀要」（岐阜女子大学）　(40)　2011　p145〜156

◇養育者および保育者における子どもの問題行動の捉え方と養育者の育児負担感の関連　平田祐太朗　「九州大学心理学研究 : 九州大学大学院人間環境学研究院紀要」（九州大学大学院人間環境学研究科）　12　2011　p79〜85

◇外国人母親の育児ストレスと精神的健康, および自己開示との関連 ― 日本人母親との比較を通して　浅海健一郎, 安庭香子, 野島一彦　「九州大学心理学研究 : 九州大学大学院人間環境学研究院紀要」（九州大学大学院人間環境学研究科）　12　2011　p147〜157

◇保育者のストレスに関する文献的展望(その1)保育者のストレスの研究動向　吉田亜矢, 渡辺俊之　「健康福祉研究 : 高崎健康福祉大学総合福祉研究所紀要」（高崎健康福祉大学総合福祉研究所）　8(1)　2011　p17〜25

◇母親が感じる育児上の「困難」に関する研究(5)2年後の追跡調査　窪龍子, 井芳子　「実践女子大学人間社会学部紀要」（実践女子大学）　(8)　2011年度　p11〜33

◇育児初期の母親が抱える心理的混乱への適応過程 ― 語りの分析による質的検討　浅賀万理江, 三浦香苗　「昭和女子大学生活心理研究所紀要」（昭和女子大学生活心理研究所）　13　2011　p55〜68

◇自己志向的完全主義と育児ストレスの関連　安井芙美, 岡村寿代　「発達心理臨床研究」（兵庫教育大学学校教育学部附属発達心理臨床研究センター）　17　2011　p71〜77

◇ソーシャル・ネットワークは育児負担感を和らげるか？　佐藤勢子　「福山大学こころの健康相談室紀要」（福山大学人間文化学部心理学科附属こころの健康相談室）　(5)　2011　p1〜9

◇幼児を持つ母親の育児自動思考尺度の開発とストレス反応の関連　岡島純子, 佐藤容子, 鈴木伸一　「行動療法研究」（日本行動療法学会）　37(1)通号74　2011.01　p1〜11

◇育児期の母親における心の健康度（Well—being）に関する検討 ― 自己効力感とソーシャルサポートが与える影響について　西出弘美, 江守陽子　「小児保健研究」（日本小児保健協会）　70(1)　2011.1　p20〜26

◇産後1ヵ月時・4ヵ月時点の母親の育児ストレスコーピング方略 ― 育児生活肯定の感情に焦点をあてて　永田真理子, 仲道由紀, 野口ゆかり[他]　「母性衛生」（日本母性衛生学会）　51(4)　2011.1　p609〜615

◇育児ストレスへのコーピングスタイルから見られる母親の認知するソーシャルサポートニーズ ― 母親が使用するコーピング方略タイプとその種類数に着目して　平田祐子　「子ども家庭福祉学」（日本子ども家庭福祉学会）　(10)　2011.2　p11〜21

◇子育て中の母親の自由時間に関する調査 ― 自由時間（長さ, 満足度）と育児ストレスとの関連性について　富森美絵子, 古賀理予子, 矢花芙美子［他］　「作業療法ジャーナル」（三輪書店）　45(3)　2011.3　p277〜283

◇親子の情緒的ふれあい行動と育児ストレス及び満足感との関連　南玲名, 石村郁夫　「東京成徳

◇大学臨床心理学研究」(東京成徳大学大学院心理学研究科) (11) 2011.3 p10〜23

◇幼稚園児を持つ母親の育児ストレッサー分析―ストレスフルだった出来事の記述回答を用いて　平田祐子　「Human welfare : HW」(関西学院大学人間福祉学部研究会) 3(1) 2011.3 p69〜77

◇ハイリスク児をもつ母親の育児ストレスと育児支援の検討 : NICU退院後1年以上経過した早期産低出生体重児について　田中克枝, 鈴木千衣, 古溝陽子 [他]　「弘前医療福祉大学紀要」(弘前医療福祉大学内紀要編集委員会) 2(1) 2011.3.30 p39〜45

◇母親の育児ストレスと父親の育児参加に関する研究　三上加美, 掛谷益子　「インターナショナルnursing care research」(インターナショナルNursing Care Research研究会) 10(1) 2011.4 p75〜83

◇交差点 子育ての悩みとリフレーミング　吉田美穂　「共済と保険」(共済保険研究会) 53(5) 通号635 2011.5 p8〜11

◇地域子育て支援事業「みんなのわ ひろば」に参加した保護者の育児ストレスの特徴　伊崎純子　「白鴎大学教育学部論集」(白鴎大学教育学部) 5(2) 2011.11 p385〜394

◇保育者のストレスに関する文献的展望(その2) 保育者のストレスに影響する諸要因　吉田亜矢, 渡辺俊之　「健康福祉研究 : 高崎健康福祉大学総合福祉研究所紀要」(高崎健康福祉大学総合福祉研究所) 8(2) 2012 p1〜13

◇経管栄養を行う乳幼児を養育する母親の育児ストレスとソーシャルサポートの関連　伊織光恵　「札幌医科大学札幌保健科学雑誌」(札幌医科大学保健医療学部) (1) 2012 p25〜34

◇育児の困難場面における母親の対応尺度開発の試み　百瀬良, 三浦香苗　「昭和女子大学大学院生活機構研究科紀要」(昭和女子大学大学院生活機構研究科) 21 2012 p19〜29

◇保育園児をもつ父親と母親の育児ストレスと不安の比較　立林春彦, 西村正子, 吉岡伸一　「米子医学雑誌」(米子医学会) 63(2) 2012.3 p56〜66

◇育児ストレス概念における下位構造の検討　野澤義隆　「立正社会福祉研究」(立正大学社会福祉学会) 13(2)通号24 2012.3 p1〜5

◇ネットワークを広げた子育てでストレス軽減(特集 育児ストレス 感じてますか?)　牧野カツコ　「灯台」(第三文明社) (620) 2012.5 p18〜20

◇チャート式 ストレスタイプ診断(特集 育児ストレス 感じてますか?)　「灯台」(第三文明社) (620) 2012.5 p22〜24

◇ストレスは上手(じょうず)につきあい楽しく解消(かいしょう)しよう(特集 育児ストレス 感じてますか?)　辻裕美子　「灯台」(第三文明社) (620) 2012.5 p26〜28

◇未就学児の母親である看護師のバーンアウトの関連要因　丸山昭子　「日本看護科学会誌」(日本看護科学学会和文誌編集委員会) 32(2) 2012.6 p44〜53

◇育児中の看護師のバーンアウト : 研究動向と今後の課題　丸山昭子, 鈴木英子, 大澤優子 [他]　「医学と生物学」(緒方医学化学研究所医学生物学速報会) 156(11)通号1019 2012.11 p766〜773

◇広汎性発達障害児の母親が経験する育児ストレス : 児童の知的水準との関連をめぐって　鈴村俊介　「精神医学」(医学書院) 54(11)通号647 2012.11 p1135〜1143

【図書】

◇子育てウツからスルリと抜け出す100のコツ―つらいのは、あなたのせいじゃない!　主婦の友社編　主婦の友社　2010.3 191p 18cm 952円　①978-4-07-270596-4　Ⓝ599

内容 1 この落ち込みから抜け出したい!すぐ実践できる心の処方箋(もしかして、私「ウツ」かも?こんな症状があったらペースダウンして ○○だから○○できない―その心のブレーキ、はずしませんか? ほか) 2 スルッと気持ちがラクになる。ママのリフレッシュテク33連発(予定どおりにいかなくて当然。「ま、いっか」で乗り切ろう 何もかも完璧は、子育て中は無理。「明日にしよう」で肩の力を抜いて ほか) 3 体が元気になれば心が軽くなる。ボディメンテナンスで自分をいたわろう(ヘトヘトのママの腰はブランブラン体操でリフレッシュ! 肩こりのほぐしポイントは肩甲骨。上下、内外

に大きく動かす ほか） 4 ママを追い詰める人間関係。一挙にトラブルシューティング（冷静に議論ができておすすめ！お互いの気持ちをメールで伝え合う ママが2時間のお昼寝タイムをゲット。「ありがとう」を忘れずに ほか）　5 「うちの子って育てにくい」と感じたら―育児の悩みを軽減しよう（"育てにくさ"は順調に育っているしるし。甘えや自己主張はそのまま受け入れて 人の性格はおおまかに分けると2タイプ。母子の性格の組み合わせで"育てにくさ"は違います ほか）

◇奇跡の対面（ついめん）抱っこ―どんな育児トラブルもこわくない！　姫川裕里著　文芸社　2010.4　258p　19cm　1500円　①978-4-286-08624-8　Ⓝ599

◇ママでいるのがつらくなったら読むマンガ―ココロに即効！読むサプリメント ママ・コーチングの神様が贈る、ハッピーママになる魔法のテクニック！　山崎洋実著　主婦の友社　2010.7　127p　21cm　〈画：つちやまなみ〉　1000円　①978-4-07-272129-2　Ⓝ599

内容 1 家族とのかかわり 夫も母も姑も、なんで私をイライラさせるのッ!?（みんな違うものさしを持っている 怒りの裏に期待あり！）　2 子どもとのかかわり もっと「いい子」になってほしいのに…（「怒らないから言ってごらん」って…怒ってる!? 具体的に伝えよう「あとちょっと」ってどれくらい？）　3 他人とのかかわり 人間関係が重たくって、グッタリ＆ゲンナリ（エネルギーはムダに使うな！気にしているのは自分 悩むのはヒマな証拠）　4 自分とのかかわり 何をやってもうまくいかないのはなぜ？（自分のパターンを知る！ 生きているってキセキ！）

◇子育てのモヤモヤ・ウツウツが晴れる本―こころがラクになる考え方　中川信子、伊藤郁子、花山美奈子著　京都　PHPエディターズ・グループ　2011.9　187p　19cm　〈発売：PHP研究所（京都）〉　1200円　①978-4-569-79743-4　Ⓝ599

◇ママのユーウツにさようなら　羽室俊子、望月武子+64人のママたち著　改訂版　赤ちゃんとママ社　2011.12　268p　20cm　1450円　①978-4-87014-070-7　Ⓝ599

内容 1 心配は成長のための栄養、かな？（これからのこと。妊娠中に飲んだビールの影響は？ 早目に第二子を妊娠するために断乳の時期は？（2ヵ月）―おっぱいを通じて、栄養と愛情をたっぷりあげて 私の母も姉もアレルギー。アレルギーは遺伝するのですか（2ヵ月）―なってみないとわからないのがアレルギー。症状が出るまでは、普通の生活でいいんですよ ほか）　2 なにがなんだか…。でも、それが赤ちゃん（白湯やお茶が苦手。水分補給にジュースでは太ってしまう？（7ヵ月）―のどが渇けば白湯やお茶にも慣れますよ。ジュースは上手にコントロールしてあげて アトピー性皮膚炎らしいとのことで薬をもらいました。ステロイド剤のことを詳しく教えてください（7ヵ月）―薬の使い方と皮膚の反応を先生にお伝えして、確かめるといいと思いますよ ほか）　3 やっと1歳！もう1歳？まだ1歳。（1時間おきの夜泣きに参っています。いろいろ試してみましたがなおりません（1歳）―夜泣きの大半は原因不明。あんよがしっかりしてきたら、急によくなることが多いんですよ 自分で食べようとしません。このままでいいものか…迷います（1歳）―でも、必ず上手になるのですから、笑顔でお世話してあげてくださいね ほか）　4 いっしょに大きくなっていこう、ね（同じくらいの年齢の子や、集団が苦手らしく、公園でも保育園でも人見知りします（2歳）―無理に離さなくても大丈夫。まずは、そばにいて安心を与えてあげてください 「叩く子には、叩いてしつけるべき」と責められて以来仲間ともギクシャクしています（2歳1ヵ月）―しつけのために叩くことは望ましくないと、私は考えています ほか）

◇子どもが眠ったあと1分間だけ読む本　海原純子著　PHP研究所　2012.7　221p　15cm　（PHP文庫 う22-2）　〈「お母さんを元気にするとっておきの言葉」（2000年刊）の改題、加筆・再編集〉　571円　①978-4-569-67820-7　Ⓝ159.6

内容 家事と子育てはクリエイティブな仕事、それを忘れていませんか？ 子育てや家事は誰もほめてくれない。だから自分で自分の努力をみとめましょう。 キャリアウーマンの友人と自分をくらべて落ちこむことなんてないのです。 「くすんでいるな」と思ったら、1日10分でもいい、ひとりの時間を作りましょう。 ハイヒールをはいてさっそうとするのは簡単。でも買い物カゴにネギを入れてさっそうとできたらもっと素敵。 「全か無か」という思考回路はもう手放しましょう。「ぼちぼち細々と」でも継続は素晴らしいことです。 子どものせ

いで何にもできない、なんて言わないで。 あなたのイライラは、子どもを思い通りにしよう、としているから。 自分の年齢が気になって仕方ない時は、自分らしく生きることを考えましょう。 することよりしないことの方がむずかしいことがあります。〔ほか〕

◇「お母さんの愛情不足が原因」と言われたとき読む本　曽田照子著　中経出版　2012.11　206p　15cm　（中経の文庫）　533円　①978-4-8061-4537-0

内容 第1章 赤ちゃん期の「これって愛情不足のせい?」（愛情があれば、おっぱいなんかいくらでも出るはず? 愛情が足りないから、小さいの? ほか）　第2章 1〜2歳の「これって愛情不足のせい?」（言葉が遅いのは? 卒乳できないのは? 断乳するのは? ほか）　第3章 3〜6歳の「これって愛情不足のせい?」（一人でしゃべっているのは? 指しゃぶりがやめられないのは? ほか）　第4章 小学生の「これって愛情不足のせい?」（ベタベタ甘えてくるのは? 落ち着きがない、じっとしていられないのは? ほか）　第5章 思春期の「これって愛情不足のせい?」（スキンシップを嫌がるのは? 不登校なのは? ほか）　第6章 自分の愛情に自信が持てなくなったとき（あの人はどうして『愛情不足』と言ったの? 母親ががまんをすればいいの? ほか）

育児不安

【雑誌記事】

◇産褥一ヶ月時の母親の育児不安とSelf—Esteemとの関連　渡邊香, 篠原ひとみ　「秋田大学大学院医学系研究科保健学専攻紀要」（秋田大学大学院医学系研究科保健学専攻）　18(2)　2010　p71〜79

◇文献の動向から見た育児不安の時代的変遷　上野恵子, 穴田和子, 浅生慶子［他］　「西南女学院大学紀要」（西南女学院大学）　14　2010　p185〜196

◇父親から母親への情緒的サポートが母親の育児不安の緩和に及ぼす影響　髙橋桂子, 佐野綾香　「新潟大学教育学部研究紀要. 人文・社会科学編」（新潟大学教育学部）　2(2)　2010　p165〜170

◇産後1か月における不安の検討　髙橋滋　「社会環境論究 : 人・社会・自然」（社会環境フォーラム21）　(2)　2010.1　p131〜146

◇乳幼児をもつ母親の育児不安とその関連要因—保育所と子育て支援センターの利用者を対象に　相良順子　「児童学研究：聖徳大学児童学研究所紀要」（聖徳大学）　(12)　2010.3　p1〜6

◇産後12週までの母親の育児不安軽減を目的とした指導内容の検討　橋本美幸, 江守陽子　「小児保健研究」（日本小児保健協会）　69(2)　2010.3　p287〜295

◇韓国における子育て不安とセルフヘルプ・グループ　金恩貞　「千里山文学論集」（関西大学大学院文学研究科）　(83)　2010.3　p299〜320

◇母親の育児不安およびパーソナリティと有効な子育て支援の関連　大森彩子　「日本女子大学大学院人間社会研究科紀要」（日本女子大学大学院人間社会研究科）　(16)　2010.3　p173〜188

◇産後1ヶ月・3ヶ月における育児中の母親の孤独感　名取初美, 平田良江　「山梨県母性衛生学会誌」（山梨県母性衛生学会）　9　2010.3　p9〜14

◇親のメンタルヘルス(1) 育児不安　吉田弘道　「子育て支援と心理臨床」（福村出版）　1　2010.5　p104〜107

◇母親の育児不安を軽減するための一考察—社会参加の視点から　寺松みどり　「名古屋市立大学大学院人間文化研究科人間文化研究」（名古屋市立大学大学院人間文化研究科）　(13)　2010.6　p57〜73

◇幼児期の子どもをもつ母親の育児不安と養育スキルおよび子どもの問題行動との関連　三鈷泰代, 濱口佳和　「子どもの虐待とネグレクト：日本子ども虐待防止学会学術雑誌」（日本子ども虐待防止学会, 金剛出版（発売））　12(2)通号29　2010.8　p250〜260

◇育児不安研究の現状と課題　坂井摂子　「現代社会文化研究」（新潟大学大学院現代社会文化研究科紀要編集委員会）　(49)　2010.12　p83〜100

◇1歳8か月児の母親の性役割分業感と育児不安との関連　松岡知子, 岩脇陽子, 滝下幸栄［他］　「京都府立医科大学看護学科紀要」（京都府立医科大学医学部看護学科）　21　2011　p51〜58

◇「育児不安」の再検討：子ども虐待予防への示唆　渡邉茉奈美　「東京大学大学院教育学研究

科紀要」(東京大学大学院教育学研究科) 51 2011 p191〜202
◇母親の育児不安と小児救急受診の関連 三品浩基, 高山ジョン一郎, 相澤志優［他］ 「小児保健研究」(日本小児保健協会) 70(1) 2011.1 p39〜45
◇母親が抱える育児不安に関する要因—子どもの育てにくさ、母親の認知様式、父親の育児参加をめぐって 河野順子 「東海学園大学研究紀要. 人文科学研究編」(東海学園大学) (16) 2011.3 p55〜64
◇子育て不安の実態と保健師の支援の課題 原田春美, 小西美智子, 寺岡佐和 「人間と科学 : 県立広島大学保健福祉学部誌」(広島県立保健福祉大学学術誌編集委員会) 11(1) 2011.3 p53〜62
◇子どもの特性とQOL及び母親の子育て不安の関連に関する研究 :「第5回愛知の子ども縦断調査」結果分析より 山本理絵, 神田直子 「人間発達学研究」(愛知県立大学大学院人間発達学研究科) (2) 2011.3 p29〜41
◇母親による胎教の動機づけとしての絵本の読み聞かせにおける育児不安への影響 伊藤由美 「母性衛生」(日本母性衛生学会) 52(2) 2011.7 p337〜344
◇就学前幼児を育てている母親の自己イメージと育児不安との関連 眞﨑由香, 橋本佐由理, 奥富庸一［他］ 「小児保健研究」(日本小児保健協会) 70(6) 2011.11 p725〜730
◇参与観察中に生じた観察者の「育児不安」の生起過程(名島潤慈教授退職記念号) 大羽良佳 「山口大学大学院教育学研究科附属臨床心理センター紀要」(山口大学大学院教育学研究科附属臨床心理センター) 3 2012 p43〜50
◇母親の育児不安は嘘の認識を妨げるのか、それとも促進するのか。 菊野春雄 「大阪樟蔭女子大学研究紀要」(大阪樟蔭女子大学学術研究会) 2 2012.1 p43〜45
◇いのちをつなぐひとたち(2)東京女子大学名誉教授 柏木惠子さん "母の手で" 子どもを育てるのがいいという高度成長期の社会通念は、日本の育児不安を増幅させている 柏木惠子, 畑中郁名子 「助産雑誌」(医学書院) 66(2) 2012.2 p103〜107

◇母親の育児不安に関する研究 : サポート、子どもの気質、養育行動との関連 園田菜摘 「横浜国立大学教育人間科学部紀要. 1, 教育科学」(横浜国立大学教育人間科学部) 14 2012.2 p41〜47
◇育児不安を訴える母親と子どもへの支援 : 事例を通して検討できること 八十田晶子 「大泉保育福祉専門学校研究紀要」(大泉保育福祉専門学校) (10) 2012.3 p83〜88
◇「子育て不安」の原因に関する考察 杉本大輔 「道都大学紀要. 社会福祉学部」(道都大学図書紀要編集委員会) (37) 2012.3 p73〜85

【図書】

◇ママ！しんぱいいらないよ。—出産や育児が不安なママへ贈る 池川明, 神田翔臣共著 アルマット 2011.7 131p 20cm 〈発売：国際語学社〉 1300円 ①978-4-87731-574-0 Ⓝ599

内容 お腹の中にいた時の魂の記憶。 からだにも記憶する力がある。 赤ちゃんが選んだママがあなたです。 赤ちゃんには聞こえています。 赤ちゃんの、いじらしい勘違い。 赤ちゃんも、性格はいろいろ。 どうして、わたし生まれたの？ 赤ちゃんは、うそがつけない。 しあわせは、かんたんに作れる。 しあわせの基準ってなんだろう？ 誕生。それは永い旅路のスタート地点。 出来ないことより、出来ることが宝物。 障害を持って生まれてきた意味 ママが泣きたいから赤ちゃんは泣く。 親子の縁は必然。永遠の約束ごと。 生まれてきた意味。その記憶は残ってる。 じぶんの配役は赤ちゃんが決める。 赤ちゃんとママがまた出会うとき。 赤ちゃんを産むということ。

◇悩めるママに贈る心のヒント—〜子育ての本音スケッチ 大日向雅美監修, NHK出版編 NHK出版 2012.5 175p 19cm 1300円 ①978-4-14-011308-0 Ⓝ599

内容 1の森 赤ちゃんと私—子育ての森に慣れるまで(とにかく不安。何がわからないかさえわからない 退院後、お医者さんも看護師さんもいない自宅に帰るのがコワイ ほか) 2の森 夫と私—ともに歩くために(「ウンチはオレ無理！」とか言われると倒れそうになる 家事も育児もしない「化石のような夫」。あきらめるしかない？ ほか) 3の森 バアバ、ジイジと私—ほどよい距離(「抱きぐせがつく」「三つ

子の魂百まで」と、昔の子育ての知恵を振りかざす こちらの都合も考えず、頻繁に孫の顔を見にきます ほか) 4の森 ママ友と私―仲間がいれば心強い!?(赤ちゃんと2人きりの生活は、やっぱり孤独 ママ友って、どこでどうやって作ればいいの? ほか) 5の森 地域と私、社会と私―森の力を借りる(社会から切り離され、夫にも置いていかれ、陸の孤島です 幼稚園や保育園の役員だけには、絶対になりたくない ほか)

育児ノイローゼ

【雑誌記事】

◇退院後のサポートにおける一考察―EPDSの結果を踏まえて 石井聡美,関本澄子,野村紀美代[他] 「日本看護学会論文集.母性看護」(日本看護協会出版会) 41 2010 p150〜152

◇親のメンタルヘルス(2)子育てと燃え尽き症候群 吉田弘道 「子育て支援と心理臨床」(福村出版) 2 2010.12 p106〜109

◇産後うつ病、児童虐待に関する研修企画における受講者の選定条件―社会人の学び直しニーズ対応教育推進プログラムの調査より 小田美紀子,三島みどり,濱村美和子[他] 「島根県立大学短期大学部出雲キャンパス研究紀要」(島根県立大学短期大学部出雲キャンパス) 5 2011 p77〜84

◇産後うつ病と養育(特集 精神科医からみた子どもの精神疾患) 錦井友美,吉田敬子 「小児科」(金原出版) 53(5) 2012.5 p597〜604

◇およそ10人に1人がかかる! 産後うつ病を正しく理解しよう(特集 育児ストレス 感じてますか?) 宮岡佳子 「灯台」(第三文明社) (620) 2012.5 p34〜36

◇産後1ヵ月間でうつ傾向を呈した母親の育児体験の質的研究 藤野裕子 「母性衛生」(日本母性衛生学会) 53(2) 2012.7 p259〜267

育児放棄

【雑誌記事】

◇私が出会った少年たち(5)実父の養育放棄と里親の性的虐待を受けた少女(その1) 能重真作 「ざ・ゆーす」(新科学出版社) (6) 2009.7 p36〜40

◇私が出会った少年たち(6)実父の養育放棄と里親の性的虐待を受けた少女(その2) 能重真作 「ざ・ゆーす」(新科学出版社) (7) 2009.11 p49〜52

◇私が出会った少年たち(7)実父の養育放棄と里親の性的虐待を受けた少女(その3) 能重真作 「ざ・ゆーす」(新科学出版社) (9) 2010.10 p27〜32

◇私が出会った少年たち(8)実父の養育放棄と里親の性的虐待を受けた少女(その4) 能重真作 「ざ・ゆーす」(新科学出版社) (11) 2012.1 p39〜43

◆赤ちゃんポスト

【雑誌記事】

◇ドイツのベビー・クラッペと出産女性支援[含 質問と意見交換](赤ちゃんポストの日独比較) 高橋由紀子 「新しい家族」(養子と里親を考える会) (53) 2010 p40〜57

◇『こうのとりのゆりかご』の実践と相談事業[含 質問と意見交換](赤ちゃんポストの日独比較) 田尻由貴子 「新しい家族」(養子と里親を考える会) (53) 2010 p58〜75

◇世界初の「赤ちゃんポスト」を設置したSterni-Parkとの対話(1) 柏木恭典 「千葉経済大学短期大学部研究紀要」(千葉経済大学短期大学部) (6) 2010 p115〜122

◇短期大学生における「こうのとりのゆりかご」の認識と意識に関する検討 田崎勝成,吉田任子 「小児保健研究」(日本小児保健協会) 69(1) 2010.1 p78〜84

◇赤ちゃんポストの"教訓"「こうのとりのゆりかご」をめぐる状況と行政サービスに与えた影響 伊津野浩 「地方自治職員研修」(公職研) 43(2) 通号598 2010.2 p58〜60

◇JMS Eye 全国に母子の緊急保護施設が必要か 熊本の「赤ちゃんポスト」に2年半で51人―さいたま市で日本子ども虐待防止学会 小川明 「JMS」(ジャパン・メディカル・ソサエティ) 通号158 2010.2 p25〜30

◇招待講演 「こうのとりのゆりかご」が問いかけるいのち(第56回 日本小児保健学会(大阪)講演内容論文) 田尻由貴子 「小児保健研究」(日本小児保健協会) 69(2) 2010.3 p181〜188

◇「こうのとりのゆりかご」の相談業務に取り組んで(特集「こうのとりのゆりかご」と子どもの権利・人権) 田尻由貴子 「子どもの虐待とネグレクト : 日本子ども虐待防止学会学術雑誌」(日本子ども虐待防止学会, 金剛出版(発売)) 12(2)通号29 2010.8 p179〜187

◇短期的検証の概要―「こうのとりのゆりかご」の運用状況と, そこから見える課題(特集「こうのとりのゆりかご」と子どもの権利・人権) 弟子丸元紀 「子どもの虐待とネグレクト : 日本子ども虐待防止学会学術雑誌」(日本子ども虐待防止学会, 金剛出版(発売)) 12(2)通号29 2010.8 p188〜196

◇「こうのとりのゆりかご」が問いかけるもの―熊本県「こうのとりのゆりかご」検証会議最終報告の概要と考察(特集「こうのとりのゆりかご」と子どもの権利・人権) 柏女霊峰 「子どもの虐待とネグレクト : 日本子ども虐待防止学会学術雑誌」(日本子ども虐待防止学会, 金剛出版(発売)) 12(2)通号29 2010.8 p197〜207

◇こうのとりのゆりかごと「子どもの権利」―検証会議・最終報告を読んで(特集「こうのとりのゆりかご」と子どもの権利・人権) 野村武司 「子どもの虐待とネグレクト : 日本子ども虐待防止学会学術雑誌」(日本子ども虐待防止学会, 金剛出版(発売)) 12(2)通号29 2010.8 p220〜224

◇医療からの子どもの命という視点(特集「こうのとりのゆりかご」と子どもの権利・人権) 小林美智子 「子どもの虐待とネグレクト : 日本子ども虐待防止学会学術雑誌」(日本子ども虐待防止学会, 金剛出版(発売)) 12(2)通号29 2010.8 p225〜231

◇初年次教育における学生の主体的学習態度の育成―女子学生に対し「赤ちゃんポスト設置の是非」のディベートを試みて 小野智佐子 「共立女子短期大学看護学紀要」(共立女子短期大学看護学科) (6) 2011 p11〜17

◇ドイツにおける「赤ちゃんポスト」の地平 柏木恭典 「千葉経済大学短期大学部研究紀要」(千葉経済大学短期大学部) (7) 2011 p43〜52

◇平成の赤ちゃんポスト「こうのとりのゆりかご」―その経緯と意義(特集 子どもを護る？社会的不利への介入と支援) 蓮田太二 「公衆衛生」(医学書院) 75(3) 2011.3 p212〜216

◇こうのとりのゆりかご特集セッション 特別講演 いのちをつなぐ(特集 [日本子ども虐待防止学会]第16回学術集会(くまもと大会)) 蓮田太二 「子どもの虐待とネグレクト : 日本子ども虐待防止学会学術雑誌」(日本子ども虐待防止学会, 金剛出版(発売)) 13(1)通号31 2011.5 p6〜14

◇施設を訪ねて 医療法人聖粒会 慈恵病院 こうのとりのゆりかご 強瀬順子 「児童養護」(全国社会福祉協議会全国児童養護施設協議会) 42(2) 2011.9 p34〜37

◇命をつなぐ「こうのとりのゆりかご」(特集 生と性―児童福祉における性教育と生命(いのち)の教育) 田尻由貴子 「世界の児童と母性」(資生堂社会福祉事業財団) 71 2011.10 p87〜93

◇赤ちゃんポストと社会的養護 柏木恭典 「千葉経済大学短期大学部研究紀要」(千葉経済大学短期大学部) (8) 2012 p15〜27

◇日本家庭科教育学会第54回大会報告 講演会・対談「こうのとりのゆりかご」が問いかけたもの : 家庭科教育への期待 田尻由貴子, 綿引伴子 「日本家庭科教育学会誌」(日本家庭科教育学会) 54(4) 2012.2 p267〜270

◇親と子どもの関係の意味を変化させる仕組みとしての「こうのとりのゆりかご」 井上寿美 「関西福祉大学社会福祉学部研究紀要」(関西福祉大学社会福祉学部研究会) 15(2) 2012.3 p13〜21

◇赤ちゃんポストと教育学 : SterniParkはなぜBabyklappeを設置したのか 柏木恭典 「教育学研究紀要」(大東文化大学大学院文学研究科教育学専攻) (3) 2012.3 p83〜96

◇翻訳 赤ちゃんポスト及び匿名出産に関するドイツ倫理審議会の見解(2009年) トビアスバウアー【訳】 「文学部論叢」(熊本大学文学部) (103) 2012.3 p117〜132

◇赤ちゃんポスト 安易な預け入れ招く : 4年で81人,「留学」理由も 「厚生福祉」(時事通信社) (5894) 2012.4 p6

◇疾走するコラムニスト・勝谷誠彦のニュースバカ一代〔462〕検証「赤ちゃんポスト」の巻―4年半で乳幼児81人。検証報告で明らかになった「子棄て箱」の実態　勝谷誠彦　「Spa！」(扶桑社)　61(15)通号3319　2012.4.10・17　p3

◇特集 赤ちゃんポスト運用5年 「こうのとりのゆりかご」からの警鐘　安藤ひかり　「厚生福祉」(時事通信社)　(5912)　2012.6　p2〜5

◇週間展望 こうのとりのゆりかご：焦らず、弛まず議論を　「週刊社会保障」(法研)　66(2695)　2012.9　p43

母親の人間関係

【雑誌記事】

◇特集 母親の育児不安に対処する―ママ友という対人関係　中山満子　「月刊地域保健」(東京法規出版)　42(3)　2011.3　p52〜55

◇ドラマより怖い！「ママ友地獄」の阿鼻叫喚―タマゴを投げつける、他人の子供のデマを流す、あげくに裁判沙汰etc. 母親はなぜ狂うのか　「Spa!」(扶桑社)　60(24)通号3284　2011.7.5・12　p131〜135

◇就労する母親の「ママ友」関係の形成と展開 ： 専業主婦との比較による友人ネットワークの分析　實川慎子, 砂上史子　「千葉大学教育学部研究紀要」(千葉大学教育学部)　60　2012.3　p183〜190

◇子育て期におけるママ友の意義と支援のあり方についての一考察　服巻真須美　「幼年児童教育研究」(兵庫教育大学幼年教育コース)　(24)　2012.3　p79〜87

◇母親 なんでこんなにストレスになるの!! モメるママ友 頼れるママ友　三宮千賀子　「Aera」(朝日新聞出版)　25(53)通号1373　2012.12.10　p27〜29

【図書】

◇ママ友のオキテ。　又野尚著　ぶんか社　2011.8　128p　21cm　952円　Ⓘ978-4-8211-4327-6　Ⓝ726.1

内容 第1章 ママ友とランチ　第2章 ママ友と学校　第3章 ママ友トラブル　第4章 ママ友とお金　第5章 ママ友とPTA　第6章 ママ友と習い事　第7章 ママ友の日常

子ども虐待

【雑誌記事】

◇日本における「子ども虐待」の変遷（第1報）　岩下美代子，岩本愛子　「鹿児島純心女子短期大学研究紀要」（鹿児島純心女子短期大学）　(38)　2008　p31～55

◇児童虐待の理解と対応(1)児童虐待の「発見」と通告　松原康雄　「Nurse eye」（桐書房）　21(4) 通号191　2008　p92～97

◇日本における「子ども虐待」の変遷（第2報）　岩下美代子，岩本愛子　「鹿児島純心女子短期大学研究紀要」（鹿児島純心女子短期大学）　(39)　2009　p21～45

◇児童虐待に関する一考察—家庭に視点を当てて　西谷寿　「哲学と教育」（愛知教育大学哲学会）　(57)　2009　p1～10

◇児童虐待の理解と対応(2)児童虐待への「介入」　松原康雄　「Nurse eye」（桐書房）　22(1) 通号192　2009　p83～88

◇児童虐待の理解と対応(3)支援における権威と日常性　松原康雄　「Nurse eye」（桐書房）　22(2) 通号193　2009　p95～101

◇児童虐待の理解と対応(4)親子分離後の子どものケアとその課題　松原康雄　「Nurse eye」（桐書房）　22(3) 通号194　2009　p86～93

◇「周産期からの子育て支援拡充に向けた専門職再教育プログラムの開発」事業における子ども虐待に関する知識の自己評価　井上千晶，三島みどり，濱村美和子［他］　「島根母性衛生学会雑誌」（島根県母性衛生学会）　13　2009.10　p97～102

◇日本における「子ども虐待」の変遷（第3報）　岩下美代子，岩本愛子　「鹿児島純心女子短期大学研究紀要」（鹿児島純心女子短期大学）　(40)　2010　p17～34

◇看護師の児童虐待認識に関する研究—虐待発見に必要な対策　上野加央里，長尾光城　「川崎医療福祉学会誌」（川崎医療福祉学会）　19(2)　2010　p379～385

◇メンタルヘルス問題のある親による児童虐待へのファミリーソーシャルワーカーの認識—資格・経験年数がその問題認識や支援姿勢に及ぼす影響に焦点を当てて　井上信次，松宮透高　「川崎医療福祉学会誌」（川崎医療福祉学会）　20(1)　2010　p107～116

◇刑事判例研究　近時の児童虐待事案に関する判例動向［東京高裁平成19.1.29判決］　櫻庭総　「九大法学」（九大法学会）　(101)　2010年度　p149～178

◇書評　内田良「著」『「児童虐待」へのまなざし—社会現象はどう語られるのか』　小玉亮介　「教育社会学研究」（東洋館出版社）　87　2010　p98～100

◇講演　児童虐待における法的課題—諸外国の比較をふまえて　古橋エツ子　「京都学園法学」（京都学園大学法学会）　2010年(3) 通号64　2010　p395～409

◇子ども虐待問題の基底としての貧困・複合的困難と社会的支援　松本伊智朗　「子どもの虹情報研修センター紀要」（横浜博萌会子どもの虹情報研修センター）　(8)　2010　p1～11

◇児童虐待に関する文献研究（第6報）子ども虐待と発達障害の関連に焦点をあてた文献の分析　増沢高，大川浩明，南山今日子［他］　「子どもの虹情報研修センター紀要」（横浜博萌会子どもの虹情報研修センター）　(8)　2010　p154～162

◇市町村における児童虐待相談の実態—市町村における被虐待児事例のレトロスペクティブ調査の結果から　大岡由佳，中村又一，杉本正　「帝塚山大学心理福祉学部紀要」（帝塚山大学心理福祉学部）　(6)　2010　p1～13

◇大学生の児童虐待に対する認識と親の養育態度との関連　森名月，山本真由美　「徳島大学総合

科学部人間科学研究」（徳島大学総合科学部）　18　2010　p47〜57

◇児童虐待を受けた女性サバイバーが30歳代に至るまでのプロセス　藤野京子　「犯罪心理学研究」（日本犯罪心理学会）　47（2）　2010　p33〜46

◇破壊的行動障害の連鎖と不適切養育経験及び非行抑制傾向の関連　渕上康幸　「犯罪心理学研究」（日本犯罪心理学会）　48（1）　2010　p1〜10

◇DV被害と児童虐待のはざまで—子どもたちへの援助を考える　春原由紀　「武蔵野大学心理臨床センター紀要」（武蔵野大学心理臨床センター紀要編集委員会）　（10）　2010　p19〜26

◇我が国における児童虐待問題と生徒指導上の課題—学校の虐待予防・防止機能に焦点を当てて　帖佐尚人　「早稲田大学教育学会紀要」（早稲田大学教育学会）　（12）　2010年度　p145〜150

◇児童虐待の理解と対応（6・最終回）児童虐待への対応—残された課題　松原康雄　「Nurse eye」（桐書房）　23（1）通号196　2010　p89〜95

◇児童虐待の診断（特集 児童虐待）　市川光太郎　「小児科」（金原出版）　51（2）　2010.2　p135〜147

◇児童相談所に受付されたネグレクト被害児における知能の偏り—マッチング・ケースを用いたプロフィールの比較分析　緒方康介　「犯罪学雑誌」（日本犯罪学会）　76（1）　2010.2　p7〜11

◇教育問題法律相談（No.84）児童虐待通告義務と保護者のクレームへの対応方法　大井倫太郎　「週刊教育資料」（教育公論社）　（1105）通号1235　2010.2.8　p29

◇教育法規あらかると　児童虐待と親権制限　「内外教育」（時事通信社）　（5973）　2010.2.19　p19

◇児童虐待に対する教師の意識に関する調査研究（6）保護者と教師の社会意識と児童虐待判断の比較　田中陽人，藤田由美子，横山裕　「九州保健福祉大学研究紀要」（九州保健福祉大学）　（11）　2010.3　p9〜16

◇一人親ヘルパーからみた児童虐待—表面化する虐待と表面化しない虐待　湯野川礼　「社会学ジャーナル」（筑波大学社会学研究室）　（35）　2010.3　p1〜12

◇被虐待乳幼児の心理・社会的発達—3つの処遇・環境における比較：施設通常養育，アタッチメントプログラムを付加した施設養育，里親養育（特集　[日本子ども虐待防止学会]第14回学術集会(埼玉大会)—国際シンポジウム「虐待とアタッチメント」）　青木豊　「子どもの虐待とネグレクト：日本子ども虐待防止学会学術雑誌」（日本子ども虐待防止学会，金剛出版（発売））　12（1）通号28　2010.4　p42〜48

◇社会小児科学　医療ネグレクト　柳川敏彦, 宮本信也, 山本恒雄［他］　「小児科」（金原出版）　51（4）　2010.4　p477〜485

◇動物園から社会が見える（13）増える虐待　ヒトの子育て大丈夫か　中川志郎　「ひろばユニオン」（労働者学習センター）　（578）　2010.4　p14〜16

◇社説拝見　[2010年]3月前期　孤立した家庭で児童虐待　「厚生福祉」（時事通信社）　（5715）　2010.4.2　p12〜14

◇近代日本における「児童虐待」の様相と課題—資料 三田谷啓著「児童の虐待に就きて」から　小野尚香　「医譚：journal of the Kansai Branch of the Japan Society of Medical History」（日本医史学会関西支部）　（91）　2010.5　p5981〜5989

◇学校保健のデータ解説　児童虐待の現状と防止対策　中下富子　「心とからだの健康：子どもの生きる力を育む」（健学社）　14（5）通号147　2010.5　p27〜29

◇くらしの泉　幼児虐待を考える（上）親たちのイライラが子どもにぶつけられている　青木悦　「金曜日」（金曜日）　18（17）通号812　2010.5.14　p40〜41

◇くらしの泉　子ども　幼児虐待を考える（中）支配—被支配の関係の中で子どもが親の所有物になっている　青木悦, 渡辺妙子　「金曜日」（金曜日）　18（18）通号813　2010.5.21　p36〜37

◇くらしの泉　子ども　幼児虐待を考える（下）上から目線ではない関係で虐待する人とのルートを築いて　青木悦, 渡辺妙子　「金曜日」（金曜日）　18（19）通号814　2010.5.28　p40〜41

◇親権者の医療ネグレクトと親権濫用　宮崎幹朗　「愛媛法学会雑誌」（愛媛大学法学会）　36（3・4）　2010.6　p1〜21

◇書評 内田良著『「児童虐待」へのまなざし―社会現象はどう語られるのか？』 楠凡之 「教育学研究」(日本教育学会) 77(2) 2010.6 p207〜209

◇"地域"と言うセーフティネット(17)なぜ子どもたちを救えないのか――止まらない児童虐待 野澤和弘 「ガバナンス」(ぎょうせい) (112) 2010.8 p106〜108

◇保健師さんに伝えたい24のエッセンス―親子保健を中心に(17)児童虐待をめぐって 平岩幹男 「公衆衛生」(医学書院) 74(8) 2010.8 p705〜708

◇子ども虐待の「今」(第7回)児童虐待問題への関心と社会的養護への無関心 伊達直利 「子どもの虐待とネグレクト：日本子ども虐待防止学会学術雑誌」(日本子ども虐待防止学会，金剛出版（発売）) 12(2)通号29 2010.8 p234〜238

◇文化の中の子ども虐待(14)記録映画の製作過程から「いのち」を考える 小池征人 「子どもの虐待とネグレクト：日本子ども虐待防止学会学術雑誌」(日本子ども虐待防止学会，金剛出版（発売）) 12(2)通号29 2010.8 p239〜242

◇子ども虐待における父親の特性に関する文献レビュー 上田泉，佐伯和子，河原田まり子［他］ 「子どもの虐待とネグレクト：日本子ども虐待防止学会学術雑誌」(日本子ども虐待防止学会，金剛出版（発売）) 12(2)通号29 2010.8 p271〜287

◇「医療ネグレクト」概念の再検討を求めて―重症新生児の治療拒否は虐待にあたるのか 櫻井浩子，加部一彦 「周産期医学」(東京医学社) 40(8) 2010.8 p1293〜1296

◇児童虐待の摘発、過去最多―実父や養父7割占める・警察庁 「厚生福祉」(時事通信社) (5749) 2010.8.10 p14

◇児童虐待と親のメンタルヘルス問題―児童福祉施設への量的調査にみるその実態と支援課題 松宮透髙，井上信次 「厚生の指標」(厚生労働統計協会) 57(10)通号897 2010.9 p6〜12

◇マッキーの子育て賛歌(6)「虐待」と街角の子育て応援隊 山本万喜雄 「子どものしあわせ」(草土文化) 通号715 2010.9 p58〜61

◇校長講話(110)「児童虐待」の保護者にどう向き合うか 西林幸三郎 「週刊教育資料」(教育公論社) (1131)通号1261 2010.9.13 p10〜11

◇被虐待児の育児環境の特徴と支援に関する研究 望月由妃子，篠原亮次，杉澤悠圭［他］ 「厚生の指標」(厚生労働統計協会) 57(12)通号899 2010.10 p24〜30

◇生活安全ゼミ(第18回)児童虐待について 「Keisatsu jiho」(警察時報社) 65(10) 2010.10 p48〜53

◇児童虐待を受けた女性サバイバーが30歳代に至るまでのプロセス(その2)主観的幸福感が低いサバイバーに対する分析 藤野京子 「アディクションと家族：日本嗜癖行動学会誌」(ヘルスワーク協会) 27(2) 2010.11 p139〜148

◇子ども虐待専門外来の9年間 杉山登志郎 「子どもの虐待とネグレクト：日本子ども虐待防止学会学術雑誌」(日本子ども虐待防止学会，金剛出版（発売）) 12(3)通号30 2010.11 p315〜317

◇医療ネグレクトとは(特集 医療ネグレクト) 宮本信也 「子どもの虐待とネグレクト：日本子ども虐待防止学会学術雑誌」(日本子ども虐待防止学会，金剛出版（発売）) 12(3)通号30 2010.11 p318〜334

◇医療の場における医療ネグレクトの実態と課題(特集 医療ネグレクト) 柳川敏彦 「子どもの虐待とネグレクト：日本子ども虐待防止学会学術雑誌」(日本子ども虐待防止学会，金剛出版（発売）) 12(3)通号30 2010.11 p335〜344

◇児童福祉の場における医療ネグレクトの実態と課題―ヘルスケア・ネグレクトという考え方を含めて(特集 医療ネグレクト) 山本恒雄 「子どもの虐待とネグレクト：日本子ども虐待防止学会学術雑誌」(日本子ども虐待防止学会，金剛出版（発売）) 12(3)通号30 2010.11 p345〜353

◇医療ネグレクトに関する法的論点(特集 医療ネグレクト) 磯谷文明 「子どもの虐待とネグレクト：日本子ども虐待防止学会学術雑誌」(日本子ども虐待防止学会，金剛出版（発売）) 12(3)通号30 2010.11 p354〜362

◇子ども虐待の「今」(第8回)子どもの貧困の発見力と合意形成　湯澤直美　「子どもの虐待とネグレクト：日本子ども虐待防止学会学術雑誌」(日本子ども虐待防止学会, 金剛出版 (発売))　12(3)通号30　2010.11　p368〜373

◇文化の中の子ども虐待(15)幼児虐待と私の絵本　内田麟太郎　「子どもの虐待とネグレクト：日本子ども虐待防止学会学術雑誌」(日本子ども虐待防止学会, 金剛出版 (発売))　12(3)通号30　2010.11　p374〜378

◇母親自身の「子ども虐待・被虐待」体験の語りを引き出す看護者の技能　古川薫　「子どもの虐待とネグレクト：日本子ども虐待防止学会学術雑誌」(日本子ども虐待防止学会, 金剛出版 (発売))　12(3)通号30　2010.11　p411〜422

◇虐待の連鎖を断ち切るために(特集 保育のプロとして保護者を支援する)　大阪府私立保育園園長　「保育の友」(全国社会福祉協議会)　58(13)　2010.11　p14〜17

◇児童虐待および体罰に関する大学生の意識調査—聴覚障害児に対する虐待の問題も含めて　西山健　「ろう教育科学」(ろう教育科学会)　52(3)　2010.11　p107〜117

◇代理ミュンヒハウゼン症候群—「病気」としての子ども虐待の再考　小野善郎　「子育て支援と心理臨床」(福村出版)　2　2010.12　p98〜102

◇子どもを虐待する養育者との対峙的関係に対する児童相談所臨床家のアプローチ—アウトリーチから始まる関係構築の構造　高岡昂太　「心理臨床学研究」(日本心理臨床学会, 誠信書房 (発売))　28(5)　2010.12　p665〜676

◇代理によるミュンヒハウゼン症候群—児童虐待としての概念と対応について　梅澤彩　「摂南法学」(摂南大学法学部)　(42・43)　2010.12　p229〜250

◇児童虐待の取材の中で その傷を癒せるのは、誰か　野倉恵　「東京人」(都市出版)　25(15)通号290　2010.12　p124〜131

◇国際家族法研究会報告(第13回)児童虐待と親権制度をめぐる昨今の論議　池谷和子　「東洋法学」(東洋大学法学会)　54(2)通号117　2010.12　p197〜204

◇後を絶たない児童虐待は親の権利意識増長が原因—昔は理不尽な躾を注意する人がいたが　「Themis」(テーミス)　19(12)通号218　2010.12　p92

◇子ども虐待に伴うPTSD薬物療法における漢方薬の有効性に関する研究：桂枝加芍薬湯・四物湯に関する二重盲検プラセボ対照クロスオーバー試験　山村淳一, 野村和代, 杉山登志郎　「研究助成論文集」(明治安田こころの健康財団)　(47)　2011年度　p75〜81

◇研修講演より 周産期における子ども虐待のリスク　佐藤拓代　「子どもの虹情報研修センター紀要」(横浜博萌会子どもの虹情報研修センター)　(9)　2011　p45〜70

◇表現規制とヴァーチャリティ：「描かれた児童虐待」をめぐる法と倫理　原田伸一朗　「静岡大学情報学研究」(静岡大学情報学部)　17　2011　p1〜12

◇高等学校家庭科教育における子ども虐待の取り扱い—教員へのヒアリングを通して　鈴木真由子, 岡本正子, 岡本真澄　「生活文化研究」(大阪教育大学家政学研究会)　50　2011　p75〜84

◇児童虐待は被虐待児の知能を低下させるのか？—メタ分析による研究結果の統合　緒方康介　「犯罪心理学研究」(日本犯罪心理学会)　48(2)　2011　p29〜42

◇保育科に在籍する大学生と保育士・幼稚園教諭の児童虐待に対する意識の比較　堀内ゆかり, 柴野有紀, 堀内雅弘　「北海道医療大学心理科学部研究紀要」(北海道医療大学心理科学部)　(7)　2011　p35〜42

◇H.ラフォレットの「親のライセンス化」論—児童虐待と親の教育権規制を巡る一議論として　帖佐尚人　「早稲田大学大学院教育学研究科紀要 別冊」(早稲田大学大学院教育学研究科)　(19-1)　2011　p115〜124

◇障害児家族のマルトリートメント発生に関する理論的枠組みの構築　李仙恵　「評論・社会科学」(同志社大学人文学会)　(94)　2011.1　p45〜70

◇検証 児童虐待を考える!! 子どもが笑顔で過ごせる明日へ　「中部財界」(中部財界社)　54(2)　2011.2　p54〜57

◇子ども虐待と食の問題―「人の思いを食べる」視点から　吉川知巳　「愛知新城大谷大学研究紀要」（愛知新城大谷大学）　(8)　2011.3　p49～53

◇助産師の視点から見た児童虐待の背景　井上明子, 石原留美, 松村恵子　「香川県立保健医療大学雑誌」（香川県立保健医療大学）　2　2011.3　p93～100

◇親子で読める語りつぎたい話　虐待・ネグレクトの現場から　池下明　「子どものしあわせ」（草土文化）　通号721　2011.3　p62～71

◇海外見聞録　ニュージーランドにおける子ども虐待と家族支援　林浩康　「児童養護」（全国社会福祉協議会全国児童養護施設協議会）　41(4)　2011.3　p40～42

◇保育所保育士による児童虐待の発見と通告に関する実態調査　笠原正洋, 加藤和生　「中村学園大学・中村学園大学短期大学部研究紀要」（中村学園大学）　(43)　2011.3　p13～19

◇保育所や幼稚園における児童虐待発見のためのチェックリストの作成　笠原正洋　「中村学園大学発達支援センター研究紀要」（中村学園大学発達支援センター）　(2)　2011.3　p13～24

◇学校と児相の連携不足に注意喚起　児童虐待の兆候把握で通知―文科・厚労省　「内外教育」（時事通信社）　(6077)　2011.4.26　p8～9

◇ビミョーな子どもたち―思春期外来ノート(10)児童虐待に対して精神科医ができること　武井明　「こころの科学」（日本評論社）　通号157　2011.5　p130～135

◇児童虐待の現況と近時の裁判実務についての一考察　林弘正　「島大法学：島根大学法文学部紀要. 島根大学法文学部法経学科・島根大学大学院法務研究科篇」（島根大学法文学部）　55(1)　2011.5　p1～58

◇児童虐待について　佐々木光郎　「人権のひろば」（人権擁護協力会）　14(3)通号79　2011.5　p12～15

◇口のふしぎと歯のふしぎ(17)体中が青あざの小児患者さんをみましたが、児童虐待を察知できますか？　現場ではどのように対応すればよいですか？　佐藤喜宣, 岩原香織　「DH style」（デンタルダイヤモンド社）　5(5)通号57　2011.5　p14～17

◇子ども虐待事例検討会の実践による保健師の意識と支援の変化―アクションリサーチを用いて　小林恵子　「日本看護研究学会雑誌」（日本看護研究学会）　34(2)　2011.6　p131～142

◇若い教師への期待(5)「第四の発達障害」（杉山登志郎）が、特別支援教育と児童虐待の早期発見との一体化を教えている　大森修　「現代教育科学」（明治図書出版）　54(8)通号659　2011.8　p96～100

◇週刊ノンフィクション劇場　あいち小児保健医療総合センターからの報告　児童虐待、その後(第1回)止まらぬ連鎖、続く無間地獄　橘由歩　「週刊朝日」（朝日新聞出版）　116(40)通号5086　2011.8.26　p46～50

◇子ども虐待の「今」(第9回)ニーズとのギャップを埋める努力を　藤林武史　「子どもの虐待とネグレクト：日本子ども虐待防止学会学術雑誌」（日本子ども虐待防止学会, 金剛出版（発売））　13(2)通号32　2011.9　p238～243

◇実務法学の現場(3)児童虐待に関する手続における子どもの意思　浜田真樹　「子どもの虐待とネグレクト：日本子ども虐待防止学会学術雑誌」（日本子ども虐待防止学会, 金剛出版（発売））　13(2)通号32　2011.9　p249～254

◇週刊ノンフィクション劇場　あいち小児保健医療総合センターからの報告　児童虐待、その後(第2回)病棟で得る安らぎのとき　橘由歩　「週刊朝日」（朝日新聞出版）　116(41)通号5087　2011.9.2　p61～65

◇児童虐待を考える　里親が本音出せる場必要　親族制度の拡大も　津崎哲郎　「厚生福祉」（時事通信社）　(5843)　2011.9.6　p2～4

◇週刊ノンフィクション劇場　あいち小児保健医療総合センターからの報告　児童虐待、その後(最終回・第3回)はびこる性的被害、困難極める治療　橘由歩　「週刊朝日」（朝日新聞出版）　116(43)通号5089　2011.9.9　p63～67

◇不適切な環境で育つことが「子ども虐待」（特集　見逃さない！日常診療の中にある子ども虐待・ネグレクト）　松田博雄　「小児科診療」（診断と治療社）　74(10)通号885　2011.10　p1453～1455

◇子ども虐待における医療の役割（特集　見逃さない！日常診療の中にある子ども虐待・ネグレク

ト）　柳川敏彦　「小児科診療」（診断と治療社）　74（10）通号885　2011.10　p1460〜1468

◇保育所の立場から―虐待への気づきからケース検討会議へ（特集 見逃さない！日常診療の中にある子ども虐待・ネグレクト―子ども虐待関係機関の現場から医療に望むこと）　山崎淳一　「小児科診療」（診断と治療社）　74（10）通号885　2011.10　p1478〜1480

◇特別講演 そだちの凸凹（発達障害）とそだちの不全（子ども虐待）　杉山登志郎　「日本小児看護学会誌」（日本小児看護学会）　20（3）通号42　2011.11　p103〜107

◇子どもの貧困防止のために保育ができること（2）子どもの貧困と虐待　畑千鶴乃　「保育情報」（全国保育団体連絡会，ちいさいなかま社（発売））　（420）　2011.11　p9〜14

◇子ども虐待と母性、家族、ジェンダー（特集 子ども虐待：子ども支援と女性支援をつなぐ）　村本邦子　「女たちの21世紀」（アジア女性資料センター）　（68）　2011.12　p4〜7

◇子ども虐待と貧困・ジェンダー：児童相談所の現場から（特集 子ども虐待：子ども支援と女性支援をつなぐ）　「女たちの21世紀」（アジア女性資料センター）　（68）　2011.12　p13〜15

◇婦人保護施設からみた子どもに対する暴力（特集 子ども虐待：子ども支援と女性支援をつなぐ）　横田千代子　「女たちの21世紀」（アジア女性資料センター）　（68）　2011.12　p16〜18

◇フェミニストセラピーの現場から（特集 子ども虐待：子ども支援と女性支援をつなぐ）　平川和子　「女たちの21世紀」（アジア女性資料センター）　（68）　2011.12　p19〜21

◇「女親による暴力」とフェミニズム：「言説」と「実態」の区別を中心に（特集 子ども虐待：子ども支援と女性支援をつなぐ）　村田泰子　「女たちの21世紀」（アジア女性資料センター）　（68）　2011.12　p22〜27

◇障害をもつ子どもと虐待リスク：フェミニズムの視点からの覚え書（特集 子ども虐待：子ども支援と女性支援をつなぐ）　加納恵子　「女たちの21世紀」（アジア女性資料センター）　（68）　2011.12　p28〜30

◇子ども虐待の「今」（第10回）当事者活動の今を考える　永野咲　「子どもの虐待とネグレクト：日本子ども虐待防止学会学術雑誌」（日本子ども虐待防止学会，金剛出版（発売））　13（3）通号33　2011.12　p363〜368

◇文化の中の子ども虐待（17）千の叫び・千の物語　田澤雄作　「子どもの虐待とネグレクト：日本子ども虐待防止学会学術雑誌」（日本子ども虐待防止学会，金剛出版（発売））　13（3）通号33　2011.12　p369〜381

◇虐待ケースにおける児童相談所と保護者の関係性形成のプロセスについて　千賀則史　「子どもの虐待とネグレクト：日本子ども虐待防止学会学術雑誌」（日本子ども虐待防止学会，金剛出版（発売））　13（3）通号33　2011.12　p387〜395

◇当センターにおける過去10年間の虐待による硬膜下血腫30例の検討　丸山朋子，馬場美子，高野智子［他］　「日本小児科学会雑誌」（日本小児科学会）　115（12）　2011.12　p1901〜1907

◇子ども家庭福祉サービスの動向と課題：子ども虐待への挑戦　佐々木政人　「愛知淑徳大学論集. 福祉貢献学部篇」（［愛知淑徳大学］福祉貢献学部論集編集委員会）　（2）　2012　p15〜25

◇日本における子ども虐待の現状　田中祐子　「慶応保健研究」（慶応義塾大学保健管理センター）　30（1）　2012　p61〜63

◇症例研究 アタッチメント研究・理論に基礎付けられた乳幼児虐待に対するアプローチ：1症例の検討　青木豊，松本英夫，井上美鈴　「児童青年精神医学とその近接領域」（日本児童青年精神医学会）　53（1）　2012　p25〜45

◇被虐待児（者）の経験の意味を知ることの重要性とその方法　金谷光子　「東京女子医科大学看護学会誌」（東京女子医科大学看護学会）　7（1）通号7　2012　p1〜7

◇専門職連続講座「子ども虐待に関する基礎的知識と初期対応のあり方」を開催して　横手直美，竹倉品子，下西さや子　「トラウマティック・ストレス：日本トラウマティック・ストレス学会誌」（日本トラウマティック・ストレス学会）　10（1）通号18　2012　p77〜81

◇米国の児童虐待：医療化以前の虐待認識と社会　上野善子　「奈良女子大学社会学論集」（奈良女子大学社会学研究会）　（19）　2012　p55〜72

◇児童虐待の現状について【概要】　石田雅弘　「奈良文化女子短期大学紀要」（奈良文化女子短期大学）　（43）　2012　p25～40

◇こども虐待に対する保健師の支援：事例経験による検討　小笹美子、長弘千恵、斉藤ひさ子　「日本看護学会論文集．地域看護」（日本看護協会出版会）　42　2012　p46～49

◇時報サロン　家庭問題よろず相談室（第210話）わが子から児童虐待と訴えられた母の不安に寄り添う　家庭問題情報センター　「戸籍時報」（日本加除出版）　（678）　2012.1　p77～80

◇学童保育指導員による性暴力と虐待の発見要因：学童保育指導員へのインタビュー調査を基に　谷野宏美、鈴井江三子、久我原朋子［他］　「小児保健研究」（日本小児保健協会）　71（1）　2012.1　p52～59

◇乳幼児を持つ親の子ども虐待の認識度と被養育体験・親性との関連　及川裕子、久保恭子、刀根洋子［他］　「園田学園女子大学論文集」（園田学園女子大学）　（46）　2012.1　p59～67

◇臨床報告　網膜および網膜前出血が診断の決め手となった揺さぶられっ子症候群の2例　伊丹彩子、八代成子、武田憲夫［他］　「臨床眼科」（医学書院）　66（1）　2012.1　p79～84

◇児童虐待と熱傷（特集　小児のやけど（熱傷））　片平次郎　「小児科」（金原出版）　53（2）　2012.2　p181～190

◇児童虐待（特集　乳幼児健診でみつかる外科系疾患—乳幼児健診において保護者の訴えや診察、検査で疑う疾患）　韮澤融司　「小児科診療」（診断と治療社）　75（2）通号889　2012.2　p309～312

◇週刊ノンフィクション劇場　続・児童虐待、その後：「恐怖の家」を抜け出た先の光明を追って（第1回）甘え方知らぬ子、悩み抜く里親　橘由歩　「週刊朝日」（朝日新聞出版）　117（4）通号5114　2012.2.3　p35～39

◇週刊ノンフィクション劇場　続・児童虐待、その後：「恐怖の家」を抜け出た先の光明を追って（第2回）乳児院、疑似家庭で育む人への信頼　橘由歩　「週刊朝日」（朝日新聞出版）　117（5）通号5115　2012.2.10　p40～44

◇週刊ノンフィクション劇場　続・児童虐待、その後：「恐怖の家」を抜け出た先の光明を追って（第3回）「死ね」に込められたSOS　橘由歩　「週刊朝日」（朝日新聞出版）　117（6）通号5116　2012.2.17　p113～117

◇週刊ノンフィクション劇場　続・児童虐待、その後：「恐怖の家」を抜け出た先の光明を追って（第4回）"18歳の壁"を乗り越えるには　橘由歩　「週刊朝日」（朝日新聞出版）　117（8）通号5118　2012.2.24　p44～48

◇研修講座　実務に役立つ刑事政策（5）家庭内における暴力（配偶者暴力及び児童虐待）の実態と問題点　山下隆志　「研修」（誌友会研修編集部）　（765）　2012.3　p51～78

◇子どもの虐待の現状と支援（第7回日本司法精神医学会大会　公開シンポジウム　子ども虐待と法的問題：子どもの権利擁護、社会の養護、親権をめぐる課題）　山本恒雄　「司法精神医学」（日本司法精神医学会）　7（1）　2012.3　p33～40

◇虐待が与える子どもの育ちと発達への影響（第7回日本司法精神医学会大会　公開シンポジウム　子ども虐待と法的問題：子どもの権利擁護、社会的養護、親権をめぐる課題）　小野善郎　「司法精神医学」（日本司法精神医学会）　7（1）　2012.3　p41～48

◇第7回日本司法精神医学会大会　教育講演　児童虐待，そして親権にかかわる法的問題　磯谷文明　「司法精神医学」（日本司法精神医学会）　7（1）　2012.3　p59～64

◇子ども虐待に関する保育士・幼稚園教諭の知識と対応行動　岩清水伴美、中野照代、飯田澄美子　「小児保健研究」（日本小児保健協会）　71（2）　2012.3　p273～281

◇場面提示法による保育所保育士の虐待判断，保育所内報告及び通告の意思決定に関する研究　笠原正洋　「中村学園大学・中村学園大学短期大学部研究紀要」（中村学園大学）　（44）　2012.3　p25～34

◇児童虐待への法医学からのアプローチ　高塚尚和　「新潟医学会雑誌」（新潟医学会）　126（3）通号1264　2012.3　p119～123

◇児童虐待と親のメンタルヘルス問題の接点：先行研究にみるその実態　松宮透髙　「人間と科学：県立広島大学保健福祉学部誌」（広島県立保健福祉大学学術誌編集委員会）　12（1）　2012.3　p103～115

◇週刊ノンフィクション劇場 続・児童虐待、その後：「恐怖の家」を抜け出た先の光明を追って(第5回)虐待の連鎖を断ち切るために　橘由歩　「週刊朝日」(朝日新聞出版)　117(9)通号5119　2012.3.2　p44～48

◇普通の教師が生きる学校 モンスター・ペアレント論を超えて(第81回)児童虐待と教職員　小野田正利　「内外教育」(時事通信社)　(6153)　2012.3.30　p4～5

◇児童虐待の速やかな通告：教育法規あ・ら・か・る・と　「内外教育」(時事通信社)　(6161)　2012.4.27　p19

◇法務総合研究所研究概要(5)児童虐待に関する研究について　山下隆志　「刑政」(矯正協会)　123(5)通号1439　2012.5　p80～90

◇家族構成の変動と家族関係が子ども虐待へ与える影響：母親の家族内における立場に注目して　中澤香織　「厚生の指標」(厚生労働統計協会)　59(5)通号924　2012.5　p20～24

◇子ども虐待の「今」(第11回)子どもの気もち　笠原麻里　「子どもの虐待とネグレクト：日本子ども虐待防止学会学術雑誌」(日本子ども虐待防止学会, 金剛出版(発売))　14(1)通号34　2012.5　p42～47

◇文化の中の子ども虐待(18)永遠なるいのち：老師の脳内散歩　土生川正道　「子どもの虐待とネグレクト：日本子ども虐待防止学会学術雑誌」(日本子ども虐待防止学会, 金剛出版(発売))　14(1)通号34　2012.5　p48～51

◇日本子ども虐待医学研究会 ： その発足のいきさつと第3回学術集会までの経過　小池通夫　「子どもの虐待とネグレクト：日本子ども虐待防止学会学術雑誌」(日本子ども虐待防止学会, 金剛出版(発売))　14(1)通号34　2012.5　p81～83

◇発達障害を抱える親と児童虐待：生活と切り離された子育てを支援する(特集 子育て支援：乳幼児と向き合う心理臨床)　橋本和明　「臨床心理学」(金剛出版)　12(3)通号69　2012.5　p343～348

◇特集 児童虐待 ためらわずに通告を：ガイド作成、医療関係者向け研究会　奈良　檜山茂　「厚生福祉」(時事通信社)　(5907)　2012.5.29　p2～3

◇児童虐待とは(特集 児童虐待(1))　小林美智子　「医療 ： 国立医療学会誌」(国立医療学会)　66(6)　2012.6　p243～249

◇国立病院機構の救命救急センターにおける現状(特集 児童虐待(1))　定光大海　「医療：国立医療学会誌」(国立医療学会)　66(6)　2012.6　p250～255

◇救急医療の現場から 医療ネグレクト　多田元　「現代医学」(愛知県医師会)　60(1)　2012.6　p151～154

◇脳神経外科からみた児童虐待(特集 児童虐待(2))　山崎麻美, 押田奈都, 埜中正博　「医療：国立医療学会誌」(国立医療学会)　66(7)　2012.7　p295～299

◇救命救急センターからみた児童虐待(特集 児童虐待(2))　上尾光弘, 定光大海, 岡畠祥憲 [他]　「医療 ： 国立医療学会誌」(国立医療学会)　66(7)　2012.7　p300～304

◇整形外科からみた児童虐待(特集 児童虐待(2))　廣島和夫　「医療：国立医療学会誌」(国立医療学会)　66(7)　2012.7　p305～310

◇小児科からみた児童虐待(特集 児童虐待(2))　小杉恵　「医療：国立医療学会誌」(国立医療学会)　66(7)　2012.7　p311～315

◇市区町村が対応するネグレクト事例の実態　安部計彦　「子どもと福祉」(明石書店)　5　2012.7　p131～136

◇子ども虐待の現状と警察に求められる対応：現行法下でできること、今後の法整備ですべきこと(第1回)　後藤啓二　「捜査研究」(東京法令出版)　61(7)通号735　2012.7　p2～16

◇二項―ベータ階層ベイズモデルによる児童虐待相談対応率の地域差に関する研究 ： 都道府県政令指定都市別による多重比較　李政元　「Journal of policy studies」(関西学院大学総合政策学部研究会)　(41)　2012.7　p29～36

◇予後(特集 児童虐待(3))　小杉恵　「医療：国立医療学会誌」(国立医療学会)　66(8)　2012.8　p362～367

◇おわりに(特集 児童虐待(3))　廣島和夫　「医療：国立医療学会誌」(国立医療学会)　66(8)　2012.8　p368～371

◇子どもネグレクトにおける重症度に関する研究　安部計彦　「西南学院大学人間科学論集」（西南学院大学学術研究所）　8（1）　2012.8　p87〜107

◇子ども虐待の現状と警察に求められる対応：現行法下でできること、今後の法整備ですべきこと（第2回）　後藤啓二　「捜査研究」（東京法令出版）　61（8）通号735　2012.8　p75〜86

◇しつけと虐待はどこがちがうのか（特集　しつけと虐待の境界をめぐって）　金谷光子　「教育と医学」（慶應義塾大学出版会）　60（9）通号711　2012.9　p736〜743

◇子ども虐待の実態（特集　しつけと虐待の境界をめぐって）　安部計彦　「教育と医学」（慶應義塾大学出版会）　60（9）通号711　2012.9　p744〜751

◇学童保育指導員による児童虐待の発見に関する実態調査　鈴井江三子、谷野宏美、斎藤雅子［他］　「小児保健研究」（日本小児保健協会）　71（5）　2012.9　p748〜755

◇講演録（要約）児童虐待の現状と課題：被災地の子どもたちのケアも含めて　才村純　「人権のひろば」（人権擁護協力会）　15（5）通号87　2012.9　p17〜23

◇子ども虐待の現状と警察に求められる対応：現行法下でできること、今後の法整備ですべきこと（第3回）　後藤啓二　「捜査研究」（東京法令出版）　61（9）通号737　2012.9　p95〜109

◇教育講演　子ども虐待と政策・経済：生活施設におけるケアの規模と職員配置を考える（特集　第17回学術集会（いばらき大会））　有村大士　「子どもの虐待とネグレクト：日本子ども虐待防止学会学術雑誌」（日本子ども虐待防止学会，金剛出版（発売））　14（2）通号35　2012.10　p108〜117

◇乳幼児揺さぶられ症候群を理由に乳児院に入所したケースの背景と子どもの発達：過去の入所ケースの基本的データから　関真由美、小里國恵、三宅愛［他］　「子どもの虐待とネグレクト：日本子ども虐待防止学会学術雑誌」（日本子ども虐待防止学会，金剛出版（発売））　14（2）通号35　2012.10　p245〜251

◇子ども虐待の現状と警察に求められる対応：現行法下でできること、今後の法整備ですべきこと（第4回）　後藤啓二　「捜査研究」（東京法令出版）　61（10）通号738　2012.10　p99〜110

◇没後20年　人間観察家・松本清張が見つめ続けた"児童虐待"（前篇）　佐藤万作子　「中央公論」（中央公論新社）　127（14）通号1547　2012.10　p144〜154

◇児童虐待による頭部外傷（abusive head trauma）の画像診断（特集　小児の診断と治療update）　小熊栄二　「臨床放射線」（金原出版）　57（10）　2012.10　p1273〜1286

◇問われるのはやはり校長の器量　早期発見、早期対応のために学校と教師は何をするべきか？（特集　学校・教師の意識改革で、一人でも多くの子どもを救おう！　深刻化する「子ども虐待」どう発見し、どう対応するか？）　「総合教育技術」（小学館）　67（11）　2012.11　p70〜73

◇発達障害との識別は教師には困難　「虐待による行動異常」について教師が最低限知るべきこと（特集　学校・教師の意識改革で、一人でも多くの子どもを救おう！　深刻化する「子ども虐待」どう発見し、どう対応するか？）　「総合教育技術」（小学館）　67（11）　2012.11　p74〜77

◇没後20年　人間観察家・松本清張が見つめ続けた"児童虐待"（後篇）　佐藤万作子　「中央公論」（中央公論新社）　127（15）通号1548　2012.11　p160〜169

◇児童虐待：母子保健の原点に立ち戻る取り組みへ（特集　親子保健・母子保健の重点課題）　小林美智子　「保健師ジャーナル」（医学書院）　68（11）　2012.11　p956〜961

【図書】

◇犬として育てられた少年―子どもの脳とトラウマ　ブルース・D. ペリー、マイア・サラヴィッツ著，仁木めぐみ訳　紀伊國屋書店　2010.2　389p　19cm　〈解説：杉山登志郎〉　1800円　①978-4-314-01061-0　Ⓝ493.937

内容　ティナの世界　君のペースで　天国への階段　接触への飢え　冷えきった心　犬として育てられた少年　悪魔教団パニック　カラス「ママは嘘をついている。ママにやられた。警察を呼んで」　子どもたちの優しさ　コミュニティの癒し

◇子ども虐待と貧困―「忘れられた子ども」のいない社会をめざして　松本伊智朗編著，清水克之,佐藤拓代,峯本耕治,村井美紀,山野良一著

明石書店　2010.2　241p　19cm　1900円　ⓘ978-4-7503-3136-2　Ⓝ367.6

内容 序章 いま、なぜ「子ども虐待と貧困」か　第1章 児童相談所から見る子ども虐待と貧困　第2章 母子保健から見る子ども虐待と家族の貧困　第3章 学校教育から見る子ども虐待と貧困　第4章 自立援助ホームから見る子どもの「自立」と貧困　第5章 日米の先行研究に学ぶ子ども虐待と貧困

◇研修評価に関する研究―児童福祉臨床での有益性を評価の視点とした研修プログラムの作成について 平成20年度研究報告書　子どもの虹情報研修センター編　〔横浜〕　横浜博萌会子どもの虹情報研修センター　2010.3　25p　30cm　〈研究代表者：平山英夫〉　Ⓝ369.4

◇虐待をこえて、生きる―負の連鎖を断ち切る力　内田伸子、見上まり子著　新曜社　2010.4　237,6p　19cm　1900円　ⓘ978-4-7885-1198-9　Ⓝ367.6

内容 第1章 負の連鎖―増え続ける虐待、傷つく子どもたち（孤立する家族の中にいる子ども　虐待発生の背景因は何か ほか）　第2章 FとMの物語―育児放棄からの再生の鍵「愛着」（養育放棄されたきょうだい　愛着―再生への鍵 ほか）　第3章 ことばの力―書くこと・考えること・発見すること（読み書きを獲得すると認識のしかたは変わるか　「話す」から「書く」へ―シンボル体系が変わるということ ほか）　第4章 物語―負の連鎖を断ち切る装置（自分史の意味　書くこと・生きること ほか）　第5章 れんげ草の庭―一つの人生で人は生き直すことができる（お母さん失格　出会い ほか）

◇「生存者（サバイバー）」と呼ばれる子どもたち―児童虐待を生き抜いて　宮田雄吾著　角川書店　2010.5　227p　20cm　〈発売：角川グループパブリッシング　文献あり〉　1500円　ⓘ978-4-04-885059-9　Ⓝ367.61

内容 愛に飢えた子どもたち　暴力の嵐にさらされて　食べる楽しさと食べる地獄　最低限の人間性すら無視された子　「性的虐待」あるいは大人のための「性奴隷」　見たくないものを見せる罪　この世の中にいらない私　信じられるのはモノ、金、そしてカラダ　学園のもうひとつの子どもたち　中毒になる「虐待」　疑わしきは通報すべき　子どもたちにいかに声をかけるべきか　十年後二十年後のために

◇子どもは変わる・大人も変わる―児童虐待からの再生　内田伸子著, OAA編集会編　お茶の水学術事業会　2010.7　125p　21cm　（お茶の水ブックレット 第9号）　477円　ⓘ978-4-902197-09-9　Ⓝ367.6

◇代理ミュンヒハウゼン症候群　南部さおり著　アスキー・メディアワークス　2010.7　231p　18cm　（アスキー新書 158）〈発売：角川グループパブリッシング　文献あり〉　743円　ⓘ978-4-04-868701-0　Ⓝ367.6

内容 第1章 代理によらない「ミュンヒハウゼン症候群」　第2章 代理ミュンヒハウゼン症候群とは　第3章 MSBPの母親の特徴とは　第4章 子どもを病気にするために、彼女たちがすること　第5章 日本で報告された代理ミュンヒハウゼン症候群　第6章 「病気」か「犯罪」か　第7章 点滴汚染水混入事件　第8章 MSBP概念はどこに行くのか？

◇親権と子どもの福祉―児童虐待時代に親の権利はどうあるべきか　平田厚著　明石書店　2010.8　443p　22cm　〈文献あり〉　5500円　ⓘ978-4-7503-3258-1　Ⓝ324.64

内容 第1部 親権法と児童虐待防止法（親権と児童虐待の関係　親権法の争点　親権法改正に向けて）　第2部 わが国における親権概念の成立と変遷（わが国における親権法前史　旧民法における親権概念　明治民法における親権概念　明治期の日本文学における親権概念　明治民法から現行民法へ）　第3部 イングランドにおける親権概念の成立と変遷（親権法前史　親権概念の成立　親権概念の確立　親権概念の変容）

◇児童相談所における児童福祉司スーパーバイズのあり方に関する研究―平成21年度研究報告書　第2報　子どもの虹情報研修センター編　〔横浜〕　横浜博萌会子どもの虹情報研修センター　2010.9　101p　30cm　〈研究代表者：川崎二三彦〉　Ⓝ369.4

◇家族という名の密室　萩田望美著　福岡梓書院　2010.10　133p　19cm　1143円　ⓘ978-4-87035-396-1　Ⓝ367.6

内容 1 家族の中の異常　2 衝動　3 命　4 発症　5 自暴自棄　6 自分の人生　7 子ども時代　8 入院　9 出会い　10 始まり

◇子ども虐待　西澤哲著　講談社　2010.10　241p　18cm　（講談社現代新書 2076）〈文献あり〉　740円　ⓘ978-4-06-288076-3　Ⓝ367.6

内容 第1章 子ども虐待とは何か　第2章 虐待してしまう親の心　第3章 DVと虐待　第4章 性的虐待は子どもをどのように蝕むのか　第5章 トラウマについて考える　第6章 アタッチメントと虐待　第7章 本来の自分を取り戻すために

◇子ども虐待ソーシャルワーク―転換点に立ち会う　川崎二三彦著　明石書店　2010.11　477p　21cm　2800円　①978-4-7503-3308-3　⑲369.4

　内容 第1章 子どもと家族の現在――生きづらさへの眼差し（一本の木も黙って立ってはいられない　被害者としての加害者　ほか）　第2章 ソーシャルワークの行方――変貌する現場で考える（児童虐待防止法、ついに成立　児童虐待防止法、施行直前　ほか）　第3章 "よりよい実践"とは何か――事例報告にみる変遷（子どもが子どもであるための治療的アプローチ　ユースホステル盗難事件　ほか）　第4章 専門性と相談体制のジレンマ――児童相談所の日々（専門性と処遇力　多忙の海に溺れる児童福祉司　ほか）　第5章 誰のために闘うのか――児相再編物語（前兆　胎動　ほか）

◇子ども被害者学のすすめ　デイビッド・フィンケルホー編著、森ані ゆり、金田ユリ子、定政由里子、森年恵訳　岩波書店　2010.11　214,30p　20cm　〈文献あり〉　2700円　①978-4-00-022905-0　⑲367.6

　内容 1章 子どもの被害（「子どもは最も被害に遭っている」についての論争　新しいタイプの犯罪　ほか）　2章 発達被害者学（定義と分類の問題　子どもの被害の広がり　ほか）　3章 危険に曝される子ども（何が子どもを危険に曝すのか　多重被害への道すじ　ほか）　4章 発達上の影響（子ども時代のトラウマという分野　被害の衝撃的作用に関するさらに一般的なモデルを目指して　ほか）　5章 朗報 子どもの被害は減っている―だが、なぜ？（実際に改善しているのか　幅広くさまざまな減少　ほか）

◇児童虐待に関する文献研究―平成21年度研究報告書　第6報　子ども虐待と発達障害の関連に焦点をあてた文献の分析　子どもの虹情報研修センター編　〔横浜〕　横浜博萌会子どもの虹情報研修センター　2010.11　37p　30cm　〈第5報までのタイトル：児童虐待の援助法に関する文献研究　研究代表者：増沢高　文献あり〉　⑲369.4

◇子ども虐待・ネグレクトの研究―問題解決のための指針と提言　アン・C. ピーターセン編、多々良紀夫監訳、門脇陽子、森田由美訳　福村出版　2010.12　462p　22cm　〈索引あり〉　8000円　①978-4-571-42035-1　⑲369.4

　内容 第1章 序論　第2章 特定と定義　第3章 問題の範囲　第4章 子どものマルトリートメントの原因　第5章 防止　第6章 子ども虐待とネグレクトの結果　第7章 介入と治療　第8章 人的資源、計測手法、研究インフラ　第9章 子どものマルトリートメント研究における倫理的・法的問題　第10章 子どものマルトリートメント研究における優先課題

◇子どもを虐待する私（わたし）を誰か止めて！　長谷川博一著　光文社　2011.2　318p　16cm　（光文社知恵の森文庫 t1-1）　〈『たすけて！私は子どもを虐待したくない』（径書房2003年刊）の改題〉　686円　①978-4-334-78575-8　⑲369.4

　内容 序章 虐待の世代連鎖の生じ方　第1章 「あんたのせいで苦労する！」―連鎖を知って「怒りの循環」を断った 恵子・27歳　第2章 「子どもをいたぶることをやめられない」―私は鬼畜、死んだほうがいい 里美・36歳　第3章 「許せないのは、好きだから？」―あんな父でも愛されたかった 明枝・31歳　第4章 「私は許さない」―いつも全部私のせいになっていた 康子・40歳　第5章 「絶望の闇から希望の光へ」―開かれたパンドラの箱が閉じるまで 妙子・36歳　第6章 「二つの世代が手をつないだら」―家族とは修復可能なシステム 道代・48歳　終章 虐待の連鎖をどう扱うべきか

◇日本の子ども虐待―戦後日本の「子どもの危機的状況」に関する心理社会的分析　保坂亨編著　第2版　福村出版　2011.2　586p　22cm　〈企画：子どもの虹情報研修センター　文献あり　年表あり　索引あり〉　6800円　①978-4-571-42034-4　⑲367.61

　内容 第1部 1970年代までの子どもの危機的状況（1970年代までの社会、家族、子どもをめぐる状況　1970年代までの文献概観　1970年代までの事例研究：『児童相談事例集』の分析　まとめ：転換期としての1970年代）　第2部 1980年代の子どもの危機的状況（1980年代の社会、家族、子どもをめぐる状況　1980年代の文献概観　1980年代の事例研究：『児童相談事例集』の分析　まとめ：二極化の始まり）　第3部 1990年

代以降の子どもの危機的状況（1990年代以降の社会、家族、子どもをめぐる状況　1990年代以降の文献概観　1990年代以降の事例研究まとめ：法整備に向けての動き）　第4部 考察（子どもと家族をめぐる問題と「バックラッシュ」問題を考える　発達心理学・教育心理学教科書での児童虐待の記述に関する分析）

◇虐待問題が日本社会に鳴らす警鐘―我が国のこの20年の歩みと、その成果と今後の課題　2010年児童虐待防止協会20周年記念フォーラム　児童虐待防止協会編　大阪　児童虐待防止協会　2011.3　49p　30cm　Ⓝ369.4

◇虐待と親子の文学史　平田厚著　論創社　2011.5　318p　20cm　〈文献あり　年表あり〉　2400円　Ⓘ978-4-8460-1064-5　Ⓝ910.26

内容　第1章 外国人の見た日本の親子　第2章 明治時代―「やさしい父親」から「おそろしい父親」へ　第3章 大正時代の父親と母親　第4章 昭和戦争時代の「君臨する父親」と「尽くす母親」　第5章 高度経済成長期の父親と母親　第6章 石油ショック後の父親と母親　第7章 平成時代の親子関係

◇誰か助けて―止まらない児童虐待　石川結貴著　リーダーズノート　2011.5　249p　18cm　（リーダーズノート新書 G303）　790円　Ⓘ978-4-903722-30-6　Ⓝ367.6

内容　第1章 虐待死の二日後、母は結婚した　第2章 負は連鎖するのか　第3章 生んだあとの「想定外」　第4章 破綻すれすれ一家の幸運　第5章 虐待通告に揺れる人々　第6章 児童相談所のジレンマ　最終章 極限を生き抜いた幼い命

◇ヒトはなぜ幼児を虐待するのか　林愼吾著　たま出版　2011.5　247p　19cm　〈文献あり〉　1400円　Ⓘ978-4-8127-0323-6　Ⓝ367.6

内容　生命の誕生　男と女の誕生のしくみ　男脳と女脳の能力のちがい　間性はなぜ起こるのか　性自認・性指向性との関係　ヒトの家族の誕生　男と女の性的な特徴　オスの子殺しと霊長類の繁殖　結婚制度　伝統文化民族の結婚制度　ヨーロッパの結婚制度　フェミニズム運動について　女性にとって結婚は有利なのか？不利なのか？　なぜ、児童虐待がなくならないのか　人間の性をどうとらえるか　望ましい教育とは　結語

◇専門相談における法的問題に関する相談内容の研究―平成21年度研究報告書　子どもの虹情報研修センター編　〔横浜〕　横浜博萌会子どもの虹情報研修センター　2011.6　77p　30cm　〈研究代表：佐々木宏二〉　Ⓝ369.4

◇普通の人の、フリして生きてる―家族が残した消えない傷跡　髙村亜情著　文芸社　2011.6　167p　19cm　1100円　Ⓘ978-4-286-10523-9　Ⓝ367.6

◇あなたの子供を辞めました―母親から虐待を受けた少女が、救われるまでの手記　中井宏美著　マガジンハウス　2011.8　250p　19cm　1400円　Ⓘ978-4-8387-2255-6　Ⓝ367.6

内容　第1章 人付き合いの苦手な母　第2章 誰といてもひとりぼっち　第3章 迷惑をかけなければいいの？　第4章 社会と向き合えない　第5章 "教師"にさえなれば　第6章 振り切れない"母"という悪夢　第7章 "絶縁"という希望

◇児童虐待―親子という絆、親子という鎖　南部さおり著　教育出版　2011.9　161p　19cm　1400円　Ⓘ978-4-316-80304-3　Ⓝ367.6

内容　プロローグ「子育て」とはなにか（子育ては、誰のため？　甘えとしつけ ほか）　1章 児童虐待とは（しつけと虐待の境目　「他の子と同じように」 ほか）　2章 子どもへの身体的虐待（身体的虐待とは　三歳以下の子どもへの体罰 ほか）　3章 特殊な身体的虐待（乳幼児揺さぶられ症候群　代理ミュンヒハウゼン症候群）　4章「ネグレクト」という虐待（ネグレクトの定義　発育不全/成長障害 ほか）　5章 児童虐待を克服するために（PURPLE CRYING「大丈夫」というメッセージ ほか）

◇児童虐待　2　林弘正著　増補版　成文堂　2011.11　509p　22cm　〈2のサブタイトル：問題解決への刑事法的アプローチ〉　6000円　Ⓘ978-4-7923-1922-9　Ⓝ326.23

内容　第1章 児童虐待への被害者学的アプローチ　第2章 児童虐待への刑事法的アプローチ　第3章 児童虐待の現況と刑事法的介入　第4章 児童虐待と不作為犯論　第5章 裁判実務における児童期性的虐待事例　第6章 裁判実務における身体的虐待及びネグレクト事例　第7章 児童虐待防止法の立法過程と課題　増補（児童虐待をめぐる現況と課題　近時の裁判実務における児童虐待事例）

◇子ども虐待としてのDV―母親と子どもへの心理臨床的援助のために　春原由紀編著，武蔵野大学心理臨床センター子ども相談部門著　星和書店　2011.12　221p　21cm　〈文献あり〉　2600円　ⓘ978-4-7911-0795-7　Ⓝ367.3

|内容| 第1部　DVの理解（DVのある家庭で起きていること　DVに曝された子ども　母子関係・きょうだい関係への影響　加害者から離れた後　法的支援―支援するために知っておくこと）　第2部　心理臨床的援助の実際（母子関係への相即的支援―母親が変わると子どもが変わり、子どもが変わると母親も変わる　母親への援助の実際　子どもへの援助の実際　心理臨床的援助の方法）

◇子ども虐待の理解・対応・ケア　庄司順一，鈴木力，宮島清編　福村出版　2011.12　227p　21cm　（社会的養護シリーズ 3）　〈執筆：川崎二三彦　索引あり〉　2400円　ⓘ978-4-571-42512-7　Ⓝ369.4

|内容| 1部　総論（子ども虐待とは何か　子ども虐待の実態　子ども虐待の認識の歴史　虐待が子どもに及ぼす影響　子ども虐待対応に関わる制度と児童相談所　虐待をめぐる法的問題）　2部　対応（子ども虐待の予防　子ども虐待への初期対応　地域での支援　子どもへのケア（在宅の場合―保育所の役割を中心に　親子分離をした場合―児童養護施設の現状と課題　情緒障害児短期治療施設の場合）　虐待をする保護者への支援　虐待を受けた子どもの心理と行動　虐待を受けた子どもの心理的ケア―治療的養育と心理療法）

◇いやされない傷―児童虐待と傷ついていく脳　友田明美著　新版　診断と治療社　2012.1　151p　26cm　〈索引あり〉　4400円　ⓘ978-4-7878-1912-3　Ⓝ493.937

◇鬼畜の所業―私の身の上に何が起ったか　福川あいり著　仙台　創栄出版　2012.3　106p　19cm　〈発売：星雲社〉　1238円　ⓘ978-4-434-16434-7　Ⓝ367.6

|内容| 母の日に　12歳の春休み　いろめがね　盆踊りの夜に　母の日と父の日　保護者名　英語の例題　ファーストキス　タイガーマスクになりたかった　助長〔ほか〕

◇児童虐待　C・ウィカール，A・L・ミラー，D・A・ウルフ，C・B・スピンドル著，福井至監訳，福井至，矢野啓明，野口恭子訳　金剛出版　2012.3　120p　26cm　（エビデンス・ベイスト心理療法シリーズ 3）　〈文献あり〉　2400円　ⓘ978-4-7724-1303-9　Ⓝ493.72

|内容| 1　概要　2　児童虐待の影響に関する理論とモデル　3　診断と治療的示唆　4　治療：児童虐待の犠牲者への介入　5　症例スケッチ　6　参考図書　7　文献　8　付録　ツールと資料

◇児童虐待と児童保護―国際的視点で考える　町野朔，岩瀬徹，柑本美和共編　Sophia University Press 上智大学出版　2012.3　299p　21cm　〈発売：ぎょうせい　索引あり〉　2300円　ⓘ978-4-324-09205-7　Ⓝ369.4

◇児童虐待に関する文献研究―平成22年度研究報告書　第1報　児童虐待重大事例の分析　子どもの虹情報研修センター編　〔横浜〕　横浜博萌会子どもの虹情報研修センター　2012.3　140p　30cm　〈研究代表者：増沢高　文献あり〉　Ⓝ369.4

◇人権問題を考える―児童虐待：児童虐待の実態と私たちに出来ること：平成23年度教育庁等職員及び学校職員等課題研修「人権問題研修」研修集録　東京都教職員研修センター企画部総務課　2012.3　48p　30cm　〈共同刊行：東京都教育委員会〉　Ⓝ369.4

◇愛を知らなかった子―ネグレクトされた少女が家族を得るまで　ダイアン・リーロウ，バーニー・リーロウ著，庭田よう子訳　講談社　2012.5　269p　19cm　1500円　ⓘ978-4-06-216983-7　Ⓝ367.653

|内容| 家族をもつということ　家族を必要とする子　「わたしたち」を必要とする子　野生児と呼ばれた子　ダニエルと会う日　世界に見過ごされた子　どこにも居場所のない子　八歳の誕生日　愛を知らなかった子　蝶は自由に飛び回る〔ほか〕

◇親子崩壊―いつから始まり、どこまで進むのか？　山本健治著　三五館　2012.7　253p　19cm　〈文献あり〉　1400円　ⓘ978-4-88320-560-8　Ⓝ367.61

|内容| 第1章　進行しつづける「親子崩壊」　第2章　粗暴・未熟・無知・無自覚・貧困が複合した虐待　第3章　複雑な人間関係・孤立した育児による虐待　第4章　世代連鎖による虐待　第5章　しつけに名を借りての虐待　第6章　悪しき競争主義に毒されての虐待　第7章　なぜ虐待は増えつづけ

るのか？　第8章「虐待の無限連鎖」を断ち切るために　第9章　決して希望がないわけではない

◇児童虐待・解離・犯罪—暴力犯罪への精神分析的アプローチ　アビー・スタイン著，一丸藤太郎，小松貴弘監訳　大阪　創元社　2012.7　227p　22cm　〈文献あり　索引あり〉　3500円　①978-4-422-11541-2　Ⓝ326.34

内容　第1章　暴力の物語の中の行為主体の位置づけ：「自分がやったのか？」　第2章　言葉を持たない者たちとの対話　第3章　犯罪者の不運　第4章　極限の倒錯　第5章　目覚めている間に夢みること　第6章　結論：自覚と責任能力と制御

虐待への対応

【雑誌記事】

◇児童虐待の防止等に関する法律の改正に当たっての提言　小林成隆　「名古屋文理短期大学紀要」（名古屋文理短期大学）　（27）　2003.5　p5～12

◇児童虐待の理解と対応(5)児童虐待への対応における医療、保健機関、専門職の役割　松原康雄　「Nurse eye」（桐書房）　22(4)通号195　2009　p90～96

◇児童虐待の現状と防止対策　池田聡, 小林麻莉　「芦屋大学論叢」（芦屋大学）　（53）　2010　p75～90

◇児童虐待における市町村の取り組み—名張市家庭児童相談室の活動を中心に　檜垣博子　「皇学館大学社会福祉学部紀要」（皇学館大学社会福祉学部）　（13）　2010　p109～117

◇児童虐待—対策の歪みにこそ目を向けるべき　宮島清　「心と社会」（日本精神衛生会）　41(4)通号142　2010　p75～83

◇特別講演より　マンガで届ける子ども虐待防止　椎名篤子　「子どもの虹情報研修センター紀要」（横浜博萌会子どもの虹情報研修センター）　（8）　2010　p12～22

◇ことはじめ、児童虐待防止事業　川﨑二三彦　「子どもの虹情報研修センター紀要」（横浜博萌会子どもの虹情報研修センター）　（8）　2010　p112～127

◇虐待を防止するための周産期管理（周産期診療指針2010—母子保健編）　小泉武宣　「周産期医学」（東京医学社）　40（増刊）　2010　p933～936

◇日英政府における児童虐待防止対策の比較研究　柏野健三　「帝塚山大学心理福祉学部紀要」（帝塚山大学心理福祉学部）　（6）　2010　p49～66

◇子ども虐待予防におけるポピュレーション・アプローチとハイリスク・アプローチの融合　柴原君江　「田園調布学園大学紀要」（田園調布学園大学人間福祉学部）　（5）　2010年度　p1～18

◇学童保育指導員が発見した性被害・虐待被害への対応の実際　谷野宏美　「新見公立大学紀要」（新見公立大学）　31　2010　p21～27

◇児童虐待への対応における親族の位置づけ—アメリカでの親族里親・養子縁組・後見の動向を手がかりに　原田綾子　「比較法学」（早稲田大学比較法研究所）　43(3)通号91　2010　p63～102

◇日本における児童虐待に関する社会的対応の変遷—昭和初期　田中真衣　「子ども家庭福祉学」（日本子ども家庭福祉学会）　（9）　2010.2　p61～70

◇児童虐待の予防—対処システムのあるべき姿（特集　児童虐待）　岡田邦之, 堀江郡美, 歌谷知子　「小児科」（金原出版）　51(2)　2010.2　p185～190

◇保育士養成校学生を対象とした児童虐待対応包括プログラム（試作版2）の改定と実施後の評価　笠原正洋　「中村学園大学・中村学園大学短期大学部研究紀要」（中村学園大学）　（42）　2010.3　p27～38

◇児童虐待防止のための親権制度研究会報告書　「民事月報」（法務省民事局）　65(3)　2010.3　p63～125

◇児童虐待防止のための親権制度研究会報告書添付資料　「民事月報」（法務省民事局）　65(3)　2010.3　p126～151

◇ドイツにおける児童虐待への対応と親権制度(1)　西谷祐子　「民商法雑誌」（有斐閣）　141(6)　2010.3　p545～580

◇文部科学省通知(42)児童虐待防止に向けた学校等における適切な対応の徹底について（通知）　教育政策研究会　「週刊教育資料」（教育公論社）　(1111)通号1241　2010.3.22　p36～37

◇第15回［日本子ども虐待防止学会］学術集会埼玉大会を開催して　海老原夕美　「子どもの虐待とネグレクト：日本子ども虐待防止学会学術雑誌」(日本子ども虐待防止学会, 金剛出版（発売）)　12(1)通号28　2010.4　p3〜5

◇基調講演　虐待問題が日本の社会に鳴らした警鐘—虐待防止法までの10年, その後の10年, そしてこれからの10年(特集［日本子ども虐待防止学会］第14回学術集会(埼玉大会)—児童虐待防止法制定10周年記念シンポジウム)　小林美智子　「子どもの虐待とネグレクト：日本子ども虐待防止学会学術雑誌」(日本子ども虐待防止学会, 金剛出版（発売）)　12(1)通号28　2010.4　p8〜24

◇虐待防止システムの進歩と法律の役割(特集［日本子ども虐待防止学会］第14回学術集会(埼玉大会)—児童虐待防止法制定10周年記念シンポジウム)　平湯真人　「子どもの虐待とネグレクト：日本子ども虐待防止学会学術雑誌」(日本子ども虐待防止学会, 金剛出版（発売）)　12(1)通号28　2010.4　p25〜27

◇虐待防止法と母子保健援助論—虐待の気づきと支援を振り返って(特集［日本子ども虐待防止学会］第14回学術集会(埼玉大会)—児童虐待防止法制定10周年記念シンポジウム)　徳永雅子　「子どもの虐待とネグレクト：日本子ども虐待防止学会学術雑誌」(日本子ども虐待防止学会, 金剛出版（発売）)　12(1)通号28　2010.4　p28〜31

◇児童虐待防止法前の取り組み—児童相談所の活動をとおして(特集［日本子ども虐待防止学会］第14回学術集会(埼玉大会)—児童虐待防止法制定10周年記念シンポジウム)　青木孝志　「子どもの虐待とネグレクト：日本子ども虐待防止学会学術雑誌」(日本子ども虐待防止学会, 金剛出版（発売）)　12(1)通号28　2010.4　p32〜34

◇周産期のメンタルヘルスと虐待予防のための育児支援システム構築に関する研究(1)地域母子保健からの検討(特集［日本子ども虐待防止学会］第14回学術集会(埼玉大会))　上別府圭子, 杉下佳文, 栗原佳代子［他］　「子どもの虐待とネグレクト：日本子ども虐待防止学会学術雑誌」(日本子ども虐待防止学会, 金剛出版（発売）)　12(1)通号28　2010.4　p61〜68

◇周産期のメンタルヘルスと虐待予防のための育児支援システム構築に関する研究(2)医療機関からの検討(特集［日本子ども虐待防止学会］第14回学術集会(埼玉大会))　栗原佳代子, 杉下佳文, 池田真理［他］　「子どもの虐待とネグレクト：日本子ども虐待防止学会学術雑誌」(日本子ども虐待防止学会, 金剛出版（発売）)　12(1)通号28　2010.4　p69〜77

◇新しい乳幼児揺さぶられ症候群の予防戦略—「パープルクライング期」教材による介入研究(特集［日本子ども虐待防止学会］第14回学術集会(埼玉大会))　藤原武男　「子どもの虐待とネグレクト：日本子ども虐待防止学会学術雑誌」(日本子ども虐待防止学会, 金剛出版（発売）)　12(1)通号28　2010.4　p78〜87

◇家族内性虐待被害児の一時保護—被虐待の鎖から離脱する意欲を持続するために(特集［日本子ども虐待防止学会］第14回学術集会(埼玉大会))　高橋幸市　「子どもの虐待とネグレクト：日本子ども虐待防止学会学術雑誌」(日本子ども虐待防止学会, 金剛出版（発売）)　12(1)通号28　2010.4　p88〜92

◇保育所での児童虐待防止活動に関する保育士の自己効力感尺度作成の試み　笠原正洋, 加藤和生　「子どもの虐待とネグレクト：日本子ども虐待防止学会学術雑誌」(日本子ども虐待防止学会, 金剛出版（発売）)　12(1)通号28　2010.4　p131〜139

◇母親による乳幼児虐待に対する予防的介入研究の文献レビュー　武者貴美子　「子どもの虐待とネグレクト：日本子ども虐待防止学会学術雑誌」(日本子ども虐待防止学会, 金剛出版（発売）)　12(1)通号28　2010.4　p140〜149

◇ドイツにおける児童虐待への対応と親権制度(2・完)　西谷祐子　「民商法雑誌」(有斐閣)　142(1)　2010.4　p1〜56

◇児童虐待防止のための親権制度研究会報告書　「家庭裁判月報」(最高裁判所)　62(5)　2010.5　p97〜212

◇大学生・大学院生子ども虐待防止MDT(多分野横断チーム)研修と医学教育　小林登, 川崎二三彦, 増沢高［他］　「医学教育」(日本医学教育学会, 篠原出版新社（発売）)　41(3)通号250　2010.6　p195〜199

◇海外法律情報 ドイツ―児童虐待の防止のために 戸田典子 「ジュリスト」(有斐閣) (1402) 2010.6.15 p73

◇児童虐待防止対策からみえる家族にとっての子どもの存在 加藤洋子 「子どもと福祉」(明石書店) 3 2010.7 p117～127

◇乳児院入所ケースからの分析―児童虐待予防活動に期待すること 榊原文 「保健師ジャーナル」(医学書院) 66(7) 2010.7 p647～653

◇子ども虐待への初期介入において児童相談所の臨床家チームは何を目指すのか―処遇困難な養育者との対峙的関係をめぐって 高岡昂太 「臨床心理学」(金剛出版) 10(4)通号58 2010.7 p561～572

◇保健師さんへ 虐待予防のゲートキーパーとして、地域づくりの要として、保健師さんに期待しています。―「なくそう！子どもの貧困」全国ネットワーク共同代表 千葉明徳短期大学保育創造学科講師 山野良一さん 山野良一 「月刊地域保健」(東京法規出版) 41(9) 2010.9 p70～77

◇児童虐待対応にかかる児童相談所と医療機関との組織化実践に関する研究的取組―児童相談所における医療的機能強化事業の構築 前川寿子 「厚生労働 : policy & information」(厚生問題研究会, 中央法規出版（発売）) 65(9) 2010.9 p46～51

◇周産期からの子育て支援拡充に向けた専門職再教育プログラムの評価―子ども虐待予防に関する評価より（第2報） 井上千晶, 三島みどり, 濱村美和子 [他] 「島根母性衛生学会雑誌」(島根県母性衛生学会) 14 2010.10 p91～96

◇教育の危機管理〈実務編〉 児童虐待への対応で、学校管理職がやるべきこと(1)管理職には、子どもだけでなく、保護者と教職員を守る義務が存在する 川崎二三彦 「週刊教育資料」(教育公論社) (1134)通号1264 2010.10.4 p20～21

◇教育の危機管理〈実務編〉児童虐待への対応で、学校管理職がやるべきこと(3)虐待の通告に慎重な学校現場。阻害要因を直視し、取り除く勇気を持とう 川崎二三彦 「週刊教育資料」(教育公論社) (1136)通号1266 2010.10.18 p20～21

◇教育の危機管理〈実務編〉 児童虐待への対応で、学校管理職がやるべきこと(4)児童相談所に、通告する場合に管理職が踏まえておきたい四つの注意点 川崎二三彦 「週刊教育資料」(教育公論社) (1137)通号1267 2010.10.25 p18～19

◇スウェーデンにおける児童虐待防止に関する法制度の特徴と現状―予防から被害児童へのケアまで(その1) 高田清恵 「国民医療」(国民医療研究所) (278) 2010.11 p17～23

◇「児童虐待防止のための親権に係る制度の見直しに関する中間試案」について 「家庭裁判月報」(最高裁判所) 62(12) 2010.12 p149～218

◇スウェーデンにおける児童虐待防止に関する法制度の特徴と現状―予防から被害児童へのケアまで(その2) 高田清恵 「国民医療」(国民医療研究所) (279) 2010.12 p17～24

◇米国における児童虐待の防止、介入プログラムから何を学ぶのか―米国の専門家2人を招いて 平山真理 「白鴎法学」(白鴎大学法学部) 17(2)通号36 2010.12 p178～164

◇児童虐待の予防を視野に入れた家庭訪問支援（その1）Healthy Families Americaの家庭訪問プログラムの概要と日本の家庭訪問事業の課題 白石淑江 「愛知淑徳大学論集. 福祉貢献学部篇」([愛知淑徳大学]福祉貢献学部論集編集委員会) (1) 2011 p69～81

◇子ども虐待対応における警察の役割 山田不二子 「警察政策」(警察政策学会, 立花書房（発売）) 13 2011 p25～58

◇研修講演より 子ども虐待における母子臨床 山下洋 「子どもの虹情報研修センター紀要」(横浜博萌会子どもの虹情報研修センター) (9) 2011 p88～109

◇児童虐待に対するフランスの取組み 神尾真知子 「女性空間」(日仏女性資料センター) (28) 2011 p137～150

◇第三十五回資生堂児童福祉海外研修報告 アメリカで推進されている児童虐待防止活動と虐待を受けた子どもたちの心の傷を癒す最新知識とその実践方法を学ぶ 實石哲夫 「非行問題」(全国児童自立支援施設協議会) (217) 2011 p204～210

◇児童虐待予防と特別活動：とりわけ学校健康診断に着目して　帖佐尚人　「早稲田大学教育学会紀要」（早稲田大学教育学会）（13）　2011年度　p49〜55

◇児童虐待防止に尽力した原胤昭　一龍齋貞花　「更生保護」（日本更生保護協会）62(1)　2011.1　p6〜9

◇「児童虐待防止のための親権に係る制度の見直しに関する中間試案」へのパブリックコメント　渡邉泰彦　「産大法学」（京都産業大学法学会）44(4)通号153　2011.2　p965〜953

◇虐待ハイリスク家族への支援に関する論考──保育所内における支援を中心として　高井由起子　「社会福祉士」（日本社会福祉士会）　通号18　2011.2　p18〜24

◇教育管理職のための法常識講座(第43回)児童虐待に直面した学校・教師の対応を検討するための教員研修資料　梅野正信　「季刊教育法」（エイデル研究所）（168）　2011.3　p56〜61

◇座談会　地域ネットワークで児童虐待を防ぐ　高橋千枝,川崎千恵,梶原眞由美［他］　「月刊地域保健」（東京法規出版）42(4)　2011.4　p16〜60

◇児童虐待防止のための親権に係る制度の見直しに関する要綱　「民事月報」（法務省民事局）66(4)　2011.4　p176〜178

◇地方都市から、いかにして子ども虐待防止問題を発信するか　山崎史郎　「子どもの虐待とネグレクト : 日本子ども虐待防止学会学術雑誌」（日本子ども虐待防止学会,金剛出版（発売））13(1)通号31　2011.5　p3〜5

◇「児童虐待防止のための親権に係る制度の見直しに関する要綱」及び社会保障審議会児童部会児童虐待防止のための親権の在り方に関する専門委員会報告書「児童の権利利益を擁護するための方策について」について　「家庭裁判月報」（最高裁判所）63(6)　2011.6　p205〜261

◇児童虐待に関する親権制度の見直しについて　吉田恒雄　「子どもと福祉」（明石書店）4　2011.7　p52〜57

◇虐待をなくすために　ショートステイで子育てをサポート　鈴木裕司　「女性のひろば」（日本共産党中央委員会,日本共産党中央委員会出版局（発売））　通号389　2011.7　p100〜105

◇児童虐待防止のための親権制度の見直しについて──平成23年民法等の一部を改正する法律（民法改正部分及び家事審判法改正部分）の概要　飛澤知行　「民事月報」（法務省民事局）66(7)　2011.7　p8〜25

◇教育の危機管理　児童虐待の防止　佐藤正志　「週刊教育資料」（教育公論社）（1168）通号1298　2011.7.4　p17〜19

◇虐待をなくすために　妊娠中から始める子育て支援(上)妊娠がわかったら　澤田敬　「女性のひろば」（日本共産党中央委員会,日本共産党中央委員会出版局（発売））　通号390　2011.8　p112〜116

◇ネグレクトに対する市町村の予防的取り組み　安部計彦　「西南学院大学人間科学論集」（西南学院大学学術研究所）7(1)　2011.8　p47〜58

◇児童虐待の防止等を図るための民法の改正について　森田亮　「NBL」（商事法務）通号959　2011.8.15　p110〜113

◇私が見てきた子ども虐待防止の歩み　椎名篤子　「子どもの虐待とネグレクト : 日本子ども虐待防止学会学術雑誌」（日本子ども虐待防止学会,金剛出版（発売））13(2)通号32　2011.9　p163〜165

◇虐待予防に向けた保育園における早期発見・早期支援に関する研究　望月由妃子,篠原亮次,杉澤悠圭［他］　「子どもの虐待とネグレクト : 日本子ども虐待防止学会学術雑誌」（日本子ども虐待防止学会,金剛出版（発売））13(2)通号32　2011.9　p284〜292

◇虐待をなくすために　妊娠中から始める子育て支援(下)保育所でできること　澤田敬　「女性のひろば」（日本共産党中央委員会,日本共産党中央委員会出版局（発売））　通号391　2011.9　p98〜101

◇児童虐待ハイリスク事例に対する個別支援時の行政保健師による保育所保育士との連携内容　尾形玲美,有本梓,村嶋幸代　「日本地域看護学会誌」（医学書院エムワイダブリュー）14(1)　2011.9　p20〜29

◇スウェーデンにおける児童虐待への対応 : 2009・2010年現地調査の概要　高田清恵　「琉大法學」（琉球大学法文学部）（86）　2011.9　p97〜171

◇韓国 家庭内暴力及び児童虐待への対応を強化　藤原夏人　「外国の立法．月刊版： 立法情報・翻訳・解説」（国立国会図書館調査及び立法考査局）　（249-1）　2011.10　p20〜21

◇新法解説 民法改正──児童虐待防止のための親権制度等の改正　中田裕康　「法学教室」（有斐閣）　通号373　2011.10　p58〜65

◇小特集 児童虐待防止対策の推進について： 守るのは 気づいたあなたの その勇気　雇用均等・児童家庭局総務課虐待防止対策室　「厚生労働： policy & information」（厚生問題研究会，中央法規出版（発売））　66（11）　2011.11　p36〜40

◇児童虐待事例に対する問題解決プロセス：北海道浦河町におけるメンタルヘルス問題のある親への支援実践から　松宮透高　「社会福祉学」（日本社会福祉学会）52（3）通号99　2011.11　p40〜52

◇児童虐待防止に関する親権制度の改正（特集 児童虐待防止に向けた法改正）　小池泰　「法律のひろば」（ぎょうせい）　64（11）　2011.11　p4〜11

◇親権制度改正と児童福祉分野における実践の課題と展望（特集 児童虐待防止に向けた法改正）　松原康雄　「法律のひろば」（ぎょうせい）　64（11）　2011.11　p12〜17

◇民法等の改正の概要（特集 児童虐待防止に向けた法改正）　飛澤知行　「法律のひろば」（ぎょうせい）　64（11）　2011.11　p18〜24

◇「民法等の一部を改正する法律」における児童福祉法の改正の概要（特集 児童虐待防止に向けた法改正）　髙松利光　「法律のひろば」（ぎょうせい）　64（11）　2011.11　p25〜29

◇法改正を踏まえた弁護士実務（特集 児童虐待防止に向けた法改正）　磯谷文明　「法律のひろば」（ぎょうせい）　64（11）　2011.11　p36〜42

◇親権法改正に伴う児童養護現場の現状と課題（特集 児童虐待防止に向けた法改正）　武藤素明　「法律のひろば」（ぎょうせい）　64（11）　2011.11　p43〜50

◇児童虐待防止における医師の役割：医療ネグレクトと親権の問題について（特集 児童虐待防止に向けた法改正）　柳川敏彦　「法律のひろば」（ぎょうせい）　64（11）　2011.11　p51〜57

◇教育問題法律相談（No.162）児童虐待による「一時保護」への対応　角南和子　「週刊教育資料」（教育公論社）　（1183）通号1313　2011.11.7　p31

◇児童虐待対策先進国になるのは，いつ？　清水將之　「子どもの虐待とネグレクト： 日本子ども虐待防止学会学術雑誌」（日本子ども虐待防止学会, 金剛出版（発売））　13（3）通号33　2011.12　p311〜313

◇子ども虐待予防のために，専門職としてできること（第7回大阪市立大学大学院看護学研究科 講演・シンポジウム『子ども虐待防止のために専門職としてできること』）　津崎哲郎　「大阪市立大学看護学雑誌」（大阪市立大学医学部看護学科）　8　2012　p71〜76

◇周産期・小児3次医療センターにおける虐待発生予防のための看護師の役割について（第7回大阪市立大学大学院看護学研究科 講演・シンポジウム『子ども虐待防止のために専門職としてできること』）　森山浩子　「大阪市立大学看護学雑誌」（大阪市立大学医学部看護学科）　8　2012　p77〜79

◇こども虐待防止における保健師の活動（第7回大阪市立大学大学院看護学研究科 講演・シンポジウム『子ども虐待防止のために専門職としてできること』）　杉本昌子　「大阪市立大学看護学雑誌」（大阪市立大学医学部看護学科）　8　2012　p80〜82

◇シンポジウム報告 子ども虐待の援助過程におけるインフォーマル資源の活用：ファミリーグループ・カンファレンスと親族里親の可能性　林浩康　「家族研究年報」（家族問題研究学会）　（37）　2012　p5〜26

◇日本の子ども虐待問題をめぐる政府の対応と市民社会の可能性：大阪フィールド調査とその考察　吉井美知子　「三重大学国際交流センター紀要」（三重大学国際交流センター）　7　2012　p75〜92

◇米国からの便り 子ども虐待専門オンブズマン： 市民の声を聞いて福祉行政を改革　長田美穂　「女性の安全と健康のための支援教育センター通信」（［女性の安全と健康のための支援教育センター］）　（32）　2012.1　p18〜21

◇英国児童虐待防止研究： 労働党政権における児童福祉/虐待防止政策のソーシャルワークへの

影響と変化　田邉泰美　「園田学園女子大学論文集」（園田学園女子大学）（46）　2012.1　p209～226

◇ネグレクト児童家庭への長期・短期支援に関する研究：要保護児童対策地域協議会活動による　加藤曜子　「流通科学大学論集．人間・社会・自然編」（流通科学大学学術研究会）24(2)　2012.1　p1～16

◇発生予防や早期発見等の取組推進求める 児童虐待の防止等で文部科学・厚生労働両省に勧告　「行政評価情報」（官庁通信社）（2834）　2012.2.9　p2～6

◇法令解説 児童虐待防止のための親権制度の見直し：親権停止制度の新設、未成年後見制度等の見直し等 民法等の一部を改正する法律（平成23年法律第61号）　「時の法令」（朝陽会、全国官報販売協同組合（発売））（1900）2012.2.28　p17～27

◇「児童虐待防止法」（法律第四十號）について：わが国のこどもの権利思想と法成立の背景一考　田中利宗, 田中康子　「道北福祉」（道北福祉研究会）（3）　2012.3　p36～51

◇妊娠中からケアする胎児・幼児虐待予防：大分県ペリネイタル・ビジット事業の取り組みから見えてくるもの　松岡幸一郎　「臨床婦人科産科」（医学書院）66(3)　2012.3　p282～286

◇子ども虐待に対応する学校の役割と課題：「育む環境（nurturing environment）」の保障を目的とするスクールソーシャルワークの可能性　西野緑　「Human welfare：HW」（関西学院大学人間福祉学部研究会）4(1)　2012.3　p41～53

◇評価の動き 児童虐待の防止等に関する政策評価：評価結果及び勧告の概要　藤井幾勝　「評価クォータリー」（行政管理研究センター）（21）　2012.4　p58～74

◇女性局からりぶるレポート 女性局「ハッピーオレンジ運動」 地域の絆で児童虐待ゼロへ 谷垣総裁が視察・訪問　「りぶる」（自由民主党）31(4)通号361　2012.4　p11～13

◇児童虐待対応における医療機関とこども相談センターとの連携（特集 児童虐待(1)）　石ına千春　「医療：国立医療学会誌」（国立医療学会）66(6)　2012.6　p256～263

◇虐待防止のために日常診療で小児科医に必要な役割について考えた症例　東本和紀, 堀大介, 石黒眞吾　「島根医学：the journal of the Shimane Medical Association」（島根県医師会）32(2)　2012.6　p74～78

◇児童虐待との戦い：『児童虐待の防止 児童と家庭、児童相談所と家庭裁判所』に寄せて　町野朔　「書斎の窓」（有斐閣）（615）　2012.6　p2～7

◇医療ソーシャルワーカーの働きを検証する(71) 児童虐待防止における医療機関でのMSWの役割　林ちづる　「病院」（医学書院）71(7)　2012.7　p576～579

◇その後の被虐待児への対応・虐待者への対応（特集 児童虐待(3)）　三好紀子　「医療：国立医療学会誌」（国立医療学会）66(8)　2012.8　p355～361

◇書見台 マリリン・ストラッチェン・ピーターソン、マイケル・ダーフィー編 太田真弓, 山田典子監訳『児童虐待とネグレクト対応ハンドブック：発見、評価からケース・マネジメント、連携までのガイドライン』　高畠克子　「アディクションと家族：日本嗜癖行動学会誌」（ヘルスワーク協会）28(4)　2012.9　p301～304

◇しつけと虐待の境界と親支援（特集 しつけと虐待の境界をめぐって）　平田伸子　「教育と医学」（慶應義塾大学出版会）60(9)通号711　2012.9　p752～760

◇産後の母親のうつ傾向を予測する妊娠期要因に関する研究：子ども虐待防止の視点から　中板育美, 佐野信也　「小児保健研究」（日本小児保健協会）71(5)　2012.9　p737～747

◇児童虐待への対応における取組の強化　小林俊夫　「Keisatsu koron」（立花書房）67(9)　2012.9　p12～17

◇家族法・戸籍制度研究会 第22回定例研究会 児童虐待防止のための親権制度の見直しについて：平成23年民法等一部改正　飛澤知行　「戸籍時報」（日本加除出版）（689）（特別増刊）2012.10　p1～97,巻頭1枚,巻頭1～2

◇教育講演 子ども虐待防止対策の政策評価：調査研究から政策まで（特集 第17回学術集会（いばらき大会））　和田一郎　「子どもの虐待とネグレクト：日本子ども虐待防止学会学術雑誌」

◇（日本子ども虐待防止学会，金剛出版（発売））　14(2)通号35　2012.10　p104〜107

◇国際プログラム　子ども虐待の予防方法としての家庭訪問プログラム（特集　第17回学術集会（いばらき大会））　DavidOlds，西澤哲〔訳〕「子どもの虐待とネグレクト：日本子ども虐待防止学会学術雑誌」（日本子ども虐待防止学会，金剛出版（発売））　14(2)通号35　2012.10　p118〜134

◇ミニ特集　児童虐待防止対策の推進について　気づくのはあなたと地域の心の目　厚生労働省雇用均等・児童家庭局総務課虐待防止対策室　「厚生労働：policy & information」（厚生問題研究会，中央法規出版（発売））　2012.11　p42〜46

◇子ども虐待予防対策に発揮される小児救急看護認定看護師の専門性（特集　小児看護における専門性：チーム医療を推進する看護職として―小児看護領域のエキスパート）　大島誠　「小児看護」（へるす出版）　35(13)通号447　2012.12　p1722〜1727

【図書】

◇子ども家庭福祉分野における家族支援のあり方に関する総合的研究―ファミリーグループ・カンファレンス　当事者参画によりすすめられる「子ども虐待」への新たな家族支援　平成21年厚生労働科学研究費補助金政策科学総合研究事業〔高橋重宏〕　〔2010〕　49p　30cm

◇児童虐待の援助法に関する文献研究―戦後日本社会の「子どもの危機的状況」という視点からの心理社会的分析　平成20年度研究報告書　第5報　子どもの虹情報研修センター編　横浜　横浜博萌会子どもの虹情報研修センター　2010.1　55p　30cm　〈研究代表者：保坂亨　文献あり〉　Ⓝ369.4

◇池田由子研究論文集―児童虐待防止法成立への取り組み　池田由子著，矢花芙美子，林行雄編　山王出版　2010.3印刷　582p　22cm　〈文献あり　著作目録あり〉　Ⓝ369.4

◇英国の挑戦―いかにして子どもを虐待から守るのか　ヴィクトリア・クリンビー調査報告と児童保護共同首席警察官報告に対する政府の応答　柏野健三訳者代表，相川貴文，大岡由佳，才村眞理，杉本正，野口晴利，渡辺嘉久共訳　奈良　帝塚山大学出版会　2010.3　137p　21cm　〈英国政府刊行物〉　1500円　①978-4-925247-10-8　Ⓝ369.4

◇虐待のメカニズム―その予防と対策　春日喬編著　おうふう　2010.3　172p　21cm　〈索引あり〉　2000円　①978-4-273-03593-8　Ⓝ369.4

内容　序章　生体の環境への適応―養育行動と種の保存　第1章　虐待のメカニズムを探る―生体のストレス応答　第2章　虐待する親たちはどういう人たちか　第3章　子ども虐待への発達論的およびコミュニティ心理学的接近　第4章　身体的虐待の心的メカニズム―被虐待経験をもつ暴力事犯者の事例を中心に　第5章　家族心理学からみた虐待の予防と支援　第6章　子どもは変わる・大人も変わる―ネグレクトからの再生

◇子ども虐待問題と被虐待児童の自立過程における複合的困難の構造と社会的支援のあり方に関する実証的研究―総合・総括研究報告書　平成20・21年度厚生労働科学研究報告書（政策科学総合研究事業）〔江別〕〔松本伊智朗〕　2010.3　163,10p　30cm

◇児童虐待における家族支援に関する研究―平成20年度研究報告書　第2報　児童福祉施設と児童相談所の連携をめぐって　子どもの虹情報研修センター編　〔横浜〕　横浜博萌会子どもの虹情報研修センター　2010.3　27p　30cm　〈研究代表者：川崎二三彦〉　Ⓝ369.4

◇医療従事者のための子ども虐待防止サポートブック―医療現場からの発信　奥山眞紀子，近藤太郎，高野直久，田村陽子　クインテッセンス出版　2010.4　230p　21cm　〈文献あり〉　3200円　①978-4-7812-0129-0　Ⓝ369.4

内容　臨床例から学ぶこと　子ども虐待とは　子ども虐待に関わる関係機関の役割　子ども虐待と法律　子ども虐待と家族の機能　子ども虐待の発見の機会と対応方法　子ども虐待の早期発見に役立つポイント　子どもの発達と虐待　子ども虐待の医学的な特徴　虐待を疑ったときの診察〔ほか〕

◇虐待の援助法に関する文献研究―平成20・21年度研究報告書　第5報　児童虐待に関する法制度および法学文献資料の研究　第4期（2004年5月から2007年6月まで）　子どもの虹情報研修センター編　〔横浜〕　横浜博萌会子どもの虹情報研修センター　2010.11　162p　30cm　〈研究代表者：吉田恒雄　文献あり　年表あり〉　Ⓝ369.4

◇日本子ども虐待防止学会第16回学術集会くまもと大会プログラム・抄録集―未来へ歩む子ども達を守ろう JaSPCAN in Kumamoto 2010 〔熊本〕 日本子ども虐待防止学会第16回学術集会くまもと大会実行委員会 2010.11 289p 30cm 〈会期・会場：2010年11月27日―28日 熊本県立劇場ほか〉 Ⓝ369.4

◇「児童虐待の防止等に関する意識等調査」結果報告書 総務省行政評価局 2010.12 165p 30cm 〈児童虐待の防止等に関する政策評価〉 Ⓝ369.4

◇最近の児童虐待防止対策の主な動向について 衆議院調査局第一特別調査室（青少年問題担当） 2011.2 132p 30cm （青少年問題レポート vol.18） Ⓝ369.4

◇親と子によりそって―児童虐待防止協会の歩み20周年記念誌 児童虐待防止協会編 大阪 児童虐待防止協会 2011.3 84p 30cm 〈年表あり〉 Ⓝ369.4

◇子ども虐待防止＆対応マニュアル―ふだんのかかわりから始める 山崎嘉久、前田清、白石淑江編 改訂第2版 診断と治療社 2011.6 224p 26cm 〈索引あり〉 3600円 Ⓘ978-4-7878-1894-2 Ⓝ369.4

内容 第1章 子ども虐待の現状と課題 第2章 子ども虐待の定義と分類 第3章 ふだんのかかわりから取り組む虐待対応―日常業務の視点から 第4章 気になる子と家族への支援―具体的な取り組み 第5章 妊娠・出産期からはじめる子育て支援 第6章 虐待の早期発見のために 第7章 通告と介入 第8章 ネットワーク活動とケース・マネージメント 第9章 支援のゴールとは 子ども虐待Q&A―なんだ、そうだったのか！

◇法律家が書いた子どもを虐待から守る本 後藤啓二著 中央経済社 2011.10 268p 21cm 〈文献あり〉 2000円 Ⓘ978-4-502-04630-8 Ⓝ369.4

内容 1 虐待される子どもたちの現実（虐待の現状 子ども虐待に至るリスク要因 虐待が子どもに与える深刻な影響 ほか） 2 Q&Aで考える機関別の虐待への対応（社会全体で取り組むべき問題 学校・幼稚園・保育所ができること 病院ができること ほか） 3 虐待のない社会への提言（きわめて不十分な制度面からの保護 虐待の発見・救出に必要な施策 虐待を受けた子どもの治療とケアの実施 ほか）

◇アメリカの子ども保護の歴史―虐待防止のための改革と提言 ジョン・E.B.マイヤーズ著、庄司順一、澁谷昌史、伊藤嘉余子訳 明石書店 2011.11 566p 20cm （明石ライブラリー 147） 〈索引あり〉 5500円 Ⓘ978-4-7503-3488-2 Ⓝ369.4

内容 第1部 これまでの歩み―アメリカの子ども保護の歴史（植民地時代から1875年まで 子ども虐待防止協会 1900年から1962年までの子ども保護 1962年から現在までの子ども保護 子どもの性的虐待） 第2部 これからの歩み―子ども保護の現在と未来（子ども虐待とネグレクトの発生要因 虐待とネグレクトを減らすためには 子ども保護システムの改革）

◇一問一答平成23年民法等改正―児童虐待防止に向けた親権制度の見直し 飛澤知行編著 商事法務 2011.11 121p 21cm （一問一答シリーズ） 〈索引あり〉 2200円 Ⓘ978-4-7857-1932-6 Ⓝ324.64

内容 第1章 総論 第2章 各論―民法（離婚後の子の監護に関する事項の定め等 15歳未満の者を養子とする縁組 親権の効力 親権の喪失 未成年後見） 第3章 各論―家事審判法 第4章 各論―戸籍法 第5章 各論―その他

◇エビデンスに基づく子ども虐待の発生予防と防止介入―その実践とさらなるエビデンスの創出に向けて トニー・ケーン編、アレキサンダー・ブッチャー、アリソン・フィネイ・ハーベイ、マーセリーナ・ミアン、ティルマン・フュルニス著、藤原武男、水木理恵監訳、坂戸美和子、富田拓、市川佳世子訳、小林美智子監修 明石書店 2011.12 175p 21cm 2800円 Ⓘ978-4-7503-3505-6 Ⓝ367.6

内容 導入 第1章 子ども虐待の性質と帰結 第2章 疫学と事例に基づいた情報 第3章 子ども虐待の予防・防止 第4章 虐待を受けた子どもとその家族に対するサービス 第5章 結論と提言 付録

◇子どもを虐待死から守るために―妊婦健診・乳幼児健診未受診者から見えること 太田由加里著 ドメス出版 2011.12 171p 22cm 〈文献あり〉 2400円 Ⓘ978-4-8107-0757-1 Ⓝ369.4

内容 はじめに―子どもの命を守り繋いでいくために 第1章 子ども虐待死が意味すること

第2章 虐待死ハイリスク要因とはどのような要因か　第3章 乳幼児健診調査に見る子育て不安とその支援　第4章 乳幼児健診未受診者調査の結果と考察　第5章 妊婦健診とその未受診者問題の検討　第6章 虐待予防のためのリスクアセスメント指標の検討　第7章 福祉・保健・医療連携の課題

◇日本子ども虐待防止学会第17回学術集会いばらき大会プログラム・抄録集―子ども虐待の予防を考える　〔つくば〕　日本子ども虐待防止学会第17回学術集会いばらき大会実行委員会　2011.12　299p　30cm　〈会期・会場：2011年12月2日～3日 つくば国際会議場(エポカルつくば)〉　Ⓝ369.4

◇児童虐待の防止等に関する政策評価書―要旨　総務省　2012.1　43p　30cm

◇児童虐待の防止等に関する政策評価書　総務省　2012.1　243p　30cm　Ⓝ369.4

◇児童虐待とネグレクト対応ハンドブック―発見、評価からケース・マネジメント、連携までのガイドライン　マリリン・ストラッチェン・ピーターソン、マイケル・ダーフィー編、ケビン・コルターメディカルエディター、太田真弓、山田典子監訳、加藤真紀子訳　明石書店　2012.2　690p　22cm　〈索引あり〉　9500円　①978-4-7503-3542-1　Ⓝ369.4

内容 危険信号：養育者歴、家族歴、養育者と子どもの行動　虐待発見とスクリーニング検査　子どもへの面接　サインと症状の評価　児童マルトリートメントに関連する特殊な問題　付随するリスクファクター　社会的孤立により増強されるリスクファクター　宗教的問題　評価と治療　家庭内措置と家庭外措置の子ども　〔ほか〕

◇児童虐待の防止―児童と家庭,児童相談所と家庭裁判所　町野朔,岩瀬徹編　有斐閣　2012.2　363p　22cm　〈索引あり〉　5000円　①978-4-641-13610-6　Ⓝ369.4

内容 第1章 児童虐待防止の法政策　第2章 児童福祉法・児童虐待防止法の展開　第3章 児童虐待と親権　第4章 家庭裁判所と児童虐待　第5章 刑事司法関与のあり方　第6章 被虐待児の治療とケア

◇児童虐待防止関係執務資料　最高裁判所事務総局　2012.3　347p　30cm　〈家庭裁判資料 第195号〉　Ⓝ369.4

◇Q&A児童虐待防止ハンドブック　児童虐待問題研究会編著　改訂版　ぎょうせい　2012.8　154p　21cm　1905円　①978-4-324-09517-1　Ⓝ369.4

内容 第1章 よくある質問　第2章 虐待されている子ども　第3章 虐待する保護者　第4章 虐待に気づいたら　第5章 民法等の改正　資料編

被虐待児のケア

【雑誌記事】

◇子ども虐待のケアにおいて小児看護師が感じる困難さの内容とその要因　辻佐恵子、鈴木敦子　「四日市看護医療大学紀要」(四日市看護医療大学)　3(1)　2010.3　p43～51

◇子どもと養育者の関係性の強化―トラウマに焦点を当てたプレイセラピーの活用(特集 [日本子ども虐待防止学会]第14回学術集会(埼玉大会)―国際シンポジウム「虐待とアタッチメント」)　西澤哲、楢原真也、若松亜希子[他]　「子どもの虐待とネグレクト：日本子ども虐待防止学会学術雑誌」(日本子ども虐待防止学会、金剛出版(発売))　12(1)通号28　2010.4　p37～41

◇日本の児童福祉施設における被虐待児童の持つアタッチメントの問題に対する援助(特集 [日本子ども虐待防止学会]第14回学術集会(埼玉大会)―国際シンポジウム「虐待とアタッチメント」)　森田展彰、徳山美知代　「子どもの虐待とネグレクト：日本子ども虐待防止学会学術雑誌」(日本子ども虐待防止学会、金剛出版(発売))　12(1)通号28　2010.4　p49～51

◇児童養護施設の被虐待児童とケアワーカーを対象としたアタッチメント・ベイスト・プログラム―ケアワーカーに対する有効性の検討　徳山美知代、森田展彰、菊池春樹　「子どもの虐待とネグレクト：日本子ども虐待防止学会学術雑誌」(日本子ども虐待防止学会、金剛出版(発売))　12(3)通号30　2010.11　p398～410

◇当センターにおける過去10年間の被虐待児入院症例215例の実態と問題点　丸山朋子、馬場美子、高野智子[他]　「日本小児科学会雑誌」(日本小児科学会)　115(1)　2011.1　p77～82

◇思春期・青年期の虐待被害者の自立支援ネットワークにおける現状と課題　永江誠治、花田裕子　「子どもの虐待とネグレクト：日本子ども虐待防止

防止学会学術雑誌」(日本子ども虐待防止学会, 金剛出版(発売)) 13(1)通号31 2011.5 p137～144

◇被虐待で入院した児に対しての保育士の役割について 河野拓二, 田島剛 「未病と抗老化：財団法人博慈会老人病研究所紀要」(博慈会老人病研究所) 20(1) 2011.6 p203～207

◇児童虐待を受け児童養護施設に入所した子どもへのセルフケアを基盤とした生活援助 井上知美 「日本小児看護学会誌」(日本小児看護学会) 20(3)通号42 2011.11 p67～73

◇行き場のない子どもたちをささえる場所と仕組みをつくる(特集 子ども虐待：子ども支援と女性支援をつなぐ) 石井花梨 「女たちの21世紀」(アジア女性資料センター) (68) 2011.12 p8～12

◇被虐待児に対する当面の医療など(特集 児童虐待(3)) 山崎麻美, 押田奈都, 埜中正博 「医報：国立医療学会誌」(国立医療学会) 66(8) 2012.8 p349～354

◇虐待を受けた「子ども」のケア(特集 しつけと虐待の境界をめぐって) 長谷川博一 「教育と医学」(慶應義塾大学出版会) 60(9)通号711 2012.9 p771～779

【図書】

◇被虐待児への学習援助に関する研究—被虐待児の認知に関する研究 平成20年度研究報告書 子どもの虹情報研修センター編 〔横浜〕 横浜博萌会子どもの虹情報研修センター 2010.3 21p 30cm 〈研究代表者：宮尾益知〉 Ⓝ371.45

◇被虐待児への学習援助に関する研究—被虐待児の認知に関する研究 平成21年度研究報告書 子どもの虹情報研修センター編 〔横浜〕 横浜博萌会子どもの虹情報研修センター 2011.4 21p 30cm 〈研究代表者：宮尾益知 文献あり〉 Ⓝ371.45

◇児童虐待の心理療法—不適切な養育の影響からの回復接近モデルの提言 近藤千加子著 風間書房 2011.8 231p 22cm 〈文献あり 年表あり〉 6500円 Ⓘ978-4-7599-1870-0 Ⓝ146.82

内容 第1章 児童虐待の概観(児童虐待の歴史的概観 児童虐待と心理的ケアの問題点 ほか) 第2章 虐待の影響(脳の機能障害 発達の障害 ほか) 第3章 グループ療法—前思春期(虐待を受けた子どものグループ療法 構成的エンカウンター・グループ ほか) 第4章 個人心理療法—前思春期～青年期(トラウマの事例 身体表現性の事例 ほか) 第5章 総合的考察(回復接近モデル 今後の課題)

◇虐待を受けた子どものケア・治療 奥山眞紀子, 西澤哲, 森田展彰編 診断と治療社 2012.2 256p 26cm 〈索引あり〉 4800円 Ⓘ978-4-7878-1862-1 Ⓝ493.937

◇被虐待児の専門里親支援—M-D&Dにもとづく実践モデル開発 木村容子著 相川書房 2012.3 250p 22cm 〈索引あり 文献あり〉 3300円 Ⓘ978-4-7501-0372-3 Ⓝ369.43

内容 第1章 専門里親支援モデル開発の研究デザイン 第2章 里親支援に関する変遷からみた専門里親支援の問題点—フェーズ1：問題の把握と分析 第3章 里親に対する里子の養育支援ニーズに関する調査研究—フェーズ2：叩き台のデザイン1 第4章 専門里親支援モデルの叩き台デザイン—フェーズ2：叩き台のデザイン2・3 第5章 学習ツールの試行と改良—フェーズ3：試行と改良 第6章 全体の考察 第7章 最近の里親制度 補遺

◇施設心理士という仕事—児童養護施設と児童虐待への心理的アプローチ 加藤尚子編著 京都 ミネルヴァ書房 2012.5 239p 19cm 〈索引あり〉 2500円 Ⓘ978-4-623-06205-8 Ⓝ146.89

内容 第1章 児童養護施設と施設心理士(子ども虐待と児童養護施設 施設心理士の導入と仕事の実際 施設心理士の姿 施設における心理臨床活動の特徴 職員のこころのケア) 第2章 施設心理士としての実践内容(施設心理士の仕事の実際 施設心理士になるまで、なってから) 第3章 子どもと家族への心理支援(児童養護施設における心理療法 成育史の振り返り—子どもの生にまつわる重要な事実を分かちあうための援助 セカンドステップ 施設心理士による家族支援) 第4章 レジデンシャルワーカーと組織への心理支援(施設内での児童間の性的虐待への取り組み 施設内でのマルトリートメント予防に関する取り組み 心理コンサルテーション) 第5章 事例(心理療法と生活支援が連動したプレイセラピーの事例 施設における家族支援の事例)

◇被虐待児の知能アセスメント―科学的根拠に基づく心理診断を目指して　緒方康介著　多賀出版　2012.11　139p　21cm　4000円　①978-4-8115-7751-7

内容　1部 児童虐待に対する児童相談所と児童心理司の役割（日本における児童虐待の現状　児童相談所の機能と児童心理司の職務）　2部 児童虐待と被虐待児の知的発達に関連する先行研究（被虐待児の知能に関する研究史　先行研究のメタ分析　生理的基盤）　3部 被虐待児の知能水準に関する実証研究（日本における実証的研究　施設入所の臨床的効果　潜在能力推定の試み）　4部 被虐待児の知能特性に関する実証研究（被虐待児の知能と学力の乖離　被虐待児の知能構造　虐待種別ごとの知能プロフィール）　5部 総合的考察（臨床的示唆　今後の課題　結論）

虐待事件

【雑誌記事】

◇保育士・教員に求められる子ども虐待対応について―死亡事例検証などから見る現状について　江川みえ子　「大阪成蹊短期大学研究紀要」（大阪成蹊短期大学）　(7)　2010　p75～95

◇改正臓器法が「児童虐待死」激増を招いた　「Themis」（テーミス）　19(10)通号216　2010.10　p34～35

◇教育法規あらかると　児童虐待死事件と保護者啓発　「内外教育」（時事通信社）　(6029)　2010.10.15　p19

◇子ども虐待を予防するために必要な社会の認識について：厚生労働省報告（第4次報告）と新聞等の報道とにおける死亡事例の実態から　寺岡祥子　「熊本大学医学部保健学科紀要」（熊本大学医学部保健学科）　(7)　2011　p51～62

◇児童虐待事件への対応について　宮城貴　「捜査研究」（東京法令出版）　60(3)通号717　2011.3　p2～16

◇委員の実務　子ども虐待による死亡事例等の検証結果（第7次報告概要）及び児童虐待相談対応件数等　人権擁護協力会　「人権のひろば」（人権擁護協力会）　14(5)通号81　2011.9　p8～11

◇臓器移植と子ども虐待（特集 見逃さない！日常診療の中にある子ども虐待・ネグレクト）　山田不二子　「小児科診療」（診断と治療社）　74(10)通号885　2011.10　p1469～1473

◇児童虐待に関する家事事件の概況と今後の展望（特集 児童虐待防止に向けた法改正）　古谷恭一郎　「法律のひろば」（ぎょうせい）　64(11)　2011.11　p30～35

◇学齢期児童虐待事例検証の再検討：死亡事例について　羽間京子,保坂亨,小木曽宏［他］　「千葉大学教育学部研究紀要」（千葉大学教育学部）　60　2012.3　p133～142

◇児童虐待死亡事件について判例を用いたソーシャルワーク検討　齋藤知子　「帝京平成大学紀要」（帝京平成大学）　23(1)　2012.3　p1～16

【図書】

◇子ども虐待による死亡事例等の検証結果等について―社会保障審議会児童部会児童虐待等要保護事例の検証に関する専門委員会第6次報告　社会保障審議会児童部会児童虐待等要保護事例の検証に関する専門委員会編　〔社会保障審議会児童部会児童虐待等要保護事例の検証に関する専門委員会〕　2010.7　41,55,9p　30cm　Ⓝ369.4

◇児童の虐待死に関する文献研究―研修資料　平成22年度　子どもの虹情報研修センター編　〔横浜〕　横浜博萌会子どもの虹情報研修センター　2011.4　83p　30cm　〈研究者：川崎二三彦ほか　文献あり〉　Ⓝ369.4

◇子ども虐待による死亡事例等の検証結果等について―社会保障審議会児童部会児童虐待等要保護事例の検証に関する専門委員会第7次報告　社会保障審議会児童部会児童虐待等要保護事例の検証に関する専門委員会編　〔社会保障審議会児童部会児童虐待等要保護事例の検証に関する専門委員会〕　2011.7　151,4p　30cm　Ⓝ369.4

◆岸和田中学生虐待事件

【雑誌記事】

◇教育の危機管理〈実務編〉児童虐待への対応で、学校管理職がやるべきこと(2)2004年の「岸和田中学生虐待事件」のころから変わらない虐待発見の難しさ　川崎二三彦　「週刊教育資料」（教

育公論社）（1135）通号1265　2010.10.11
p18〜19

【図書】

◇虐待の家―「鬼母」と呼ばれた女たち　佐藤万作子著　中央公論新社　2011.6　344p　16cm（中公文庫　さ57-1）〈2007年刊の増補〉　667円　①978-4-12-205498-1　Ⓝ369.4

内容　序章 事件発覚　第1章 家族　第2章 裁判開始　第3章 面会　第4章 父と息子　第5章「母親」という呪縛　第6章 疎外感を抱えて　第7章 それぞれの判決　文庫版書き下ろし 出所後の苦悩―「親子再統合」をめぐって

◆大阪二児遺棄事件

【雑誌記事】

◇なぜ虐待の連鎖は広がるのか―大阪・2児遺棄餓死事件　「サンデー毎日」（毎日新聞社）89(37)通号5006　2010.8.22・29　p150〜152

◇「大阪ネグレクト死事件」にみる児童福祉法の問題点　藤田香織　「刑事法ジャーナル」（成文堂）　30　2011　p84〜91

◇初公判！発生500日目の徹底検証 ふたつのネグレクト：大阪二児遺棄殺人事件(前編)父の告白　杉山春　「週刊ポスト」（小学館）　44(11)通号2171　2012.3.16　p58〜61

◇ふたつのネグレクト 大阪二児遺棄殺人事件(中編)下村早苗被告の告白　杉山春　「週刊ポスト」（小学館）　44(12)通号2172　2012.3.23　p123〜125

◇悲劇の真相 ふたつのネグレクト：大阪二児遺棄殺人事件(最終回)懲役30年の償い　「週刊ポスト」（小学館）　44(15)通号2175　2012.4.6　p58〜60

育児環境

【雑誌記事】

◇少子社会における親の子育て環境に関する研究（第1報）大学内保育施設の設置に着目して　高野良子, 宮下裕一　「植草学園大学研究紀要」（植草学園大学研究委員会）　3　2010年度　p37〜45

◇少子社会における親の子育て環境に関する研究（第2報）保育所利用者アンケート結果をもとに　宮下裕一, 高野良子　「植草学園大学研究紀要」（植草学園大学研究委員会）　3　2010年度　p97〜103

◇18か月児の社会能力に関連する養育環境の特徴　田中笑子, 篠原亮次, 杉澤悠圭［他］　「日本保健福祉学会誌」（日本保健福祉学会）　16 (1) 通号28　2010　p57〜66

◇地域子育て支援拠点利用と子育ち子育て環境変化との関連性　新川泰弘　「三重中京大学短期大学部論叢」（三重中京大学短期大学部学術研究会）　(48)　2010　p199〜210

◇安心して子育てができる環境整備のあり方に関する調査　鈴木圭一, 沼尻恵子　「JICE report : Report of Japan Institute of Construction Engineering」（国土技術研究センター）　(18)　2010　p32〜38

◇地域社会における子育て・教育環境—小学生母子の地域とのかかわりと教育に関するアンケート調査より　的場康子　「Life design report」（第一生命経済研究所ライフデザイン研究本部）　通号194　2010.Spr.　p4〜15

◇書評　塩野谷斉・木村歩美編　子どもの育ちと環境—現場からの10の提言　亀谷和史著　「季刊保育問題研究」（新読書社）　通号241　2010.2　p86〜90

◇まちづくり法とその施行にみる子育て・子育ちへの視点—公共空間における移動、子育てバリアフリーについての一考察　吉田ゆり　「国際人間学部紀要」（鹿児島純心女子大学国際人間学部）　(16)　2010.3　p117〜131

◇日韓比較研究「子育て意識と子育て支援に関する実態とニーズ調査」から少子化問題とその背景を考える—福岡市と大邱・慶山市との比較調査結果の分析を通じて　細井勇, 古橋啓介, 秦和彦［他］　「福岡県立大学人間社会学部紀要」（福岡県立大学人間社会学部）　19 (1)　2010.7　p51〜66

◇社会の歪みの中で子どもを取り巻く環境の変化と大人の対応について一考察：よりよい子育てのための大人育ち　森川利春　「岩国短期大学紀要」（岩国短期大学）　(40)　2011　p75〜86

◇経済階層と子育て・仕事時間：2001年社会生活基本調査の分析を通じて　山野良一　「千葉明徳短期大学研究紀要」（千葉明徳短期大学）　(32)　2011　p53〜63

◇環境の変化に伴う子育てについて—家庭や地域社会の現状を踏まえて　徳田泰伸　「兵庫大学論集」（兵庫大学）　(16)　2011　p125〜135

◇子育て家庭の環境変化と就学前児童施設の選択　金原あかね　「生活福祉研究」（明治安田生活福祉研究所調査報）　通号77　2011.6　p26〜41

◇養育環境に対するハードウェアとソフトウェアからの考察：家庭的な養育環境の構築に向けて　大谷誠英　「福祉研究」（日本福祉大学社会福祉学会）　(104)　2012　p101〜110

◇交通分野における子育て関連研究（特集 子育ち・子育てと福祉のまちづくり）　大森宣暁　「福祉のまちづくり研究」（日本福祉のまちづくり学会）　14 (2)　2012　p23〜28

◇子ども連れが外出しやすい環境整備（特集 子育ち・子育てと福祉のまちづくり）　沼尻恵子　「福祉のまちづくり研究」（日本福祉のまちづくり学会）　14 (2)　2012　p29〜33

◇子育てバリアフリーマップ（特集 子育ち・子育てと福祉のまちづくり）　山田雅行, 植田瑞昌　「福祉のまちづくり研究」（日本福祉のまちづくり学会）　14 (2)　2012　p34〜39

育児環境

◇日本の母親の「子育ての負担感」と社会環境　森田美佐　「高知大学教育学部研究報告」（高知大学教育学部）　(72)　2012.3　p131〜135

【図書】

◇保育実践を支える環境　吉田淳，横井一之編著　福村出版　2010.3　191p　21cm　〈索引あり〉　2100円　①978-4-571-11023-8　Ⓝ376.1
　内容　1章 保育における環境の役割　2章 保育領域「環境」で扱うもの　3章 保育の実際　4章 領域「環境」の指導計画とその展開　5章 領域「環境」のねらいと内容　6章 乳幼児の自然認識の発達と領域「環境」

◇子育て環境に関する親の意識についての調査研究―報告書概要版　平成22年度　こども未来財団　2011.3　20p　30cm　（児童関連サービス調査研究等事業報告書 平成22年度）

◇子育て環境に関する親の意識についての調査研究―報告書　平成22年度　こども未来財団　2011.3　93p　30cm　（児童関連サービス調査研究等事業報告書 平成22年度）　Ⓝ369.4

◇都市と地方における子育て環境に関する調査報告書　内閣府政策統括官（共生社会政策担当）　2012.3　124,36,7p　30cm　Ⓝ369.4

◇子育て，教育，ときどき選挙　すがややすこ著　八月書館　2012.6　160p　19cm　1300円　①978-4-938140-78-6
　内容　第1章 子育て環境をつくる（なぜチルドレンファーストなのか　就学前施設（保育園，幼稚園等）の環境整備　世田谷区の保育施設について　学童保育（小学生の保育）について　すべての子育て過程への支援と保育に欠ける要件）　第2章 教育環境をつくる（制度　教育現場での具体的課題）　第3章 4人の国会議員インタビュー（鈴木寛参議院議員　蓮舫参議院議員　手塚よしお衆議院議員　小宮山洋子衆議院議員）

経済問題

【雑誌記事】

◇新政権のもとでの子ども手当てと高校無償化　高橋信一　「社会保障」（中央社会保障推進協議会，あけび書房（発売））　42通号428　2010.新春　p57〜60

◇養育費問題からみた日本の家族政策―国際比較の視点から（特集 互助・支援と家族）　下夷美幸　「比較家族史研究」（比較家族史学会）　(25)　2010　p81〜104

◇書評 下夷美幸著『養育費政策に見る国家と家族 母子世帯の社会学』　岩田美香　「福祉社会学研究」（福祉社会学会）　通号7　2010　p197〜200

◇ファミリーカウンセラーの窓から(117)養育費相談の窓口から―父母離婚後の親子関係を考える　家庭問題情報センター　「住民行政の窓」（日本加除出版）　通号344　2010.1　p85〜89

◇魂の校長塾（第11回）教育費の削減，給与の減額―我々はどう受けとめるべきか　野口芳宏　「総合教育技術」（小学館）　64(14)　2010.2　p70〜73

◇働く　40代男性正社員が一番不安―「降格」で心折れた課長，ボーナス激減で教育費不安　大波綾，伊東武彦，大重史朗　「Aera」（朝日新聞出版）　23(5)通号1209　2010.2.8　p12〜17

◇子どもの養育費用と子ども手当　里麻淳子　「大阪学院大学企業情報学研究」（大阪学院大学企業情報学会）　9(3)通号27　2010.3　p65〜87

◇教育費負担とローン―その日本的特質　蝶慎一　「教育福祉研究」（北海道大学大学院教育学研究院教育福祉論分野）　(16)　2010.3　p15〜23

◇民法成年年齢引下げと養育費―法制審議会参考人意見陳述をふまえて　遠山信一郎　「中央ロー・ジャーナル」（中央大学法科大学院，中央大学出版部（発売））　6(4)通号22　2010.3　p89〜96

◇家計 今年は遊学生が2人に―教育費の山を家計簿で　野中由理子　「婦人之友」（婦人之友社）　104(3)通号1282　2010.3　p119〜123

◇子ども手当て，高校授業無償化 etc…　教育資金アドバイスはこう変わる　馬養雅子　「Financial adviser」（近代セールス社）　12(4)通号137　2010.4　p50〜53

◇家計における教育費負担の実態（日本政策金融公庫）子供1人にかかる費用―高校326.2万円，大学681.5万円　「労働と経済」（共文社）　(1503)　2010.4.25　p37〜41

◇教育費用1人当たり1.6万円の減　厚生労働省「平成21年度能力開発基本調査」　「労経ファイル：労働新聞データベース」（労働新聞社）（521）　2010.5.1　p22〜34

◇子どもの学習費事情〈平成20年度〉（文部科学省）幼稚園から高校まですべて私立だと1,663万円　「労働と経済」（共文社）（1504）　2010.5.10・25　p50〜59

◇育児期夫婦における家計の収入管理に関する夫婦間相互調整　神谷哲司　「東北大学大学院教育学研究科研究年報」（東北大学大学院教育学研究科）　58(2)　2010.6　p135〜151

◇現金給付の一体化を検討（子育て基本制度案）「週刊社会保障」（法研）64(2586)　2010.7.5　p17

◇家計　教育費の歩みは親子の歩み　稲沢貴子　「婦人之友」（婦人之友社）104(8)通号1287　2010.8　p115〜119

◇けいざい・かわら版　出産のハードルを上げる高額な教育費負担―女性の就労促進による世帯所得の拡大が必要　柵山順子　「第一生命経済研レポート」（第一生命経済研究所）　14(6)通号162　2010.9　p13〜18

◇子育て(0〜15歳)にかかる費用(内閣府)―最も多いのは中学生で年間約156万円　「労働と経済」（共文社）（1510）　2010.9.10　p33〜38

◇教育費が家計の4割近く　「内外教育」（時事通信社）（6040）　2010.11.30　p9

◇子どもの養育費の算定基準、養育保障はいかにあるべきか　松嶋道夫　「久留米大学法学」（久留米大学法学会）（64）　2010.12　p174〜119

◇教育費負担の実態/日本政策金融公庫　年収の37.6%と過去10年で最高　「賃金・労務通信」（労働法令協会）63(34)通号2044　2010.12.25　p21〜23

◇経済的支援が子ども数と女性の労働供給に与える影響―児童手当と保育サービス利用への補助に関するモデル・シミュレーション分析　坂爪聡子　「季刊社会保障研究」（国立社会保障・人口問題研究所）46(4)通号191　2011.Spr.　p426〜436

◇保育費用と女性の労働時間に関する研究　高見澤有一　「財政経理理論研修論文集」（財務省財務総合政策研究所）　2011年度　[2011]　p157〜162

◇わが国における教育費研究の再検討：公教育における私費負担と「福祉国家」政策の理解をめぐって　田中秀佳　「名古屋大学大学院教育発達科学研究科紀要.教育科学」（名古屋大学大学院教育発達科学研究科）　58(1)　2011年度　p59〜69

◇書評　末富芳著『教育費の政治経済学』　二宮祐　「日本教育政策学会年報」（日本教育政策学会、八月書館）　（18）　2011　p228〜231

◇スキルアップ講座　作って覚えるExcel2003 家計シミュレーション(第3回)子供の教育費を入力してグラフ化する　岡村秀昭　「日経パソコン」（日経BP社）　（619）　2011.2.14　p99〜102

◇社会保障Q&A　育児・介護関係の助成金廃止について　「週刊社会保障」（法研）65(2618)　2011.2.28　p63

◇マネー　教育費で「得する相続」　山下努,甲斐さやか　「Aera」（朝日新聞出版）24(8)通号1270　2011.2.28　p30〜34

◇教育費・保育費支出と家計の経済状況、母親の就業の関係　出島敬久　「上智経済論集」（上智大学経済学会）　56(1・2)　2011.3　p65〜80

◇公的医療支出と育児補助金が出生率に及ぼす効果　大森達也　「三重中京大学地域社会研究所報」（三重中京大学地域社会研究所）（23）2011.3　p1〜9

◇子育て世帯に対する手当と税制上の措置―諸外国との比較　野辺英俊　「調査と情報」（国立国会図書館調査及び立法考査局）（704）2011.3.8　p1〜12,巻頭1p

◇幼児の教育費(ベネッセ)―1ヵ月5,829円、5年前の3分の2に　「労働と経済」（共文社）（1521）2011.3.10　p43〜45

◇家計における教育費負担の実態(日本政策金融公庫)―子供1人にかかる費用(入学+在学)―高校350万円+大学709万円[ほとんど等しい]1,060万円　「労働と経済」（共文社）（1522）2011.3.25　p50〜54

◇扶養控除廃止による子ども手当と高校無償化の経済効果―あるべき少子化対策・子育て政策(上)　林直嗣　「経営志林」（法政大学経営学会）　48(1)　2011.4　p1〜16

◇書評 末冨芳著『教育費の政治経済学』 本多正人 「日本教育経営学会紀要」（第一法規） (53) 2011.5 p207〜209

◇子育てへの負担容認は7割(国際意識調査) 「週刊社会保障」（法研） 65(2631) 2011.6.6 p15

◇扶養控除廃止による子ども手当と高校無償化の経済効果―あるべき少子化対策・子育て政策（下） 林直嗣 「経営志林」（法政大学経営学会） 48(2) 2011.7 p1〜18

◇養育費算定式に関する疑問 : 「東京家審平成20.7.31判批」補論 佐藤啓子 「桃山法学」（桃山学院大学総合研究所） (18) 2011.10 p97〜102

◇社会保障Q&A 育児・介護雇用安定等助成金の再編 「週刊社会保障」（法研） 65(2647) 2011.10.3 p94

◇地方議員相談室から 質問に答えて 子ども手当からの保育料などの徴収について 「議会と自治体」（日本共産党中央委員会, 日本共産党中央委員会出版局（発売）） (165) 2012.1 p60〜62

◇教育ソリューション 重い家計の教育費負担：人材教育はだれのためか 緑川享子 「月刊カレント」（潮流社） 49(1) 通号809 2012.1 p56〜59

◇子ども・子育て包括交付金(仮称)について(案)（新システム作業G基本制度WT（2011.11.24）子ども・子育て新システム検討会議作業グループ 基本制度ワーキングチーム（第16回）2011（平成23）年11月24日） 「保育情報」（全国保育団体連絡会, ちいさいなかま社（発売）） (422) 2012.1 p21〜23

◇利用者負担について（案）（新システム作業G基本制度WT（2011.11.24）子ども・子育て新システム検討会議作業グループ 基本制度ワーキングチーム（第16回）2011（平成23）年11月24日） 「保育情報」（全国保育団体連絡会, ちいさいなかま社（発売）） (422) 2012.1 p32〜34

◇学校と家庭をつなぐ 教育費のこと話しませんか まずは、喫茶店でのおしゃべりから 古屋千代乃 「子どものしあわせ」（草土文化） (732) 2012.2 p56〜59

◇離婚母子家庭の直面する養育費不払い問題に関する考察 上村昌代 「チャイルド・サイエンス：子ども学」（「日本子ども学会」事務局） 8 2012.3 p57〜61

◇騙されるな! 小宮山洋子・厚労相はどうして「専業主婦」を目の敵にするのか 「子ども手当」から「児童手当」これだけ改悪された：なんと年収1800万円でも満額もらえる抜け穴も発覚!! 「週刊ポスト」（小学館） 44(15) 通号2175 2012.4.6 p48〜50

◇養育費調停のよりよい解決を目指して 倉岡憲雄, 斎藤榮一, 我孫子晋［他］ 「ケース研究」（家庭事件研究会） 2012(1) 通号311 2012.5 p132〜174

◇子ども 全国主要62自治体への徹底調査でわかった 子育て費用こんなに違う 木村恵子 「Aera」（朝日新聞出版） 25(25) 通号1345 2012.6.11 p53〜57

◇所得格差と教育費格差：『家計調査』が示すもの 古泉博之 「武蔵大学論集」（武蔵大学経済学会） 60(1) 通号291 2012.7 p125〜144

◇養育費の確保を巡る諸問題 : 養育費相談の窓から見えるもの 鶴岡健一 「ケース研究」（家庭事件研究会） 2012(2) 通号312 2012.8 p50〜85

◇教育費月21万円の家計 大切にしたいことを予算にこめて 木村康子 「婦人之友」（婦人之友社） 106(8) 通号1311 2012.8 p100〜105

◇養育費・婚姻費用分担における簡易算定方式と養育保障の課題 松嶋道夫 「久留米大学法学」（久留米大学法学会） (67) 2012.9 p226〜184

◇タックス・プラス1 子育てを支援する児童手当と扶養控除 荒木智恵子 「MJS税経システム研究所monthly report」（ミロク情報サービス） (44) 2012.9.1 p28〜34

◇海外赴任者の帯同子女にかかる教育費と学校選びの考え方について会社が知っておくべきこと 藤井恵 「国際金融」（外国為替貿易研究会） (1241) 2012.10.1 p52〜58

◇45自治体の教育支援充実度 負担増時代の賢い教育費節約術 三宮千賀子 「Aera」（朝日新聞出版） 25(45) 通号1365 2012.10.29 p28〜32

経済問題　　　　　　　　　　　　　　　　　　　　　　　　　　育児環境

◇まなぶ論壇 保育料格差　「まなぶ」（労働大学出版センター）（666）　2012.11　p34～37

【図書】
◇インターネットによる子育て費用に関する調査報告書　内閣府政策統括官（共生社会政策担当）　2010.3　170p　30cm　Ⓝ365.4

◇養育費を確保するための調査研究事業報告書　平成21年度　全国母子寡婦福祉団体協議会　2010.3　139p　30cm　〈平成21年度独立行政法人福祉医療機構「長寿・子育て・障害者基金」助成事業〉　Ⓝ367.3

◇養育費で悩んだら…　全国母子寡婦福祉団体協議会　2010.3　18p　21cm　〈独立行政法人福祉医療機構「長寿・子育て・障害者基金」助成事業〉

◇養育費実態調査払わない親の本音―アンケートとインタビュー離婚・未婚の父・母・子どもたちの声　Wink編　日本加除出版　2010.4　164,10p　21cm　〈「独立行政法人福祉医療機構子育て基金」助成事業改訂〉　1600円　①978-4-8178-3862-9　Ⓝ367.3

◇年収300万円時代、子どもの教育費はこうしなさい！―後悔しない、教育費の貯め方と使い方　大竹のり子著　ダイヤモンド社　2010.5　214p　19cm　〈文献あり〉　1500円　①978-4-478-01316-8　Ⓝ591

内容　プロローグ 教育費がライフプランを狂わせる　はじめに 教育費に不安を感じている親の皆さんへ　第1章 年収300万円になっても子ども2人を大学へ行かせるための戦略とは　第2章 子どもを大学へ行かせるには、実際いくらかかるのか―教育費「ひとり最低1000万円以上」の内訳　第3章 今どき「お受験」&「塾」の費用―無理な中学受験は家計崩壊!?受験のタイミングで変わる教育費の総額　第4章 年収300万円になっても教育費を捻出するためには　第5章 「子ども手当」を活用した安全&手堅い資金運用術　第6章 どうしても困ったときの奨学金、教育ローン活用法　第7章 親子でサバイバルするための出口戦略―「教育費」と自分の「老後資金」は同じサイフだからこそ、気をつけたいこと

◇子育ての経済学―ビジネススクールの講義でいちばん受けた話　ジョシュア・ガンズ著、松田和也訳　日経BP社　2010.8　255p　19cm　〈発売：日経BPマーケティング　解説：吉本佳生〉　1600円　①978-4-8222-4819-2　Ⓝ331

内容　第1部 その発端　第2部 基本の基本　第3部 品質管理　第4部 厄介ごと　第5部 お楽しみ　第6部 お勉強　第7部 長期目標

◇子どもにお金をかけるのは、やめなさい―子育てとお金のバランスを考え直す本　横山光昭著　すばる舎　2011.9　206p　19cm　1300円　①978-4-7991-0058-5　Ⓝ365.4

内容　第1章 「子育てにはお金がかかる」の思い込み（今は「お金がないと子育てできない」時代？　収入を考えると「もう1人」を躊躇してしまう… ほか）　第2章 「子どものための出費」をあらためて見直す（お金をかけないと「良い教育」は受けられない？　「才能を最大限伸ばしてやる」のが親の務め？ ほか）　第3章 本当に、教育費は何千万円も必要？（子どもの将来を考えたら、やっぱり私立校？　「ずっと公立」をわが家の方針にするなら ほか）　第4章 子育て中の家計はこう考える（子どもが生まれたらマイホームを購入すべき？　一人部屋を与えてあげないのはかわいそう？ ほか）　第5章 すべてを「子ども中心」にしない（親のお小遣いは絶対カットしてはいけない！　子どもをさしおいて贅沢するのは許されない？ ほか）

◇夢を叶えるわが家の教育資金計画　青木鉄美著　エール出版社　2012.1　179p　19cm　（〔Yell books〕）　1500円　①978-4-7539-3089-0　Ⓝ373.4

内容　第1章 親世代の教育、今の教育、これからの教育　第2章 教育が夢を叶え、環境を変える最良の方法　第3章 進学に必要な実際の費用、必要な時期を知る　第4章 教育資金の準備は子どもが生まれた時から始まる　第5章 親元を離れての学生生活は貴重な体験　第6章 自分の価値観で教育を活用する　第7章 情報公開でここをチェック!!大学の見方

◇家計のやりくり子育てのお金―しあわせ生活ガイド　羽田野博子著　滋慶出版/土屋書店　2012.3　175p　21cm　1300円　①978-4-8069-1249-1　Ⓝ591

内容　第1章 いくらかかるの？妊娠・出産のお金（妊娠がわかったら　妊娠・出産にかかるお金 ほか）　第2章 パパ・ママとしての賢い家計やりくり（ライフプランを立ててみよう！　毎月の収支を計算する ほか）　第3章 教育費のかけ方・積み立て方（子どもの教育費はどれ

くらい？ 子育て中にもらえるお金 ほか）第4章 子どもへの上手なおこづかい教育（なぜ今、おこづかい教育が必要なの？ おこづかい教育、何を教える？ ほか） 第5章 シングルママ・パパになったら（ひとり親がもらえるお金 離婚でひとり親になったら ほか）

◇ママと子どもとお金の話―お金がなければ子育てできないと思っているあなたに うだひろえ著、泉正人、新屋真摘監修 サンクチュアリ出版 2012.11 199p 21cm 1150円 ①978-4-86113-974-1 Ⓝ591

[内容] 妊娠・出産の手続きは大変 まだまだ終わらない！産後手続きへ いくらあっても足りない!?教育費 もしもの教育費は青天井 子どもの可能性ともしもの教育費 18歳までは生活費で学費をまかなうのが理想 教育費は「かかる？」「かける？」 教育費で家計を壊さないために 子どもができたらやっぱり保険？ 「もしも」の保険と「ため」の保険 〔ほか〕

◆児童手当

【雑誌記事】

◇書評 髙山憲之著『年金と子ども手当』 江口隆裕 「個人金融」（郵便貯金振興会） 5（2） 2010.夏 p152～154

◇Data Focus 子ども手当で負担増世帯は2割 専業主婦世帯も6割が所得純増 髙山憲之 「週刊ダイヤモンド」（ダイヤモンド社） 98（2）通号4311 2010.1.9 p20

◇グローバル・アイ 「子ども手当」論争から日本の病巣が見える RichardKatz 「週刊東洋経済」（東洋経済新報社） （6240） 2010.1.9 p108～109

◇評の評 ［2010年］一般誌1月号「子ども手当」に賛否両論 「内外教育」（時事通信社） （5963） 2010.1.12 p26

◇Weekly News 子ども手当増額経費が必要―長妻厚労相が［平成］23年度予算編成の課題説明 閣僚懇 「週刊社会保障」（法研） 64（2563） 2010.1.18 p16～17

◇「需要大国」への挑戦（5）「子ども手当」で内需は増えるか 鈴木準 「エコノミスト」（毎日新聞社） 88（4）通号4081 2010.1.19 p96～97

◇新春特別授業 10分で分かる「子ども手当」と「日本の財政」 細野真宏 「Sapio」（小学館） 22（2）通号480 2010.1.27 p51～56

◇子ども手当の是非を問う―階層化する子ども世帯 白波瀬佐和子 「世界」（岩波書店） （801） 2010.2 p42～50

◇子ども手当てより心配な小・中学生の体力低下―1週間の運動が「60分未満」の子が10パーセントも 「Themis」（テーミス） 19（2）通号208 2010.2 p72

◇Weekly News 予算関連法案の早期成立を要請―子ども手当法案等3法案を民主党に説明 政策会議 「週刊社会保障」（法研） 64（2565） 2010.2.1 p16～17

◇DATA ROOM（資料）月額1万3000円を［平成22年］6月から支給―子ども手当の支給に関する法律案要綱等 「週刊社会保障」（法研） 64（2565） 2010.2.1 p52～59

◇市長会が子ども手当創設に伴う人件費の国庫負担等で緊急決議 「週刊国保実務」（社会保険実務研究所） （2695） 2010.2.8 p42

◇子ども手当法案を閣議決定、国会に提出 「週刊国保実務」（社会保険実務研究所） （2695） 2010.2.8 p37～39

◇全国市長会が子ども手当など社会保障で厚労省から説明聴取 「週刊国保実務」（社会保険実務研究所） （2695） 2010.2.8 p40～41

◇時鐘 何のための「子ども手当」か 「週刊社会保障」（法研） 64（2566） 2010.2.8 p3

◇特集 今年［2010年］初の全国知事会議を開催 子ども手当の地方負担で不満続出―外国人参政権問題も議論に 三原岳 「地方行政」（時事通信社） （10122） 2010.2.8 p2～6

◇永田町通信 予算関連法案―子ども手当法案を中心に 「週刊社会保障」（法研） 64（2567） 2010.2.15 p60

◇厚生労働省の10年度予算案 子ども手当に1兆4980億円―9.5％増の27兆5561億円 大月克巳 「地方行政」（時事通信社） （10123） 2010.2.15 p12～16

◇特集 主要省庁の2010年度予算案詳報（4）子ども手当計上で9.5％増 総額27兆5561億円―厚生労働省 「厚生福祉」（時事通信社） （5704） 2010.2.19 p2～3

◇北見昌朗の労務管理の勘所 「子ども手当」の支給に伴い、どうなる会社の「家族手当」？ 北見昌朗 「経済月報」（十六銀行法人営業部）(662) 2010.3 p31〜33

◇われわれは、なぜ「児童手当返還請求訴訟」をたたかうのか！―洪水に流されないように、杭を打とう 川本善孝 「月刊民商」（全国商工団体連合会） 52(3)通号592 2010.3 p14〜16

◇子ども手当法案が審議入り 「健保ニュース」（健康保険組合連合会）(1895) 2010.3.上旬 p8

◇児童扶養手当法・批判―社会保障の有期給付と「条件」をめぐって 山田晋 「山口経済学雑誌」（山口大学経済学会） 58(5) 2010.3 p651〜674

◇Weekly News 子ども手当支給は未来への投資―長妻厚労相が子ども手当法案の趣旨説明 衆院本会議 「週刊社会保障」（法研） 64(2569) 2010.3.1 p16〜17

◇The Compass 子ども手当を評価する 橘木俊詔 「週刊東洋経済」（東洋経済新報社）(6252) 2010.3.20 p140〜141

◇週間展望 子どもにもわかる子ども手当を―邪心のない制度が望まれる 「週刊社会保障」（法研） 64(2572) 2010.3.22 p37

◇特集「協議の場」法案を決定 企画立案から地方が関与―試金石は子ども手当か 蓮川寛 「地方行政」（時事通信社）(10132) 2010.3.25 p2〜4

◇国会 平成22年度子ども手当法案が衆議院通過 「労働法令通信」（労働法令） 通号2209 2010.3.28 p6〜9

◇経済 社会主義化する日本―郵政「逆民営化」の官僚支配、ばらまき「子ども手当」 山下努 「Aera」（朝日新聞出版） 23(15)通号1219 2010.3.29 p16〜20

◇「子ども手当」は何が問題なのか 「明日への選択」（日本政策研究センター） 通号291 2010.4 p10〜13

◇「子ども手当」を考える(1) 江口隆裕 「共済新報」（共済組合連盟） 51(4) 2010.4 p2〜14

◇ロー・フォーラム 立法の話題 子ども手当の財源をめぐり議論―子ども手当支給法案の提出 「法学セミナー」（日本評論社） 55(4)通号664 2010.4 p145

◇Internet Research(27) 30代・40代の会社員 男女100人は子ども手当・家族手当をどう考える！―「子ども手当が支給されたら家族手当を見直すべき」に賛成50％、反対50％ 「人事実務」（産労総合研究所） 47(1077) 2010.4.1 p40〜44

◇新・永田町の暗闘(Number 862) 欠陥だらけの子ども手当 選挙目当てのバラマキ政策 鈴木棟一 「週刊ダイヤモンド」（ダイヤモンド社） 98(15)通号4324 2010.4.3 p134〜136

◇［平成22年］6月から1万3000円支給（子ども手当成立） 「週刊社会保障」（法研） 64(2574) 2010.4.5 p14

◇永田町通信 子ども手当法案成立 「週刊社会保障」（法研） 64(2574) 2010.4.5 p60

◇国会 平成22年度子ども手当法案が成立 「労働法令通信」（労働法令） 通号2210 2010.4.8 p2〜4

◇ドブに血税を捨てる「子ども手当」の大愚策！―「外国人」海外養子も無制限1万3000円 子供が保護された「虐待親」も申請可能 偽造証明書を見破れないシステムの大穴 「週刊新潮」（新潮社） 55(15)通号2739 2010.4.15 p40〜43

◇インタビュー 子ども手当とは何か 高山憲之 「人事実務」（産労総合研究所） 47(1078) 2010.4.15 p28〜32

◇社説拝見 ［2010年］3月後期 子ども手当支給に拙速との批判 「厚生福祉」（時事通信社）(5719) 2010.4.16 p10〜12

◇子ども手当を100倍活用する―お得な学費保険の選び方から塾、習い事まで 「サンデー毎日」（毎日新聞社） 89(18)通号4987 2010.4.18 p26〜28

◇景気観測 子ども手当はデフレ解決に好ましい「35歳減税」 北野一 「エコノミスト」（毎日新聞社） 88(24)通号4101 2010.4.20 p94〜95

◇地方議員相談室から 質問に答えて 児童手当などの事業主拠出金について 「議会と自治体」（日本共産党中央委員会,日本共産党中央委員会出版局（発売）） 通号145 2010.5 p61～63

◇「子ども手当」を考える(2) 江口隆裕 「共済新報」（共済組合連盟） 51(5) 2010.5 p2～14

◇日経マネー株式コンベンション 株の達人に聞く 特選10銘柄(第120回)総額5兆円のインパクト 子ども手当で上がる株 「日経マネー」（日経BP社,日経BPマーケティング（発売）） 通号330 2010.5 p111～119

◇市町村アカデミー・コーナー(No.256)子ども手当が提起した社会保障の課題 高橋紘士 「判例地方自治」（ぎょうせい） (328) 2010.5 p118～122

◇平成22年度子ども手当法の関係通達（平成22.3.31雇児発0331第17号、平成22.3.31雇児発0331第21号、平成22.3.31雇児発0331第22号）「労働法令通信」（労働法令） 通号2213 2010.5.8 p2～17

◇通達 平成22年度子ども手当の支給に伴う留意事項 「労働法令通信」（労働法令） 通号2214 2010.5.18 p22～26

◇Data Focus 子ども手当の効果は限定的 あるのはばらまきの弊害 井堀利宏 「週刊ダイヤモンド」（ダイヤモンド社） 98(22)通号4331 2010.5.22 p23

◇児童扶養手当法の改正案が成立へ 「週刊年金実務」（社会保険実務研究所） (1894) 2010.5.31 p17

◇父子家庭への経済的支援の拡充 ―児童扶養手当の適用拡大 藤井亮二 「会計検査資料」（建設物価調査会） (537) 2010.6 p12～16

◇「子ども手当」を考える(3) 江口隆裕 「共済新報」（共済組合連盟） 51(6) 2010.6 p4～14

◇子ども手当・大人の手当 薄羽美江 「月刊カレント」（潮流社） 47(6)通号790 2010.6 p64～66

◇特集「子ども手当」の創設 厚生労働省雇用均等児童家庭局子ども手当管理室 「厚生労働：policy & information」（厚生問題研究会,中央法規出版（発売）） 65(6) 2010.6 p4～10

◇市町村アカデミー・コーナー(No.257)子ども手当が提起した社会保障の課題(2) 高橋紘士 「判例地方自治」（ぎょうせい） (329) 2010.6 p102～106

◇児童扶養手当改正法が成立、施行は［平成22年］8月1日 「週刊年金実務」（社会保険実務研究所） (1895) 2010.6.7 p34～35

◇評の評 ［2010年］5月後期の新聞 制度見直し求められた子ども手当 「内外教育」（時事通信社） (6000) 2010.6.8 p20～22

◇時事評論 子ども手当の目指す国家像 江口隆裕 「週刊社会保障」（法研） 64(2583) 2010.6.14 p28～29

◇社説拝見 ［2010年］5月後期「子ども手当」や産業ビジョンを論評 「厚生福祉」（時事通信社） (5734) 2010.6.15 p13～15

◇特集 子ども手当の波紋 自治体が子育て施策見直し ―独自助成など廃止・縮小相次ぎ、拡充の動きも 「厚生福祉」（時事通信社） (5736) 2010.6.22 p2～3

◇児童扶養手当法改正案が成立、［平成22年］8月1日に施行 ―父子家庭にも支給 「週刊国保実務」（社会保険実務研究所） (2714) 2010.6.28 p31～32

◇この一冊「年金と子ども手当」高山憲之著 「週刊社会保障」（法研） 64(2585) 2010.6.28 p26

◇「子ども手当」を考える(4・最終回) 江口隆裕 「共済新報」（共済組合連盟） 51(7) 2010.7 p2～17

◇だから言わんこっちゃない… 外国人殺到！「子ども手当」狂騒曲 木村さやか 「正論」（産経新聞社,日本工業新聞社（発売）） 通号460 2010.7 p90～97

◇重要法案審議の焦点/国会だより 子ども手当法案 「労働法令通信」（労働法令） 通号2220 2010.7.18 p14～17

◇子ども手当制度の検討 福田素生 「社会保険旬報」（社会保険研究所） (2430) 2010.7.21 p10～20

◇重要法案審議の焦点/国会だより 児童扶養手当法改正案 「労働法令通信」（労働法令） 通号2221 2010.7.28 p18～20

経済問題　　　　　　　　　　　　　　　　　　　　　　育児環境

◇児童手当にかかわる現状と課題　橋爪幸代　「日本台湾法律家協会雑誌」(日本台湾法律家協会)　(9)　2010.8　p53〜65

◇福利厚生Q&A 子ども手当などの支給開始に伴う家族手当の考え方—平成23年3月までの暫定措置への考え方　「生涯総合福祉」(企業福祉・共済総合研究所)　(739)　2010.8.8　p18〜20

◇子ども手当再考/第一生命経済研 半額支給、配偶者控除廃止では多くが収入源　「賃金・労務通信」(労働法令協会)　63(22)通号2032　2010.8.15・25　p30〜32

◇法令解説 子ども手当の創設—平成二十二年度における子ども手当の支給に関する法律　鷹合一真　「時の法令」(朝陽会、全国官報販売協同組合(発売))　通号1863　2010.8.15　p24〜37

◇法令解説 父子家庭へ児童扶養手当を支給—児童扶養手当法の一部を改正する法律　宮腰奏子　「時の法令」(朝陽会、全国官報販売協同組合(発売))　通号1863　2010.8.15　p38〜48

◇子ども手当に関するノート—世代間格差是正の視点から　吉岡真史　「経営と経済」(長崎大学経済学会)　90(1・2)通号272　2010.9　p257〜284

◇ドイツの児童手当と新しい家族政策　齋藤純子　「レファレンス」(国立国会図書館調査及び立法考査局)　60(9)通号716　2010.9　p47〜72

◇法律解説 厚生労働 平成二十二年度における子ども手当の支給に関する法律—平成22年3月31日法律第19号　「法令解説資料総覧」(第一法規)　(345)　2010.10　p14〜20

◇特集 省庁別2011年度予算概算要求詳報(1)子ども手当は「事項要求」 社会保障は4.7%増—厚生労働省　「厚生福祉」(時事通信社)　(5763)　2010.10.15　p2〜4

◇政治に虐待された子ども手当—禍根残す政策の後退と国民の反感　岩淵勝好　「共済新報」(共済組合連盟)　51(11)　2010.11　p2〜12

◇給付つき税額控除と子ども手当の貧困削減効果—マイクロ・シミュレーションによる分析　田中聡一郎、四方理人　「貧困研究」(明石書店)　5　2010.11　p99〜109

◇スケッチ 子ども手当か保育所か　山形成彦　「Estrela」(統計情報研究開発センター)　(200)　2010.11　p24〜27

◇法律の窓—新立法探訪 児童扶養手当の父子家庭への支給　工藤春華　「ジュリスト」(有斐閣)　(1410)　2010.11.1　p2〜3

◇レポート2010 フランスの家族給付制度とは—2010年「子ども手当支給」法を機に　林瑞枝　「時の法令」(朝陽会、全国官報販売協同組合(発売))　通号1870　2010.11.30　p44〜51

◇資料篇 子ども手当5大臣会合(平成22年12月2日)資料 子ども手当に関する論点の整理　「地方財政」(地方財務協会)　49(12)通号588　2010.12　p169〜186

◇家事裁判例紹介 家事審判で特別児童扶養手当の返還を命ずることの可否〔東京高裁平成21.4.21決定〕　三宅篤子　「民商法雑誌」(有斐閣)　143(3)　2010.12　p435〜439

◇平成22年度における子ども手当の支給に関する法律について　小島鈴代　「Research Bureau 論究：journal of the Research Bureau of the House of Representatives」(衆議院調査局)　7　2010.12　p251〜267

◇特集 政府主催の全国知事会議詳報 一括交付金化、地方財源に配慮—首相表明、子ども手当は明言せず　蓮川寛　「地方行政」(時事通信社)　(10190)　2010.12.2　p2〜6

◇時鐘 子ども手当に所得制限導入を　「週刊社会保障」(法研)　64(2607)　2010.12.6　p3

◇児童手当の家計への影響　小林淑恵　「季刊社会保障研究」(国立社会保障・人口問題研究所)　47(1)通号192　2011.Sum.　p67〜80

◇書評 高山憲之著『年金と子ども手当』　中嶋邦夫　「季刊社会保障研究」(国立社会保障・人口問題研究所)　47(1)通号192　2011.Sum.　p94〜96

◇書評 江口隆裕著『「子ども手当」と少子化対策』　大塩まゆみ　「季刊社会保障研究」(国立社会保障・人口問題研究所)　47(3)通号194　2011.Win　p335〜338

◇子どもたちのいるところ(45)「子ども手当」をどう考える?　下野辺牧子　「子どもと昔話」(小澤昔ばなし研究所)　(47)　2011.春　p68〜71

◇戦後の家族政策と子どもの養育：児童手当と子ども手当をめぐって　広井多鶴子　「実践女子大学人間社会学部紀要」(実践女子大学)　(8)　2011年度　p49〜70

◇民主部門会議が提出法案を聴取 子ども手当法案を実質了承 「健保ニュース」(健康保険組合連合会) (1924) 2011.1.下旬 p8〜10

◇父子家庭にも児童扶養手当の支給が始まった! 片山知行 「女性のひろば」(日本共産党中央委員会,日本共産党中央委員会出版局(発売)) 通号383 2011.1 p66〜69

◇Weekly News 基礎年金国庫負担1/2を維持―子ども手当は3歳未満2万円に引上げ [平成]23年度予算 「週刊社会保障」(法研) 65(2610) 2011.1.3 p12〜13

◇[平成]23年度厚労省予算案、子ども手当上積み等で一般会計は5.1%増 「週刊国保実務」(社会保険実務研究所) (2742) 2011.1.17 p12〜15

◇第2回目(平成22年10月)の「子ども手当」支給状況 厚生労働省 「共済新報」(共済組合連盟) 52(2) 2011.2 p58〜60

◇子ども手当の効果と今後の方向性について 中井順一 「Research paper series」(千葉商科大学経済研究所) (54) 2011.2 p1〜8

◇事実と幻想(4)民主党の子ども手当は「家族解体政策」だ―スウェーデンの「拡大家族所得」に課税する方式なら少子化も高齢者の孤立も防ぐことが出来る 菅野英機 「Themis」(テーミス) 20(2)通号220 2011.2 p78〜79

◇特集 主要省庁の2011年度予算案詳報(1)子ども手当増額などで5.1%増 医師の偏在是正に支援センター―厚生労働省 「厚生福祉」(時事通信社) (5789) 2011.2.4 p2〜3

◇全国市長会が子ども手当の地方負担継続は遺憾と決議 「週刊国保実務」(社会保険実務研究所) (2745) 2011.2.7 p18〜19

◇新刊紹介 「『子ども手当』と少子化対策」江口隆裕著 「週刊年金実務」(社会保険実務研究所) (1929) 2011.2.7 p47

◇障害加算と児童扶養手当支給調整、市町村窓口でも 「週刊年金実務」(社会保険実務研究所) (1929) 2011.2.7 p28〜29

◇通知 児童扶養手当の支給対象となる場合の障害基礎年金の子の加算の支給事務の取扱い 「週刊年金実務」(社会保険実務研究所) (1929) 2011.2.7 p59〜48

◇News&Analysis 財源負担めぐり地方が反旗を翻した「子ども手当パニック」の帰趨 「週刊ダイヤモンド」(ダイヤモンド社) 99(7)通号4367 2011.2.12 p10〜12

◇子ども手当法案を閣議決定、国会に提出 「週刊国保実務」(社会保険実務研究所) (2746) 2011.2.14 p33〜35

◇永田町通信 子ども手当を巡る論点 「週刊社会保障」(法研) 65(2616) 2011.2.14 p60

◇各地で相次ぐ全額国費計上―子ども手当の地方負担 「税務経理」(時事通信社) (9069) 2011.2.18 p17〜19

◇第177回通常国会提出法律案 平成23年度子ども手当法案 「労働法令通信」(労働法令) 通号2239 2011.2.18 p20〜25

◇「平成22年度子ども手当」の政策形成過程について(上) 小野太一 「社会保険旬報」(社会保険研究所) (2451) 2011.2.21 p24〜30

◇特集 厚生労働省の11年度予算案 子ども手当増額分は上積み―5.1%増の28兆9638億円 大月克巳 「地方行政」(時事通信社) (10208) 2011.2.21 p14〜17

◇児童手当への切り替え困難 子ども手当法案不成立で・厚生労働省 「厚生福祉」(時事通信社) (5793) 2011.2.22 p2

◇社説拝見 [2011年]2月前期 子ども手当、年金で各社提言 「厚生福祉」(時事通信社) (5794) 2011.2.25 p12〜15

◇講演会「子ども手当」と少子化対策 江口隆裕 「青山法学論集」(青山学院大学法学会) 52(4) 2011.3 p253〜279

◇審査論文 子ども手当の経済効果 藤丸麻紀 「和洋女子大学紀要」(和洋女子大学) 51 2011.3 p129〜141

◇生活者が観る世相(第65回)子ども手当って本当にばらまきか 戸田眞澄 「Beauty business」(ビューティビジネス) (148) 2011.3 p90〜93

◇「平成22年度子ども手当」の政策形成過程について(中) 小野太一 「社会保険旬報」(社会保険研究所) (2452) 2011.3.1 p34〜43

◇障害加算法・事務取扱で雇用局から通知を発出 児童扶養手当を受給変更する場合の手順など定

◇める 「週刊年金実務」(社会保険実務研究所) (1933) 2011.3.7 p23〜27

◇政局を読む 子ども手当廃止なら衆院解散が筋 加藤清隆 「地方行政」(時事通信社) (10212) 2011.3.7 p12

◇「平成22年度子ども手当」の政策形成過程について(下) 小野太一 「社会保険旬報」(社会保険研究所) (2453) 2011.3.11 p40〜50

◇全国市長会が地方消費税の拡充と子ども手当法案で緊急要請 「週刊国保実務」(社会保険実務研究所) (2750) 2011.3.14 p8〜9

◇子ども手当の所得制限 武川正吾 「週刊社会保障」(法研) 65(2620) 2011.3.14 p44〜49

◇通知 障害基礎年金の子の加算の運用の見直しに伴う児童扶養手当支給事務の取扱いについて 「週刊年金実務」(社会保険実務研究所) (1934-1) 2011.3.14 p2〜24

◇年金と児童扶養手当の併給調整で政府答弁書 「週刊年金実務」(社会保険実務研究所) (1935) 2011.3.21 p37〜40

◇The Compass あらためて主張する。子ども手当は必要だ 山田昌弘 「週刊東洋経済」(東洋経済新報社) (6317) 2011.3.26 p102〜103

◇障害加算法の児童扶養手当事務取扱いに係るQ&A 「週刊年金実務」(社会保険実務研究所) (1936) 2011.3.28 p51〜46

◇子ども手当の"地方負担"は断固拒否する 松沢成文 「Voice」(PHP研究所) 通号400 2011.4 p202〜207

◇この一冊 『「子ども手当」と少子化対策』江口隆裕著 「週刊社会保障」(法研) 65(2623) 2011.4.4 p38

◇特別掲載 子ども手当勘定を作ろう 喜多村悦史 「週刊社会保障」(法研) 65(2623) 2011.4.4 p56〜59

◇児童扶養手当と障害年金子加算の運用見直し事務処理フロー 「週刊年金実務」(社会保険実務研究所) (1937) 2011.4.4 p49〜35

◇情報ミニガイド 子ども手当延長法が成立 賛否同数、議長が可決判断 「厚生福祉」(時事通信社) (5804) 2011.4.5 p8

◇子ども手当つなぎ法が成立 「厚生福祉」(時事通信社) (5805) 2011.4.8 p10

◇子ども手当つなぎ法案成立(参院本会議) 「週刊社会保障」(法研) 65(2624) 2011.4.11 p12

◇永田町通信 子ども手当法案の結果 「週刊社会保障」(法研) 65(2624) 2011.4.11 p64

◇内政フォーカス 子ども手当 日高広樹 「地方行政」(時事通信社) (10220) 2011.4.11 p19

◇国会 子ども手当 つなぎ法案が成立 「労働法令通信」(労働法令) 通号2245 2011.4.18 p2〜4

◇続・「子ども手当」を考える 江口隆裕 「共済新報」(共済組合連盟) 52(5) 2011.5 p11〜16

◇公的年金と児童扶養手当の併給調整で政府答弁書 「週刊年金実務」(社会保険実務研究所) (1941) 2011.5.9 p41〜43

◇週間展望 大震災後の基礎年金と子ども手当 「週刊社会保障」(法研) 65(2628) 2011.5.16 p45

◇経済トレンド 子ども手当ての意義を考える─拙速な廃止は将来の労働力を質・量の両面から減少させることに 柵山順子 「第一生命経済研レポート」(第一生命経済研究所) 通号171 2011.6 p8〜13

◇児童手当から子ども手当へ─初期的なベーシックインカム思想との異同も踏まえて 北明美 「地域公共政策研究」(地域公共政策学会) (19) 2011.6 p6〜18

◇子ども手当で厚労省地方団体と意見交換─継続的な話し合いを 「週刊国保実務」(社会保険実務研究所) (2762) 2011.6.13 p23

◇法令解説 平成22年度子ども手当法に基づく子ども手当の支給を半年間延長─国民生活等の混乱を回避するための平成二十二年度における子ども手当の支給に関する法律の一部を改正する法律(平成23年法律第14号) 三上悠子 「時の法令」(朝陽会、全国官報販売協同組合(発売)) 通号1884 2011.6.30 p18〜28

◇喜多村悦史先生の社会保険学2011(中)児童扶養手当に代わる「育成年金(仮称)」の提案 喜多村悦史 「時評」(時評社) 53(8)通号581 2011.8 p106〜111

◇ロー・フォーラム 立法の話題 注目される子ども手当の今後―子ども手当「つなぎ法」の制定 「法学セミナー」（日本評論社） 56(8・9)通号680 2011.8・9 p161

◇所得制限でなお隔たり―子ども手当 自公に首相不信、民主内にも火種 「厚生福祉」（時事通信社） (5835) 2011.8.2 p17

◇子ども手当修正で正式合意 12年度廃止、中学生1万円に減額 「厚生福祉」（時事通信社） (5837) 2011.8.9 p10～11

◇所得制限世帯の負担軽減を検討 来年度［2012年度］から制度恒久化へ―子ども手当 「厚生福祉」（時事通信社） (5839) 2011.8.23 p4～5

◇永田町通信 終盤国会と子ども手当 「週刊社会保障」（法研） 65(2642) 2011.8.29 p64

◇内政フォーカス―子ども手当、事実上廃止 日高広樹 「地方行政」（時事通信社）（10251） 2011.8.29 p15

◇地方増収5050億円、使途が焦点に 厚労予算削減か新児童手当の負担増か 「厚生福祉」（時事通信社） (5843) 2011.9.6 p6～7

◇「子ども手当」本当に無くしていいのか 「週刊ポスト」（小学館） 43(37)通号2146 2011.9.9 p38～42

◇時事評論 子ども手当の廃止 菊池馨実 「週刊社会保障」（法研） 65(2644) 2011.9.12 p36～37

◇子ども手当新制度が当面の課題 社会保障・税改革実現も―厚労省 「厚生福祉」（時事通信社） (5845) 2011.9.13 p10

◇児童への社会保障給付と親―子ども手当の目的外使用 大原利夫 「週刊社会保障」（法研） 65(2646) 2011.9.26 p50～55

◇子ども手当課長会議で特措法を説明 「週刊年金実務」（社会保険実務研究所）（1961） 2011.9.26 p40～41

◇特集「平成23年10月からの子ども手当」について 厚生労働省雇用均等児童家庭局子ども手当管理室 「厚生労働 : policy & information」（厚生問題研究会、中央法規出版（発売）） 66(10) 2011.10 p14～19

◇新聞の論点―社説を読み比べる 子育て問題と子ども手当廃止 長山靖生 「中央公論」（中央公論新社） 126(11)通号1531 2011.10 p238～241

◇平成23年度子ども手当特措法の施行通達（平成23.9.30雇児発0930第2号） 「労働法令通信」（労働法令） 通号2263 2011.10.28 p10～21

◇Q&A どうなるの? 子ども手当 「女性のひろば」（日本共産党中央委員会, 日本共産党中央委員会出版局（発売）） 通号393 2011.11 p31～35

◇社会保障Q&A 10月からの子ども手当 「週刊社会保障」（法研） 65(2653) 2011.11.14 p62

◇新子ども手当、厚労省案に反発 : 国から踏み込んだ発言なし 政府主催の知事会議 「厚生福祉」（時事通信社） (5862) 2011.11.29 p12～13

◇法律改正によって4月から児童手当は生まれ変わります（特集 社会全体で支える日本の将来 いま求められる子育て支援のあり方） 「厚生労働 : policy & information」（厚生問題研究会, 中央法規出版（発売）） 2012(5) 2012 p18～21

◇ライフプランニング（第9回）子ども手当の変更と教育資金づくり 伊藤宏一 「人事実務」（産労総合研究所） 49(1108) 2012.1 p78～80

◇永田町通信 児童手当法改正案と国民健康保険法改正案 「週刊社会保障」（法研） 66(2663) 2012.1.30 p64

◇6月から所得制限適用 児童手当法改正案提出へ : 政府 「厚生福祉」（時事通信社） (5876) 2012.1.31 p10

◇第180回通常国会提出法律案 児童手当法改正法案 「労働法令通信」（労働法令） (2273) 2012.2.18 p7～12

◇共済あれこれ 児童手当法の改正をめぐって 山崎泰彦 「共済新報」（共済組合連盟） 53(4) 2012.4 p2～7

◇関係法令等の改正概要 児童手当法の一部を改正する法律（平二四・三・三一 法律第二四号）（厚生労働省）「共済新報」（共済組合連盟） 53(4) 2012.4 p72～78

経済問題　　　　　　　　　　　　　　　　　　　　　　　　　　育児環境

◇時事評論 さよなら「子ども手当」　増田雅暢　「週刊社会保障」(法研)　66(2674)　2012.4.16　p36～37

◇通達 改正児童手当法等の趣旨及び内容：中学校修了前の子どもへ手当を支給/所得制限は児童一人につき5,000円　「労働法令通信」(労働法令)　(2281)　2012.5.8　p7～20

◇子ども手当「影響なし」が75％ 学校給食費未納問題：文科省調査　「内外教育」(時事通信社)　(6164)　2012.5.18　p10

◇ロー・フォーラム 立法の話題 名称は「児童手当」で決着：児童手当法の一部を改正する法律　「法学セミナー」(日本評論社)　57(6)通号689　2012.6　p137

◇法令解説 新しい児童手当制度：児童手当法の一部を改正する法律 平成24年法律第24号 平24・3・31公布 平24・4・1施行　「時の法令」(朝陽会, 全国官報販売協同組合(発売))　(1910)　2012.7.30　p4～22

◇国会だより 重要法案審議の焦点 子ども手当、名称を変え恒久的な措置に：児童手当法の改正案が成立　「労働法令通信」(労働法令)　(2290)　2012.8.8　p10～12

◇弁護士のための新法令紹介(Vol.361)児童手当法の一部を改正する法律：平成24年法律第24号　「自由と正義」(日本弁護士連合会)　63(9)通号765　2012.9　p76～82

◇法律解説 厚生労働 児童手当法の一部を改正する法律 平成二四年三月三一日法律第二四号　「法令解説資料総覧」(第一法規)　(369)　2012.10　p19～29

【図書】

◇平成二十二年度における子ども手当の支給に関する法律案(内閣提出第6号) 参考資料　衆議院調査局厚生労働調査室　2010.2　98p　30cm　〈第174回国会〉　Ⓝ369.4

◇児童扶養手当法の一部を改正する法律案(内閣提出第29号) 参考資料　衆議院調査局厚生労働調査室　2010.3　65p　30cm　〈第174回国会　背のタイトル：児童扶養手当法の一部を改正する法律案参考資料〉　Ⓝ369.4

◇年金と子ども手当　高山憲之著　岩波書店　2010.3　127p　21cm　(一橋大学経済研究叢書 57)　〈文献あり 索引あり〉　3200円　Ⓘ978-4-00-009917-2　Ⓝ364.6

内容 第1章 日本における年金記録問題(問題の所在 年金記録管理の実態および記録漏れ・給付漏れの原因 政府と対応 年金記録改ざんの深層 年金記録問題への中長期的対応) 第2章 諸外国における年金記録問題と税・社会保険料の一体徴収(米英等における宙に浮いた年金記録問題 各国の社会保障番号制度と税・社会保険料の一体徴収) 第3章 基礎年金の見直し―税方式化と最低保障年金化をめぐって(社会保険方式の長所と短所 税方式化の長所と短所 税方式化による年金負担の増減―粗い試算 消費税財源の最低保障年金―新たな提案) 第4章 年金の2009年財政検証に寄せて(持続的賃金デフレ下におけるモデル年金水準の上昇 年金給付水準の示し方 経済前提に対する考え方 年々の収支とバランスシート 年金制度の抜本改革へ 民主党の所得比例年金案 年金数理部局の独立・中立機関化) 第5章 子ども手当の導入効果(問題の所在 推計方法 民主党案の主要な推計結果 代替案に対する主要な推計結果 推計結果の要約 残された課題)

◇子ども手当—どう貯める？どう使う？コミックスでわかりやすい！　畠中雅子著, 中村健二税金監修　主婦の友社　2010.4　82p　26cm　(主婦の友生活シリーズ)　657円　Ⓘ978-4-07-271443-0　Ⓝ591

◇子ども手当ハンドブック―未来へのスタート 2010　矢崎公二著　大空出版　2010.4　241,3p　19cm　〈文献あり〉　1400円　Ⓘ978-4-903175-28-7　Ⓝ369.4

内容 第1章 「子ども手当」の誕生　第2章 子育て支援に成功したフランス　第3章 そもそも子ども手当とは？　第4章 他の国々の状況はどうなっているのか　第5章 日本は世界一の少子高齢社会　第6章 少子化が進むと、どうなるニッポン　第7章 これまでの政府の取り組み　第8章 少子化対策が失敗したわけ　第9章 22年度「子ども手当」の中身　第10章 「子ども手当」素朴な疑問―こんな時、どうなるの？　第11章 資料編

◇子ども手当2010―政策検証から実務まで　子ども手当制度研究会編著　ぎょうせい　2010.5　75p　21cm　952円　Ⓘ978-4-324-09088-6　Ⓝ369.4

内容 第1章 子ども手当登場の背景(人口減少社会と少子化　選挙公約とマニフェスト)　第2章 子ども手当制度の解説(子ども手当創設の経過　子ども手当の概要　ほか)　第3章 子ども手当の問題点(「政策」をめぐる問題点　財源確保と国民の負担　ほか)　第4章 子ども手当支給 あなたの家計はどうなる(2010年度は「いただくだけ」2011年度から「損」「得」が分かれる　ほか)　第5章 子ども手当Q&A(家庭からの質問編　市町村からの質問編)

◇子ども手当の所得に与える影響のマイクロシミュレーション　高山憲之，白石浩介著　Tokyo　内閣府経済社会総合研究所　2010.9　20p　30cm　(ESRI discussion paper series no.245)

◇子ども手当の使途等に係る調査報告書　平成23年　厚生労働省雇用均等・児童家庭局　〔2011〕　184p　30cm　Ⓝ369.4

◇平成二十三年度における子ども手当の支給等に関する法律案(内閣提出第9号)参考資料　衆議院調査局厚生労働調査室　2011.2　165p　30cm　〈第177回国会〉　Ⓝ369.4

◇平成二十三年度における子ども手当の支給等に関する特別措置法案(内閣提出第90号)参考資料　衆議院調査局厚生労働調査室　2011.8　82p　30cm　〈第177回国会〉　Ⓝ369.4

◇児童手当法の一部を改正する法律案(内閣提出第10号)参考資料　衆議院調査局厚生労働調査室　2012.2　118p　30cm　〈第180回国会　背のタイトル：児童手当法の一部を改正する法律案参考資料〉　Ⓝ369.4

◇児童手当関係法令通知集　平成24年版　中央法規出版　2012.8　581p　21cm　3000円　①978-4-8058-3693-4　Ⓝ369.4
　内容 1 法令編(児童手当法　児童手当法施行令　児童手当法施行規則　ほか)　2 通知編(施行通知　事務処理要領　財務)　3 疑義回答・Q&A編(疑義回答　Q&A)

少子化

【雑誌記事】

◇フランス少子化対策の系譜 — 出産奨励策から一般施策へ(1)　江口隆裕　「筑波ロー・ジャーナル」(筑波大学大学院ビジネス科学研究科企業法学専攻)　(6)　2009.9　p119～151

◇少子化と家族制度のはざまで(1) 若者の性行動を考える　関口礼子　「書斎の窓」(有斐閣)　(589)　2009.11　p64～69

◇少子化と家族制度のはざまで(2) 親とはだれか　関口礼子　「書斎の窓」(有斐閣)　(590)　2009.12　p63～71

◇日本の未婚者の実情と、「婚活」による少子化対策の可能性　山田昌弘　「生活福祉研究：明治安田生活福祉研究所調査報」(明治安田生活福祉研究所)　19(2)通号74　2010　p16～31

◇専門職を学ぶ短大生の少子化要因に対する意識調査　加古朝海　「地域協働：地域協働研究所年報」(愛知江南短期大学地域協働研究所)　(7)　2010年度　p59～74

◇少子化と「脱家族化」—「脱家族化」及び合計特殊出生率における地域差の統計的分析　澤田光　「奈良女子大学社会学論集」(奈良女子大学社会学研究会)　(17)　2010　p153～172

◇日本の「少子化対策」—20年の軌跡とその評価　阿藤誠　「人間科学研究」(早稲田大学人間科学学術院)　23(2)　2010　p187～207

◇少子化対策としての子育て支援の現状と課題　畑山みさ子　「宮城学院女子大学発達科学研究」(宮城学院女子大学附属発達科学研究所)　(10)　2010　p63～67

◇少子化と家族制度のはざまで(3) 結婚とは何か　関口礼子　「書斎の窓」(有斐閣)　(591)　2010.1・2　p53～63

◇地方自治体における少子化対策の政策過程 —「次世代育成支援対策に関する自治体調査」を用いた政策出力タイミングの計量分析　鎌田健司　「政経論叢」(明治大学政治経済研究所)　78(3・4)　2010.1　p403～432

◇少子化対策と内閣機能強化についての一考察 — 制度変化と過程([大阪樟蔭女子大学]人間社会学科記念特集)　中井歩　「人間科学研究紀要」(大阪樟蔭女子大学人間科学部学術研究会)　(9)　2010.1　p313～323

◇保育第一専門委員会 第1回～第7回における委員等から出された主な議論(資料2)(第30回社会保障審議会少子化対策特別部会資料(2009.12.9))

「保育情報」（全国保育団体連絡会，ちいさいなかま社（発売））　（398）　2010.1　p21〜49

◇保育第二専門委員会 第1回〜第6回における委員等から出された主な議論（資料3）（第30回社会保障審議会少子化対策特別部会資料（2009.12.9））「保育情報」（全国保育団体連絡会，ちいさいなかま社（発売））　（398）　2010.1　p49〜63

◇少子化対策再考―諸外国の政策動向を踏まえて(1) 連載にあたって―日本の少子化の現状　池本美香　「週刊社会保障」（法研）　64（2564）　2010.1.25　p66

◇統計ウォッチング―人口統計 超少子化は終わったのか？―先進国近年の出生率上昇　河野稠果　「統計」（日本統計協会）　61（2）　2010.2　p38〜42

◇社会保障審議会少子化対策特別部会におけるこれまでの議論のポイント（事務局整理）（2009.12.25）　「保育情報」（全国保育団体連絡会，ちいさいなかま社（発売））　（399）　2010.2　p12〜18

◇少子化対策再考―諸外国の政策動向を踏まえて(2) 子ども手当　池本美香　「週刊社会保障」（法研）　64（2565）　2010.2.1　p62

◇財源は社会全体で負担を（少子化対策会議）「週刊社会保障」（法研）　64（2566）　2010.2.8　p13

◇少子化対策再考―諸外国の政策動向を踏まえて(3) 保育制度　池本美香　「週刊社会保障」（法研）　64（2566）　2010.2.8　p62

◇少子化対策再考―諸外国の政策動向を踏まえて(4) 子育て支援　池本美香　「週刊社会保障」（法研）　64（2567）　2010.2.15　p62

◇少子化対策再考―諸外国の政策動向を踏まえて(5) 学童保育　池本美香　「週刊社会保障」（法研）　64（2568）　2010.2.22　p62

◇少子化対策に志向する今の子育て支援の問題点　元木久男　「九州保健福祉大学研究紀要」（九州保健福祉大学）　（11）　2010.3　p73〜83

◇少子化の要因分析とその対策　船橋恒裕　「経済学論叢」（同志社大学経済学会）　61（4）　2010.3　p743〜769

◇都道府県別合計特殊出生率，ボランティア活動行動者率，各種ファシリティの関連―少子化対策に配慮したまちづくりのあり方に関する一考察　助友裕子，片山佳代子，稲葉裕　「厚生の指標」（厚生労働統計協会）　57（3）通号890　2010.3　p23〜30

◇特集 座談会 少子化対策を考える　柏女霊峰，前田正子，宮島香澄［他］　「こども未来」（こども未来財団）　（462）　2010.3　p6〜14

◇少子化と家族制度のはざまで（4・完）結婚を成立させる個人の尊厳　関口礼子　「書斎の窓」（有斐閣）　（592）　2010.3　p34〜46

◇ロシアの人口問題―少子化対策として導入された「母親資本」の影響　田畑朋子　「女性文化研究所紀要」（昭和女子大学女性文化研究所）　（37）　2010.3　p1〜14

◇フランス少子化対策の系譜―出産奨励策から一般施策へ（2・完）　江口隆裕　「筑波ロー・ジャーナル」（筑波大学大学院ビジネス科学研究科企業法学専攻）　（7）　2010.3　p103〜129

◇少子化対策としてのワーク・ライフ・バランスの検討―企業施策の視点から　長谷川栄子　「帝京平成大学紀要」（帝京平成大学）　21（1）　2010.3　p31〜40

◇少子化対策再考―諸外国の政策動向を踏まえて(6) 育児休業制度　池本美香　「週刊社会保障」（法研）　64（2569）　2010.3.1　p62

◇少子化社会における出産費用―その支援のあり方　日本産婦人科医会　「週刊社会保障」（法研）　64（2569）　2010.3.1　p56〜59

◇「みんなの」少子化対策―子どもへの投資が未来を支える 子育てセーフティーネットの強化を！自由民主党こどもHAPPYプロジェクト特別委員会ゼロから考える少子化対策プロジェクトチーム　「政策特報」（自由民主党資料頒布会）通号1348　2010.3.1　p1〜18

◇少子化対策再考―諸外国の政策動向を踏まえて(7) 医療制度　池本美香　「週刊社会保障」（法研）　64（2570）　2010.3.8　p62

◇少子化対策再考―諸外国の政策動向を踏まえて(8) 教育制度　池本美香　「週刊社会保障」（法研）　64（2571）　2010.3.15　p62

◇少子化対策再考―諸外国の政策動向を踏まえて(9) ひとり親家庭に対する支援　池本美香　「週刊社会保障」（法研）　64（2572）　2010.3.22　p62

◇少子化対策再考—諸外国の政策動向を踏まえて（終）今後の検討に求められる視点　池本美香　「週刊社会保障」（法研）　64(2573)　2010.3.29　p62

◇ジェネラティビティを上位概念とした次世代育成力に関する研究—少子化の根底にあるもの　齋藤幸子、宮原忍、近藤洋子　「母性衛生」（日本母性衛生学会）　51(1)　2010.4　p180〜188

◇特集　わが党〔自由民主党〕は少子化対策を実行します　「りぶる」（自由民主党）　29(6)通号339　2010.6　p2〜9

◇Trend Report(132)「少子化」からの脱却　「ABC：Asahi Business Club：朝日生命経営情報マガジン」（朝日生命保険相互会社）通号170　2010.6　p3〜7

◇少子化という言葉（上）　阿藤誠　「週刊社会保障」（法研）　64(2582)　2010.6.7　p63

◇少子化という言葉（下）　阿藤誠　「週刊社会保障」（法研）　64(2583)　2010.6.14　p63

◇子持ち既婚女性が支持する少子化対策　和泉徹彦　「租税研究」（日本租税研究協会）　(729)　2010.7　p69〜79

◇アウトルック　子ども手当、保育所拡充で少子化は止められない　「週刊東洋経済」（東洋経済新報社）　(6269)　2010.7.3　p170〜171

◇少子化社会対策会議が子ども・子育て基本制度案要綱を決定　「週刊国保実務」（社会保険実務研究所）　(2716)　2010.7.12　p30〜32

◇この一冊　「少子化政策の新しい挑戦—各国の取組みを通して」岡沢憲芙、小渕優子編著　「週刊社会保障」（法研）　64(2589)　2010.7.26　p28

◇自治体職員の企画力・営業力—財政難時代に新事業を立ち上げるポイント(8)少子化対策　高橋三也　「地方財務」（ぎょうせい）　(674)　2010.8　p164〜170

◇海外情報　ヨーロッパにおける政策動向（第7回）少子化対策　広岡裕児　「日経研月報」（日本経済研究所）　(386)　2010.8　p46〜52

◇少子化時代における積極的生育権の構築の試み　簡玉聰　「日本台湾法律家協会雑誌」（日本台湾法律家協会）　(9)　2010.8　p9〜51

◇経済同友会提言（2010.6.1）次世代につなげる実効ある少子化対策の実施を—危機意識を高めて、直ちに取り組むべし　経済同友会　「保育情報」（全国保育団体連絡会、ちいさいなかま社（発売））　(405)　2010.8　p53〜62

◇香港における少子化—その成因、問題及び対策に関する一考察　LeungLingSzeNancy　「立命館国際関係論集」（立命館大学国際関係学会）　(10)　2010.10　p45〜69

◇Weekly News　少子化対策　幼保一体化のこども園等を検討—子ども・子育て新システム基本制度WT　「週刊社会保障」（法研）　64(2598)　2010.10.4　p20〜21

◇統計と現実の狭間(103)少子化の国際比較　村田久　「Estrela」（統計情報研究開発センター）　(201)　2010.12　p46〜51

◇書評　江口隆裕著『「子ども手当」と少子化対策』　大塩まゆみ　「季刊社会保障研究」（国立社会保障・人口問題研究所）　47(3)通号194　2011.Win　p335〜338

◇女性の働き方と少子化に関する考察　小崎敏男　「東海大学紀要．政治経済学部」（東海大学政治経済学部）　(43)　2011　p39〜62

◇日本の少子化と育児社会環境　郭莉莉　「北海道大学大学院文学研究科研究論集」（北海道大学大学院文学研究科）　(11)　2011　p213〜230

◇少子化対策の展開とその課題　堀田学　「早稲田政治公法研究」（早稲田大学大学院政治学研究科）　(96)　2011　p69〜81

◇新刊紹介　「『子ども手当』と少子化対策」江口隆裕著　「週刊年金実務」（社会保険実務研究所）　(1929)　2011.2.7　p47

◇講演会「子ども手当」と少子化対策　江口隆裕　「青山法学論集」（青山学院大学法学会）　52(4)　2011.3　p253〜279

◇東アジアの少子化問題　韓国における少子化問題—その背景および原因と政府の対策　松江暁子　「賃金と社会保障」（賃社編集室、旬報社（発売））　通号1537　2011.5.上旬　p46〜65

◇東アジアの少子化問題　台湾における少子化問題とその対策　じょめいほう　「賃金と社会保障」（賃社編集室、旬報社（発売））　通号1538　2011.5.下旬　p46〜67

◇内閣府の少子化国際意識調査、日本は育児しやすい増　「週刊年金実務」（社会保険実務研究所）　（1946）　2011.6.13　p44～45

◇日本は育児しやすい国、過半数超える―内閣府の少子化に関する国際意識調査　「週刊国保実務」（社会保険実務研究所）　（2764）　2011.6.27　p16～17

◇東アジアの少子化問題 出生力決定要因に関する研究のレビューと発展途上国への適用可能性―ASEAN4を中心に　菅谷広宣　「賃金と社会保障」（賃社編集室、旬報社（発売））通号1541　2011.7.上旬　p56～77

◇少子化対策会議 子育て新システムの方針決定―［平成23］年度内に関連法案提出、［平成］25年度実施へ　「週刊国保実務」（社会保険実務研究所）　（2770）　2011.8.8　p23～25

◇この一冊『少子化時代の家族変容』阿藤誠・西岡八郎・津谷典子・福田亘孝編　「週刊社会保障」（法研）　65（2640）　2011.8.8　p34

◇少子化検討会議、子育て新システムの方針を決定　「週刊年金実務」（社会保険実務研究所）　（1955）　2011.8.15　p42

◇［平成］23年版少子化白書、行政サービス充実での変化　「週刊年金実務」（社会保険実務研究所）　（1955）　2011.8.15　p39～41

◇The Compass 子育て世代さらに冷遇、少子化は負の連鎖へ　山田昌弘　「週刊東洋経済」（東洋経済新報社）　（6344）　2011.8.27　p118～119

◇少子化対策の効果と現状　里麻淳子　「大阪学院大学通信」（大阪学院大学通信教育部）　42（6）　2011.9　p419～452

◇ドイツにおける少子化と政策的対応　平田謙輔　「京都学園大学経済学部論集」（京都学園大学経済学部学会）　21（1）　2011.9　p93～103

◇特集 少子化社会の成人期移行（その2）日韓の世帯形成パターン　鈴木透　「人口問題研究」（国立社会保障・人口問題研究所）　67（3）通号278　2011.9　p1～12

◇書評 山口幸三著 現代日本の世帯構造と就業形態の変動分析―公的統計のミクロ統計活用序説　阿藤誠・西岡八郎・津谷典子・福田亘孝編 少子化時代の家族変容―パートナーシップと出生行動

嶋崎尚子　「統計」（日本統計協会）　62（9）　2011.9　p78～81

◇現代の「婚活時代」における少子化の実態と社会保障政策等　米山正敏　「週刊社会保障」（法研）　65（2646）　2011.9.26　p56～59

◇ワーク・ライフ・バランスを推進すれば少子化対策となりうるか？―出生率を向上させるために望まれる施策　松井滋樹　「経営センサー」（東レ経営研究所）　（136）　2011.10　p39～44

◇今月の注目指標・トピックス 少子化の現状と子育て支援サービス市場の拡大　藤井康雄、織田洋輔、植村佳代　「ぐんま経済」（群馬経済研究所）　（341）　2011.11　p32～36

◇子育て新システムでは少子化に歯止めはかからない　岡田豊　「エコノミスト」（毎日新聞社）　89（59）通号4208　2011.12.27　p44～45

◇止まらない少子化：白書の問題提起から20年　川本敏　「家計経済研究」（家計経済研究所）　（95）　2012.Sum　p75～78

◇少子化の現状と子育て支援サービス市場の拡大　藤井康雄、織田洋輔、植村佳代　「地域開発」（日本地域開発センター）　569　2012.2　p45～50

◇時事評論 失われた少子化対策　増田雅暢　「週刊社会保障」（法研）　66（2664）　2012.2.6　p36～37

◇韓国の少子化と政府の子育て支援政策（日本と韓国における少子化対策としての有効な子育て支援施策の比較研究）　裵海善　「アジア女性研究」（アジア女性交流・研究フォーラム）　（21）　2012.3　p24～42

◇プロジェクト研究成果報告 少子化対策に関する研究：子どもの危機の観点から　福田規秀, 河野真, 田端和彦　「研究所報」（兵庫大学附属総合科学研究所）　（15・16）　2012.3　p35～49

◇特集 少子化社会の成人期移行（その3）成人期への移行モデルの転換と若者政策　宮本みち子　「人口問題研究」（国立社会保障・人口問題研究所）　68（1）通号280　2012.3　p32～53

◇THE COMPASS 過激な少子化対策 出生率を高める同棲の容認を　橘木俊詔　「週刊東洋経済」（東洋経済新報社）　（6380）　2012.3.10　p136～137

◇時報サロン　家庭問題よろず相談室（第213話）少子化について考える　家庭問題情報センター　「戸籍時報」（日本加除出版）　（681）　2012.4　p73〜76

◇少子化対策は財政に頼らず社会の仕組みや意識の変革で　井堀利宏　「週刊ダイヤモンド」（ダイヤモンド社）　100(14)通号4425　2012.4.7　p25

◇少子化の現状と子育て支援サービス市場の拡大　藤井康雄　「日経研月報」（日本経済研究所）　（408）　2012.6　p64〜71

◇亡国の失政　民主党の少子化対策　河合雅司　「Will：マンスリーウイル」（ワック）　（91）　2012.7　p222〜232

◇Tokyo Eye　少子化対策のヒントは出産天国フランスにあり　レジスアルノー　「Newsweek」（阪急コミュニケーションズ）　27(31)通号1312　2012.8.15・22　p78

◇少子高齢化社会における「養育」について　新山裕恵　「医療看護研究」（順天堂大学医療看護学部）　9(1)通号10　2012.9　p5〜11

◇森信茂樹が問う　霞が関の核心　女性の就業率を促進し、経済を活性化させ、かつ少子化傾向の改善を図る　森信茂樹，西村智奈美　「時評」（時評社）　54(9)通号594　2012.9　p38〜46

◇東アジアの超少子化が問いかけるもの：第16回厚生政策セミナーに寄せて（特集　第16回厚生政策セミナー「東アジアの少子化のゆくえ：要因と政策対応の共通性と異質性を探る」）　佐藤龍三郎　「人口問題研究」（国立社会保障・人口問題研究所）　68(3)通号282　2012.9　p1〜13

◇日本・東アジア・ヨーロッパの少子化：その動向・要因・政策対応をめぐって（特集　第16回厚生政策セミナー「東アジアの少子化のゆくえ：要因と政策対応の共通性と異質性を探る」）　鈴木透　「人口問題研究」（国立社会保障・人口問題研究所）　68(3)通号282　2012.9　p14〜31

◇韓国における少子化とその政策対応（特集　第16回厚生政策セミナー「東アジアの少子化のゆくえ：要因と政策対応の共通性と異質性を探る」）　松江暁子　「人口問題研究」（国立社会保障・人口問題研究所）　68(3)通号282　2012.9　p32〜49

◇台湾の少子化と政策対応（特集　第16回厚生政策セミナー「東アジアの少子化のゆくえ：要因と政策対応の共通性と異質性を探る」）　伊藤正一　「人口問題研究」（国立社会保障・人口問題研究所）　68(3)通号282　2012.9　p50〜65

◇少子化を食い止めるために：「出生率さえ上がればいい」という小手先の対策ではなく、急速に崩壊しつつある「基本家族」を取り戻すための叡知　エドワーズ博美　「祖国と青年」（日本協議会）　（408）　2012.9　p42〜50

◇世界経済コンフィデンシャル（第144回）少子化から「子供なし」社会へ進む日本の未来　浜田和幸　「月刊日本」（K&Kプレス）　16(10)通号186　2012.10　p86〜89

◇子ども関連3法を軸に少子化対策本格展開：村木内閣府統括官（当時）の講演より：部工会など主催「第8回自動車産業労務担当役員懇談会」開催　「月刊自動車部品」（自動車部品出版）　58(11)通号681　2012.11　p16〜19

◇地方分権化での少子化対策　西川雅史　「租税研究」（日本租税研究協会）　（757）　2012.11　p4〜18

【図書】

◇揺らぐ子育て基盤―少子化社会の現状と困難　松田茂樹，汐見和恵，品田知美，末盛慶著　勁草書房　2010.1　222p　22cm　〈文献あり　索引あり〉　2700円　Ⓘ978-4-326-60225-4　Ⓝ369.4

内容　子育て基盤に目を向ける　第1部　子育て・保育のいま（親の育てかたと子どもの育ち　乳幼児の子育てと親の悩み・不安―子育てへの社会的支援の質と量への期待　居住環境と親子生活）　第2部　社会関係資本と社会的支援（子育てを支える社会関係資本　子どもの育ちと親を支える社会的支援の意味）　第3部　職業生活と子育て（労働世界の変動と男性の家族生活への関わり―労働の過剰と脱標準化が家族にもたらすもの　職場環境と男性のワーク・ライフ・バランス―ジェンダー秩序が揺れ動く条件）　子育てを支える家庭の経済基盤

◇インターネット等による少子化施策の点検・評価のための利用者意向調査―最終報告書　平成21年度　内閣府政策統括官（共生社会政策担当）　2010.3　187p　30cm　Ⓝ334.31

◇少子化社会における保育環境のあり方に関する総合的研究―平成19年度～平成21年度総合研究報告書　厚生労働科学研究費補助金政策科学総合研究事業（政策科学推進研究事業）　〔小平〕〔民秋言〕　2010.3　121p　30cm

◇少子化社会における保育環境のあり方に関する総合的研究―平成21年度総括研究報告書　厚生労働科学研究費補助金政策科学総合研究事業（政策科学推進研究事業）　〔小平〕　〔民秋言〕　2010.3　193p　30cm

◇少子化社会白書―概要版　平成21年版　内閣府政策統括官（共生社会政策担当）編　〔点字資料〕日本点字図書館（印刷・製本）　2010.3　2冊　27cm　〈厚生労働省委託　原本：内閣府政策統括官（共生社会政策担当）2009〉　全3600円　Ⓝ334.31

◇少子化政策の新しい挑戦―各国の取組みを通して　岡沢憲芙, 小渕優子編著　中央法規出版　2010.4　287p　21cm　2200円　①978-4-8058-4917-0　Ⓝ334.3
［内容］なぜいま「少子化」なのか―理論枠組み　第1部　少子化政策の分析枠組み（少子化の政治経済学　少子化社会の諸相）　第2部　各国の少子化政策や取組み（フランスの家族政策の現在―仕事と家庭の両立を実現する社会へ　ノルウェーの少子化政策について　スウェーデン Människor i centrum‐（人間が中心）‐の社会　フィンランドの少子化政策―子どもの権利とその環境整備　日本の少子化政策）　第3部　保育所の国際比較（スウェーデンの保育所―バーンクルッバ, ダーグヘムそして就学前学校へ　フランスの保育所制度　イギリスの就学前ケア―ロンドン市イーリング地区の例）　未来への投資―子どもたちの笑顔のあふれる社会へ

◇フランスの少子化政策の実情と課題　保健福祉広報協会編　保健福祉広報協会　2010.5　99p　21cm　700円　Ⓝ369.4

◇パリ視察報告　2010年　フランスにおける少子化対策と「大学のまち」先進例をみる　京都経済同友会交流部会少子化問題研究委員会「大学のまち・京都」を考える研究委員会著　京都　京都経済同友会　2010.12　33p　30cm　Ⓝ334.335

◇「子ども手当」と少子化対策　江口隆裕著　京都　法律文化社　2011.1　203p　22cm　（社会保障・福祉理論選書）　2900円　①978-4-589-03314-7　Ⓝ334.31
［内容］第1章　フランスの家族政策―出産奨励策から一般施策へ（はじめに―フランス家族政策研究の意義　国家と人口政策　現代フランス家族政策の変遷　フランス家族政策に関する見解　フランス家族政策の課題）　第2章　戦前の人口増加政策（江戸時代の人口問題　明治以降の人口問題　戦争と人口問題　人口政策確立要綱　世論の状況　人口増加政策の意義）　第3章　戦後の少子化対策（戦後の人口動向と少子化対策　少子化対策の評価と今後のあり方）　第4章　「子ども手当」の意義と課題（わが国における児童手当制度の変遷　子ども手当の内容と問題点　高校の実質無償化　諸外国との比較　子ども手当の今後のあり方　子ども手当と国家のあり方）　第5章　少子化対策―若干の法制度的考察（少子化対策の意義　子どもを生み育てる権利　少子化対策と社会保障）　資料

◇少子化時代の家族変容―パートナーシップと出生行動　阿藤誠, 西岡八郎, 津谷典子, 福田亘孝編　東京大学出版会　2011.3　240p　22cm　〈索引あり〉　4800円　①978-4-13-051135-3　Ⓝ361.63
［内容］超少子化の背景と政策対応　1　若者のパートナーシップ形成（未婚化の原因―ジェンダーからみた学歴と雇用　若者の離家―日独伊3カ国比較分析　離家の遅れと未婚化―日米比較分析）　2　家族形成をめぐる問題（子育てコストと女性の就業継続　夫婦の労働時間と子ども数―日独仏3カ国比較分析　子育ての経済的負担感と子ども数　夫の家事参加と妻の出生意欲　ジェンダーと子育て負担感―日独伊3カ国比較分析）　本書のまとめと政策提言

◇少子化社会に関する国際意識調査報告書　内閣府政策統括官（共生社会政策担当）　2011.3　381p　30cm　〈背のタイトル：少子化に関する国際意識調査報告書〉　Ⓝ334.3

◇「少子化」はリスクか　堀井光俊著　秀明出版会　2011.3　231p　20cm　〈発売：SHI　文献あり〉　1500円　①978-4-915855-28-3　Ⓝ334.31
［内容］第1章　序論　第2章　日本の人口と出生率　第3章　晩婚化と未婚化　第4章　少子化亡国論　第5章　子どもと若者　第6章　少子化対策のイデオロギー

◇子ども・人権・少子化社会―ニュースの現場から考える 平成22年度人権週間記念行事「講演と映画の集い」講演録 杉尾秀哉述、練馬区総務部人権・男女共同参画課編 練馬区総務部人権・男女共同参画課 2011.8 41p 21cm ⓝ316.1

◇東アジアの少子化のゆくえ―要因と政策対応の共通性と異質性を探る 国立社会保障・人口問題研究所編 国立社会保障・人口問題研究所 2012.3 168p 30cm 〈厚生政策セミナー報告書 第16回〉〈文献あり〉ⓝ334.32

◇スウェーデンの少子化対策―家族政策の展開と男女共同参画社会への挑戦 谷沢英夫著 日本評論社 2012.5 173p 22cm 3200円 ⓘ978-4-535-58608-6 ⓝ334.33893

内容 序章 問題提起 第1章 スウェーデンの人口転換 第2章 社会経済変化と女性の社会的地位向上の芽生え 第3章 Myrdal夫妻の社会改革案と家族政策の始まり 第4章 スウェーデンの戦後の出生動向と家族政策 第5章 男女均等理念が舵取り役をする家族政策 第6章 男女共同参画社会への挑戦 終章 要約と結論

単親家庭

【雑誌記事】

◇シングルマザーへの就労支援の有効性に関する実証的研究―母子家庭等就業・自立支援センター利用者の追跡調査を通して 丹波史紀 「行政社会論集」(福島大学行政社会学会) 23(1) 2010 p55～97

◇母子家庭に対する就労支援にかかわる一考察―シングルマザーの就労・自立への途 和田謙一郎、吉中季子 「四天王寺大学紀要」(四天王寺大学) (50) 2010年度 p157～173

◇母性主義的福祉政策から両立(仕事と育児)支援政策への転換 : ノルウェーにおける「ひとり親手当」制度を中心に 竹田昌次 「総合政策論叢」(中京大学総合政策学部) 1 2010 p123～162

◇保育における養護と貧困 ひとり親世帯への支援―形成過程・ジェンダー・階層性の視点から 湯澤直美 「季刊保育問題研究」(新読書社) 通号241 2010.2 p138～148

◇子どもの権利と共同親権・共同監護―非監護親の養育責任とひとり親家庭の福祉施策をめぐって 河嶋静代 「北九州市立大学文学部紀要. 人間関係学科」(北九州市立大学文学部) 17 2010.3 p1～25

◇ひとり親家庭に対する経済的支援制度と養育費の徴収―イギリスのChild Support制度の試行錯誤を通して 橋爪幸代 「上智法学論集」(上智大学法学会) 53(4) 2010.3 p129～151

◇子育て中の親がもつシングルファザーに対する認識 平沼晶子 「Gender and sexuality : journal of Center for Gender Studies, ICU」(国際基督教大学ジェンダー研究センター) (6) 2011 p51～69

◇ひとり親家族の家庭教育と子育て 表真美 「京都女子大学発達教育学部紀要」(京都女子大学発達教育学部) (7) 2011.2 p1～8

◇デンマークの女性福祉事情(最終回)シングルマザーを取り巻く環境 葛西リサ 「福祉のひろば」(大阪福祉事業財団, かもがわ出版(発売)) 131 2011.2 p42～45

◇シングルファザーの子育てと親の発達 平沼晶子 「家族心理学研究」(日本家族心理学会) 25(1) 2011.5 p68～82

◇米国の未婚のシングルマザーに関するディスコースとその反証 : Promises I Can Keep (2005)が示唆するもの 鈴木佳代 「教育福祉研究」(北海道大学大学院教育学研究院教育福祉論分野) (17) 2011.11 p51～64

◇親と断絶したシングルマザーの現状と課題 : 必要なソーシャルサポートと子どもへの影響 福田真奈 「白鷗大学教育学部論集」(白鷗大学教育学部) 5(2) 2011.11 p395～412

◇韓国のひとり親家族における子どもと非養育親の関係 : 親と子のインタビュー調査から 李璟媛 「社会分析」(日本社会分析学会) 通号39 2012 p101～118

◇離婚後の子どもの共同養育に向けて : 共同親権・共同監護をめぐる問題 上村昌代 「現代社会研究科論集 : 京都女子大学大学院現代社会研究科博士後期課程研究紀要」(京都女子大学) (6) 2012.3 p33～58

◇シングルマザーの就労支援にかかわる一考察　熊本理抄　「人権問題研究所紀要」（近畿大学人権問題研究所）　（26）　2012.3　p43〜80

◇働く女性が妊娠出産後も安心して働き続けられる職場づくり（特集　働くお母さんの妊娠・出産・母乳育児を支援する）　奥村伸人　「助産雑誌」（医学書院）　66（4）　2012.4　p308〜310

◇続・沖縄からの発信（6）沖縄から非婚シングルマザーの問題に取り組む　秋吉晴子　「子どものしあわせ」（草土文化）　（739）　2012.9　p54〜57

◇ある保育園から…「ひとり親家庭」支援における保育園の役割（特集　シングルマザーの貧困と福祉：幸せに生きるための応援歌はあるのか）　「福祉のひろば」（大阪福祉事業財団、かもがわ出版（発売））　153　2012.12　p18〜21

◇母子世帯への制度の現状と課題を考える（特集　シングルマザーの貧困と福祉：幸せに生きるための応援歌はあるのか）　山本八重子　「福祉のひろば」（大阪福祉事業財団、かもがわ出版（発売））　153　2012.12　p30〜33

【図書】

◇シングルマザー生活便利帳―ひとり親家庭サポートbook　実用　新川てるえ、田中涼子著　太郎次郎社エディタス　2010.3　174p　21cm　〈『できる！シングルマザー生活便利帳』（山海堂2006年刊）の加筆〉　1500円　①978-4-8118-0735-5　Ⓝ369.41

内容　第1章　シングルマザーの仕事　第2章　シングルマザーの生活　第3章　シングルマザーの住まい　第4章　仕事と育児、両立のツボ　第5章　利用できる福祉制度　第6章　シングルマザーのお悩み解決　第7章　シングルマザーのためのイエローページ　養育費の算定表

◇子づれシングル―ひとり親家族の自立と社会的支援　神原文子著　明石書店　2010.5　268p　21cm　〈文献あり〉　2800円　①978-4-7503-3185-0　Ⓝ369.41

内容　第1部　結婚のリスクと夫婦関係のリスク（女性にとっての結婚の意味とは　現代における夫婦関係の特徴―生成と解体　家族と暴力―ドメスティック・バイオレンス生成過程とコントロール　夫のもとから家出した妻たち）　第2部　ひとり親家族の現状と課題（ひとり親家族になるということ　ドメスティック・バイオレンスから離婚した母と子の今　母子家族の現状と社会的排除　ひとり親家族の自立支援と女性の雇用問題　"要支援"母子家族の自立条件―ある母子寮家族の生活システム分析　ひとり親家族と子どもたち）

◇離婚後の共同子育て―子どものしあわせのために　エリザベス・セイアー、ジェフリー・ツィンマーマン著、青木聡訳　コスモス・ライブラリー　2010.5　311p　19cm　〈発売：星雲社　文献あり〉　1900円　①978-4-434-14586-5　Ⓝ367.4

内容　第1部　争いと子育て―難しい組み合わせ（争い依存症ではありませんか？　争いと子ども　争いではなく子どもを優先する　争いの解決　共同子育てに取り組む関係性を築く）　第2部　共同子育てのガイドライン（実効性のある子育てプラン　受け渡し　しつけ　諸活動や特別なイベント　新しい関係、過去の問題　片親疎外　健全な親、健全な子ども）

◇ライフスタイルの多様化と既存地域生活空間の限界―ひとり親世帯を対象として　葛西リサ著，第一住宅建設協会編　第一住宅建設協会　2010.6　69p　30cm　（調査研究報告書）　〈文献あり〉　非売品　Ⓝ369.41

◇母子家庭の子どもを中心とした生活実態（ヒアリング）調査報告書　平成22年度　全国母子寡婦福祉団体協議会　2011.2　144p　30cm　〈独立行政法人福祉医療機構社会福祉振興助成事業　奥付のタイトル：母子家庭の子どもを中心とした生活実態（ヒアリング）調査事業報告書〉　Ⓝ369.41

◇シングルマザーの就業と経済的自立　労働政策研究・研修機構編　労働政策研究・研修機構　2012.1　11p　30cm　（労働政策研究報告書　サマリー no. 140）

◇シングルマザーの就業と経済的自立　労働政策研究・研修機構編　労働政策研究・研修機構　2012.1　196p　30cm　（労働政策研究報告書 no. 140）　〈文献あり〉　Ⓝ366.38

◇シングルマザーを生き抜く15のノウハウ―離婚・貧困の連鎖を乗り越えて　ふじえりこ著　合同出版　2012.6　143p　21cm　〈文献あり〉　1400円　①978-4-7726-1081-0　Ⓝ367.3

内容　もう耐えられない！…行きつく先は離婚しかないけど!?―シングルマザーの8割は離婚が原因！　シングルマザー…って特別じゃない…は

ず！―母子世帯は70万世帯！全世帯の1.5％！ 離婚すると女は苦労する！―離婚を急ぐなら慰謝料0円に!?離婚時にきちんと決めておこう！ 見栄より現実！養育費は大事な収入源！―養育費をもらっている母子世帯はたった19％！ 離婚と女親の孤独！―離婚した子どもの約3割が「離婚してほしくなかった」と思っている!! シングルマザーのおさいふ事情!?―生活保護を受けていない母子世帯の8割が、生活保護レベル以下の生活をしている　住居探しから始まる苦難の道のり！―公営住宅・賃貸・マンション…シングルマザーはどこに住む!?　仕事と育児をひとりでこなす!?―シングルマザーの仕事探し！雇用形態はパートが4割超える！ 保育園入園も神だのみ！―保育園に入園待ちの児童はなんと2万6000人！入れるかは運次第！ 帰宅が遅いママに朗報!?―働くシングルマザーには月額5000円で子どもを預かってくれる学童クラブが便利！　100均服を着てるママ、諭吉服を着てる子ども!?―学校指定購入品、全部計算したら10万円を超えてしまった…！ 子どもも孤独！―ひとり親家庭では塾にも行けず成績が悪いのは誰のせい!?　塾に行けない子どもは進学できない!?―母子世帯で高校卒業できない子どもには定時制高校狙いもアリ。 イジメ、不登校、家出…非行に走る子ども―母子世帯の子どもが非行に走る確立は両親が揃っている家庭の2倍以上！　恐怖！家庭内暴力が殺人に!?―子どもの家庭内暴力は年間約1300件！約6割が母親を対象！）

◇ひとり親家庭を支援するために―その現実から支援策を学ぶ　神原文子，しんぐるまざあず・ふぉーらむ・関西編著　吹田　大阪大学出版会　2012.8　267p　19cm　(阪大リーブル)　1900円　①978-4-87259-317-4

内容　第1部　離婚・非婚になる前に知っておくべきこと―離婚、親権、養育費、面会交流（夫婦関係を解消するとは　親権と養育費、そして面会交流）　第2部　なにがひとり親家庭を困難にしているのか（日本のひとり親家族を取り巻く現状と課題―子づれシングルと子どもたち　ひとり親家庭で子どもが育つということ　「母子」がひらく家族の可能性）　第3部　離婚・非婚で生じた困難をどう乗り越えるか（DVの基礎知識―相談を受けるために　ひとり親家庭の生活設計―自立に向けてのお金の話　シングルマザーにとって「ディーセント・ワーク」とは）

◇ひとり親でも子どもは健全に育ちます―シングルのための幸せ子育てアドバイス　佐々木正美著　小学館　2012.11　189p　19cm　1200円　①978-4-09-311407-3

内容　第1章　ひとりで子どもを育てる子育ての心得（母性と父性を順序よく、バランスよく与えましょう。ひとり親でも子どもは健全に育ちます　子どもがいくつになっても、お母さんは子どもの教育者ではなく、保護者でいてくださいほか）　第2章　離婚と死別　子どもとの向き合い方（子どもに離婚を伝えるときは、相手に抱く負の感情を伝えてはいけません　離婚の理由は取り繕わず、事実をありのままに話すことが大切です　ほか）　第3章　子どもを幸せにする親としての生き方（親子関係以外でも相互依存のできる人間関係をつくりましょう。幸せな人生に必要なことです　新しいパートナーと子どもとの関係は、親子間の信頼関係が築けていれば心配いりません　ほか）　第4章　こんなときどうしたら？子育てQ＆A（ひとり親自身の悩み　子どもについての悩み・幼児～学童編　ほか）

育児支援

【雑誌記事】

◇「子育て支援力」育成のための保育士養成教育に関する研究(1)短期大学へのアンケート調査の分析を通して　福井逸子，小栗正裕，瀧川光治　「北陸学院大学・北陸学院大学短期大学部研究紀要」（北陸学院大学・北陸学院大学短期大学部）（1）　2008年度　p135～150

◇大学を拠点とした子育て支援の継続性・安定性をはかる取り組み―大学と地域との連携促進モデル事業の活動報告(2)　岡田由香，高橋弘子，佐久間清美［他］　「愛知県立大学看護学部紀要」（愛知県立大学看護学部）　15　2009　p33～38

◇親が子育てを楽しむための子育て支援活動―現行の親子参加型活動からの検討　小島千恵子　「研究紀要」（名古屋柳城短期大学）　(31)　2009年度　p115～127

◇子育て支援プログラム「あそびの森」実践報告(4)平成19年度実施プログラム　若杉雅夫，三羽佐和子，伊藤功子［他］　「東海学院大学短期大学部紀要」（東海学院大学短期大学部）　(35)　2009　p105～124

育児支援

◇「子育て支援力」育成のための保育士養成教育に関する研究(2)サービス・ラーニングにおける学生のジャーナルの分析を中心に　福井逸子, 小栗正裕, 瀧川光治　「北陸学院大学・北陸学院大学短期大学部研究紀要」（北陸学院大学・北陸学院大学短期大学部）　(2)（第1分冊）　2009年度　p65～76

◇子育て支援センターにおける環境構成のあり方―母親同士の関係性を構築する視点から　杉江栄子　「愛知教育大学幼児教育研究」（愛知教育大学幼児教育講座）　(15)　2010　p25～32

◇大学を拠点とした子育て支援の継続性・安定性をはかる取り組み―大学と地域との連携促進モデル事業の活動報告(3)　岡田由香, 緒方京, 神谷摂子［他］　「愛知県立大学看護学部紀要」（愛知県立大学看護学部）　16　2010　p41～47

◇保育者と心理職の協働による親支援に関する検討（研究所・センター報告）　武田（六角）洋子　「家庭教育研究所紀要」（小平記念日立教育振興財団日立家庭教育研究所）　(32)　2010　p160～170

◇母親の愛着スタイルと子育て支援（研究所・センター報告）　稲垣千代　「家庭教育研究所紀要」（小平記念日立教育振興財団日立家庭教育研究所）　(32)　2010　p190～203

◇児童館の子育ち・子育て支援に関する調査研究からみた実践課題　八重樫牧子　「川崎医療福祉学会誌」（川崎医療福祉学会）　19(2)　2010　p425～435

◇ニュージーランドのPAFT（Parents as First Teachers）プログラムにおける子育て支援　島津礼子　「教育学研究紀要」（中国四国教育学会）　56(2)　2010　p400～405

◇「子育て支援」の方向性―「親育て概念」の検討　髙橋有香里　「教育思想」（東北教育哲学教育史学会）　(37)　2010　p89～102

◇育児期における家族支援の枠組みモデル作成に関する探索的研究―「育児期の家族力」の構造に着目して　野原留美, 川村千恵子, 田辺昌吾［他］　「研究紀要」（白鳳女子短期大学）　(5)　2010　p19～28

◇乳児を育てる母親の育児支援ニーズ―現代の乳児を育てる母の希望する育児支援と不安の現状　岡居久代　「研究紀要」（白鳳女子短期大学）　(5)　2010　p35～42

◇学童期の子育て支援における支援者のあり方(1)支援者に必要な3つの視点（親子キャンプから）　伊藤陽一　「研究紀要」（小池学園）　(5)　2010　p105～123

◇親が子育てを楽しむための子育て支援活動(2)親子が楽しさを共有する活動実践を手がかりに　小島千恵子　「研究紀要」（名古屋柳城短期大学）　(32)　2010年度　p157～167

◇中国都市部における育児支援について―上海市徐匯区の事例から　翁文静　「公益財団法人福岡アジア都市研究所若手研究者研究活動奨励報告書」（福岡アジア都市研究所）　2010年度　2010　p31～40

◇日本の子育て支援とマザーハラスメント　森田美佐　「高知大学学術研究報告」（高知大学）　59　2010　p155～164

◇保育サービス・育児支援制度のニーズに関する研究―子どもの年齢・地域・サポートの充実度　友田尋子, 河合洋子　「甲南女子大学研究紀要. 看護学・リハビリテーション学編」（甲南女子大学図書委員会）　(5)　2010　p63～77

◇オーストラリアの統合的子育て支援―南オーストラリア州における「子どもセンター」事業と連邦政府による経済的支援を中心に　中里英樹　「甲南大学紀要. 文学編」（甲南大学）　通号161　2010　p123～131

◇子育て支援・最前線！　「こども未来」（こども未来財団）　(1)　2010年度　p3～6

◇子育て支援最前線！　「こども未来」（こども未来財団）　(3)　2010年度　p2～5

◇今日の社会における子育て支援の意味と保育士の役割：犬山市の調査をもとにして　石川昭義, 堀美鈴　「仁愛大学研究紀要. 人間生活学部篇」（仁愛大学）　(2)　2010　p81～95

◇「親子参加型子育て支援活動」における母親のニーズ調査　小島千恵子, 石橋尚子　「椙山女学園大学教育学部紀要」（椙山女学園大学教育学部）　3　2010　p49～60

◇子育て支援社会における母親の子育てとその心情について　中島紀子　「聖カタリナ大学・聖カタリナ大学短期大学部研究紀要」（聖カタリナ大学）　(22)　2010　p59～68

育児環境

◇子育て支援に関する一考察　小川恭子, 小川千晴, 坪川紅美［他］　「聖隷クリストファー大学社会福祉学部紀要」（聖隷学園聖隷クリストファー大学社会福祉学部）　(8)　2010　p51〜61

◇子育て支援プログラム「あそびの森」実践報告(5)平成20年度実施プログラム　若杉雅夫, 三羽佐和子, 松尾良克［他］　「東海学院大学短期大学部紀要」（東海学院大学短期大学部）　(36)　2010　p71〜90

◇大学における乳児期・子育て支援グループ活動(1)親支援・家族支援の場としての「子育てひろば」　柳瀬洋美　「東京家政学院大学紀要, 人文・社会学系」（東京家政学院大学）　通号50　2010　p1〜12

◇子育てを支える支援者の力量形成　大村綾　「飛梅論集：九州大学大学院教育学コース院生論文集」（九州大学大学院人間環境学府教育システム専攻教育学コース）　(10)　2010　p1〜16

◇講演　フランスの乳幼児の発達支援と子育て支援：就学前政策と実践の現在（2010年度シンポジウム　変わる0歳から就学までの保育・教育）　シルヴィレイナ, 星三和子［訳］　「日仏教育学会年報」（日仏教育学会）　(17)通号39　2010年度版　p6〜33

◇母親における育児サポートとしてのインターネット利用　外山紀子, 小舘亮之, 菊地京子　「人間工学：日本人間工学会誌」（日本人間工学会）　46(1)　2010　p53〜60

◇貧困児童をめぐるアメリカの育児支援制度　常森裕介　「比較法学」（早稲田大学比較法研究所）　43(3)通号91　2010　p33〜62

◇福祉教育実践報告　子育て支援複合施設における交流・連携の実践　吉濱優子, 筧保夫, 菅野智子［他］　「ふくしと教育」（大学図書出版）　通号9　2010.Aut.　p32〜37

◇「子育て支援力」育成のための保育士養成教育に関する研究(3)3年間の継続研究を通してモデルシラバスの提示を行う　福井逸子, 小栗正裕, 柴田智世［他］　「北陸学院大学・北陸学院大学短期大学部研究紀要」（北陸学院大学・北陸学院大学短期大学部）　(3)　2010年度　p79〜90

◇学齢期子育て支援講座の即時的効果と持続的効果に関する研究　倉石哲也　「臨床教育学研究」（武庫川女子大学大学院臨床教育学研究科）　(16)　2010　p15〜37

育児支援

◇4ヶ月児を育児中の母親のソーシャルサポートに関する考察―友達との関係を中心に　林富公子　「園田学園女子大学論文集」（園田学園女子大学）　(44)　2010.1　p213〜221

◇日本語版Everyday Stressors Indexの作成と信頼性・妥当性の検討―1ヵ月健診における育児支援への実用化に向けて　武者貴美子, 高橋真理　「母性衛生」（日本母性衛生学会）　50(4)　2010.1　p594〜601

◇実母からの授乳・育児支援のなかで娘が体験した思いと, その思いに関係する要因　井関敦子, 白井瑞子　「母性衛生」（日本母性衛生学会）　50(4)　2010.1　p672〜679

◇この一冊「新しい次世代育成支援の仕組みに向けて」保育サービス研究会編　「週刊社会保障」（法研）　64(2562)　2010.1.11　p34

◇第4回「にっけい子育て支援大賞」自治体, 限られた予算から費用を捻出　NPO法人は前年上回る応募, 内容も進化　「日経グローカル」（日経産業消費研究所）　(140)　2010.1.18　p48〜51

◇幼児をもつ母親の子育ての悩みに関する援助要請行動に影響を与える要因の検討　本田真大, 新井邦二郎　「カウンセリング研究」（日本カウンセリング学会）　43(1)　2010.2　p51〜60

◇学齢期の子育て支援プログラムの開発と展開に関する研究―子どもへの共感を高める親支援プログラム開発と効果　倉石哲也　「子ども家庭福祉学」（日本子ども家庭福祉学会）　(9)　2010.2　p1〜13

◇乳児をもつ母親の特徴と育児支援　久保恭子, 田村毅, 田崎知恵子［他］　「東京学芸大学紀要. 総合教育科学系」（東京学芸大学）　61(2)　2010.2　p77〜83

◇「子育てサポート」希望ランキング（住友生命）1位「経済的支援」, 2位「託児施設・サービス」　「労働と経済」（共文社）　(1498)　2010.2.10　p37〜39

◇子育て支援者への支援を考える―インタビューを中心に　平田美智子, 伊藤美佳　「和泉短期大学研究紀要」（和泉短期大学）　(30)　2010.3　p17〜27

◇保育支援ボランティアに関する研究―実践報告書・内容分析　金城靖子　「沖縄女子短期大学

紀要」（沖縄女子短期大学）　(22)　2010.3　p23～35

◇子育ての現状と課題―子どもの育ちと生活支援　流石智子　「華頂社会福祉学」（華頂短期大学社会福祉学科）　(6)　2010.3　p17～22

◇学齢期子育て支援講座地域（短縮）版「PECCK-Mini」の効果に関する研究―講座の効果測定尺度の開発と実施を通して　倉石哲也　「神戸大学大学院人間発達環境学研究科研究紀要」（神戸大学大学院人間発達環境学研究科）　3(2)　2010.3　p185～195

◇乳幼児をもつ母親の子育て支援事業への参加を促す要因の検討　山西朋,相良順子,伊藤裕子　「児童学研究：聖徳大学児童学研究所紀要」（聖徳大学）　(12)　2010.3　p7～12

◇子ども・家族の現実と子育て支援をめぐる諸課題―新政権の保育政策・子育て支援策の問題点にもふれて　浅井春夫　「前衛：日本共産党中央委員会理論政治誌」（日本共産党中央委員会）　通号854　2010.3　p92～110

◇子育て支援センターを利用する母親の生活習慣・BMI・骨量と幼児の生活習慣　中村伸枝,遠藤数江,出野慶子［他］　「千葉大学看護学部紀要」（千葉大学看護学部）　通号32　2010.3　p57～61

◇子育て支援による団地再生　堀内幸次郎　「調査研究期報」（都市再生機構技術研究所）　(150)　2010.3　p58～62

◇教育社会学における子育て・子育て支援に関わる最近の研究動向　渡辺恵,飯田浩之　「筑波教育学研究」（筑波大学教育学会）　(8)　2010.3　p83～98

◇児童館での子育て支援プログラムが親の意識と行動に及ぼす影響　大森弘子,保崎千賀子,松尾千俊［他］　「福祉教育開発センター紀要」（佛教大学福祉教育開発センター）　(7)　2010.3　p105～126

◇異なる「子育て支援プログラム」における母親に及ぼす効果の相違　楠本洋子　「幼年児童教育研究」（兵庫教育大学幼年教育コース）　(22)　2010.3　p45～55

◇子育て支援にかかわる大学との連携―「食育」をとおした支援の試み　名須川知子,岸田恵津　「幼年児童教育研究」（兵庫教育大学幼年教育コース）　(22)　2010.3　p145～151

◇サート（主動型リラクセイション療法）を用いた子育て支援に関する研究(1)　奥薗景子,奇恵英　「臨床心理学：福岡女学院大学大学院紀要」（福岡女学院大学大学院人文科学研究科「臨床心理学」紀要編集委員会）　(7)　2010.3　p11～19

◇子育ての新たな課題(特集 子育て支援フォーラム 子育て支援とコラボレーション―広げよう安心のネットワーク)　亀口憲治　「子育て支援と心理臨床」（福村出版）　1　2010.5　p10～12

◇子どもの発達とその支援―「特殊教育」から「特別支援教育」への狭間で考える(特集 子育て支援フォーラム 子育て支援とコラボレーション―広げよう安心のネットワーク)　小田豊　「子育て支援と心理臨床」（福村出版）　1　2010.5　p19～23

◇子育て支援に求めるもの―小児科医の立場から(特集 子育て支援フォーラム 子育て支援とコラボレーション―広げよう安心のネットワーク)　中村敬　「子育て支援と心理臨床」（福村出版）　1　2010.5　p24～29

◇これからの子ども・子育て支援における保健師活動と臨床心理士への期待(特集 子育て支援フォーラム 子育て支援とコラボレーション―広げよう安心のネットワーク)　彦根倫子　「子育て支援と心理臨床」（福村出版）　1　2010.5　p30～37

◇臨床心理士の子育て支援(特集 子育て支援フォーラム 子育て支援とコラボレーション―広げよう安心のネットワーク)　吉田弘道　「子育て支援と心理臨床」（福村出版）　1　2010.5　p50～55

◇座談会 子育て支援フォーラムを振り返って―多分野協働の"今"とこれから(特集 子育て支援フォーラム 子育て支援とコラボレーション―広げよう安心のネットワーク)　青木紀久代,亀口憲治,菅野信夫［他］　「子育て支援と心理臨床」（福村出版）　1　2010.5　p56～70

◇地域における連携実践のモデル構築(小特集 子育て支援とコラボレーションの地域実践モデル＠群馬)　亀口憲治　「子育て支援と心理臨床」（福村出版）　1　2010.5　p72～75

育児環境　　　　　　　　　　　　　　　　　　　　　　　　　　　　　　　　育児支援

◇子育て支援政策最前線―福島みずほ少子化対策担当大臣に聞く　福島みずほ，青木紀久代　「子育て支援と心理臨床」（福村出版）　1　2010.5　p88～93

◇けいざい・かわら版　出生率回復国からの示唆―保育サービスの充実と出生促進的な子育て家族支援が背景に　近江澤猛　「第一生命経済研レポート」（第一生命経済研究所）　14（2）通号158　2010.5　p13～18

◇連合トピックス　子ども・子育て応援シンポジウム　「連合」（日本労働組合総連合会）　23（2）通号265　2010.5　p23～25

◇子育て支援事業活動報告（第39回）「子育て・女性健康支援センター」の活動報告と今後の課題　中薗瑞枝　「助産師：日本助産師会機関誌」（日本助産師会出版部）　64（2）　2010.5.1　p59～61

◇不適切な養育状況にある保護者への支援　畑千鶴乃　「保育の研究」（草土文化（発売），保育研究所）　（23）　2010.6　p43～54

◇次世代育成システム研究会が提言「子ども・子育て応援基金構想」を公表　「労使の焦点」（日本生産性本部生産性労働情報センター）　（327）　2010.6　p11～17

◇この本，読むべし―自薦式ブックレビュー（3）実践的！子育て支援の本　三沢直子　「子どもの心と学校臨床」（遠見書房）　（3）　2010.8　p139～141

◇リプロヘルス・温故知新　ドイツに学ぶ（8）ドイツの育児支援とハイリスク母子対策　松永佳子，齋藤益子，宮本郁子［他］　「助産雑誌」（医学書院）　64（8）　2010.8　p744～748

◇臨床・研究　「養育支援を必要とする家庭」へ退院する新生児に対する取り組みの経験　四本由郁，山口清次，太田桂子［他］　「島根医学：the journal of the Shimane Medical Association」（島根県医師会）　30（3）　2010.9　p173～177

◇リプロヘルス・温故知新　ドイツに学ぶ（9）フランスに学ぶ（1）フランスでの妊娠，出産と子育て支援　齋藤益子，宮本郁子，森谷美智子［他］　「助産雑誌」（医学書院）　64（9）　2010.9　p834～839

◇北欧の高齢化社会の福祉と子育て支援　司馬楚十　「油脂」（幸書房）　63（9）通号749　2010.9　p77～81

◇「周産期からの子育て支援拡充に向けた専門職再教育プログラムの開発」事業における受講者プログラム評価―第2期基礎課程の産後うつケアに関する自己評価（続報）　濱村美和子，三島みどり，小田美紀子［他］　「島根母性衛生学会雑誌」（島根県母性衛生学会）　14　2010.10　p105～114

◇母子の育ちなおしのプロセス―精神疾患をもつ親の子育て支援　糊澤令子　「心理臨床学研究」（日本心理臨床学会，誠信書房（発売））　28（4）　2010.10　p401～411

◇精神障害者の子育て支援における保健所・医療機関・乳児院の役割と連携―有機的なチーム支援体制が構築された事例をとおして　高田美也子，堀井節子　「保健師ジャーナル」（医学書院）　66（10）　2010.10　p918～923

◇精神疾患のある母親を支援する（特集　保育のプロとして保護者を支援する）　東京都児童館職員（保育士）公立保育園園長　「保育の友」（全国社会福祉協議会）　58（13）　2010.11　p11～13

◇対談　専門性を生かした保護者支援とは（特集　保育のプロとして保護者を支援する）　柏女霊峰，御園愛子　「保育の友」（全国社会福祉協議会）　58（13）　2010.11　p20～25

◇ニュースの焦点　「社会全体で支える家庭と子育て」をテーマに研究協議―［2010年］11月27日にフォーラムを開催　服部真樹　「週刊教育資料」（教育公論社）　（1139）通号1269　2010.11.8　p7

◇我が国における産業ソーシャルワークの萌芽，その展望と課題―働く女性の子育て・介護支援を中心とした新たな役割を担う産業ソーシャルワーカーの固有性に着目する　丸目満弓　「近畿医療福祉大学紀要」（近畿医療福祉大学）　11（1）通号17　2010.12　p57～68

◇カナダのNobody's Perfectを参考にした育児学級参加者の追跡―スクリーニングと長期支援のあり方について　後藤あや，有馬喜代子，佐々木瞳［他］　「保健師ジャーナル」（医学書院）　66（12）　2010.12　p1086～1094

育児支援

◇学校・家庭・地域全体で子育てを支える —支援チームなど参加し、フォーラム　服部真樹　「週刊教育資料」（教育公論社）　（1145）通号1275　2010.12.27　p8

◇大学を拠点とした子育て支援事業の活動報告と評価　大林陽子,岡田由香,緒方京［他］　「愛知県立大学看護学部紀要」（愛知県立大学看護学部）　17　2011　p33～39

◇なぜ今子育て支援が必要か？—子育てに自信が持てる時代を目指して（シンポジウム報告 政権交代で家族は変わるか）　奥山千鶴子　「家族研究年報」（家族問題研究学会）　（36）　2011　p51～60

◇保育者養成校における子育て支援の試み：未就学児の託児を通して　塚本久仁佳　「釧路短期大学紀要」（釧路短期大学）　（38）　2011　p1～6

◇望ましい子育て支援活動のあり方の探究　小島千恵子　「研究紀要」（名古屋柳城短期大学）　（33）　2011年度　p107～116

◇コミュニティ協働型ファミリー・リソース・プログラムの構築と実践：祖父母世代と子育て世代を軸にした多世代交流家族支援システム　稲垣馨　「研究助成論文集」（明治安田こころの健康財団）　（47）　2011年度　p144～154

◇職場のジェンダー平等に向けた子育て支援策の課題　森田美佐　「高知大学学術研究報告」（高知大学）　60　2011　p231～239

◇子育て支援プログラムで行うピラティスが母親の心身に与える影響　中村芙美子　「國學院大學人間開発学研究」（國學院大學人間開発学会）　（3）　2011年度　p97～105

◇子育て支援の財源選択と世代間効用—人口内生OLGモデルの視点から　小黒一正　「個人金融」（郵便貯金振興会）　6(1)　2011.春　p50～63

◇特集 子育てをする親への支援活動・プログラム　「こども未来」（こども未来財団）　（2）　2011年度　p6～11

◇子育て支援・最前線！　「こども未来」（こども未来財団）　（4）　2011年度　p2～5

◇夜間営業の店舗で活動する母本に必要な育児支援と食育支援　坂本めぐみ,兼宗美幸　「埼玉県立大学紀要」（埼玉県立大学）　13　2011　p49～56

育児環境

◇「周産期からの子育て支援拡充に向けた専門職再教育プログラムの開発」事業における受講動機—現職助産師を対象としての検討　濱村美和子,三島みどり,小田美紀子［他］　「島根県立大学短期大学部出雲キャンパス研究紀要」（島根県立大学短期大学部出雲キャンパス）　5　2011　p57～63

◇祖父母の育児支援に関する文献概観　狩野鈴子　「島根県立大学短期大学部出雲キャンパス研究紀要」（島根県立大学短期大学部出雲キャンパス）　5　2011　p275～284

◇住民主体型育児支援組織の特徴と展開　山下亜紀子　「社会分析」（日本社会分析学会）　通号38　2011　p137～154

◇はじめのいっぽ—子育てひろばにおける親子と学生との関わりから　小川千晴　「聖隷クリストファー大学社会福祉学部紀要」（聖隷学園聖隷クリストファー大学社会福祉学部）　（9）　2011　p105～115

◇子育て支援における一考察：子育て支援セミナー参加者に対するアンケートの分析より　清水敬子,向笠京子,石濱加奈子［他］　「洗足論叢」（洗足学園音楽大学）　（40）　2011年度　p171～176

◇子育て支援の実践から見えてきたもの—アンケート調査から子育て支援をとらえる　北野哲也,北野久美　「総合学術研究論集」（西日本短期大学）　（[1]）　2011　p115～120

◇子育て支援プログラム「あそびの森」実践報告（6）平成21年度実施プログラム　若杉雅夫,三羽佐和子,松尾良克［他］　「東海学院大学短期大学部紀要」（東海学院大学短期大学部）　（37）　2011　p65～86

◇子育て支援室の有効性について（その3）「あかちゃんひろば」の遠隔観察における学びについて　杉山静子　「東海大学短期大学紀要」（東海大学短期大学紀要委員会）　（45）　2011　p31～38

◇ブックレビュー 小林芳文・大橋さつき著『遊びの場づくりに役立つムーブメント教育・療法—笑顔が笑顔をよぶ子ども・子育て支援』　梅原利夫　「東西南北：和光大学総合文化研究所年報」（和光大学総合文化研究所）　2011　［2011］　p259～261

育児環境

◇大学を拠点とした子育て支援活動の実践的教育の試み　吉見昌弘　「名古屋短期大学研究紀要」（名古屋短期大学）　（49）　2011　p161～174

◇大学から地域への発信：臨床心理士として子育て支援を立ち上げる　国松清子　「奈良文化女子短期大学紀要」（奈良文化女子短期大学）　（42）　2011　p41～54

◇子育て支援を考える―「チャイルド広場」の活動から　上岡紀美　「新島学園短期大学紀要」（新島学園短期大学）　（31）　2011　p159～168

◇病院の「子育て支援の会」が母親へ与える影響　軽部敬子, 井上佐祐実, 丹野かおり［他］　「日本看護学会論文集. 母性看護」（日本看護協会出版会）　42　2011　p54～57

◇集合住宅に複合された子育て支援施設の施設計画の現状把握と課題について　江川紀美子, 定行まり子　「日本女子大学大学院紀要. 家政学研究科・人間生活学研究科」（日本女子大学）　通号17　2011　p73～83

◇小学生を対象としたものづくり講座について―子育て支援施設における取り組み　松井祐　「福山市立女子短期大学紀要」（福山市立女子短期大学）　（38）　2011　p41～50

◇2010年度 第2回公開講演会「今、なぜ、子育て支援」―家族援助論の授業から　畑山みさ子　「宮城学院女子大学発達科学研究」（宮城学院女子大学附属発達科学研究所）　（11）　2011　p75～80

◇子育て環境の変容と支援研究の方向性―母親の子育てと支援のあり方を規定する要因について　高橋幸三郎　「武蔵野大学人間関係学部紀要」（武蔵野大学人間関係学部紀要編集委員会）　（8）　2011　p65～78

◇保育者の「子育て支援」に関わる専門性とリカレント教育（その3）まとめと考察：D.A.ショーンの「省察的実践家」モデルを手がかりにして　川池智子　「山梨県立大学人間福祉学部紀要」（山梨県立大学）　（6）　2011　p21～31

◇グループインタビューによる「つどいの広場」利用者の子ども・子育て支援ニーズ調査　橋本淳一, 村石理恵子, 羽岡佳子［他］　「山村学園短期大学紀要」（山村学園短期大学コミュニケーション学科・保育学科）　（23）　2011　p51～68

育児支援

◇家族介護者の支援に関する一考察：介護と育児を同時期に行なう家族介護者への支援についての基礎的研究として　浅野いずみ　「ライフデザイン学研究」（東洋大学ライフデザイン学部）　（7）　2011　p51～78

◇子育て支援と国民負担率　松田茂樹　「Life design report」（第一生命経済研究所ライフデザイン研究本部）　通号197　2011.Win.　p32～34

◇保育士養成大学における学内子育て支援の意義　木村美知代　「同朋福祉」（同朋大学社会福祉学部）　（17）　2011.1　p123～141

◇保育者が求める支援の基本スキルに関する調査研究　石川慶和, 小田浩伸　「大阪大谷大学紀要」（大阪大谷大学志学会）　45　2011.2　p132～139

◇異文化多文化 世界一といわれる子育て支援システムをもつスウェーデンを訪ねて　松川礼子　「季刊保育問題研究」（新読書社）　通号247　2011.2　p82～87

◇祖母力を活用した育児支援のあり方の検討　久保恭子, 田村毅　「東京学芸大学紀要. 総合教育科学系」（東京学芸大学）　62(2)　2011.2　p257～261

◇中高年女性による子育て支援システムの構築にむけて―中高年女性による子育て支援に関する先行研究の分析　田崎知恵子, 田村毅, 久保恭子　「東京学芸大学紀要. 総合教育科学系」（東京学芸大学）　62(2)　2011.2　p269～278

◇「にっけい子育て支援大賞」に3県市　「日経グローカル」（日経産業消費研究所）　（165）　2011.2.7　p32～35

◇子育て支援における保護者のニーズと保護者理解―比較検討と協同可能性を探る　片山知子, 松浦浩樹, 大下聖治［他］　「和泉短期大学研究紀要」（和泉短期大学）　（31）　2011.3　p1～21

◇小規模村に適した住民参加型子育て支援計画の開発―参加型アクションリサーチ　野田千代子, 前田和子, 末吉政春［他］　「沖縄県立看護大学紀要」（沖縄県立看護大学）　（12）　2011.3　p1～12

◇周産期医療を組み込んだ子育て支援をめぐる研究の動向と課題　井上寿美　「関西福祉大学社

◇会福祉学部研究紀要」(関西福祉大学社会福祉学部研究会) 14(2) 2011.3 p21〜29

◇イギリスにおける子育て支援体制──ロンドンにおける実態調査から 池谷江理子 「高知工業高等専門学校学術紀要」(高知工業高等専門学校) (56) 2011.3 p17〜30

◇保育者養成課程における子育て支援事業を通した学生の意識変容 荒木満紀, 園川緑, 伊藤雅子[他] 「帝京平成大学紀要」(帝京平成大学) 22(2) 2011.3 p1〜11

◇児童館での親支援プログラムを用いた社会福祉援助技術アプローチによる分析 大森弘子, 保崎千香子, 村井春菜[他] 「福祉教育開発センター紀要」(佛教大学福祉教育開発センター) (8) 2011.3 p35〜52

◇立正大学社会福祉学会第12回大会 シンポジウム報告 子育て支援・家族支援のあり方をめぐって 「立正社会福祉研究」(立正大学社会福祉学会) 12(2)通号22 2011.3 p51〜54

◇子育ての動向に関する研究──育児不安・虐待等の増加に対する子育て支援について 小橋明子, 入江明美 「紀要」(札幌大谷大学) (41) 2011.3.31 p65〜74

◇相互援助型子育て支援参加者の意識変化に関する研究──ファミリー・サポート・センターにおける活動を通して 岡本かおり 「応用教育心理学研究」(日本応用教育心理学会) 28(1)通号37 2011.4 p43〜55

◇子育て支援のさらなる発展をめざして──「病児・病後児保育」「休日保育」「一時預かり事業」の現状と課題(特集 第50回全国保育問題研究集会提案──分科会提案 保育政策と保育運動) 吉川惠子 「季刊保育問題研究」(新読書社) 通号248 2011.4 p310〜313

◇学生による訪問支援活動の実際──育てられるものから育てるものへ(特集 家庭訪問(ホームビジティング)の新たな展開──ホームビジティングの実際) 畑中祐美子 「世界の児童と母性」(資生堂社会福祉事業財団) 70 2011.4 p53〜57

◇リンショウゲンバ(63)心に寄り添い自立を助ける子育て支援 谷本恭子 「臨床心理学」(金剛出版) 11(3)通号63 2011.5 p445〜447

◇子育て 働くママ「育児支援」充実時代に抱く罪悪感 木村恵子, 宮本恵理子 「Aera」(朝日新聞出版) 24(21)通号1283(合併増大号) 2011.5.2・9 p62〜64

◇臨床心理士がおこなう親への支援──子どもの感情の社会化と親のかかわり 國吉知子 「神戸女学院大学論集」(神戸女学院大学研究所) 58(1)通号166 2011.6 p69〜83

◇東日本大震災──子育て支援の課題を探る 「子育て支援と心理臨床」(福村出版) 3 2011.6 p5〜15

◇子育て支援の教育・研修(特集 子育て支援者を育てる──臨床心理士のスキルアップをめざして) 馬場禮子 「子育て支援と心理臨床」(福村出版) 3 2011.6 p18〜26

◇子育て支援の教育・研修と大学院教育(特集 子育て支援者を育てる──臨床心理士のスキルアップをめざして) 松島恭子 「子育て支援と心理臨床」(福村出版) 3 2011.6 p27〜33

◇模索しながら進む子育て支援者養成(特集 子育て支援者を育てる──臨床心理士のスキルアップをめざして) 佐々木淑子 「子育て支援と心理臨床」(福村出版) 3 2011.6 p34〜40

◇行政と連携した子育て支援活動──院生の教育・研修について(特集 子育て支援者を育てる──臨床心理士のスキルアップをめざして) 橘玲子 「子育て支援と心理臨床」(福村出版) 3 2011.6 p41〜47

◇大学院における子育て支援領域の教育と研修(特集 子育て支援者を育てる──臨床心理士のスキルアップをめざして) 飯長喜一郎 「子育て支援と心理臨床」(福村出版) 3 2011.6 p48〜51

◇子育て支援者の教育と研究──現状と課題(特集 子育て支援者を育てる──臨床心理士のスキルアップをめざして) 吉田弘道 「子育て支援と心理臨床」(福村出版) 3 2011.6 p56〜61

◇母親の子育てに関する援助要請及び要請への心理的抵抗 中神友梨, 天岩靜子 「信州心理臨床紀要」(信州大学大学院教育学研究科心理教育相談室) (10) 2011.6 p53〜64

◇乳児期にある孫をもつ祖父母に対する孫育児支援活動の実態と課題 石井邦子 「母性衛生」

（日本母性衛生学会） 52(2) 2011.7 p311～318

◇望まれる育児支援の充実 藤本健太郎 「週刊社会保障」（法研） 65(2637) 2011.7.18 p44～49

◇育児支援と非自発的失業 池田亮一 「計画行政」（日本計画行政学会） 34(3)通号108 2011.8 p59～69

◇子育て支援の社会学的インプリケーション 松木洋人 「東京福祉大学・大学院紀要」（東京福祉大学, 東京福祉大学短期大学部） 2(1) 2011.8 p13～21

◇なるほど解決 使いこなそう労務管理の知識(第8回)あなたは答えられますか？ 子育て支援策にはどんなものがある？ 高平仁史 「Nursing business」（メディカ出版） 5(8)通号63 2011.8 p710～713

◇保育者養成校における子育て支援活動の実際と学生への教育的効果 萩尾ミドリ, 池田可奈子, 椎山克己 「久留米信愛女学院短期大学研究紀要」（久留米信愛女学院短期大学） (34) 2011.9 p117～124

◇"絆のあるまちづくり"に向けて子育て支援活動の意義を探る 増田安代 「産業経済研究」（久留米大学産業経済研究会） 52(2)通号227 2011.9 p213～234

◇祖母の育児支援の実態：妊婦が望む育児支援との比較 岡津愛子, 藤井朝代, 山口美里 「香川母性衛生学会誌」（香川母性衛生学会） 11(1) 2011.10 p45～49

◇0～3歳の子を持つ母親の子育て支援への満足感と求める支援 大住裕子, 野田茉里奈, 奥野未奈[他] 「香川母性衛生学会誌」（香川母性衛生学会） 11(1) 2011.10 p50～57

◇子育て支援コーナーは児童サービスへの入り口 大林直子 「こどもの図書館」（児童図書館研究会） 58(11) 2011.11 p9～10

◇現地報告 「子育て支援」から「子育ち支援」へ（特集 子育てを考える） 佐野隆 「地方議会人：未来へはばたく地方議会」（中央文化社） 42(6) 2011.11 p40～44

◇社会全体で支える子育て—応援されていることが実感できる取組 影山智子 「ぶぎんレポート」（ぶぎん地域経済研究所） (149) 2011.11 p8～11

◇育児 いま、このときに手を差しのべる 津守房江 「婦人之友」（婦人之友社） 105(11)通号1302 2011.11 p83～87

◇スウェーデン・フィンランドと日本の子育て支援：出生率増減の原因と結果 渡部かなえ 「青山学院女子短期大学紀要」（青山学院女子短期大学） 65 2011.12 p83～94

◇家族政策研究 子育て家庭をいかにして支えて行くのか：出生率回復の道筋を考える 「明日への選択」（日本政策研究センター） 通号311 2011.12 p32～36

◇子育て支援最前線 野田聖子衆議院議員にきく 野田聖子, 青木紀久代 「子育て支援と心理臨床」（福村出版） 4 2011.12 p70～75

◇子育て支援の現場から 親子で大切に、毎日の暮らしを積み重ねてほしい：飯野幸園長が語る「武蔵野市立0123吉祥寺」と子育て支援の「今」 飯野幸 「子育て支援と心理臨床」（福村出版） 4 2011.12 p124～127

◇全国子育て支援ひろば 「子育て支援と心理臨床」（福村出版） 4 2011.12 p130～139

◇日本における子育て支援のあり方 山重慎二 「租税研究」（日本租税研究協会） (746) 2011.12 p49～65

◇キックオフシンポジウムの概要(大阪人間科学大学「子ども福祉学科」開設 キックオフシンポジウム「今日における子育て支援の課題と方向：子ども福祉学科の挑戦」報告書) 柏原栄子 「大阪薫英女子短期大学児童教育学科研究誌」（大阪薫英女子短期大学） (17) 2011.12.1 p27～31

◇乳幼児を持つ母親の子育てにおける援助要請行動：自律的援助要請・依存的援助要請を視点とした検討 諸井泰子 「有明教育芸術短期大学紀要」（有明教育芸術短期大学） 3 2012 p29～40

◇児童養護施設が行う子育て支援について：児童家庭支援センター、子育て短期支援事業についての一考察 平野恵久 「江戸川学園人間科学研究所紀要」（江戸川学園人間科学研究所） (28) 2012 p25～41

◇大学を核とした子育て支援事業への参加が学生相互の気づきに与える影響：異学年集団によるIPU子育て支援事業「わくわくキッズ広場」への参加を通して　古田康生　「環太平洋大学研究紀要」（環太平洋大学）　(5)　2012　p135～142

◇育児支援は子ども数を増やすか？失業を考慮したアプローチ　池田亮一　「季刊社会保障研究」（国立社会保障・人口問題研究所）　48(2)通号197　2012.Aut.　p216～227

◇子育て支援「ママパパの宝もの」の取り組み　木澤光子, 三輪聖子, 梶浦恭子［他］　「岐阜女子大学紀要」（岐阜女子大学）　(41)　2012　p151～158

◇Special Interview 大日向雅美 恵泉女学園大学大学院教授(特集 社会全体で支える日本の将来 いま求められる子育て支援のあり方)　大日向雅美　「厚生労働：policy & information」（厚生問題研究会, 中央法規出版 (発売)）2012(5)　2012　p12～17

◇子育て支援プログラム活動報告　「心の危機と臨床の知」（甲南大学人間科学研究所）　13　2012　p153～155

◇子育て支援 最前線！　「こども未来」（こども未来財団）　(1)　2012年度　p2～5

◇子育て支援プログラム「あそびの森」実践報告(7)平成22年度実施プログラム　若杉雅夫, 三羽佐和子, 松尾良克［他］　「東海学院大学短期大学部紀要」（東海学院大学短期大学部）　(38)　2012　p67～87

◇ひろば型子育て支援における「当事者性」と「専門性」：対称性を確保するための非対称な工夫　松木洋人　「福祉社会学研究」（福祉社会学会）　(9)　2012　p142～162

◇子育ち・子育てまちづくり：研究動向と施策の展開(特集 子育ち・子育てと福祉のまちづくり)　八藤後猛, 長谷川万由美　「福祉のまちづくり研究」（日本福祉のまちづくり学会）　14(2)　2012　p3～9

◇子育ち支援のまちづくり：児童福祉の観点から(特集 子育ち・子育てと福祉のまちづくり)　長谷川万由美, 飯島玲子　「福祉のまちづくり研究」（日本福祉のまちづくり学会）　14(2)　2012　p10～16

◇子育て支援事業利用者のメンタルヘルス：保育所利用者と比較して　日下部典子　「福山大学こころの健康相談室紀要」（福山大学人間文化学部心理学科附属こころの健康相談室）　(6)　2012　p63～72

◇保育者の専門性における大学の支援：日本・韓国・中国三カ国の現状から　「幼年教育研究年報」（広島大学大学院教育学研究科附属幼年教育研究施設）　34　2012　p5～16

◇保育者の専門性向上に対する大学の支援の在り方に関する研究：保育者との共同による実践研究事業を事例として　大野歩, 中坪史典, 杉村伸一郎［他］　「幼年教育研究年報」（広島大学大学院教育学研究科附属幼年教育研究施設）　34　2012　p19～26

◇子どものすこやかな発達と子育て支援への「木育」効果の活用可能性　安梅勅江, 冨崎悦子, 望月由妃子［他］　「厚生の指標」（厚生労働統計協会）　59(1)通号920　2012.1　p21～25

◇幼児子育て期における家族からのサポートの重要性　中見仁美, 桂田恵美子, 石暁玲　「園田学園女子大学論文集」（園田学園女子大学）　(46)　2012.1　p227～239

◇現場からの報告 保健室からの子育て支援：子どもの自尊感情を育むために　加島ゆう子　「臨床教育学論集」（武庫川臨床教育学会）　(5)　2012.2　p41～49

◇海外労働事情(第110回)フランス フランスにおける子育て支援　水野圭子　「労働法律旬報」（旬報社）　(1761)　2012.2.上旬　p32～38

◇保育者養成校が行う子育て支援プログラムの展開：学生の参加ニーズを捉えて　齋藤純, 松浦浩樹, 大下聖治［他］　「和泉短期大学研究紀要」（和泉短期大学）　(32)　2012.3　p9～27

◇子育て支援室の発足と今後の展望(前理事長 河﨑茂先生追悼号)　森下孝夫, 野村和樹, 岸本眞［他］　「大阪河崎リハビリテーション大学紀要」（大阪河崎リハビリテーション大学）　6　2012.3　p101～107

◇保育者養成校における男子学生の子育て支援に関する意識：アンケート調査の性別による分析を中心に　蘇珍伊, 梶美保, 三浦正子［他］「現代教育学研究紀要」（中部大学現代教育学研究所）　(5)　2012.3　p1～9

育児環境　　　　　　　　　　　　　　　　　　　　　　　　　　　　育児支援

◇子育て支援の豊富なプログラムがある公園（公園緑地事例集）　群馬県県土整備部都市計画課，KFP友の会　「公園緑地」（日本公園緑地協会）　72（5）　2012.3　p33〜35,図巻頭1p

◇ワークショップ型子育て支援事業を通した保育者養成教育実践の課題 ： 保護者は，「こども講座」に，何を期待し，何に満足したのか？　広瀬健一郎　「国際人間学部紀要」（鹿児島純心女子大学国際人間学部）　(18)　2012.3　p37〜51

◇子育て支援のあり方 ： 子どもの育ちと向かい合う　大西文子　「小児保健研究」（日本小児保健協会）　71（2）　2012.3　p147〜150

◇保育者養成校における子育て支援活動の試み ： 保護者ニーズと学生の学びからのプログラム検討　保坂遊，石森真由子，松村万里子［他］「聖和学園短期大学紀要」（聖和学園短期大学）(49)　2012.3　p1〜17

◇子育て支援事業に参加する親への支援のあり方の検討：子育ての悩みを相談しやすい環境について　芳賀亜希子　「浜松学院大学短期大学部研究論集」（浜松学院大学短期大学部）(8)　2012.3　p57〜63

◇多様化する「子育て支援」の現状と課題 ： 新たなニーズとそれに対応する事例から　木脇奈智子　「藤女子大学QOL研究所紀要」（藤女子大学QOL研究所）　7（1）　2012.3　p37〜43

◇ビデオ育児支援法による母子関係への支援の試み　近藤清美　「北海道医療大学心理科学部心理臨床・発達支援センター研究」（北海道医療大学心理科学部）　8（1）　2012.3　p25〜35

◇若年妊婦への育児支援 ： 退院後の生活に向けたサポート体制の調整について　佐野吉美，坂本富子，中嶋るみ［他］　「山梨県母性衛生学会誌」（山梨県母性衛生学会）　11　2012.3　p16〜20

◇看護職者に対する育児支援としての病院内保育所 ： 現状と課題　勝川由美，西典子，永田真弓［他］　「横浜看護学雑誌」（横浜市立大学医学部看護学科）　5（1）　2012.3　p31〜38

◇第一子の育児休業中の母親が人とのつながりの中で求める感情面と情報面のサポート　龍野千歳，田口（袴田）理恵，河原智江［他］　「横浜看護学雑誌」（横浜市立大学医学部看護学科）　5（1）　2012.3　p63〜70

◇母親をエンパワーメントする子育て支援についての臨床心理学的研究 ： サートを用いた自己信頼感向上の試み　石丸寛子,奇恵英　「臨床心理学 ： 福岡女学院大学大学院紀要」（福岡女学院大学大学院人文科学研究科「臨床心理学」紀要編集委員会）(9)　2012.3　p1〜9

◇子育て支援の心理臨床(特集 子育て支援 ： 乳幼児と向き合う心理臨床)　鶴光代　「臨床心理学」（金剛出版）　12（3）通号69　2012.5　p303〜305

◇臨床心理士と子育て支援(特集 子育て支援 ： 乳幼児と向き合う心理臨床)　青木紀久代　「臨床心理学」（金剛出版）　12（3）通号69　2012.5　p306〜310

◇子育て支援最前線 乙武洋匡氏にきく 教育者として，2児の父として，子どもたちには自己肯定感を育んでもらいたい　乙武洋匡　「子育て支援と心理臨床」（福村出版）　5　2012.6　p78〜83

◇子育て支援コラボレーション 日本小児科医会 保科清会長をお迎えして　保科清，青木紀久代　「子育て支援と心理臨床」（福村出版）　5　2012.6　p114〜120

◇『'1-2-3マジック' 英国子育て支援プログラム』の日本導入と効果の検討　北岡和代，落合富美江，内田真紀［他］　「日本看護研究学会雑誌」（日本看護研究学会）　35（2）　2012.6　p91〜101

◇"子育ての社会的支援"の成立に関する基礎的考察 ： 産業構造と出産場所の推移からの検討　日野さくら　「東北の社会福祉研究」（日本社会福祉学会東北部会）(8)　2012.7　p37〜45

◇子育て支援事業活動報告(第44回)「子育て・女性健康支援センター」の活動報告と課題　高橋里亥　「助産師 ： 日本助産師会機関誌」（日本助産師会出版部）　66（3）　2012.8.1　p48〜50

◇フォーラム 子育て支援イベントとしての運動プログラムの活用　相澤景太，中村好男　「スポーツ産業学研究」（日本スポーツ産業学会）　22（2）　2012.9　p323〜325

◇ひとりで悩まない，かかえない子育て支援をめざす(特集 育児困難家庭への支援)　東京都・公立保育園園長　「保育の友」（全国社会福祉協議会）　60（11）　2012.9　p11〜13

現代を知る文献ガイド 育児・保育をめぐって　　171

育児支援　　　　　　　　　　　　　　　　　　　　　　　　　　　　　　　　育児環境

◇現代社会における子育て家庭の理解：保育士への期待（特集 育児困難家庭への支援）　山野則子　「保育の友」（全国社会福祉協議会）　60(11)　2012.9　p21～25

◇子育て支援プログラムIPPO（いっぽ）の効果：参加者アンケート調査より（特集 第17回学術集会（いばらき大会））　大北啓子，清水洋子，古野陽一［他］　「子どもの虐待とネグレクト：日本子ども虐待防止学会学術雑誌」（日本子ども虐待防止学会，金剛出版（発売））　14(2)通号35　2012.10　p162～173

◇児童発達支援事業施設での子育て支援の取り組み（特集 ここがポイント！ リハビリ現場の家族支援）　鈴木清美　「臨床作業療法」（青海社）　9(5)　2012.12　p459～463

【図書】

◇「学校で子育て支援」マニュアル―学校の余裕教室を活用した「つどいの広場」開設のために　〔大阪〕　〔関西こども文化協会〕　2010.3　11p　21cm

◇関係づくりを育む子育て支援研修プログラム開発　日本女性学習財団編　日本女性学習財団　2010.3　44p　30cm　（子育て支援者の資質向上のための事例研究及びプログラム開発事業報告書 平成21年度）〈平成21年度独立行政法人福祉医療機構「長寿・子育て・障害者基金」助成事業　背のタイトル：関係づくりを育む子育て支援〉　Ⓝ369.4

◇子育て世帯のセーフティーネットに関する総合的研究―平成21年度総括・分担研究報告書　厚生労働科学研究費補助金政策科学総合研究（政策科学推進研究）事業　〔千葉〕　〔大石亜希子〕　2010.3　1冊　30cm

◇養育に困難を抱える保護者を支援することのできる健診評価尺度（保護者自己記入式調査票）の開発に関する研究―平成21年度総括研究報告書　厚生労働科学研究費補助金障害保健福祉総合研究事業　2　〔札幌〕　〔田中康雄〕　2010.3　61p　30cm

◇連鎖的参画による子育てのまちづくりに関する開発的研究―個人完結型から社会開放型への子育て観の転換をめざして 平成17～21年度研究集録　松戸　聖徳大学子育て支援社会連携研究事務局　2010.3　425p　30cm　〈平成17年度選定文部科学省私立大学学術研究高度化推進事業（社会連携研究推進事業）　研究代表者：松島鈞　文献あり〉　Ⓝ369.4

◇子どもの福祉と子育て家庭支援　星野政明，川出富貴子，三宅邦建編　新版　岐阜　みらい　2010.4　231p　26cm　〈索引あり〉　2100円　①978-4-86015-205-5　Ⓝ369.4

内容　少子化の進行と家族・家庭・地域　子どもの生活と家庭をめぐる現状　子どもの福祉と子育て家庭支援の歩み　子どもの福祉と子育て家庭支援の基本理念　子どもの福祉と子育て家庭支援の法・財政　子どもの福祉と子育て家庭支援を担う機関　少子化社会対策と子育て支援サービスの現状と課題　保育施策の現状と課題　要保護児童福祉施策の現状と課題　障害児福祉施策の現状と課題　少年非行対策の現状と課題　ひとり親家庭等支援施策・DVの現状と課題　母子保健施策の現状と課題　子どもの福祉と子育て家庭支援を担う専門職　子どもと子育て家庭へのソーシャルワーク

◇子育て支援と心理臨床―広げよう安心のネットワーク　vol.1　特集 子育て支援とコラボレーション　子育て支援合同委員会監修，『子育て支援と心理臨床』編集委員会編　福村出版　2010.5　130p　26cm　1700円　①978-4-571-24530-5

内容　特集 子育て支援フォーラム 子育て支援とコラボレーション―広げよう安心のネットワーク　座談会 子育て支援フォーラムを振り返って―多分野協働の"今"とこれから　小特集 子育て支援とコラボレーションの地域実践モデル＠群馬　子育て支援政策最前線―福島みずほ少子化対策担当大臣に聞く　霞ヶ関ニュース　「子ども・子育てビジョン」について　「子ども・子育てビジョン」―心理臨床との接点から　チェックリストの紹介(1) スクリーニング・テスト：エディンバラ産後うつ病自己調査票EPDSの目的とその方法―臨床心理士のための適正使用法　親のメンタルヘルス(1)「育児不安」　リレートーク 私と子育て支援　全国子育て支援ひろばMAP　全国子育て支援「つどいの広場」の紹介

◇臨床心理士のための子育て支援基礎講座　臨床心理士子育て支援合同委員会編，青木紀久代ほか著　大阪　創元社　2010.6　252p　21cm　2600円　①978-4-422-11445-3　Ⓝ369.4

内容　第1部 臨床心理士の子育て支援とは（臨床心理士の子育て支援について　「子育て支援」―臨床心理士に求められる親支援　子育て支

援と心理臨床研究—その現状と課題）　第2部　情緒発達の成り立ちとその支援（脳の発達と情緒の発達　乳幼児の情緒発達と情緒障害　情緒の発達と母子関係）　第3部　発達障害の成り立ちとその支援（乳幼児の脳機能の障害　外来受診状況での見立ての実際　心理検査とチェックリストによるアセスメントの実際　発達障害児への心理療法の関わりについて　親への支援と学校への支援）　第4部　子育て家族とその支援（家族社会学から見た現代の家族　社会的環境と情緒の発達　家族の構造的理解と見立て　家族関係のアセスメント　臨床心理士による幼稚園での活動と連携）

◇子育て支援ひだまり通信—遊びとしつけの上手なコツ　髙山静子著　チャイルド本社　2010.7　95p　24cm　1800円　Ⓘ978-4-8054-0172-9　Ⓝ599
　内容　第1章　子どもを理解する　第2章　ちょうどいい関係づくり　第3章　遊びとしつけ　第4章　聡明な子育て　おもちゃ選びのヒント　年齢別の遊びとおもちゃ

◇子育て支援者研修ノート—子育て支援者向け研修事業〈大規模研修会〉考えて動ける主体的スタッフ養成ワークショップ育ちの環境力—子育て支援のもつ多様性を認識する　こども未来財団　2010.10　29p　30cm　〈共同刊行：関西こども文化協会〉

◇保育者・子育て支援者のための家庭支援ガイド　塩谷香編著　ぎょうせい　2011.2　189p　21cm　1714円　Ⓘ978-4-324-09219-4　Ⓝ369.4
　内容　序章　いま求められる家庭支援とは（少子化と子育て支援　子どもたちの育ちをめぐって　子育て支援をめぐって　保育者と支援者と）　第1章　保育・子育て支援の場における支援（支援の目的とは　支援の基本的な考え方）　第2章　日常の家庭支援の実際（幼稚園の実践　保育所の実践　子育てひろばの実践）　第3章　保護者・家庭に寄り添う支援とは（幼稚園における支援　保育所における支援　子育てひろばにおける支援）　終章　これからの家庭支援を考える（家庭支援のあり方とは　保育の専門性を超えて）

◇育児のなかでの臨床発達支援　藤崎眞知代,大日向雅美編著　京都　ミネルヴァ書房　2011.3　245p　22cm　（シリーズ臨床発達心理学・理論と実践 2）　〈文献あり〉　2800円　Ⓘ978-4-623-05960-7　Ⓝ143

　内容　第1部　理論編（親としての発達と支援　子育て支援をめぐる施策の動向と今後　子育て支援に求められる専門性）　第2部　実践編（子どもの特性に応じた育児支援　保護者の特性に応じた育児支援）

◇子育て温泉—新しい子育ち・子育て支援　子ども情報研究センター著　尼崎　双葉堂　2011.3　96p　15×21cm　600円　Ⓝ599

◇子育て支援　平塚儒子監修編　時潮社　2011.3　189p　21cm　2000円　Ⓘ978-4-7888-0660-3　Ⓝ369.4
　内容　第1章　教育学的意義　第2章　医学的意義　第3章　臨床心理学的視点からの子育て支援　第4章　社会福祉学的・臨床心理学的意義　第5章　子育て実技　附章　不登校・ひきこもり・アレルギーの要因と支援

◇子育て支援のための妊娠中から継続したケアの研究事業報告書　医療経済研究・社会保険福祉協会医療経済研究機構　2011.3　14,168p　30cm　（独立行政法人福祉医療機構社会福祉振興助成事業助成による研究報告書　平成22年度）　〈奥付のタイトル：子育て調査のための妊娠中から継続したケアの研究事業報告書〉　Ⓝ498.7

◇子育て支援ハンドブック—子育てに悩むママ・パパへ　ファミリー・コンサルタント協会編著　〔狛江〕　「子育て支援ハンドブック」編集委員会　2011.3　167p　21cm　〈発行所：ファミリー・コンサルタント協会　文献あり〉　Ⓝ599

◇子育て世帯のセーフティーネットに関する総合的研究—平成21〜22年度総合研究報告書　平成22年度総括・分担研究報告書　厚生労働科学研究費補助金政策科学総合研究（政策科学推進研究）事業　〔千葉〕　〔大石亜希子〕　2011.3　1冊　30cm

◇養育に困難を抱える保護者を支援することのできる健診評価尺度（保護者自己記入式調査票）の開発に関する研究—平成22年度総括研究報告書　厚生労働科学研究費補助金障害者対策総合研究事業（身体・知的等障害分野）　3　〔札幌〕　〔田中康雄〕　2011.3　57p　30cm

◇養育に困難を抱える保護者を支援することのできる健診評価尺度（保護者自己記入式調査票）の開発に関する研究—平成20年度—22年度総合研究報告書　厚生労働科学研究費補助金障害者対策総合研究事業(身体・知的等障害分野)　〔札幌〕　〔田中康雄〕　2011.3　187p　30cm

育児支援　　　　　　　　　　　　　　　　　　　　　　育児環境

◇よくわかる子育て支援・家族援助論　大豆生田啓友, 太田光洋, 森上史朗編　第2版　京都　ミネルヴァ書房　2011.3　194p　26cm　（やわらかアカデミズム・〈わかる〉シリーズ）〈索引あり〉2400円　Ⓘ978-4-623-06035-1　Ⓝ369.4

内容　現代の子育て家庭と子育て支援・家族援助　子育て支援サービス　わが国の子育て支援政策　保育所における子育て支援　地域子育て支援センターの子育て支援　幼稚園における子育て支援　保育の場における相談・援助　海外の子育て支援　多様な子育て支援の場・人・活動　地域の子育てひろばの実践　子育て支援の場における人と環境　ワークで学ぶ子育て支援

◇保育ソーシャルワークと子育て支援　千葉千恵美著　京都　久美　2011.4　145p　21cm　1500円　Ⓘ978-4-86189-171-7　Ⓝ369.4

内容　第1章　わが国における子育て支援の理念と目標　第2章　子育て支援の実践（発達障害児と親への関わり　被虐待児への子育て支援　国際結婚における子育て支援の実践　親子ふれあい教室―問題の早期発見と早期介入のために）　第3章　保育所における子育て支援の現状調査　第4章　子育て支援に向けた教育プログラム―子育て支援学の提唱（子育て支援学の概略　子育て支援学の内容　子育て支援学の実践―保育ソーシャルワーク　子育て支援学の教育）

◇これからの保育・子育て支援の進め方についての調査　全国私立保育園連盟調査部著　全国私立保育園連盟　2011.9　23p　30cm　(Zenshihoren booklet no.1)　300円　Ⓘ978-4-904858-08-0

◇子育て支援ハンドブック　チェック版　日本小児科学会, 日本小児保健協会, 日本小児科医会, 日本小児科連絡協議会ワーキンググループ編　日本小児医事出版社　2011.11　145p　21cm　2500円　Ⓘ978-4-88924-216-4　Ⓝ498.7

内容　1 乳幼児健診：総論　2 健診のポイント　3 子育て支援とは　4 発達の評価　5 栄養の評価・よくある問題点　6 歯科保健　7 予防接種　8 児童虐待とその周辺　9 傷害（事故）予防　10 障害を抱えた子どもたちとその周辺

◇子育て支援ハンドブック　日本小児科学会, 日本小児保健協会, 日本小児科医会, 日本小児科連絡協議会ワーキンググループ編　日本小児医事出版社　2011.11　622p　26cm　〈索引あり〉5000円　Ⓘ978-4-88924-215-7　Ⓝ498.7

内容　乳幼児健診―総論　健診のポイント　子育て支援とは　さまざまな保護者への対応　子育てとその周辺　発達の評価　栄養とその評価・よくある問題点　歯科保健　保育園・幼稚園　予防接種　児童虐待とその周辺　障害（事故）予防　障害を抱えた子どもたちとその周辺

◇「子育て」支援ガイドブック―妊娠・出産・育児休業から復職まで　横島洋志, 中川美弥著　中央経済社　2012.4　230p　21cm　1800円　Ⓘ978-4-502-69480-6　Ⓝ336.4

内容　第1章　子育て支援の現状と展望　第2章　相談Navi―Q&A　第3章　社内手続き―従業員←→会社　第4章　行政手続き―会社→役所　第5章　就業規則・関係法令　第6章　助成金・一般事業主行動計画　巻末資料

◇親の"不安"を軽くする子育てアドバイス実践ノート―事例から学ぶ話の聴き方・応え方　日本子育てアドバイザー協会編　ぎょうせい　2012.7　167p　21cm　2095円　Ⓘ978-4-324-09519-5　Ⓝ369.4

内容　巻頭インタビュー　いま、子育て支援者に求められること（NPO法人日本子育てアドバイザー協会理事・講師・増谷幸乃先生）　第1章　支援者の発言のタイプいろいろ―タイプ別解説と事例（発言タイプ別解説　事例）　第2章　相談のシチュエーションいろいろ―相談場所、問題の難しさ、母親のタイプ（子育て支援の現場こんなときどうする？　ほか）　第3章　相談の展開・着地点いろいろ―支援に正解なし（同じ相談内容に対する異なる支援例　一つの相談事例に対する異なる見方）　第4章　子育てアドバイザーの声―子育て支援の現場から（思いやりの心で人を明るくしたい　お母さん方との触れ合いの中で思うこと　ほか）

◇実践！0・1・2歳児の子育て支援―発達の理解と親子へのアプローチ　こどもの城小児保健部編集　中央法規出版　2012.8　257p　21cm　〈文献あり〉2000円　Ⓘ978-4-8058-3698-9　Ⓝ369.4

内容　第1章　現代の親子と子育て環境（子どもと家庭を取り巻く現状　子育て支援の現状　ほか）　第2章　子育て支援のためのコミュニケーション（子育て支援者に求められる姿勢　親子とのコミュニケーションの基本）　第3章　子育て支援、親子へのアプローチの実際（乳幼児の心身の発

達　食事、母乳、離乳食 ほか）　資料編（子育て支援の実際 親子の集まりの場の運営―子どもの城の「赤ちゃんサロン」事業から　子育て支援相談先リスト）

◇団塊世代の孫育てのススメ―イマドキの子育て事情とパパママのサポートのコツ　宮本まき子 著　中央法規出版　2012.11　224p　21cm　1400円　①978-4-8058-3747-4

内容 第1章 祖父母がかかわれば孫育てが変わる　第2章 祖父母の必須条件は「親たちに負けない理論武装」　第3章 祖父母のペースで孫育て　第4章 祖父母の強みを活かした孫育ての実践　第5章 親の子育てにもの申す　第6章 孫育てと介護は両立する?　第7章 ちょっとシビアな「お金」の話　第8章 子育ての常識・非常識Q&A　第9章 孫育てがつむぐ家族の「KIZUNA」

◆育児相談

【雑誌記事】

◇子育て支援「つどいの広場」における相談のあり方に関する一考察―大学サテライト施設における相談件数・相談内容の分析を通して　伊藤篤　「心の危機と臨床の知」（甲南大学人間科学研究所）　10　2009　p5～13

◇子ども家庭福祉分野におけるソーシャルワークとケアワークの体系化に関する研究（1）児童福祉施設における保育士の保育相談支援（保育指導）技術の体系化に関する研究（1）保育所保育士の技術の把握と施設保育士の保護者支援　柏女霊峰、有村大士、板倉孝枝［他］　「日本子ども家庭総合研究所紀要」（恩賜財団母子愛育会日本子ども家庭総合研究所）　46　2009年度　p31～84

◇幼児教育場面における相談活動のあり方について―キンダー・コンサルテーションの実践活動を通して　寺嶋繁典　「関西大学心理相談室紀要」（関西大学心理相談室）　（12）　2010　p65～72

◇子育て支援「つどいの広場」における相談のあり方に関する一考察（2）大学サテライト施設における相談（二〇〇七～二〇〇八年度）分析を通して　寺村ゆかの, 伊藤篤　「心の危機と臨床の知」（甲南大学人間科学研究所）　11　2010　p71～78

◇NICUを退院した児の家族が抱える不安―電話育児相談より　高垣美江, 塩路紗代　「日本看護学会論文集. 母性看護」（日本看護協会出版会）　41　2010　p67～70

◇産後の母親に対する24時間電話相談の利用状況と課題　野口あけみ, 山川裕子, 福澤雪子［他］　「日本看護学会論文集. 母性看護」（日本看護協会出版会）　41　2010　p82～85

◇子ども家庭福祉分野におけるソーシャルワークとケアワークの体系化に関する研究（2）児童福祉施設における保育士の保育相談支援技術の体系化に関する研究（2）保育所保育士と施設保育士の保育相談支援技術の抽出と類型化を中心に　柏女霊峰、有村大士、永野咲［他］　「日本子ども家庭総合研究所紀要」（恩賜財団母子愛育会日本子ども家庭総合研究所）　47　2010年度　p63～85

◇幼稚園の「子育て相談」に関する研究―母親の相談相手を中心とした考察　小瀬絢子　「武蔵野短期大学研究紀要」（武蔵野短期大学）　24　2010　p113～121

◇保育所における発達相談―今日的意義と課題　佐伯文昭　「関西福祉大学社会福祉学部研究紀要」（関西福祉大学社会福祉学部研究会）　（13）　2010.2　p87～94

◇「子どもの健康相談」から見た親達の子育ての悩み　小林美由紀　「地域と子ども学」（白梅学園）　（2）　2010.2　p27～32

◇子どもの治療・相談活動における「子育て」支援としての母親のカウンセリング過程について　田中守　「治療教育学研究」（愛知教育大学）　30　2010.2　p7～12

◇発達臨床の専門性は保育カンファレンスで保育者をどのように支援するか―保育園の"気になる子"の事例検討会の分析　芦澤清音　「帝京大学文学部教育学科紀要」（帝京大学）　（35）　2010.3　p25～35

◇育児電話相談において経験豊富な保健師が用いる保健指導技術　寺島奈美, 田口（袴田）理恵, 河原智江［他］　「横浜看護学雑誌」（横浜市立大学医学部看護学科）　3（1）　2010.3　p8～15

◇「クラスに入れない子ども」をめぐる保育カウンセリング　土屋明日香　「臨床心理学」（金剛出版）　10（2）通号56　2010.3　p245～254

◇子育て支援「つどいの広場」における相談のあり方に関する一考察(3)大学サテライト施設でのアウトリーチ・サービス構築と相談実態・内容の整理　寺村ゆかの，伊藤篤　「心の危機と臨床の知」(甲南大学人間科学研究所)　12　2011　p95〜104

◇保育所・幼稚園への巡回相談による支援機能に関する研究―保育所・幼稚園の比較及び保育者の職種・役職や経験年数の観点からの分析　知名勝枝，腰川一惠　「児童学研究：聖徳大学児童学研究所紀要」(聖徳大学)　(13)　2011.3　p17〜23

◇対人援助論としての「相談援助」「保育相談支援」　市東賢二　「児童文化研究所所報」(上田女子短期大学児童文化研究所)　(33)　2011.3　p1〜11

◇2009年・2010年南九州大学における子育て支援としての子どもに関する相談業務報告　春日由美　「南九州大学人間発達研究」(南九州大学人間発達学部)　1　2011.3　p93〜95

◇保育者はいかにして相談員の意見を受けとめるのか―巡回相談における保育者の概念変容プロセス　三山岳　「教育心理学研究」(日本教育心理学会)　59(2)　2011.6　p231〜243

◇私立幼稚園における子育て相談の実践と今後の展望：専門家による子育て相談の実践から　福田みのり　「山口福祉文化大学研究紀要」(山口福祉文化大学研究紀要編集委員会)　5　2011.7　p101〜107

◇「保育カウンセリング」についての一考察　藤井和枝　「浦和論叢」(浦和大学・浦和大学短期大学部)　(45)　2011.8　p71〜80

◇流通店舗での離乳に関する育児相談の現状　山本直子，赤星衣美，新川哲子［他］　「保健学研究」(長崎大学大学院医歯薬学総合研究科保健学専攻)　23(2)　2011.8　p23〜28

◇保育相談支援における実践的アプローチの教授について：解決志向アプローチと行動変容アプローチの活用　河野清志　「福祉倫理学術研究会論集」(［福祉倫理学術研究会])　3(1)　2011.10　p9〜17

◇改正児童福祉法における「障害児相談支援事業」の問題点(特集 乳幼児期の療育と子育て支援)　中村尚子　「障害者問題研究」(全国障害者問題研究会)　39(3)通号147　2011.11　p200〜206

◇私立幼稚園における保育カウンセリング(小特集 保育心理臨床：保育カウンセラーの現場から)　山下直樹　「子育て支援と心理臨床」(福村出版)　4　2011.12　p64〜68

◇保育現場における子育て相談と保護者支援のあり方　牧野桂一　「筑紫女学園大学・筑紫女学園大学短期大学部紀要」(筑紫女学園大学)　(7)　2012　p179〜191

◇保育所・幼稚園における巡回相談に関する研究動向　鶴宏史　「帝塚山大学現代生活学部紀要」(帝塚山大学現代生活学部)　(8)　2012.2　p113〜126

◇「全国 子育て・虐待防止ホットライン」メール相談実践報告　兼田智彦　「電話相談学研究」(日本電話相談学会)　21(1)　2012.2　p21〜28

【図書】

◇臨床心理士の子育て相談―悩めるママとパパに寄り添う48のアドバイス　髙石恭子著　京都　人文書院　2010.2　205p　19cm　1800円　Ⓘ978-4-409-34046-2　Ⓝ599

内容　1 子どもが可愛いと思えない　2 生と死，そして性のこと　3 子育てと「分離」の痛み　4 子育てを通して「内なる子ども」を生きる　5 子どもの世界とのつき合い方　6 男性が父親になるには　7 子育てのさまざまな価値観を見直す　8 こころの病や障害を抱えながらの子育て　9 そして母親とは？子どもを，家族を愛するとは？

◇心理学で学ぶ！子育て支援者のための子育て相談ガイドブック　神村富美子著　三鷹　遠見書房　2010.5　158p　19cm　1900円　Ⓘ978-4-904536-13-1　Ⓝ369.4

◇保育カウンセリング―ここからはじまる保育カウンセラーへの道　藤後悦子編著　京都　ナカニシヤ出版　2010.5　197p　21cm　〈索引あり〉　2300円　Ⓘ978-4-7795-0414-3　Ⓝ376.11

内容　序章 今なぜ保育カウンセリングが求められるのか　第1章 保育カウンセリング　第2章 現在の家族が置かれている状況　第3章 現在の子どもが置かれている状況　第4章 家族の病理と家族支援　第5章 子どもの発達と支援　第6章 危機介入　第7章 支援者としての自己理解

第8章 保育者のメンタルヘルスへのサポート
第9章 保育カウンセラーの法律基礎知識

◇臨床心理士の子育て相談—悩めるパパとママに寄り添う48のアドバイス　高石恭子著　〔点字資料〕　視覚障害者支援総合センター　2010.6　2冊　28cm　〈原本:京都 人文書院　ルーズリーフ〉　全8000円　Ⓝ599

◇子どもとかかわる人のためのカウンセリング入門—教育相談支援　西見奈子編著, 黒山竜太, 下田芳幸, 松尾伸一著　萌文書林　2010.12　187p　21cm　〈文献あり〉　1600円　Ⓘ978-4-89347-150-5　Ⓝ376.11
[内容] 第1章 心って何だろう—保育のなかで考える大切さ　第2章 子どもの発達を捉える　第3章 日常のなかの子どもの心　第4章 話を聴くために基本的な心構え　第5章 気になる子どもへのかかわり方　第6章 気になる保護者へのかかわり方　第7章 援助者自身のケアと連携の問題

◆育児ネットワーク・サークル

【雑誌記事】

◇子育て期のサポート・ネットワーク形成における通信メディアの役割　天笠邦一　「社会情報学研究 : 日本社会情報学会誌」（日本社会情報学会事務局）　14(1)　2010　p1〜16

◇「子育てネットワーク」活動の効果—調査票における自由記述内容の質的検討から　中谷奈津子, 越智紀子　「中京女子大学研究紀要」（中京女子大学大学院〔ほか〕）　(44)　2010　p1〜11

◇地域福祉と子育て支援—ネットワークの観点から　藤原慶二　「関西福祉大学社会福祉学部研究紀要」（関西福祉大学社会福祉学部研究会）　(13)　2010.2　p11〜18

◇子育てグループ活動における自主性に関する一考察　岡本良子　「研究紀要」（貞静学園短期大学）　([1])　2010.3　p41〜48

◇民間相談機関によるグループインタビュー調査—「子育てをささえる地域創り座談会」の実施と結果について　濱田智恵美, 平野幸子, 中西泰子　「研究所年報」（明治学院大学社会学部付属研究所）　(40)　2010.3　p127〜142

◇グループワークを活用した子育て支援の仮説モデルの検証　坂鏡子, 石田慎二, 長谷川充　「名古屋学芸大学ヒューマンケア学部紀要」（名古屋学芸大学ヒューマンケア学部）　(4)　2010.3　p1〜14

◇実践ヘルスプロモーション すこやかな子育てを地域で支えるネットワークづくり—子育てガイドブックの作成を通して　渡辺志保　「月刊地域医学」（地域医療振興協会）　24(7)通号285　2010.7　p540〜542

◇子育て中のがん患者と子どもへの支援に関する研究 : 子どもサポートグループの効果に関する検討　小林真理子, 大沢かおり, 小澤美和　「研究助成論文集」（明治安田こころの健康財団）　(47)　2011年度　p92〜99

◇くつろげる居場所が元気のきっかけに 広がる「コミュニティカフェ」の子育て支援（子育て支援・最前線！）　杉本美奈子　「こども未来」（こども未来財団）　(3)　2011年度　p2〜4

◇ファミリー・サポート・センター会員が抱える不安について : 依頼会員と援助会員の交流会から　若佐美奈子　「千里金蘭大学紀要」（千里金蘭大学）　2011　2011　p166〜173

◇現場から見た青少年問題(18) 虐待のない社会を願って、市民が今できること—子育て支援グループ20年の活動から　清水正江　「青少年問題」（青少年問題研究会）　58(新年)通号641　2011.1　p48〜53

◇子育てサークルと育児不安—地域子育て支援拠点事業での取組　平田美智子　「和泉短期大学研究紀要」（和泉短期大学）　(31)　2011.3　p23〜31

◇民間相談機関における地域福祉実践(その2)子育て支援に関わるコミュニティワークの取り組み　平野幸子　「研究所年報」（明治学院大学社会学部付属研究所）　(41)　2011.3　p149〜165

◇育児困難感をもつ母親へのグループ・アプローチによる子育て支援　鈴木信子　「帝京平成大学紀要」（帝京平成大学）　22(1)　2011.3　p107〜117

◇母親を取りまく「育児ネットワーク」の構成員に関する日韓比較—非定型自由記述法を用いて　金娟鏡　「帝京平成大学紀要」（帝京平成大学）　22(1)　2011.3　p119〜127

◇子育て支援ネットワークと家族機能に関する私論　杉本大輔　「道都大学紀要.社会福祉学部」（道都大学図書紀要編集委員会）（36）2011.3　p25〜35

◇大阪方式マザーグループ育児困難な母と子のグループケアの全体像　畑千鶴乃, 小岩眞智子　「函館短期大学紀要」（函館短期大学）（37）2011.3　p91〜101

◇育児に悩む母親に対するグループプログラムの効果—母親の変化と家族関係の変化に着目して　頭川典子, 北山秋雄　「小児保健研究」（日本小児保健協会）70(3)　2011.5　p371〜379

◇「子育て支援リーダー育成ネットワーク」の基本構想に向けて(特集 子育て支援者を育てる—臨床心理士のスキルアップをめざして)　亀口憲治　「子育て支援と心理臨床」（福村出版）3　2011.6　p52〜55

◇マッキーの子育て讃歌(20)子どもの育ちとネットワークづくり　山本万喜雄　「子どものしあわせ」（草土文化）通号729　2011.11　p56〜59

◇広げよう子育て支援ネットワーク：子育て支援ひろばをつくろう(1)大学から始まる子育て支援の地域活動：子育てひろば「ここみ広場」を開くまで　高山静子　「子育て支援と心理臨床」（福村出版）4　2011.12　p110〜112

◇「地域ネットワーク」をつくる子育て支援活動への取り組み　有澤陽子　「調査月報」（百十四経済研究所）（298）2011.12　p2〜10

◇子育てグループにおける母親の居場所に関する研究(2)質的調査による母親の居場所概念の検討　鬼塚史織　「九州大学心理学研究：九州大学大学院人間環境学研究院紀要」（九州大学大学院人間環境学研究科）13　2012　p171〜178

◇PAC分析を用いた韓国人母親の「育児ネットワーク」に関する事例研究　金娟鏡　「共栄大学研究論集：共大研究」（共栄大学国際経営学部）（10）2012　p287〜303

◇子育てサークルへの参加による子育て意識の変化　横川和章, 小田和子　「兵庫教育大学研究紀要」（兵庫教育大学）40　2012.2　p19〜27

◇子育てサークルと育児期のストレス：地域子育て支援拠点でのインタビューから　平田美智子　「和泉短期大学研究紀要」（和泉短期大学）(32)　2012.3　p29〜36

◇保護者同士のグループワークを実施した子育て講座のアンケート結果：テキストマイニングによる分析　濱田祥子　「関東短期大学紀要」（関東短期大学）55　2012.3　p91〜101

◇民間相談機関における地域福祉実践(その3)子育て・子ども支援に関わるネットワーク形成に関する考察　平野幸子　「研究所年報」（明治学院大学社会学部付属研究所）（42）2012.3　p91〜107

◇地域と協働する保育者養成校のあり方に関する一考察：子育て支援ネットワークの構築をめざした事業参画を通して　上村晶, 梶天保保　「高田短期大学育児文化研究」（高田短期大学育児文化研究センター）（7）2012.3　p17〜28

◇住民主体型育児支援組織におけるリーダーの動機付けに関する考察　山下亜紀子　「宮崎大学教育文化学部紀要.芸術・保健体育・家政・技術」（宮崎大学教育文化学部）（25・26）2012.3　p31〜42

◇子育て支援活動における「社会的ネットワーク機能」の重要性：異業種・異領域へとつながる/拓くネットワークへ　齋藤克子(佳津子)　「関係性の教育学」（「関係性の教育学」学会）11(1)　2012.6　p3〜13

◇広げよう子育で支援ネットワーク：子育て支援ひろばをつくろう(2)ひろば型による健やかな心と体の支援：学生にさせる保育, してあげる支援を獲得させない方法　高山静子　「子育て支援と心理臨床」（福村出版）5　2012.6　p110〜112

◇全国子育て支援ひろばMAP　「子育て支援と心理臨床」（福村出版）5　2012.6　p145〜151

◇母親を育児サークルへ「つなげる」保健師の支援：軽微な育児不安や孤立感をもつ母親への行為に焦点を当てて　岡田尚美, 和泉比佐子, 松原三智子［他］　「日本地域看護学会誌」（医学書院エムワイダブリュー）15(1)　2012.8　p119〜125

【図書】

◇保育新時代—地域あんしん子育てネットワークの構築にむけて　仲本美央, 南野奈津子, 五十嵐淳子, 横畑泰希, 鈴木道子, 春山勝著, 原田弘子,

日本地域社会研究所編　日本地域社会研究所　2012.4　173p　21cm　（コミュニティ・ブックス）　1600円　ⓘ978-4-89022-959-8　Ⓝ369.4
内容　第1章 かつての地域のつながりとは何か　第2章 地域・小規模保育をとりまく環境と制度　第3章 子育てと地域のつながり　第4章 地域・小規模保育先進事例　第5章 家庭的保育を活用した地域・小規模保育の実践　第6章 イクジイによる子育て事業参加

◆育児サービス業

【雑誌記事】

◇商業・サービス最前線　(株)マミーズファミリー　一人一人の子供を大切にし、母親を元気にする"保育サービス"　吉村克己　「商工ジャーナル」（商工中金経済研究所）　36(1)通号418　2010.1　p76～78

◇レポート&インタビュー　鳩山政権を揺さぶる課題 保育・子育て支援で国には頼らない民間企業が保育6兆円市場へ参入 JPホールディングス社長 山口洋 100万人超の待機児童問題を解決するには民間の力が絶対に必要です　山口洋、北川宏　「経済界」（経済界）　45(3)通号912　2010.2.9　p48～51

◇BIG INTERVIEW 寺田千代乃 アートコーポレーション社長 幅広く需要取り込みシェア拡大へ—国内物流と保育サービス事業を新たな柱に　寺田千代乃、眞島弘　「イグザミナ」（イグザミナ）　通号270　2010.3　p39～44

◇保育制度改革が民間営利組織に与える影響—社会保障審議会少子化対策特別部会第1次報告を中心に　石田慎二　「名古屋学芸大学ヒューマンケア学部紀要」（名古屋学芸大学ヒューマンケア学部）　(4)　2010.3　p23～30

◇経営写(No.473)JPホールディングス社長 山口洋　「子育てのパートナー」として、子どもや保護者にとって、本当に必要なサービスを提供しています。一発達障害のお子さんのケアや種撒きから始まる食育など、専門知識をもった職員で対応できるのは、規模の大きい民間企業だからできることです。　山口洋　「財界」（財界研究所）　58(15)通号1461　2010.7.20　p116～119

◇マールインタビュー（No.131）旧秩序の岩盤が残る保育の世界でM&Aも活用し、株式会社参入の先頭走る—JPホールディングス 山口洋社長　山口洋　「MARR：Mergers & acquisitions research report」（レコフデータ）　通号198　2011.4　p30～35

◇幼保一体型施設への移行促進 子育て支援、企業参入で課題も—政府案　「厚生福祉」（時事通信社）　(5826)　2011.6.28　p2～3

◇診断士注目！ 保育ビジネスの現状と可能性　古市今日子　「企業診断」（同友館）　58(7)　2011.7　p50～54

◇子育て支援総合コーディネート事業の変遷：子ども家庭福祉分野のケースマネジメントとしての必要性　平田祐子　「Human welfare：HW」（関西学院大学人間福祉学部研究会）　4(1)　2012.3　p55～68

◇地域再生の現場を行く(第144回)鉄道各社が次々と保育園開設。子育て支援の街づくり競う(JR東日本など)　竹本昌史　「経済界」（経済界）　47(8)通号965　2012.4.17　p78～79

◇地域再生の現場を行く(第150回)保育市場に企業進出相次ぐ。女性の社会進出を支援(保険、私鉄、学習塾など)　竹本昌史　「経済界」（経済界）　47(14)通号971　2012.7.17　p102～103

◇起・業・人(Number 415)サクセスホールディングス 代表取締役社長 柴野豪男 企業の保育事業参入の草分け的存在 豊富な経験と実績を武器に成長続ける　「週刊ダイヤモンド」（ダイヤモンド社）　100(40)通号4451　2012.10.13　p118～119

◇日本経済のトレンドを読む(45)共働き世帯の増加で拡大する「保育所ビジネス」　「Verdad」（ベストブック）　18(11)通号211　2012.11　p21

【図書】

◇ベビー・キッズサービス施設事業化計画・運営実態資料集　綜合ユニコム　2011.2　138p　30cm　60000円　ⓘ978-4-88150-512-0　Ⓝ369.42

◆育児支援（行政）

【雑誌記事】

◇日本における子育て支援施策の変遷—「エンゼルプラン」から「子ども・子育てビジョン」まで　田中麻里　「西九州大学子ども学部紀要」（西九州大学子ども学部）　(2)　2010　p77～85

◇ステップアップ 次世代育成支援（第1回）次世代法はなぜ制定されたの？少子化対策の一環で制定された次世代法 企業を巻き込んだ対策が不可欠な時代に　「労働基準広報」（労働調査会）(1672)　2010.3.11　p22～27

◇国際家族法研究会報告（第7回）アメリカの公的支援制度と養育費強制プログラム　打矢恵　「東洋法学」（東洋大学法学会）　54(1)通号116　2010.7　p277～282

◇地域子育て支援施策の動向と実践上の課題(特集 地域の中の子育て支援—親と子は何を求め、何を得ているのか)　山縣文治　「季刊保育問題研究」（新読書社）　通号244　2010.8　p6～18

◇少子化・次世代育成施策の評価と展望（[生活経済学会]第26回研究大会 共通論題シンポジウム）　大石亜希子　「生活経済学研究」（生活経済学会）　32　2010.9　p109～114

◇アウトルック 子育て支援に乗じた官の肥大化を許すな　「週刊東洋経済」（東洋経済新報社）(6280)　2010.9.4　p168～169

◇全国市長会の社会文教委員会で小宮山厚労副大臣が子育て施策説明　「週刊国保実務」（社会保険実務研究所）　(2736)　2010.11.29　p24

◇子ども・子育て支援策の動向　織田善則　「個人金融」（郵便貯金振興会）　6(1)　2011.春　p64～66

◇総合的な子育て支援推進（小宮山副大臣）　「週刊社会保障」（法研）　65(2615)　2011.2.7　p14

◇翻弄される、お母さん 行政の育児指導に異議あり 対談　毛利子来、幕内秀夫　「金曜日」（金曜日）　19(7)通号850　2011.2.25　p26～27

◇「子育て支援」はもう十分か？—2000年代からの日本の子育て支援策の成果と課題　森田美佐　「高知大学教育学部研究報告」（高知大学教育学部）　(71)　2011.3　p187～196

◇子育てバリアフリー施策とまちづくり　日本交通政策研究会子育てバリアフリー施策とまちづくりプロジェクト　「日交研シリーズ. A」（日本交通政策研究会）　通号514　2011.3　p1～82,巻頭1枚

◇5歳児健診、「子どもカルテ」で引き継がれる子育て支援—子ども行政の一元化・連携と情報共有の取り組み(小特集 子育て支援とコラボレーションの地域実践モデル＠長野県駒ヶ根市)　倉田敬子　「子育て支援と心理臨床」（福村出版）　3　2011.6　p68～75

◇我国の行政による子育て支援の視点と課題に関する文献検討　今井充子, 常盤洋子　「北関東医学」（北関東医学会）　61(3)　2011.8　p377～386

◇クレア海外通信 海外事務所だより パリ事務所 フランスの子育て支援政策の概要について　山口信義　「自治体国際化フォーラム」（自治体国際化協会）　266　2011.12　p22～24

◇子育て支援行政に関する研究：問題点と課題の把握　今井康晴　「武蔵野短期大学研究紀要」（武蔵野短期大学）　26　2012　p351～359

◇子育て世帯の多様なライフスタイルを支援する都市・交通施策に関する研究　日本交通政策研究会子育て世帯の多様なライフスタイルを支援する都市・交通施策に関する研究プロジェクト　「日交研シリーズ. A」（日本交通政策研究会）　(536)　2012.1　p巻頭1枚,1～72

◇市町村事業（子ども・子育て支援事業（仮称））について（案）（新システム作業G基本制度WT(2011.11.24)子ども・子育て新システム検討会議作業グループ 基本制度ワーキングチーム（第16回）2011（平成23）年11月24日）　「保育情報」（全国保育団体連絡会, ちいさいなかま社（発売））(422)　2012.1　p23～29

◇少子化対策・子育て支援施策における都市環境整備：施策の構造分析及びシークエンス分析からみた変遷　吉田ゆり　「国際人間学部紀要」（鹿児島純心女子大学国際人間学部）　(18)　2012.3　p139～167

◇吉田有里の政治時評「チルドレン・ファースト」が泣いている。政権交代しても子育てに冷たい政治のままだ　吉田有里　「金曜日」（金曜日）　20(12)通号904　2012.3.30　p13

◇子育て支援の財源確保へ「最大限努力」：一体改革の関連8法案が参院で審議入り　「週刊国保実務」（社会保険実務研究所）　（2818）　2012.7.23　p8

【図書】

◇次世代育成支援政策における産後育児支援体制の評価に関する研究―平成19年度～21年度総合研究報告書　厚生労働科学研究費補助金政策科学推進研究事業　〔和光〕　〔福島富士子〕　2010.3　42p　30cm

◇次世代育成支援政策における産後育児支援体制の評価に関する研究―平成21年度総括研究報告書　厚生労働科学研究費補助金政策科学総合研究事業　〔和光〕　〔福島富士子〕　2010.3　116p　30cm

◇経済産業省平成22年度医療・介護等関連分野における規制改革・産業創出調査研究事業（子育て支援サービス創出事業）報告書　第一生命経済研究所　2011.2　500p　30cm　Ⓝ369.42

◇次世代育成支援行動計画の総合的評価―住民参加を重視した新しい評価手法の試み　小野セレスタ摩耶著　西宮　関西学院大学出版会　2011.10　376p　22cm　〈索引あり　文献あり〉　5800円　①978-4-86283-092-0　Ⓝ369.4

内容　第1章 次世代育成支援対策に関するレビュー　第2章 先行研究　第3章 研究の方法　第4章 計画策定プロセスの分析(1)計画策定1年目(2003年度)　第5章 計画策定プロセスの分析(2)計画策定2年目(2004年度)　第6章 プロセス評価 実施1年目の評価(2005年度)　第7章 考察と提言　第8章 現在の取組み

◇保育サービスを中心とする子育て支援政策の国際比較行財政論―スェーデン、イギリスの実態と日本の改革議論への示唆　髙端正幸、伊集守直、佐藤滋著　全国勤労者福祉・共済振興協会　2011.12　76p　30cm　（公募研究シリーズ 20）〈文献あり〉　Ⓝ369.4

◇児童館の子育ち・子育て支援―児童館施策の動向と実践評価　八重樫牧子著　相川書房　2012.2　241p　22cm　〈年表あり　索引あり　文献あり〉　3600円　①978-4-7501-0371-6　Ⓝ369.4

内容　第1章 地域における児童館の子育ち・子育て支援の評価の必要性(地域における子育ち・子育て支援の必要性　地域における子育ち・子育て支援の必要性　児童館の子育ち・子育て支援に関する調査研究 ほか)　第2章 戦後のわが国の児童館施策の動向(背景と目的　研究の視点および方法　児童館施策の動向 ほか)　第3章 地域における子育ち・子育て支援に関する調査(調査の目的と方法　地域における子育ち環境に関する調査―地域における子どもの遊びや生活に関する調査　地域の児童館を利用している子どもを対象とした調査―児童館を利用している子どもの社会性に関する調査研究 ほか)　第4章 結論―地域における児童館の子育ち・子育て支援の評価のための今後の課題

◇福祉国家と家族政策―イギリスの子育て支援策の展開　所道彦著　京都　法律文化社　2012.10　184p　21cm　3200円　①978-4-589-03449-6

内容　第1章 福祉国家と家族政策　第2章 家族政策研究にとってのイギリス　第3章 イギリス家族政策の背景―「社会的排除」と「子どもの貧困」　第4章 保守党政権の家族政策：1990年代　第5章 労働党政権の家族政策：1997-2009年　第6章 国際比較研究におけるイギリス―有子家庭への支援策の検討　第7章 イギリスの家族政策の展開と日本への示唆

◆◆「子ども・子育て新システム」

【雑誌記事】

◇発想 conception 子どもの状況と問われる子育て支援策―貧困と虐待から救う道は―見直された政府の計画「子ども・子育て新システム」で解決はあるか　イマジン自治情報センター「実践自治」（イマジン出版）　43　2010.秋　p12～16

◇政策・制度解説コーナー(29)「子供・子育て新システム」具体化への論点　浅井茂利　「IMFJC」（IMF-JC金属労協）　（299）　2010.夏　p64～67

◇子ども・子育てビジョンを閣議決定、新システム会議創設　「週刊国保実務」（社会保険実務研究所）　（2696）　2010.2.15　p38～39

◇「子ども・子育てビジョン」を閣議決定、目標設定　「週刊年金実務」（社会保険実務研究所）　（1880）　2010.2.15　p34～35

◇カレント・インデックス 子ども・子育てビジョン　「月刊政府資料」（政府資料等普及調査会）　（428）　2010.3　p1～14

◇子ども・子育てビジョン(2010.1.29)──子どもの笑顔があふれる社会のために 「保育情報」(全国保育団体連絡会、ちいさいなかま社(発売))(400) 2010.3 p10〜30

◇福利厚生最前線 1月20日に閣議決定された政府の「子ども・子育てビジョン」──ビジョンの実現には課題も 「生涯総合福祉」(企業福祉・共済総合研究所)(734) 2010.3.8 p2〜5

◇霞ヶ関ニュース「子ども・子育てビジョン」について 石橋英宣 「子育て支援と心理臨床」(福村出版) 1 2010.5 p94〜98

◇新システム検討会議作業グループ・ヒヤリング資料 第2回(2010.3.17)子ども・子育て新システムへ──すべての子どもに最善の保育を行うために 秋田喜代美 「保育情報」(全国保育団体連絡会、ちいさいなかま社(発売))(402) 2010.5 p23〜35

◇新システム検討会議作業グループ・ヒヤリング資料 第2回(2010.3.17)『地域主権改革』における子ども・子育てに関する財政制度のあり方について 小西砂千夫 「保育情報」(全国保育団体連絡会、ちいさいなかま社(発売))(402) 2010.5 p35〜40

◇新システム検討会議作業グループ・ヒヤリング資料 第2回(2010.3.17)『新システム』についての意見 普光院亜紀 「保育情報」(全国保育団体連絡会、ちいさいなかま社(発売))(402) 2010.5 p41〜44

◇新システム検討会議作業グループ・ヒヤリング資料 第3回([2010.]3.29)すべての乳幼児のための新たな保育・子育てシステムと「幼・保一体化」 全国私立保育園連盟 「保育情報」(全国保育団体連絡会、ちいさいなかま社(発売))(402) 2010.5 p44〜49

◇新システム検討会議作業グループ・ヒヤリング資料 第3回([2010.]3.29)「次世代育成支援のための包括的・一元的システムの構築」への意見──保育は、これまでも、またこれからも、子どもの命を守り育む社会的使命を担っている 全国社会福祉協議会、全国保育協議会、全国保育士会 「保育情報」(全国保育団体連絡会、ちいさいなかま社(発売))(402) 2010.5 p49〜55

◇時事評論 子育て新システムの「基本的方向」 椋野美智子 「週刊社会保障」(法研)64(2578) 2010.5.3・10 p28〜29

◇財源の一元化と市町村の裁量拡大──子ども・子育て新システム検討会議が「基本的方向」了承 「週刊社会保障」(法研)64(2579) 2010.5.17 p58〜61

◇内閣府 子ども・子育てビジョンまとまる 「旬刊福利厚生」(労務研究所)通号2046 2010.5.18 p17〜29

◇新システムの基本的方向明らかに──改革スケジュール(2011年法改正、2013年本格実施)提案(保育制度・政策の動向) 「保育情報」(全国保育団体連絡会、ちいさいなかま社(発売))(403) 2010.6 p2〜4

◇子ども・子育て新システム検討会議 子ども・子育て新システムの基本的方向(子ども・子育て新システムの基本的方向(2010.4.27)) 「保育情報」(全国保育団体連絡会、ちいさいなかま社(発売))(403) 2010.6 p5〜7

◇子ども・子育て新システム構築と成長戦略(子ども・子育て新システムの基本的方向(2010.4.27)) 「保育情報」(全国保育団体連絡会、ちいさいなかま社(発売))(403) 2010.6 p8〜11

◇待機児童数1位・横浜市の現場から「子ども・子育て新システム」への提言 林文子 「週刊ダイヤモンド」(ダイヤモンド社)98(26)通号4335 2010.6.19 p132〜133

◇「子ども・子育て新システム」と子どもの権利 伊藤周平 「保育情報」(全国保育団体連絡会、ちいさいなかま社(発売))(404) 2010.7 p2〜10

◇保育制度・政策の動向 新システム/基本制度案要綱を決定──多くの疑問点を踏まえて、求められる保育関係者の意見表明 「保育情報」(全国保育団体連絡会、ちいさいなかま社(発売))(405) 2010.8 p8〜10

◇子ども・子育て新システム基本制度案要綱(2010.6.25、29)──子ども・子育て新システム検討会議/少子化社会対策会議 「保育情報」(全国保育団体連絡会、ちいさいなかま社(発売))(405) 2010.8 p11〜20

◇新システムに関する各団体の動向「子ども・子育て新システムの基本的方向」への意見 小川

益丸, 御園愛子 「保育情報」（全国保育団体連絡会, ちいさいなかま社（発売））（405）2010.8　p22～24

◇子ども・子育て新システムの基本的方向　子育て新システム検討会議「政策特報」（自由民主党資料頒布会）通号1359　2010.8.15　p151～157

◇「子ども・子育て新システム」がすすめる保育とは？　米沢玲子「女性のひろば」（日本共産党中央委員会, 日本共産党中央委員会出版局（発売））通号379　2010.9　p21～27

◇保育制度・政策の動向　新システム検討会議／下部組織で詳細設計!?―民主党が政策調査会を発足［含 資料 民主党 政策調査会の機能と機構について］　「保育情報」（全国保育団体連絡会, ちいさいなかま社（発売））（406）2010.9　p3～5

◇子ども・子育て新システムの法案提出までの体制を決定　「週刊国保実務」（社会保険実務研究所）（2726）2010.9.20　p24～25

◇インタビュー「子ども・子育てビジョン」に沿って各種の施策を展開―高井康行氏（厚生労働省雇用均等・児童家庭局長）に聞く　高井康行「週刊社会保障」（法研）64(2596)　2010.9.20　p30～31

◇子ども・子育て支援で新システムの制度設計　「週刊年金実務」（社会保険実務研究所）（1910）2010.9.20　p52～54

◇新システムの検討体制(2010.8.26)―子ども・子育て新システム検討会議作業グループ第7回会合資料　子ども・子育て新システムの検討体制について（案）　「保育情報」（全国保育団体連絡会, ちいさいなかま社（発売））（407）2010.10　p10～14

◇厚生労働省の新システム検討体制(2010.7.30)　「保育情報」（全国保育団体連絡会, ちいさいなかま社（発売））（407）2010.10　p15～17

◇子ども・子育て新システムで市町村セミナーを開催　「週刊国保実務」（社会保険実務研究所）（2728）2010.10.4　p20～21

◇子ども・子育て新システム基本制度チームが初会合　「週刊国保実務」（社会保険実務研究所）（2728）2010.10.4　p21～22

◇子ども・子育て新システム基本制度チーム初会合　「週刊年金実務」（社会保険実務研究所）（1913）2010.10.11　p48

◇インタビュー　子ども・子育て新システムの予算確保に全力を尽くす―小宮山洋子氏（厚生労働副大臣）に聞く　小宮山洋子「週刊社会保障」（法研）64(2601)　2010.10.25　p30～31

◇「子ども・子育て新システム」のねらいと問題点　中山徹「学童保育研究」（学童保育指導員専門性研究会, かもがわ出版（発売））通号11　2010.11　p60～65

◇新システム／ワーキングチーム検討始まる（保育制度・政策の動向）　「保育情報」（全国保育団体連絡会, ちいさいなかま社（発売））（408）2010.11　p12～14

◇子ども・子育て新システムの検討体制について（子ども・子育て新システム検討会議作業グループ　基本制度ワーキングチーム（第1回）(2010.9.24)）　「保育情報」（全国保育団体連絡会, ちいさいなかま社（発売））（408）2010.11　p16～20

◇サービス・給付の保障、計画的な提供体制の確保（子ども・子育て新システム検討会議作業グループ　基本制度ワーキングチーム（第1回）(2010.9.24)）　「保育情報」（全国保育団体連絡会, ちいさいなかま社（発売））（408）2010.11　p24～28

◇子ども・子育て新システム基本制度に関する意見（子ども・子育て新システム検討会議作業グループ　基本制度ワーキングチーム（第1回）(2010.9.24)―各構成員提出資料）　全国国公立幼稚園長会　「保育情報」（全国保育団体連絡会, ちいさいなかま社（発売））（408）2010.11　p28～30

◇こども指針（仮称）の検討事項について（子ども・子育て新システム検討会議作業グループ　こども指針（仮称）ワーキングチーム（第1回）(2010.9.29)）　「保育情報」（全国保育団体連絡会, ちいさいなかま社（発売））（408）2010.11　p41～44

◇各構成員提出資料（子ども・子育て新システム検討会議作業グループ　こども指針（仮称）ワーキングチーム（第1回）(2010.9.29)）　「保育情報」（全国保育団体連絡会, ちいさいなかま社（発売））（408）2010.11　p44～46

育児支援　　　　　　　　　　　　　　　　　　　　　　　　　　　育児環境

◇新春特集 子どもの未来と子育て 社会保障・2011新春座談会 保育の現状と子ども子育て新システムを問う　相野谷安孝, 飯田由美, 黒岩桂一［他］　「社会保障」(中央社会保障推進協議会, あけび書房 (発売))　43通号434　2011.新春　p18～35

◇「子ども・子育て新システム」絶対反対！保育労働者と団結し、闘う労働組合を甦らせよう！　北島一恵　「交流センタ-」(全国労働組合交流センタ-)　22(1)通号250　2011.1　p20～21

◇新システムに反対するアピール運動はじまる　「保育情報」(全国保育団体連絡会, ちいさいなかま社 (発売))　(410)　2011.1　p11～17

◇見解「子ども・子育て新システム」に反対し子どもたちの利益を確保し明日の保育を切り拓くために　全国保育問題研究協議会保育政策検討委員会　「季刊保育問題研究」(新読書社)　通号247　2011.2　p63～65

◇「子ども・子育て新システム」で自治体の責任は空洞化する―今、問われている社会福祉制度の基本方向　藤井伸生　「住民と自治」(自治体研究社)　通号574　2011.2　p20～25

◇子ども・子育て新システムの何が問題か　大宮勇雄　「女性&運動」(新日本婦人の会)　(191)　通号342　2011.2　p14～17

◇「子ども・子育て新システム」の諸問題　伊藤周平　「保育情報」(全国保育団体連絡会, ちいさいなかま社 (発売))　(411)　2011.2　p2～10

◇子ども・子育て支援政策にかかる費用推計について(子ども・子育て新システム検討会議作業グループ 基本制度ワーキングチーム(第7回)(2010.12.15))　「保育情報」(全国保育団体連絡会, ちいさいなかま社 (発売))　(411)　2011.2　p15～23

◇「子ども・子育て新システム」で保育所はどうなる　加藤久忠　「経済」(新日本出版社)　(186)　2011.3　p133～142

◇本物の「子ども最優先」に転換を―子ども・子育て新システムを考える　髙橋千鶴子　「女性のひろば」(日本共産党中央委員会, 日本共産党中央委員会出版局 (発売))　通号385　2011.3　p21～31

◇基本制度ワーキングチーム(第8回)(2010.12.28) 子ども・子育て支援施策にかかる質の改善に関する論点整理(子ども・子育て新システム検討会議作業グループ)　「保育情報」(全国保育団体連絡会, ちいさいなかま社 (発売))　(412)　2011.3　p15～18

◇日本弁護士連合会 子ども・子育て新システムに関する意見書(2011.1.21)　「保育情報」(全国保育団体連絡会, ちいさいなかま社 (発売))　(412)　2011.3　p29～33

◇「子ども・子育て新システム」で保育はどうなるか―子どもの視点に立った子育て環境の保障へ　村山祐一　「前衛：日本共産党中央委員会理論政治誌」(日本共産党中央委員会)　通号869　2011.4　p112～121

◇基本制度ワーキングチーム(第10回)(2011.2.21) 放課後児童給付(仮称)について(子ども・子育て新システム検討会議作業グループ)　「保育情報」(全国保育団体連絡会, ちいさいなかま社 (発売))　(413)　2011.4　p13～18

◇大阪弁護士会/「子ども・子育て新システム」に関する意見書(2011.2.1)(弁護士会/新システムに関する意見等)　金子武嗣　「保育情報」(全国保育団体連絡会, ちいさいなかま社 (発売))　(413)　2011.4　p26～33

◇Q&Aで考える「子ども・子育て新システム」と保育の公的責任　米沢玲子　「議会と自治体」(日本共産党中央委員会, 日本共産党中央委員会出版局 (発売))　通号157　2011.5　p76～83

◇児童福祉法24条の意義、その活用―新システム導入のための24条「批判」への批判　田村和之　「保育情報」(全国保育団体連絡会, ちいさいなかま社 (発売))　(415)　2011.6　p17～22

◇子ども・子育て新システムに関するこれまでの検討の概要(子ども・子育て新システム検討会議作業グループ―基本制度ワーキングチーム(第11回)(2011.5.18))　「保育情報」(全国保育団体連絡会, ちいさいなかま社 (発売))　(415)　2011.6　p43～46

◇質改善(機能強化)の具体的な方策について(案) (子ども・子育て新システム検討会議作業グループ―基本制度ワーキングチーム(第11回)(2011.5.18))　「保育情報」(全国保育団体連

絡会，ちいさいなかま社（発売））（415）
2011.6　p46〜50

◇「子ども・子育て新システム」と子どもの権利再考—椋野論考（週刊『社会保障』）の批判に応えて　伊藤周平　「保育情報」（全国保育団体連絡会，ちいさいなかま社（発売））（416）
2011.7　p2〜15

◇質改善（機能強化）の具体的な方策について（案）（子ども・子育て新システム検討会議作業グループ—基本制度ワーキングチーム（第12回）（2011.5.31））「保育情報」（全国保育団体連絡会，ちいさいなかま社（発売））（416）
2011.7　p48〜53

◇全国市長会合同会議が子ども・子育て新システム等で説明聴取　「週刊国保実務」（社会保険実務研究所）（2768）2011.7.25　p6〜7

◇子ども・子育て新システムの問題について　渡邉博博　「季刊保育問題研究」（新読書社）通号250　2011.8　p136〜141

◇子ども・子育て新システムに関する中間とりまとめ（案）（子ども・子育て新システム検討会議作業グループ 基本制度ワーキングチーム（第14回）（2011.7.6））「保育情報」（全国保育団体連絡会，ちいさいなかま社（発売））（417）
2011.8　p11〜26

◇子育て新システム、中間まとめ案を概ね了承　「週刊年金実務」（社会保険実務研究所）（1953）
2011.8.1　p41〜43

◇基礎から学ぶ 子どもの権利条約と保育（第3回）子ども・乳幼児の権利と「子ども・子育て新システム」世取山洋介　「保育情報」（全国保育団体連絡会，ちいさいなかま社（発売））（418）
2011.9　p2〜14

◇子ども・子育て新システムに関する中間とりまとめ（2011年7月）「保育情報」（全国保育団体連絡会，ちいさいなかま社（発売））（418）
2011.9　p17〜33

◇子ども・子育て新システムについて（子ども・子育て新システム検討会議作業グループ—基本制度ワーキングチーム（第14回）（2011.7.6））「保育情報」（全国保育団体連絡会，ちいさいなかま社（発売））（418）2011.9　p33〜56

◇対談 子ども・子育て新システムのめざすものと保育（特集 子ども・子育て新システムと保育）大日向雅美，菊池繁信　「保育の友」（全国社会福祉協議会）59(11)　2011.9　p10〜20

◇子ども・子育て新システムのめざす方向と課題（特集 子ども・子育て新システムと保育）　山縣文治　「保育の友」（全国社会福祉協議会）59(11)　2011.9　p20〜24

◇「新システム」に懸念や反対を表明する県議会の意見書—その可決状況、内容、特徴点等の整理　「保育情報」（全国保育団体連絡会，ちいさいなかま社（発売））（419）2011.10　p28〜35

◇特別掲載「新システム」にみる保育制度構想への疑問—現行保育制度と対比しつつ　田村和之　「週刊社会保障」（法研）65(2648)　2011.10.10　p54〜59

◇「新システム」は保育制度をこわす—大震災の教訓を受けとめて　実方伸子　「議会と自治体」（日本共産党中央委員会，日本共産党中央委員会出版局（発売））通号163　2011.11　p91〜97

◇子ども・子育て新システムの構築に向けて（特集 子育てを考える）　内閣府政策統括官（共生社会政策担当）付少子化対策担当　「地方議会人：未来へはばたく地方議会」（中央文化社）42(6)
2011.11　p8〜12

◇子ども・子育て新システムをどうみるか（特集 子育てを考える）　奥山千鶴子　「地方議会人：未来へはばたく地方議会」（中央文化社）　42(6)
2011.11　p13〜17

◇「子ども・子育て新システム」が生む、子育ての危機（特集 子育てを考える）　猪熊弘子　「地方議会人：未来へはばたく地方議会」（中央文化社）
42(6)　2011.11　p22〜25

◇「新システム」に懸念や反対を表明する市議会の意見書—その可決状況、内容、特徴点等の整理　「保育情報」（全国保育団体連絡会，ちいさいなかま社（発売））（420）2011.11
p15〜26

◇ポイント解説 子ども・子育て新システム ： そのねらいは何か　「民主主義的社会主義：民主主義的社会運動理論・学習誌」（MDS新聞社）（71）2011.11　p35〜43

◇保育の現場から保育新システムに思うこと（特集 保育の現場から保育新システムに思うこと）

吹田保問研公立園長政策部会　「季刊保育問題研究」（新読書社）（252）2011.12　p20〜24

◇「子ども・子育て新システム」に関する意見書二〇一一年二月一日（特集 保育の現場から保育新システムに思うこと）　金子武嗣　「季刊保育問題研究」（新読書社）（252）2011.12　p46〜56

◇「子ども・子育て新システム」と保育・福祉の市場化と規制緩和をめぐって（特集 第28回全国保問研夏季セミナー報告）　渡邉保博　「季刊保育問題研究」（新読書社）（252）2011.12　p170〜175

◇子ども・子育て新システム「中間とりまとめ」とは？　大宮勇雄　「女性のひろば」（日本共産党中央委員会，日本共産党中央委員会出版局（発売））　通号394　2011.12　p92〜97

◇新システム批判と現行保育制度の拡充改革提案 ： 待機児童解消・保育条件改善のための4つの財政改革私案　村山祐一　「保育情報」（全国保育団体連絡会，ちいさいなかま社（発売））（421）2011.12　p8〜16

◇新システム作業WG基本制度WT（2011.10.18）子ども・子育て新システム検討会議作業グループ 基本制度ワーキングチーム（第15回）2011（平成23）年10月18日　「保育情報」（全国保育団体連絡会，ちいさいなかま社（発売））（421）2011.12　p17〜38

◇子ども・子育て新システム（特集 子ども・子育て新システム ： 幼児教育を中心として）　文部科学省初等中等教育局幼児教育課　「文部科学時報」（ぎょうせい）（1632）2011.12　p18〜23

◇新しい福祉国家へ（7）保育市場化をすすめ専門性を奪う子ども・子育て新システム　垣内国光　「季刊自治と分権」（大月書店）（46）2012.冬　p73〜83

◇見解 子どもの権利を侵害する子ども・子育て新システム関連法案は廃案に ： 「子ども・子育て新システム」修正法案の参議院での審議にあたって　全国保育団体連絡会　「社会保障」（中央社会保障推進協議会，あけび書房（発売））44(444)　2012.秋　p60〜63

◇子ども・子育て新システムの論点と今後の展望 ： 基本制度ワーキングチーム第14回会合での委員の発言を基に考察する　徳永聖子　「淑徳大学大学院総合福祉研究科研究紀要」（淑徳大学大学院総合福祉研究科）（19）2012　p183〜200

◇子ども・子育て新システムの概要 ： 検討の背景・経緯，検討委員会の議論の整理（特集 子ども・子育て新システムで障害児の保育・療育はどうなる）　駒村康平　「福祉労働」（現代書館）（134）2012.Spr.　p32〜51

◇子育て支援の立場から，子ども・子育て新システムをどう見るか（特集 子ども・子育て新システムで障害児の保育・療育はどうなる）　奥山千鶴子　「福祉労働」（現代書館）（134）2012.Spr.　p52〜59

◇保育所の現場から「子ども・子育て新システム」をどうみるか（特集 子ども・子育て新システムで障害児の保育・療育はどうなる）　伊藤克実　「福祉労働」（現代書館）（134）2012.Spr.　p71〜78

◇自治体の立場から，子ども・子育て新システムをどう見るか ： 新システムの先行きが不透明ななか，地域として意義ある対応を図っていくにはどうすべきか（特集 子ども・子育て新システムで障害児の保育・療育はどうなる）　加藤敏彦　「福祉労働」（現代書館）（134）2012.Spr.　p103〜110

◇成案化に向けた提案は，新システムの本質を変えるのか？ 子ども・子育て新システムにおける利用者負担と保育の措置　伊藤周平　「保育情報」（全国保育団体連絡会，ちいさいなかま社（発売））（422）2012.1　p5〜12

◇新システムにおける公的契約と市町村による関与について（案）（新システム作業G基本制度WT（2011.11.24）子ども・子育て新システム検討会議作業グループ 基本制度ワーキングチーム（第16回）2011（平成23）年11月24日）　「保育情報」（全国保育団体連絡会，ちいさいなかま社（発売））（422）2012.1　p48〜52

◇「新システム」の迷走と新提案　渡邉保博　「季刊保育問題研究」（新読書社）（253）2012.2　p198〜205

◇子ども・子育て新システムとは何か（特集「子ども・子育て新システム」と幼児教育の行方）　大宮勇雄　「教育」（国土社）62(2)通号793　2012.2　p79〜87

◇新システムをめぐる議論とこれからの保育・幼児教育： 周回遅れを克服できるか(特集 「子ども・子育て新システム」と幼児教育の行方) 汐見稔幸 「教育」(国土社) 62(2)通号793 2012.2 p88〜96

◇新システム作業G基本制度WT(2011.12.26)子ども・子育て新システム検討会議作業グループ 基本制度ワーキングチーム(第18回)資料(抄) 「保育情報」(全国保育団体連絡会、ちいさいなかま社(発売)) (423) 2012.2 p11〜16

◇新システム作業G基本制度WT(2012.1.20)子ども・子育て新システム検討会議作業グループ 基本制度ワーキングチーム(第19回)資料(抄) 「保育情報」(全国保育団体連絡会、ちいさいなかま社(発売)) (423) 2012.2 p17〜45

◇新システム「基本制度とりまとめ」公表を受けて 新システムはなぜ問題か 新システムに反対し保育をよくする会 「保育情報」(全国保育団体連絡会、ちいさいなかま社(発売)) (424) 2012.3 p3〜15

◇ヨーロッパの最近の保育政策と日本の「子ども・子育て新システム」 星三和子 「保育情報」(全国保育団体連絡会、ちいさいなかま社(発売)) (424) 2012.3 p16〜19

◇新システム基本制度とりまとめ(2012.2.13)子ども・子育て新システムに関する基本制度とりまとめ 基本制度ワーキングチーム 「保育情報」(全国保育団体連絡会、ちいさいなかま社(発売)) (424) 2012.3 p20〜43

◇子育て新システム基本制度ワーキングがとりまとめ 市町村主体で給付・事業を実施 ： 費用は「子ども・子育て包括交付金(仮称)」で 「週刊年金実務」(社会保険実務研究所) (1983) 2012.3.5 p40〜42

◇新システム基本制度(2012.3.2)子ども・子育て新システムに関する基本制度 「保育情報」(全国保育団体連絡会、ちいさいなかま社(発売)) (425) 2012.4 p4〜40

◇新システムに関する地方議会意見書一覧 「保育情報」(全国保育団体連絡会、ちいさいなかま社(発売)) (425) 2012.4 p42〜46

◇子ども・子育ての制度・財源を一元化 ： 政府が新システム関連3法案を国会提出 「週刊国保実務」(社会保険実務研究所) (2804) 2012.4.9 p13〜16

◇子ども・子育て新システムの法案を国会提出 「週刊年金実務」(社会保険実務研究所) (1989) 2012.4.16 p38〜39

◇公的保育を解体する「子ども・子育て新システム」は問題を深刻化させる 米沢玲子 「前衛：日本共産党中央委員会理論政治誌」(日本共産党中央委員会) 通号882 2012.5 p107〜116

◇保育制度・政策の動向 新システム関連法案/特別委員会で一括審議か？ ： 法案の概要 児童福祉法24条/保育の実施責任解除 逆井直紀 「保育情報」(全国保育団体連絡会、ちいさいなかま社(発売)) (426) 2012.5 p2〜4

◇子ども・子育て支援法案と児童福祉法改正案を読む 伊藤周平 「保育情報」(全国保育団体連絡会、ちいさいなかま社(発売)) (426) 2012.5 p5〜15

◇子ども・子育て支援法(法律案及び理由)(新システム関連法案) 「保育情報」(全国保育団体連絡会、ちいさいなかま社(発売)) (426) 2012.5 p16〜44

◇法案が提出された「子ども・子育て新システム」 ： 民間企業に活躍の場は広がるのか!?(特集 市場拡大へ！子育て支援ビジネス：「保育所」「民間学童保育」「地域子育て支援施設」「ベビー・親子スクール」の実態) 「レジャー産業資料」(綜合ユニコム) 45(5)通号548 2012.5 p18〜20

◇インタビュー 子ども・子育て新システム 村木厚子・内閣府政策統括官 自治体が地域に合ったやり方を ： 待機児童対策、重層的に 村木厚子,金友久美子 「厚生福祉」(時事通信社) (5903) 2012.5.15 p2〜3

◇子育て支援施策を再構築し一元化へ ： 子育て支援関連3法案、衆院で審議入り 「週刊国保実務」(社会保険実務研究所) (2809) 2012.5.21 p16〜17

◇子育て関連3法案、衆院本会議で審議入り 「週刊年金実務」(社会保険実務研究所) (1993) 2012.5.21 p44

◇新システムが揺るがす子育ての安心(特集 保育制度が変わると食事はどうなるの？ 子ども・子育て新システムを問う！) 猪熊弘子 「食べものの文化」(芽ばえ社) (446) 2012.6 p6〜9

◇だれのための新システムなのか(特集 保育制度が変わると食事はどうなるの? 子ども・子育て新システムを問う!) 村山祐一 「食べもの文化」(芽ばえ社) (446) 2012.6 p26〜29

◇保育の法的リスクと新システム : 法的リスクを回避するためのコストをどう確保するか 大井琢 「保育情報」(全国保育団体連絡会, ちいさいなかま社(発売)) (427) 2012.6 p6〜9

◇子ども・子育て新システムの関連法案に関する意見書(新システム(法案)に関する意見書・見解) 日本弁護士連合会 「保育情報」(全国保育団体連絡会, ちいさいなかま社(発売)) (427) 2012.6 p10〜14

◇子ども・子育て新システム関連法案に関する私たちの見解 : 政策研究委員会としての8つの疑問(新システム(法案)に関する意見書・見解) 日本保育学会保育政策研究委員会 「保育情報」(全国保育団体連絡会, ちいさいなかま社(発売)) (427) 2012.6 p15〜21

◇新システム法案Q&A等 新システム法案説明会(2012.4.26)資料 内閣府, 文部科学省, 厚生労働省 「保育情報」(全国保育団体連絡会, ちいさいなかま社(発売)) (427) 2012.6 p23〜36

◇特集 「子ども・子育て新システムに関する基本制度」を読み解く 山縣文治 「保育の友」(全国社会福祉協議会) 60(6) 2012.6 p21〜25

◇幼児教育公開講座 子ども・子育て新システムにおける「こども園(仮称)」について : ゆうゆうのもり幼保園の実践から考える 渡辺英則 「Socius」(仁愛女子短期大学地域活動実践センター) (6) [2012].[6] p9〜15

◇吉田有里の政治時評「子ども子育て新システム」に子どもの権利という理念なし これは「親のため」の法律 吉田有里 「金曜日」(金曜日) 20(20) 通号912 2012.6.1 p20

◇子ども・子育て新システムに関する基本制度 内閣府少子化社会対策会議 「政策特報」(自由民主党資料頒布会) (1402) 2012.6.1 p6〜110

◇子ども・子育て新システムによる保育改革と社会的養護 中村強士 「子どもと福祉」(明石書店) 5 2012.7 p80〜86

◇国内の動向 実現へ動き出した「子ども・子育て新システム」 榊原智子 「社会福祉研究」(鉄道弘済会社会福祉部) (114) 2012.7 p98〜102

◇保育園が大変だ!(子ども・子育て新システムに変わったら? 保育が大変だ!) 米沢玲子 「女性のひろば」(日本共産党中央委員会, 日本共産党中央委員会出版局(発売)) (401) 2012.7 p44〜54

◇知れば知るほど、なんとかしなければ(子ども・子育て新システムに変わったら? 保育が大変だ!) 斉藤真里子 「女性のひろば」(日本共産党中央委員会, 日本共産党中央委員会出版局(発売)) (401) 2012.7 p54〜57

◇緊急掲載 子ども・子育て新システム関連法案の修正と市町村の保育義務 伊藤周平 「保育情報」(全国保育団体連絡会, ちいさいなかま社(発売)) (428) 2012.7 p4〜8

◇新システム関連法修正法案関係資料 : (3党)確認書を踏まえた修正案の内容 「保育情報」(全国保育団体連絡会, ちいさいなかま社(発売)) (428) 2012.7 p9〜13

◇自民党・公明党の社会保障改革案 年金・子育て公明の基本的考え方 : 公明党 公明党 「保育情報」(全国保育団体連絡会, ちいさいなかま社(発売)) (428) 2012.7 p20〜22

◇新システムに関する地方議会意見書一覧 「新システム」に反対や撤回、現行制度維持等の意見書 : 全国の302地方議会で可決、道府県26議会、政令市9議会 「保育情報」(全国保育団体連絡会, ちいさいなかま社(発売)) (428) 2012.7 p29〜36

◇子ども・子育て新システムに関する意見書 福岡県弁護士会 「保育情報」(全国保育団体連絡会, ちいさいなかま社(発売)) (428) 2012.7 p39〜43

◇自民党「政府・民主党『子ども・子育て新システム』には反対です。」 自由民主党 「政策特報」(自由民主党資料頒布会) (1404) 2012.7.1 p4〜11

◇子ども・子育て法案成立へ協力を要請: 全国市長会・社会文教委で内閣府が説明 「週刊国保実務」(社会保険実務研究所) (2819) 2012.7.30 p24〜26

◇日弁連意見書からみた子ども・子育て新システム修正法案の問題点　大井琢　「保育情報」（全国保育団体連絡会，ちいさいなかま社（発売））（429）　2012.8　p4〜8

◇子育て3法で一元的な支援システム構築　：　市町村がニーズ把握，消費増税分を充当　「週刊国保実務」（社会保険実務研究所）　（2822）　2012.8.20　p8〜9

◇子ども・子育て支援法案，就学前の子どもに関する教育，保育等の総合的な提供の推進に関する法律の一部を改正する法律案及び子ども・子育て支援法及び総合子ども園法の施行に伴う関係法律の整備等に関する法律案に対する附帯決議（8月10日，参院社会保障と税の一体改革に関する或る特別委員会）　「週刊国保実務」（社会保険実務研究所）　（2822）　2012.8.20　p31〜33

◇子育て新システム修正案の内容と動向　増田優子　「議会と自治体」（日本共産党中央委員会，日本共産党中央委員会出版局（発売））　（173）　2012.9　p46〜52

◇関係法令等の改正概要　子ども・子育て支援法(平二四・八・二二　法律第六号）(内閣府本府）「共済新報」（共済組合連盟）　53(9)　2012.9　p82〜84

◇速報　保育制度・政策の動向　子ども・子育て関連法成立：児福法24条1，2項で異なる制度併存／3法をめぐる諸問題と今後の課題　逆井直紀　「保育情報」（全国保育団体連絡会，ちいさいなかま社（発売））　（430）　2012.9　p2〜6

◇新システム3法案政府説明資料　：　子ども・子育て関連3法案について（2012（平成24）年7月）内閣府・文部科学省・厚生労働省　内閣府，文部科学省，厚生労働省　「保育情報」（全国保育団体連絡会，ちいさいなかま社（発売））　（430）　2012.9　p7〜26

◇新システム関連法案・国会会議録　社会保障と税の一体改革に関する特別委員会（会議録抜粋）　「保育情報」（全国保育団体連絡会，ちいさいなかま社（発売））　（430）　2012.9　p29〜39

◇子ども・子育て支援法で待機児童問題は解消され，保育サービスの質は向上するのか　保育改革と労働・貧困問題(特集「ブラック」化する介護・保育?）　実方伸子　「Posse：新世代のための雇用問題総合誌」（Posse）　16　2012.9　p104〜117

◇「子ども・子育て支援法案修正案」「関係法律整備法案修正案」「認定こども園法改正案」(修正三法案）に対する私たちの見解　全国保育問題研究協議会常任委員会　「季刊保育問題研究」（新読書社）　（257）　2012.10　p216〜219

◇子ども・子育て（新システム）関連法の成立と私たちの課題(1)　「保育情報」（全国保育団体連絡会，ちいさいなかま社（発売））　（431）　2012.10　p3〜7

◇子ども・子育て関連3法・公布通知　子ども・子育て支援法，就学前の子どもに関する教育，保育等の総合的な提供の推進に関する法律の一部を改正する法律並びに子ども・子育て支援法及び就学前の子どもに関する教育，保育等の総合的な提供の推進に関する法律の一部を改正する法律の施行に伴う関係法律の整備等に関する法律の公布について（通知）　「保育情報」（全国保育団体連絡会，ちいさいなかま社（発売））　（431）　2012.10　p8〜30

◇子ども・子育て関連3法の課題を討論：質の高い教育・保育総合的に提供　「週刊教育資料」（教育公論社）　（1225)通号1355　2012.10.8　p8〜9

◇「新システム」と保育を受ける権利　：　子ども・子育て支援法と修正された児童福祉法改正法の検討　木下秀雄　「学童保育研究」（学童保育指導員専門性研究会，かもがわ出版（発売））　（13）　2012.11　p78〜85

◇「新システム」実施を許さず，公的保育拡充を　米沢玲子　「議会と自治体」（日本共産党中央委員会，日本共産党中央委員会出版局（発売））　通号175　2012.11　p37〜44

◇特集　保育士座談会　「子ども・子育て新システム」にどのように立ち向かったか　：　これまでの総括と今後の展望　今井文夫，岩下和江，梅野里江［他］　「東京」（東京自治問題研究所）　（339）　2012.11　p2〜16

◇子ども・子育て（新システム）関連法の成立と私たちの課題(2)　「保育情報」（全国保育団体連絡会，ちいさいなかま社（発売））　（432）　2012.11　p3〜8

◇全国保育団体連絡会/見解　子ども・子育て(新システム)関連法では子どもの権利は守れない　：　子ども・子育て関連法など社会保障・税一体改革関連法の成立と今後の運動の課題　全国保育団

体連絡会　「保育情報」（全国保育団体連絡会、ちいさいなかま社（発売））　(432)　2012.11　p9～11

◇子ども・子育て関連3法説明会資料　内閣府, 文部科学省編, 厚生労働省　「保育情報」（全国保育団体連絡会、ちいさいなかま社（発売））　(432)　2012.11　p12～34

【図書】

◇子ども・子育てビジョン―子どもの笑顔があふれる社会のために　〔内閣府〕　2010.1　1冊　30cm　Ⓝ369.4

◇子ども・子育て新システムの行方―座談会＋ワーキングチーム検討資料　全国私立保育園連盟編　全国私立保育園連盟　2010.3　130p　30cm　（新たな保育制度を考えるbooklet no.4）　286円　①978-4-904858-06-6　Ⓝ369.4

◇子ども・子育て新システム検討会議作業グループ説明資料　全国私立保育園連盟編　全国私立保育園連盟　2010.5　36p　30cm　（新たな保育制度を考えるbooklet no.3）　286円　①978-4-904858-03-5　Ⓝ369.4

◇よくわかる子ども・子育て新システム―どうなる保育所・幼稚園・学童保育　中山徹著　京都　かもがわ出版　2010.11　60p　21cm　（かもがわブックレット 178）　600円　①978-4-7803-0402-2　Ⓝ369.4

内容　第1章　解説「子ども・子育て新システムの基本制度案要綱」（新システムの概要　幼保一体給付の仕組み ほか）　第2章　法案提出までに残された課題　第3章　新システムのねらい（保育・幼児教育の市場化　公立保育所・公立幼稚園の削減 ほか）　第4章　新システムがもたらすこと（格差の拡大　保護者が主体者から消費者に変わる ほか）　第5章　今、できること（現行制度のもとで直面する課題を解決すべき　学童保育はどう変わるのか ほか）

◇子ども・子育て新システムに関する中間とりまとめ（案）―内閣府「子ども・子育て新システム検討会議」作業グループ基本制度ワーキングチーム第14回（2011年7月6日開催）資料より　東京都社会福祉協議会　2011.7　104p　30cm　572円　①978-4-86353-095-9　Ⓝ369.4

◇子ども・子育て新システムに関する中間とりまとめ★評価と検討課題　全国私立保育園連盟編　全国私立保育園連盟　2011.11　120p　30cm

（新たな保育制度を考えるbooklet no. 5）　300円　①978-4-904858-09-7　Ⓝ369.4

◇子ども・子育て支援法案関係資料―平成24年　内閣府　〔2012〕　1冊　30cm　〈第180回国会　共同刊行：文部科学省ほか〉　Ⓝ369.4

◇子ども・子育て支援法及び総合こども園法の施行に伴う関係法律の整備等に関する法律案関係資料　平成24年　内閣府　〔2012〕　1冊　30cm　〈第180回国会　共同刊行：文部科学省ほか〉　Ⓝ369.4

◇子ども・子育て新システムに関する基本制度とりまとめ　子ども・子育て新システム検討会議作業グループ基本制度ワーキングチーム著　〔東京都社会福祉協議会〕　2012.2　54p　30cm　476円　①978-4-86353-111-6　Ⓝ369.4

◇子どもと保育が消えてゆく―「子ども・子育て新システム」と保育破壊　川口創著　京都　かもがわ出版　2012.2　63p　21cm　（かもがわブックレット 188）　600円　①978-4-7803-0527-2　Ⓝ369.42

内容　第1章　保育園への思い―ひとりの親として（結婚7年目に授かった我が子　子育てビギナーズが保育園で感じたこと ほか）　第2章　切り下げられている保育の現実（「詰め込み保育」の犠牲　「待機児童」は政策によってつくられている ほか）　第3章　「子ども・子育て新システム」で「保育」が消える（急ピッチで進む「子ども・子育て新システム」　「子ども・子育て新システム」で、保育はどうなる？ ほか）　第4章　社会保障改悪と保育制度（介護保険・自立支援法と新システム　アメリカの保育の現状）　第5章　「子どもの貧困」の保育の質（新システム後の保育の姿　高まる貧困対策としての保育園の役割 ほか）

◇子ども・子育て新システム関連3法案　東京都社会福祉協議会　2012.3　172p　30cm　762円　①978-4-86353-123-9　Ⓝ369.4

◇子ども・子育て新システムに関する基本制度★解説＋検討すべき課題　全国私立保育園連盟編　全国私立保育園連盟　2012.3　67p　30cm　（新たな保育制度を考えるbooklet no. 6）　300円　①978-4-904858-10-3　Ⓝ369.4

◇「子ども・子育てビジョンに係わる点検・評価のための指標調査」報告書　内閣府政策統括官（共生社会政策担当）　2012.3　193p　30cm　Ⓝ369.4

◇子ども・子育て支援法案(内閣提出第75号)○総合こども園法案(内閣提出第76号)○子ども・子育て支援法及び総合こども園法の施行に伴う関係法律の整備等に関する法律案(内閣提出第77号)に関する資料　衆議院調査局社会保障と税の一体改革に関する特別調査室　2012.5　431p　30cm　〈第180回国会(常会)〉　背のタイトル:子ども・子育て支援法案総合こども園法案子ども・子育て支援法及び総合こども園法の施行に伴う関係法律の整備等に関する法律案　共同刊行:衆議院調査局内閣調査室)　Ⓝ369.4

◇子ども・子育て支援法と社会保障・税一体改革　伊藤周平著　山吹書店　2012.10　252p　19cm　〈発売:JRC〉　2000円　①978-4-903295-97-8

内容 児童福祉法と子どもの保育・療育　子ども・子育て新システム提言の背景と子ども・子育て支援法　子ども・子育て支援法と改正児童福祉法の問題点　社会保障・税一体改革の動向と課題　子ども・子育て支援法と社会保障・税一体改革に抗して——改革提言と対抗構想

◆◆母子生活支援施設
【雑誌記事】

◇インタビュー 施設長に聞く : 母子生活支援施設ベタニアホーム施設長 長畦すめる氏に聞く　長畦すめる, 大澤正男, 総務委員会　「母子福祉部会紀要」(東京都社会福祉協議会母子福祉部会)　(5)　2011年度　p4～7

◇「ほしナビの進展状況」と「地域重点事業(母子生活支援施設紹介展示会)」の実施をとおして　山田光治　「母子福祉部会紀要」(東京都社会福祉協議会母子福祉部会)　(5)　2011年度　p52～56

◇母子生活支援施設の現状と課題について : 広域利用の推進に向けて　生出美穂　「母子福祉部会紀要」(東京都社会福祉協議会母子福祉部会)　(5)　2011年度　p77～90

◇母子生活支援施設における母子世帯への支援(特集 シングルマザーの貧困と福祉 : 幸せに生きるための応援歌はあるのか)　大塩孝江　「福祉のひろば」(大阪福祉事業財団, かもがわ出版(発売))　153　2012.12　p26～29

【図書】

◇母子福祉部会 紀要 No.3(平成21年度)　東京都の母子生活支援施設に期待すること　東京都社会福祉協議会母子福祉部会　2010.6　95p　30cm　1238円　①978-4-86353-063-8

内容 1 研修講演より「母子家庭の地域生活移行を支える母子生活支援施設支援を考える」 2 インタビュー「東京の母子生活支援施設に期待すること」 3 専門委員会および従事者会活動からの提言・考察(『平成21年度東京の母子生活支援施設の状況調査』からの提言　母子生活支援施設における利用者サービスの数量化と広報　指定管理者制度と暫定定員についての考察　平成21年度母子福祉部会研修(新任研修会・合同研修会)を振り返って　平成21年度従事者会活動の現状と課題) 4 論文・エッセイ(論文「母子生活支援施設の立ち位置」について考える　エッセイ「母子生活支援施設における子どもと職員の関わりについて」)
5 資料

◇母子寮と母子生活支援施設のあいだ——女性と子どもを支援するソーシャルワーク実践　須藤八千代著　増補　明石書店　2010.8　232p　19cm　2000円　①978-4-7503-3246-8　Ⓝ369.41

内容 序章 「母子寮」という空間を問い直す作業　第1章 母子寮とソーシャルワーク実践　第2章 女性たちと母子寮——フェイクな生き方　第3章 母子寮という施設——その言説の歴史　第4章 母子寮のフィールドノート——中部地域を中心に　終章 縦軸と横軸——フェミニズムとソーシャルワークの交点　補章 「母子寮に措置される立場になる」ということ

◇母子福祉部会 紀要 No.4(平成22年度)　東京都の母子生活支援施設おける利用者支援について　東京都社会福祉協議会母子福祉部会　2011.6　107p　30cm　1238円　①978-4-86353-092-8

内容 1 『平成22年度東京都内母子生活支援施設利用者サービス調査・職員勤務状況調査結果報告』からの提言 2 『平成22年度東京都の母子生活支援施設の状況調査報告』からの提言 3 インタビュー「母子生活支援施設に期待すること」——東京都福祉保健局少子社会対策部育成支援課長に聞く 4 平成22年度母子福祉部会研修を振り返って 5 平成22年度従事社会活動の現状と課題 6 論文「子どもの貧困と母子生活支援施設における進学支援のあり方」(内山泰嘉)

◆休憩室

【雑誌記事】
◇業務改善 快適な空間を未来のお客さまに「ベビー休憩室のオムツのニオイを減らそう!」 鈴木圭子 「せいび」(車両整備協会) (486) 2011.6 p1379〜1388

◇男女共同参画からみた親子休憩室の実態と課題—札幌市内における商業施設を対象として 田才知未, 森傑 「日本建築学会計画系論文集」(日本建築学会) 76(666) 2011.8 p1379〜1388

育児と労働

【雑誌記事】

◇未就園児育児に専念する母親の再就労に対する思考過程についての質的検討―文化的要因との関連から　百瀬良, 浅賀万理江, 三浦香苗　「昭和女子大学生活心理研究所紀要」(昭和女子大学生活心理研究所)　12　2010　p99～113

◇女性の労働権確立とワーク・ライフ・バランス政策の課題―雇用と育児の両立政策を中心に　西和江　「中央大学大学院研究年報」(中央大学大学院研究年報編集委員会)　(40)(法学研究科篇)　2010　p117～138

◇育児中看護師の仕事を通してのキャリア・アンカーの獲得　西橋富美江, 土屋八千代　「日本看護学会論文集. 看護管理」(日本看護協会出版会)　41　2010　p17～20

◇女性看護師の育児とキャリアアップの両立を支えている思いと両立する上での困難と対処　尾崎千尋, 荒友里絵, 今野麻美 [他]　「日本看護学会論文集. 看護管理」(日本看護協会出版会)　41　2010　p21～24

◇育児休業復帰者のワーク・ライフ・バランスを支えるサポートシステムの効果　鹿熊梨香子, 後藤恭子, 坂東京子　「日本看護学会論文集. 看護管理」(日本看護協会出版会)　41　2010　p114～116

◇子育て中の看護者がワークライフバランスを実現させるための工夫と望み―3歳未満の子どもがいる核家族に焦点をあてて　山本圭一, 橋本吏加, 長尾雅美 [他]　「日本看護学会論文集. 看護管理」(日本看護協会出版会)　41　2010　p181～184

◇子育て支援の制度を利用せず復帰した看護師のキャリア支援　三宅尚美　「日本看護学会論文集. 看護管理」(日本看護協会出版会)　41　2010　p247～249

◇創業の志(22)子育て中の母親の求職・起業を支援―斎藤あや子氏　吉村克己　「JMAマネジメントレビュー : JMA management review」(日本能率協会)　16(1)通号671　2010.1　p44～47

◇ワーク・ライフ・バランスを実現する！育児をハード・ソフト両面から支援する(3)育児休業を取得する看護師の職場復帰に向けたインターネットプログラム開発―インストラクショナル・デザインに基づく開発過程　松浦正子　「看護管理」(医学書院)　20(3)通号207　2010.3　p239～243

◇共働き家庭における母親の仕事と子育ての両立戦略　松信ひろみ　「駒澤社会学研究」(駒澤大学文学部社会学科)　(42)　2010.3　p59～80

◇女性の育児と仕事の両立―ファミリー・フレンドリー企業の実践より　米山珠里　「弘前学院大学社会福祉学部研究紀要」(弘前学院大学社会福祉学部)　(10)　2010.3　p99～106

◇「子の養育又は家族の介護を行い、又は行うこととなる労働者の職業生活と家庭生活との両立が図られるようにするために事業主が講ずべき措置に関する指針」の改正　厚生労働省　「労働法律旬報」(旬報社)　(1720)　2010.5.下旬　p50～55

◇日本生産性本部 仕事と子育てを両立させる新しい仕組みづくりを　「労働法令通信」(労働法令)　通号2216　2010.6.8　p22～25

◇書評と紹介 田中恭子著『保育と女性就業の都市空間構造―スウェーデン、アメリカ、日本の国際比較』　権丈英子　「大原社会問題研究所雑誌」(法政大学大原社会問題研究所, 法政大学出版局 (発売))　通号621　2010.7　p69～72

◇現代女性の就業と育児―育児の外部化の現状　河原木恭子　「聖心女子大学大学院論集」(聖心女子大学)　32(1)通号38　2010.7　p100～78

◇雇用保険関係各種助成金制度の概要(4)育児・介護雇用安定等助成金(中小企業子育て支援助成金、事業所内保育施設設置・運営等助成金)　「労働法令通信」(労働法令)　通号2221　2010.7.28　p21～28

◇育児中の女性正社員の就業継続意思に及ぼすメンタリングの効果 ― ワーク・ファミリー・コンフリクトと職業的アイデンティティに着目して　児玉真樹子, 深田博己　「社会心理学研究」（日本社会心理学会）　26(1)　2010.8　p1～12

◇雇用保険関係各種助成金制度の概要(5)育児・介護雇用安定等助成金(両立支援レベルアップ助成金(育児・介護費用等補助コース、代替要員確保コース、子育て期の短時間勤務支援コース、休業中能力アップコース))　「労働法令通信」（労働法令）　通号2222　2010.8.8　p24～31

◇雇用保険関係各種助成金制度の概要(6)育児・介護雇用安定等助成金(育児休業取得促進等助成金)　「労働法令通信」（労働法令）　通号2223　2010.8.18・28　p23～27

◇女性の就業と子育ての総合窓口 ―「マザーズジョブカフェ」を開設・京都府　「厚生福祉」（時事通信社）　(5751)　2010.8.24　p12

◇Internet Research(32)子どもをもつ女性社員100人に聞く「育児中の仕事と処遇」 仕事の量や質に対して「処遇は妥当」55%、成果をあげるために「上司の理解が必要」93%　「人事実務」（産労総合研究所）　47(1086)　2010.9.1　p38～41

◇女性の働き方とストレス ― 仕事と家事・子育てとの両立のコツは？　西村純子　「ひょうご経済」（ひょうご経済研究所）　(108)　2010.10　p8～13

◇大学病院勤務医師の子育て状況と仕事ストレスについて　豊増功次, 松本悠貴　「久留米大学健康・スポーツ科学センター研究紀要」（久留米大学健康・スポーツ科学センター）　18　2010.12　p53～58

◇書評 西村純子著『ポスト育児期の女性と働き方 ワーク・ファミリー・バランスとストレス』　渡井いずみ　「季刊社会保障研究」（国立社会保障・人口問題研究所）　47(2)通号193　2011.Aut.　p209～212

◇保育者を目指す女子学生が描くワーク・ライフ・バランス ― 性役割観との関わりを中心に　三國隆子　「東京立正短期大学紀要」（東京立正短期大学）　(39)　2011　p132～144

◇2度の出産・育児を経験した女性外科医の体験に基づく女性外科医の勤務継続について　志賀舞, 松浦喜美夫, 花崎和弘　「日本外科学会雑誌」（日本外科学会）　112(2)　2011　p147～149

◇女性保育者の初期キャリア形成に関する一考察：短期大学生の職業観の変化に着目して　京免徹雄　「早稲田大学教育学会紀要」（早稲田大学教育学会）　(13)　2011年度　p245～252

◇子育て期の女性の就業意識 ― 小学生以下の子どものいる女性のワーク・ライフ・バランス　的場康子　「Life design report」（第一生命経済研究所ライフデザイン研究本部）　通号198　2011.Spr.　p16～23

◇母親の就業と子どもの育ちを両立させる条件に関する2つの理論仮説：構造変容仮説とクオリティ・ケア仮説　末盛慶　「日本福祉大学子ども発達学論集」（日本福祉大学子ども発達学部）　(3)　2011.1　p45～57

◇子育てと仕事の両立に影響する要因 ― 子育て期に就業経験のある女性への面接データ分析から　藤本美由紀, 木戸久美子, 伊藤美佐江　「母性衛生」（日本母性衛生学会）　51(4)　2011.1　p704～710

◇女性がいきる小企業 子育てママの力を社会に発信する　中條美奈子　「日本政策金融公庫調査月報：中小企業の今とこれから」（中小企業リサーチセンター）　(29)　2011.2　p30～33

◇いま輝くビジネス・マザーの肖像(第2回)安岡和恵 東日本旅客鉄道(株)鉄道事業本部 電気ネットワーク部 副課長 仕事も子育ても「やってみなくちゃわからない」　齋藤麻紀子　「The21：ざ・にじゅういち」（PHP研究所）　28(2)通号315　2011.2　p49～51

◇育児と女性のライフコース ― 幼稚園から就学過程における縦断的調査の結果から　中村真弓　「尚絅学園研究紀要. A, 人文・社会科学編」（尚絅学園尚絅大学）　(5)　2011.3　p1～19

◇仕事と育児を両立するために　武石恵美子　「地方公務員月報」（[総務省自治行政局]）　(572)　2011.3　p2～13

◇戦後日本における働く女性と子育てをめぐる一考察 ― 労働省婦人少年局の展開を契機として　望月雅和　「日本経営倫理学会誌」（日本経営倫理学会）　(18)　2011.3　p223～233

◇日本・イギリスの女子大学生の就労と育児に関する意識調査の一考察　米山珠里　「弘前学院

◇大学社会福祉学部研究紀要」(弘前学院大学社会福祉学部)　(11)　2011.3　p46〜53

◇仕事・家事・子育て…悩む前にこれを読め!! ワーキングマザーのための「困った！」「弱った！」解決マニュアル　ももせいづみ　「OL manual：仕事と自己啓発の月刊誌」(研修出版)　23通号265　2011.3　p59〜66

◇女性がいきる小企業 子育て主婦が輝き続けるために―埼玉県さいたま市 (株)コッコット　「日本政策金融公庫調査月報：中小企業の今とこれから」(中小企業リサーチセンター)　(31)　2011.4　p28〜31

◇いま輝くビジネス・マザーの肖像(第4回)坂田昌子 アサヒフィールドマーケティング(株)取締役酒類営業部長 仕事の時間も子育ての時間も全部、"自分の時間"です　齋藤麻紀子　「The21：ざ・にじゅういち」(PHP研究所)　28(4)通号317　2011.4　p29〜31

◇頑張れ！ワーキングマザー 出産・育児休暇を終えて職場に戻ったら　尾関友詩　「プレジデント」(プレジデント社)　49(11)(別冊)　2011.4.15　p132〜137

◇子育て 働く母 小学生の子どもの内面と向き合う　木村恵子, 宮本恵理子　「Aera」(朝日新聞出版)　24(24)通号1286　2011.5.23　p30〜32

◇保育者における感情労働と職業的キャリア―年齢、雇用形態、就労意識との関連から　神谷哲司, 戸田有一, 中坪史典［他］　「東北大学大学院教育学研究科研究年報」(東北大学大学院教育学研究科)　59(2)　2011.6　p95〜112

◇結婚・出産と就業の両立可能性と保育所の整備　宇南山卓　「日本経済研究」(日本経済研究センター)　(65)　2011.7　p1〜22

◇なるほど解決 使いこなそう労務管理の知識(第7回)子育て中の夜勤拒否は可能？　高平仁史　「Nursing business」(メディカ出版)　5(7)通号62　2011.7　p616〜619

◇厚労省ホットライン 働きながら子の養育を行う労働者に対する援助措置の動向―平成22年度雇用均等基本調査より　厚生労働省　「生涯総合福祉」(企業福祉・共済総合研究所)　(751)　2011.8.8　p6〜11

◇会社側の勘違いによるトラブルが増加中！ 有期雇用者の育児・介護に係る両立支援施策利用の判断チェックポイント　渋谷康雄　「ビジネスガイド」(日本法令)　48(15)通号736　2011.10　p44〜51

◇障害のある乳幼児を育てる母親の就労をめぐる問題：母親へのインタビュー調査から(特集 乳幼児期の療育と子育て支援)　丸山啓史　「障害者問題研究」(全国障害者問題研究会)　39(3)通号147　2011.11　p192〜199

◇「子連れ出社」で安心して働ける職場を創造：有限会社モーハウス 社長 光畑由佳氏(出産・育児を制度と企業風土で徹底フォロー "女性が元気に働く会社"だから強い)　「ニュートップL：topによるleaderのためのreader誌」(日本実業出版社, エヌ・ジェイ出版販売 (発売))　3(12)通号26　2011.12　p36〜38

◇保育者を目指す女子学生が描くワーク・ライフ・バランス(2)志望する職業間の比較を中心に　三國隆子　「東京立正短期大学紀要」(東京立正短期大学)　(40)　2012　p156〜163

◇看護師のワーク・ライフ・バランスの実態調査：幼児・学童を持つ看護師が働きやすい職場環境をめざして　金崎ゆかり, 川﨑登志子, 岩田博英　「日本看護学会論文集. 看護管理」(日本看護協会出版会)　42　2012　p175〜178

◇子育て中の看護師の職業継続に関する要因調査　中川光子, 須栗裕子, 大平律子［他］　「日本看護学会論文集. 看護管理」(日本看護協会出版会)　42　2012　p212〜215

◇育児支援制度が整えば、女性外科医は外科職務と育児を両立できるか　中島みちる, 河野恵美子, 塚本文音［他］　「日本外科学会雑誌」(日本外科学会)　113(1)　2012　p53〜57

◇働く母親が子育てと仕事の両立の上で抱える苦悩　田中弓子　「研究紀要」(高松大学, 高松短期大学)　(56・57)　2012.2　p283〜298

◇仕事と育児を両立する母親のエンパワーメントに関する研究(その1)仕事と育児を両立させた母親のエンパワーメント獲得のプロセス　中井芙美子, 佐々木秀美, 山内京子　「看護学統合研究」(広島文化学園大学看護学部)　13(2)　2012.3　p1〜15

◇労研機構 シングルマザーの就業と経済的自立 「労経ファイル : 労働新聞データベース」（労働新聞社） (566) 2012.3.15 p60～67

◇働くお母さんにアンケート : うれしかった一言や支援について聞きました（特集 働くお母さんの妊娠・出産・母乳育児を支援する） 「助産雑誌」（医学書院） 66(4) 2012.4 p327～331

◇日本経済を考える(19)子育てと仕事を結ぶ子ども"縁"を目指して 高見澤有一 「ファイナンス:財務省広報誌」（財務省,日経印刷（発売）） 48(2)通号558 2012.5 p62～68

◇あなたの会社の実務対応 注意 判例をチェックしましょう！(第3回)育児休業後の女性社員を部門内で配置転換します。 「労務事情」（産労総合研究所） 49(1231) 2012.6.1 p62～64

◇私たちの見解と要求 仕事と子育ての両立、安心の高齢期、いのち守る社会いまこそ : 少子・高齢化を口実にした「社会保障と税の一体改革」は許しません 新日本婦人の会 「女性&運動」（新日本婦人の会） (208)通号359 2012.7 p5～9

◇両立支援助成金（子育て期短時間勤務支援助成金）の活用について 改正法の全面施行踏まえ対象を小学校就学始期までの制度に 厚生労働省雇用均等・児童家庭局職業家庭両立課育児・介護休業推進室 「労働基準広報」（労働調査会） (1755) 2012.7.21 p22～26

◇育児・介護のための制度の導入・利用状況 育児のための制度で利用者が多いのは「育児休業制度」と「短時間勤務制度」 : 連合調べ 「労働と経済」（共文社） (1550) 2012.8.10・25 p26～40

◇子どもの看護と就労との両立支援 : 法制度と判例から（特集 小児看護における父親へのアプローチ—父親への支援の視点） 西條達 「小児看護」（へるす出版） 35(10)通号444 2012.9 p1305～1311

◇仕事と育児の両立支援の実態と労働者の意識 働き続けるために望むこと : 「職場風土の改善」「勤務時間の柔軟化」など : 三菱UFJリサーチ&コンサルティング 「労働と経済」（共文社）

(1555) 2012.11.10 p14～23

【図書】

◇子育て両立情報—仕事も生活も自分流がオススメ！ 東広島 大創産業 〔200-〕 114p 18cm （ダイソー実用ハンドブック 18） Ⓝ599

◇もっと子どもとうまくいく！働くお母さんの習慣術 たけながかずこ著 PHP研究所 2010.1 143p 21cm 1100円 ①978-4-569-77506-7 Ⓝ366.38
内容 序章 輝くママにはワケがある 第1章 気をつけて！子育て中の落とし穴 第2章 子育てしながら自分も磨ける10の知恵 第3章 理想の働き方に近づく10のステップ 第4章 やりくり上手になるコワザ、教えます 第5章 両立の「困った！」Q&A 付録

◇子どもと仕事。どっちもだいじ。—地域と企業が支えるワーク・ライフ・バランス 平成21年度「仕事と子育ての両立」応援キャンペーン事業報告書 全国保健センター連合会 2010.3 40p 30cm 〈独立行政法人福祉医療機構「長寿・子育て・障害者基金」助成事業〉 Ⓝ369.4

◇正社員をめざす子育て女性の再就職に関する実態調査研究報告書—子育て中の女性が正社員として再就職することに関する実態調査から得られた女性の再就職実現への課題 神奈川県立かながわ女性センター研究情報課編 藤沢 神奈川県立かながわ女性センター研究情報課 2010.3 82p 30cm Ⓝ366.38

◇働くママのらくらく子育て術—親子でハッピー！ ママジョブ監修 メイツ出版 2010.3 160p 21cm （マミーズブック） 〈索引あり〉 1300円 ①978-4-7804-0791-4 Ⓝ366.38
内容 第1章 妊娠！産んでも仕事をスムーズに続けるためのポイント（働く妊婦の準備OKカレンダー 妊娠がわかったら早めに上司に報告 ほか） 第2章 出産！産休そして育休中の過ごし方のポイント（産休中の出産手当金は出産日によって変わる 出産費用は出産育児一時金を利用する ほか） 第3章 復職！仕事と育児を両立させるポイント（保育園編 職場編 ほか） 第4章 働くママがアドバイス！ハッピーライフのコツ（育児も勉強も頑張れたのは「資格を取って自己表現の場を」という気持ちでした 経済的にも精神的にも自立しているから「自由」なんです！ ほか）

◇両立支援ガイドブック　東京都産業労働局雇用就業部労働環境課編　東京都産業労働局雇用就業部労働環境課　2010.3　68p　21cm　（雇用平等ガイドブック　平成21年度）　Ⓝ336.4

◇働く母さんお助けバイブル—今すぐラクになる！子育て仕事家事心のピンチ乗り切りアドバイス　ももせいづみ著　主婦の友社　2010.4　190p　19cm　1300円　①978-4-07-271041-8　Ⓝ366.38

　内容　序章　働く母さんは、もっとラクになれる（ワークライフバランスは、もともとが不安定で揺れるもの　人生は弁当箱だ！ほか）　1「子育て」のこわいをぶっ飛ばせ！（子どもがいるのに、働いて家をあけて悪影響はないのかな　育児も家事も仕事も、全部なんてできない！ほか）　2「仕事」のこわいをぶっ飛ばせ！（子どもがいることが、デメリットになりそう　職場に、働く母への理解がまったくない　ほか）　3「家事」のこわいをぶっ飛ばせ！（働きに出てしまったら、家のことが十分にできないのでは　仕事から帰るといつもバタバタ。ラクになるにはどうしたら？ほか）　4「自分」のこわいをぶっ飛ばせ！（毎日追い立てられている感じ。こんなのでほんとにいいのかな　ゆとりがなくていつもイライラ。子どもにあたってしまって自己嫌悪　ほか）

◇ヨーロッパ各国の女性の職域進出と育児環境　保健福祉広報協会編著　保健福祉広報協会　2010.5　78p　21cm　〈文献あり〉　700円　Ⓝ369.4

◇女性の働き方と出産・育児期の就業継続—就業継続プロセスの支援と就業継続意欲を高める職場づくりの課題　労働政策研究・研修機構編　労働政策研究・研修機構　2010.6　313p　30cm（労働政策研究報告書 no.122）〈文献あり〉Ⓝ366.38

◇ワーキングマザーバイブル　Working～働き続けたいアナタへ～　ムギ畑WMB制作委員会編，勝間和代監修　講談社　2010.9　191p　19cm　1000円　①978-4-06-216480-1　Ⓝ366.38

　内容　第1章　私、なぜ働くの？（専業主婦になりたくなるとき　WMになって悲しかった出来事　ほか）　第2章　WMの現実とお金のはなし（実際、保育料っていくらかかるの？　再就職に有利な職種・資格は？　ほか）　第3章　保育園ってどんなところ？（認可保育園に入るには、どうしたらいい？　入園するための必要書類って？

ほか）　第4章　快適WM生活のための家事省力化（まずは家事の「ゼロ地点」を設定しよう　手放す技術を手に入れよう　ほか）

◇ワーキングマザーバイブル　Mother～お母さんになりたいアナタへ～　ムギ畑WMB制作委員会編，勝間和代監修　講談社　2010.9　191p　19cm　〈文献あり〉　1000円　①978-4-06-216479-5　Ⓝ366.38

　内容　第1章　子どもができるとどう変わる？（密室育児は孤独との戦い　仕事、考え方、生活…WMは日々、進化する　ほか）　第2章　産休・育休、どう乗り切る？（妊娠の報告は誰にする？　産休までの妊娠期間に困ったこと、あれこれ　ほか）　第3章　パートナーを巻き込もう！（まだまだ低い父親の「家事・育児」参加率　パートナーはほめて育てよう！ほか）　第4章　子育ての悩みQ&A（保育園に預けたとたんに子どもが熱ばかり出してしまい、くじけそうです。保育園に預けながら、母乳育児を続けられますか？　ほか）

◇親の仕事と子どものホンネ—お金をとるか、時間をとるか　バーバラ・ポーコック著，中里英樹，市井礼奈訳　岩波書店　2010.12　254p　19cm　2600円　①978-4-00-022409-3　Ⓝ366.271

　内容　第1章　序論　第2章　世帯と仕事と社会的再生産の分析枠組み　第3章　仕事、子ども—時間とお金のせめぎ合い　第4章　仕事の波及効果—親の仕事は子どもにどのような影響を与えるか　第5章　罪悪感、お金、市場　第6章　将来の仕事と家庭—変容と対等な分担　第7章　商品としての子ども—オーストラリアにおける保育　第8章　若者のとめどない消費、労働と消費のサイクル　第9章　子どもと仕事と持続可能な未来

◇仕事と子育て男たちのワークライフバランス　中間真一，鷲尾梓著　幻冬舎ルネッサンス　2010.12　205p　18cm　（幻冬舎ルネッサンス新書 028）〈『男たちのワーク・ライフ・バランス』（2008年刊）の加筆〉　838円　①978-4-7790-6033-5　Ⓝ367.3

　内容　第1章　男たちの育児（ごくフツーの男性が、育児に奔走!?　もっと仕事がしたい！ほか）　第2章　男たちの"育休"（子育てと育児休業　"育休取らない派"の言い分　ほか）　第3章　男たちと家庭（大きく変わった夫婦間のコミュニケーション　人生の楽しみと子育て　ほか）　第4章　男たちのワークライフバランス（「積極

パパ」のための基礎知識―男性の"育休"の現実を知っておこう　「模索パパ」への子育て参画オプション提案―休まなくてもできることほか）　第5章　夫と妻のハッピーライフバランスへ（目の前の"波"を逃すな　「働き方の大変革」へ動き出そう　ほか）　巻末・参考データ　調査結果から見る"男のワークライフバランス"

◇ワーク・ライフ・バランスと家族形成―少子社会を変える働き方　樋口美雄，府川哲夫編　東京大学出版会　2011.1　330p　22cm　〈索引あり〉　4200円　①978-4-13-051134-6　Ⓝ366.7

[内容]　問題意識とまとめ　第1部　現代の働き方と家族形成（少子社会における働き方―現状と課題　働き方と家族形成の関係）　第2部　人びとの家族形成と働き方の社会的・経済的背景（成年層の子ども数の実態　ワーク・ライフ・アンバランスはどこで起こっているか―出産ペナルティと女性の就業継続　妻の学歴・就業と出産行動　母親の就業が女性労働供給に与える影響について―独身者と既婚者の調査を用いて）　第3部　ワーク・ライフ・バランス推進施策と生活形態（企業の両立支援策と労働時間―組合調査による分析　働き方と両立支援策の利用　夫の家事時間を決定するもの　両立支援制度が男性の生活時間配分に与える影響）　第4部　ワーク・ライフ・バランス推進施策と家族形成（労働時間や家事時間の長い夫婦ほど出生率は低いか　両立支援策と出生率―労働組合への調査から　待機児童の存在と出生の関係）　両立支援策への示唆―少子社会を超えて

◇仕事と子育ての両立を支援するサービスの連続性と整合性並びに質の評価に関する基礎的研究―平成22年度総括・分担研究報告書　平成22年度厚生労働科学研究費補助金（成育疾患克服等次世代育成基盤研究事業）　〔藤林慶子〕　2011.3　116p　30cm

◇出産・育児期の就業継続―2005年以降の動向に着目して　労働政策研究・研修機構編　労働政策研究・研修機構　2011.5　165p　30cm　（労働政策研究報告書 no.136）　〈文献あり〉　Ⓝ366.38

◇仕事と子育ての両立を支援するサービスの連続性と整合性並びに質の評価に関する基礎的研究―平成23年度総括・分担研究報告書；厚生労働科学研究費補助金成育疾患克服等次世代育成基盤研究事業　〔藤林慶子〕　2012.3　132p　30cm

◇タイム・バインド　働く母親のワークライフバランス―仕事・家庭・子どもをめぐる真実　アーリー・ラッセル・ホックシールド著，坂口緑，中野聡子，両角道代訳　明石書店　2012.3　442p　19cm　〈文献あり〉　2800円　①978-4-7503-3554-4　Ⓝ366.38

[内容]　第1部　時間について―家族の時間がもっとあれば（「バイバイ」用の窓　管理される価値観と長い日々　頭の中の亡霊　家族の価値と逆転した世界）　第2部　役員室から工場まで―犠牲にされる子どもとの時間（職場で与えられるもの　母親という管理職　「私の友達はみんな仕事中毒」―短時間勤務のプロであること　「まだ結婚しています」―安全弁としての仕事　「見逃したドラマを全部見ていた」―時間文化の男性パイオニアたち　もし，ボスがノーと言ったら？　「大きくなったら良きシングルマザーになってほしい」　超拡大家族　超過勤務を好む人々）　第3部　示唆と代替案―新たな暮らしをイメージすること（第三のシフト　時間の板挟み状態を回避する　時間をつくる）

◇出産・育児と就業継続―労働力の流動化と夜型社会への対応を：第2期プロジェクト研究「多様な働き方への対応，仕事と生活の調和（ワーク・ライフ・バランス）の実現に向けた就業環境の整備の在り方に関する調査研究」サブテーマ「就業継続の政策効果に関する研究」最終報告書　労働政策研究・研修機構編　労働政策研究・研修機構　2012.4　251p　30cm　（労働政策研究報告書 no.150）　〈文献あり〉　Ⓝ366.38

◇「働くママ」の時間術―仕事も子育ても自分もうまくいく！　馬場じむこ著　日本実業出版社　2012.4　222p　19cm　1400円　①978-4-534-04943-8　Ⓝ366.38

[内容]　第1章　お迎えは待ってはくれない！必ず定時に帰るための仕事術　第2章　ラクして成果を出すコツは，「やらないこと」を作ること　「やらなくていいこと」をしないこと　第3章　子育て中の自分をあきらめないための「自分時間」の作り方―働くママのスキルアップと自分磨きのコツ　第4章　働くママに必須！スマホ，手帳で，時間と情報をシンプル管理！　第5章　パパを味方につければ，自分の時間も大きく増える　第6章　避けては通れないママ友づきあいと働きながらPTA・役員をするコツ　第7章　うまくいかなくても，あなたのせいじゃない！―悩みの多い今を幸せに過ごす心の持ち方

育児休業

【雑誌記事】

◇地方の公立総合病院における看護師職員の育児休業取得から復職後の現状と課題　廣瀬文, 杉村峰子, 福永美香［他］　「日本看護学会論文集. 看護総合」（日本看護協会出版会）　41　2010　p322～325

◇平成二〇年度における地方公務員の育児休業等の取得状況について　石崎真悟　「地方公務員月報」（［総務省自治行政局］）　(558)　2010.1　p60～72

◇育児休業者職場復帰プログラムの効果　埴岡康恵子, 峰于一二美　「日本職業・災害医学会会誌」（日本職業・災害医学会）　58(1)　2010.1　p29～33

◇育児休業手当金に係る国家公務員共済組合法施行規則の一部改正について　尾崎寛志　「共済新報」（共済組合連盟）　51(2)　2010.2　p19～23

◇妊娠・出産、産前産後休業及び育児休業等の取得等を理由とする解雇その他不利益取扱い事案に関する相談等の状況について（平成21年度上半期）　厚生労働省　「女性と労働21」（フォーラム・「女性と労働21」）　18(71)　2010.2　p69～74

◇カナダの出産休業給付制度および育児休業給付制度 — 日本の子育て支援・育児休業制度のあり方の参考として　飯島香　「筑波法政」（筑波法政学会）　(48)　2010.2　p41～64

◇職場での両立支援制度の現状と利用状況（厚生労働省）利用率が比較的に高い制度 — 女性は「育児のための休業制度」で27%　「労働と経済」（共文社）　(1498)　2010.2.10　p32～36

◇ワーク・ライフ・バランス施策の検証 — 育児休業制度と育児休業取得率の観点から　小川誠子　「教育研究 ： 青山学院大学教育学会紀要」（青山学院大学教育学会）　(54)　2010.3　p185～198

◇私のワーク・ライフ・バランス(New)育児休業と同時に社内公募でキャリア転換　堀川佐渡氏　堀川佐渡　「人事実務」（産労総合研究所）　47(1078)　2010.4.15　p56～58

◇労務相談室 育児休業をしている労働者からの職場復帰の申出に応じる必要はあるか　「労働法学研究会報」（労働開発研究会）　61(12)通号2479　2010.6.15　p34～36

◇国家公務員共済組合法施行規則の一部を改正する省令（育児休業手当金の請求手続）について　尾崎寛志　「共済新報」（共済組合連盟）　51(7)　2010.7　p32～35

◇女性がいきる小企業 従業者7人の企業に学ぶ育児休業への対処法　「日本政策金融公庫調査月報 ： 中小企業の今とこれから」（中小企業リサーチセンター）　(22)　2010.7　p28～31

◇情報ボックス 2009年度 男女雇用機会均等法、パートタイム労働法、育児・介護休業法の施行状況（厚生労働省）　「労務事情」（産労総合研究所）　47(1189)　2010.7.1　p52～55

◇小特集 男女雇用機会均等法、育児・介護休業法、パートタイム労働法の施行状況と紛争解決援助制度　厚生労働省雇用均等児童家庭局雇用均等政策課, 厚生労働省雇用均等児童家庭局職業家庭両立課, 厚生労働省雇用均等児童家庭局短時間在宅労働課　「厚生労働 : policy & information」（厚生問題研究会, 中央法規出版（発売））　65(8)　2010.8　p36～42

◇09年度均等基本調査/厚生労働省 育児休業に影落とす景気後退 — 女性が占める課長と部長の割合の上昇幅は過去最大　「賃金・労務通信」（労働法令協会）　63(22)通号2032　2010.8.15・25　p2～11

◇人事労務の基礎ワード — 育児（介護）休業取扱通知書/妊産婦/育児休業取得率　園部喜美春　「人事労務実務のQ&A ： 人事労務に関する最初で唯一のQ&A専門誌」（日本労務研究会）　1(2)通号2　2010.9　p38～40

◇育児休業給付制度の改正について パパ・ママ育休プラスと父親の再度取得を給付金の支給対象に　「労働基準広報」（労働調査会）　(1690)　2010.9.11　p36～39

◇職場のあるある相談室（第7回）パート社員の育児休業　中田朱美　「賃金事情」（産労総合研究所）　(2594)　2010.10.5　p58～63

◇期間業務職員の創設 — 育児休業等適用の意見の申出　「週刊行政評価」（行政管理協会）　(2437)　2010.10.7　p2～4

◇育児休業等実態調査及び仕事と育児の両立支援のための休暇制度の使用実態調査結果について　人事院職員福祉局職員福祉課　「人事院月報」（日経印刷）　通号735　2010.11　p25〜27

◇新たな育児休業取得者は3,300人 ― 人事院「一般職国家公務員の育休等使用実態調査」　「労経ファイル：労働新聞データベース」（労働新聞社）　（535）　2010.12.1　p18〜22

◇健康保険Q&A　育児休業期間中の出産にかかる保険料免除などの取り扱いについて　「生涯総合福祉」（企業福祉・共済総合研究所）　（743）　2010.12.8　p18〜21

◇現代労働問題の焦点　労働時間短縮と労働時間問題(7)　有給休暇問題と育児・介護休暇　21世紀の賃金像研究プロジェクト　「労働と経済」（共文社）　（1517）　2010.12.25　p8〜10

◇育児休業に対する大学生の意識と課題　日高愛梨沙、齋藤美保子　「鹿児島大学教育学部教育実践研究紀要」（鹿児島大学教育学部）　21　2011　p87〜98

◇労働統計にみる男性の働き方・女性の働き方(23)　育児休業制度の現状　杉浦立明、荒山裕行　「産政研フォーラム」（中部産業・労働政策研究会）　（92）　2011.Win　p33〜41

◇平成二一年度における地方公務員の育児休業等の取得状況について　石崎真悟　「地方公務員月報」（[総務省自治行政局]）　（570）　2011.1　p75〜93

◇育児・介護支援制度の最新実態 ― 改正法施行後における育児休業・短時間勤務制度、介護休業制度等を徹底調査（労務行政研究所）　「労政時報」（労務行政）　（3789）　2011.1.14　p8〜51

◇社員から申し出があって慌てないために必読!! 最新版／「育児休業」の実務対応マニュアル　佐々木由美子　「経理woman：経理・総務の仕事が丸ごと分かる月刊誌」（研修出版）　16通号179　2011.2　p76〜83

◇人事行政の動き　一般職の国家公務員の育児休業等実態調査及び仕事と育児の両立支援のための休暇制度の使用実態調査の結果について　「人事行政の窓」（日本人事行政研究所）　（47）　2011.2　p78〜83

◇経営者や従業員の"思い"が表れた規定とは? 就業規則・社内規程「こだわりの一条」（第23回）育児休業　安井郁子　「ビジネスガイド」（日本法令）　48(2)通号723　2011.2　p93〜100

◇産前産後・育児休業10ヶ月以上〜1年間取得看護職員の職場復帰支援における個人的要因、組織的要因の視点からみたニーズの動向　谷脇文子　「高知女子大学紀要，看護学部編」（高知女子大学）　60　2011.3　p35〜45

◇開業するなら知っておきたい　小規模事業主のための労働法とその周辺（第12回）育児休業と介護休業の取扱い　新弘江、藤原宇基　「スタッフアドバイザー」（税務研究会）　通号252　2011.3　p64〜68

◇スムーズな給付金の受給につなげる! 法改正に伴う育児休業給付金の申請手続と確認書類の留意点（上）　岩崎仁弥　「ビジネスガイド」（日本法令）　48(4)通号725　2011.3　p48〜54

◇社会保障Q&A　育児介護休業の諸制度について　「週刊社会保障」（法研）　65(2622)　2011.3.28　p63

◇国家公務員の育児休業等に関する法律の改正等について ― 非常勤職員の育児休業等制度の導入　人事院職員福祉局職員福祉課　「人事院月報」（日経印刷）　通号740　2011.4　p32〜35

◇非常勤職員の育児休業制度等の導入について　須田直人、清水祐之　「地方公務員月報」（[総務省自治行政局]）　（573）　2011.4　p29〜57

◇スムーズな給付金の受給につなげる! 法改正に伴う育児休業給付金の申請手続と確認書類の留意点（下）　岩崎仁弥　「ビジネスガイド」（日本法令）　48(6)通号727　2011.4　p42〜50

◇法令解説　非常勤職員への育児休業制度等の導入 ― 国家公務員の育児休業等に関する法律等の一部を改正する法律　小原宏朗　「時の法令」（朝陽会、全国官報販売協同組合（発売））　通号1879　2011.4.15　p20〜37

◇法律解説　総務　国家公務員の育児休業等に関する法律等の一部を改正する法律 ― 平成22年12月3日法律第61号　「法令解説資料総覧」（第一法規）　（352）　2011.5　p17〜21

◇小特集　男女雇用機会均等法、育児・介護休業法、パートタイム労働法の施行状況と紛争解決援助制度　厚生労働省雇用均等児童家庭局　「厚生労働：policy & information」（厚生問題研究

◇会,中央法規出版（発売）） 66(8) 2011.8 p20〜26

◇労働法の歴史から「いま」を知る（第8回）育児介護休業法 大内伸哉 「労務事情」（産労総合研究所） 48(1214) 2011.9.1 p61〜65

◇現代組織の人間関係 職場のさざなみ（第84回）育児休業を取らせたくない理由 金子雅臣 「労働法学研究会報」（労働開発研究会） 62(20)通号2511 2011.10.15 p30〜33

◇情報ボックス 2010年(1)均等法,(2)パート労働法,(3)育児・介護休業法の施行状況（厚生労働省） 「労務事情」（産労総合研究所） 48(1217) 2011.10.15 p46〜49

◇あなたなら、どう答える？（第7回）事業縮小の可能性がある職場での契約社員の育児休業申請 藤原宇基 「労務事情」（産労総合研究所） 48(1217) 2011.10.15 p55〜57

◇2010年度 雇用均等基本調査―育児休業取得率は低下したものの、育児休業終了後の復職者割合は上昇 「労政時報」（労務行政） (3808) 2011.10.28 p115〜124

◇育児休業制度の問題点と今後―国際比較の視点から 大石亜希子 「週刊社会保障」（法研） 65(2651) 2011.10.31 p50〜55

◇比較考察：ニュージーランド、オーストラリア、イギリスの出産育児休暇の発展と意義 太谷里由美 「ニュージーランド研究」（関西ニュージーランド研究会） 18 2011.12 p79〜101

◇権利闘争の焦点 育児休業裁判 ： コナミデジタルエンタテイメント事件東京高裁判決［平成23.12.27］ 金塚彩乃 「季刊労働者の権利」（日本労働弁護団） (295) 2012.Sum p35〜39

◇同志社大学労働法研究会（第7回）職務等級制度適用労働者の育児休業等取得後の降格、年俸減額および不利益査定の適法性：コナミデジタルエンタテインメント事件［東京高裁平成23.12.27判決］ 土田道夫 「季刊労働法」（労働開発研究会） (237) 2012.夏季 p167〜185

◇人事制度改革が女性正規従業員の育児休業取得に与えた影響：コース別に考える 乙部由子 「現代社会学研究」（北海道社会学会） 25 2012 p37〜53

◇一般職の国家公務員の育児休業等実態調査及び介護休暇使用実態調査の結果について 職員福祉局職員福祉課 「人事院月報」（日経印刷） (750) 2012.2 p31〜33

◇2010年度 国家公務員（人事院調べ）育児休業と介護休業の利用状況 「旬刊福利厚生」（労務研究所） (2097) 2012.2.14 p28〜30

◇男性公務員の管理職者と一般職員の育児休業取得に関する知識や考え方の特性 奥山葉子, 小笠原百恵, 高田昌代 「神戸市看護大学紀要」（神戸市看護大学） 16 2012.3 p77〜84

◇ワーク・ライフ・バランスで報告・内閣府 契約社員らに育児・介護休の周知を ： 非正規労働の不安定さ指摘 「厚生福祉」（時事通信社） (5888) 2012.3.13 p6〜8

◇平成二二年度における地方公務員の育児休業等の取得状況について 金井昌樹 「地方公務員月報」（［総務省自治行政局］） (585) 2012.4 p63〜78

◇育児・介護休業法改正後の職場実態調査（2011年6〜9月実施） 「れんごう政策資料」（日本労働組合総連合会） (204) 2012.5.31 p1〜116,巻頭1p

◇社会保障Q&A 育児休業について 「週刊社会保障」（法研） 66(2682) 2012.6.18 p62

◇育児休業トラブルとその対策：「制度運用マニュアル」作成のすすめ 土屋雅子 「ビジネスガイド」（日本法令） 49(11)通号751 2012.8 p34〜41

◇厚労省 育児休業制度等に関する実態把握のための調査研究報告書 妊娠・出産・子育て後も働き続ける上で何が必要か 「旬刊福利厚生」（労務研究所） (2110) 2012.8.28 p32〜38,41〜42

◇育児休業取得をめぐる父親の意識とその変化 齋藤早苗 「大原社会問題研究所雑誌」（法政大学大原社会問題研究所, 法政大学出版局（発売）） (647・648) 2012.9・10 p77〜88

◇社員とやりとりする人事・労務関連の書式モデル(13)育児休業申出書、育児休業取扱通知書 望月厚子 「企業実務」（日本実業出版社, エヌ・ジェイ出版販売（発売）） 51(15)通号715 2012.12 p97〜99

育児休業　　　　　　　　　　　　　　　　　　　　　　　　　育児と労働

◇労働判例研究（Number 1191）育児休業等の取得者に対する役割グレード引下げ等の効力：コナミデジタルエンタテインメント事件［東京高裁平成23.12.27判決］　川田琢之　「ジュリスト」（有斐閣）　（1448）　2012.12　p115〜118

【図書】

◇育児休業取得促進等助成金のご案内　厚生労働省都道府県労働局公共職業安定所　〔200-〕29p　30cm

◇育児介護休業・出産・母性保護のことならこの1冊—はじめの一歩　岡田良則, 桑原彰子著　自由国民社　2010.3　191p　21cm　〈索引あり〉1500円　Ⓘ978-4-426-10938-7　Ⓝ366.32

内容　巻頭　労働者の出産・育児・介護と最近の法改正　第1章　社員の妊娠・出産に関する実務と手続き　第2章　社員の育児に関する実務と手続き　第3章　社員の介護に関する実務と手続き　第4章　解雇・不利益な取り扱いの禁止と実務　第5章　出産・育児・介護に関する保険給付と助成金　巻末資料　モデル規程と各種書式集

◇わかりやすい育児介護休業法　労働新聞社編　労働新聞社　2010.6　370p　26cm　1905円　Ⓘ978-4-89761-331-4　Ⓝ366.32

◇Q＆Aでわかる育児休業・介護休業の実務　大沢正子著　日本法令　2010.9　703p　21cm　3500円　Ⓘ978-4-539-72184-1　Ⓝ366.32

内容　平成22年改正法をふまえた育児休業制度・介護休業制度の概要　第1章　育児休業（育児休業制度　実務上の疑問点Q＆A　ほか）　第2章　介護休業（介護休業制度　実務上の疑問点Q＆A　ほか）　第3章　職場における母性保護（職場における母性保護　実務上の疑問点Q＆A）　第4章　資料

◇均等法・母性保護・育児介護休業Q＆A　神田遵著　第2版　労務行政　2010.11　255p　21cm　（労働法実務相談シリーズ 7）　〈索引あり〉3300円　Ⓘ978-4-8452-0353-6　Ⓝ366.31

内容　第1章　均等法（論点整理　Q＆A）　第2章　母性（妊産婦等）保護　第3章　育児休業・介護休業等　第4章　セクシュアル・ハラスメント　巻末資料

◇国家公務員の育児休業等に関する法律等の一部を改正する法律案について—総務委員会参考資料　衆議院調査局総務調査室　2010.11　141p　30cm　〈第176回国会（臨時会）〉　Ⓝ317.38

◇育児・介護休業法のあらまし—育児休業、介護休業育児又は家族介護を行う労働者の福祉に関する法律　厚生労働省都道府県労働局雇用均等室　2011.2　147p　30cm　（パンフレット no.2）　Ⓝ366.32

◇育児・出産・介護をめぐる法律と助成金申請マニュアル—事業者必携　改正育児・介護休業法に完全対応！　浜田京子監修　三修社　2011.4　239p　21cm　1800円　Ⓘ978-4-384-04403-4　Ⓝ366.32

内容　1 産休・育休・介護休業の基礎知識　2 産前産後休暇のしくみ　3 育児休業のしくみ　4 介護休業のしくみ　5 その他こんな休暇制度も利用できる　6 妊娠・出産・育児にともなう社会保険の手続き　7 介護にともなう社会保険の手続き　8 休暇の取得を促進するさまざまな助成金　9 就業規則・育児介護休業規程を変更する

◇「回想」育児休業法—法律の誕生と成長の軌跡　前編　こうして法律は生まれた　大村賢三著　早稲田出版　2011.10　300p　19cm　〈年表あり〉1400円　Ⓘ978-4-89827-396-8　Ⓝ366.32

内容　1章　育児のための休業制度は、どのような歴史を経て生まれたのか？（一九九〇年四月前）（育児のための休業制度が社会に登場した経緯　特定職種（女性教員、看護婦等）のための育児休業法の制定　ほか）　2章　育児休業制度の法制化は、どのようにして決まったのか？（一九九〇年四月〜同年秋）（育児休業を取り巻く社会情勢—福祉課（担当課）への異動当時　法制化へ向けて、政治を動かし、政策転換をもたらした時代の追い風は何か？　ほか）　3章　法制化の企画・設計は、どのように行われたのか？（一九九〇年秋〜一九九一年三月）（公務員の勤務条件の決定と人事院の役割　なぜ育児休業法は複数あるのか？　ほか）　4章　法律・規則・通達は、どのように作られたのか？（一九九一年四月〜一九九二年三月）（意見の申出の当日　人事院福祉課での原案作成　ほか）

◇「回想」育児休業法—法律の誕生と成長の軌跡　後編　こうして法律は成長した　大村賢三著　早稲田出版　2011.10　283p　19cm　1400円　Ⓘ978-4-89827-397-5　Ⓝ366.32

内容　5章　「小さく産んで大きく育てる」—権利の拡大と実効性の確保（一九九二年四月〜現在）（第一期の改善　第二期の改善　ほか）　6章　「安んじて育児休業できるように」—休業中の

経済的援助の充実（一九九二年四月～現在）〔雇用保険を活用した事業主への奨励金による育児休業制度の普及　事業主への奨励金から育児休業制度の法制化へ　ほか〕　7章　悔いが残った公務の育児休業法の問題点とその是正（一九九九年改正）〔期末手当・勤勉手当の基準日主義について国会での追及　特定職種の育児休業法の時代はどうであったのか？　ほか〕　8章　公務の非常勤職員の悲哀（一九九二年四月～現在）〔公務部門における非常勤職員の実情　制度のすきまと公務の非常勤職員の悲哀　ほか〕　9章　育児休業を巡る「法律の誕生と成長の軌跡」を振り返って〔思考の三原則　見違えるばかりの成長ぶり　ほか〕

◇育児介護休業・出産・母性保護のことならこの1冊　岡田良則，桑原彰子著　第2版　自由国民社　2012.6　189p　21cm　（はじめの一歩）〈索引あり〉　1500円　①978-4-426-11416-9　Ⓝ366.32
内容　巻頭　育児介護休業法主な改正ポイント　序章　出産・育児・介護に関するQ&A　第1章　社員の妊娠・出産に関する実務と手続き　第2章　社員の育児に関する実務と手続き　第3章　社員の介護に関する実務と手続き　第4章　解雇・不利益な取り扱いの禁止と実務　第5章　出産・育児・介護に関する保険給付と助成金　巻末　モデル規程と各種書式集

◆男性の育児休業

【雑誌記事】

◇男性の育児休業取得に関する考察　中野あい　「経済政策ジャーナル」（日本経済政策学会）　7（1）通号63　2010　p32～48

◇スウェーデンの男性の育児休業とワーク・ファミリー・バランス―潜在能力アプローチからの考察〔含　付録　スウェーデンの親保険制度（育児休業制度）の変遷（1974年～2005年）〕　髙橋美恵子　「IDUN」（大阪大学世界言語研究センター・デンマーク語・スウェーデン語研究室）　（19）　2010　p179～201〔含　スウェーデン語文要旨〕

◇座談会　お父さんの育児休業　松本潤三郎，岩渕欽也，増田恵〔他〕　「ペトロテック」（石油学会，丸善（発売））　33（1）通号385　2010.1　p2～13

◇ワークライフバランスを実現する仕事術（第33回・最終回）男性社員の育児休業は本人にも会社にもプラス　佐々木常夫　「週刊東洋経済」（東洋経済新報社）　（6240）　2010.1.9　p114～115

◇育児休業が男性の仕事と生活に及ぼす影響―ウィン―ウィンの観点から　脇坂明　「学習院大学経済論集」（学習院大学経済学会）　47（1）通号144　2010.4　p41～59

◇News&Report 2010　すすむか　男性の育児休業取得―改正法のポイントをみる　溝上憲文　「賃金事情」（産労総合研究所）　（2584）　2010.4.20　p8～11

◇現役区長のなんちゃって育児休暇日誌　成澤廣修　「文芸春秋」（文芸春秋）　88（10）　2010.8　p188～194

◇始まりは、気軽なひとことから　賛否両論！文京区長の育児休暇、その自己採点は？　成澤廣修　「婦人公論」（中央公論新社）　95（16）通号1303　2010.8.7　p60～62

◇労働　「男の育児休業」促進はドイツに学べ　大嶋寧子　「エコノミスト」（毎日新聞社）　88（47）通号4124　2010.8.10　p68～69

◇ダイアログ　男性の育児休業　A, B　「地方公務員月報」（〔総務省自治行政局〕）　（566）　2010.9　p47～49

◇「平成21年度雇用均等基本調査」結果について―部長相当職、課長相当職に占める女性割合の上昇幅が過去最大―男性の育児休業取得率が過去最大　厚生労働省雇用均等児童家庭局雇用均等政策課　「労働基準」（日本労務研究会）　62（9）通号735　2010.9　p8～11

◇ひと筆　新生児育児と父親―男性弁護士の育休取得のすすめ（part 2）　滝井朋子　「自由と正義」（日本弁護士連合会）　61（12）通号743　2010.12　p5～7

◇金融不況下、EUの新たな挑戦―産後・育児父親休暇の権利確立へ　柴山恵美子　「労働運動研究」（労働運動研究所）　（411）　2010.12　p31～38

◇夫の出産・育児に関する休暇取得が出生に与える影響　水落正明　「季刊社会保障研究」（国立社会保障・人口問題研究所）　46（4）通号191　2011.Spr.　p403～413

◇経営情報/経営相談 男性の育児休業を応援します　香川労働局雇用均等室　「調査月報」（百十四経済研究所）　(288)　2011.2　p44〜46

◇羅針盤 ワーク・ライフ・バランス各論としての男性の育児休業　脇坂明　「電機連合navi：労働組合活動を支援する政策・研究情報誌」（電機連合総合研究企画室）　(36)　2011.3・4　p32〜36

◇企業における男女雇用平等参画状況（東京都）男性の半数以上が育児休業の取得を希望　「労働と経済」（共文社）　(1528)　2011.7.25　p49〜54

◇男性の育児休業と人的資源管理上の意義　森田雅也　「関西大学社会学部紀要」（関西大学）　43(1)　2011.11　p147〜163

◇それでも男性の育児休業が増えない理由　松田茂樹　「Life design report」（第一生命経済研究所ライフデザイン研究本部）　通号201　2012.Win　p32〜34

◇行政資料 厚生労働省 イクメン・エピソードコンテスト 微笑ましい工夫と努力で育児休業：101件の応募作品から優秀賞など選出　「労経ファイル：労働新聞データベース」（労働新聞社）　(567)　2012.4.1　p54〜59

【図書】

◇経産省の山田課長補佐、ただいま育休中　山田正人著　文藝春秋　2010.1　260p　16cm　（文春文庫 経11-1）　590円　Ⓘ978-4-16-777342-7　Ⓝ366.32

　内容　1 こうしてパパは、育休を取った（育休を決めたいきさつ 育休決断後の変化 ほか）　2 「無理しない育児」がモットーです（ノロウイルスの来襲 ウンチ、その傾向と対策 ほか）　3 心配と苦労と、楽しさと（育児パパは門前払い？ 年度の区切りに考える ほか）　4 子どもと親とが育つのだ（育休延長 雨の日の達成感 ほか）　5 育休最後の日に考える（復帰間近にどこの保育園にするのか ほか）

◇なんちゃって育児休暇でパパ修行—パパ区長のイクメン講座　成澤廣修著　主婦の友社　2011.1　191p　19cm　（［リトルランドこどもの本］）　1300円　Ⓘ978-4-07-275866-3　Ⓝ599

　内容　第1章 僕が「育児休暇」をとった理由　第2章 「なんちゃって育児休暇」初心者パパのドキドキ日記　第3章 育休終了！賛否両論への僕なりの「答え」　第4章 僕の育休2週間。さて、どんな収穫があった？　第5章 今こそ考える！男の育休、男の育児参加　第6章 座談会 イクメントリオが語る「僕らの育休。それぞれの価値」

◆改正「育児・介護休業法」

【雑誌記事】

◇Q&A方式で再点検 育児・介護休業法の改正ポイント　井口明喜　「近代中小企業」（中小企業経営研究会）　37(7)通号498　2002.6　p96〜107

◇育児休業、介護休業等育児又は家族介護を行う労働者の福祉に関する法律の改正について　佐々木要　「海上労働」（国土交通省海事局）　62　[2010]　p28〜31

◇公務員行政 最近の話題 地方公務員法、地方公務員の育児休業に関する法律等の改正について　「地方公務員研究」（地方公務員制度研究会）　(102)　2010.秋季　p74〜89

◇育児・介護休業法の改正—父親が取得しやすい育児休業制度へ　菅野淑子　「日本労働法学会誌」（日本労働法学会、法律文化社（発売））　(115)　2010　p179〜187

◇改正育児・介護休業法　「ぱとろなとうきょう：東京経協会報」（東京経営者協会）　(61)　2010.冬季　p6〜9

◇労務管理講座 改正育児・介護休業法のポイント（前編）　角森洋子　「ろうさい：労災保険をナビゲートする専門誌」（労災保険情報センター）　7　2010.秋　p36〜40

◇改正育児・介護休業法に期待すること　的場康子　「Life design report」（第一生命経済研究所ライフデザイン研究本部）　通号193　2010.Win.　p50〜52

◇国家公務員の育児休業等に関する法律の改正についての意見の申出の概要　「政策特報」（自由民主党資料頒布会）　通号1344　2010.1.1　p1〜6

◇最新労働法解説 改正育児介護休業法の解説　奥山明良　「労働法学研究会報」（労働開発研究会）　61(2)通号2469　2010.1.15　p4〜17

◇「事例」で考える労働法(第34回)改正育児介護休業法に伴う諸問題　北岡大介　「労働法学研究会報」(労働開発研究会)　61(2)通号2469　2010.1.15　p32～35

◇特集 改正育児・介護休業法の改正省令と改正指針 義務化の短時間勤務は1日6時間とする措置の導入を　「労働基準広報」(労働調査会)　(1667)　2010.1.21　p7～17

◇通達 改正育児・介護休業法の施行通達(1)平成21.12.28職発第1228第4号・雇児発第1228第2号　「労働法令通信」(労働法令)　通号2203　2010.1.28　p2～11

◇改正「育児・介護休業法」に関する規定・協定の仕方と対応(新連載・第1回)就業規則・労使協定の見直しと改訂手続き　山本圭子　「労務事情」(産労総合研究所)　47(1179)　2010.2.1　p61～65

◇通達 改正育児・介護休業法の施行通達(2)(平成21.12.28職発第1228第4号・雇児発第1228第2号)　「労働法令通信」(労働法令)　通号2204　2010.2.8　p18～35

◇行政ファイル 改正育児・介護休業法に基づく新指針 短時間勤務の除外として「客室乗務員等の業務」などを例示　「先見労務管理」(労働調査会)　48(1386)　2010.2.10　p17～25

◇法令解説 改正育児・介護休業法の解説―子育て期の短時間勤務制度及び残業の免除制度の義務化、男性の育児休業の取得促進、仕事と介護の両立支援、実効性の確保等―育児休業、介護休業等育児又は家族介護を行う労働者の福祉に関する法律及び雇用保険法の一部を改正する法律　厚生労働省雇用均等児童家庭局職業家庭両立課　「時の法令」(朝陽会、全国官報販売協同組合(発売))　通号1851　2010.2.15　p6～22

◇厚生労働広報 改正育児・介護休業法の施行について(通達)　「労経ファイル：労働新聞データベース」(労働新聞社)　(516)　2010.2.15　p54～73

◇労政インフォメーション 改正「育児・介護休業法」指針(平21.12.28厚生労働省告示509号)　「労務事情」(産労総合研究所)　47(1180)　2010.2.15　p41～47

◇通達 改正育児・介護休業法の施行通達(3)(平成21.12.28職発第1228第4号・雇児発第1228第2号)　「労働法令通信」(労働法令)　通号2205　2010.2.18　p12～23

◇通達 改正育児・介護休業法の施行通達(4)(平成21.12.28職発第1228第4号・雇児発第1228第2号)　「労働法令通信」(労働法令)　通号2206　2010.2.28　p20～31

◇法務・その他 企業法務 育児・介護休業法の改正　高谷知佐子　「会計・監査ジャーナル : 日本公認会計士協会機関誌」(第一法規)　22(3)通号656　2010.3　p203～206

◇弁護士のための新法令紹介(332)育児休業、介護休業等育児又は家族介護を行う労働者の福祉に関する法律及び雇用保険法の一部を改正する法律(平成21年法律第65号)　衆議院法制局　「自由と正義」(日本弁護士連合会)　61(3)通号734　2010.3　p112～116

◇労働法Q&A 改正育児・介護休業法の施行と法的留意点について　川島一雄　「人事管理report」(JA総合研究所)　47(12)通号506　2010.3　p57～81

◇特集 細かい改正内容の十分な理解が必要！ 省令・指針を踏まえた改正育児・介護休業法への実務対応　江上千恵子　「ビジネスガイド」(日本法令)　47(4)通号700　2010.3　p7～15

◇行政資料 出産後8週間以内に"パパ休暇" 厚労省「改正育児・介護休業法の施行について通達)」―育児休業(上)　「労経ファイル：労働新聞データベース」(労働新聞社)　(517)　2010.3.1　p40～57

◇最新労働法解説 改正育児介護休業法の解説―平成22年6月施行予定の改正育介法における改正ポイントと実務対応　衣笠葉子　「労働法学研究会報」(労働開発研究会)　61(5)通号2472　2010.3.1　p24～41

◇改正「育児・介護休業法」に関する規定・協定の仕方と対応(第2回)対象労働者の範囲　山本圭子　「労務事情」(産労総合研究所)　47(1181)　2010.3.1　p61～65

◇改正育児・介護休業法の施行通達(5)平成21.12.28職発第1228第4号・雇児発第1228第2号　「労働法令通信」(労働法令)　通号2207　2010.3.8　p20～31

◇法令解説 改正労働基準法/改正育児・介護休業法への対応　坂本直紀,深津伸子　「人事実務」

◇（産労総合研究所）　47（1076）　2010.3.15　p40〜50

◇行政資料 協定による専業主婦（夫）除外を廃止 厚労省「改正育児・介護休業法の施行について（通達）」育児休業（中）　「労経ファイル：労働新聞データベース」（労働新聞社）　（518）　2010.3.15　p54〜65

◇労政インフォメーション 育児休業，介護休業等育児又は家族介護を行う労働者の福祉に関する法律の施行について（その1）法1章・2章関係 平21.12.28職発1228第4号，雇児発1228第2号　「労務事情」（産労総合研究所）　47（1182）　2010.3.15　p38〜48

◇改正育児・介護休業法の施行通達（6）平成21.12.28職発第1228第4号・雇児発第1228第2号　「労働法令通信」（労働法令）　通号2208　2010.3.18　p17〜25

◇施行直前特集 改正育児・介護休業法への対応（1）短時間勤務制度と所定外労働の免除を合わせて利用することも可能　「労働基準広報」（労働調査会）　（1673）　2010.3.21　p20〜25

◇改正育児・介護休業法の施行通達（7）平成21.12.28職発第1228第4号・雇児発第1228第2号　「労働法令通信」（労働法令）　通号2209　2010.3.28　p25〜30

◇改正育児介護休業法について　長谷川央　「しんくみ」（全国信用組合中央協会）　57（4）　2010.4　p62〜65

◇改正育児・介護休業法のあらまし（平成22年6月30日施行）　「JISA会報」（情報サービス産業協会）　（97）　2010.4　p71〜82

◇行政資料 両親の連携で休業期間2か月延長 厚労省「改正育児・介護休業法の施行について（通達）」育児休業（下）　「労経ファイル：労働新聞データベース」（労働新聞社）　（519）　2010.4.1　p38〜50

◇施行直前特集 改正育児・介護休業法への対応（2）労使協定で専業主婦（夫）除外規定設けている事業場は協定の見直しを　「労働基準広報」（労働調査会）　（1674）　2010.4.1　p16〜21

◇労政インフォメーション 改正「育児・介護休業法施行通達」（平21.12.28職発1228第4号，雇児発1228第2号）（その2）　「労務事情」（産労総合研究所）　47（1183）　2010.4.1　p39〜54

◇改正「育児・介護休業法」に関する規定・協定の仕方と対応（第3回）子の看護休暇・介護休暇 山本圭子　「労務事情」（産労総合研究所）　47（1183）　2010.4.1　p61〜65

◇通達 改正育児・介護休業法の施行通達（8）平成21.12.28職発1228第4号・雇児発第1228第2号　「労働法令通信」（労働法令）　通号2210　2010.4.8　p17〜23

◇行政資料 申出はファックス・メールでも可能 厚労省「改正育児・介護休業法の施行について」（通達）介護休業　「労経ファイル：労働新聞データベース」（労働新聞社）　（520）　2010.4.15　p50〜67

◇労政インフォメーション 改正「育児・介護休業法施行通達」（平21.12.28職発1228第4号，雇児発1228第2号）（その3）　「労務事情」（産労総合研究所）　47（1184）　2010.4.15　p37〜46

◇改正育児・介護休業法の施行通達（9）平成21.12.28職発第1228第4号・雇児発第1228第2号　「労働法令通信」（労働法令）　通号2211　2010.4.18　p16〜24

◇改正育児・介護休業法に関するQ&A集 厚生労働省　「労政時報」（労務行政）　（3772）　2010.4.23　p104〜115

◇改正育児・介護休業法の施行通達（10）平成21.12.28職発第1228第4号・雇児発第1228第2号　「労働法令通信」（労働法令）　通号2212　2010.4.28　p22〜29

◇改正育児介護休業法に伴う就業規則等の変更 河内よしい　「しんくみ」（全国信用組合中央協会）　57（5）　2010.5　p64〜68

◇国家公務員の育児休業等に関する法律の改正及び両立支援策の推進に関する人事院規則等の改正について　人事院職員福祉局職員福祉課　「人事院月報」（日経印刷）　通号729　2010.5　p20〜25

◇Q&A改正育児介護休業法のポイントと企業の対応策　石井妙子　「スタッフアドバイザー」（税務研究会）　通号242　2010.5　p98〜121

◇改正労働基準法と改正育児休業法への対応について　田代武夫　「にいがたの現在・未来：センター月報」（新潟経済社会リサーチセンター）　（439）　2010.5　p16〜20

◇2009年育児・介護休業法改正の概要とその検討　丸山亜子　「労働法律旬報」（旬報社）　（1720）　2010.5.下旬　p6〜15

◇改正育児・介護休業法のあらまし《抜粋、97〜102頁》　厚生労働省　「労働法律旬報」（旬報社）　（1720）　2010.5.下旬　p56〜61

◇行政資料 子ども2人以上は年10日に拡大 厚労省「改正育児・介護休業法の施行について」（通達）子の看護休暇、介護休暇　「労経ファイル：労働新聞データベース」（労働新聞社）　（521）　2010.5.1　p42〜50

◇改正「育児・介護休業法」に関する規定・協定の仕方と対応（第4回）子育て期間中の短時間勤務制度の義務化　山本圭子　「労務事情」（産労総合研究所）　47(1185)　2010.5.1　p60〜65

◇特集 改正育児・介護休業法の実務解説Q&A 短時間勤務制度と所定外労働の免除が義務化　厚生労働省雇用均等児童家庭局職業家庭両立課　「先見労務管理」（労働調査会）　48(1392)　2010.5.10　p2〜15

◇行政資料 事業の運営上必要との理由では拒めない 厚労省「改正育児・介護休業法の施行について」（通達）―所定外・時間外労働・深夜業の制限　「労経ファイル：労働新聞データベース」（労働新聞社）　（522）　2010.5.15　p38〜59

◇重要法令解説 改正育児・介護休業法の概要　厚生労働省雇用均等児童家庭局職業家庭両立課　「労働法令通信」（労働法令）　通号2214　2010.5.18　p2〜4

◇改正『育児・介護休業法』に伴う対応 制度の利便性高め両立支援の推進へ　中野雪夫　「あけぼの」（NTT労働組合）　27(9)通号291　2010.6　p24〜37

◇「育児休業法の改正及び両立支援策の推進に関する人事院規則等の改正」について（解説）　日本国家公務員労働組合連合会調査部　「国公労調査時報」（日本国家公務員労働組合連合会）　（570）　2010.6　p40〜42

◇緊急企画　[2010年]6月30日施行！経営者も、管理職も、休暇取得予定者もみんなで知っておきたい 改正「育児・介護休業法」の運用ポイント―店長は取得可能?/就業規則の変更は?/パートさんも対象?/奥さんが専業主婦の場合は?　石澤清貴　「食品商業」（商業界）　39(7)通号531　2010.6　p36〜39

◇最新リポート！人事制度の"今"を探る（第12回）改正育児・介護休業法で男性の育児参加が進むのか?　溝上憲文　「スタッフアドバイザー」（税務研究会）　通号243　2010.6　p104〜110

◇改正労基法及び改正育児・介護休業法に対応した割増賃金計算のポイントと就業規則等の改訂　小島信一　「非営利法人」（全国公益法人協会）　46(6)通号784　2010.6　p11〜19

◇改正育介法 「改正育児・介護休業法に関するQ&A」から読み解く実務への対応（上）　北岡大介　「ビジネスガイド」（日本法令）　47(8)通号713　2010.6　p62〜70

◇就業規則改定、労使協定の締結 改正育児・介護休業法の直前チェックポイント　今津幸子　「ビジネス法務」（中央経済社）　10(6)　2010.6　p96〜100

◇法律解説 厚生労働 育児休業、介護休業等育児又は家族介護を行う労働者の福祉に関する法律及び雇用保険法の一部を改正する法律―平成21年7月1日法律第65号　「法令解説資料総覧」（第一法規）　（341）　2010.6　p20〜25

◇行政資料 短時間勤務制度の設置を義務付け 厚労省「改正育児・介護休業法の施行について」（通達）―事業主が講ずべき措置（終）　「労経ファイル：労働新聞データベース」（労働新聞社）　（523）　2010.6.1　p50〜69

◇改正「育児・介護休業法」に関する規定・協定の仕方と対応（第5回）子育て期間中の所定外労働の制限（免除）の義務化　山本圭子　「労務事情」（産労総合研究所）　47(1187)　2010.6.1　p61〜65

◇具体例で理解する「パパ・ママ育休プラス」の適用要件―改正育児・介護休業法の［平成22年］6月30日施行を前に12の例を使って分かりやすく解説　北岡大介　「労政時報」（労務行政）　（3775）　2010.6.11　p82〜91

◇改正育児・介護休業法Q&A(1) 常時100人以下の事業主への全面適用は平成24年7月1日から　「労働基準広報」（労働調査会）　（1682）　2010.6.21　p6〜13

◇育児・介護休業法の施行状況　「旬刊福利厚生」（労務研究所）　通号2050　2010.6.28　p16～18

◇［平成22年］6月30日施行 改正育児・介護休業法　「労働法令通信」（労働法令）　通号2218　2010.6.28　p4～10

◇相談室 会社法務 育児・介護休業法の改正　高谷知佐子　「企業会計」（中央経済社）　62（7）　2010.7　p1083～1086

◇経営労務情報 育児・介護休業法が改正されました　「経営労務」（日本経営教育センター）　通号665・666　2010.7・8　p24～27

◇育児休業制度等の改正について　須田直人，上田紘嗣　「地方公務員月報」（［総務省自治行政局］）　（564）　2010.7　p33～51

◇改正育介法 「改正育児・介護休業法に関するQ＆A」から読み解く実務への対応（下）　北岡大介　「ビジネスガイド」（日本法令）　47（9）通号714　2010.7　p28～35

◇改正「育児・介護休業法」に関する規定・協定の仕方と対応（第6回・最終回）父親の育児休業取得促進　山本圭子　「労務事情」（産労総合研究所）　47（1189）　2010.7.1　p57～64

◇改正育児・介護休業法Q＆A（2）短時間勤務制度は1日6時間勤務を労働者が実質的に選択できる制度に　「労働基準広報」（労働調査会）　（1684）　2010.7.11　p17～19

◇行政資料 法改正で相談件数1.6万件増える 厚労省「平成21年度育児・介護休業法施行状況について」　「労経ファイル : 労働新聞データベース」（労働新聞社）　（526）　2010.7.15　p42～47

◇最新労働法解説 改正育児・介護休業法施行通達・規定例の解説［含 質疑応答］　中井麻祐子　「労働法学研究会報」（労働開発研究会）　61（16）通号2483　2010.8.15　p4～33

◇労働環境をめぐる法的リスク 改正育児・介護休業法の概要と企業実務（上）　深津伸子　「会社法務A2Z」（第一法規）　通号40　2010.9　p34～40

◇ここが変わりました! 育児介護休業法　岸松江　「女性のひろば」（日本共産党中央委員会, 日本共産党中央委員会出版局（発売））　通号379　2010.9　p68～71

◇労働環境をめぐる法的リスク 改正育児・介護休業法の概要と企業実務（下）　深津伸子　「会社法務A2Z」（第一法規）　通号41　2010.10　p36～43

◇霞ヶ関ニュース 育児・介護休業法の改正について　厚生労働省雇用均等児童家庭局職業家庭両立課　「子育て支援と心理臨床」（福村出版）　2　2010.12　p86～90

◇地方公務員の育児休業等に関する法律及び育児休業, 介護休業等育児又は家族介護を行う労働者の福祉に関する法律の一部改正等について　須田直人, 清水裕之　「地方公務員月報」（［総務省自治行政局］）　（569）　2010.12　p38～46

◇演説館「改正育児・介護休業法」からみる男性の育児休業取得の課題　松田茂樹　「三田評論」（慶応義塾）　（1140）　2010.12　p72～75

◇労務・人事の何でも解決塾 改正育児・介護休業法におけるパパママ育休プラス制度について　寺本和男　「ビジネスパートナーSan-in」（山陰経済経営研究所）　（4）　2011.冬　p22～24

◇労務管理講座 改正育児・介護休業法のポイント（後編）　角森洋子　「ろうさい : 労災保険をナビゲートする専門誌」（労災保険情報センター）　8　2011.冬　p38～41

◇改正育児介護休業法のポイント　「印刷出版フォーラム」（全印連）　（52）　2011.1　p83～86

◇労務コンプライアンス（第29回）改正育児・介護休業法の運用と助成金活用　片山力　「ファイナンシャルコンプライアンス」（銀行研修社）　41（2）通号621　2011.2　p110～113

◇改正育児・介護休業法に関するサイト集　軽部恵子　「桃山法学」（桃山学院大学総合研究所）　（17）　2011.3　p119～136

◇医業経営救Q外来 改正育児・介護休業法のポイント　藤原英理　「月刊保険診療」（医学通信社）　66（5）通号1460　2011.5　p116～120

◇改正育児介護休業法への対応とワークライフバランス　今津幸子　「人事管理report」（JA総合研究所）　49（3）通号521　2011.6　p1～36［含 抄録］

◇法改正で相談件数倍増し14万件に―厚生労働省「平成22年度育児・介護休業法施行状況」　「労経ファイル : 労働新聞データベース」（労働新聞社）　（550）　2011.7.15　p28～34

◇小規模事業主へ完全施行 改正育児・介護休業法の実務対応と留意点 石井妙子 「スタッフアドバイザー」（税務研究会） (265) 2012.4 p78～85

◇7月1日より中小企業も含め全面施行！チェックリスト付き 改正育児・介護休業法と企業の対応実務のポイント 庄司英尚 「ビジネスガイド」（日本法令） 49(9)通号749 2012.6 p32～37

◇改正育児・介護休業法の概要 短時間勤務と介護休暇の導入が義務に（特集 今年7月1日から全面適用！ 改正育児・介護休業法のポイント 規模100人以下の事業主に全面適用） 厚生労働省雇用均等・児童家庭局職業家庭両立課 「先見労務管理」（労働調査会） 50(1443) 2012.6.25 p2～9

◇育児・介護休業法等に関する規則の規定例（簡易版）（特集 今年7月1日から全面適用！ 改正育児・介護休業法のポイント 規模100人以下の事業主に全面適用） 厚生労働省 「先見労務管理」（労働調査会） 50(1443) 2012.6.25 p10～18

◇改正育児・介護休業法への企業の対応状況「制度利用者の代替要員の確保」が今後の課題：三菱ＵＦＪリサーチ＆コンサルティング 「労働と経済」（共文社） (1553) 2012.10.10 p31～36

【図書】

◇改正育児・介護休業法の基本と実務早わかり—導入・見直しのための重要ポイント総チェック 規程・協定・書式例助成金一覧付き！2010年法律改正！ 小磯優子, 島中豪著 労働行政 2010.2 212p 21cm 2200円 ⓘ978-4-8452-0264-5 Ⓝ366.32

内容 ここが変わった！改正育児・介護休業法の早わかり（確認！これが改正内容 注目！改正後はこうなる 規程！改正後はこうする） 妊娠～出産～育児・子育て フローで理解する母性保護・育児休業制度と介護休業制度の実務（確認！妊娠～出産～育児・子育てに関する基本と実務 検討！育児・介護休業等に関する助成金）

◇ここが変わった！改正育児・介護休業法 労働調査会出版局編 全国労働基準関係団体連合会 2010.4 174p 26cm 〈発売：労働調査会 平成22年6月30日施行！〉 1200円 ⓘ978-4-86319-128-0 Ⓝ366.32

内容 第1章 法改正にみるこれからの両立支援—役割分業を超えて、ワーク・ライフ・バランスを実現（改正点は働き方を変える指標 「男性の育児参加支援」の意味 「介護」との両立 女性への統計的差別が機会ロスを生む ワーク・ライフ・バランスの考え方 最後に—働き方のイノベーションへ） 第2章 法改正のポイント解説（育児・介護休業法が改正されるまで 育児休業制度の見直し 子育て期間中の働き方の見直し 仕事と介護との両立支援の強化 不利益取扱いの禁止 実効性を確保するための仕組み） 第3章 育児・介護休業等に関する規定例・社内様式例（育児・介護休業等に関する規則の規定例 育児・介護休業等に関する労使協定の例 社内様式例）

◇改正育児・介護休業法の施行に向けて 山口正行述 労働政策研究・研修機構 2010.5 141p 30cm （ビジネス・レーバー・トレンド研究会）〈2010年2月5日報告〉 Ⓝ366.32

◇わかりやすい改正育児・介護休業法の解説—平成22年6月30日施行 労働法令協会編 労働法令 2010.7 246p 21cm 1429円 ⓘ978-4-86013-308-5 Ⓝ366.32

内容 1 今回の育児・介護休業法の改正の背景及び経緯 2 今回の育児・介護休業法の改正の概要 3 今回の育児・介護休業法の改正の内容 4 改正後の育児・介護休業法の概要 5 改正後の育児・介護休業法の内容 6 参考資料

◆育児時短制度

【雑誌記事】

◇平成21年度雇用均等基本調査（厚生労働省）—管理職の女性比率8％に伸びる—半数近くの事業所で育児短時間勤務 「労経ファイル：労働新聞データベース」（労働新聞社） (529) 2010.9.1 p4～16

◇労務相談室 育児短時間勤務について／業務の内容によって適用除外できる場合とは 荻谷聡史 「先見労務管理」（労働調査会） 48(1404) 2010.11.10 p56～58

◇育児のための短時間勤務制度の現状と課題 的場康子 「Life design report」（第一生命経済研究所ライフデザイン研究本部） 通号200 2011.Aut. p4～15

◇企業事例 わが社の人事政策(File.2)ファイザー MRの育児短時間勤務 「人事労務実務のQ&A：人事労務に関する最初で唯一のQ&A専門誌」(日本労務研究会) 2(1)通号6 2011.1 p44〜47

◇改正育児・介護休業法の中小企業への猶予措置終了 7月1日から中小企業も育児短時間勤務制度の導入などが義務に 「労働基準広報」(労働調査会) (1750) 2012.6.1 p25〜27

◇育児短時間勤務に関する実務Q&A(育児短時間勤務者の人事労務) 深津伸子 「労務事情」(産労総合研究所) 49(1234) 2012.7.15 p8〜23

◇育児短時間勤務制度の効果的な運用Q&A(育児短時間勤務者の人事労務) 山口理栄 「労務事情」(産労総合研究所) 49(1234) 2012.7.15 p24〜27

【図書】

◇子育て期短時間勤務支援助成金中小企業両立支援助成金支給申請の手引き 平成24年度版 厚生労働省・都道府県労働局 〔2012〕 42p 30cm (パンフレット no. 11)

企業の育児支援

【雑誌記事】

◇これからの事業所内保育施設 ― 複数企業による共同設置・運営型の事業所内保育施設 的場康子 「Life design report」(第一生命経済研究所ライフデザイン研究本部) 通号196 2010.Aut. p28〜35

◇事例でみる！日本型雇用システムの行方(7) 全社を挙げて子育てサポート 人材の確保・定着とモチベーション向上に効果 ― 株式会社トーリツ 「労働基準広報」(労働調査会) (1678) 2010.5.11 p17〜23

◇ステップアップ 次世代育成支援(第6回)一般事業主行動計画を作ろう！(3)子育てしている労働者が多い少ないで計画にも差あり 自社でしっかりと取り組むことができる目標の設定を 「労働基準広報」(労働調査会) (1681) 2010.6.11 p36〜38

◇女性がいきる小企業 子育て中の従業員が自宅で働く ― (株)アルトスター代表取締役社長 石尾雅子 「日本政策金融公庫調査月報：中小企業の今とこれから」(中小企業リサーチセンター) (24) 2010.9 p28〜31

◇看護職員の育児問題 ― 施設内保育の現状と課題 (特集 医師・医療スタッフの勤務条件の実態・問題点と改善策) 秋吉静子, 岸洋一 「共済医報」(国家公務員共済組合連合会共済医学会) 59(4) 2010.11 p303〜308

◇大手企業における育児支援の実態(労働政策研究・研修機構) ― 「改正法への準備体制は整備済み」9割超、要員調整の負担増など人事面で課題も 「労働と経済」(共文社) (1515) 2010.11.25 p29〜36

◇他社ではこうしている 子育て・介護支援をどのように行なえばよいのか ― (株)ハート・アンド・キャリアの事例 「企業実務」(日本実業出版社, エヌ・ジェイ出版販売(発売)) 50(1)通号685 2011.1 p70〜72

◇中小企業の子育て支援の現状 ― 企業の仕事と子育ての両立支援に関するアンケート調査結果概要 「Monthly report：東瀬戸内をつなぐ経済情報誌」(岡山経済研究所) 34通号397 2011.2 p14〜19

◇資生堂 住友商事 JR東日本 有名企業のうらやましい社内保育園を訪問 尾関友詩 「プレジデント」(プレジデント社) 49(11)(別冊) 2011.4.15 p10〜15

◇福利厚生最前線 事業所内保育施設を取り巻く最近の環境 ― 子育て期従業員の生活の安心に寄与 「生涯総合福祉」(企業福祉・共済総合研究所) (751) 2011.8.8 p2〜5

◇あの会社この制度 イケア・ジャパン(株)社内託児所を設置し、女性がイキイキと安心して活躍し続けられる職場を実現 田中実 「人事マネジメント」(ビジネスパブリッシング) 21(10)通号250 2011.10 p118〜122

◇子育てサポート企業に対する税制優遇制度の創設 取得・新築・増改築した建物等の割増償却が可能に 厚生労働省雇用均等児童家庭局職業家庭両立課 「労働基準広報」(労働調査会) (1728) 2011.10.11 p23〜27

◇News&Report 2011 次世代法で企業の子育て支援はどう変わったか 溝上憲文 「賃金事情」(産労総合研究所) (2617) 2011.10.20 p6〜10

◇企業における仕事と子育ての両立支援の実態（第一生命経済研究所）大企業中心に進展、企業規模による格差は拡大　「労働と経済」（共文社）（1533）　2011.10.25　p41～47

◇来年［平成24年］7月から義務化 100人以下の会社も整備すべき育児・介護支援措置　濱田京子　「企業実務」（日本実業出版社, エヌ・ジェイ出版販売（発売））　50(15)通号699　2011.11　p46～49

◇事業所内保育施設が果たす役割について　「ながさき経済」（長崎経済研究所）（266)通号626　2011.12　p15～23

◇事業所内保育施設を設置しやすくするために　的場康子　「Life design report」（第一生命経済研究所ライフデザイン研究本部）　通号201　2012.Win　p38～40

◇人材確保のカギは"子育てしやすい職場環境づくり"（特集 少子化対策を考える）　「健康保険」（健康保険組合連合会）　66(2)　2012.2　p30～33

【図書】

◇京の子育て応援企業事例集—京都府認証　改訂増補版　〔京都〕　京都府商工労働観光部労政課　〔2010〕　77p　30cm　Ⓝ336.48

◇経済産業省平成21年度サービス産業生産性向上支援調査事業（事業所内保育施設等実態調査事業）報告書　第一生命経済研究所　2010.2　132p　30cm　Ⓝ336.48

◇事業所内保育施設設置・運営等助成金—ご案内　厚生労働省　2010.10　17p　30cm

◇企業参加型子育て支援サービスに関する調査研究—報告書　内閣府政策統括官（共生社会政策担当）　2012.3　130p　30cm　Ⓝ369.4

育児分担

【雑誌記事】

◇都市度別にみた世帯内ネットワークと子育て — 都心・郊外・村落間の比較検討　立山徳子「家族社会学研究」（日本家族社会学会）22(1)　2010　p77〜88

◇離婚後の子の監護法制に関する一考察 — オーストラリア連邦家族法における離婚後の共同養育推進を手がかりに　駒村絢子　「法学政治学論究：法律・政治・社会」（慶應義塾大学大学院法学研究科内「法学政治学論究」刊行会）(84)　2010.春季　p163〜199

◇ワーク・ライフ・バランスと乳幼児を持つ夫婦の育児の協同 — 日本の中の多様性　佐藤淑子「鎌倉女子大学紀要」（鎌倉女子大学）(18)　2011.3　p15〜26

◇乳幼児をもつ夫や妻にとって配偶者が育児のパートナーでよかったこと：自由記述への回答から　青木聡子　「学校教育学研究論集」（東京学芸大学大学院連合学校教育学研究科）(24)　2011.10　p101〜110

◇乳幼児を持つ夫婦間の育児機能の特徴：夫が正職員の場合における妻の就労の有無による比較　藤生君江, 吉川一枝, 神庭純子［他］「岐阜医療科学大学紀要」（岐阜医療科学大学）(6)　2012　p67〜75

◇うつ病をもつ妻とその夫にとっての妊娠、出産、育児を通しての夫婦の体験：一組の夫婦の第2子出産後のふり返りから　髙木友子, 成田伸「日本母性看護学会誌」（日本母性看護学会）12(1)　2012.3　p35〜42

◇子供のいる世帯における夫と妻の家事・育児時間の差異について：社会生活基本調査の匿名データを用いて　古市耕一郎　「Estrela」（統計情報研究開発センター）(219)　2012.6　p26〜31

◇座談会　「ダブル教師夫婦」の子育て　夫婦で互いを尊重し合い、子育てを楽しむ（特集 実態レポート　「ダブル教師夫婦」の子育て）　毛利拓也, 毛利章子, 田中由貴［他］「総合教育技術」（小学館）67(6)　2012.7　p68〜73

男女共同参画

【図書】

◇男女共同参画意識の芽生え — 保育者から子どもへの再生産　佐藤和順著　岡山　ふくろう出版　2010.4　250p　22cm　3500円
①978-4-86186-431-5　Ⓝ376.1
内容　隠れたカリキュラムを視座したジェンダー研究　集団を視座とした幼稚園におけるジェンダー再生産の具体的過程　家庭におけるジェンダー再生産の二重構造　幼稚園におけるジェンダー再生産の二重構造　幼稚園教師の性別役割観尺度の作成　教師の性別役割観を視点としたジェンダー再生産の二重構造　意識変容にみるジェンダー・フリー・プログラムの可能性　ジェンダー・バイアス・フェードアウト保育の実践　ジェンダー・フリー・プログラムの有効性と課題　教師のジェンダー観の揺らぎ　教師の葛藤を視点としたプログラムの課題

◇子ども・子育て支援を通した身近な男女共同参画の推進 — 男女共同参画を推進する施設や団体がおこなう子育て支援と地域づくり　国立女性教育会館編　〔嵐山町（埼玉県）〕国立女性教育会館　2011.3　74p　30cm　（「男女共同参画の視点に立った地域全体で取り組む次世代育成支援事業に関する調査研究」報告書　平成22年度）Ⓝ367.21

◇離婚と子どもの幸せ — 面会交流・養育費を男女共同参画社会の視点から考える　日本弁護士連合会両性の平等に関する委員会編　明石書店　2011.6　219p　20cm　（世界人権問題叢書 75）2500円　①978-4-7503-3424-0　Ⓝ367.4
内容　第1章　面会交流の現状・問題点　第2章　養育費の現状・問題点　第3章　諸外国では　第4章　別居から離婚まで　第5章　日本の離婚制度の問題点　第6章　子どもの養育と男女共同参画社会

第7章 現在の日本の裁判制度の脆弱性について　まとめ　シンポジウム抄録 離婚後の子どもの幸せのために―面会交流、養育費を中心として　特別講演 婚姻解消と子どもの問題について―単独親権・共同親権の問題を中心にして

父親の育児参加

【雑誌記事】

◇カナダにおける若い父親のための子育て支援事業―カナダ・オンタリオ州Young Fathers' Programの現地調査から　佐藤千品　「上智社会福祉専門学校紀要」（上智社会福祉専門学校）　5　2010　p41〜49

◇父親の育児参加への支援体制づくりに関する試論：集客型と出前型への参加者の実態から　伊東知之, 谷出千代子　「仁愛大学研究紀要. 人間生活学部篇」（仁愛大学）　(2)　2010　p.121〜130

◇父親の育児参加とその支援について　大元千種　「筑紫女学園大学・筑紫女学園大学短期大学部紀要」（筑紫女学園大学）　(5)　2010　p187〜196

◇夫の家事・育児参加と子育て環境―職業と子育て環境に関するアンケート調査結果より　渡邊幸良　「同朋福祉」（同朋大学社会福祉学部）　(16)　2010.1　p249〜265

◇特集 特別鼎談 父親も育児を楽しもう！　泉健太, 安藤哲也, 山田正人　「共同参画：月刊総合情報誌」（内閣府）　(21)　2010.2　p6〜9

◇父親による育児の実情と課題―地方小都市での調査から　冬木春子　「日本の科学者」（日本科学者会議, 本の泉社（発売））　45(2)通号505　2010.2　p86〜91

◇日本における父親の育児役割研究の動向―家族看護学と家族社会学の視点から　田中結花子, 青石恵子, 石井英子　「椙山女学園大学看護学研究」（椙山女学園大学）　2　2010.3　p39〜42

◇トレンド超流 なぜ支持されるのか？（第13回）イクメン 流行では終わらない男性社員の育児参加　「週刊東洋経済」（東洋経済新報社）　(6271)　2010.7.10　p153

◇父親の育児参加に関する世論調査　「中央調査報」（中央調査社）　(634)　2010.8　p5608〜5609

◇僕の北欧的「イクメン」奮闘記―子育て スウェーデンに移住したアメリカ人男性、涙の育休生活　ネイサンヘジェダス　「Newsweek」（阪急コミュニケーションズ）　25(36)通号1218　2010.9.22　p46〜47

◇特集 父親が子育てしやすい職場とは 父親の子育ての重要性を職場が理解し制度面充実より運用面に力点を　「労働基準広報」（労働調査会）　(1693)　2010.10.11　p6〜13

◇一地方都市における乳児を持つ父親の育児の自信（第1報）自信が低い頻度と育児状況の関連　佐々木瞳, 後藤あや, 渡辺春子［他］　「小児保健研究」（日本小児保健協会）　69(6)　2010.11　p790〜795

◇一地方都市における乳児を持つ父親の育児の自信（第2報）自信を低くするリスク要因の検討　佐々木瞳, 後藤あや, 渡辺春子［他］　「小児保健研究」（日本小児保健協会）　69(6)　2010.11　p796〜802

◇子ども・家族とともに歩もうとする父親たち：新しい時代のライフスタイルに向けて（特集 父親の、育児と仕事と生活の調和）　恒吉紀寿　「こども未来」（こども未来財団）　(4)　2011年度　p6〜8

◇父親のライフスタイル（特集 父親の、育児と仕事と生活の調和）　「こども未来」（こども未来財団）　(4)　2011年度　p9〜11

◇父親の育児支援に関する教育プログラムの開発：プログラムデザインの検討　上山直美, 松尾博哉　「日本看護学会論文集. 母性看護」（日本看護協会出版会）　42　2011　p58〜61

◇父親の子育て参加意識を高める社会教育プログラムの考察　神田雅貴　「日本生涯教育学会論集」（日本生涯教育学会）　32　2011年度　p153〜162

◇東アジア3ヵ国における父親の育児参加の促進・阻害要因に関連する仮説の実証的検討　朴志先, 尹靖水, 小山嘉紀［他］　「東アジア研究」（大阪経済法科大学アジア研究所）　(56)　2011　p11〜26

◇「男性の子育て」支援プログラムの実践的研究　野津山希, 佐藤勢子, 中浜千明［他］　「福山大学こころの健康相談室紀要」（福山大学人間文化学部心理学科附属こころの健康相談室）　(5)　2011　p19〜26

◇男性の育児参加の規定因に関する研究　三浦さつき　「福山大学こころの健康相談室紀要」（福山大学人間文化学部心理学科附属こころの健康相談室）　(5)　2011　p27～35

◇アメリカの市民生活(28)アメリカのイクメン事情 おむつを替える男が世界を変える　「食品と暮らしの安全」（食品と暮らしの安全）　(261)　2011.1　p18

◇夫の家事・育児参加と子育て環境(2009年度)―2009年度「職業と子育て環境に関するアンケート調査結果」より　渡邊幸良　「同朋福祉」（同朋大学社会福祉学部）　(17)　2011.1　p143～161

◇父親の育児参加の促進・阻害要因に関連する仮説の実証的検討　尹靖水, 朴志先, 近藤理恵［他］　「評論・社会科学」（同志社大学人文学会）　(94)　2011.1　p15～26

◇日本の父親の子育てと「稼ぎ手」役割　森田美佐　「高知大学教育学部研究報告」（高知大学教育学部）　(71)　2011.3　p179～186

◇父親の子育て参加規定要因についての研究―両親の就労形態との関連で　山西裕美　「社会関係研究」（熊本学園大学社会関係学会）　16(2)　2011.3　p59～89［含 英語文要旨］

◇養育者への夫からのサポートと内的作業モデルの関連　門井香子, 冨永洸太, 渡辺なほ［他］　「東京成徳大学臨床心理学研究」（東京成徳大学大学院心理学研究科）　(11)　2011.3　p131～135

◇父親の育児参加に関する世論調査　「中央調査報」（中央調査社）　(646)　2011.8　p5704～5705

◇父親の子育て支援に関する研究：地域子育て支援センターを利用する父親を対象として　鈴木順子　「金城学院大学論集. 人文科学編」（金城学院大学）　8(1)　2011.9　p124～133

◇博士論文を書き終えて・要旨 日本における男性の子育てに関する研究―変化の二〇年（一九九〇―二〇一〇）における関西での実証研究を基盤として　木脇奈智子　「Rim : Jouranal of the Asia-Pacific Women's Studies Association」（城西大学ジェンダー・女性学研究所）　13(1)通号36　2011.9　p53～58

◇中年期父親の肯定的子育て歴の回想分析　大島聖美　「家族心理学研究」（日本家族心理学会）　25(2)　2011.11　p135～147

◇父親の育児に関する研究動向と今後の課題　牧野孝俊, 金泉志保美, 伊豆麻子［他］　「小児保健研究」（日本小児保健協会）　70(6)　2011.11　p780～789

◇過疎指定地域の子育て支援センターにおける父親の利用促進に関わる要因分析　伴碧, 増田貴人, 内山伊知郎　「小児保健研究」（日本小児保健協会）　70(6)　2011.11　p790～795

◇販売開発研究所 名倉康裕のトップセールスを究める(6)「子育てパパ」文化の定着を推進し、市場の拡大をめざす―ダッドウェイ社長 白鳥公彦　名倉康裕, 白鳥公彦　「ニュートップL : topによるleaderのためのreader誌」（日本実業出版社, エヌ・ジェイ出版販売（発売））　3(11)通号25　2011.11　p80～83

◇育児 ホルモン減少で男たちがイクメンに？　「Newsweek」（阪急コミュニケーションズ）　26(42)通号1273　2011.11.2　p59

◇子育て支援における父親支援プログラムの取り組み：全国子育て支援センターアンケート調査の結果より　小崎恭弘　「子ども家庭福祉学」（日本子ども家庭福祉学会）　(11)　2011.12　p25～34

◇子育てとジェンダーを考える：日本における男性の子育ての変化を通して　木脇奈智子　「家庭科・家政教育研究」（藤女子大学家庭科・家政教育研究会）　(7)　2012　p3～12

◇父親の育児参加による男女共同参画社会の実現の可能性について：ファザーリングジャパン調査から検討する　吉田あけみ　「椙山女学園大学研究論集 社会科学篇」（椙山女学園大学）　(43)　2012　p71～80

◇共働き夫婦における親族の育児援助と夫の育児参加：子どもの病気時の育児を中心に　久保桂子　「日本家政学会誌」（日本家政学会）　63(7)通号567　2012　p369～378

◇育児期における男性の家事・育児参加の推移と特徴：男性の家事・育児参加の二極化　御手洗由佳　「日本女子大学大学院紀要. 家政学研究科・人間生活学研究科」（日本女子大学）　(18)　2012　p171～178

◇育児に参加する男性からみたワーク・ライフ・バランス：イクメンが考える育児支援　久井志保　「兵庫大学論集」（兵庫大学）　(17)　2012　p69～75

◇欧州連合における男女平等政策(1)父親の育児参加のための休暇について　井上たか子　「フランス文化研究」（獨協大学外国語学部）　(43)　2012　p1～34

◇現代日本における男性と出産・育児　及川裕子，宮田久枝，新道由記子［他］　「園田学園女子大学論文集」（園田学園女子大学）　(46)　2012.1　p43～58

◇父親の育児参加に関する研究　北脇雅美　「保育研究」（平安女学院大学短期大学部保育科保育研究会）　(40)　2012.3　p37～42

◇ワーク・ライフ・バランス "男性の育児"に関する支援策の在り方：男性の育児休業取得推進にばかり方向が向いてよいのか？　松井滋樹　「経営センサー」（東レ経営研究所）　(143)　2012.6　p29～35

◇日韓中における就学前児の父親の育児関連Daily Hasslesとマルトリートメントの関係　朴先生，小山嘉紀，近藤理恵［他］　「厚生の指標」（厚生労働統計協会）　59(6)　通号925　2012.6　p13～21

◇男性の育児意識と育児参加（特集 小児看護における父親へのアプローチ―父親への支援の視点）　佐々木卓代　「小児看護」（へるす出版）　35(10)　通号444　2012.9　p1299～1304

◇父親の育児参加に関する世論調査　「中央調査報」（中央調査社）　(659)　2012.9　p5808～5809

◇育児期男性にとっての家庭関与の意味：男性の生活スタイルの多様化に注目して　大野祥子　「発達心理学研究」（日本発達心理学会）　23(3)　2012.9　p287～297

◇巻頭特別Interview "格好悪いオヤジ"の子育て論 自分の得意分野で『親』を極めよう　関根勤　「The21：ざ・にじゅういち」（PHP研究所）　29(10)　通号335　2012.10　p10～13

【図書】

◇パパブック―パパロボット取り扱い説明書　大阪　関西こども文化協会　〔200-〕　22p　21cm

〈独立行政法人福祉医療機構「長寿・子育て・障害者基金」助成事業〉

◇岡山大学はパパの育児を応援します―岡大パパの育児エッセイ集　岡山大学ダイバーシティ推進本部次世代育成支援室編　岡山　岡山大学ダイバーシティ推進本部次世代育成支援室　2010.2　25p　19cm

◇イクメンで行こう！―育児も仕事も充実させる生き方　渥美由喜著　日本経済新聞出版社　2010.12　327p　19cm　1600円　①978-4-532-31630-3　Ⓝ599

内容 プロローグ 二重の虹　1 育児をする男性は、こんなに「得」！　2 立ちふさがる者たち　3 育児中の悲喜こもごも　4 育児をするからこそわかること　5 イクメンの "両立" 格闘ライフ　6 管理職なのに、毎日17時に退社する！　7 業務を "仕分け" する　8 イクメンこそ職場改革の旗手　9 イクメンから、Jメンに　エピローグ 日本社会における『イクメン』考

◇わが家の子育てパパしだい！―10歳までのかかわり方　小崎恭弘著　旬報社　2010.12　159p　19cm　1200円　①978-4-8451-1200-5　Ⓝ599

内容 第1章 子どもの "根っこ" を作る、パパ育児のすすめ（なぜ、子どもは親の言うことを聞かないのか？　節目を意識しながら育てる）　第2章 オトコの子育て、これがわかればうまくいく！（子どもは "気持ちいい" が好き！　子どもは "マンネリ" が好き！ほか）　第3章 子どもが輝く！パパ育児10の実践（毎朝、笑って「オハヨーッ！」―いま、笑えない子どもが増えている　育児こそ、朝活！―朝の絵本はおすすめ！ほか）　第4章 子育ては、家族育てだ！（パパのカレーはほんとうにおいしいか？　幸せ家族へのステップ）

◇パパ、育児できるかな？　阿部潤著　竹書房　2012.2　113p　21cm　(Sukupara selection)　1000円　①978-4-8124-4858-8　Ⓝ726.1

内容 手作りおもちゃでよろこばせられるかな？　やんちゃな攻撃かわせるかな？　興味津々な疑問に答えられるかな？　プチピンチを乗り越えられるかな？　テレビ出演で楽しい思い出つくれるかな？　子どもがママに怒られている理由わかるかな？　娘とおままごとできるかな？　出産に協力できたかな？　こわがり直せるかな？　パパとして注意できるかな？〔ほか〕

◇パパ1年生—生まれてきてくれてありがとう！　安藤哲也，ファザーリング・ジャパン編著　かんき出版　2012.2　173p　21cm　1200円　①978-4-7612-6815-2　Ⓝ599

内容 1 子どもが生まれるまでにしておくべきこと（「赤ちゃんができたかも…」っていわれたら？　妊娠期間、ママの体はどう変化していく？　ほか）　2 子どもが生まれたら、まずやってみること（パパも「授乳」をやりたい　「ミルク」のつくり方・あげ方　「おむつ替え」は回数をこなすことがとても大事　ほか）　3 「子どもとパパの時間」のつくり方（パパが育児をすると、どんな効用がある？　パパはママと子どもの「安全基地」になろう　ほか）　4 パパと社会＆社会との付き合い方（子どもの誕生は、自分の人生をよりよい方向に変えるチャンス！　ワークとライフ、どちらも大事にし、どちらも楽しもう　ほか）

◇「働くパパ」の時間術—仕事も家事も育児もうまくいく！　栗田正行著　日本実業出版社　2012.6　217p　19cm　1400円　①978-4-534-04956-8　Ⓝ599

内容 第1章 パパのための時間術5つの基本ルール（「時間のボーダーレス化」でストレスフリーになろう　確実に物事をこなすために時間を「天引き」しよう　ほか）　第2章 なるべく定時で帰れるようになる「仕事」の時間術（すべてに通じる魔法の心がけ「仕事は初球打ち」　「初球打ち」するメリットを理解しよう　ほか）　第3章 適材適所で協力し合う「家事・育児」の時間術（子どもの「生活リズム」を整えるのが育児の第一歩　子どもの「起床時間」を整えよう　ほか）　第4章 家庭の時間を充実させるママとの「コミュニケーション」術（家庭生活が充実するかはママとの関係しだい　まずはパパとママの違いを認めよう　ほか）　第5章 働くパパでも無理なくできる将来への「自己投資」術（夢のような「自己投資」を今すぐ始めよう　働くパパの自己投資には5種類ある　ほか）

◇パパのトリセツ　おおたとしまさ著　ディスカヴァー・トゥエンティワン　2012.8　207p　19cm　〈表紙のタイトル：パパの取り扱い説明書〉　1300円　①978-4-7993-1201-8　Ⓝ599

内容 第1章 機能と特徴—パパにできること、パパの役割　第2章 スイッチの入れ方—パパとしての自覚を促す　第3章 機種タイプについて—性格による性能や扱い方の違い　第4章 アプリのインストール方法—実務を覚えてもらうには　第5章 故障かな？と思ったら—暴走、離脱などに対処する　第6章 日ごろのお手入れ—イクメンの落とし穴とその対処法

◆父親の育児への影響

【雑誌記事】

◇1歳6ヵ月児の父親の労働時間・育児参加時間からみた母親の育児幸福感　澤田あずさ，明野聖子，吉森友香［他］　「北海道医療大学看護福祉学部学会誌」（北海道医療大学看護福祉学部学会）　5(1)　2009　p13〜21

◇子育て期における妻の家庭責任意識と夫の育児・家事参加　中川まり　「家族社会学研究」（日本家族社会学会）　22(2)　2010　p201〜212

◇1歳6カ月児の父親の育児サポートに関する母親の認知に関連する要因　明野聖子，澤田あずさ，工藤禎子［他］　「日本地域看護学会誌」（医学書院エムワイダブリュー）　13(1)　2010.10　p83〜90

◇乳幼児をもつ父親の育児・家事行動が父親自身のウェルビーイングに及ぼす影響　田辺昌吾，川村千恵子，畠中宗一　「家族関係学：日本家政学会家族関係学部会誌」（日本家政学会家族関係学部会）　(30)　2011　p153〜166

◇父親の関わりが児童期の社会性に及ぼす影響　秋光恵子，村松好子　「兵庫教育大学研究紀要」（兵庫教育大学）　38　2011.2　p51〜61

◇福祉教育における「NIE」の実践に関する考察—保育士養成の観点から　山村靖彦　「別府大学短期大学部紀要」（別府大学短期大学部）　(30)　2011.2　p11〜24

◇共働き世帯の父親の育児参加と母親の心理的well-beingの関係　桐野匡史，朴志先，近藤理恵［他］　「厚生の指標」（厚生労働統計協会）　58(3)通号906　2011.3　p1〜8

◇未就学児の父親における育児参加と心理的ウェルビーイングの関係　朴志先，金潔，近藤理恵［他］　「日本保健科学学会誌」（日本保健科学学会）　13(4)　2011.3　p160〜169

◇子どもに不満をぶつけずに済みます パパの性格別、育児への参加を促す話術　森下和海　「プレジデント」（プレジデント社）　49(22)（別冊）　2011.7.15　p74〜79

◇東アジア3ヵ国の共働き世帯における父親の育児参加と母親の心理的well-beingの関係　朴志先，小山嘉紀，尹靖水［他］　「東アジア研究」（大阪経済法科大学アジア研究所）　(57)　2012　p73～87

◇家計簿記帳の効果及び夫の家事・育児事情　夫が平日も家事・育児をすると妻の"幸せ度"アップ：家計経済研究所　「労働と経済」（共文社）　(1538)　2012.1.10・25　p72～75

◆父親の育児ストレス

【雑誌記事】

◇父親の育児不安に関する基礎的研究(4) 父親の育児不安尺度の作成に向けて：対象者の属性や育児困難感発生関連要因の検討　安藤朗子，平岡雪雄，武島春乃［他］　「日本子ども家庭総合研究所紀要」（恩賜財団母子愛育会日本子ども家庭総合研究所）　47　2010年度　p303～315

◇乳児をもつ父親の育児・家事行動と子どもの気質および育児困難感との関連　小林佐知子，森山雅子，長谷川有香［他］　「小児保健研究」（日本小児保健協会）　71(3)　2012.5　p386～392

保育施設・保育サービス

【雑誌記事】

◇イギリスの「家庭的保育」(チャイルドマインディング)調査(1)制度的位置づけの変化と職業生活の実際　楜澤希子　「研究紀要 短期大学部」(聖徳大学)　(40)　2007　p9～16

◇イギリスの「家庭的保育」(チャイルドマインディング)調査(2)第三者評価機関Ofstedと保育の質の保証　楜澤希子　「研究紀要 短期大学部」(聖徳大学)　(41)　2008　p17～24

◇イギリスの「家庭的保育」(チャイルドマインディング)調査(3)養成と専門性発達　楜澤希子　「研究紀要. 児童学部人文学部音楽学部」(聖徳大学)　(20)　2009　p9～16

◇保育実践上の「葛藤」の質的段階と保育課題に研究者はどうかかわりうるか―実践者との対話についての研究者の省察を通して　渡辺桜　「愛知教育大学幼児教育研究」(愛知教育大学幼児教育講座)　(15)　2010　p89～98

◇保育制度改革の現状と課題　村田久, 小堀哲郎　「秋草学園短期大学紀要」(秋草学園短期大学)　(27)　2010　p69～76

◇新たな保育制度の導入と課題―そのメカニズムから　正長清志　「岩国短期大学紀要」(岩国短期大学)　(39)　2010　p39～49

◇わが国の「家庭的保育制度」の可能性と今後の展望について―ニュージーランドにおける家庭内保育所の検討より　飯島祐樹, 大野歩, 真鍋健　「家庭教育研究所紀要」(小平記念日立教育振興財団日立家庭教育研究所)　(32)　2010　p5～13

◇子どもの権利を尊重する保育―保育に子どもの権利条約を生かすために　木村たか子　「関東短期大学紀要」(関東短期大学)　54　2010　p95～114

◇書評 バルバーラ・マーティン＝コルビ著 太田美幸訳『政治のなかの保育 スウェーデンの保育制度はこうしてつくられた』　大野歩　「北ヨーロッパ研究」(北ヨーロッパ学会)　7　2010　p25～27

◇異年齢保育に関する先行研究の概観　島田知和, 田中洋　「教育実践総合センター紀要」(大分大学教育福祉科学部附属教育実践総合センター)　(28)　2010　p119～126

◇保育者効力感における一考察―地域差・担当別の比較より　岩崎桂子　「研究紀要」(小池学園)　(5)　2010　p49～56

◇保育行動論(1)保育/教育思想の脆弱性―分析哲学の領野から　長田勇　「研究紀要」(小池学園)　(8)　2010　p1～9

◇保育行動論(2)Joint Attention、Joint Activity、Counseling―保育事実と保育者の役割　長田勇　「研究紀要」(小池学園)　(8)　2010　p11～19

◇イギリスの「家庭的保育」(チャイルドマインディング)調査(4)保育職資格の再構築を通してみた旧労働党政権の保育拡充策　楜澤希子　「研究紀要. 児童学部人文学部人間栄養学部音楽学部」(聖徳大学)　(21)　2010　p47～54

◇第15回白梅保育セミナー いま保育に問われていること 子どもの未来と保育の広がり深まり―保育の質を考え　「研究年報」(白梅学園大学白梅学園短期大学教育・福祉研究センター)　(15)　2010　p107～109

◇社会的認知発達チェックリスト作成過程における、就園児と未就園児の比較―養育環境が社会的認知発達にもたらす影響　柿沼美紀, 紺野道子, 黛雅子[他]　「白百合女子大学発達臨床センター紀要」(白百合女子大学発達臨床センター紀要編集委員会)　(13)　2010　p32～38

◇「高島平団地騒動」に見る保育政策の矛盾―1970年代の「保育時間」延長要求と保育労働者　矢野雅子　「政治学研究論集」(明治大学大学院)　(33)　2010年度　p183～199

◇新自由主義下の公的保育制度の展開―1980年から現在までを中心に　矢上克己　「清泉女学院短期大学研究紀要」（清泉女学院短期大学）　(29)　2010　p1～12

◇大学とプロサッカーチームとの産学協働託児事業5年間の歩み―保育専門分野への導入教育としての意義と課題　矢萩恭子, 松山洋平　「田園調布学園大学紀要」（田園調布学園大学人間福祉学部）　(5)　2010年度　p217～256

◇「大学」における「保育（施設）」の可能性を問う：アメリカ・カナダにおける大学内保育施設が示唆すること　尾崎博美　「東京文化短期大学紀要」（東京文化短期大学）　27　2010　p40～49

◇保育の質と保育環境　野津牧　「名古屋短期大学研究紀要」（名古屋短期大学）　(48)　2010　p125～134

◇日本の0歳から就学までの保育・子育て支援の課題（2010年度シンポジウム　変わる0歳から就学までの保育・教育）　網野武博　「日仏教育学会年報」（日仏教育学会）　(17)通号39　2010年度版　p41～49

◇「場」を共有すること：日本における二元的保育制度内での実践再考（2010年度シンポジウム　変わる0歳から就学までの保育・教育）　塩崎美穂　「日仏教育学会年報」（日仏教育学会）　(17)通号39　2010年度版　p50～55

◇家庭的保育のあり方に関する調査研究(5)　庄司順一, 小山修, 尾木まり［他］　「日本子ども家庭総合研究所紀要」（恩賜財団母子愛育会日本子ども家庭総合研究所）　47　2010年度　p87～101

◇保育研究における映像記録の意義について―ある出会いについての事例研究を通して　西隆太朗　「ノートルダム清心女子大学紀要．人間生活学・児童学・食品栄養学編」（ノートルダム清心女子大学）　34(1)通号55　2010　p46～50

◇現場からのレポート　ヨーロクと評価の眼差し［含　解説　小学校児童指導要録, 幼稚園幼児指導要録, 保育所児童保育要録］　大垣智紀　「福祉労働」（現代書館）　通号126　2010.Spr.　p141～148

◇学校評価による保育の再考に関する一考察　青木久子, 持田京子, 村田光子［他］　「文京学院大学人間学部研究紀要」（文京学院大学総合研究所）　12　2010　p285～302

◇保育をめぐる「評価」（保育の歩み（その1））　山崎晃　「保育学研究」（日本保育学会）　48(1)　2010　p76～91

◇日本保育学会保育学文献賞選考理由および書評（保育の歩み（その1））　「保育学研究」（日本保育学会）　48(1)　2010　p92～96

◇保育の場における関与観察者の存在の意味を探る―ある園児に投げかけられた言葉をめぐる考察から　藤井真樹　「保育学研究」（日本保育学会）　48(2)　2010　p123～132

◇平成22年度事業概要　第63回大会の開催　研究倫理問題特別ワークショップ　保育学の質的発展と研究倫理―「保育学研究倫理ガイドブック」の刊行を記念して（保育の歩み（その2）―日本保育学会の状況）　「保育学研究」（日本保育学会）　48(2)　2010　p266～268

◇社会トピックス　保育制度の見直しと企業への影響　「マンスリー・レビュー」（三井住友銀行）　2010年(2月)　[2010]　p6～7

◇家庭的保育制度について―デンマークと日本　齋藤修　「盛岡大学短期大学部紀要」（盛岡大学短期大学部）　20通号33　2010　p13～21

◇書評　高月教恵著『日本における保育実践史研究―大正デモクラシー期を中心に』　浅井幸子　「幼児教育史研究」（幼児教育史学会）　5　2010　p74～76

◇転換期にある保育システム　柏女霊峰　「公明」（公明党機関紙委員会）　通号49　2010.1　p58～61

◇民主党中心政権と保育制度改革のゆくえ（上）明らかになってきた新保育制度案の批判的考察　伊藤周平　「保育情報」（全国保育団体連絡会, ちいさいなかま社（発売））　(398)　2010.1　p2～9

◇保育情報　2009年総目次（No.386～397）　「保育情報」（全国保育団体連絡会, ちいさいなかま社（発売））　(398)　2010.1　p64～68

◇保育制度の現状と課題　野辺英俊　「調査と情報」（国立国会図書館調査及び立法考査局）　(667)　2010.1.28　p1～11,巻頭1p

◇第四九回全国保育問題研究集会基調提案（草案）　全国保育問題研究協議会常任委員会　「季刊保育問題研究」（新読書社）　通号241　2010.2　p100～123

◇学生の保育現場における学びへの支援―学生と教員とのメンタリングをサポートするフィールド・コーディネータの役割と課題　青木聡子,森下葉子,岩立京子　「東京学芸大学紀要. 総合教育科学系」（東京学芸大学）　61(1)　2010.2　p15～23

◇「自助努力社会」における保育政策と保育選択―アメリカを事例として　松山有美　「名古屋学芸大学研究紀要. 教養・学際編」（名古屋学芸大学）　6　2010.2　p59～72

◇民主党中心政権と保育制度改革のゆくえ（下）明らかになってきた新保育制度案の批判的考察　伊藤周平　「保育情報」（全国保育団体連絡会,ちいさいなかま社（発売））　(399)　2010.2　p2～9

◇ロバート・オーエンの環境決定論にみる幼児保育の必然性への一考察　清多英羽,奥井現理　「青森中央短期大学研究紀要」（青森中央短期大学）　(22・23)　2010.3　p47～56

◇保育の質をめぐって問われていること　藤川いづみ　「桜美林論考. 心理・教育学研究」（桜美林大学）　[1]　2010.3　p15～29

◇「子どもの人権」を保障した保育の実現に関する一考察―『子どもの権利条約』を指標として　源証香　「九州竜谷短期大学紀要」（九州竜谷短期大学）　(56)　2010.3　p69～79

◇ニュージーランドのナショナルカリキュラム"Te Whariki"に基づいた保育評価に関する研究―Learning StoryとKei Tua o te Paeに注目して　飯野祐樹　「教育学研究ジャーナル」（中国四国教育学会）　(6)　2010.3　p21～30

◇子どもの貧困と保育・保育士の役割　中田照子　「子ども学研究論集」（名古屋経営短期大学子ども学科子育て環境支援研究センター）　(2)　2010.3　p37～47

◇持続可能な社会を実現するための保育を考える　田尻由美子　「精華女子短期大学研究紀要」（精華女子短期大学）　(36)　2010.3　p71～77

◇戦時下保育運動における「両親教育」問題研究―「保育問題研究会」を中心に　浅野俊和　「中部学院大学・中部学院大学短期大学部研究紀要」（中部学院大学総合研究センター）　(11)　2010.3　p136～146

◇「保育」概念の研究(1)　神田伸生　「鶴見大学紀要. 第3部, 保育・歯科衛生編」（鶴見大学）　(47)　2010.3　p23～28

◇これからの時代の保育　深江誠子　「保育研究」（平安女学院大学短期大学部保育科保育研究会）　(38)　2010.3　p35～38

◇日本の保育制度改革に関する検討―現行保育制度の問題点と課題　山口昌保,伊藤健次　「幼児教育研究紀要」（名古屋経済大学・名古屋経済大学短期大学部幼児教育研究会）　(22)　2010.3　p33～38

◇保育の質的充実を支援する遊誘財データベースの構築（教育実践を指向した学習支援システム/一般）　藤原伸彦,鍋山由美,堀江眞理子[他]　「日本教育工学会研究報告集」（日本教育工学会）　10(1)　2010.3.6　p365～371

◇子ども「保活」に「勝った人」「負けた人」―働く母の保育所入所の裏ワザ集,職場復帰早めてポイント加算　三宮千賀子,小林明子　「Aera」（朝日新聞出版）　23(10)通号1214　2010.3.8　p27～29

◇異文化理解教育の研究―アンティバイアス教育と保育者養成　甲斐仁子　「藤女子大学紀要. 第2部」（藤女子大学）　(47)　2010.3.31　p83～96

◇保育における生活の構造について　山田りよ子　「藤女子大学紀要. 第2部」（藤女子大学）　(47)　2010.3.31　p105～111

◇父母と共につくる保育内容（特集 第49回全国保問研・福岡集会提案―分科会案内）　宍戸健夫　「季刊保育問題研究」（新読書社）　通号242　2010.4　p41～43

◇地域に開かれた保育活動（特集 第49回全国保問研・福岡集会提案―分科会案内）　水野恵子　「季刊保育問題研究」（新読書社）　通号242　2010.4　p46～48

◇子どもたちが安心してすごせ,自分の思いを受け止めてもらえる場所としての保育をめざして（特集 第49回全国保問研・福岡集会提案―分科

会提案 保育時間と保育内容）関玲子 「季刊保育問題研究」（新読書社）通号242 2010.4 p279～282

◇分科会提案 保育政策と保育運動 保育の自由を守り、人間としての尊厳を守ることが、保育の質の向上につながる！―大阪市の保育の現状から」(特集 第49回全国保問研・福岡集会提案) 永谷孝代 「季刊保育問題研究」（新読書社）通号242 2010.4 p287～291

◇ジェンダーの視点から保育政策を考える 橋本宏子 「女性&運動」（新日本婦人の会）(181) 通号332 2010.4 p38～43

◇世界家族会議が警告「乳幼児外注保育は危ない」 エドワーズ博美 「正論」（産経新聞社、日本工業新聞社（発売））通号457 2010.4 p114～121

◇新政権の誕生と新たな福祉国家の実現に向けて―新たな保育改革へのたたかいの構図を考える 後藤道夫 「保育情報」（全国保育団体連絡会,ちいさいなかま社（発売））(401) 2010.4 p2～7

◇保育日誌を活用した自己評価の試み(特集 保育日誌の書き方のポイント) 岩城一重 「保育の友」（全国社会福祉協議会）58(4) 2010.4 p19～22

◇「日々の記録」を基に保育の質を高める(特集 保育日誌の書き方のポイント) 稲田美津子,蒲池るりか 「保育の友」（全国社会福祉協議会）58(4) 2010.4 p23～25

◇社会保障のネオパラダイムを求めて(28)保育制度改革の国際比較と我が国への示唆（上） 西澤栄晃 「社会保険旬報」（社会保険研究所）(2422) 2010.5.1 p24～30

◇社会保障のネオパラダイムを求めて(29)保育制度改革の国際比較と我が国への示唆（下） 西澤栄晃 「社会保険旬報」（社会保険研究所）(2423) 2010.5.11 p24～29

◇第一回全国保問研集会にむけての準備会―保育研究サークル全国連絡会の開催(第五〇回全国保問研集会へむけて 特別企画(2)想い出に残る全国集会(その1)) 宍戸健夫 「季刊保育問題研究」（新読書社）通号243 2010.6 p124～126

◇幼児教育 日常の保育と評価 岡上直子 「初等教育資料」（東洋館出版社）(861) 2010.6 p154～161

◇需要が高まる保育サービスの現状 「地域経済情報」（鹿児島地域経済研究所）(243) 2010.6 p8～12

◇保育・ゆめ・未来 伝えていきたい大切なこと 杉本蕗 「はらっぱ : こどもとおとなのパートナーシップ誌」（子ども情報研究センター）(307) 2010.6 p13～15

◇希望としての保育をどう実現していくか(保育研究所第30回研究集会 徹底討論/制度「改革」と保育の未来―保育はどうなるのか、子どものためになすべきことは何か!?) 大宮勇雄 「保育の研究」（草土文化（発売）,保育研究所）(23) 2010.6 p11～16

◇新保育制度は保育に何をもたらすのか(保育研究所第30回研究集会 徹底討論/制度「改革」と保育の未来―保育はどうなるのか、子どものためになすべきことは何か!?) 伊藤周平 「保育の研究」（草土文化（発売）,保育研究所）(23) 2010.6 p17～20

◇制度「改革」は保育における人間関係をどのように歪めてしまうか(保育研究所第30回研究集会 徹底討論/制度「改革」と保育の未来―保育はどうなるのか、子どものためになすべきことは何か!?) 中西新太郎 「保育の研究」（草土文化（発売）,保育研究所）(23) 2010.6 p21～24

◇指定討論 現役保護者の立場から保育制度「改革」を斬る(保育研究所第30回研究集会 徹底討論/制度「改革」と保育の未来―保育はどうなるのか、子どものためになすべきことは何か!?) 猪熊弘子 「保育の研究」（草土文化（発売）,保育研究所）(23) 2010.6 p25～28

◇討論(保育研究所第30回研究集会 徹底討論/制度「改革」と保育の未来―保育はどうなるのか、子どものためになすべきことは何か!?) 村山祐一,杉山隆一,伊藤周平［他］ 「保育の研究」（草土文化（発売）,保育研究所）(23) 2010.6 p29～42

◇月刊『保育情報』総目次(1)No.1～No.274(1976年～1999年) 「保育の研究」（草土文化（発売）,保育研究所）(23) 2010.6 p66～103

◇講習会 保育者ワークショップ 保育・教育にまつわるウソ・ホント─疑似科学にだまされないために　乙部貴幸　「Socius」(仁愛女子短期大学地域活動実践センター)　(4)　[2010]．[6]　p23〜25

◇OECD／幼児教育・保育に関する提言(2010.6) 包括的な子ども政策に向けて─OECD諸国の潮流と日本の改革へ示唆するもの　「保育情報」(全国保育団体連絡会、ちいさいなかま社(発売))　(404)　2010.7　p23〜32

◇参議院選挙における主要政党の保育関連マニフェスト　「保育情報」(全国保育団体連絡会、ちいさいなかま社(発売))　(404)　2010.7　p33〜45

◇児童養護施設で働く職員のみる養育環境に関する考察─児童養護施設における住環境に関する研究(3)　杉本範子，大原一興，佐藤哲［他］「日本建築学会計画系論文集」(日本建築学会) 75(654)　2010.8　p1865〜1872

◇保育・ゆめ・未来 あー楽しかった！また明日！─一保育士のひとりごと　小仲久子　「はらっぱ：こどもとおとなのパートナーシップ誌」(子ども情報研究センター)　(309)　2010.8　p13〜15

◇保育・ゆめ・未来 0歳から育ちあう保育─0歳の意見表明ってどんなこと？　堀井二実　「はらっぱ：こどもとおとなのパートナーシップ誌」(子ども情報研究センター)　(310)　2010.9　p13〜15

◇保育制度・施策に関する自治体の要望・意見書　「保育情報」(全国保育団体連絡会、ちいさいなかま社(発売))　(406)　2010.9　p6〜9

◇第42回全国保育団体合同研究集会基調報告(2010.8.7)　第42回全国保育団体合同研究集会実行委員会　「保育情報」(全国保育団体連絡会、ちいさいなかま社(発売))　(406)　2010.9　p37〜43

◇分科会報告 保育時間と保育内容(特集 第四九回全国保育問題研究集会・報告)　清水玲子　「季刊保育問題研究」(新読書社)　通号245　2010.10　p90〜93

◇分科会報告 保育政策と保育運動(特集 第四九回全国保育問題研究集会・報告)　大宮勇雄　「季刊保育問題研究」(新読書社)　通号245　2010.10　p94〜96

◇分科会報告 地域に開かれた保育活動(特集 第四九回全国保育問題研究集会・報告)　望月彰　「季刊保育問題研究」(新読書社)　通号245　2010.10　p115〜117

◇第四九回全国保育問題研究集会基調提案(特集 第四九回全国保育問題研究集会・報告)　全国保育問題研究協議会常任委員会　「季刊保育問題研究」(新読書社)　通号245　2010.10　p145〜172

◇地方議員リポート(57)子どもの幸福めざした保育行政へ　中川雅晶　「公明」(公明党機関紙委員会)　通号58　2010.10　p72〜75

◇保育・ゆめ・未来 『子どもの権利条約』を保育に─子どもの人権を大切にする保育　川西市立川西保育所　「はらっぱ：こどもとおとなのパートナーシップ誌」(子ども情報研究センター)　(311)　2010.10　p13〜15

◇第50回全国保問研集会へむけて 特別企画(4)保問研運動の到達点と仮題─組織づくりの視点から　鈴木牧夫　「季刊保育問題研究」(新読書社)　通号246　2010.12　p94〜104

◇保育制度・施策に関する自治体の意見書　「保育情報」(全国保育団体連絡会、ちいさいなかま社(発売))　(409)　2010.12　p56〜61

◇臨床心理学的視座から保育を考える─保育と臨床心理学の接点を探求しながら　土肥茂幸　「大阪薫英女子短期大学児童教育学科研究誌」(大阪薫英女子短期大学)　(16)　2010.12.1　p1〜11

◇〈自由〉をめぐるわが国の保育実践理論の変遷(2)恩物批判から導出された自由保育への可能性　山本淳子　「大阪キリスト教短期大学紀要」(大阪キリスト教短期大学)　51　2011　p77〜85

◇子どもの願いを実現する保育を求めて：子ども主体の保育とその援助の在り方を考える　前川佳美　「岐阜聖徳学園大学教育実践科学研究センター紀要」(岐阜聖徳学園大学)　(11)　2011年度　p197〜206

◇ドイツの保育システムに関する一考察：社会的教育学としての位置づけに着目して(幼児教育)　中西さやか　「教育学研究紀要」(中国四国教育学会)　57(2)　2011　p581〜585

◇保育学を基礎づける科学方法論の探求─保育実践研究の「精密な科学性」をめざして　手島信

◇雅　「教育思想」（東北教育哲学教育史学会）（38）　2011　p3～28

◇保育の質を高める一方法 ： 実践記録から"私"の保育を振り返る　和田公子, 三輪和子, 石原由貴子［他］　「研究紀要」（奈良佐保短期大学）（19）　2011　p79～91

◇占領期における保育内容に関する一考察 ： 保育要領の環境観からみた　榊原博美　「研究紀要」（名古屋柳城短期大学）（33）　2011年度　p117～123

◇保育職の資格制度と職場マネジメントの日米比較⑴カリフォルニア州の資格制度と保育現場　栁瑞希子, 塚本美知子　「研究紀要. 児童学部人文学部人間栄養学部音楽学部」（聖徳大学）（22）　2011　p17～24

◇第16回白梅保育セミナー いま保育に問われていること 激動の時代の中で保育の新しい可能性とあり方を探る ： 学び、ささえ、つながりあう保育をめざして　「研究年報」（白梅学園大学白梅学園短期大学教育・福祉研究センター）（16）　2011　p59～61

◇教育・研究組織としての〈大学〉と〈保育〉が結びつくことの意義 ： 米国における大学内保育施設調査の事例に基づいて　尾崎博美　「こども教育研究所紀要」（東京文化短期大学こども教育研究所）（6・7）　2011　p1～24

◇海外子女教育における保育研究についての一考察 ： ハンブルグ日本人学校幼稚部での実践から　山脇千華　「こども教育研究所紀要」（東京文化短期大学こども教育研究所）（6・7）　2011　p25～42

◇書評 小川博久著『遊び保育論』　中坪史典　「子ども社会研究」（日本子ども社会学会, ハーベスト社）（17）　2011　p180～183

◇保育ソーシャルワーク—理論化への取り組み　森内智子, 奥典之　「四国大学紀要」（四国大学）（35）　2011　p21～23

◇園外保育における子どもの発達をふまえた保育者の配慮に関する研究　西川ひろ子　「児童教育研究」（安田女子大学児童教育学会）（20）　2011　p83～89

◇第20回児童教育学会研究大会ラウンドテーブル 幼児教育 保育現場との交流を求めて⑺子どもの発達と保育のあり方について　西川ひろ子, 永田彰子, 千田真由美［他］　「児童教育研究」（安田女子大学児童教育学会）（20）　2011　p133～136

◇〈児童〉における「総合人間学」の試み 研究会 入江礼子氏報告「協働する保育を支える保育実践研究法」　田澤薫　「聖学院大学総合研究所 newsletter」（聖学院大学総合研究所）21(5)　2011　p26～29

◇保育の質に関する縦断研究の展望　秋田喜代美, 佐川早季子　「東京大学大学院教育学研究科紀要」（東京大学大学院教育学研究科）51　2011　p217～234

◇保育ソーシャルワーク（神田試論）についての一考察　原田明美　「名古屋短期大学研究紀要」（名古屋短期大学）（49）　2011　p135～150

◇図書紹介 宍戸健夫・木村和子・西川由紀子・渡邉保博・上月智晴編著『保育実践のまなざし—戦後保育実践記録の60年』　湯地宏樹　「人間教育の探究：日本ペスタロッチー・フレーベル学会紀要」（日本ペスタロッチー・フレーベル学会）（23）　2011　p89～91

◇保育実践における子どもの生を支える保育的雰囲気　佐藤嘉代子　「人間文化創成科学論叢」（お茶の水女子大学大学院人間文化創成科学研究科）14　2011　p237～244

◇ドイツの保育システムに関する研究 ： システムの位置づけに着目して　中西さやか　「広島大学大学院教育学研究科紀要. 第三部, 教育人間科学関連領域」（広島大学教育学部, 広島大学大学院教育学研究科）（60）　2011　p267～273

◇保育記録にみられる保育評価の実態　椛島香代, 原田育美, 椎木奈津美　「文京学院大学人間学部研究紀要」（文京学院大学総合研究所）13　2011　p311～319

◇自己エスノグラフィーによる「保育性」の分析—「語られなかった」保育を枠組みとして　佐藤智恵　「保育学研究」（日本保育学会）49(1)　2011　p40～50

◇「保育」の専門性（保育の歩み（その1））　小川博久　「保育学研究」（日本保育学会）49(1)　2011　p99～110

◇社会事業家・生江孝之の保育事業論 ： 家庭改良および隣保改善に焦点をあてて　中根真　「保

◇育学研究」（日本保育学会） 49(2) 2011 p122〜134

◇多文化保育における通訳の意義と課題：日系ブラジル人児童を中心として 品川ひろみ 「保育学研究」（日本保育学会） 49(2) 2011 p224〜235

◇基準・条件と保育の質（総説）（特集 基準・条件と保育の質） 渡邉保博 「保育学研究」（日本保育学会） 49(3) 2011 p244〜247

◇1歳児保育の難しさとは何か（特集 基準・条件と保育の質） 古賀松香 「保育学研究」（日本保育学会） 49(3) 2011 p248〜259

◇第11回国際交流委員会企画シンポジウム報告 質の高い保育を考える(1)保育における「知」とは何か 「保育学研究」（日本保育学会） 49(3) 2011 p282〜290

◇保育の質を確認するまなざし：SICS「子どもの経験から振り返る保育プロセス」から（保育の歩み（その2）―保育フォーラム 保育者の資質向上と研修のあり方） 門田理世 「保育学研究」（日本保育学会） 49(3) 2011 p335〜338

◇講演 実践記録と歴史的研究：保育実践史研究序説 宍戸健夫 「幼児教育史研究」（幼児教育史学会） 6 2011 p17〜42

◇幼児保育ニ関スル調査（中間報告）：文部省総務室、昭和21年1月7日 米村佳樹 「幼児教育史研究」（幼児教育史学会） 6 2011 p43〜54

◇図書紹介 OECD「編著」星三美和子/首藤美香子/大和洋子/一見真理子「訳」『OECD保育白書 人生の始まりこそ力強く：乳幼児期の教育とケア（ECEC）の国際比較』 楜瑞希子 「幼児教育史研究」（幼児教育史学会） 6 2011 p64〜69

◇韓国における多文化家庭の子どもへの保育に関する問題と課題―保育者に焦点をあてて 玄正煥 「幼年教育研究年報」（広島大学大学院教育学研究科附属幼年教育研究施設） 32 2011 p21〜27

◇「保育研究」のための環境―保育センター「特別セミナー・保育研究」を通して 亀谷美代子, 信田和子, 村形聡 「横浜女子短期大学研究紀要」（横浜女子短期大学） (26) 2011 p67〜93

◇家庭的保育の推進は待機児童対策とは別に 松田茂樹 「Life design report」（第一生命経済研究所ライフデザイン研究本部） 通号199 2011.Sum. p51〜53

◇子ども―保育の理念と課題 浅見均 「青山学院女子短期大学総合文化研究所年報」（青山学院女子短期大学総合文化研究所） (18) 2011.1 p191〜193

◇ドイツにおける保育政策・制度の現状―子どもの権利を前面に立てた保育制度改革の内容 松宮徹郎 「保育情報」（全国保育団体連絡会, ちいさいなかま社（発売）） (410) 2011.1 p2〜8

◇保育制度・施策に関する自治体の意見書 「保育情報」（全国保育団体連絡会, ちいさいなかま社（発売）） (410) 2011.1 p57〜61

◇2010年『保育情報』総目次（No.398〜409） 「保育情報」（全国保育団体連絡会, ちいさいなかま社（発売）） (410) 2011.1 p62〜67

◇就学前の子ども施策を振り返る意義（特集 子どもの豊かな育ちを次世代につなぐ） 山縣文治 「保育の友」（全国社会福祉協議会） 59(1) 2011.1 p11〜13

◇学者が斬る（492）「保育サービス」の質向上と量の拡大を急げ 白石真澄 「エコノミスト」（毎日新聞社） 89(3)通号4152 2011.1.18 p46〜49

◇第五〇回全国保育問題研究集会基調提案（草案） 全国保育問題研究協議会常任委員会基調提案作成委員会 「季刊保育問題研究」（新読書社） 通号247 2011.2 p88〜110

◇日本における多文化保育の意義と課題―保育者の態度と知識に注目して 宮崎元裕 「京都女子大学発達教育学部紀要」（京都女子大学発達教育学部） (7) 2011.2 p129〜137

◇保育制度・施策に関する自治体の意見書 「保育情報」（全国保育団体連絡会, ちいさいなかま社（発売）） (411) 2011.2 p26〜32

◇保育研究のこれからに向けて：「保育の心理学」の課題整理から 松本博雄 「あいち保育研究所研究紀要」（あいち保育研究所） (2) 2011.3 p42〜47

◇保育ソーシャルワーク論の試み：「子どもの貧困」問題からのアプローチ　原田明美，坂野早奈美，中村強士　「あいち保育研究所研究紀要」（あいち保育研究所）　(2)　2011.3　p55～67

◇保育におけるリゾーム的存在モデル　藤川いづみ　「桜美林論考．心理・教育学研究」（桜美林大学）　(2)　2011.3　p1～11

◇子育ての共同の推進と保育施設の役割　元木久男　「九州保健福祉大学研究紀要」（九州保健福祉大学）　(12)　2011.3　p85～94

◇マッキーの子育て讃歌(12)人間讃歌の保育をめざして　山本万喜雄　「子どものしあわせ」（草土文化）　通号721　2011.3　p56～59

◇保育実践における「過程の質」―保育記録の分析から　林悠子　「社会福祉学部論集」（佛教大学社会福祉学部）　(7)　2011.3　p77～94

◇デンマークの家庭的保育(Dagpleje)に関する研究　林陽子，白幡久美子　「中部学院大学・中部学院大学短期大学部研究紀要」（中部学院大学総合研究センター）　(12)　2011.3　p1～8

◇社会的養護の意味　田家英二　「鶴見大学紀要．第3部，保育・歯科衛生編」（鶴見大学）　(48)　2011.3　p71～75

◇子どもの育ちを物語る記録様式の開発に向けた実践的研究―保育者の協働性を紡ぎ出す仕組みづくりの一助として　那須信樹，山本美香　「中村学園大学・中村学園大学短期大学部研究紀要」（中村学園大学）　(43)　2011.3　p83～92

◇保育制度・施策に関する自治体の意見書　「保育情報」（全国保育団体連絡会，ちいさいなかま社（発売））　(412)　2011.3　p34～43

◇子ども文化と保育のかかわり―子ども文化の創造と開発　腰山豊　「聖園学園短期大学研究紀要」（聖園学園短期大学）　(41)　2011.3　p9～20

◇分科会案内　保育時間と保育内容（特集 第50回全国保育問題研究集会 提案）　清水玲子　「季刊保育問題研究」（新読書社）　通号248　2011.4　p42～44

◇分科会案内　保育政策と保育運動（特集 第50回全国保育問題研究集会 提案）　杉山隆一　「季刊保育問題研究」（新読書社）　通号248　2011.4　p45～47

◇分科会案内　地域に開かれた保育活動（特集 第50回全国保育問題研究集会 提案）　望月彰　「季刊保育問題研究」（新読書社）　通号248　2011.4　p58～52

◇子どもを真ん中に大人も子どもも育ち合える関係を（特集 第50回全国保育問題研究集会 提案―分科会提案 父母と共につくる保育内容）　上田太枝子，清水日出美　「季刊保育問題研究」（新読書社）　通号248　2011.4　p349～352

◇保育制度・施策に関する自治体の意見書　「保育情報」（全国保育団体連絡会，ちいさいなかま社（発売））　(413)　2011.4　p35～38

◇基礎から学ぶ子どもの権利条約と保育(第1回)子どもの権利条約と乳幼児の権利　世取山洋介　「保育情報」（全国保育団体連絡会，ちいさいなかま社（発売））　(414)　2011.5　p2～12

◇保育制度・政策の動向　東日本大震災に対応する国の動向―被害状況把握すすめず／「Q&A」発出　「保育情報」（全国保育団体連絡会，ちいさいなかま社（発売））　(414)　2011.5　p13～15

◇保育制度・施策に関する自治体の意見書　「保育情報」（全国保育団体連絡会，ちいさいなかま社（発売））　(414)　2011.5　p35～37

◇多文化共生保育への質的転換に繋がる保育観の検討―園長と保育士の調査から　榊原菜々枝　「中部教育学会紀要」（中部教育学会）　(11)　2011.6　p25～39

◇新築保育施設における空気質改善方法―TVOC濃度変化を指標とした室内空気質評価　野口美由貴，水越厚史，柳沢幸雄　「日本建築学会技術報告集」（日本建築学会）　17(36)　2011.6　p577～582

◇基礎から学ぶ子どもの権利条約と保育(第2回)国連子どもの権利委員会最終所見と日本の保育　世取山洋介　「保育情報」（全国保育団体連絡会，ちいさいなかま社（発売））　(415)　2011.6　p2～14

◇保育制度・施策に関する自治体の意見書　「保育情報」（全国保育団体連絡会，ちいさいなかま社（発売））　(415)　2011.6　p52～55

◇児童養護施設における養護・養育と保育（特集 保育の本質をさぐる―さまざまな保育の現場か

ら）　遠藤由美　「季刊保育問題研究」（新読書社）　通号250　2011.8　p22〜35

◇保育制度・施策に関する自治体の意見書　「保育情報」（全国保育団体連絡会，ちいさいなかま社（発売））　（417）　2011.8　p44〜48

◇同僚性にもとづく保育のふり返りと保育者の育ち—より豊かな保育の質を求めて　古賀三紀子,世良田静江,世良田邦彦［他］「久留米信愛女学院短期大学研究紀要」（久留米信愛女学院短期大学）　（34）　2011.9　p131〜136

◇分科会報告　保育時間と保育内容（特集　第50回全国保育問題研究集会・報告）　清水民子　「季刊保育問題研究」（新読書社）　通号251　2011.10　p108〜111

◇分科会報告　保育政策と保育運動（特集　第50回全国保育問題研究集会・報告）　中村強士　「季刊保育問題研究」（新読書社）　通号251　2011.10　p112〜117

◇分科会報告　地域に開かれた保育活動（特集　第50回全国保育問題研究集会・報告）　水野恵子　「季刊保育問題研究」（新読書社）　通号251　2011.10　p140〜145

◇第50回全国保育問題研究集会基調提案　全国保育問題研究集会50年の歴史に学び、すべての子どもが大切にされる保育の創造を（特集　第50回全国保育問題研究集会・報告）　全国保育問題研究協議会常任委員　「季刊保育問題研究」（新読書社）　通号251　2011.10　p162〜185

◇保育・ゆめ・未来　子育て家庭のポート〈港〉になりたい　ファミリーポートひらかた　「はらっぱ：こどもとおとなのパートナーシップ誌」（子ども情報研究センター）　（322）　2011.10　p20〜22

◇子どもの貧困防止のために保育ができること(1)　国民生活基礎調査による子どもの貧困率発表から　畑千鶴乃　「保育情報」（全国保育団体連絡会，ちいさいなかま社（発売））　（419）　2011.10　p12〜16

◇保育制度・施策に関する自治体の意見書　「保育情報」（全国保育団体連絡会，ちいさいなかま社（発売））　（419）　2011.10　p36〜38

◇対談　保育再考—倉橋惣三にみる"育ての心"（特集　保育を再考する）　森上史朗,大豆生田啓友

「保育の友」（全国社会福祉協議会）　59(12)　2011.10　p10〜16

◇個々の意欲を伸ばすベター保育とチームワーク力を高める共創経営（特集　保育を再考する）　松岡裕　「保育の友」（全国社会福祉協議会）　59(12)　2011.10　p23〜25

◇保育制度・施策に関する自治体の意見書　「保育情報」（全国保育団体連絡会，ちいさいなかま社（発売））　（420）　2011.11　p53〜55

◇子ども減少地域の保育の課題—近年の動向と課題（特集　子ども減少地域の保育を考える）　櫻井慶一　「保育の友」（全国社会福祉協議会）　59(13)　2011.11　p11〜15

◇我が国における保育の現状と課題：保育施設調査から見えてきたもの（子ども：保育の理念と課題）　浅見均　「青山学院女子短期大学総合文化研究所年報」（青山学院女子短期大学総合文化研究所）　（19）　2011.12　p3〜20

◇保育財政の現状と課題　御船洋　「商学論纂」（中央大学商学研究会）　53(1・2)　2011.12　p169〜220

◇保育におけるメディア活用ガイドラインの開発と評価　堀田博史,森田健宏,松河秀哉［他］「日本教育工学会論文誌」（日本教育工学会，毎日学術フォーラム（発売））　35 (Suppl.)　2011.12　p41〜44

◇保育・ゆめ・未来　愛され、安心して育つことができるために：「保護者アンケート」からみえてきたもの　「はらっぱ：こどもとおとなのパートナーシップ誌」（子ども情報研究センター）　（324）　2011.12　p20〜22

◇現代の焦点　現行保育制度を守ろう　西きみ子「医療・福祉研究」（医療・福祉問題研究会）　（21）　2012　p51〜54

◇第21回自動教育学会研究大会ラウンドテーブル　幼児教育　保育現場との交流を求めて(8) 保育の質を向上させるための保育者の学び　西川ひろ子,永田彰子,田邊未央［他］　「児童教育研究」（安田女子大学児童教育学会）　（21）　2012　p99〜102

◇フィールドだより　保育を見る目を育てる：『保育環境評価スケール』を用いて　埋橋玲子　「同志社女子大学現代社会学会現代社会フォーラム」

(同志社女子大学現代社会学会) (8) 2012 p65〜73

◇学会賞受賞論文 現代の生活環境における保育に関する研究 岡野雅子 「日本家政学会誌」(日本家政学会) 63(9)通号569 2012 p523〜535

◇保育の現状 : 保育施設とサービスについて 「ヒューマンレポート」(「ヒューマンレポート社」) (特別号) 2012 p8〜14

◇保育カンファレンスにおける談話スタイルとその規定要因 中坪史典, 秋田喜代美, 増田時枝 [他] 「保育学研究」(日本保育学会) 50(1) 2012 p29〜40

◇大学と保育施設(ジェンダー研究センター(CGS) 2011年度イベント報告 トークセッション みんなで語ろう!大学での子育て) 木部尚志 「Gender and sexuality : journal of Center for Gender Studies, ICU」(国際基督教大学ジェンダー研究センター) (7) 2012 p111〜114

◇児童福祉法の改正について(案)(保育の実施に係る事項)(新システム作業G基本制度WT (2011.11.24)子ども・子育て新システム検討会議作業グループ 基本制度ワーキングチーム(第16回)2011(平成23)年11月24日) 「保育情報」(全国保育団体連絡会, ちいさいなかま社 (発売)) (422) 2012.1 p46〜48

◇書評 伊藤良高著『保育制度改革と保育施設経営 : 保育所経営の理論と実践に関する研究』 塩野谷斉 「教育学研究」(日本教育学会) 79(1) 2012.3 p102〜104

◇保育記録に見る保育者と子どもの関係性 : 子ども1人1人とクラス集団に注目して 林悠子 「社会福祉学部論集」(佛教大学社会福祉学部) (8) 2012.3 p17〜37

◇「保育の質」とは何か 荒井美智子 「聖和学園短期大学紀要」(聖和学園短期大学) (49) 2012.3 p61〜78

◇保育ソーシャルワークの意義と課題 若宮邦彦 「南九州大学人間発達研究」(南九州大学人間発達学部) 2 2012.3 p117〜123

◇保育・ゆめ・未来 一人ひとりを大切にする保育 : 子どもの今・未来, そして地域 「はらっぱ : こどもとおとなのパートナーシップ誌」(子ども情報研究センター) (326) 2012.3 p20〜22

◇東日本大震災と保育 : 大震災から見えてきた保育の課題 安藤節子 「聖園学園短期大学研究紀要」(聖園学園短期大学) (42) 2012.3 p11〜26

◇多文化共生保育における言語コミュニケーションの意義 佐々木由美子 「立正社会福祉研究」(立正大学社会福祉学会) 13(2)通号24 2012.3 p7〜13

◇保育時間と保育内容(第51回全国保育問題研究集会 提案特集—分科会案内) 清水民子 「季刊保育問題研究」(新読書社) (254) 2012.4 p32〜34

◇保育政策と保育運動(第51回全国保育問題研究集会 提案特集—分科会案内) 中村強士 「季刊保育問題研究」(新読書社) (254) 2012.4 p34〜36

◇地域に開かれた保育活動(第51回全国保育問題研究集会 提案特集—分科会案内) 水野恵子 「季刊保育問題研究」(新読書社) (254) 2012.4 p44〜46

◇保育者とともにつくる保育内容(Part2)(第51回全国保育問題研究集会 提案特集—父母と共につくる保育内容) 那須弘之 「季刊保育問題研究」(新読書社) (254) 2012.4 p352〜355

◇人とのつながりが地域をつくる(第51回全国保育問題研究集会 提案特集—地域に開かれた保育活動) 増田幸行 「季刊保育問題研究」(新読書社) (254) 2012.4 p380〜383

◇特集 これからの保育を語ろう : いま, 新たな保育ビジョンを 「はらっぱ : こどもとおとなのパートナーシップ誌」(子ども情報研究センター) (327) 2012.4 p2〜8

◇保育の「学校化」を問う(特集 保育の学校化を問う) 清水民子 「季刊保育問題研究」(新読書社) 通号255 2012.6 p8〜19

◇わたしたちの保育(特集 保育の学校化を問う) 佐々木雄大 「季刊保育問題研究」(新読書社) 通号255 2012.6 p92〜101

◇図書案内 保育問題研究シリーズ 確かな感性と認識を育てる保育 : 自分の目で確かめ, みんなで考える 全国保育問題研究協議会編 三上周治

◇「季刊保育問題研究」(新読社) 通号255 2012.6 p150〜153

◇現場実践レポート 大舎制における家庭的な養育を目指した取り組みから思うこと 金本秀韓 「子どもと福祉」(明石書店) 5 2012.7 p108〜111

◇保育・ゆめ・未来 「一人ひとりを大切にする」担当制保育 「はらっぱ：こどもとおとなのパートナーシップ誌」(子ども情報研究センター) (330) 2012.7 p20〜22

◇連載対談 日本を変える次世代の旗手たち(第3回)日本の「保育」改善への挑戦。 猪瀬直樹，駒崎弘樹 「潮」(潮出版社) (642) 2012.8 p162〜169

◇特集座談会 橋下維新の会(ハシズム)から保育を守る(特集 橋下維新の会(ハシズム)から保育を守る) 前田仁美，永谷孝代，泉谷哲雄 [他] 「福祉のひろば」(大阪福祉事業財団，かもがわ出版(発売)) 149 2012.8 p10〜19

◇保育・ゆめ・未来 子どもが主役の保育、子どもとともに創る保育(1) 「はらっぱ：こどもとおとなのパートナーシップ誌」(子ども情報研究センター) (332) 2012.9 p20〜22

◇保育制度・施策に関する自治体の意見書 「保育情報」(全国保育団体連絡会，ちいさいなかま社(発売)) (430) 2012.9 p44〜46

◇保育サービスの現状と課題：サービス・マーケティング理論の観点から 笠井知行，藤岡章子，金森絵里 「立命館経営学」(立命館大学経営学会) 51(2・3)通号295 2012.9 p155〜171

◇集会五〇周年記念企画 保育実践をきりひらいた保問研の五〇年 ： 映像と証言でつづる(特集 第51回全国保育問題研究集会報告) 渡邉保博 「季刊保育問題研究」(新読社) (257) 2012.10 p12〜35

◇分科会報告 保育時間と保育内容(特集 第51回全国保育問題研究集会報告) 清水玲子 「季刊保育問題研究」(新読社) (257) 2012.10 p117〜120

◇分科会報告 保育政策と保育運動(特集 第51回全国保育問題研究集会報告) 中村強士 「季刊保育問題研究」(新読社) (257) 2012.10 p121〜125

◇分科会報告 地域に開かれた保育活動(特集 第51回全国保育問題研究集会報告) 松浦崇 「季刊保育問題研究」(新読社) (257) 2012.10 p145〜149

◇第51回全国保育問題研究集会基調提案(特集 第51回全国保育問題研究集会報告) 「季刊保育問題研究」(新読社) (257) 2012.10 p192〜214

◇保育・ゆめ・未来 子どもが主役の保育、子どもとともに創る保育(2) 「はらっぱ：こどもとおとなのパートナーシップ誌」(子ども情報研究センター) (333) 2012.10 p20〜22

【図書】

◇学びの物語の保育実践 大宮勇雄著 ひとなる書房 2010.1 230p 21cm 1700円 Ⓘ978-4-89464-144-0 Ⓝ376.11

内容 第1章 子ども観転換の時代を生きる(「準備期としての子ども」から「ひとりの市民としての子ども」へ 「子ども」を見る新しい視点―発達への社会文化的アプローチとは 子ども観が変わると保育実践が変わる 実践を変えるために、子どもの「評価¥理解の方法」を作りかえる) 第2章「学びの物語」の保育実践(「学びの物語」のススメ 困難に立ち向かっている」姿が見えてくる時 「関心」と「熱中」からどのようにしてチャレンジが生まれるか 子どもの関心とはどのようなものか 自分の考えを表現することと自らの責任を担うこと) 第3章「学びの物語」で保育の質を高める(質をめぐる今日的争点―「保育の成果」をどうとらえるか 「学びの物語」は子どもの発達をどのようにとらえるものなのか 学びの物語における「子ども理解」の特質 「学びの物語」と保育の質) 第4章 保育理論としてのテ・ファリキーその子どもの見方・とらえ方とは(「原理」と「領域」の糸で織り上げられた「テ・ファリキ」 めざす人間像と五つの「領域」 学び。成長するために必要な権限を子どもたちに 子どもは「関心と意味」に導かれて発達する 子どもは、この社会を、私たちとともに生き、考えている 子どもの成長には「応答的で対等な関係」がなくてはならない)

◇日本における保育実践史研究―大正デモクラシー期を中心に 高月教惠著 御茶の水書房 2010.2 290p 22cm 3200円 Ⓘ978-4-275-00880-0 Ⓝ376.121

内容 第1章 日本の幼稚園・保育所(託児所)のはじまり(幼稚園の状況 託児所の状況) 第2章 大正デモクラシー期における幼稚園(大正元年度奈良女子高等師範学校附属幼稚園の保育の実際 森川正雄保育理論と奈良女子高等師範学校附属幼稚園の保育の実際 — 大正四年度から昭和十三年度を中心に 倉橋惣三と東京女子高等師範学校附属幼稚園の保育の実際 ほか) 第3章 大正デモクラシー期における保育所(託児所)(大原孫三郎と保育所「若竹の園」創設 大正十四年度保育所「若竹の園」保育の実際 — 乳児保育と幼児教育)

◇日本幼児保育史 第1巻 日本保育学会著 日本図書センター 2010.2 254p 22cm 〈フレーベル館昭和43年刊の複製 索引あり〉 ⓘ978-4-284-30330-9,978-4-284-30329-3 Ⓝ376.121

◇日本幼児保育史 第2巻 日本保育学会著 日本図書センター 2010.2 302p 22cm 〈フレーベル館昭和43年刊の複製 索引あり〉 ⓘ978-4-284-30331-6,978-4-284-30329-3 Ⓝ376.121

◇日本幼児保育史 第3巻 日本保育学会著 日本図書センター 2010.2 350p 22cm 〈フレーベル館昭和44年刊の複製 索引あり〉 ⓘ978-4-284-30332-3,978-4-284-30329-3 Ⓝ376.121

◇日本幼児保育史 第4巻 日本保育学会著 日本図書センター 2010.2 334p 22cm 〈フレーベル館昭和46年刊の複製 索引あり〉 ⓘ978-4-284-30333-0,978-4-284-30329-3 Ⓝ376.121

◇日本幼児保育史 第5巻 日本保育学会著 日本図書センター 2010.2 310p 22cm 〈フレーベル館昭和49年刊の複製 索引あり〉 ⓘ978-4-284-30334-7,978-4-284-30329-3 Ⓝ376.121

◇日本幼児保育史 第6巻 日本保育学会著 日本図書センター 2010.2 375p 22cm 〈フレーベル館昭和50年刊の複製 年表あり 索引あり〉 ⓘ978-4-284-30335-4,978-4-284-30329-3 Ⓝ376.121

◇各保育サービスの活用に関する調査研究報告書 府中(東京都) 東京市町村自治調査会 2010.3 239p 30cm 〈委託:みずほ情報総研〉 Ⓝ369.42

◇保育を取り巻く一連の動向と新「保育・子育て」制度の提案 全国私立保育園連盟編 全国私立保育園連盟 2010.3 40p 30cm (新たな保育制度を考えるbooklet no.2) 286円 ⓘ978-4-904858-02-8 Ⓝ369.4

◇保育環境の質尺度の開発と保育研修利用に関する調査研究—総合研究報告書 厚生労働科学研究費補助金政策科学総合研究事業 〔秋田喜代美〕 2010.3 155,43p 30cm

◇保育・生活場面の展開と心身や空間把握能力の発達からみた保育施設環境の所要規模に関する研究—平成21年度総括研究報告書 厚生労働科学研究費補助金政策科学総合研究事業(政策科学推進研究事業) 〔所沢〕 〔佐藤将之〕 2010.3 171p 30cm

◇保育・生活場面の展開と心身や空間把握能力の発達からみた保育施設環境の所要規模に関する研究—平成21年度研究報告書(2年計画の最終報告書)厚生労働科学研究費補助金政策科学総合研究事業(政策科学推進研究事業) 〔所沢〕〔佐藤将之〕 2010.3 110p 30cm

◇保育に役立つ教育制度概説 小林建一著 第2版 名古屋 三恵社 2010.3 210p 21cm 〈文献あり〉 2100円 ⓘ978-4-88361-466-0 Ⓝ373.1

◇まなざしの保育理論と実践——一人ひとりへ温かいまなざし 川口短期大学こども学科編 第2版 相模原 ななみ書房 2010.3 153p 21cm 2500円 ⓘ978-4-903355-22-1 Ⓝ376.11

◇幼児理解と保育援助 田代和美編著, 金澤妙子ほか共著 建帛社 2010.3 128p 21cm 〈新幼稚園教育要領・新保育所保育指針準拠〉 1700円 ⓘ978-4-7679-3232-3 Ⓝ376.1

内容 オリエンテーション この世界に生きることの不思議を理解するワーク:くつしたのはらを育てる この世界でつながって生きることの喜びを理解するワーク:絵本の読みあいを体験する 私を生きることの意味を感じあうワーク:見えない絵本を語る 幼児理解と援助に必要なこととは 幼児理解と援助の手がかり 乳児期の子ども理解と援助:かみつきを通して考える 乳児期の子ども理解と援助:食事について考える 乳児期の子ども理解と援助:友達について考える 幼児期の子ども理解と援助:配慮が必要な子どもについて考える 幼児期の子どもの理解と援助:保育所の事例 幼児期の子どもの理解と援助:幼稚園の事例 保育の場での保護者理解をめざした援助 保護

◇家庭支援の保育学　武藤安子, 吉川晴美, 松永あけみ編著, 小原敏郎, 新開よしみ, 杉本裕子, 丸橋聡美, 峯島紀子共著　建帛社　2010.4　229p　21cm　〈『家族支援の保育学』(2006年刊)の改訂・改題　索引あり〉　2300円　①978-4-7679-3260-6　Ⓝ376.1

内容 第1章 家庭支援へのアプローチ—保育学は何ができるか　第2章 保育の原理と方法—かかわりを育む　第3章 子どもと発達　第4章 家族関係と保育　第5章 保育における子ども理解　第6章 保育における家庭支援—子育てを共同する家族と保育者　第7章 共に育つ保育　第8章 保育と保健　第9章 人間関係を育む保育実践　第10章 家庭支援のネットワーク

◇個を大切にするデンマークの保育—バビロン総合保育園から学ぶ　青江知子, 大野睦子ビャーソウー著　岡山　山陽新聞出版センター(制作)　2010.4　126p　26cm　1200円　①978-4-9904538-4-8　Ⓝ369.42

◇最新保育資料集—保育所, 幼稚園, 保育者に関する法制と基本データ　2010　子どもと保育総合研究所監修, 大豆生田啓友, 三谷大紀編　京都　ミネルヴァ書房　2010.4　469,49p　21cm　〈年表あり〉　2000円　①978-4-623-05606-4　Ⓝ376.1

内容 第1部 法規篇(子どもと保育の基本　学校・幼稚園　保育所およびその他の児童福祉施設　認定こども園　幼稚園の教職員　保育士の資格　心身障害児をめぐる制度　幼稚園・保育所と母子の保健・安全・食育　子育て支援, 育児休業および家族介護　幼稚園の保育内容　ほか)　第2部 幼児教育・保育関係資料

◇政治のなかの保育—スウェーデンの保育制度はこうしてつくられた　バルバーラ・マルティン=コルビ著, 太田美幸訳　京都　かもがわ出版　2010.4　130p　21cm　〈文献あり　年表あり〉　1400円　①978-4-7803-0340-7　Ⓝ376.123893

内容 プレスクールの歴史的ルーツ—1850〜1930年　保育所の是非をめぐる議論—1930〜1960年　1968年保育施設調査委員会と最初のプレスクール法　第一の改革—1970年代：保育拡大計画　国庫補助金を通じた統制　よりよい運用を求めて—1976〜1985年　民営保育所の是非—1980〜1990年　プレスクール全入構想—1985〜1991年　プレスクールと基礎学校の関係—1981〜1991年　政権交代—1991〜1994年〔ほか〕

◇戦後保育史　第1巻　岡田正章, 久保いと, 坂元彦太郎, 宍戸健夫, 鈴木政次郎, 森上史朗編纂　日本図書センター　2010.4　577p　22cm　〈フレーベル館1980年刊の複製〉　①978-4-284-30341-5,978-4-284-30340-8　Ⓝ376.121

◇戦後保育史　第2巻　岡田正章, 久保いと, 坂元彦太郎, 宍戸健夫, 鈴木政次郎, 森上史朗編纂　日本図書センター　2010.4　509p　22cm　〈フレーベル館1980年刊の複製　文献あり〉　①978-4-284-30342-2,978-4-284-30340-8　Ⓝ376.121

◇発達の理解と保育の課題　無藤隆編著　第2版　同文書院　2010.4　226p　24cm　(保育・教育ネオシリーズ　5)　〈執筆：藤谷智子ほか　シリーズの監修者は：岸井勇雄, 無藤隆, 柴崎正行　索引あり〉　2100円　①978-4-8103-1381-9　Ⓝ376.11

内容 発達と保育のつながり　発達の基本的な考え方　初期発達の意味　保育と発達の過程と段階　胎児期・乳児期　幼児期　児童期　青年期　成人期・老年期　発達への援助の基本的考え方　発達の障害とその保育における対応　子育て支援と保育カウンセリングの基礎　家庭の子育てへの支援　保育者の専門性とキャリア発達

◇保育小六法　2010　ミネルヴァ書房編集部編　京都　ミネルヴァ書房　2010.4　540,3p　19cm　1600円　①978-4-623-05706-1　Ⓝ376.1

内容 第1章 基本法令　第2章 子どもの福祉と保育　第3章 幼稚園幼児教育　第4章 認定こども園　第5章 母子保健・安全・食育　第6章 子どもと社会福祉　第7章 子育て支援, 少子化対策　第8章 保育所の保育内容・幼稚園の教育内容　第9章 保育・幼児教育関係通知　第10章 保育・幼児教育関係文書等

◇保育制度改革と児童福祉法のゆくえ　伊藤周平著　京都　かもがわ出版　2010.4　207p　19cm　〈文献あり〉　1600円　①978-4-7803-0336-0　Ⓝ369.42

内容 ひろがる子どもの貧困と保育所待機児童の増大—制度改革よりも待機児童解消を　児童福祉法と公的保育制度　保育制度改革の展開と新保育制度案の提示　新保育制度案のあらましと問題点　保育制度改革と児童福祉法のゆくえ

◇保育の理論と実践　細井房明, 野口伐名, 大桃伸一共編　学術図書出版社　2010.4　268p　21cm　〈索引あり〉　2300円　①978-4-7806-0211-1　Ⓝ376.11

内容　乳幼児と保育権　保育の本質　保育の歴史と現状　わが国の保育の歴史と現状　乳幼児の理解と発達特性　乳幼児の生活と遊び　保育の目的・目標とねらい及び内容　子育て支援と幼稚園・保育所等　幼稚園・保育所等の保育の計画　保育の方法　保育の評価　保育者の専門性　保育の課題

◇保育福祉小六法　2010年版　保育福祉小六法編集委員会編　岐阜　みらい　2010.4　829p　21cm　〈索引あり〉　1600円　①978-4-86015-192-8　Ⓝ369.12

内容　1 憲法・世界人権宣言等　2 社会福祉一般　3 児童福祉・保育・少子化対策・幼児教育　4 母子及び寡婦・女性福祉　5 障害者福祉　6 老人福祉・介護保険・高齢者医療・高齢化対策等　7 生活保護等　8 保険・年金・医療等　9 関係法令等　資料

◇保育用語辞典―子どもと保育を見つめるキーワード　森上史朗, 柏女霊峰編　第6版　京都　ミネルヴァ書房　2010.4　29,422p　19cm　2300円　①978-4-623-05607-1　Ⓝ376.1

◇保育力―子どもと自分を好きになる　浜谷直人著　新読書社　2010.4　130p　21cm　1500円　①978-4-7880-1126-7　Ⓝ376.1

内容　序章 子どもを好きになる保育力　第1章 保育の専門性とは快い物語を言葉にする勇気をもつこと　第2章 保護者とつながる保育力　第3章 安心をつくる：虐待ケースの保育力　第4章 連携する保育力　第5章 保育力のイメージとかたち

◇保育学研究倫理ガイドブック―子どもの幸せを願うすべての保育者と研究者のために　日本保育学会倫理綱領ガイドブック編集委員会編　フレーベル館　2010.5　95p　21cm　952円　①978-4-577-81289-1　Ⓝ376.1

内容　第1部 保育学研究における倫理(保育学研究における倫理とは何か　「日本保育学会倫理綱領」条文解説)　第2部 研究成果の発表と倫理(研究成果の公的な場・学会での発表と倫理　研究データ・資料の取り扱い上の問題　引用上の問題　オーサーシップに関する問題　論文執筆上の問題　学会発表時の問題　その他の研究倫理上の問題)　第3部 保育学研究の実践と倫理の事例(保育実践研究の実施における倫理の枠組み　倫理の事例)　第4部 倫理の教育(研究法と倫理　児童福祉と倫理　保育士養成校と倫理の教育　大学・大学院と倫理の教育)　資料編

◇保育・主体として育てる営み　鯨岡峻著　京都　ミネルヴァ書房　2010.5　281p　21cm　(双書新しい保育の創造)　2200円　①978-4-623-05793-1　Ⓝ376.1

内容　序章 「子どもを育てる」とはどのような営みなのか　第1章 いくつかの重要な概念を再考する　第2章 1人の子どもの保育実践事例から　第3章 子どもはさまざまな人間関係のなかで育てられて育つ　第4章 子どもの思いを受け止めることが保育の出発点　第5章 「受け止めること」の力―保育者の描くエピソードから　第6章 保育目標から保育内容「人間関係」を捉え直す

◇保育のおもむき　秋田喜代美著　大阪　ひかりのくに　2010.5　127p　19cm　1200円　①978-4-564-60705-9　Ⓝ376.11

内容　第1章 日々の保育から(遊びをしまう美学　保育者こそ「よく遊び、よく学べ」ほか)　第2章 園の質向上のために(環境としての空間の豊かさ　研修としてのもの作りと環境の見直し ほか)　第3章 保育者の専門性とは(ビジュアルメディア活用のすすめ　社会性重視文化の中での環境と課題 ほか)　第4章 よりよい保育を目ざして(昔遊びの世代間伝承　「学び」では語れない「遊び」の醍醐味 ほか)

◇大正・昭和保育文献集　第1巻　岡田正章監修　日本図書センター　2010.6　441p　22cm　〈日本らいぶらり1978年刊の複製〉　①978-4-284-30426-9,978-4-284-30425-2　Ⓝ376.1

◇大正・昭和保育文献集　第2巻　岡田正章監修　日本図書センター　2010.6　413p　22cm　〈日本らいぶらり1978年刊の複製〉　①978-4-284-30427-6,978-4-284-30425-2　Ⓝ376.1

◇大正・昭和保育文献集　第3巻　岡田正章監修　日本図書センター　2010.6　421p　22cm　〈日本らいぶらり1978年刊の複製　年譜あり〉　①978-4-284-30428-3,978-4-284-30425-2　Ⓝ376.1

◇大正・昭和保育文献集　第4巻　岡田正章監修　日本図書センター　2010.6　446p　22cm　〈日

◇大正・昭和保育文献集　第4巻　岡田正章監修　日本図書センター　2010.6　345p　22cm　〈日本らいぶらり1978年刊の複製〉　Ⓘ978-4-284-30429-0,978-4-284-30425-2　Ⓝ376.1

◇大正・昭和保育文献集　第5巻　岡田正章監修　日本図書センター　2010.6　345p　22cm　〈日本らいぶらり1978年刊の複製〉　Ⓘ978-4-284-30430-6,978-4-284-30425-2　Ⓝ376.1

◇大正・昭和保育文献集　第6巻　岡田正章監修　日本図書センター　2010.6　390p　22cm　〈日本らいぶらり1978年刊の複製〉　Ⓘ978-4-284-30431-3,978-4-284-30425-2　Ⓝ376.1

◇大正・昭和保育文献集　第7巻　岡田正章監修　日本図書センター　2010.6　320p　22cm　〈日本らいぶらり1978年刊の複製〉　Ⓘ978-4-284-30432-0,978-4-284-30425-2　Ⓝ376.1

◇大正・昭和保育文献集　第8巻　岡田正章監修　日本図書センター　2010.6　380p　22cm　〈日本らいぶらり1978年刊の複製〉　Ⓘ978-4-284-30433-7,978-4-284-30425-2　Ⓝ376.1

◇大正・昭和保育文献集　第9巻　岡田正章監修　日本図書センター　2010.6　331p　22cm　〈日本らいぶらり1978年刊の複製〉　Ⓘ978-4-284-30434-4,978-4-284-30425-2　Ⓝ376.1

◇大正・昭和保育文献集　第10巻　岡田正章監修　日本図書センター　2010.6　455p　22cm　〈日本らいぶらり1978年刊の複製〉　Ⓘ978-4-284-30435-1,978-4-284-30425-2　Ⓝ376.1

◇大正・昭和保育文献集　第11巻　岡田正章監修　日本図書センター　2010.6　355p　22cm　〈日本らいぶらり1978年刊の複製　文献あり〉　Ⓘ978-4-284-30436-8,978-4-284-30425-2　Ⓝ376.1

◇大正・昭和保育文献集　第12巻　岡田正章監修　日本図書センター　2010.6　364p　22cm　〈日本らいぶらり1978年刊の複製〉　Ⓘ978-4-284-30437-5,978-4-284-30425-2　Ⓝ376.1

◇大正・昭和保育文献集　第13巻　岡田正章監修　日本図書センター　2010.6　434p　22cm　〈日本らいぶらり1978年刊の複製〉　Ⓘ978-4-284-30438-2,978-4-284-30425-2　Ⓝ376.1

◇大正・昭和保育文献集　第14巻　岡田正章監修　日本図書センター　2010.6　419p　22cm　〈日本らいぶらり1978年刊の複製〉　Ⓘ978-4-284-30439-9,978-4-284-30425-2　Ⓝ376.1

◇大正・昭和保育文献集　別巻　岡田正章監修　日本図書センター　2010.6　340p　22cm　〈日本らいぶらり1978年刊の複製〉　Ⓘ978-4-284-30440-5,978-4-284-30425-2　Ⓝ376.1

◇保育実践のまなざし―戦後保育実践記録の60年　宍戸健夫, 渡邉保博, 木村和子, 西川由紀子, 上月智晴編　京都　かもがわ出版　2010.6　231p　21cm　2200円　Ⓘ978-4-7803-0366-7　Ⓝ376.121

内容　序章　戦後保育実践への招待　1章　敗戦から一九五〇年代―戦後保育実践の出発　2章　一九六〇年代―伝えあう保育の開花　3章　一九七〇年代―あそび保育の発展　4章　一九八〇年代―多様な保育の創造　5章　一九九〇年代―共感を育てる保育の深化　6章　二〇〇〇年以降―父母とともにつくる保育の展開　終章　いま, 保育実践史に学ぶ意味

◇保育六法　田村和之編　第2版　信山社　2010.6　694p　19cm　〈索引あり〉　2200円　Ⓘ978-4-7972-5682-6　Ⓝ369.42

◇新「保育・子育て」制度の提案について（たたき台）―パブリックコメント・意見集約結果　パブリックコメントに関する考え方　全国私立保育園連盟　2010.7　39p　30cm

◇THE保育―101の提言　vol.3　無藤隆編著　フレーベル館　2010.7　225p　26cm　〈執筆：網野武博ほか〉　2000円　Ⓘ978-4-577-80335-6　Ⓝ376.1

内容　巻頭言　保育はどこに行くか　保育への提言その1（子どもたちが幸せに暮らすくにを　子どの心に, ことばの種を　ほか）　保育への提言その2（脳と体のかかわり　十年続けて一人前　ほか）　保育からの提言（三つの感覚的協応　未来を創造する自然の中での子育て　ほか）　まとめ　一〇一の提言から学んだこと

◇乳幼児が施設養育で損なわれる危険性―EUにおける乳幼児の脱施設養育施策の理論と方策　乳幼児施設養育という国家によるシステム虐待を考えるために　ケヴィン・ブラウン著, 津崎哲雄訳　〔大阪〕　英国ソーシャルワーク研究会　2010.8　30p　30cm　（英国ソーシャルワーク研究会・翻訳資料　第20号）

◇保育白書　2010年版　全国保育団体連絡会, 保育研究所編　ちいさいなかま社　2010.8　260p　26cm　〈発売：ひとなる書房〉　2500円　Ⓘ978-4-89464-150-1

◇保育の問題をめぐって　加藤達夫, 平岩幹男, 高橋孝雄, 関口進一郎編　日本小児保健協会　2010.9　57p　26cm　（小児保健シリーズno.65）　Ⓝ376.1

◇保育学序説―未来にひらかれた子どもの育ちを支えるために　太田光洋著　改訂版　保育出版会　2010.10　230,2p　21cm　〈年表あり〉　2500円　Ⓘ4-903113-00-0　Ⓝ376.11

◇保育における援助の方法　阿部明子, 中田カヨ子編著　萌文書林　2010.12　197p　26cm　〈執筆：浅野純子ほか　文献あり〉　2000円　Ⓘ978-4-89347-145-1　Ⓝ376.1

内容　1 保育における援助のあり方（保育の基本的なあり方　保育のなかでの援助の考え方　保育の援助の考え方の変遷）　2 援助の考え方と実践の方法（低年齢児への援助　3歳児への援助　4歳児への援助　5歳児への援助　一日の生活のなかでの援助の考え方と実践　保育の援助に対する保育者の自己評価）

◇保育パワーアップ講座　活用編　根拠に基づく支援子どもたちのすこやかな成長のために　安梅勅江編著, 日本小児医事出版社編, 保育パワーアップ研究会監修　第2版　日本小児医事出版社　2010.12　173p　30cm　〈索引あり〉　2300円　Ⓘ978-4-88924-208-9　Ⓝ376.1

◇保育パワーアップ講座―長時間保育研究をもとに子どもたちのすこやかな成長のために　保育パワーアップ研究会監修, 安梅勅江編著　第3版　日本小児医事出版社　2011.2　111p　30cm　2300円　Ⓘ978-4-88924-207-2　Ⓝ376.1

◇乳幼児の保育と教育―子どもの最善の利益を求めて　岡崎友典, 林信二郎編著　放送大学教育振興会　2011.3　221p　21cm　（放送大学教材）〈文献あり〉　2200円　Ⓘ978-4-595-31238-0　Ⓝ376.1

内容　乳幼児を育てるということ　乳幼児期の発達理解と保育　家庭での生活とそこでの育ち　保育所での生活とそこでの育ち　幼稚園での生活とそこでの育ち　地域での生活とそこでの育ち　環境を通しての保育　遊びを通しての保育　児童文学を通しての保育　保育に関わる者に求められるもの　乳幼児教育の遺産　諸外国における保育制度　国際化社会における保育　家族の多様化と子育て支援　保育の現状と課題

◇保育ソーシャルワークのフロンティア　伊藤良高, 永野典詞, 中谷彪編　京都　晃洋書房　2011.3　117p　21cm　〈索引あり〉　1300円　Ⓘ978-4-7710-2234-8　Ⓝ369.42

内容　子どもの育ちと親・教師の責任　保育ソーシャルワークの基礎理論　保育ソーシャルワークと保育実践　保育ソーシャルワークと保護者支援・子育て支援　保育ソーシャルワークとカウンセリング　保育ソーシャルワークと関係機関との連携　保育所における保護者支援・子育て支援―事例研究　幼稚園における保護者支援・子育て支援―事例研究　児童福祉施設における保護者支援・子育て支援―事例研究　保育ソーシャルワークと保育者の資質・専門性〔ほか〕

◇保育に役立つ教育制度概説　小林建一著　第3版　名古屋　三恵社　2011.3　210p　21cm　〈文献あり〉　2100円　Ⓘ978-4-88361-466-0　Ⓝ373.1

◇OECD保育白書―人生の始まりこそ力強く：乳幼児期の教育とケア（ECEC）の国際比較　OECD編著, 星三和子, 首藤美香子, 大和洋子, 一見真理子訳　明石書店　2011.3　513p　27cm　7600円　Ⓘ978-4-7503-3365-6　Ⓝ376.1

内容　第1章 各国はなぜ「乳幼児期の教育とケア（ECEC）」に投資するのか　第2章 ECEC政策への体系的で統合的なアプローチ　第3章 ECECと教育制度の強力で対等な連携　第4章 すべての人に開かれたアクセスと特別なニーズをもつ子どもたちへの配慮　第5章 ECECサービスとインフラに対する相当額の公的投資　第6章 ECECの質の改善と保証への参加型アプローチ　第7章 ECEC職員のための適切な養成と労働条件　第8章 ECEC分野の体系的なデータ収集とモニタリング　第9章 ECEC研究と評価の安定した枠組みと長期的課題　第10章 OECDによる政策提言：10項目

保育施設・保育サービス

◇最新保育資料集―保育所、幼稚園、保育者に関する法制と基本データ　2011　子どもと保育総合研究所監修, 大豆生田啓友, 三谷大紀編　京都　ミネルヴァ書房　2011.4　485,53p　21cm　〈年表あり〉　2000円　Ⓣ978-4-623-05984-3　Ⓝ376.1

内容　第1部 法規篇(子どもと保育の基本　学校・幼稚園　保育所およびその他の児童福祉施設　認定こども園　幼稚園の教職員　保育士の資格　心身障害児をめぐる制度　幼稚園・保育所と母子の保健・安全・食育　子育て支援、育児休業および家族介護　幼稚園の保育内容　保育所の保育内容　各種通知など　幼児教育、保育関係文書など)　第2部 幼児教育・保育関係資料

◇保育小六法　2011　ミネルヴァ書房編集部編　京都　ミネルヴァ書房　2011.4　563,3p　19cm　1600円　Ⓣ978-4-623-05983-6　Ⓝ376.1

内容　第1章 基本法令　第2章 子どもの福祉と保育　第3章 幼稚園幼児教育　第4章 認定こども園　第5章 母子保健・安全・食育　第6章 子どもと社会福祉　第7章 子育て支援、少子化対策　第8章 保育所の保育内容・幼稚園の教育内容　第9章 保育・幼児教育関係通知　第10章 保育・幼児教育関係文書等

◇保育の学校　第1巻(保育の基本と学び編)　無藤隆著　フレーベル館　2011.4　133p　21cm　1300円　Ⓣ978-4-577-81309-6　Ⓝ376.1

内容　第1講 養護と教育の一体的保育　第2講 教育課程・保育課程と指導計画　第3講 協同的な活動　第4講 数・図形　第5講 文字　補講「こども園構想」とは

◇保育の学校　第2巻(5領域編)　無藤隆著　フレーベル館　2011.4　135p　21cm　1300円　Ⓣ978-4-577-81310-2　Ⓝ376.1

内容　第6講 身体運動の指導　第7講 道徳性・規範意識・気持ちの調整　第8講 環境に関する意識の芽生え　第9講 言葉による伝え合い　第10講 表現の過程を大切にする　第11講 体験の多様性と関連性

◇保育の学校　第3巻(5つの今日的課題編)　無藤隆著　フレーベル館　2011.4　135p　21cm　1300円　Ⓣ978-4-577-81311-9　Ⓝ376.1

内容　第12講 保護者との連携・子育て支援　第13講 自己評価と第三者評価　第14講 小学校との連携　第15講 特別支援のあり方　第16講 食育

◇保育のみらい　秋田喜代美著　大阪　ひかりのくに　2011.4　127p　19cm　1200円　Ⓣ978-4-564-60786-8　Ⓝ376.1

内容　第1章 日々の保育の中から(動き出したくなる場をつくる　不安と拒否からの育ち ほか)　第2章 保育の質と研修(質を高める研修のために　保育の質と保護者の関与 ほか)　第3章 異なる文化の窓から(韓国の学会訪問で　自国の文化を見つめる保育 ほか)　第4章 保育のこれから―制度改革のゆくえ(保育をめぐる高次連立方程式への解を求めて　保育政策の一貫性 ほか)

◇保育福祉小六法　2011年版　保育福祉小六法編集委員会編　岐阜　みらい　2011.4　892p　21cm　〈索引あり〉　1600円　Ⓣ978-4-86015-233-8　Ⓝ369.12

◇在宅保育論―家庭訪問保育の理論と実際　巷野悟郎監修, 全国ベビーシッター協会編　中央法規出版　2011.5　398p　26cm　〈『ベビーシッター講座』の改訂〉　2800円　Ⓣ978-4-8058-3466-4　Ⓝ369.4

内容　第1章 家庭訪問保育概論　第2章 家庭訪問保育の実務　第3章 保育マインド　第4章 家庭における子育て支援　第5章 さまざまな家庭訪問保育　第6章 家庭訪問保育における健康支援　第7章 家庭訪問保育での事故の予防と対応　第8章 乳幼児の栄養と食事　第9章 家庭訪問保育における保育技術　第10章 ベビーシッターのマネジメント

◇明治保育文献集　第1巻　岡田正章監修　日本図書センター　2011.5　386p　22cm　〈日本らいぶらり1977年刊の複製〉　Ⓣ978-4-284-30507-5,978-4-284-30506-8　Ⓝ376.1

◇明治保育文献集　第2巻　岡田正章監修　日本図書センター　2011.5　417p　22cm　〈日本らいぶらり1977年刊の複製〉　Ⓣ978-4-284-30508-2,978-4-284-30506-8　Ⓝ376.1

◇明治保育文献集　第3巻　岡田正章監修　日本図書センター　2011.5　379p　22cm　〈日本らいぶらり1977年刊の複製〉　Ⓣ978-4-284-30509-9,978-4-284-30506-8　Ⓝ376.1

◇明治保育文献集　第4巻　岡田正章監修　日本図書センター　2011.5　388p　22cm　〈日本らいぶらり1977年刊の複製〉　Ⓣ978-4-284-30510-5,978-4-284-30506-8　Ⓝ376.1

保育施設・保育サービス

◇明治保育文献集　第5巻　岡田正章監修　日本図書センター　2011.5　365p　22cm　〈日本らいぶらり1977年刊の複製〉　⊕978-4-284-30511-2,978-4-284-30506-8　Ⓝ376.1

◇明治保育文献集　第6巻　岡田正章監修　日本図書センター　2011.5　364p　22cm　〈日本らいぶらり1977年刊の複製〉　⊕978-4-284-30512-9,978-4-284-30506-8　Ⓝ376.1

◇明治保育文献集　第7巻　岡田正章監修　日本図書センター　2011.5　357p　22cm　〈日本らいぶらり1977年刊の複製〉　⊕978-4-284-30513-6,978-4-284-30506-8　Ⓝ376.1

◇明治保育文献集　第8巻　岡田正章監修　日本図書センター　2011.5　364p　22cm　〈日本らいぶらり1977年刊の複製〉　⊕978-4-284-30514-3,978-4-284-30506-8　Ⓝ376.1

◇明治保育文献集　第9巻　岡田正章監修　日本図書センター　2011.5　341p　22cm　〈日本らいぶらり1977年刊の複製〉　⊕978-4-284-30515-0,978-4-284-30506-8　Ⓝ376.1

◇明治保育文献集　別巻　岡田正章監修　日本図書センター　2011.5　293p　22cm　〈日本らいぶらり1977年刊の複製〉　⊕978-4-284-30516-7,978-4-284-30506-8　Ⓝ376.1

◇確かな感性と認識を育てる保育―自分の目で確かめ、みんなで考える　全国保育問題研究協議会編　新読書社　2011.6　246p　21cm　（保育問題研究シリーズ）　〈年表あり〉　1800円　⊕978-4-7880-1147-2　Ⓝ376.1

内容　第1章　ものの見方・考え方を育てる（子どもに思考力を育てるとはどのようなことか　乳幼児期に「科学する心」をどう育てるか　ものの見方・考え方を育てる保育実践）　第2章　モノ作り実践の意義と課題（モノ作り実践の意義と課題　モノ作りの保育実践）　第3章　植物栽培の実践の意義と課題（植物のある保育環境　植物栽培の保育実践）　第4章　動物飼育の実践の意義と課題（動物飼育の実践の意義と課題　動物飼育の保育実践）　第5章　対談・なぜ保育にとって「科学」が必要なのか

◇保育学講座　第1巻　日本保育学会監修　日本図書センター　2011.6　346p　22cm　〈フレーベル館1969年刊の複製　文献あり　索引あり〉　⊕978-4-284-30556-3,978-4-284-30555-6　Ⓝ376.1

内容　幼児教育の原理と方法（荘司雅子著）

◇保育学講座　第2巻　日本保育学会監修　日本図書センター　2011.6　318p　22cm　〈フレーベル館1970年刊の複製　文献あり　索引あり〉　⊕978-4-284-30557-0,978-4-284-30555-6　Ⓝ376.1

内容　保育課程（鈴木信政著）

◇保育学講座　第3巻　日本保育学会監修　日本図書センター　2011.6　342p　22cm　〈フレーベル館1970年刊の複製　索引あり〉　⊕978-4-284-30558-7,978-4-284-30555-6　Ⓝ376.1

内容　日本の保育制度（岡田正章著）

◇保育学講座　第4巻　日本保育学会監修　日本図書センター　2011.6　362p　22cm　〈フレーベル館1969年刊の複製　文献あり　索引あり〉　⊕978-4-284-30559-4,978-4-284-30555-6　Ⓝ376.1

内容　現代の幼児教育（小川正通著）

◇保育学講座　第5巻　日本保育学会監修　日本図書センター　2011.6　350p　22cm　〈フレーベル館1970年刊の複製　索引あり〉　⊕978-4-284-30560-0,978-4-284-30555-6　Ⓝ376.1

内容　幼児の生活指導（山下俊郎著）

◇保育学講座　第6巻　日本保育学会監修　日本図書センター　2011.6　328p　22cm　〈フレーベル館1969年刊の複製　文献あり　索引あり〉　⊕978-4-284-30561-7,978-4-284-30555-6　Ⓝ376.1

内容　子どものしつけと性格（児玉省著）

◇保育学講座　第7巻　日本保育学会監修　日本図書センター　2011.6　346p　22cm　〈フレーベル館1970年刊の複製　索引あり〉　⊕978-4-284-30562-4,978-4-284-30555-6　Ⓝ376.1

内容　子どものおもちゃと遊びの指導（松村康平著）

◇保育学講座　第8巻　日本保育学会監修　日本図書センター　2011.6　318p　22cm　〈フレーベル館1970年刊の複製　索引あり〉　⊕978-4-284-30563-1,978-4-284-30555-6　Ⓝ376.1

内容　幼児の身体発達と保育（平井信義著）

◇保育学講座　第9巻　日本保育学会監修　日本図書センター　2011.6　358p　22cm　〈フレーベル館1970年刊の複製　索引あり〉　⊕978-4-284-30564-8,978-4-284-30555-6　Ⓝ376.1

[内容] 日本の幼児の精神発達(日本保育学会著)

◇保育学講座 第10巻 日本保育学会監修 日本図書センター 2011.6 327p 22cm 〈フレーベル館1970年刊の複製 索引あり〉 ①978-4-284-30565-5,978-4-284-30555-6 Ⓝ376.1

[内容] 幼児の両親教育の研究(村山貞雄著)

◇ほいくしんり―保育心理士と子どものこころに寄り添う保育士のための機関誌 Vol.3 大谷保育協会編 エイデル研究所 2011.6 62p 26cm 1143円 ①978-4-87168-494-1

[内容] 子どもの心に寄り添う 東日本大震災―宮城県七ヶ浜町復興支援こどもサポートプログラム 東日本大震災―岩手県 現場からの報告 東日本大震災―神戸市 保育心理士として何をすべきか 保育心理士(二種)の卒業研究 誌上講座 保育心理演習

◇地域における保育臨床相談のあり方―協働的な保育支援をめざして 日本保育学会保育臨床相談システム検討委員会編 京都 ミネルヴァ書房 2011.7 197p 26cm 2200円 ①978-4-623-05966-9 Ⓝ376.1

[内容] 第1章 なぜ今、保育臨床相談が求められているのか(複雑化する子どもと家族 多様化する保育現場 ほか) 第2章 園として保育臨床相談にどのように取り組んでいくか(一人ひとりを支えるために 保育臨床相談に臨む保育者の姿勢 ほか) 第3章 地域の専門家が園と協働していくために(地域の専門家とは 保育現場の課題と支援 ほか) 第4章 地域の実情に応じた協働的実践(地域の巡回相談で協働していく 地域の園で協働していく ほか)

◇保育白書 2011 全国保育団体連絡会,保育研究所編 ちいさいなかま社 2011.8 280p 26cm 〈発売:ひとなる書房〉 2500円 ①978-4-89464-162-4

[内容] 第1章 最新データと解説=保育の今(幼い子ども・家族の今 保育制度・政策の原理と動向 ほか) 第2章 特集1 大震災と保育(東日本大震災と保育所 子どもを守りぬいた保育者たち(岩手)ほか) 第3章 特集2 幼保一体化・新システムを問う(社会保障と税の一体改革と新システム 「幼保一体化」は保育に何をもたらすか ほか) 第4章 保育最前線レポート(保育をめぐる法的諸問題 自治体の待機児童対策の動向 ほか) 第5章 資料編(子ども・子育て新システム関連資料 新システムに対する各界の意見 ほか)

◇子どもの教育の原理―保育の明日をひらくために 古橋和夫編著 萌文書林 2011.10 262p 21cm 〈索引あり〉 1900円 ①978-4-89347-157-4 Ⓝ376.1

[内容] 第1部 教育の意義と歴史(教育とは何か―4つの教育の理念と子ども観 幼児教育を築いた人々―教育の歴史的考察 わが国の幼児教育と保育の歴史) 第2部 教育の制度と実践―基礎理論をおさえて(子どもの発達と教育 教育と児童福祉における目的と目標 わが国と外国の幼児教育・保育の制度 教育課程・保育課程―保育の計画と実践 子どもの発達の特徴と遊び―保護者のかかわり方のポイント 子どもの活動と教育・保育をどう評価するか) 第3部 教育と保育の現状とこれから(特別支援教育――一人ひとりに合った支援 生涯学習社会における幼児教育と保育 保育者とは何か―これからの保育者に求められるもの)

◇誰にも言えない保育の悩みがプラス思考でスッキリ解決する本 原坂一郎著 大阪 ひかりのくに 2011.10 127p 19cm (ハッピー保育books 15) 1200円 ①978-4-564-60798-1 Ⓝ376.14

[内容] プロローグ 「プラス思考」でいこう! 第1章 職場の人間関係に悩んだら(どうしても合わない先生がいます 人間関係にうんざりです ほか) 第2章 保護者との関係で悩んだら(保護者のみなさんと仲よくなれるかなぁ… 初めて出会う保護者の方との関係に不安がいっぱいです ほか) 第3章 日々、どうしよう…と悩んだら(「イヤだなぁ」「困ったなぁ」と思うことが毎日のように起こります 「どうしよう…」がいつも口ぐせです ほか) 第4章 保育のことで悩んだら(この1年うまくやっていける自信がない… 忙しい4月がキライです! ほか) エピローグ かなった夢を楽しもう!

◇現代の時間的環境における保育に関する研究 岡野雅子著 風間書房 2011.11 252p 22cm 〈文献あり〉 6500円 ①978-4-7599-1884-7 Ⓝ376.11

[内容] 第1章 本研究の目的 第2章 先行研究の検討 第3章 「子どもが生きている世界」のなかの時間についての子ども自身の認識 第4章 子どもの日々の活動のなかの時間 第5章 保育場面における子どもが「いきいきと遊ぶ」のなかの時間 第6章 近年の20年間の環境の変化と時間 第7章 総括的考察

◇ジェンダー・フリー保育—次世代育成のヒント　青野篤子著　多賀出版　2012.1　132p　22cm　〈索引あり〉　3000円　①978-4-8115-7711-1　Ⓝ376.1

内容　第1章 男女平等とジェンダーに対する保育者の意識（ジェンダー・フリー論争の意味　保育者・保護者調査の目的と概要　性差と保育　ジェンダーのしろうと理論）　第2章 園の隠れたカリキュラムと保育者の意識（調査の目的と方法　結果　考察）　第3章 男性保育者が保育を変える（男性保育者に対する保護者と保育者の期待　男性保育者の保育職に対する意識）　第4章 ジェンダー・フリー・プログラムの実践（自由度を高める描画プログラム　スポーツにおけるジェンダー・フリー・プログラム）　第5章「研究室だより」による現場へのフィードバック（「研究室だより」で伝えたこと　「研究室だより」への反響）

◇ほっと安心悩み解消Q&A124　ひろば編集部編　川口　メイト　2012.1　160p　26cm　（ひろばブックス）〈発売：〔アド・グリーン企画出版〕〉　1800円　①978-4-86051-108-1　Ⓝ376.14

内容　第1章 保育技術（期待と不安いっぱいの新年度、どういう心構えで迎えたらよいでしょうか？　進級式・入園式を盛りあげ、楽しいスタートを切りたいのですが…。ほか）　第2章 子ども同士（グループ対抗のゲームで負けると、「○○が遅いから負けたんだ！」と一人を責めるケンカが…。　本当は友だちが大好きなのに、意地悪をしてしまう子がいます。ほか）　第3章 子どもの健康・発達（4月当初は泣かなかったのに、5月になって突然泣き出すようになった子がいます。　いつも保育者のあとをくっついて離れず、独占したがる子がいます。ほか）　第4章 生活習慣（家庭での生活リズムが不安定な子がいます。園として、どうしたらよいでしょうか？　お昼寝を嫌がる子がいます。気持ちよくお昼寝できるよい方法はないでしょうか？ほか）　第5章 保護者とのかかわり（保護者との信頼関係を築くには、どうしたらよいでしょうか？　保護者からの贈り物や誘いは、断るべきでしょうか？ほか）　第6章 職場関係（異動になった園では決まりごとが多く、今までの保育ができず悩んでいます。　園行事の考え方に違いがあり、現場で言われることと自分の思いとの矛盾で悩んでいます。ほか）

◇保育の楽しみ方がわかる本—子どもの〈気づき〉を活かす保育のすばらしさ　森川紅著　大阪　ひかりのくに　2012.2　111p　19cm　1200円　①978-4-564-60805-6　Ⓝ376.1

内容　第1章 子ども主体の保育　第2章 自然からの気づきと子どもの心　第3章 遊びを創り出す子ども　第4章 風を感じて遊ぶ　第5章 水と遊ぶ子ども　第6章 光に気づいて遊ぶ　終章 子どもの「気づき」のための環境構成と保育者の役割—"おわりに"としても

◇保育に役立つ教育制度概説　小林建一著　第4版　名古屋　三恵社　2012.3　210p　21cm　〈文献あり〉　2100円　①978-4-88361-466-0　Ⓝ373.1

◇元証券マン 日本の保育を変える！—待機児童、保育士不足、延長保育…これでいいのか!?　山口洋著　かんき出版　2012.3　206p　19cm　1400円　①978-4-7612-6820-6　Ⓝ369.42

内容　第1章 保育事業スタート時の思い（保育園を始めた二つの動機　保育事業のスタート　保育園運営の難しさ　保育に欠かせない専門知識の習得　保育園運営の理念　保育園運営で大切なこと　保育園のさまざまな種類）　第2章 保育の質を高める（保育士を育てるための研修　保育士は楽しく働くことが大切　保育士の連帯と意識改革　保育士のメンタルヘルス　園長を育てるということ　保育士を大切にするということ）　第3章 保育園利用者との関係づくり（保育における利用者満足　クレームへの正しい対応　コンプライアンスの大切さ）　第4章 保育で大切にしたいこと（究極の保育サービスをめざして　子どもの力を引き出す保育　食事は子どもの生活の基本　長時間保育の是非論　子どもたちの発達支援）　第5章 保育の将来はどうなるか（待機児童の問題解決に向けて　保育園の事業主体　保育園経営のセーフティーネット　保育園を選べること　日本の保育が変わるために）

◇ごんごんの保育笑説—みんな子どもが教えてくれた　桜井ひろ子著　ひとなる書房　2012.4　237p　20cm　1700円　①978-4-89464-171-6　Ⓝ376.1

内容　第1章 みんな子どもが教えてくれた（子どもたちが先生になった日　呼び捨て　わがままか自己主張か　ほか）　第2章 人は人を人にする（恋するスリランカ　なのはな園）　第3章 人となる

保育施設・保育サービス

道、ネパール暮らし(暮らしの中で、人となる OKバジの願い どこへ行くネパール)

◇最新保育資料集—保育所、幼稚園、保育者に関する法制と基本データ 2012 子どもと保育総合研究所監修, 大豆生田啓友, 三谷大紀編 京都 ミネルヴァ書房 2012.4 511,53p 21cm 〈年表あり〉 2000円 Ⓘ978-4-623-06214-0 Ⓝ376.1

|内容| 第1部 法規篇(子どもと保育の基本 学校・幼稚園 保育所およびその他の児童福祉施設 認定こども園 ほか) 幼児教育・保育年表 第2部 幼児教育・保育関係資料(ライフサイクルの変化 出生数の推移 幼稚園 幼稚園教員 ほか)

◇保育学研究倫理ガイドブック—子どもの幸せを願うすべての保育者と研究者のために 日本保育学会倫理綱領ガイドブック編集委員会編 改訂版 フレーベル館 2012.4 95p 21cm 1000円 Ⓘ978-4-577-81337-9 Ⓝ376.1

|内容| 第1部 保育学研究における倫理(保育学研究における倫理とは何か 「一般社団法人日本保育学会倫理綱領」条文解説) 第2部 研究成果の発表と倫理(研究成果の公的な場・学会での発表と倫理 研究データ・資料の取り扱い上の問題 ほか) 第3部 保育学研究の実施と倫理の事例(保育実践研究の実施における倫理の枠組み 倫理の事例) 第4部 倫理の教育(研究法と倫理 児童福祉と倫理 ほか)

◇保育実践に求められるソーシャルワーク—子どもと保護者のための相談援助・保育相談支援 橋本好市, 直島正樹編著 京都 ミネルヴァ書房 2012.4 218p 21cm 〈文献あり 索引あり〉 2500円 Ⓘ978-4-623-06252-2 Ⓝ369.42

|内容| 第1部 保育におけるソーシャルワーク(保育とソーシャルワーク 保育におけるソーシャルワークの考え方と視点 保育におけるソーシャルワークの機能と実際) 第2部 事例から学ぶ保育相談支援の理論と実際(保育におけるソーシャルワークの方法と技術 保育相談支援の重要性 保護者との関係構築 地域子育て支援) 第3部 より学びを深めるための事例分析(事例分析に必要な手法 保育士としての資質向上に向けた事例分析—保育士としての支援のポイント)

◇保育指導案大百科事典 開仁志編著 一藝社 2012.4 241p 26cm 〈文献あり〉 2200円 Ⓘ978-4-86359-041-0 Ⓝ376.1

|内容| 本書の使い方 指導案の意味 指導案作成のポイント 指導案に使う用語辞典 生活の流れが書かれた指導案 全日指導案・特別支援の指導案 歌・手遊び・パネルシアター・ごっこ遊びの指導案 ものづくりの指導案 自然素材を使った遊びの指導案 体を動かす遊びの指導案 アスレチック・サーキット、迷路遊びの指導案 施設実習における指導案

◇保育小六法 2012 ミネルヴァ書房編集部編 京都 ミネルヴァ書房 2012.4 597,3p 19cm 〈索引あり〉 1600円 Ⓘ978-4-623-06211-9 Ⓝ376.1

|内容| 第1章 基本法令 第2章 子どもの福祉と保育 第3章 幼稚園幼児教育 第4章 認定こども園 第5章 母子保健・安全・食育 第6章 子どもと社会福祉 第7章 子育て支援、少子化対策 第8章 保育所の保育内容・幼稚園の教育内容 第9章 保育・幼児教育関係通知 第10章 保育・幼児教育関係文書等

◇保育で気になる子どもたち—なかまづくりの保育をめざして 藤井貴子著 京都 かもがわ出版 2012.4 105p 21cm 1200円 Ⓘ978-4-7803-0532-6 Ⓝ376.1

|内容| 第1章 「気になる子ども」をめぐって 第2章 現場の保育士が考える「気になる子ども」—アンケート調査から(基本的生活習慣とコミュニケーション 保育士が感じる「気になる子ども」 ほか) 第3章 クラスのなかの「気になる子ども」(3歳児クラスの子どもたち 4歳児クラスの子どもたち ほか) 第4章 一人ひとりを生きいきさせる仲間づくりの実践—「気になる子」はいない(3歳児クラスの仲間づくり 5歳児クラスの仲間づくり) 第5章 保育士に求められること(子どもに生活力をつけながら基本的生活習慣の自立を 子どもを好きになり、子どもとよく遊び、あそびのルールをつくる ほか)

◇保育福祉小六法 2012年版 保育福祉小六法編集委員会編 岐阜 みらい 2012.4 880p 21cm 1600円 Ⓘ978-4-86015-261-1 Ⓝ369.12

保育施設・保育サービス

◇大場幸夫が考えていた保育の原点　大場富子監修　創成社　2012.5　355p　22cm　〈布装〉　3000円　①978-4-7944-8058-3　Ⓝ376.1

内容「カンファレンスと3つの柱」「大場先生に学んだこと―「できごと」を意味づけるということ」「暮らしを共にすること・共に生きること」「クリスチャンとしての生き方」「大場先生から学んだこと」「大場先生の講演を通して学んだこと」「硬い石の中に柔らかさを見出す」「大場先生から学んだこと―研究者として、人間として」「語られた言葉から想起する大場先生の保育論」「始めに事例ありき」〔ほか〕

◇改編・保育の考え方と実践　瀧川光治、小栗正裕編著　京都　久美　2012.5　253p　26cm　〈執筆：福井逸子ほか　「新・保育の考え方と実践」(2009年刊)の改題改訂〉　2500円　①978-4-86189-199-1　Ⓝ376.1

内容 前編 保育の考え方を学ぶ(保育の意義を学ぶ　保育の基礎を学ぶ)　後編 保育の実践を学ぶ(保育の内容を学ぶ　保育の展開を学ぶ　保育実践の課題を学ぶ)

◇保育者のための教育と福祉の事典　大嶋恭二、岡本富郎、倉戸直実、松本峰雄、三神敬子編　建帛社　2012.5　377p　19cm　2800円　①978-4-7679-3293-4

内容 1 基本編(子どもと保育・教育・福祉　子どもと法　子どもの教育・福祉のための機関　ほか)　2 教育編(保育所の保育・幼稚園の教育　保育の原理　保育内容　ほか)　3 福祉・養護編(保育における児童福祉　現代社会と児童・家庭　児童福祉の意義とその歴史的展開　ほか)

◇四・五歳児の人権保育―はぎしりに共感することから　八木桂子著　大阪　解放出版社　2012.6　130p　26cm　1200円　①978-4-7592-2259-3

内容 第1部 4歳児の人権保育の展開(「言っていること分からん」から始めて―4歳児の感じ方に注目して　子どものはぎしりが分かる仲間へ―四歳児での育ち　「いくこちゃんのハイハイ、めちゃはやいなぁ！」と感じる仲間へ　外国籍の子どもがきめつけにたちむかえる―困った時、友達に相談できるで！ほか)　第2部 5歳児の人権保育(順番や役割の公平性をめぐって―「いつも、ジャンケンできめるの？」　尊敬の関係を築く―忍者ごっこを通して　創作絵本作りから響きあう生活発表会へ―「部落差別の怒りを自分ごとに」　忍者ごっこと劇遊びの活動を四つの段階から整理する)　八木桂子さんの実践の位置づけと意味―実践の視点と方法に着目して

◇自分づくりを支える保育　金沢　金沢大学人間社会学域学校教育学類附属幼稚園　2012.6　75p　30cm　(研究紀要 第58集)　Ⓝ376.1

◇保育学の遠近法　吉田直哉編著　名古屋　三恵社　2012.8　167p　21cm　〈文献あり〉　1619円　①978-4-86487-006-1　Ⓝ376.1

◇保育の散歩道　宍戸健夫著　新読書社　2012.8　222p　18cm　(教養得本)　1200円　①978-4-7880-0057-5

内容 1 保育の散歩道　2 保育を支えた人たち　3 研究集会・活動の中で　4 保育実践の創造　5 海外の保育からの学び　6 子どもの権利を守る保育制度・運動　7 笑顔をとりもどす

◇保育白書　2012年版　全国保育団体連絡会、保育研究所編　ちいさいなかま社　2012.8　325p　26cm　〈発売：ひとなる書房〉　2700円　①978-4-89464-176-1

内容 第1章 最新データと解説＝保育の今(幼い子ども・家族の今　保育制度・政策の原理と動向　保育所の現状と課題　幼稚園の現状と課題　設定こども園、幼保一体化　学童保育の現状と課題　子育て支援施策　よりよい保育を実現するために)　第2章 特集 保育の改善課題と新システム(深刻な保育士不足―新システムで処遇は改善されるのか　新システムの保育・教育論批判の視座　子ども・子育て支援法と市町村の保育義務　新システムと待機児童問題　保育の質と新システム―基準問題を中心に　新システムに対する各界の意見書)　第3章 保育最前線レポート(被災地の保育―宮城県沿岸部の状況　障害児施策再編の問題点―自立支援法から再び児童福祉法へ　「新システム」を先取りする企業保育の実態　待機児童解消のために立ち上がった母親たち―「保育所つくってネットワーク」の取り組み　制度改革論議と日本保育学会(保育学研究者)の役割　法的な争いになっている保育問題)　第4章 資料編(子ども・子育て新システム関連法案　新システムに対する各界の意見　予算関連資料　保育所運営費・補助金関連資料　統計資料　保育料費　2011年保育問題日誌)

現代を知る文献ガイド 育児・保育をめぐって

◇0・1・2歳の「保育」　藤森平司著　世界文化社　2012.9　127p　26×22cm　（PriPriブックス―見守る保育 2)　2000円　ⓘ978-4-418-12803-7

内容　第1章 二者関係からソーシャルネットワークへ(アタッチメントとはなにか？　人間関係はどう作られていくのか？　乳児保育に必要な環境)　第2章 赤ちゃんはすごい！(赤ちゃんの能力　赤ちゃんの脳　能の発達から感覚器官の発達へ　乳児期からの人との関わり　乳児の発達)　第3章 乳児保育の実践(保育室　チーム保育　昼寝　遊び　子ども集団　色・形・手触り・数　共視　ならし保育　発達)　第4章 乳児理解(発達の理解　これからの乳児保育)

◇保育の中の子ども達―ともに歩む日々　くすの木福祉会中山保育園監修, 伊藤美保子, 西隆太朗編著　岡山　大学教育出版　2012.10　223p　21cm　1800円　ⓘ978-4-86429-183-5

内容　第1章 保育園の四季(新しい年度の始まり　春　夏　秋　冬)　第2章 保育に想う　第3章 日々の保育から(外国からのお友達　連絡簿から　行事を通して)

◇保育学を拓く―「人間」と「文化」と「育ちの原点」への問いが響き合う地平に　汐見稔幸監著, 木村歩美編著, 篠原欣子, 佐藤綾子, 木村仁, 岩井沙弥花, 松永輝義, 若盛正城共著　萌文社　2012.11　214p　21cm　1600円　ⓘ978-4-89491-242-7

内容　第1章 保育を志す若者たちへ―対談・篠原欣子&佐藤綾子　第2章 伝えたい、共に歩みたい…現場から(「百年の計」をもった保育者に　自分自身の感性を大切に　常に学び続ける保育者に　制度はひとのためにある)　第3章 つながる・つなげる―これからの保育者のありかた(「つながる・つなげる」力　「つながる」「つなげる」　養成校がすべきこと―つながる・つなげる力をどう育てるか)　第4章 保育学の自立を期して(保育学とは何か―保育士養成課程改定を振り返る　真の「"新"システムの時代」を考える)

保育従事者

【雑誌記事】

◇現職保育士の力量形成に関する実践的研究―地域合同研修における委託保育研究の有効性　金子智栄子　「保育士養成研究」(全国保育士養成協議会)　(27)　2009　p55〜64

◇性差に関する意識調査による女性・男性保育者の役割考察　出雲美枝子, 佐藤利一　「大阪芸術大学短期大学部紀要」(大阪芸術大学短期大学部)　(34)　2010　p75〜90

◇男女共同参画時代に相応しい保育者意識の養成に向けて(3)保育現場における男性保育者のイメージと特徴について　兼房律子, 榊原志保, 浅野敏彦　「大阪成蹊短期大学研究紀要」(大阪成蹊短期大学)　(7)　2010　p13〜31

◇新任保育者の職場への定着と保育の力量形成―2つの事例を通じて　田中まさ子, 仲野悦子「岐阜聖徳学園大学短期大学部紀要」(岐阜聖徳学園大学短期大学部)　42　2010　p15〜28

◇保育学生の理想的保育者像について　大橋伸次「国際学院埼玉短期大学研究紀要」(国際学院埼玉短期大学)　(31)　2010　p37〜42

◇男性保育者を取り巻く近年の保育現場の動向と課題　菊地政隆　「淑徳大学大学院総合福祉研究科研究紀要」(淑徳大学大学院総合福祉研究科)　(17)　2010　p235〜245

◇保育概念を問い直す―保育者の専門性の検討から(特集 保育と教育における発達支援)　髙橋貴志　「生涯発達心理学研究」(白百合女子大学生涯発達研究教育センター)　(2)　2010　p1〜10

◇保育者の専門性向上の検討―新設保育園に転職した保育者の語りの分析から　山川ひとみ, 藤崎春代　「昭和女子大学生活心理研究所紀要」(昭和女子大学生活心理研究所)　12　2010　p159〜166

◇『厚生白書』にみられる保母(保育士)養成の課題について　堀建治　「鈴鹿短期大学紀要」([鈴鹿短期大学図書委員会])　30　2010　p129〜138

◇こども教育専攻学生による保育参加の意義―幼児理解と保育者志向の変容　溝口綾子　「帝京短期大学紀要」(帝京短期大学)　(16)　2010　p17〜24

◇『共に育つ保育者養成』の探求(1)　小野眞理子, 新開よしみ, 柳瀬洋美 [他]　「東京家政学院大学紀要, 人文・社会学系」(東京家政学院大学)　通号50　2010　p13〜29

◇保育職の研究(その9)保育学科生と園児のかかわりを求めて　木本節子　「東筑紫短期大学研究紀要」(東筑紫短期大学)　(41)　2010　p23～58

◇保育士の主な職務内容の分析　河野利津子, 成田朋子　「比治山大学現代文化学部紀要」(比治山大学現代文化学部)　(17)　2010　p115～122

◇日本語版Strengths and Difficulties Questionnaire(SDQ)の保育者評価　西村智子, 小泉令三　「福岡教育大学紀要. 第4分冊, 教職科編」(福岡教育大学)　(59)　2010　p103～109

◇保育者の生きがい — 戦後を生きた元保育者のインタビューの考察から　松本なるみ　「文京学院大学人間学部研究紀要」(文京学院大学総合研究所)　12　2010　p177～187

◇保育士のストレスに関する研究(1) 職場のストレスとその解消　石川洋子, 井上清子　「文教大学教育学部紀要」(文教大学)　通号44　2010　p113～120

◇保育者アイデンティティの形成過程における「揺らぎ」と再構築の構造についての検討 — 担任保育者に焦点をあてて　足立里美, 柴崎正行　「保育学研究」(日本保育学会)　48(2)　2010　p213～224

◇平成22年度事業概要　第63回大会の開催　特別講演　今, 保育者の出番を考える(保育の歩み(その2) — 日本保育学会の状況)　吉村真理子, 若月芳浩　「保育学研究」(日本保育学会)　48(2)　2010　p257～259

◇現職保育士の力量形成に関する実践的研究(2) 地域合同研修におけるオープン所内研修と委託公開保育の有効性　金子智栄子　「保育士養成研究」(全国保育士養成協議会)　(28)　2010　p41～50

◇「教職論・保育者論」における人間形成論の試み — 研究ノート　畠山祥正　「北陸学院大学・北陸学院大学短期大学部研究紀要」(北陸学院大学・北陸学院大学短期大学部)　(3)　2010年度　p65～78

◇保育者の資質向上のためのカンファレンスについての一考察 — 実践者の「気づき」を中心に　小田礼子　「北陸学院大学・北陸学院大学短期大学部研究紀要」(北陸学院大学・北陸学院大学短期大学部)　(3)　2010年度　p111～121

◇運勢ライン法とインタビューに見る新任保育者の満足度の変容に関する一考察　久保田善彦, 倉田優子　「臨床教科教育学会誌」(臨床教科教育学会)　10(1)　2010　p19～27

◇これから「保育者」をめざす あなたに — 保育について　村田陽子　「東亜大学紀要」(東亜大学)　(11)　2010.1　p69～75

◇短大生が考える「保育者に求められる資質」に関する意識についての検討 — 現職幼稚園教諭の意識との比較から　高桑秀郎, 濱田尚吾, 太田裕子[他]　「羽陽学園短期大学紀要」(羽陽学園短期大学)　8(4)　2010.2　p473～480

◇新任保育士の保育技術向上に向けての取り組みについての一考察 — 新任保育士からのアンケートを中心に　松尾寛子　「関西福祉大学社会福祉学部研究紀要」(関西福祉大学社会福祉学部研究会)　(13)　2010.2　p183～187

◇一人の保育を職員全員の保育に(特集 記録をいかす園内研修・職員会議)　服部友恵　「季刊保育問題研究」(新読書社)　通号241　2010.2　p29～35

◇子どもの人権を尊重する保育士養成のあり方　高山静子　「子ども家庭福祉学」(日本子ども家庭福祉学会)　(9)　2010.2　p39～48

◇日本と中国の保育者の保育観　劉海紅, 倉持清美　「東京学芸大学紀要. 総合教育科学系」(東京学芸大学)　61(2)　2010.2　p51～64

◇保育者たちの「戦中」と「戦後」— 元保育者のライフヒストリーから　岩崎美智子　「東京家政大学研究紀要」(東京家政大学)　50(1)　2010.2　p1～10

◇保育者の「ユーモアの感覚」(1)　橘田重男　「信州豊南短期大学紀要」(信州豊南短期大学)　(27)　2010.3　p27～40

◇明治初頭の文化から学ぶ保育士教育　平田祐子　「高田短期大学育児文化研究」(高田短期大学育児文化研究センター)　(5)　2010.3　p19～27

◇保育者の実践に基づく自己形成を支える対話 — 保育者へのインタビュー方法の批判的検討を通して　渡辺桜　「名古屋学芸大学ヒューマンケア学部紀要」(名古屋学芸大学ヒューマンケア学部)　(4)　2010.3　p15～22

◇常勤保育者と学生の保育効力感の比較　桐村元子, 岡本紗由美, 森田記子　「保育研究」（平安女学院大学短期大学部保育科保育研究会）(38)　2010.3　p19～23

◇園生活における子どもと保育者との関係構築における保育者の役割―子ども理解とかかわりの力量　小林みどり, 田中亨胤　「幼年児童教育研究」（兵庫教育大学幼年教育コース）(22)　2010.3　p1～9

◇第1回保育心理研究会基調講演 親と子のかけはしをつくる―保育者にできること　柏女霊峰　「ほいくしんり：保育心理士と子どものこころに寄り添う保育士のための機関誌」（大谷保育協会）(1)　2010.4　p4～21

◇座談会 保育心理士の未来を語る　脇淵徹映, 牧野桂一, 山田真理子［他］　「ほいくしんり：保育心理士と子どものこころに寄り添う保育士のための機関誌」（大谷保育協会）(1)　2010.4　p22～35

◇保育士の立場から（特集 第四九回全国保育問題研究集会・報告―第四九回全国保問研集会福岡閉会集会 特別報告―リレートーク 福岡の保育の現状）　「季刊保育問題研究」（新読社）通号245　2010.10　p140～143

◇保育現場に求められる保育者の資質　椛島香代, 松村和子, 平山許江　「文京学院大学総合研究所紀要」（文京学院大学総合研究所）(11)　2010.12　p155～175

◇園を訪ねて 保育見直しのきっかけとなった保育心理士　「ほいくしんり：保育心理士と子どものこころに寄り添う保育士のための機関誌」（大谷保育協会）(2)　2010.12　p45～52,図巻頭1p

◇保育学科学生の女性・男性それぞれの意識調査から見る性差との関係について　出雲美枝子, 佐藤利一　「大阪芸術大学短期大学部紀要」（大阪芸術大学短期大学部）(35)　2011　p47～60

◇保育学生が考える保育者の姿勢や役割について　坂口哲司　「大阪総合保育大学紀要」（大阪総合保育大学）(6)　2011　p113～136

◇現代における保育者の専門性に関する一考察(5)　草信和世　「川村学園女子大学研究紀要」（川村学園女子大学図書委員会）22(1)　2011　p159～169

◇保育者の専門性をめぐる一考察　谷口ナオミ, 戸江茂博　「関西教育学会年報」（関西教育学会）(35)　2011　p61～65

◇保育者養成と家庭支援論・保育相談支援―2010（平成22）年度・集中講義「保育内容特論2・家庭支援と保育相談支援」を通して　徳広圭子　「岐阜聖徳学園大学短期大学部紀要」（岐阜聖徳学園大学短期大学部）43　2011　p131～147

◇保育学生の理想的保育者像形成の過程について　大橋伸次　「国際学院埼玉短期大学研究紀要」（国際学院埼玉短期大学）(32)　2011　p21～26

◇子どもを見守る保育者像：倉橋惣三にみる子どもの尊厳と子どもを見守る心　米川泉子　「上智教育学研究」（上智大学教育学研究会）25　2011　p1～19

◇指定保育士養成制度に関する研究―地方厚生局とのかかわりを中心に　堀建治　「鈴鹿短期大学紀要」（［鈴鹿短期大学図書委員会］）31　2011　p61～67

◇今日求められる保育の質と保育者養成の課題：保育内容に要求される保育の専門性　碓井幸子　「清泉女学院短期大学研究紀要」（清泉女学院短期大学）(30)　2011　p11～21

◇保育者の資質とは：養成課程の学生がもつイメージ　橘川佳奈, 金子真由子, 岡本かおり　「洗足論叢」（洗足学園音楽大学）(40)　2011年度　p129～140

◇保育士の専門性における構成要因の検討―保育士志向学生の自己評価から　野田敦史, 藤田雅子　「東京未来大学研究紀要」（東京未来大学）(4)　2011　p37～43

◇「目安箱」を通しての保育者の成長　大桃伸一　「人間生活学研究」（新潟人間生活学会）(2)　2011　p15～22

◇保育者の"語れないもの"の生成過程：保育カンファレンスの記録から　児玉理紗　「人間文化創成科学論叢」（お茶の水女子大学大学院人間文化創成科学研究科）14　2011　p227～235

◇保育職の研究（その10）本園の特色ある教育課程を求めて：保育学生と園児との実践例の考察　木本節子　「東筑紫短期大学研究紀要」（東筑紫短期大学）(42)　2011　p79～106

◇保育士のレジリエンスとメンタルヘルスの関連に関する研究：保育士の経験年数による検討　上村眞生　「広島大学大学院教育学研究科紀要. 第三部, 教育人間科学関連領域」（広島大学教育学部, 広島大学大学院教育学研究科）　（60）　2011　p249〜257

◇保育者の力量形成に関する新構想：保育者養成と現職研修の連携を求めて　金子智栄子　「文京学院大学人間学部研究紀要」（文京学院大学総合研究所）　13　2011　p185〜201

◇保育者効力感の変化に関する影響要因の縦断的検討：保育専攻学生における自信経験・自信喪失経験に着目して　森野美央, 飯牟礼悦子, 浜崎隆司［他］　「保育学研究」（日本保育学会）　49（2）　2011　p212〜223

◇保育者としての育ちや, 資質向上を考える（保育の歩み（その2）—保育フォーラム 保育者の資質向上と研修のあり方）　安家周一　「保育学研究」（日本保育学会）　49（3）　2011　p328〜333

◇保育者養成における現状について（シンポジウム 子どもから学ぶ保育の本質）　品川ひろみ　「モンテッソーリ教育」（日本モンテッソーリ協会）　（44）　2011　p54〜59

◇保育者養成校で学ぶ学生がもつ保育観に関する研究：取得資格による比較より　佐藤智恵　「幼年教育研究年報」（広島大学大学院教育学研究科附属幼年教育研究施設）　33　2011　p31〜39

◇保育者のキャリア形成におけるサポート　矢野由佳子　「和泉短期大学研究紀要」（和泉短期大学）　（31）　2011.3　p33〜42

◇いま, 保育士に伝えたいこと　坂本敬　「華頂社会福祉学」（華頂短期大学社会福祉学科）　（7）　2011.3　p33〜36

◇保育士という仕事　籠見京子　「華頂社会福祉学」（華頂短期大学社会福祉学科）　（7）　2011.3　p49〜52

◇明治中期の幼児教育関係書における保育者の「公正さ」概念についての比較　二見素雅子　「教育実践学論集」（兵庫教育大学大学院連合学校教育学研究科）　（12）　2011.3　p1〜13

◇経験年数別の保育士に望まれる資質・能力に関する研究　齋藤正典, 尾崎雅子　「子ども教育研究：子ども教育学会紀要」（子ども教育学会）　（3）　2011.3　p17〜32

◇新任保育者の悩み・トラブルに関する研究　百瀬ユカリ　「総合人間科学研究」（共栄学園短期大学社会福祉学科児童福祉学専攻内総合人間科学研究編集局）　（4）　2011.3　p11〜23

◇戦後保育士養成のあゆみ(1)児童福祉法の制定と保母養成　高砂朋子　「創発：大阪健康福祉短期大学紀要」（大阪健康福祉短期大学）　（10）　2011.3　p53〜63

◇保育職の大変さとやりがいに関する保育者の意識構造について—M—GTAによる分析の試み　金城悟, 安見克夫, 中田英雄　「東京成徳短期大学紀要」（東京成徳短期大学）　（44）　2011.3　p25〜44

◇日本における新人保育者の育成に関する最近の動向　柴崎正行, MinjeeKim　「大妻女子大学家政系研究紀要」（大妻女子大学）　（47）　2011.3.3　p39〜46

◇保育者の専門性を捉えるパラダイムシフトがもたらした問題　香曽我部琢　「東北大学大学院教育学研究科研究年報」（東北大学大学院教育学研究科）　59（2）　2011.6　p53〜68

◇保育士役割の考察—子育て力を高めるために　佐藤直明　「福祉社会学部論集」（鹿児島国際大学福祉社会学部）　30（1）　2011.6　p78〜93

◇海外の保育者・保育学生を対象としたオンラインアンケート調査の試み　佐々木宏之, 郷慎太郎　「暁星論叢」（新潟中央短期大学）　（61）　2011.12　p17〜35

◇保育者の熟達に関する一考察：子どもの学びへの着眼点と等至点を手がかりに　田中まさ子　「岐阜聖徳学園大学短期大学部紀要」（岐阜聖徳学園大学短期大学部）　44　2012　p11〜29

◇保育におけるエピソード記録から読みとる保育者の気づきと学び合い：人的環境に視点をあてた園内研修の試みから　福﨑淳子, 小河原恵津子, 小野寺冨美子［他］　「東京未来大学研究紀要」（東京未来大学）　（5）　2012　p111〜121

◇保育士のメンタルヘルスに関する研究：保育士の経験年数に着目して　上村眞生　「保育学研究」（日本保育学会）　50（1）　2012　p53〜60

◇主任と主任以外の保育士による「保育の内容」に関する自己評価の比較　清水益治, 千葉武夫　「帝塚山大学現代生活学部紀要」(帝塚山大学現代生活学部)　(8)　2012.2　p63～78

◇保育者としての「成長」に関する研究 : 自由記述の質的検討　西川晶子　「信州豊南短期大学紀要」(信州豊南短期大学)　(29)　2012.3　p57～69

◇倉橋惣三の保育者論における教育性と芸術性　鈴木貴史　「東京福祉大学・大学院紀要」(東京福祉大学, 東京福祉大学短期大学部)　2(2)　2012.3　p169～176

◇保育者の保育性に関する研究 : 保育者と小学校教諭の語りの分析より　佐藤智恵　「福祉臨床学科紀要」(神戸親和女子大学福祉臨床学科)　(9)　2012.3　p21～29

◇小規模地方自治体における保育者の成長プロセス : 保育実践コミュニティの形成のプロセスに着目して　香曽我部琢　「東北大学大学院教育学研究科研究年報」(東北大学大学院教育学研究科)　60(2)　2012.6　p125～152

◇特集 座談会 主任保育士の役割と責務　鈴木美岐子, 安東知子, 卯尾奈緒美 [他]　「保育の友」(全国社会福祉協議会)　60(6)　2012.6　p10～20

【図書】

◇保育士の需給状況等に関する調査研究報告書 平成21年度　三菱UFJリサーチ&コンサルティング　2010.2　127p　30cm　〈平成21年度厚生労働省委託調査研究〉　Ⓝ369.42

◇いま保育士に求められる専門性の学び直しと現場復帰への保育士再チャレンジプログラム—委託業務成果報告書 平成21年度　東京家政大学　2010.3　1冊(ページ付なし)　30cm　〈文部科学省社会人の学び直しニーズ対応教育推進事業〉　Ⓝ376.1

◇虹をかけた保育者たち—子どもに魅せられて　岡喬子, 坂本美頴子, 高砂洋子, 徳畑智子, 山崎由紀子, 山田由紀子, 若林宏子著　京都　かもがわ出版　2010.5　191p　21cm　1800円　Ⓘ978-4-7803-0358-2　Ⓝ369.42

内容 子育てはみんなと手をつなぐこと　人が好きだから「保育」って面白い　ねばり強く歩むことこそ　一歩だけ前に　つきないこだわり　「保育」が教えてくれた"育ち合う"ということ　子どもに魅せられ共に歩む　まだまだ保育につきない想いを

◇教えて！保育者に求められる100の常識—the manners book　八田哲夫著, 津久井幹久編　改訂版　中野商店　2010.11　141p　18cm　952円　Ⓘ978-4-9905272-1-1　Ⓝ376.14

◇保育の仕事をめざす人たちへ—現場からの百人のメッセージ　ユーカリ福祉会著　相模原　ななみ書房　2010.11　217p　21cm　〈標題紙・奥付のタイトル(誤植):保育の仕事を目指す人たちへ　年表あり〉　2500円　Ⓘ978-4-903355-28-3　Ⓝ369.42

◇保育に生きる人びと—調査に見る保育者の実態と専門性　垣内国光編著　ひとなる書房　2011.1　133p　21cm　1600円　Ⓘ978-4-89464-156-3　Ⓝ369.42

内容 序章 共感共生労働としての保育労働(専門性が低いから保育者の賃金は安くてとうぜん？　保育の仕事の本質は共感共生労働 ほか)　第1章 保育者の専門性意識と職場の現実(「専門性が高いと思う」が7割、けれども自分の実戦は正規・非正規でことなる専門職意識と実践とのかかわり ほか)　第2章 ストレスにさらされる現代の保育者(健康状態—疲れている保育者、2割が体調不良　保育者の葛藤・ストレス ほか)　第3章 非正規保育者が支える保育現場(正規保育者の賃金水準—公立の保育者賃金は高いのか？　ワーキングプアとして存在する非正規保育者 ほか)　終章 保育者を大切にしないで保育の明日がみえますか(新システムの保育制度　お手本の介護保険—共感共生労働、内発的な実践の否定 ほか)

◇保育における感情労働—保育者の専門性を考える視点として　戸田有一, 中坪史典, 高橋真由美, 上月智晴編著, 諏訪きぬ監修　京都　北大路書房　2011.1　233p　21cm　2200円　Ⓘ978-4-7628-2735-8　Ⓝ369.42

内容 プロローグ 「保育における感情労働」を議論する前に　シンポジウム(保育における感情労働　保育者の感情労働(子どもの遊びを支える営みから　子どもの生活を支える営みから　保護者を支える営みから)　保育者養成の窓から見た感情労働　感情労働と保育者のキャリア発達)　エピローグ 保育と感情労働をめぐる新たな研究課題

保育施設・保育サービス　　　　　　　　　　　　　　　　　　　　保育従事者

◇主任保育士の実態とあり方に関する調査研究報告書　平成22年度　日本保育協会　2011.3　118p　30cm　Ⓝ369.42

◇社会のなかの子どもと保育者　小堀哲郎編著　創成社　2011.5　257p　21cm　〈索引あり〉　2400円　Ⓘ978-4-7944-8049-1　Ⓝ376.1

内容　第1部 社会・子ども・家族（子ども観の歴史と現代の社会事情　人口減少時代のなかの子育て―揺れ動く制度のなかで　子どもは地域社会の何を学ぶか　家族と子育て　子ども・家族を見通した子育て支援）　第2部 保育・教育の現場（保育者の実践とジェンダー形成　保育所・幼稚園へのクレーム―その社会的要因と対応策　学級経営）　第3部 職業としての保育者（なぜ保育者には短大卒が多いのか―高等教育論の視点からみる保育者養成の歴史と現在　男女幼稚園教員・保育士のライフコース　保育士・幼稚園教員は専門職か　保育者の職務内容とストレス）　第4部 子どもをめぐる諸問題（早期教育と現代の子育て事情　子どもとメディア―メディア環境の変化と遊びの文化）

◇新人保育者物語さくら―保育の仕事がマンガでわかる　村上かつら作, 百瀬ユカリ監修　小学館　2011.8　143p　21cm　900円　Ⓘ978-4-09-840125-3　Ⓝ376.1

内容　向いてないかも…　完璧じゃなきゃいけないの?　自分らしい保育って…　子どもに寄り添うってなんだろう　保育者の夏休みですが…　得意技ってありますか?　はじめて保護者から苦情が…　園庭の砂場からたくさんのことを学びます　子どもにだって人間関係はあります　最初から保育者だった人はいません　3月、別れと巣立ちの季節。子どもも大人も…

◇保育士の再就職支援に関する報告書―データ集　平成23年度　ポピンズ　2011.12　111p　30cm　〈平成23年度厚生労働省委託事業〉　Ⓝ369.42

◇保育士の再就職支援に関する報告書　ポピンズ　2011.12　58p　30cm　〈平成23年度厚生労働省委託事業〉　Ⓝ369.42

◇潜在保育士ガイドブック―保育士再就職支援調査事業・保育園向け報告書　ポピンズ　〔2012〕　85p　30cm　〈平成23年度厚生労働省委託事業〉　Ⓝ369.42

◇愛される保育者になる40のヒミツ―子どもにも保護者にも先輩にも　佐藤綾子著　学研教育出版　2012.3　132p　19cm　（Gakken保育books）〈発売：学研マーケティング〉　1300円　Ⓘ978-4-05-405285-7　Ⓝ376.14

内容　第1章 「パフォーマンス学」って何?（理想の保育者像と「パフォーマンス学」　先生は子どもの自己表現モデル ほか）　第2章 子どもの気持ちを読みとる（「微表情」の読みとりがポイント　ちょっと注意しただけで、泣いてしまう子 ほか）　第3章 保護者と上手につきあう（保護者との上手な「距離」のとり方　保護者の「個性」のつかみ方 ほか）　第4章 同僚や先輩・後輩とよい関係をつくる（先生どうしで話が通じにくいのはなぜ?　プライドを傷つけない伝え方 ほか）　第5章 「ステキな私」をつくる10の習慣（「ストレス」を上手に消す3つの方法　人は幸せだから笑うのではない、笑うから幸せなのだ ほか）

◇これからの保育者のために―資質向上への新たな視点　篠原欣子, 佐藤綾子, 今井豊彦, 木村歩美共著　萌文社　2012.3　198p　19cm　〈文献あり〉　1200円　Ⓘ978-4-89491-224-3　Ⓝ376.1

内容　第1章 これからの保育者に伝えたい三つのこと（「子ども」への思いの確認―子ども観・保育観を見直す　幼稚園・保育園の就職先はどう決める?　必要なのは「二つの出会い」と時間 ほか）　第2章 自ら学ぶ保育者になるために（保育の現場で働きながら学ぶ　法令などにある保育者の学びの姿　保育士における研修ケースの一例 ほか）　第3章 いま求められている保育者の資質とは―パフォーマンス学を手がかりにして（子どもや保護者の気持ちを読み取る力を身につけよう　自分がまわりの状況をコントロールする意識を持つ　やると決めたら必死になってやってみる ほか）

◇保育士の実態に関する調査研究報告書　平成23年度　日本保育協会　2012.3　389p　30cm　Ⓝ369.42

◇保育者のマナーと常識―保育への心構えができる保護者が安心できる　塩谷香監著　少年写真新聞社　2012.7　127p　21cm　〈文献あり〉　1500円　Ⓘ978-4-87981-416-6　Ⓝ376.14

内容　第1章 保育者だから知っておきたい基本のマナーと常識（身だしなみ　保育中のメイク ほか）　第2章 保育が楽しくなる!!子ども・保護者とのかかわり方（保護者とのコミュニケーション術　お礼を言う・言われたとき ほか）　第3章 園内でのマナーと常識（園という組織の

現代を知る文献ガイド 育児・保育をめぐって　　245

中でのコミュニケーション　できる保育者として成長するために　ほか）　第4章　子どもも見ている先生のマナー&一般的なマナー（ものへの思いやり　掃除のマナー　ほか）

◇保育者への扉　澤津まり子、木暮朋佳、芝崎美和、田中卓也編著　建帛社　2012.9　117p　21cm　1500円　①978-4-7679-5001-3

内容　ある新任保育者の姿―理想と現実のはざまで　プロとしての保育者　保育者のルーツをさぐる　保育者になるまでの道のり　子どもをみるまなざし　障害のある子どもについて知っておこう　子どもとともに楽しむ遊び　保育者としてのセンス磨き！さあ、今から身につけよう！　保育で大切なコミュニケーション　子育て支援ってなんだろう？　知っていますか？最近の動向

◆保育従事者の労働問題

【雑誌記事】

◇神戸労働法研究会（第6回）有期労働契約の反復更新後の雇止めと損害賠償―中野区（非常勤保育士）事件から示唆されるもの（東京高判平成19.11.28労判951号47頁　一審：東京地判平成18.6.8労判920号24頁）　オランゲレル　「季刊労働法」（労働開発研究会）　（223）　2008.冬季　p152〜162

◇保育士の蓄積的疲労の実態について―保育士の勤務体制・相談相手との関係を中心に　水田和江、鈴木雅裕、鈴木隆男［他］　「近大姫路大学教育学部紀要」（近大姫路大学教育学部紀要編集委員会）　（3）　2010　p55〜65

◇労働者通信　保育現場の"改革"の現状　古賀圭　「社会評論」（スペース伽耶、星雲社（発売））　（162）　2010.夏　p17〜19

◇保育・介護労働の現状と課題（その3）保育労働者の健康と労働環境および関連要因の検討―児童養護施設および介護施設勤務者との比較から　細井香　「淑徳短期大学研究紀要」（淑徳短期大学紀要委員会）　（49）　2010　p67〜81

◇保育士におけるバーンアウト傾向に及ぼす要因の検討　宮下敏恵　「上越教育大学研究紀要」（上越教育大学）　29　2010　p177〜186

◇労働判例研究（26）賃金等ダウン措置の合意再考と事情変更の原則、そして使用者の誠実協議義務―大阪初芝学園（幼稚園教諭）事件［大阪高裁平成19.9.27判決］　東北大学社会法研究会　「法学」（東北大学法学会）　74（1）　2010.4　p88〜96

◇労働判例研究（第1134回・1114）区立保育園非常勤保育士に対する雇止めの適法性―中野区非常勤保育士事件［東京高裁平成19.11.28判決］　野川忍　「ジュリスト」（有斐閣）　（1400）　2010.5.1・15　p169〜172

◇保育・保育労働をめぐる問題（1）　川村雅則　「北海学園大学経済論集」（北海学園大学経済学会）　58（3）通号183　2010.12　p163〜202

◇保育所に勤務する保育士のバーンアウトに影響を及ぼす要因の検討　森田多美子、植村勝彦　「愛知淑徳大学論集．心理学部篇」（愛知淑徳大学心理学部論集編集委員会）　（1）　2011　p67〜81

◇非正規雇用保育士の労働条件の現状と課題　野津牧　「名古屋短期大学研究紀要」（名古屋短期大学）　（49）　2011　p121〜133

◇子どものくらしと発達を保障し、健康で働きつづけられるための条件―「生存権」保障の担い手である保育士の健康問題から（特集　激変する職場の問題にどうむきあうか）　増淵千保美　「季刊保育問題研究」（新読書社）　通号247　2011.2　p17〜38

◇保育園における雇用環境と保育者のストレス反応―雇用形態と非正規職員の比率に着目して　神谷哲司、杉山（奥野）隆一、戸田有一［他］　「日本労働研究雑誌」（労働政策研究・研修機構）　53（2・3）通号608　2011.2・3　p103〜114

◇保育・保育労働をめぐる問題（2）　川村雅則　「北海学園大学経済論集」（北海学園大学経済学会）　58（4）通号184　2011.3　p225〜293

◇保育・ゆめ・未来　非正規保育労働者の処遇改善について　「はらっぱ：こどもとおとなのパートナーシップ誌」（子ども情報研究センター）　（323）　2011.11　p20〜22

◇中野保育争議、そしていま保育園で起きていること　菅根秀子　「女性労働研究」（女性労働問題研究会）　（56）　2012　p129〜133

【図書】

◇保育職場のストレス―いきいきした保育をしたい！　重田博正著　京都　かもがわ出版　2010.7

143p 21cm （保育と子育て21）〈『保育士のメンタルヘルス』（2007年刊）の改訂版　文献あり）　1400円　①978-4-7803-0361-2　Ⓝ369.42

内容 第1章 保育現場のストレス要因（保育労働の本来的ストレス　ストレスを拡大する条件 ほか）　第2章 職場が問われる「いじめ」（おとなの世界にも「いじめ」　職場の「いじめ」の表れ方 ほか）　第3章 ストレスの社会性（「時間ストレス」の増大　国民の労働・生活を支える政策の後退 ほか）　第4章 個人レベルでのストレス対処（個人的対処の位置づけ　ストレス対処行動 ほか）　第5章 みんながいきいき働ける職場を（なぜ職場でのとりくみか　ストレス対策としての労働負担軽減 ほか）

◇保育者のストレス軽減とバーンアウト防止のためのガイドブック―心を元気に笑顔で保育　ジェフ・A．ジョンソン著，尾木まり監訳，猿渡知子，菅井洋子，高辻千恵，野澤祥子，水枝谷奈央訳　福村出版　2011.11　273p　19cm　2400円　①978-4-571-11029-0　Ⓝ369.42

内容 第1章 「もうあなたのことを好きではいられなかった」―バーンアウトとはどのようなものか。そしてバーンアウトは，あなたの生活をどのように変えてしまうのか　第2章 バーンアウトは誰を傷つけ，その痛みはどのようなものか　第3章 「もう子どもに笑顔を見せられない」―バーンアウトの兆候　第4章 本当にあなたの心を変化させ，行動に移すこと　第5章 どんなことが起きても，上手く対応する　第6章 究極の目標を求めて　付録 施設長やスーパーバイザーへの助言

保育園と幼稚園

【雑誌記事】

◇認定こども園に関する全国調査(1)先行事例の保育・教育と運営の活動実態　加治佐哲也，岡田美紀　「兵庫教育大学研究紀要」（兵庫教育大学）　35　2009.9　p1〜14

◇幼保一元化と幼稚園・保育所の歴史的展開　村田久　「秋草学園短期大学紀要」（秋草学園短期大学）　(27)　2010　p61〜68

◇医療・福祉・教育系大学における法学・日本国憲法教育のあり方(第1報)新たな法教育の流れの中での幼稚園教諭・保育士養成課程の課題　橋本勇人　「川崎医療短期大学紀要」（川崎医療短期大学）　(30)　2010　p47〜53

◇教育資料情報(16)幼保一元化政策をめぐる動向　荒井文昭　「人間と教育」（旬報社）　通号67　2010.秋　p140〜143

◇認定こども園に関する全国調査(2)先行事例の保育者・園長の力量と研修の実態　加治佐哲也，岡田美紀　「兵庫教育大学研究紀要」（兵庫教育大学）　36　2010.2　p1〜12

◇幼稚園・保育所における自己評価―その理解と取組　浅野房雄　「紀要」（つくば国際短期大学）　通号38　2010.3　p77〜94

◇時代の視点 幼保一元化は可能か　榊原喜廣　「月刊カレント」（潮流社）　47(3)通号787　2010.3　p30〜33

◇知っておきたい用語の解説 認定こども園　秋山千枝子　「小児科臨床」（日本小児医事出版社）　63(3)通号747　2010.3　p427〜430

◇幼稚園教育要領・保育所保育指針の改訂に伴う人的資源管理と養成校における実習論　橋本弘道　「鶴見大学紀要．第3部，保育・歯科衛生編」（鶴見大学）　(47)　2010.3　p45〜51

◇総合施設モデル事業実施園と認定こども園における教育・保育内容の特徴　山崎晃，濱田祥子　「明治学院大学心理学紀要」（明治学院大学心理学会）　(20)　2010.3　p1〜8

◇2009年度研究報告論文 わが国における就学前教育・保育のあり方についての一考察―幼保一元化へのアプローチを中心に　南雲文　「都市問題」（後藤・安田記念東京都市研究所）　101(6)　2010.6　p99〜121

◇幼児を持つ母親の幼稚園および保育所の選択条件に関する調査―看護師・養護教諭の配置の影響　荒木田美香子，佐藤潤，臺有桂［他］　「小児保健研究」（日本小児保健協会）　69(4)　2010.7　p525〜533

◇幼稚園・保育所の芝生化における意識調査(第41回［日本緑化工学会］大会特集）　渋谷圭助，中村圭亨　「日本緑化工学会誌」（日本緑化工学会）　36(1)　2010.8　p195〜198

◇新システムにおける幼保一体化批判と私たちの課題　大宮勇雄　「保育情報」（全国保育団体連絡会，ちいさいなかま社（発売））　(405)　2010.8　p2〜7

◇今、なぜ幼保一体化なのか(特集 幼保一体化と保育) 山縣文治 「保育の友」(全国社会福祉協議会) 58(10) 2010.8 p11～14

◇幼保一体化を機に、新たな期待を(特集 幼保一体化と保育) 佐々木正美 「保育の友」(全国社会福祉協議会) 58(10) 2010.8 p16～18

◇幼保一体化を教育的視点から考える(特集 幼保一体化と保育) 北野幸子 「保育の友」(全国社会福祉協議会) 58(10) 2010.8 p18～20

◇愛着を育てる保育を大切にしたい(特集 幼保一体化と保育) 園田巌 「保育の友」(全国社会福祉協議会) 58(10) 2010.8 p20～22

◇我が国における幼児教育課程に関する考察 ― 幼稚園教育要領と保育所保育指針との比較を中心に 余公敏子 「教育経営学研究紀要」(九州大学教育学部教育経営学研究室) (13) 2010.9 p29～35

◇統計と現実の狭間(101)幼保一元化と幼稚園・保育所の歴史的展開 村田久 「Estrela」(統計情報研究開発センター) (199) 2010.10 p54～60

◇ニュージーランドにおける乳幼児保育制度 ― 幼保一元化のもとでの現状とそこからの示唆 松井由佳, 瓜生淑子 「奈良教育大学紀要. 人文・社会科学」(奈良教育大学) 59(1) 2010.11 p55～70

◇保育臨床 子どもに良質な幼児教育を享受させなければならないわけ ― 認定子ども園をめぐって 安家周一 「子育て支援と心理臨床」(福村出版) 2 2010.12 p93～97

◇保育制度・政策の動向 幼保一体化で5案提示/給付はすべて介護保険型 ― どの案も保育所制度は解体 「保育情報」(全国保育団体連絡会, ちいさいなかま社(発売)) (409) 2010.12 p5～7

◇幼保一体化ワーキングチーム(第2回)(2010.11.1) こども園(仮称)について1(案) ― 基本的位置づけ(子ども・子育て新システム検討会議作業グループ) 「保育情報」(全国保育団体連絡会, ちいさいなかま社(発売)) (409) 2010.12 p8～14

◇こども園(仮称)について考えられる複数案(案) (子ども・子育て新システム検討会議作業グループ幼保一体化ワーキングチーム(第3回)(2010.11.16)) 「保育情報」(全国保育団体連絡会, ちいさいなかま社(発売)) (409) 2010.12 p16～21

◇幼保一体給付(仮称)について1(案) ― 幼保一体給付(仮称)創設の目的(子ども・子育て新システム検討会議作業グループ ― 基本制度ワーキングチーム(第3回)(2010.11.4)) 「保育情報」(全国保育団体連絡会, ちいさいなかま社(発売)) (409) 2010.12 p22～25

◇幼保一体給付(仮称)について2(案) ― 具体的制度設計(子ども・子育て新システム検討会議作業グループ ― 基本制度ワーキングチーム(第3回)(2010.11.4)) 「保育情報」(全国保育団体連絡会, ちいさいなかま社(発売)) (409) 2010.12 p25～44

◇なぜ幼稚園・保育所に図書室がないのか ― 法的視点と実態調査を中心に 鈴木麻理奈 「米沢国語国文」(山形県立米沢女子短期大学国語国文学会) (39) 2010.12 p84～68

◇幼保一体化議論の経緯と制度設計における課題 ― 子ども・子育て新システムの基本制度案要綱を踏まえて 野田亜悠子 「立法と調査」(参議院事務局) 通号311 2010.12 p3～20

◇幼稚園教諭および保育士の人材開発：ヒューマンリソース・マネジメントの視角からのアプローチ 松尾信子 「秋草学園短期大学紀要」(秋草学園短期大学) (28) 2011 p163～177

◇台湾の幼保一元化政策の動向 日暮トモ子 「有明教育芸術短期大学紀要」(有明教育芸術短期大学) 2 2011 p85～92

◇幼稚園・保育園の潜在危険調査 ― 教師の回答(日本児童安全学会研究報告) 範衍麗, 藤原孝雄, 松岡弘 「児童研究」(日本児童学会) 90 2011 p31～38

◇要録の有効な活用に関する提言 ― 保育所保育要録と幼稚園指導要録の記述における5歳児の見とりの比較を通して 井口眞美 「淑徳短期大学研究紀要」(淑徳短期大学紀要委員会) (50) 2011 p115～127

◇認定こども園への移行が保育者の保育観に及ぼした影響 藤木大介, 上田七生, 樟本千里[他] 「梅光学院大学論集」(梅光学院大学) (44) 2011 p11～21

◇幼保一元化の可能性に関する史的検討　田澤薫　「保育学研究」（日本保育学会）　49（1）　2011　p18〜28

◇就学前教育・保育制度のあり方を考える視点——「幼保一元化」、「認定子ども園」の検討をふまえて　村野敬一郎　「宮城学院女子大学発達科学研究」（宮城学院女子大学附属発達科学研究所）　（11）　2011　p25〜31

◇ソーシャルワークの近接領域としての就学前教育・保育の場における保育者の役割：幼稚園・保育所一元化の先がけ的役割をもつ認可外幼児教育施設の実践から　門道子　「龍谷大学社会学部紀要」（龍谷大学社会学部学会）　（39）　2011　p79〜87

◇幼保一体化ワーキンググループ（第4回）（2010.12.2）こども園（仮称）の具体的制度設計に関する論点（案）（子ども・子育て新システム検討会議作業グループ）　「保育情報」（全国保育団体連絡会，ちいさいなかま社（発売））　（410）　2011.1　p18〜33

◇基本制度ワーキングチーム（第6回）（2010.12.6）幼保一体給付（仮称）について3（案）多様な保育サービス等（子ども・子育て新システム検討会議作業グループ）　「保育情報」（全国保育団体連絡会，ちいさいなかま社（発売））　（410）　2011.1　p34〜47

◇「こども園」は羊の皮をかぶった共産主義政策だ　八木秀次　「正論」（産経新聞社，日本工業新聞社（発売））　通号467　2011.2　p238〜245

◇幼保一体化ワーキングチーム　こども園（仮称）創設で幼児教育・保育を一体化　「旬刊福利厚生」（労務研究所）　通号2072　2011.2.18　p27〜29

◇幼稚園・保育所に対する両親の期待——年中時から年長時への縦断的変化　菊池知美，松本聡子，菅原ますみ　「発達心理学研究」（日本発達心理学会）　22（1）　2011.3　p55〜62

◇幼保一体化について（案）（子ども・子育て新システム検討会議作業グループ——幼保一体化ワーキングチーム（第6回）（2011.1.24））　「保育情報」（全国保育団体連絡会，ちいさいなかま社（発売））　（412）　2011.3　p19〜21

◇参考資料（案）（子ども・子育て新システム検討会議作業グループ——幼保一体化ワーキングチーム（第6回）（2011.1.24））　「保育情報」（全国保育団体連絡会，ちいさいなかま社（発売））　（412）　2011.3　p22〜28

◇幼保一体給付（仮称）の具体的制度設計について（案）（子ども・子育て新システム検討会議作業グループ——幼保一体化ワーキングチーム（第7回）（2011.2.24））　「保育情報」（全国保育団体連絡会，ちいさいなかま社（発売））　（413）　2011.4　p19〜22

◇参考資料（案）幼保一体給付（仮称）の具体的制度設計関係（子ども・子育て新システム検討会議作業グループ——幼保一体化ワーキングチーム（第7回）（2011.2.24））　「保育情報」（全国保育団体連絡会，ちいさいなかま社（発売））　（413）　2011.4　p23〜25

◇持田栄一の「幼保一元化」批判論における公共性認識　吉田直哉　「研究室紀要」（東京大学大学院教育学研究科基礎教育学研究室）　（37）　2011.6　p57〜65

◇幼保一体化について（案）（子ども・子育て新システム検討会議作業グループ——幼保一体化ワーキングチーム（第8回）（2011.5.11））　「保育情報」（全国保育団体連絡会，ちいさいなかま社（発売））　（415）　2011.6　p25〜28

◇参考資料（案）幼保一体化について（案）関係（子ども・子育て新システム検討会議作業グループ——幼保一体化ワーキングチーム（第8回）（2011.5.11））　「保育情報」（全国保育団体連絡会，ちいさいなかま社（発売））　（415）　2011.6　p28〜35

◇こども園給付（仮称）の具体的制度設計について（案）（子ども・子育て新システム検討会議作業グループ——幼保一体化ワーキングチーム（第8回）（2011.5.11））　「保育情報」（全国保育団体連絡会，ちいさいなかま社（発売））　（415）　2011.6　p36〜39

◇参考資料（案）こども園給付（仮称）の具体的制度設計関係（子ども・子育て新システム検討会議作業グループ——幼保一体化ワーキングチーム（第8回）（2011.5.11））　「保育情報」（全国保育団体連絡会，ちいさいなかま社（発売））　（415）　2011.6　p40〜42

◇認定こども園における保育・教育の質の保障　渡邉彩　「現代社会文化研究」（新潟大学大学院現代社会文化研究科紀要編集委員会）　（51）　2011.7　p61〜78

◇幼保一体化について（案）（子ども・子育て新システム検討会議作業グループ―幼保一体化ワーキングチーム（第9回）（2011.5.25））　「保育情報」（全国保育団体連絡会，ちいさいなかま社（発売））　（416）　2011.7　p18〜21

◇参考資料（案）〔幼保一体化について（案）関係〕（子ども・子育て新システム検討会議作業グループ―幼保一体化ワーキングチーム（第9回）（2011.5.25））　「保育情報」（全国保育団体連絡会，ちいさいなかま社（発売））　（416）　2011.7　p21〜26

◇指定制について（案）（子ども・子育て新システム検討会議作業グループ―幼保一体化ワーキングチーム（第9回）（2011.5.25））　「保育情報」（全国保育団体連絡会，ちいさいなかま社（発売））　（416）　2011.7　p27〜29

◇参考資料（案）〔指定制について（案）関係〕（子ども・子育て新システム検討会議作業グループ―幼保一体化ワーキングチーム（第9回）（2011.5.25））　「保育情報」（全国保育団体連絡会，ちいさいなかま社（発売））　（416）　2011.7　p30〜32

◇総合施設（仮称）の具体的制度設計について（案）（子ども・子育て新システム検討会議作業グループ―幼保一体化ワーキングチーム（第9回）（2011.5.25））　「保育情報」（全国保育団体連絡会，ちいさいなかま社（発売））　（416）　2011.7　p34〜47

◇子ども・子育て新システムの方向性―幼保一体化にかかわる議論を中心に　山縣文治　「社会福祉研究」（鉄道弘済会社会福祉部）　（112）　2011.10　p2〜10

◇幼保一体化の実現と地域型保育への期待　篠原広樹　「生活福祉研究：明治安田生活福祉研究所調査報」（明治安田生活福祉研究所）　通号78　2011.10　p65〜75

◇認定こども園ベースに基準設定：幼保一体型の指定や認可　政府　「厚生福祉」（時事通信社）　（5858）　2011.11.11　p6

◇シンポジウム　第五〇回全国保育問題研究集会・特別講座より　今，保育園・幼稚園の果たす役割とは：「子ども・子育て新システム」に抵抗し，現場から乳幼児保育・教育のあり方を考える（特集　保育の現場から保育新システムに思うこと）　大宮勇雄，森山幸朗，木都老克彦　「季刊保育問題研究」（新読書社）　（252）　2011.12　p30〜45

◇シリーズ東日本大震災（8）東日本大震災と保育所・幼稚園の今　逆井直紀　「住民と自治」（自治体研究社）　通号584　2011.12　p29〜32

◇認定子ども園の取り組みから子ども・子育て新システムをどう見るか（特集　子ども・子育て新システムで障害児の保育・療育はどうなる）　亀谷美代子　「福祉労働」（現代書館）　（134）　2012.Spr.　p111〜118

◇幼保一体化についての調査：幼稚園・保育所の施設調査と保護者調査　松田茂樹　「Life design report」（第一生命経済研究所ライフデザイン研究本部）　（204）　2012.Aut.　p4〜15

◇公立こども園（仮称）の給付等について（案）（新システム作業G基本制度WT（2011.11.24）子ども・子育て新システム検討会議作業グループ　基本制度ワーキングチーム（第16回）2011（平成23）年11月24日）　「保育情報」（全国保育団体連絡会，ちいさいなかま社（発売））　（422）　2012.1　p29〜31

◇こども園給付（仮称）と既存の財政措置との関係等について（案）（新システム作業G基本制度WT（2011.11.24）子ども・子育て新システム検討会議作業グループ　基本制度ワーキングチーム（第16回）2011（平成23）年11月24日）　「保育情報」（全国保育団体連絡会，ちいさいなかま社（発売））　（422）　2012.1　p35〜37

◇こども園（仮称）・総合施設（仮称）に対する株式会社等の参入について（案）（新システム作業G基本制度WT（2011.11.24）子ども・子育て新システム検討会議作業グループ　基本制度ワーキングチーム（第16回）2011（平成23）年11月24日）　「保育情報」（全国保育団体連絡会，ちいさいなかま社（発売））　（422）　2012.1　p37〜42

◇学者に聞け！　視点争点　幼保一体化で潜在的な待機児童解消　駒村康平　「エコノミスト」（毎日新聞社）　90(1)通号4209　2012.1.3・10　p58〜59

◇2012（平成24）年度保育・幼稚園予算の概要　保育所関係予算5.4％増，幼児教育関係予算1.7％増：4次補正予算/安心こども基金1年延長　逆井直紀　「保育情報」（全国保育団体連絡会，ちいさいなかま社（発売））　（423）　2012.2　p47〜49

保育施設・保育サービス　　　　　　　　　　　　　　　　　　　　保育園と幼稚園

◇ニュージーランドにおける幼保一元化について：幼児教育実践現場の事例から　松川由紀子　「現代教育学部紀要」（中部大学現代教育学部紀要所）　(4)　2012.3　p1～9

◇戦後日本の幼児教育・保育の理論課題：多様な形態を許容できる「幼保一元化」を求めて　池田祥子　「こども教育宝仙大学紀要」（こども教育宝仙大学）　(3)　2012.3　p1～9

◇市町村が「こども園」指定：子育て改革、費用負担も決着―政府　「厚生福祉」（時事通信社）（5887）　2012.3.9　p15

◇内政フォーカス　子育て改革法案　「総合こども園」創設が柱　日高広樹　「地方行政」（時事通信社）（10298）　2012.3.19　p15

◇保育課・幼保連携推進室関係（厚生労働省／全国児童福祉主管課長会議　全国児童福祉主管課長会議説明資料（抜粋））　「保育情報」（全国保育団体連絡会、ちいさいなかま社（発売））（425）　2012.4　p55～59

◇保育課・幼保連携推進室：関連資料（厚生労働省／全国児童福祉主管課長会議　全国児童福祉主管課長会議説明資料（抜粋））　「保育情報」（全国保育団体連絡会、ちいさいなかま社（発売））（425）　2012.4　p60～64

◇総合こども園法（法律案及び理由）（新システム関連法案）　「保育情報」（全国保育団体連絡会、ちいさいなかま社（発売））　(426)　2012.5　p45～52

◇児童福祉法改正案・新旧対照表　子ども・子育て支援法及び総合こども園法の施行に伴う関係法律の整備等に関する法律案　新旧対照表：児童福祉法改正案部分のみ抜粋（新システム関連法案）「保育情報」（全国保育団体連絡会、ちいさいなかま社（発売））　(426)　2012.5　p53～70

◇前中学校長　浅田教育改革調整官の文科省日誌（No.4）「総合こども園」等の3法案　衆議院本会議で審議が始まる　浅田和伸　「週刊教育資料」（教育公論社）　(1208)通号1338　2012.5.28　p36～37

◇霞ヶ関ニュース　認定子ども園の現状　文部科学省初等中等教育局幼児教育課　「子育て支援と心理臨床」（福村出版）　5　2012.6　p84～86

◇公開シンポジウム「子ども・子育て新システムを考える：幼保一元化問題と教育学の課題」に

よせて（小特集　子ども・子育て新システムを考える）　清原みさ子　「中部教育学会紀要」（中部教育学会）　(12)　2012.6　p53～56

◇「幼保一体化」改革と幼児期の教育・保育の課題（小特集　子ども・子育て新システムを考える）　近藤正春　「中部教育学会紀要」（中部教育学会）　(12)　2012.6　p57～83

◇保育制度・政策の動向　自民新システム「採用せず」／法案の先行き不透明：憲法89条違反の疑義ある、公私連携型総合こども園　「保育情報」（全国保育団体連絡会、ちいさいなかま社（発売））（427）　2012.6　p2～5

◇統計と現実の狭間（第121回）待機児童解消と保育政策：統合こども園のゆくえ　村田久　「Estrela」（統計情報研究開発センター）（219）　2012.6　p40～45

◇時事評論　「総合こども園構想撤回」の背景　増田雅暢　「週刊社会保障」（法研）66(2684)　2012.7.2　p36～37

◇この一冊　『世界の保育保障　幼保一体改革への示唆』　椋野美智子／薮長千乃編著　「週刊社会保障」（法研）66(2685)　2012.7.9　p36

◇保育・ゆめ・未来　子どもを中心に据えた保育のあり方をともに考える：幼保連携型認定こども園の取り組み　「はらっぱ：こどもとおとなのパートナーシップ誌」（子ども情報研究センター）（331）　2012.8　p20～22

◇認定こども園法改正案の概要と問題点　杉山〈奥野〉隆一　「保育情報」（全国保育団体連絡会、ちいさいなかま社（発売））（429）　2012.8　p9～12

◇幼保連携施設における多様な連携形態と保育室の配置　宮本文人、稲村友子、仲綾子 [他]　「日本建築学会計画系論文集」（日本建築学会）77(679)　2012.9　p2035～2042

◇保護者から見た幼稚園教師像、保育所保育士像および理想的女性像の対比　板津裕己、竹内幸男　「ヘルスサイエンス研究」（ぐんまカウンセリング研究会）　16(1)　2012.10　p3～8

【図書】

◇次世代の保育のかたち―幼稚園・保育所の可能性と限界　認定こども園のチャレンジから保育の未来を探る　吉田正幸編著　フレーベル館

2010.1 263p 21cm 〈文献あり〉 1800円 ⓘ978-4-577-81268-6 Ⓝ369.42

内容 第1章 幼稚園・保育所に起きている変化(保育所志向・幼稚園離れはなぜ起こっているのか　保育所志向・幼稚園離れを加速させる要因とは　ほか)　第2章 認定こども園の誕生(幼保一元化と総合施設構想　認定こども園制度の誕生　ほか)　第3章 ケーススタディから探る保育のかたち(認定こども園という次世代の保育のかたち　ケーススタディ比較一覧表　ほか)　第4章 ヨーロッパの保育事情に学ぶ(幼児教育・保育の重要性と国家戦略　幼保総合施設の事例—イギリス　ほか)　第5章 幼稚園・保育所の未来の可能性(すべての子どもの最善の利益とは　認定こども園が投げかけるもの　ほか)

◇幼稚園・保育園 親が知らない本当のところ　津久井幹久著　祥伝社 2010.3 204p 19cm 〈画：あかぎりゅう〉 1400円　ⓘ978-4-396-62049-3 Ⓝ376.1

◇園評価の実践ガイド—「保育の質」を高める　神長美津子, 天野珠路, 岩立京子編著　ぎょうせい 2011.7 178p 26cm 1905円 ⓘ978-4-324-09298-9 Ⓝ376.14

内容 第1章 保育の質と評価(今、なぜ、質の高い保育が求められるのか　保育の「質」をどうとらえるか　ほか)　第2章 幼稚園や保育所における園評価(幼稚園における学校評価　保育所における自己評価)　第3章 事例に見る園評価の実際(園運営の改善を目指し、全体で取り組む園評価(東京都目黒区立ひがしやま幼稚園)　負担感を減らし、シンプルな方法で有意義な評価を(認定こども園菖蒲幼稚園・しょうぶ保育園/埼玉県久喜市)ほか)　第4章 Q&Aここが知りたい園評価のポイント(園評価の考え方(保育の現場の共通課題)　園評価の進め方(保育の現場の共通課題)ほか)　第5章 すぐ役立つ園評価の文案・書式例集(保護者アンケートの依頼文と記入用紙　関係者評価委員就任承諾書　ほか)

◇総合こども園法案関係資料集　平成24年　内閣府　2012 1冊 30cm 〈第180回国会　共同刊行：文部科学省ほか〉 Ⓝ369.42

◇世界の保育保障—幼保一体改革への示唆　椋野美智子, 藪長千乃編著　京都　法律文化社 2012.2 245p 21cm 〈索引あり〉 2500円 ⓘ978-4-589-03372-7 Ⓝ369.4

内容 序章 保育保障の世界的潮流と国際比較の視点　1章 保育政策の政治・政策的文脈　国際比較からみえる日本の特徴　2章 保育政策の経済分析　3章 フランス—多様な保育サービスにみる子育ての社会化　4章 イギリス—普遍的かつ的をしぼって　5章 スウェーデン—人的資源形成策としての保育・教育サービス　6章 デンマーク—保護者との協働による普遍的な保育サービス　7章 フィンランド—子どもの育ちを支えるサービスの保障とその柔軟な供給　8章 日本—子どもの発達保障と参加機会の拡大をめざして　9章 保育改革の方向性—国際比較からの示唆をふまえて

◇日本の保育はどうなる—幼保一体化と「こども園」への展望　普光院亜紀著　岩波書店 2012.6 71p 21cm 〈岩波ブックレット No.840〉〈文献あり〉 560円 ⓘ978-4-00-270840-9 Ⓝ369.42

内容 1 「幼保一体(元)化」論争とは何か　2 「子ども園」とはどんなシステムか　3 「こども園構想」の課題　4 今、子ども施策に求められていること

◇建築設計資料　別冊01　KES構法で建てる木造園舎—保育園　幼稚園　認定こども園　建築資料研究社 2012.9 144p 30cm 3800円 ⓘ978-4-86358-194-4 Ⓝ525.1

◇保育園・幼稚園で働く人たち—しごとの現場としくみがわかる！　木村明子著　ぺりかん社 2012.9 151p 21cm 〈しごと場見学！〉 1900円 ⓘ978-4-8315-1319-9 Ⓝ376.14

内容 1 保育園・幼稚園ってどんな場所だろう？(保育園・幼稚園にはこんなにいろいろな仕事があるんだ！)　2 保育園ではどんな人が働いているの？(保育士　看護師　栄養士　ほかにもこんな仕事があるよ！—保育補助、主任保育士、調理師)　3 保育園を支えるためにどんな人が働いているの？(園長　事務職員　ほかにもこんな仕事があるよ！—副園長、園医、用務職員、保健師)　4 幼稚園ではどんな人が働いているの？(幼稚園教師　主幹教諭　ほかにもこんな仕事があるよ！—体操や英語などの講師、非常勤職員)　5 幼稚園を支えるためにどんな人が働いているの？(園長　事務職員　ほかにもこんな仕事があるよ！—副園長、用務職員、園バスの運転手)

◆保育園・幼稚園と保護者

【雑誌記事】

◇保育所における子育て支援活動の実践(4)子育て広場　中澤孝江　「愛国学園短期大学紀要」(愛国学園短期大学)　(27)　2010　p91～101

◇保育者の保育ニーズとその対応に関する研究(1)　須永進, 青木知史, 齋藤幸子〔他〕　「医療福祉研究」(愛知淑徳大学医療福祉学部論集編集委員会)　(6)　2010　p89～110

◇保育者—保護者間のコミュニケーションの改善をめざした研究—保育者に必要な能力・資質に関する幼児教育学科学生の意識　真下知子, 張貞京, 中村博幸　「京都文教短期大学研究紀要」(京都文教短期大学)　49　2010　p116～128

◇幼稚園における子育て支援についての一考察　高林穂津美　「研究紀要」(小池学園)　(6)　2010　p17～26

◇ひとりで背負わない子育て—幼稚園における子育て支援事業「親子登園」に関する児童福祉の検討　田澤薫　「聖学院大学論叢」(聖学院大学)　23(1)　2010　p43～55

◇保護者との関係の中で求められる幼稚園教諭の社会的スキル　斉藤由里　「東海学院大学紀要」(東海学院大学)　(4)　2010　p173～175

◇保護者のニーズとその対応：保育所と幼稚園における調査結果の比較　齋藤幸子, 須永進, 青木知史〔他〕　「日本子ども家庭総合研究所紀要」(恩賜財団母子愛育会日本子ども家庭総合研究所)　47　2010年度　p329～336

◇幼稚園での保護者からのクレームへの対応に関する事例研究　大桃伸一, 熊谷祐子　「人間生活学研究」(新潟人間生活学会)　(1)　2010　p45～52

◇保育所における子育て支援に関する一考察　上村加奈　「広島文教教育」(広島文教女子大学教育学会)　25　2010　p1～10

◇保育者—保護者間のコミュニケーションと信頼—保育園における連絡帳のナラティヴ分析　二宮祐子　「福祉社会学研究」(福祉社会学会)　通号7　2010　p140～161

◇ラウンド・テーブル「保護者との連携および子育て支援」報告　江口裕子, 天野珠子　「モンテッソーリ教育」(日本モンテッソーリ協会)　(43)　2010　p162～166

◇保護者支援に求められる保護者と保育者の関係性　須永美紀　「立教女学院短期大学紀要」(立教女学院短期大学)　(42)　2010　p111～123

◇インタビュー 今求められている保護者支援のあり方(特集 保護者の成長を促す園の支援とは)　子安増生　「これからの幼児教育を考える」(ベネッセコーポレーション)　2010(春)　2010.1　p1～3

◇一人で悩むママをつくらない—保育園父母の会アンケート　岡田かずさ　「女性のひろば」(日本共産党中央委員会, 日本共産党中央委員会出版局〈発売〉)　通号371　2010.1　p100～103

◇幼児教育 幼稚園の専門性を生かした子育ての支援　名須川知子　「初等教育資料」(東洋館出版社)　(857)　2010.2　p88～95

◇保育現場における親支援とカウンセリングアプローチ—親育ちセミナーで実施した構成的グループエンカウンターの効果　冨田久枝　「鎌倉女子大学紀要」(鎌倉女子大学)　(17)　2010.3　p95～102

◇幼稚園・保育所の機能拡大とその論理—子育て支援に着目して　丹治恭子　「健康プロデュース雑誌」(浜松大学)　4(1)　2010.3　p19～27

◇保育園における保護者からのクレームとその対応　吉田惠子　「高崎健康福祉大学紀要」(高崎健康福祉大学)　(9)　2010.3　p115～133

◇幼稚園・保育園における'困った保護者'の現状と対応　大野雄子　「千葉敬愛短期大学紀要」(千葉敬愛短期大学)　(32)　2010.3　p71～83

◇幼稚園における子育て支援の現状と課題について—預かり保育及び未就園児の親子登園を中心に　有馬篤樹　「東京田中短期大学紀要」(東京田中短期大学)　9　2010.3　p24～31

◇ヘッド・スタートにおける保育者と保護者との連携　菅田貴子　「弘前大学教育学部紀要」(弘前大学教育学部)　(103)　2010.3　p111～117

◇保護者と共に保育を創る(特集 第49回全国保問研・福岡集会提案—分科会提案 父母と共につくる保育内容)　折原彩子　「季刊保育問題研究」(新読書社)　通号242　2010.4　p340～344

◇保護者支援のあり方(特集 第49回全国保問研・福岡集会提案—分科会提案 地域に開かれた保育活動) 佐田智美 「季刊保育問題研究」(新読書社) 通号242 2010.4 p370〜373

◇保護者との意識のズレ判明—国公立幼稚園長会が規範意識で調査 「内外教育」(時事通信社) (5986) 2010.4.13 p8

◇保育現場の子育て支援—保育相談の視点から(特集 子育て支援フォーラム 子育て支援とコラボレーション—広げよう安心のネットワーク) 大場幸夫 「子育て支援と心理臨床」(福村出版) 1 2010.5 p13〜18

◇保育園と子育て支援センターの現状(特集 子育て支援フォーラム 子育て支援とコラボレーション—広げよう安心のネットワーク) 御園愛子 「子育て支援と心理臨床」(福村出版) 1 2010.5 p38〜42

◇保護者の状況に思いを寄せ、心を通い合わせて—保護者の置かれている状況から、支援のあり方を探る(特集 地域の中の子育て支援—親と子は何を求め、何を得ているのか—保育現場から) 髙橋悦子 「季刊保育問題研究」(新読書社) 通号244 2010.8 p34〜41

◇保育所で支えられる親と子—児童相談所の視点から(特集 地域の中の子育て支援—親と子は何を求め、何を得ているのか—他施設・機関から支援実践を学ぶ) 山野良一 「季刊保育問題研究」(新読書社) 通号244 2010.8 p62〜68

◇親の立場から(特集 第四九回全国保育問題研究集会・報告—第四九回全国保問研集会福岡 閉会集会 特別報告—リレートーク 福岡の保育の現状) 松下美香 「季刊保育問題研究」(新読書社) 通号245 2010.10 p138〜140

◇保護者の保育ニーズとその対応に関する研究(2) 須永進, 青木知史, 齋藤幸子[他] 「愛知淑徳大学論集. 福祉貢献学部篇」([愛知淑徳大学]福祉貢献学部論集編集委員会) (1) 2011 p83〜105

◇保育—保護者間のコミュニケーションの改善をめざした研究(2)保護者からの相談に対する保育者の答え方の特色 真下知子,張貞京,中村博幸 「京都文教短期大学研究紀要」(京都文教短期大学) 50 2011 p136〜146

◇データから見る幼児教育 卒園前後の保護者の意識 「これからの幼児教育を考える」(ベネッセコーポレーション) 2011(春) [2011] p18〜21

◇認定子ども園における子育て支援の機能に関する調査研究 水田茂久,古賀理,田口香津子[他] 「佐賀女子短期大学研究紀要」(佐賀女子短期大学) 45 2011 p57〜75

◇幼稚園における子育て支援の取り組み：5年間の実践から 山口優子,吉田則子,岡本明博 「児童教育支援センター年報」(長崎純心大学児童教育支援センター) (6) 2011 p37〜45

◇我が国の保育所・幼稚園における子育て支援の実践および実践研究の動向 宮本知子,藤崎春代 「昭和女子大学生活心理研究所紀要」(昭和女子大学生活心理研究所) 13 2011 p127〜133

◇保育所における高学歴・高齢初出産母子に対する支援—母親と保育者の関係構築を基軸として 小川晶 「保育学研究」(日本保育学会) 49(1) 2011 p51〜62

◇幼稚園における子育て支援の在り方の探求：プログラムの構造化と親による評価の分析 日比野直子 「あいち保育研究所研究紀要」(あいち保育研究所) (2) 2011.3 p18〜35

◇保育所が担う子育て支援の役割 高瀬敬子 「あいち保育研究所研究紀要」(あいち保育研究所) (2) 2011.3 p68〜77

◇認定こども園における子育て支援の現状 青井夕貴,石川昭義,西村重稀 「仁愛女子短期大学研究紀要」(仁愛女子短期大学) (43) 2011.3 p33〜39

◇幼稚園・保育所(園)における「気になる」子ども・保護者への対応の実態と保育者養成—園長・主任調査をもとに(第1報) 別府悦子,西垣吉之,水野友有[他] 「中部学院大学・中部学院大学短期大学部研究紀要」(中部学院大学総合研究センター) (12) 2011.3 p119〜128

◇幼稚園におけるおやじの会の一考察—園長が思うおやじの会の父親に保育者が関わる意義について 清水憲志 「幼年児童教育研究」(兵庫教育大学幼年教育コース) (23) 2011.3 p47〜51

◇分科会案内 父母と共につくる保育内容(特集 第50回全国保育問題研究集会 提案) 宍戸健夫

「季刊保育問題研究」（新読書社）　通号248　2011.4　p51〜54

◇子どもにも親にも寄り添って（特集 第50回全国保育問題研究集会 提案―分科会提案 集団づくり）　石応智子　「季刊保育問題研究」（新読書社）　通号248　2011.4　p130〜134

◇父母との合意を得ながら進めることを大切に！（特集 第50回全国保育問題研究集会 提案―分科会提案 保育政策と保育運動）　市枝恵子　「季刊保育問題研究」（新読書社）　通号248　2011.4　p313〜317

◇「子どもを真ん中にして、保護者と職員で一緒に子育てしていくこと」をめざして（特集 第50回全国保育問題研究集会 提案―分科会提案 父母と共につくる保育内容）　田辺則子, 岩松和枝　「季刊保育問題研究」（新読書社）　通号248　2011.4　p345〜348

◇保護者も、保育士も「一人にしない」「一人にならない」支えあった三年間（特集 第50回全国保育問題研究集会 提案―分科会提案 父母と共につくる保育内容）　五郎丸文　「季刊保育問題研究」（新読書社）　通号248　2011.4　p353〜356

◇子どもや家庭の状況に応じた子ども・子育て支援について（案）（子ども・子育て新システム検討会議作業グループ―幼保一体化ワーキングチーム（第8回）（2011.5.11））　「保育情報」（全国保育団体連絡会, ちいさいなかま社（発売））　（415）　2011.6　p23〜24

◇幼稚園における子育て支援に関する研究―全国調査を中心に　名須川知子, 楠本洋子　「兵庫教育大学研究紀要」（兵庫教育大学）　39　2011.9　p27〜33

◇分科会報告 父母と共につくる保育内容（特集 第50回全国保育問題研究集会・報告）　長瀬弥生　「季刊保育問題研究」（新読書社）　通号251　2011.10　p128〜133

◇保育園での追跡調査および保護者へのアンケート調査による男女労働者に対する育児支援策の検討　野原理子, 加藤郁子　「東京女子医科大学雑誌」（東京女子医科大学学会）　81（6）　2011.12　p408〜415

◇保護者の保育ニーズとその対応に関する研究（3）　須永進, 青木知史, 齋藤幸子［他］　「愛知淑徳大学論集. 福祉貢献学部篇」（［愛知淑徳大学］福祉貢献学部論集編集委員会）　（2）　2012　p51〜68

◇幼稚園における相談支援活動に関する考察：保護者の不安と子育て支援　児玉陽子　「大阪芸術大学短期大学部紀要」（大阪芸術大学短期大学部）　（36）　2012　p61〜79

◇データから見る幼児教育 卒園前後の子どもに対する保護者の関わりと意識　「これからの幼児教育」（ベネッセコーポレーション）　2012.秋　p12〜15

◇インタビュー これからの園に求められる21世紀型子育て支援システムとは（特集 これからの園運営を考える：変化の中で子どもの育ちを支える園とは）　汐見稔幸　「これからの幼児教育」（ベネッセコーポレーション）　2012（夏）　2012.夏　p5〜7

◇データから見る幼児教育 多様化する預け先と、預ける保護者の意識（特集 これからの園運営を考える：変化の中で子どもの育ちを支える園とは）　「これからの幼児教育」（ベネッセコーポレーション）　2012（夏）　2012.夏　p14〜17

◇認定こども園における子育て支援の課題　安井恵子, 手良村昭子, 古橋紗人子［他］　「滋賀短期大学研究紀要」（滋賀短期大学）　（37）　2012　p47〜59

◇幼稚園3歳児の日常的な母子のかかわりと園生活の進行に伴う母親の気持ちの変化　権田あずさ, 今川真治　「日本家政学会誌」（日本家政学会）　63（4）通号564　2012　p193〜203

◇今 問われている幼保一体化と子育て支援：現在の幼稚園・保育所の実状を踏まえて　徳田泰伸　「兵庫大学論集」（兵庫大学）　（17）　2012　p55〜63

◇保育園と大学との連携による子育て支援：ラーン・アンド・トークの実践報告　甲斐弘美, 野津山希　「福山大学こころの健康相談室紀要」（福山大学人間文化学部心理学科附属こころの健康相談室）　（6）　2012　p35〜43

◇特集：新春座談会 保育を保護者にどう伝えるか　福田泰雅, 西口千恵, 岩井かろ［他］　「保育の友」（全国社会福祉協議会）　60（1）　2012.1　p10〜23

◇保育士が認識する養育力の概念と保護者の養育力向上に資する保育士の支援　木村たか子　「関

東短期大学紀要」(関東短期大学)　55　2012.3　p47〜76

◇ニュージーランドの就学前教育から学ぶ日本の「子育て支援」と「幼保一元化」の課題:「プレイセンター」と『テ・ファリキ』を手がかりに　久保田力　「子ども教育研究 : 子ども教育学会紀要」(子ども教育学会)　(4)　2012.3　p57〜68

◇保育所における保護者支援のあり方に関する一考察　宮崎つた子, 梶美保　「高田短期大学紀要」(高田短期大学)　(30)　2012.3　p131〜139

◇幼稚園・保育所における「気になる」子どもとその保護者への対応の実態 : クラス担任を対象とした調査をもとに(第2報)　平野華織, 水野友有, 別府悦子［他］　「中部学院大学・中部学院大学短期大学部研究紀要」(中部学院大学総合研究センター)　(13)　2012.3　p145〜152

◇父母と共につくる保育内容(第51回全国保育問題研究集会 提案特集—分科会案内)　宍戸健夫　「季刊保育問題研究」(新読書社)　(254)　2012.4　p38〜41

◇保育園における家庭支援の取り組み : 母親にとっても安心できる居場所に(第51回全国保育問題研究集会 提案特集—乳児保育)　小濱田さち子　「季刊保育問題研究」(新読書社)　(254)　2012.4　p72〜75

◇「保護者と共に」の意味を考える(第51回全国保育問題研究集会 提案特集—父母と共につくる保育内容)　山中久美子　「季刊保育問題研究」(新読書社)　(254)　2012.4　p344〜347

◇保護者と共に子育てを考え合う(第51回全国保育問題研究集会 提案特集—父母と共につくる保育内容)　井上友民　「季刊保育問題研究」(新読書社)　(254)　2012.4　p348〜351

◇保護者も学ぶ「保育から福祉へ」　中村強士　「季刊保育問題研究」(新読書社)　(256)　2012.8　p138〜142

◇保育園は、子どもと親が共に成長する場　佐川光晴　「一冊の本」(朝日新聞出版)　17(9)通号198　2012.9　p24〜26

◇教育ソリューション 子育て支援策の重要性 : 幼保一体改革で何が変わるのか　緑川享子　「月刊カレント」(潮流社)　49(9)通号817　2012.9　p60〜63

◇クラウドを活用した園児への総合支援システムの開発 : ヘルスリテラシーの視点から　渡辺多恵子, 田中笑子, 冨崎悦子［他］　「小児保健研究」(日本小児保健協会)　71(5)　2012.9　p780〜786

◇保育所が取り組む育児困難家庭への支援(特集 育児困難家庭への支援)　野島千恵子　「保育の友」(全国社会福祉協議会)　60(11)　2012.9　p13〜16

◇分科会報告 父母と共につくる保育内容(特集 第51回全国保育問題研究集会報告)　成富清美　「季刊保育問題研究」(新読書社)　(257)　2012.10　p135〜139

◇マッキーの共育讃歌(9) 保育者と保護者がつくる希望づくり　山本万喜雄　「子どものしあわせ」(草土文化)　(742)　2012.12　p58〜61

【図書】

◇保護者の保育参加事例集—保育所・幼稚園の親支援事業報告　〔さいたま〕　埼玉県　〔2010〕　123p　30cm　〈表紙のタイトル:保育所・幼稚園の保護者の保育参加事例集〉　Ⓝ376.14

◇園長の子育て応援日記　水野順子著　文芸社　2010.3　83p　19cm　1000円　①978-4-286-08543-2　Ⓝ376.1

◇素直に育てる―幼稚園長から、お母様への手紙集　伊澤幸介著　増補版　近代文藝社　2010.3　344p　22cm　2800円　①978-4-7733-7702-6　Ⓝ376.1

◇保護者との話し方ハンドブック―保育の悩みを解決!　横山洋子著　ナツメ社　2010.3　159p　15cm　(ナツメ社保育シリーズ)　1000円　①978-4-8163-4853-2　Ⓝ376.1

内容　第1章 年間行事での話し方(入園式で子どもが大泣き、保護者も困っているときには? 役員を決める保護者会。誰もやりたくないのか、黙っているときには? ほか)　第2章 日常生活での話し方(毎朝遅刻してくる保護者には? 子どもが気になり保育開始後も帰らない保護者には? ほか)　第3章 トラブル時の話し方(見ていないときにした、子どものケガを伝えるには? 特定の子に繰り返しケガをさせた子の保護者には? ほか)　第4章 困った保護者への話し方(「○○ちゃんと違う組にして」など無理なことを言われたら? 他の保護者の悪口を言ってくる保護者には? ほか)

保育施設・保育サービス　　　　　　　　　　　　　　　　　　　　保育園と幼稚園

◇わがまま園長奮戦中—子どもと保護者と保育者と　石川幸枝著　京都　かもがわ出版　2010.3　159p　21cm　（〔保育と子育て21〕）　1600円　①978-4-7803-0325-4　Ⓝ376.1
　内容　第1章 保護者とともに創る保育（保育者としての出発　行事中心主義の保育に抵抗　ほか）　第2章 障がい児を受け入れて（障がいをもったヒロくんとお母さん　ヒロくんを仲間として受け入れた　ほか）　第3章 保護者会は保育園の力の源（保護者の底力を知る　おひさま運動—こどもたちからおひさまをうばわないで！　ほか）　第4章 保育者と保護者の関係づくり—保護者との手つなぎをすすめるために（保育は楽しいけれど　保護者が変わるとき　ほか）　第5章 園長・主任の役割—保育を高めるために（はじめから素晴らしい保育者になれない　いろんな園長がいていい　ほか）

◇保護者支援スキルアップ講座—保育者の専門性を生かした保護者支援—保育相談支援（保育指導）の実際　柏女霊峰監修・編著，橋本真紀，西村真実編著，高山静子，山川美恵子，水枝谷奈央執筆　大阪　ひかりのくに　2010.5　79p　26cm　（保カリbooks 8）〈文献あり〉　1200円　①978-4-564-60762-2　Ⓝ376.1
　内容　第1章 保護者支援の基本を押さえる　第2章 保護者支援の実践例—保育の現場より　第3章 保育ソーシャルワークを学ぶ　第4章 保護者支援の理解を深めるために　附録 参考資料

◇いい保育をつくるおとな同士の関係—保育者・保護者，保育者同士・保護者同士が理解しあうために　『ちいさいなかま』編集部編　ちいさいなかま社　2010.8　109p　21cm　（〔ちいさいなかま保育を創るシリーズ〕）〈発売：ひとなる書房〉　1000円　①978-4-89464-152-5　Ⓝ376.1
　内容　保育・子育ての新たな共同をつくるために—おとな同士の共同を困難にしているものは何か　保育者と保護者編—いっしょに子どもを育てるって？（実践（1）・トラブルをとおして考える—かみつきをきっかけに懇談会でおとな同士の手つなぎを　実践（2）・発表会と運動会をとおして考える—保護者の願いと保育者の思いを重ねて保育をつくる　実践（3）・困難を抱える家庭を支える—子どもたちのいのちと笑顔を守りたい　小論・保護者と保育者の関係を育てるために—信頼したい気持ちを持ち続けること）　保育者・職員同士編—思いを

わかりあうって？（実践（1）・保育をとおして認めあえる集団を—お互いを理解しあう職員集団って？　実践（2）・主任保育士の役割を考える—世代をこえていっしょに保育をつくりたい　実践（3）・公立保育所を受託しての保育づくり—私たちにできることは何かを探って　小論・保育の醍醐味を職員みんなで味わうために—成果主義が職員同士の関係にもたらすもの　小論・意見の「一致」と「ちがい」を豊かな保育につなげるために—すべては子どもからはじまる）

◇保育者と保護者の"いい関係"—保護者支援と連携・協力のポイント　師岡章著　新読書社　2010.8　181p　21cm　1700円　①978-4-7880-1131-1　Ⓝ376.1
　内容　第1部 保護者支援（「今時の親は！」と言うけれど…　立ち話のすすめ　親同士の橋渡しを　子どもが変われば，親も変わる　気になる姿の見方・伝え方　ほか）　第2部 家庭との連携・協力（園の方針は正しい!?　ケガにおびえる親たち　「おたより」を見直そう！　ポートフォリオの活用　どうする？連絡帳　ほか）

◇保育者の保護者支援—保育相談支援の原理と技術　柏女霊峰，橋本真紀著　増補版　フレーベル館　2010.11　279p　21cm　〈新保育所保育指針・新幼稚園教育要領・新保育士養成課程対応〉　1600円　①978-4-577-81294-5　Ⓝ376.11
　内容　保育相談支援の体系化の必要性　第1部 保育相談支援の原理（子育ち・子育ての現状と子育て支援の理念　子育ち・子育て支援の視点　保育士資格の法定化と保育士の課題　保育相談支援の意義と基本的視点　保育相談支援の基本構造と技術　ほか）　第2部 保育相談支援の技術（保育相談支援の基本姿勢と対象　保育相談支援の展開過程と基本的技術　保育相談支援の実践場面と手段　保育相談支援における援助体制　保育相談支援の実際）

◇保育における相談援助・相談支援—いま保育者に求められるもの　安田誠人，立花直樹編，西尾祐吾監修　京都　晃洋書房　2011.5　273p　22cm　2800円　①978-4-7710-2266-9　Ⓝ376.1
　内容　相談援助編（相談援助の概要　相談援助の方法と技術　相談援助の具体的展開）　保育相談支援編（保育相談支援の意義　保育相談支援の基本　保育相談支援の実際）　保育相談支援の実際と事例分析編（フィールドワークにおける事例分析とロールプレイの活用　虐待の予防

現代を知る文献ガイド 育児・保育をめぐって　257

と対応などの事例分析　障がいのある子どもとその保護者への支援の事例分析　保育所における保育相談支援の実際　児童養護施設等要保護児童の家庭に対する支援　障がい者(児)施設、母子生活支援施設などにおける相談支援)

◇保育臨床相談・支援　佐々加代子編著　東郷町（愛知県）　犀書房　2011.6　194p　26cm　3000円　ⓘ978-4-914908-78-2　Ⓝ376.1

◇保育者が自信をもって実践するための困った保護者への対応ガイドブック　西舘有沙,徳田克己著　福村出版　2011.10　105p　26cm　〈絵：谷口純平〉　1700円　ⓘ978-4-571-11601-8　Ⓝ376.1

内容　1章　なぜ保護者との間にトラブルが起こるのか　2章　園所の体制づくり　3章　保護者との信頼関係を深めるための保育者の心がけ　4章　保護者のタイプと対応の仕方　5章　保護者対応で困ることFAQ　6章　おわりに—どうしようもなくなったときに

◇これで安心保護者対応—どうする？こうする！　松田順子著　フレーベル館　2011.12　125p　23cm　1700円　ⓘ978-4-577-81321-8　Ⓝ376.14

内容　第1章　いるいる！こんな保護者—保護者のタイプ別対応法（理論派ママの、豊富な知識もいいけれど…—Yくんのママの場合　依存タイプでなんでも頼ってくるのです—Iちゃんのママの場合　ほか）　第2章　あるある！こんな子どもに関するやりとり（わが子には、ついつい甘くなるのです—Aくんのママの場合　無関心？虐待？のような気がします—Cくんのママの場合　ほか）　第3章　保護者自身の問題に向き合う（「バカップル」と呼んでもいいですか？—Sくんの両親の場合　まるで瞬間湯沸かし器で、ちょっと怖いのです…—Tちゃんのママの場合　ほか）　第4章　園の方針や体制への要望に対応する（園の方針に不安があるようです…—Yくんのママの場合　保育内容に問い合わせが来ました—Nくんのママの場合　ほか）

◇心が通う保護者との接し方—ベテラン保育士直伝！　矢吹秀徳著　成美堂出版　2012.4　143p　19cm　〈SEIBIDO保育BOOK〉　900円　ⓘ978-4-415-31244-6　Ⓝ376.14

内容　プロローグ　ポイントを押さえて保護者とのよりよい関係を築いていこう　1　日常生活　2　困ったとき　3　行事（年中行事　月例行事　保護者行事）

◇保育の言葉かけタブー集—こんなときにはどう言葉をかけたらいい？　保護者編　あなたの一言から問題が生じていませんか？本当に起こった95実例を紹介　保育の言葉かけ研究会編　誠文堂新光社　2012.4　239p　21cm　1600円　ⓘ978-4-416-81235-8　Ⓝ376.14

内容　強要—無理なお願いをしてくる人への言葉かけタブー　依頼—お願いや注意したいときの言葉かけタブー　しつけ、教育—しつけ、教育にまつわる言葉かけタブー　相談—相談を受けたときの言葉かけタブー　断る—断りたい、話をかわしたいときの言葉かけタブー　子ども同士—子どもの人間関係にまつわる言葉かけタブー　保護者同士—保護者の人間関係にまつわる言葉かけタブー　感情的—感情的な保護者への言葉かけタブー　競争意識—競争意識が強い保護者への言葉かけタブー　心配症—心配しがちな保護者への言葉かけタブー〔ほか〕

◇親から頼りにされる保育者の子育て支援—気になる子も、気になる親も一緒に保育　芸術教育研究所編　名古屋　黎明書房　2012.7　92p　26cm　2000円　ⓘ978-4-654-06092-4　Ⓝ376.1

内容　第1章　今、必要とされている保育者の子育て支援、親支援（新しい時代に対応した子育て支援、親との関係づくり　根拠に基づく子ども支援—子育ち・子育てエンパワメント　子育ち・子育て支援—心をつかむコミュニケーション実践術）　第2章　発達が気になる子の子育ち支援、親支援（発達が気になる子も一緒の保育　発達が気になる子の不器用さの理解と支援）　第3章　子育ち支援、親支援の実践術（子どもが豊かに遊びこめる保育環境づくり　子育てひろばの子育ち支援、親支援　発達が気になる子どもの遊びとおもちゃ）

◇「気づき」からの支援スタートブック—幼児の困難サインを上手にキャッチする　伊丹昌一編著,閑喜美史著　明治図書出版　2012.11　85p　26cm　1900円　ⓘ978-4-18-054146-1

内容　第1章　「気づき」から始める支援（気になる子どもたちの行動　"困った子ども"から"困っている子ども"への見方の転換　ほか）　第2章　「気づき」のための基礎知識（視覚について　聴覚について　ほか）　第3章　「気づき」から始

める支援の実際（登園 遊び ほか） 第4章 支援を広げる（個に応じた指導を可能にする集団づくり ユニバーサルデザイン保育・教育 ほか）

◆園児の病気・ケガ・安全管理

【雑誌記事】

◇乳幼児の保育中における事故の実態調査 範衍麗 「大阪女子短期大学紀要」（大阪女子短期大学学術研究会） （35） 2010 p71～79

◇医療における保育の必要性と課題 笹川拓也, 宮津澄江, 入江慶太［他］ 「川崎医療短期大学紀要」（川崎医療短期大学） （30） 2010 p55～59

◇保育内容からの一考察―就学前入院患児を中心に 岡本雅子 「関西教育学会年報」（関西教育学会） （34） 2010 p151～155

◇乳児院での膨大な資料（児童の個人情報）整理による児童への医療的ケア及び保育向上の調査 井筒康裕, 末廣豊, 三崎貴子［他］ 「済生会医学・福祉共同研究」（済生会） 2010年度版 ［2010］ p87～103

◇保育施設におけるノロウイルス集団発生予防システムの構築とその検証 谷口力夫, 星旦二 「社会医学研究：日本社会医学会機関誌」（日本社会医学会事務局） 27（2） 2010 p21～34

◇保育所に勤務する看護職の業務の現状と役割受容度の検討 脇坂幸子, 神澤絢子, 塩原智子［他］ 「日本看護学会論文集. 小児看護」（日本看護協会出版会） 41 2010 p108～111

◇保育園における新型インフルエンザ対策に関する考察―対策マニュアルの作成に向けて 片平啓介, 吉塚和美 「福岡こども短期大学研究紀要」（福岡こども短期大学） （21） 2010 p5～13

◇保育士がもつ慢性疾患患児の保育への意識に関する研究 片山美香 「保育学研究」（日本保育学会） 48（2） 2010 p145～156

◇厚生労働省「保育施設における死亡事例について」（2009.12.7） 厚生労働省 「保育情報」（全国保育団体連絡会, ちいさいなかま社（発売）） （399） 2010.2 p60～62

◇保育所および幼稚園において小児が共同使用する玩具の衛生管理に関する調査 中畑千夏子, 鈴木遥, 花村百合恵［他］ 「医学と生物学」（緒方医学化学研究所医学生物学速報会） 154（3） 通号987 2010.3 p98～107

◇保育所看護職の必要とする情報（特集 小児看護で求められる情報の処理と管理―健康障害をもつ子どもを地域で支えるために必要とする看護情報） 信川鈴鹿 「小児看護」（へるす出版） 33（4）通号412 2010.4 p504～508

◇社会小児科学 保育所における感染症サーベイランスの重要性 和田紀之 「小児科」（金原出版） 51（6） 2010.5 p825～831

◇保育管理下の傷害についての検討―予防につながるデータ収集法の構築に向けて 掛札逸美, 坪井利樹, 北村光司［他］ 「小児保健研究」（日本小児保健協会） 69（3） 2010.5 p438～446

◇損害賠償請求に関する訴訟のさいたま地裁判決の解説［平成21.12.16, 含 資料 上尾市立上尾保育所での園児死亡事故における国家賠償請求に関するさいたま地裁判決］（上尾市立上尾保育所での園児死亡事故と民事（損害賠償請求）判決までの経過） 寺町東子 「保育情報」（全国保育団体連絡会, ちいさいなかま社（発売）） （402） 2010.5 p3～15

◇スウェーデンと日本の就学前教育・保育機関における子どもの健康と安全への対応 渡部かなえ, 渡辺敏明 「信州大学教育学部研究論集」（信州大学教育学部） （3） 2010.7 p141～149

◇学校事務職員必読！学校経営の基本判例 市立保育所における熱中症死亡事故の法的責任［さいたま地方裁判所平成21.12.16判決］ 山田知代 「学校事務」（学事出版） 61（10） 2010.10 p46～52

◇感染症・予防接種レター（第52号）ワクチンと免疫 庵原俊昭 「小児保健研究」（日本小児保健協会） 69（6） 2010.11 p830～832

◇娘の死をムダにしないで―保育施設での死亡事故をくりかえさないために 津久井れい 「女性のひろば」（日本共産党中央委員会, 日本共産党中央委員会出版局（発売）） 通号381 2010.11 p63～66

◇保育施設における手洗い場からの細菌の検出 長瀬修子, 日反歩都恵 「近畿医療福祉大学紀要」（近畿医療福祉大学） 11（1）通号17 2010.12 p79～85

◇幼稚園や保育園における危機管理のあり方　牧野桂一　「ほいくしんり：保育心理士と子どものこころに寄り添う保育士のための機関誌」（大谷保育協会）　(2)　2010.12　p31〜44

◇幼稚園の園医として(現代の学校保健 2011—小児科医と学校保健)　松下享,小川實　「小児科臨床」（日本小児医事出版社）　64通号764（増刊）　2011　p1339〜1342

◇保育(所)園の園医（嘱託医）として(現代の学校保健 2011—小児科医と学校保健)　藤本保　「小児科臨床」（日本小児医事出版社）　64通号764（増刊）　2011　p1343〜1346

◇保育士・幼稚園教諭・学生による事故防止策の評価：事故場面へのヒヤリハット認知　大野木裕明,石川昭義,伊東知之　「仁愛大学研究紀要.人間生活学部篇」（仁愛大学）　(3)　2011　p49〜62

◇乳幼児の感染症の特徴(第31回母子健康協会シンポジウム 保育園・幼稚園における感染症と対応)　前川喜平　「ふたば：mother and child health」（母子健康協会）　(75)　2011　p37〜46

◇保育園における感染症対策…園医の立場から(第31回母子健康協会シンポジウム 保育園・幼稚園における感染症と対応)　和田紀之　「ふたば：mother and child health」（母子健康協会）　(75)　2011　p47〜61

◇保育園での対応の実際…看護師の立場から(第31回母子健康協会シンポジウム 保育園・幼稚園における感染症と対応)　佐藤直子　「ふたば：mother and child health」（母子健康協会）　(75)　2011　p62〜71

◇総合討議(第31回母子健康協会シンポジウム 保育園・幼稚園における感染症と対応)　前川喜平,佐藤直子,和田紀之　「ふたば：mother and child health」（母子健康協会）　(75)　2011　p71〜99

◇全国の保育所における水痘発生の実態と職員の水痘および水痘ワクチンに対する意識　中島夏樹,勝田友博,鶴岡純一郎[他]　「小児保健研究」（日本小児保健協会）　70(1)　2011.1　p14〜19

◇保育所保健に関する実態調査—保育所における与薬の実際と保育所保健の認識　高橋清子,川村千恵子,西谷香苗[他]　「園田学園女子大学論文集」（園田学園女子大学）　(45)　2011.1　p75〜84

◇幼保育園保育者の「ひやり・はっと」体験の事例報告　範衍麗　「安全教育学研究」（日本安全教育学会）　11(1)　2011.3　p71〜86

◇幼稚園・保育施設における子どもの事故に関する裁判例の動向：「量的」変化に着目して　坂田仰,山田知代　「樹下道：家政学専攻研究」（日本女子大学大学院家政学研究科通信教育課程家政学専攻）　(3)　2011.3　p2〜11

◇保育活動にともなう事故と保育者の安全配慮義務—保育活動にともなう事故の判例の分析・検討を中心として　小澤文雄　「東海学園大学研究紀要．人文科学研究編」（東海学園大学）　(16)　2011.3　p83〜104

◇外表性疾患をもつ学童へ保護者が行った病気説明と養育態度　石見和世　「日本小児看護学会誌」（日本小児看護学会）　20(1)通号40　2011.3　p48〜54

◇幼稚園保健室コーナーの参与観察—園児の行動に着目して　斉藤ふくみ,萩谷香里,松永(金田)恵[他]　「日本養護教諭教育学会誌」（日本養護教諭教育学会）　14(1)　2011.3　p21〜31

◇保育園における事故(特集 小児の救急疾患—外傷における初期対応—事故の対応と予防)　田中哲郎　「小児科臨床」（日本小児医事出版社）　64(4)通号761　2011.4　p821〜827

◇治療的養育の歴史的展開と実践モデルの検討—社会的養護における養育のいとなみ　栖原真也　「子どもの虐待とネグレクト：日本子ども虐待防止学会学術雑誌」（日本子ども虐待防止学会,金剛出版（発売））　13(1)通号31　2011.5　p125〜136

◇看護職未配置保育所における保健業務の遂行状況と必要性の認識　長尾史英,柄澤邦江,塩原智子[他]　「小児保健研究」（日本小児保健協会）　70(4)　2011.7　p529〜534

◇医療保育と保育所保育の比較検討(特集 保育の本質をさぐる—さまざまな保育の現場から)　入江慶太　「季刊保育問題研究」（新読書社）　通号250　2011.8　p8〜21

◇データから見る幼児教育 園長198名に緊急アンケート 震災後、各園が見直した災害時の対応策

◇とは？「これからの幼児教育」（ベネッセコーポレーション）2011（秋）2011.9　p12〜14

◇保育園における感染症流行の実態とその対策―子どもの病気対応と保護者の就労支援のために(特集 病児保育を考える)　藤城富美子「小児科」（金原出版）52（10）2011.9　p1353〜1361

◇感染症対策の観点から(特集 病児保育を考える)　安井良則　「小児科」（金原出版）　52（10）2011.9　p1363〜1369

◇幼稚園における養護教諭の配置と役割に関する研究：園長等に対する調査結果から　井澤昌子, 大川尚子　「日本養護教諭教育学会誌」（日本養護教諭教育学会）15（1）2011.9　p45〜52

◇病気をもつ保育園児に対する支援のあり方に関する研究：保育士の関わりに視点をあてて　吉川一枝, 山口明子　「岐阜医療科学大学紀要」（岐阜医療科学大学）（6）2012　p77〜81

◇データから見る幼児教育 災害への対応として大事なもう一つのこと：ネットワークづくり　「これからの幼児教育」（ベネッセコーポレーション）2012（春）2012.春　p14〜16

◇小児侵襲性肺炎球菌感染症の季節変動と集団保育との関連　松原康策, 仁紙宏之, 岩田あや［他］「感染症学雑誌」（日本感染症学会）86（1）2012.1　p7〜12

◇保育所・幼稚園・認定こども園等の施設および保育士, 幼稚園教諭養成校における感染症予防に関する研究　大見広регул, 鈴木文明, 吉川由希子［他］　「小児保健研究」（日本小児保健協会）71（1）2012.1　p92〜100

◇子どもの急病時に保育園児の保護者がとる対処行動　大槻恵子, 安藤美樹　「文京学院大学総合研究所紀要」（文京学院大学総合研究所）（12）2012.2　p173〜184

◇保育保健の基礎知識Q&A(特集 保育保健の基礎知識)　日本保育園保健協議会　「保育の友」（全国社会福祉協議会）60（2）2012.2　p11〜19

◇保育士の保育所看護職者への認識と期待する役割　片岡亜沙美, 矢野智恵, 山﨑美恵子　「高知学園短期大学紀要」（高知学園短期大学）（42）2012.3　p55〜66

◇医療保育における記録に関する研究：医療保育士と看護師への調査から探るSOAP形式の有効性　林典子　「児童学研究：聖徳大学児童学研究所紀要」（聖徳大学）（14）2012.3　p31〜40

◇知っておきたい用語の解説 医療保育専門士　谷川弘治　「小児科臨床」（日本小児医事出版社）65（3）通号773　2012.3　p403〜405

◇看護師と医療保育士の子どもを尊重した協働における認識：医療保育士の専門性に焦点をあてて　山北奈央子, 浅野みどり　「日本小児看護学会誌」（日本小児看護学会）21（1）通号43　2012.3　p1〜8

◇乳幼児の小児一次救命処置に対する保育士の認識と現状　山田恵子　「日本小児看護学会誌」（日本小児看護学会）21（1）通号43　2012.3　p56〜62

◇図書案内 死を招いた保育　猪熊弘子著　平松知子「季刊保育問題研究」（新読書社）通号255　2012.6　p153〜155

◇知っておきたい用語の解説 保育看護　帆足英一「小児科臨床」（日本小児医事出版社）65（7）通号778　2012.7　p1641〜1645

◇第115回日本小児科学会学術集会 教育講演 保育園における感染症対策　遠藤郁夫　「日本小児科学会雑誌」（日本小児科学会）116（9）2012.9　p1342〜1344

◇園医の役割と課題(特集 園医・学校医の役割)　遠藤郁夫　「日本医師会雑誌」（日本医師会）141（7）2012.10　p1481〜1484

【図書】

◇ケガ&病気の予防・救急マニュアル―保護者の信頼を得るために 0〜5歳児担任必携本!!　永井裕美著, 鈴木洋, 鈴木みゆき監修　大阪　ひかりのくに　2010.3　159p　19cm　（ハッピー保育books 6）〈索引あり〉1200円　①978-4-564-60754-7　Ⓝ376.14

内容　予防マニュアル（あなたの保育環境, 要チェック！　あなたの衛生管理, 要チェック！子どもの「おかしいな？」要チェック！　子どもの生活, 要チェック！）　救急マニュアル（ケガの手当て・対応　症状別の手当て・対応・感染症の症状・対応　その他の病気の症状・対応）

◇保育事故を繰り返さないために――かけがえのない幼い命のためにすべきこと　武田さち子著，赤ちゃんの急死を考える会企画・監修　あけび書房　2010.7　143p　21cm　〈述：大宮勇雄ほか〉　1400円　Ⓘ978-4-87154-094-0　Ⓝ369.42

内容　第1章 大切な子どもの命を返してください（多発する保育施設での突然死　ずさんな保育の免罪符になっているSIDS　専門職による虐待　安全配慮義務が問われるとき　足りない保育施設、そして事件・事故の多発）　第2章 安全で安心な保育のために大人たちがすべきこと（保護者がすべきこと　保育所がすべきこと　乳幼児の事故を予防する　虐待やいじめを発見する　行政がすべきこと）　第3章 不幸にして事件・事故が起きたとき（保育所がすべきこと　行政がすべきこと　保護者がすべきこと　事故調査委員会の是非について）　第4章 座談会かけがえのない命のために

◇保育事故における注意義務と責任――事例解説　古笛恵子編著　名古屋　新日本法規出版　2010.7　374p　21cm　〈文献あり〉　3100円　Ⓘ978-4-7882-7344-3　Ⓝ376.14

内容　第1章 概説（子どもの権利　子どもの居場所　子どもの事故の概要　子どもの事故の責任　子どもの事故の法的問題　子どもの事故の保険）　第2章 事例（転倒・転落事故　誤飲・誤嚥事故　でき水事故　やけど・熱中症事故　感染症事故　ほか）

◇保育の中の保健――幼稚園・保育所での保健指導の理論と実践　巷野悟郎，高橋悦二郎編著　改訂　萌文書林　2010.11　208p 図版4p　21cm　〈執筆：中川英一ほか〉　1800円　Ⓘ978-4-89347-151-2　Ⓝ498.7

◇私の園医ノート――これからの園医のために　遠藤郁夫著　中山書店　2011.6　150p　19cm　3300円　Ⓘ978-4-521-73370-8　Ⓝ376.14

内容　第1章 園医の役割　第2章 保育園における健康管理　第3章 疾病対策　第4章 安全管理　第5章 保育園の組織的な取り組み　第6章 地域連携　付録 主な感染症一覧

◇死を招いた保育――ルポルタージュ上尾保育所事件の真相　猪熊弘子著　ひとなる書房　2011.8　196p　20cm　1600円　Ⓘ978-4-89464-168-6　Ⓝ369.42

内容　第1章 事件の顛末（事件当日　事件の発覚）　第2章 事件に至る経緯（侑人君の誕生まで　家庭保育室に入る　ほか）　第3章 事件への対応（当日の対応　上尾市としての対応）　第4章 上尾保育所で起きていたこと（「手のかかるクラス」担任のなり手がない　ほか）　第5章 上尾保育所だけの問題ではない（認可保育所で子どもを亡くすということ　「上尾保育所」だけなのか？　ほか）

◇保育園における事故防止と安全管理　田中哲郎著，日本小児医事出版社編　日本小児医事出版社　2011.8　362p　26cm　《『保育園における事故防止と危機管理マニュアル』(2004年刊)の加筆》　2500円　Ⓘ978-4-88924-213-3　Ⓝ376.14

内容　第1章 保育園での事故防止と安全管理（保育園における安全管理の必要性　安全管理と危機管理　ほか）　第2章 事故防止（乳幼児事故の現状　保育園での死亡事例　ほか）　第3章 安全管理（乳幼児突然死症候群（SIDS）　感染症　ほか）　第4章 けが、応急時の対応（心肺蘇生法（CPR）　気道異物除去法　ほか）　参考資料（保育所保育指針　児童福祉施設等に設置している遊具での事故の調査結果について　ほか）

◇園医必携保育園の感染症　遠藤郁夫編　中外医学社　2011.10　70p　21cm　〈索引あり〉　1800円　Ⓘ978-4-498-02120-4　Ⓝ376.14

内容　第1章 これからの保育園における感染症対策（保育園全体で共通認識を持って対応する　組織的に機能する　ほか）　第2章 園医に必要な感染症の知識（保育所における感染症対策ガイドライン　保育園における感染症の手引き2010　ほか）　第3章 園医にもっと知ってもらいたい保育園の現状と課題（保育の現状と課題　感染症の発生状況　ほか）　第4章 保育園サーベイランスについて（保育園サーベイランスについて　今後の保育園サーベイランスの全国規模での展開について）　第5章 園医に役立つ感染症一覧表（感染経路とその予防方法　保育園における感染症流行のめやす　ほか）

◇命を預かる保育者の子どもを守る防災BOOK　猪熊弘子編　学研教育出版　2012.2　112p　21cm　（Gakken保育books）　〈発売：学研マーケティング〉　1400円　Ⓘ978-4-05-405229-1　Ⓝ376.14

内容　1 そのとき、何が起こったのか？3.11リアルドキュメント（保育所、幼稚園の被災状況　データで見る3.11　あの日、被災地では　目で見る3.11　被災した園では）　2 災害時にどう動く？ケース別行動マニュアル（地震発生から30秒。

その間生き延びれば、命は守れる　絵で見てわかるとっさの行動　地震発生直後の対応―子どもたちや周りの状況は？確認したら、即行動！　もしものときの応急手当て　心のケア）　3 災害から子どもを守るには？防災チェック&ルール（あなたの園は大丈夫？保育園・幼稚園のための地震防災チェックシート　もう一度確認を！3日間を自力で生き抜くための備蓄品どうする？保護者や地域との関係作り　災害に強い園を目指す！防災に関するルール作り　命を守る土台作りを！みんなで取り組む防災教育・防災訓練　どう対応する？避難所としての園の役割と保育者の心構え）　防災に役立つ資料（全国の主な防災センター施設　緊急時に役立つ防災情報サイト）

◇0～5歳児ケガと病気の予防・救急まるわかり安心BOOK　金澤治監修　ナツメ社　2012.3　159p　19cm　（ナツメ社保育シリーズ）〈索引あり〉　1200円　①978-4-8163-5188-4　Ⓝ376.14
内容　第1章 園生活でよくある子どものけが（すり傷・切り傷　鼻血が出た ほか）　第2章 園でかかりやすい子どもの病気（毎日の健康観察　風邪症候群 ほか）　第3章 園で流行しやすい感染症（学校感染症と予防接種　予防接種スケジュール表 ほか）　付録 保育者が知っておきたいこと（乳幼児突然死症候群（SIDS）の予防法　子どもを虐待から守るために）

◇乳幼児の事故予防―保育者のためのリスク・マネジメント　掛札逸美著　ぎょうせい　2012.5　167p　21cm　1886円　①978-4-324-09474-7　Ⓝ376.14
内容　まえがきにかえて 事故予防との出会い、保育園・幼稚園との出会い　第1章 事故予防に取り組むことのむずかしさを理解しよう　第2章 事故予防に取り組むための基礎を知ろう　第3章 ハザードをみつけ、効果的な対策を立てよう　第4章 安全の第一条件は、園内における「情報の風通し」　第5章 保護者に安全と事故予防の情報を伝えよう―保護者を強い味方にする「前向きリスク・マネジメント」へ　第6章 園長インタビュー―安全チェック、ケガ予防対策を実施してみて

◇医療保育―ぜひ知っておきたい小児科知識　梶谷喬、佐々木正美、小河晶子、寺田喜平著　改訂第3版　診断と治療社　2012.8　140p　26cm 〈文献あり 索引あり〉　2500円　①978-4-7878-1962-8　Ⓝ376.14
内容　1 医療保育概論　2 救急対応法　3 事故防止と対応　4 小児虐待への対応　5 発達障害　6 乳児突然死症候群（SIDS）　7 アレルギー対応方法　8 感染症対策　9 疾患の概論と各論

◆障害児保育

【雑誌記事】

◇広汎性発達障害を早期に疑われる幼児への発達支援（第1報）療育機関等から保育園・幼稚園等への移行を通して見えてくる「意義」と「課題」について　北野絵美, 吉岡恒生　「治療教育学研究」（愛知教育大学）　29　2009.2　p47～55

◇学童保育所での『気になる子』に関する一考察　駒屋雄高　「青山学院大学教育人間科学部紀要」（青山学院大学教育人間科学部）　(1)　2010　p159～179

◇インクルーシブ実践に関する考察―学童保育実践を手がかりに　三好正彦　「大阪女子短期大学紀要」（大阪女子短期大学学術研究会）　(35)　2010　p15～28

◇障害児保育における理念に関する一考察―インクルーシブ保育の実現に向けた検討　直島正樹　「大阪成蹊短期大学研究紀要」（大阪成蹊短期大学）　(7)　2010　p49～62

◇発達障害のある幼児への保育者の関わりがもたらす影響―巡回相談の事例にもとづく検討　松井剛太　「香川大学教育実践総合研究」（香川大学教育学部）　(21)　2010　p25～33

◇障がいを持つ子どもと共に生きるインクルーシブ教育を目指して―子ども同士、保育者の育ち合い　勝野愛子　「岐阜聖徳学園大学教育実践科学研究センター紀要」（岐阜聖徳学園大学）　(10)　2010　p135～144

◇保育者養成と発達障害―2009（平成21）年度・集中講義「福祉特論・発達障害を考える」を通して　徳広圭子　「岐阜聖徳学園大学短期大学部紀要」（岐阜聖徳学園大学短期大学部）　42　2010　p81～95

◇保育所の障害をもった幼児に人とかかわる力を育てる援助　細川悠子　「研究紀要」（愛知文教女子短期大学）　通号31　2010　p107～117

◇発達障害のある幼児の特別支援教育に関する研究・幼児教育における自立活動の指導について・松原豊　「こども教育宝仙大学紀要」（こども教育宝仙大学）　(1)　2010年度　p65～74

◇インタビュー 幼児教育の視点から考える 一人ひとりの心に寄り添う姿勢が特別なニーズをもつ子への支援につながる（特集 特別なニーズをもつ子に寄り添う保育とは？─特別支援教育・障害児保育を考える）　小田豊　「これからの幼児教育を考える」（ベネッセコーポレーション）　2010（秋）　[2010]　p2～4

◇日本における統合保育の進展と研究動向─統合保育の成立からインクルーシブな保育へのパラダイム転換まで　石井正子　「昭和女子大学大学院生活機構研究科紀要」（昭和女子大学大学院生活機構研究科）　19　2010　p15～28

◇知的に正常な発達障害がある母親への心身医療と発達障害児の養育環境（第1回日本心身医学5学会合同集会 合同シンポジウム 成人期の発達障害と心身医療）　芳賀彰子　「心身医学」（日本心身医学会，三輪書店（発売））　50(4)通号369　2010　p293～302

◇ロシアにおける就学前の障害児教育について─クラスノヤルスク地方における統合保育幼稚園の視察より　庭野賀津子，AlexeiKononenko，荒川圭介［他］　「東北福祉大学研究紀要」（東北福祉大学）　34　2010　p139～156

◇障害児保育の実態とは？　土屋佳　「常葉英文」（常葉学園短期大学英語英文学会）　(30)　2010　p16～23

◇保育におけるコンサルテーション─統合保育における巡回指導について　中西由里　「人間関係学研究」（椙山女学園大学人間関係学部）　(9)　2010年度　p37～46

◇幼稚園における特別支援教育に関する研究─保育カンファレンスを中心とした支援事例の検討　田中浩司，田丸尚美，髙月教惠［他］　「福山市立女子短期大学研究教育公開センター年報」（福山市立女子短期大学研究教育公開センター）　(7)　2010　p29～35

◇「みんなの中の私」という意識はいかに育つか─自閉症のある中学生の自己意識の変容の事例から（子どもの体験と成長・発達）　山崎徳子　「保育学研究」（日本保育学会）　48(1)　2010　p23～35

◇仲間とともに育つ─アスペルガー症候群の子どもの体験と成長（子どもの体験と成長・発達）　湯澤美紀，湯澤正通　「保育学研究」（日本保育学会）　48(1)　2010　p36～46

◇「あきらくんニュース」を媒介とした統合保育における関係の輪の広がり　杉田穏子　「保育学研究」（日本保育学会）　48(2)　2010　p133～144

◇学童保育において発達障害をもつ子どもを支援するための職員間の連携作り　西本絹子　「明星大学研究紀要，日本文化学部・言語文化学科」（明星大学青梅校）　(18)　2010　p162～146

◇「気になる」子どもに関する研究(3)幼稚園におけるADHDが疑われる子どもに対する支援と事例　嶋野重行　「盛岡大学短期大学部紀要」（盛岡大学短期大学部）　20通号33　2010　p23～34

◇戦時下における小溝キツと「異常児保育」─保育記録にみる障害児保育実践の誕生　河合隆平　「幼児教育史研究」（幼児教育史学会）　5　2010　p1～16

◇広汎性発達障害を早期に疑われる幼児への発達支援に関する一考察（第2報）療育機関等から保育園・幼稚園等への移行を通して見えてくる「意義」と「課題」について　北野絵美　「治療教育学研究」（愛知教育大学）　30　2010.2　p29～39

◇障害児施策の最新動向：「新保育制度」の問題ともからんで　近藤直子　「あいち保育研究所研究紀要」（あいち保育研究所）　(1)　2010.3　p45～48

◇プロジェクト研究成果報告 就学前児童のインクルージョンを目指した保育者の養成に関する研究─スウェーデンにおける発達障がい児の療育について　栩山貴要江，河野真，富永しのぶ　「研究所報」（兵庫大学附属総合科学研究所）　(14)　2010.3　p27～38

◇就学前の高機能自閉症児を養育する保育士のメンタルヘルス　小野美代子　「上越教育大学特別支援教育実践研究センター紀要」（上越教育大学特別支援教育実践研究センター）　16　2010.3　p27～30

◇幼稚園・保育園に在籍する特別な支援を必要とする子どもたちの現状と支援に関する調査研究─個別教育支援計画実施の観点から　河野順

◇子　「東海学園大学研究紀要．シリーズB，人文学・健康科学研究編」(東海学園大学経営学部)　(15)　2010.3　p83～97

◇保育園での発達障害児への個別支援の取り組み　城元寿美，昇地勝人　「中村学園大学・中村学園大学短期大学部研究紀要」(中村学園大学)　(42)　2010.3　p79～84

◇地域における特別支援保育の展望と課題　田中良三　「人間発達学研究」(愛知県立大学大学院人間発達学研究科)　(1)　2010.3　p53～62

◇特別な支援を必要とする就学前児の保育に関わる支援ニーズ　三宅幹子　「福山大学人間文化学部紀要」(福山大学人間文化学部)　10　2010.3　p131～138

◇自閉症幼児のコミュニケーション行動の活発化への行動論的アプローチ(1)自閉症研究・援助の進め方の歴史的変遷を中心に　新川朋子，小林重雄　「幼児教育研究紀要」(名古屋経済大学・名古屋経済大学短期大学部幼児教育研究会)　(22)　2010.3　p21～26

◇発達につまづきのある子どもとその家族への援助に関する人間福祉学的考察―問題行動を示す子どもの事例を通して　山岡信夫，小林重雄　「幼児教育研究紀要」(名古屋経済大学・名古屋経済大学短期大学部幼児教育研究会)　(22)　2010.3　p27～31

◇「気になる子ども」の保育方法についての一考察―事例からみる新任保育者の困り感と変容過程　小川圭子　「幼年児童教育研究」(兵庫教育大学幼年教育コース)　(22)　2010.3　p29～34

◇りぶるレポート《今、保育の現場は》遅れのある子供も健常児も一緒に成長　子供たちの可能性を信じて　「りぶる」(自由民主党)　29(3)通号336　2010.3　p18～21

◇障害児保育(特集 第49回全国保問研・福岡集会提案―分科会案内)　河合隆平　「季刊保育問題研究」(新読書社)　通号242　2010.4　p39～41

◇幼稚園・保育所との連携をどうするか―保育の立場から(特集 発達障害の未来を変える―小児科医に必要なスキル―幼児期の発達障害診療のポイント)　鈴木みゆき　「小児科診療」(診断と治療社)　73(4)通号865　2010.4　p599～603

◇いま知りたい　特別支援教育Q&A(第13回)障害のある子どもを教育・保育する幼稚園や保育所への支援体制は？　木下勝世，天野珠路　「特別支援教育研究」(東洋館出版社)　(632)　2010.4　p32～35

◇保育者による「気になる子ども」の評価―「気になる子ども」と発達障害との関連性　藤井千愛，小林真　「とやま発達福祉学年報」(富山大学人間発達科学部発達教育学科発達福祉コース)　1　2010.5　p41～48

◇選択の余地のない基礎的社会サービスを無料に―障害者自立支援法廃止の合意と保育改革(特集 新しい福祉社会のための構想)　後藤道夫　「日本の科学者」(日本科学者会議，本の泉社(発売))　45(5)通号508　2010.5　p227～230

◇スウェーデン，デンマークにおける特別なニーズのある子どもの保育―統合保育所及び保育者養成校視察報告　石井正子　「学苑」(光葉会)　(836)　2010.6　p63～74

◇「気になる」幼児の発達の遅れと偏りに関する研究　本郷一夫，飯島典子，平川久美子　「東北大学大学院教育学研究科研究年報」(東北大学大学院教育学研究科)　58(2)　2010.6　p121～133

◇書評『みんなちがって、つながる・ふかまる―障害共生保育への招待』戸田有一・山本淳子・森本優子・椎葉雅和：編著　ともに学び、ともに育っていくために　小田浩伸　「解放教育」(明治図書出版)　40(7)通号512　2010.7　p86～88

◇発達障害児を持つ保護者が求める保育者に対するニーズ　小川圭子，水野智美　「The Asian journal of disable sociology」(アジア障害社会学会)　(10)　2010.7　p75～86

◇障害乳幼児の養育者のサービスニーズと関連要因―肢体不自由児通園施設に通う子どもの養育者の調査を通して　古寺久仁子　「社会福祉学」(日本社会福祉学会)　51(2)通号94　2010.8　p43～56

◇発達障害が疑われる子どもが通園する保育園・幼稚園に対する地域支援ネットワークのあり方―園に対するアンケート調査をもとに　山本朗，宮本聡，松岡円[他]　「精神医学」(医学書院)　52(9)通号621　2010.9　p919～924

◇この子と歩む（第237回）出会ってつながってスマイル子育て　跡部淳子　「みんなのねがい」（全国障害者問題研究会）　（524）　2010.9　p6〜9

◇幼稚園等における発達障害のある幼児に対する支援教室に関する研究―全国市区町村教育委員会への質問紙調査の検討から　平澤紀子, 神野幸雄, 石塚謙二［他］　「発達障害研究 : 日本発達障害学会機関誌」（日本発達障害学会）　32（3・4）通号131・132　2010.10　p278〜284

◇ダウン症児の保育・教育実践に関する到達と課題（特集 ダウン症者の療育・教育支援・医療・福祉における実践と課題2010）　渡邉貴裕　「発達障害研究 : 日本発達障害学会機関誌」（日本発達障害学会）　32（3・4）通号131・132　2010.10　p339〜349

◇ダウン症児の療育と子育て支援（特集 ダウン症者の療育・教育支援・医療・福祉における実践と課題2010）　久保永子, 久保克彦, 南部光彦　「発達障害研究 : 日本発達障害学会機関誌」（日本発達障害学会）　32（3・4）通号131・132　2010.10　p350〜361

◇諸団体　障害児に関する制度改革にむけた提言―障害児保育・療育分野の児童福祉法改定についての政策検討会/2010年（H22）11月30日　「月刊障害者問題情報」（障害者の生活と権利を守る全国連絡協議会）　通号332・333　2010.11・12　p105〜112

◇統合保育場面における「埋め込まれた学習機会の活用」を用いた外部支援者による支援の検討　金珍熙, 園山繁樹　「特殊教育学研究」（日本特殊教育学会）　48（4）通号192　2010.11　p285〜297

◇戦後日本における障害児保育の展開―1950年代から1970年代を中心に　末次有加　「大阪大学教育学年報」（大阪大学大学院人間科学研究科教育学系）　（16）　2011　p173〜180

◇災害時の障害のある子ども及び家族への中長期的支援 : インドネシア・ジャワ島中部地震の被災地におけるChildren House Projectから　中井靖, 神垣彬子　「川崎医療短期大学紀要」（川崎医療短期大学）　（31）　2011　p63〜67

◇幼児教育者に求められる発達支援能力についての検討(1)幼稚園における特別支援アドバイザーの実践から　勝田麻津子　「環太平洋大学研究紀要」（環太平洋大学）　（4）　2011　p103〜108

◇発達障がいをもつ子どもの子育ち支援と保護者の子育て支援　勝野愛子　「岐阜聖徳学園大学教育実践科学研究センター紀要」（岐阜聖徳学園大学）　（11）　2011年度　p217〜225

◇幼稚園における障害のある幼児への対応に関する研究 : 全国公立幼稚園への質問紙調査の検討から　平澤紀子, 神野幸雄, 石塚謙二［他］　「岐阜大学教育学部研究報告. 人文科学」（岐阜大学教育学部）　60（1）　2011　p173〜178

◇保育所(園)に通う障害を持つ子どもに関する「個別の支援計画」策定状況などについて　中島正夫　「椙山女学園大学研究論集 自然科学篇」（椙山女学園大学）　（42）　2011　p13〜25

◇ADHDのある子どもをもつ母親の子育ての困難とソーシャルサポートの検討　吉野諭美子　「聖マリアンナ医学研究誌」（聖マリアンナ医学研究所）　11通号86　2011　p51〜57

◇保育現場における気になる子どもの評価と保育支援の在り方　牧野桂一　「筑紫女学園大学・筑紫女学園大学短期大学部紀要」（筑紫女学園大学）　（6）　2011　p1〜14

◇私立幼稚園における特別支援教育の現状―全国私立幼稚園調査からみた特別な配慮を要する幼児の実態と支援の動向　高橋智, 田部絢子, 佐久間庸子　「日本教育大学協会研究年報」（日本教育大学協会第二常置委員会）　29　2011　p147〜160

◇大学と自治体の協働による発達障害児の早期予防・課題改善―保育士研修, 就学前健診, 巡回相談, 支援計画作成による支援システムの開発　三浦光哉, 西村摩, 大村一史［他］　「日本教育大学協会研究年報」（日本教育大学協会第二常置委員会）　29　2011　p289〜298

◇高機能自閉症児のこだわりを生かす保育実践―プロジェクト・アプローチを手がかりに　ポーター倫子　「保育学研究」（日本保育学会）　49（1）　2011　p73〜84

◇特別なニーズのある子どもの移行支援に関する研究―垂直的・水平的移行を包括したモデルの開発と支援の試み　真鍋健　「保育学研究」（日本保育学会）　49（1）　2011　p85〜95

◇「気になる子ども」の保護者との関係における保育士の困り感の変容プロセス：保育士の語りの質的分析より　木曽陽子　「保育学研究」（日本保育学会）　49（2）　2011　p200～211

◇特別支援教育とインクルーシブな保育（シンポジウム　子どもから学ぶ保育の本質）　池田浩明　「モンテッソーリ教育」（日本モンテッソーリ協会）　（44）　2011　p47～53

◇他児との関係形成が困難な「気になる」子どもに対する保育コンサルテーション　深谷英治、江田裕介　「和歌山大学教育学部教育実践総合センター紀要」（和歌山大学教育学部附属教育実践総合センター）　（21）　2011　p9～16

◇他児との関係形成が困難な「気になる」子どもに対する保育コンサルテーション　深谷英治、江田裕介　「和歌山大学教育学部教育実践総合センター紀要」（和歌山大学教育学部附属教育実践総合センター）　（21）（修正版）　2011　p9～16

◇保育園における"気になる子ども（特別なニーズを有する子ども）"への特別支援保育—広汎性発達障害が疑われる男児の事例研究　藤井千愛、小林真、張間誠紗　「教育実践研究：富山大学人間発達科学研究実践総合センター紀要」（富山大学人間発達科学部附属人間発達科学研究実践総合センター）　（5）　2011.1　p131～139

◇言葉と発達　いまどき子育てアドバイス（161）いろんな子どものいろんな育ち　PART2　障害のある子どもと保護者のあゆみを支えるために　中川信子　「月刊地域保健」（東京法規出版）　42（2）　2011.2　p91～95

◇幼児教育　幼稚園における特別支援教育　小枝達也　「初等教育資料」（東洋館出版社）　（870）　2011.2　p60～67

◇幼稚園における特別支援教育の現状—全国公立幼稚園調査からみた特別な配慮を要する幼児の実態と支援の課題　佐久間庸子、田部絢子、高橋智　「東京学芸大学紀要．総合教育科学系」（東京学芸大学）　62（2）　2011.2　p153～173

◇子ども・子育て新システムと障害児支援のこれまで（特集　新システムでどうなる保育・子育て）　佐々木将芳　「あいち保育研究所研究紀要」（あいち保育研究所）　（2）　2011.3　p2～6

◇特別支援教育制度下の幼稚園と市町村教育委員会の関係　伊勢正明　「帯広大谷短期大学紀要」（帯広大谷短期大学）　（48）　2011.3　p79～86

◇言葉と発達　いまどき子育てアドバイス（162）いろんな子どものいろんな育ち　PART2「自分の子どもはみんなとは違う」と納得するまでの長～い道のり　中川信子　「月刊地域保健」（東京法規出版）　42（3）　2011.3　p89～93

◇応用行動分析の研修プログラムが主任保育士の発達障害児への支援行動に及ぼす効果の検討　田中善大、三田村仰、野田航［他］　「行動科学」（日本行動科学学会）　49（2）　2011.3　p107～113

◇日本における障害児保育の前史—恩賜財団愛育会による母子愛育事業と「異常児保育」の実験研究の展開を通して　きむみんじょん　「社会福祉学研究」（日本福祉大学大学院社会福祉学研究科）　（6）　2011.3　p51～59

◇巡回発達相談による「気になる」子どもの保育支援—発達相談員としての力量形成のための試論　木原久美子　「帝京大学心理学紀要」（帝京大学心理学研究室）　（15）　2011.3　p39～52

◇障害児の親の当事者性に立った在宅福祉サービスの検討　井上美和　「帝京平成大学紀要」（帝京平成大学）　22（1）　2011.3　p97～105

◇障害乳幼児の親・家族支援のあり方：療育の場における取り組みから　黒川久美　「南九州大学人間発達研究」（南九州大学人間発達学部）　1　2011.3　p25～32

◇インクルーシブ保育における自閉的な幼児と健常児の社会的相互作用についての一考察　小山望　「人間関係学研究」（日本人間関係学会）　17（2）　2011.3　p13～28

◇障がいのある幼児の保育・教育現状と関係機関との連携に関する研究　石田勝義、田嶋善郎、松本知子　「浜松学院大学短期大学部研究論集」（浜松学院大学短期大学部）　（7）　2011.3　p13～49

◇聴覚障害児の幼稚園における園内支援のあり方に関する実践研究　二宮明日香、青木好子　「保育研究」（平安女学院大学短期大学部保育科保育研究会）　（39）　2011.3　p10～17

◇審査論文「気になる子」に対する保育者と保護者の評価—SDQ（Strengths and Difficulties Questionnaire）を利用して　大神優子　「和洋女子大学紀要」（和洋女子大学）　51　2011.3　p179～187

◇分科会案内 障害児保育(特集 第50回全国保育問題研究集会 提案) 浜谷直人 「季刊保育問題研究」(新読書社) 通号248 2011.4 p48〜51

◇特別支援の輪を広げて(特集 第50回全国保育問題研究集会 提案—分科会提案 障害児保育) 前田有秀 「季刊保育問題研究」(新読書社) 通号248 2011.4 p318〜321

◇発達障がい気になる子どもへの食の取り組み(特集 第50回全国保育問題研究集会 提案—分科会提案 障害児保育) 垂水知鏦 「季刊保育問題研究」(新読書社) 通号248 2011.4 p341〜344

◇言葉と発達 いまどき子育てアドバイス(163)いろんな子どものいろんな育ち PART2 障害のある子どもに気をとられているうちに不安定になったきょうだい 中川信子 「月刊地域保健」(東京法規出版) 42(4) 2011.4 p83〜87

◇発達障害のある幼児に対して求められる教育条件の整備—幼稚園等における発達障害のある幼児に対する支援教室研究から(特集 早期教育の現状—地域の総合支援事業の現状と幼稚園等での取り組み) 平澤紀子 「発達障害研究：日本発達障害学会機関誌」(日本発達障害学会) 33(2)通号135 2011.5 p188〜194

◇幼稚園・保育所における発達障害への気づきと連携(特集 発達障害—発達障害への気づきと関係諸機関との連携) 高橋千枝 「母子保健情報」(母子愛育会) (63) 2011.5 p29〜33

◇5歳児健診における発達障害への気づきと連携(特集 発達障害—発達障害への気づきと関係諸機関との連携) 下泉秀夫 「母子保健情報」(母子愛育会) (63) 2011.5 p38〜44

◇発達障害の人たちのライフサイクルを通じた発達保障(第2回)幼児期の子育て 本人のつらさ、不快感を理解する支援 別府悦子 「みんなのねがい」(全国障害者問題研究会) (533) 2011.5 p6〜9

◇発達障害の人たちのライフサイクルを通じた発達保障(第3回)幼児期の子育て 「みんなといっしょ」の保育の中での支援 別府悦子 「みんなのねがい」(全国障害者問題研究会) (534) 2011.6 p28〜31

◇子ども・子育て新システムと障害者自立支援法(特集 保育の本質をさぐる—さまざまな保育の現場から) 峰島厚 「季刊保育問題研究」(新読書社) 通号250 2011.8 p36〜51

◇総力戦体制下の恩賜財団愛育会と「異常児保育」—戦時下障害者問題への一視点 河合隆平 「前衛 ： 日本共産党中央委員会理論政治誌」(日本共産党中央委員会) 通号873 2011.8 p220〜231

◇保育現場における発達につまずきのある子どもの評価と支援 牧野桂一 「筑紫女学園大学・短期大学部人間文化研究所年報」(筑紫女学園大学・短期大学部人間文化研究所) (22) 2011.8 p249〜266

◇発達障害のある幼児に対する幼稚園等の支援教室の効果に関する研究—幼児のもつ困難さのタイプと園担任の評価の分析を中心として 平澤紀子, 小枝達也, 坂本裕 [他] 「発達障害研究：日本発達障害学会機関誌」(日本発達障害学会) 33(3)通号136 2011.8 p286〜296 [含 英語文要旨]

◇特別支援教育の推進と聴覚障害幼児教育 ： かつて在職した「聾学校」で経験したこと実践したことを中心に 平山進 「箕面学園福祉保育専門学校研究紀要」(箕面学園福祉保育専門学校) (2) 2011.8 p57〜66

◇保育所・幼稚園における自閉症児に対する社会的支援システムとの連携に影響する要因—構造方程式モデルによる解析 谷川和子 「山口医学」(山口大学医学会) 60(4) 2011.8 p85〜95

◇「気になる子ども」についての保育者と小学校教員による気づきの相違と引き継ぎに関する研究 石倉健二, 仲村愼二郎 「兵庫教育大学研究紀要」(兵庫教育大学) 39 2011.9 p67〜76

◇子ども・子育て新システムと障害児の保育 ： 子どもの権利保障の観点から(特集 乳幼児期の療育と子育て支援) 伊藤周平 「障害者問題研究」(全国障害者問題研究会) 39(3)通号147 2011.11 p169〜176,191

◇総合通園センターにおける「チーム療育」のための条件整備(特集 乳幼児期の療育と子育て支援) 塩見陽子, 大政里美, 小川裕子 「障害者問題研究」(全国障害者問題研究会) 39(3)通号147 2011.11 p185〜191

◇図書案内 困難をかかえる子どもに寄り添い共に育ち合う保育 全国保問研編 三山岳 「季刊保

◇保育所に通う発達障害を持つ子ども・「気になる子」の状況について　中島正夫, 竹尾晃子, 谷野亜実　「椙山女学園大学教育学部紀要」(椙山女学園大学教育学部)　5　2012　p69〜80

◇「気になる子ども」の保育困難と言語的コミュニケーション　佐々木由美子, 采澤陽子, 黒田由美子　「帝京短期大学紀要」(帝京短期大学)　(17)　2012　p151〜157

◇全国市区教育委員会悉皆調査からみた幼稚園特別支援教育の現状と課題　髙橋智, 田部絢子　「日本教育大学協会研究年報」(日本教育大学協会第二常置委員会)　30　2012　p27〜43

◇障がいのある子の保育・教育のための教養講座：実践障がい学試論【障がい文化編】(第1回)「実践障がい学」の構想　佐藤曉　「発達」(ミネルヴァ書房)　33(131)　2012.Sum.　p104〜111

◇障がいのある子の保育・教育のための教養講座：実践障がい学試論【障がい文化編】(第2回)「障がい文化編」で何をどう描くか　佐藤曉　「発達」(ミネルヴァ書房)　33(132)　2012.Aut.　p104〜111

◇保育者が障害幼児の支援計画を作成・展開させる際に必要となる仕掛けとは？(中間報告)(平成23年度学術研究助成事業による論文(中間報告として))　真鍋健　「発達研究：発達科学研究教育センター紀要」(発達科学研究教育センター)　26　2012　p191〜195

◇子ども・子育て新システムと障害児支援(特集 子ども・子育て新システムで障害児の保育・療育はどうなる)　柏女霊峰　「福祉労働」(現代書館)　(134)　2012.Spr.　p60〜70

◇障害のある子の保育の現状と子ども・子育て新システムに対する危惧：親の立場から(特集 子ども・子育て新システムで障害児の保育・療育はどうなる)　下平良子　「福祉労働」(現代書館)　(134)　2012.Spr.　p79〜86

◇こども園における確実な障害児・要保護児童への保育の実施(特集 子ども・子育て新システムで障害児の保育・療育はどうなる)　寺町東子　「福祉労働」(現代書館)　(134)　2012.Spr.　p87〜94

◇地域における障がい児保育の支援システムの研究(その2)加配保育士に着目した職員連携の実態と課題　田中浩司, 髙橋実, 田丸尚美　「福山市立女子短期大学研究教育公開センター年報」(福山市立女子短期大学研究教育公開センター)　(9)　2012　p79〜86

◇障害児通園施設保育士のストレッサー構造に関する研究　白取真実, 菅野和恵　「保育学研究」(日本保育学会)　50(1)　2012　p20〜28

◇加配保育士がとらえる特別支援保育の課題と他機関との連携　西川ひろ子, 永田彰子　「安田女子大学紀要」(安田女子大学・安田女子短期大学)　(40)　2012　p183〜191

◇知的障がい児施設と地域の保育園との交流保育　淺野睦美, 上村美恵子　「さぽーと：知的障害福祉研究」(日本知的障害者福祉協会, 星雲社(発売))　59(1) 通号660　2012.1　p32〜37

◇日本における障害児保育の展開に関する一考察：1970年代の滋賀県大津市と東京都荒川区の取組みを通して　金旼呈　「いわき短期大学研究紀要」(いわき短期大学)　(45)　2012.3　p17〜30

◇特別支援教育制度における保育所・幼稚園・小学校間の接続及び連携の課題　伊勢正明　「帯広大谷短期大学紀要」(帯広大谷短期大学)　(49)　2012.3　p73〜84

◇発達障害に関わる保育士・幼稚園教諭の「不安や困りごと」：作業療法士の視点から　井上和博, 河内山奈央子　「鹿児島大学医学部保健学科紀要」(鹿児島大学医学部保健学科)　22(1)　2012.3　p31〜38

◇幼稚園における特別支援教育と間主観性：自閉傾向をもつ幼児に対する保育者の橋渡し機能　角田豊, 福本久美子　「京都教育大学紀要」(京都教育大学)　(120)　2012.3　p11〜27

◇韓国におけるインクルーシブ保育の先駆的実践　齋藤正典, トートガーボル　「子ども教育研究：子ども教育学会紀要」(子ども教育学会)　(4)　2012.3　p3〜14

◇軽度発達障害児に対する保育所での保育における支援および困難に関する調査研究　細川かおり　「鶴見大学紀要. 第3部, 保育・歯科衛生編」(鶴見大学)　(49)　2012.3　p39〜43

◇幼稚園における特別支援教育の質的向上をめざす保育者育成支援のあり方に関する一考察　吉川寿美, 那須信樹　「中村学園大学発達支援センター研究紀要」（中村学園大学発達支援センター）　(3)　2012.3　p23～31

◇保育園における特別な支援を必要とする乳幼児の実態と課題：保育者へのアンケート調査より　黒川久美　「南九州大学人間発達研究」（南九州大学人間発達学部）　2　2012.3　p57～68

◇インクルーシブ保育へのレディネス　早ламп淳, 野村弘子, 早川稔　「羽衣国際大学人間生活学部研究紀要」（羽衣国際大学人間生活学部紀要編集委員会）　7　2012.3　p13～30

◇高機能自閉症児を担当する5年目の保育士における子どもへの関わりと支援　寺島明子, 大野和男, 青柳静花［他］　「松本短期大学研究紀要」（松本短期大学）　(21)　2012.3　p69～82

◇障害児通園施設における多様な障害種が混在する集団での保育の効果　長曽我部博, 田村智佐枝, 大西三紀子［他］　「宮崎大学教育文化学部紀要. 教育科学」（宮崎大学教育文化学部）　(26)　2012.3　p21～38

◇障害児保育（第51回全国保育問題研究集会 提案特集―分科会案内）　田中良三　「季刊保育問題研究」（新読書社）　(254)　2012.4　p36～38

◇保育園・幼稚園での特別支援の実情：どの子にもうれしい保育になるために（特集 保育園・幼稚園での特別支援）　野本茂夫　「教育と医学」（慶應義塾大学出版会）　60(5)通号707　2012.5　p438～446

◇支援の必要な幼児をみんなで見守り育む：行政支援や周囲とのつながりを活かして（特集 保育園・幼稚園での特別支援）　久保山茂樹　「教育と医学」（慶應義塾大学出版会）　60(5)通号707　2012.5　p448～455

◇「支援」から「保育」へ（特集 保育園・幼稚園での特別支援）　佐藤曉　「教育と医学」（慶應義塾大学出版会）　60(5)通号707　2012.5　p456～462

◇保育園での支援（総特集 発達障がい児への対応と支援：看護師としてできることは何か―支援の実際―教育・福祉における発達障がい児と家族への支援）　景山竜子　「小児看護」（へるす出版）　35(5)通号439　2012.5　p574～579

◇インタビュー 気になる子どもの理解と保育所でのかかわり（特集 障害児保育を再考する）　諏訪利明　「保育の友」（全国社会福祉協議会）　60(5)　2012.5　p10～16

◇加配保育士による専門的な支援を考える（特集 障害児保育を再考する）　東京都・公立保育園園長　「保育の友」（全国社会福祉協議会）　60(5)　2012.5　p16～18

◇身体面の発達の遅れへの支援事例から学ぶ（特集 障害児保育を再考する）　大阪府・私立保育園園長　「保育の友」（全国社会福祉協議会）　60(5)　2012.5　p18～20

◇連携で取り組む障害児保育の実践（特集 障害児保育を再考する）　瀧本恵美子　「保育の友」（全国社会福祉協議会）　60(5)　2012.5　p20～23

◇障害児支援の新たな展開：保育所等訪問支援事業の目的と課題（特集 障害児保育を再考する）　宮田広善　「保育の友」（全国社会福祉協議会）　60(5)　2012.5　p23～25

◇幼稚園や保育園における気になる子どもとその対応（小特集 保育心理臨床(2)保育園・幼稚園で気になる子ども）　今泉岳雄　「子育て支援と心理臨床」（福村出版）　5　2012.6　p62～67

◇障害児学童保育に対する保護者の意識及びニーズの実態　清水遥, 池本喜代正　「宇都宮大学教育学部教育実践総合センター紀要」（宇都宮大学教育学部附属教育実践総合センター）　(35)　2012.7.1　p109～116

◇分科会報告 障害児保育（特集 第51回全国保育問題研究集会報告）　河合隆平, 田中洋　「季刊保育問題研究」（新読書社）　(257)　2012.10　p126～134

◇書評 河合隆平著『総力戦体制と障害児保育論の形成：日本障害児保育史研究序説』　石川衣紀　「SNEジャーナル」（日本特別ニーズ教育学会）　18(1)　2012.10　p196～199

【図書】

◇気になる子どもの保育ガイドブック―はじめて発達障害のある子どもを担当する保育者のために　徳田克己, 田熊立, 水野智美編著　福村出版　2010.1　159p　21cm　〈索引あり〉　1900円　①978-4-571-12110-4　Ⓝ378
内容 第1章 気になる子どもを担当する保育者は何をしたらよいのか　第2章 気になる子どもと

はどのような子どもか　第3章 障害のある子どもの園生活でみられる特性　第4章 障害児の保護者の心理と対応　第5章 入園前に障害が明らかになっているケースの対応　第6章 入園後に障害が疑われるケースの対応　第7章 保育上の困った行動とその対応　第8章 まわりの子どもに対する障害理解指導　第9章 就学にあたって　第10章 研修

◇障害児の保育と教育　田淵優,中本秋夫共著　新版改訂第2版　建帛社　2010.2　249p　21cm　〈文献あり〉　2300円　①978-4-7679-2100-6　Ⓝ378

内容 序：私たちと障害児(者)の問題(子どもを生み、育てる人の立場　保育や教育に携わる人の立場　将来保育や教職を目指す人の立場　共に生きる立場)　第1編 障害児とその理解(障害のある子どもたち　障害児問題とその理解　臨床的な子どもの見方・考え方)　第2編 障害児の保育(障害児の保育　障害児の統合保育)　第3編 障害児の学校教育(障害のある子どもたちの教育　教育課程と指導内容)　第4編 保育と教育の実際(視覚障害児の保育と教育　聴覚障害児の保育と教育　知的障害児の保育と教育　知的障害児の保育と教育　肢体不自由児の保育と教育　病弱・身体虚弱児の保育と教育　言語障害児の保育と教育　情緒障害児の保育と教育　発達障害児の保育と教育)

◇障害児保育―自立へむかう一歩として　山田真著　創成社　2010.3　209p　18cm　(創成社新書 39)　〈文献あり〉　800円　①978-4-7944-5039-5　Ⓝ378

内容 第1章 「障害」をめぐって　第2章 障害児保育の歴史をふり返る　第3章 「保育に欠ける」ということについて　第4章 障害児にとって保育園へ通うことの意義　第5章 障害児保育が健常児にも学びとなること　第6章 さまざまな障害と保育　第7章 LDとADHD　第8章 実践から学ぶ

◇障害のある子どもの保育実践　水田和江,増田貴人編著　学文社　2010.3　193p　22cm　〈索引あり〉　2300円　①978-4-7620-2071-1　Ⓝ378

内容 第1章 障害のある子どもの保育(子どもの発達権保障　保育施策の動向と障害のある子どもの保育)　第2章 子どもの発達と障害の理解(子どもの発達　発達理解のための基本的視点　ほか)　第3章 障害児のいる保育風景(ことばあそびを楽しむ　音・音楽を楽しむ　ほか)　第4章 障害のある子どもの発達支援制度(障害のある子どもをめぐる療育・相談・保育援助　障害のある子どもの自己決定　ほか)

◇保育の場における「気になる」子どもの理解と対応―特別支援教育への接続　本郷一夫編著　おうふう　2010.3　127p　26cm　〈文献あり〉　2200円　①978-4-273-03598-3　Ⓝ378

内容 第1部 チェックリストの構成と解説(「気になる」子どもの行動チェックリスト(D-3様式)　クラス集団チェックリスト(C-3様式)ほか)　第2部 「気になる」子どもの保育支援プロジェクト(「気になる」子どもの保育支援プロジェクト　「気になる」子どもの行動チェックリストの実際　ほか)　第3部 事例を通してみる「気になる」子どもの理解と対応(チェックリストと行動観察との関連　保育記録を通してみる子どもの姿　ほか)　第4部 「気になる」子どもの保育のすすめ方(朝のお集まり場面　ルール遊び場面　ほか)

◇障害児保育の理論と実践―インクルーシブ保育の実現に向けて　堀智晴,橋本好市編著　京都　ミネルヴァ書房　2010.4　197p　21cm　〈文献あり〉　2500円　①978-4-623-05634-7　Ⓝ378

内容 インクルーシブ保育の理論と実践　第1部 理論編(障害の概念ととらえ方　障害の特性理解と配慮　障害児の生活理解に求められる視点　障害児保育に関する理念と動向　障害児保育に関する法・制度)　第2部 実践編(障害児保育の実際―保育所にみる実践から　保育所における保護者との連携　障害児保育実践における関係機関との連携―ネットワークとその重要性)

◇気になる幼児の育て方―子どもに「寄り添う」ことでよりよい支援がわかる　石塚謙二編著　東洋館出版社　2010.5　185p　26cm　2700円　①978-4-491-02544-5　Ⓝ378

内容 1 気になる幼児への特別な支援(気になる幼児への支援の移り変わり　気になる幼児への行政の動き　気になる幼児の理解の基本)　2 気になる幼児の理解と支援(発達障害の気づき　発達や参加を促す支援　寄り添い、育む支援　ほか)　3 気になる幼児への支援の実際(幼稚園のクラスにおける取組　幼児の力を引き出す個別の指導　園や家庭での暮らしやすさにつながる個別の指導　ほか)

◇発達に課題のある子の保育の手だて―実践満載 ビジュアルブック 佐藤曉著 岩崎学術出版社 2010.5 117p 21cm 1800円 ⓘ978-4-7533-1003-6 Ⓝ378

◇障害児保育の基本―園は特別支援を必要とする子どもたちとの共生の場 石井哲夫著 フレーベル館 2010.6 300p 22cm 〈文献あり〉 2000円 ⓘ978-4-577-81291-4 Ⓝ378

内容 巻頭言 障害児を包み込む質の高い保育 序章 障害のある子どもの保育と保育所保育指針―障害児保育は保育の原点 第1章 障害児保育の歴史と現状―自閉症・発達障害の理解と援助から 第2章 障害のある子どもへの理解と対応 第3章 障害児保育に関わる支援者研修 第4章 臨床経験に基づく障害児支援理論―自閉症児療育実践から学んだこと 第5章 保育所と療育施設との交流保育 第6章 障害のある子どもを受け入れる保育の実践事例

◇つーちゃんの連絡帳―ダウン症をもつ子の母親と担任保育者がかわした1095日の記録 真関美紀, 長谷川孝子著 新読書社 2010.7 238p 21cm 1800円 ⓘ978-4-7880-1130-4 Ⓝ378.6

内容 第1章 不安や緊張の中で過ごした三歳児期(第一歩(四月八日) 泣く(四月二十日) 翼はダウン症です(四月二十二日)ほか) 第2章 周りの人の支えを感じながら余裕が出てきた四歳児期(自然体(四月二十四日) 『たったひとつのたからもの』(五月九日) 初おしっこ(六月十二日)ほか) 第3章 友だちに囲まれ、大きく成長する翼と親としての決意をかためた五歳児期(「年長さん」「最後の一年が始まる」(四月五日) 願い(五月十日) 朝陽小で面談(五月十七日)ほか)

◇よくわかる障害児保育 尾崎康子, 小林真, 水内豊和, 阿部美穂子編 京都 ミネルヴァ書房 2010.7 237p 26cm (やわらかアカデミズム・〈わかる〉シリーズ) 〈索引あり〉 2500円 ⓘ978-4-623-05703-0 Ⓝ378

内容 第1部 障害児保育の概論(障害児保育とは何か 障害児保育の仕組み) 第2部 障害児の特徴と保育の実際(知的障害の特徴と保育での支援 自閉症の特徴と保育での支援 ほか) 第3部 障害児保育の体制づくり(統合保育とは 保育所・幼稚園での支援体制) 第4部 支援の技法(家族への支援 障害児のアセスメント ほか)

◇「気になる」子どもの保育と保護者支援 本郷一夫編著, 飯島典子, 杉村僚子, 平川久美子, 平川昌宏共著 建帛社 2010.9 102p 26cm 〈索引あり〉 1500円 ⓘ978-4-7679-3269-9 Ⓝ378

内容 第1章 「気になる」子どもの理解と保育(「気になる」子どもとは 「気になる」子どもの行動特徴と変化 ほか) 第2章 朝のお集まり(朝のお集まりの役割 入室時の工夫 ほか) 第3章 ルール遊びの構成と展開(遊びの位置づけ―遊びの3つの側面 遊びの設定における7つの観点 ほか) 第4章 ルール遊びの実際(行動特徴に応じた遊びの内容の工夫 ルール遊びの実施の工夫 ほか) 第5章 保護者支援と対応(保護者の状況の理解 保護者支援の見直し ほか) 資料(「気になる」子どもの行動チェックリスト(D - 4様式) クラス集団チェックリスト(C - 4様式)ほか)

◇幼稚園・保育園での発達障害の考え方と対応 役に立つ実践編 平岩幹男著 少年写真新聞社 2010.9 159p 21cm 〈文献あり 索引あり〉 1200円 ⓘ978-4-87981-359-6 Ⓝ378

内容 第1章 発達障害の共通認識 第2章 発達障害と幼稚園・保育園 第3章 気になる子どもたち 第4章 最終目標 第5章 行動療法 第6章 ほめる、説明できるようにする 第7章 対応の原則 第8章 困った行動への対応、どうすればうまくいくか? 第9章 生活習慣を身につける 第10章 発達障害についてのお願い

◇絵でわかる自閉症児の困り感に寄り添う保育 佐藤曉著 学研教育出版 2010.10 80p 27cm (学研のヒューマンケアブックス) 〈発売:学研マーケティング〉 2100円 ⓘ978-4-05-404545-3 Ⓝ378

内容 「意味の島」をつくる 「プレイ」を企画する 「要求」を育てる 「移動」を教える スケジュール指導 生活習慣をつくる 「保育の流れ」をつくる 「保育の流れ」に乗れない子どもに 集団の中での支援 仲間と共に育てる 行事に向けた手だて 保護者と共に

◇入門ガイド発達障害児と学童保育 茂木俊彦編著 大月書店 2010.10 141p 19cm 〈文献あり〉 1300円 ⓘ978-4-272-41210-5 Ⓝ378

内容 1 発達障害児の理解を深める 2 発達障害児と向きあう(現場から 保護者への支援 自治体の施策と実践―東京・文京区/大阪・吹田市 保育園から、保護者から) 資料と情報

◇「気になる」子どもの保育　藤崎春代, 木原久美子著　京都　ミネルヴァ書房　2010.12　189p　21cm　（双書新しい保育の創造）　2200円　ⓘ978-4-623-05909-6　Ⓝ378

内容　1部「気になる」子どもの保育の取り組み（「気になる」子どもと保育課題　0歳児クラス―運動発達への支援、人との交流への関心を育てる、情緒的な安定を図る　1歳児クラス―ことばの表現を育てる、落ちつきのないことへの対応、他児との関係を育てる　2歳児クラス―ことばのやりとりを育てる、他児との関係を育てる　3歳児クラス―ことばのやりとりを育てる、友だちとの関係を育てる　4歳児クラス―ことばのやりとりを育てる、ルールを守れないことへの対応、他児を巻き込む問題への対応　5歳児クラス―ルールを守れないことへの対応　保育行事）　2部「気になる」子どもの保育をふりかえる視点（「気になる」子どもの保育を取り巻く社会的状況　保育のなかでの子ども・保護者・保育者を理解する　保育の場の特徴を理解する　「気になる」子どもの保育を支える諸機関・専門職）

◇保育者のための障害児療育―理論と実践をつなぐ　小林保子, 立松英子著　学術出版会　2011.3　184p　21cm　〈発売：日本図書センター　文献あり　索引あり〉　1900円　ⓘ978-4-284-10325-1　Ⓝ378

内容　第1部　障害児療育の理論（障害の理解　障害のある子どもの生活を支える福祉や医療の制度　障害のある子どもの発達　療育における家庭への子育て支援　療育の種類と支援・専門家との連携　地域における専門機関との連携　就学への移行と特別支援教育）　第2部　障害児療育の実践（よりよい療育実践のために　知的障害児への支援　肢体不自由児への支援　自閉症を伴う子どもへの支援　「気になる子ども」への支援　教材・教具と発達支援　運動遊びと発達支援）

◇新・障害のある子どもの保育　伊藤健次編　第2版　岐阜　みらい　2011.4　263p　26cm　（新時代の保育双書）　〈執筆：和泉美智枝ほか　索引あり〉　2200円　ⓘ978-4-86015-237-6　Ⓝ378

◇気になる子どもの保育　堀和明, 徳田克己編著　文化書房博文社　2011.6　193p　21cm　2000円　ⓘ978-4-8301-1208-9　Ⓝ378

内容　第1章　保育の場にいる気になる子ども　第2章　気になる子どもの実際と保育の場での様子　第3章　気になる子どもに対する保育の技術　第4章　気になる子どもの保護者に対する支援　第5章　まわりの子どもに対する気になる子どもの理解指導　第6章　就学指導と関係機関との連携

◇子どものニーズに応じた保育―活動に根ざした介入　クリスティ・プリティフロンザック, ダイアン・ブリッカー著, 七木田敦, 山根正夫監訳　二瓶社　2011.7　282p　21cm　〈索引あり〉　2200円　ⓘ978-4-86108-058-6　Ⓝ378

内容　第1章　活動に根ざした介入の発展　第2章　ABIとは　第3章　ABIとリンクシステム　第4章　ABIの枠組み　第5章　ABIの実践　第6章　ABIとチーム　第7章　ABIを利用するときの課題　第8章　理論的構成　第9章　ABIの実践的基盤　第10章　未来に向けて

◇困難をかかえる子どもに寄り添い共に育ち合う保育　全国保育問題研究協議会編　新読書社　2011.7　135p　21cm　〈執筆：田中良三ほか〉　1500円　ⓘ978-4-7880-1146-5　Ⓝ378

内容　第1部　共に育ち合う保育実践（一歩一歩踏みしめて育つA君　共にかかわり合い一緒に育ち合う　子育て支援に位置づけた発達支援の取り組み　大いちょうの下で―統合保育をおいもとめて　大津市の障害児保育について―巡回相談を通して見えてくること　保育者の豊かな保育実践を支えているもの）　第2部　保育実践の発展のために（「指導が難しい」子どもとともにある集団づくり　保護者との協力と支援：保護者や関係者から学ぶ　親として研究者として　障害児保育からインクルーシブな保育を展望する―すべての子どもが排除されない保育をめざして　共に保育を創造する―しょうがい児保育の実践にむけて）　第3部　保育実践のあらたな創造をめざして（「障害児保育」のこれまでとこれから）

◇発達障がい児の保育とインクルージョン―個別支援から共に育つ保育へ　芦澤清音著　大月書店　2011.8　126p　21cm　（子育てと健康シリーズ　30）　〈文献あり〉　1600円　ⓘ978-4-272-40330-1　Ⓝ378

内容　1　保育のインクルージョンと発達障がい（個別の支援から保育のインクルージョンへ　「発達障がい」とはどのような障がいか）　2　保育実践のなかのインクルージョン（発達障がい

◇気になる子どもと親への保育支援―発達障害児に寄り添い心をかよわせて　小川英彦編著　福村出版　2011.9　220p　21cm　2300円　Ⓣ978-4-571-12116-6　Ⓝ378

内容　第1部 理論編(障害児保育の今日的な理念　障害児保育における生活　軽度発達障害幼児の理解と指導・援助　ほか)　第2部 実践編(ダウン症児Kちゃんとの出会い　集団のなかでの個別的な支援を求めて―広汎性発達障害のY君とともに　教師集団で力を合わせる取り組み　T君と一緒に大きくなった先生たち―自閉症のT君と過ごした3年間　ほか)　第3部 育てづらさをもつ保護者へのQ&A(はじめに―子育て中の保護者に向けて　基本的生活習慣に関するQ&A　言葉に関するQ&A　ほか)

◇障害のある子どもの放課後活動ハンドブック―放課後等デイサービスをよりよいものに　障害のある子どもの放課後保障全国連絡会編　京都　かもがわ出版　2011.12　189p　21cm　〈文献あり〉　1600円　Ⓣ978-4-7803-0511-1　Ⓝ369.49

内容　第1章 放課後活動の実際(のんびり、びっくり、こだわらず　放課後の生活は元気いっぱい　みんなでつくったゆったりスペース)　第2章 放課後活動のなかで育つ子どもたち(「先生」になり、みんなをリードした直貴　「集団」のなかで積み重ねてきたこと、それが財産　"予定外"のボウリングに参加した由香里　「遊び」「仲間」「生活」が子供を"足元"から育てる)　第3章 家族にとっての放課後活動(保護者どうしのつながりづくり　子どもたちの豊かな放課後と親の就労を支えて　「母親業の分担」を公的モデルで)　第4章 放課後活動職員の仕事(障害児支援の基本的な視点　子どもの自立に向けた発達支援　子どものライフステージに応じた一貫した支援　家族を含めたトータルな支援　地域とともに―できるだけ身近な地域における支援　職員の専門性)　第5章 放課後活動のこれまでとこれから(放課後活動の広がり　全国放課後連の運動―「放課後等デイサービス」ができるまで　放課後活動の発展に向けて)

◇総力戦体制と障害児保育論の形成―日本障害児保育史研究序説　河合隆平著　緑蔭書房　2012.2　313p　22cm　〈年表あり　文献あり〉　7000円　Ⓣ978-4-89774-546-6　Ⓝ378

◇障害児保育―子どもとともに成長する保育者を目指して　藤永保監修、村田カズ著者代表　萌文書林　2012.5　251p　21cm　〈索引あり〉　1900円　Ⓣ978-4-89347-166-6　Ⓝ378

内容　第1部 障害児保育を支える理念(障害の捉え方と障害児保育の歴史　障害児保育の基本)　第2部 障害の理解と保育における発達の支援(肢体不自由児、視覚障害・聴覚障害児の理解と支援　知的障害児の理解と支援　ほか)　第3部 障害児保育の実際(障害児保育を支える記録・評価　子ども一人ひとりの発達をうながす生活と遊びの環境　ほか)　第4部 家庭や関係機関との連携(保護者や家族に対する理解と支援の方法　地域の専門機関などとの連携や子ども一人ひとりの支援計画の作成　ほか)　第5部 障害のある子どもの保育にかかわる現状と課題(保健・医療における現状と課題　福祉・教育における現状と課題　ほか)

◇具体的な対応がわかる気になる子の保育―発達障害を理解し、保育するために　徳田克己監修、水野智美編著　チャイルド本社　2012.7　143p　24cm　1600円　Ⓣ978-4-8054-0199-6　Ⓝ378

内容　第1章 気になる子と発達障害の特徴(気になる子とは？　自閉症とは？　アスペルガー障害とは？　ADHDとは？　知的障害とは？　その他には？)　第2章 気になる子への対応(「気になる子どもの保育」の基本　身辺自立編　言葉編　遊び編　保育活動編)　第3章 周りの子どもと保護者への対応(周りの子どもとの関係編　保護者編)

◇障がい児保育　九州保育団体合同研究集会常任委員会編　京都　かもがわ出版　2012.7　78p　21cm　(保育っておもしろい!)　800円　Ⓣ978-4-7803-0549-4　Ⓝ378

内容　第1章「気になる子ども」の保育を豊かに創り出すために(「気になる子ども」はいませんか？　「気になる子ども」の「困った行動」をどう見るか　何を大切に障がい児保育実践を進めるか)　第2章「気になる子ども」が主人公となる実践づくり(障がいや発達課題を見極める実践　生活の主人公を育てる実践　障がい児と共に育ち合うクラス集団をつくる実践

父母と共同する実践づくり）　第3章 障がい児保育のあゆみとこれから〔障がい児保育制度のあゆみ　九州の障がい児保育のあゆみ　最近一〇年の障がい児保育分科会のあゆみ　「合理的配慮」のある保育へ〕

保育所・保育園

【雑誌記事】

◇特集 保育所の現状と課題(1)進む地域間格差、非正規保育士の導入　「厚生福祉」(時事通信社)　(5677)　2009.10.20　p2～8

◇特集 保育所の現状と課題(2)認可外保育所の現状と幼稚園との連携を見る　「厚生福祉」(時事通信社)　(5679)　2009.10.27　p2～8

◇特集 保育所の現状と課題(3)設備・運営の最低基準は見直しか、維持か　「厚生福祉」(時事通信社)　(5681)　2009.11.6　p2～7

◇特集 保育所の現状と課題(4)東京都、横浜市などの設置・人員基準の強化と緩和　「厚生福祉」(時事通信社)　(5684)　2009.11.17　p2～8

◇特集 保育所の現状と課題(5)横浜・せんだい保育室に見る保育サービス　「厚生福祉」(時事通信社)　(5690)　2009.12.11　p2～8

◇特集 保育所の現状と課題(6)東京都の認証保育所はどう評価されているのか　「厚生福祉」(時事通信社)　(5691)　2009.12.15　p2～8

◇新しい福祉国家へ(2)地域主権改革と福祉国家—保育所最低基準の地方条例化の問題を中心に　伊藤周平　「季刊自治と分権」(大月書店)　(40)　2010.夏　p71～82

◇保育所における自己評価について　成田朋子　「研究紀要」(名古屋柳城短期大学)　(32)　2010年度　p53～63

◇保育所保育指針の発達過程理解に関する調査からの考察　榊原博美　「研究紀要」(名古屋柳城短期大学)　(32)　2010年度　p181～186

◇児童福祉施設最低基準の果たした役割—保育所における最低基準を中心として　鈴木岩雄　「名古屋芸術大学研究紀要」(名古屋芸術大学)　31　2010　p231～251

◇養育者の育児環境及び健康に関する意識—保育園に通園する子どもの養育者への調査　澤田理恵, 中垣紀子, 神道那実［他］　「日本赤十字豊田看護大学紀要」(日本赤十字豊田看護大学)　5(1)　2010　p9～18

◇子どもの発達のための環境とは何か—保育所における物理的環境の調査(中間報告)(平成21年度学術研究助成事業による論文(中間報告として))　高橋節子　「発達研究：発達科学研究教育センター紀要」(発達科学研究教育センター)　24　2010　p233～238

◇季節風 保育園入園への道のり　横平貫志, 横平裕子　「福祉労働」(現代書館)　通号127　2010.Sum.　p97～99

◇幼稚園の帰りのあいさつ場面におけるルーティン生成の過程—3歳児の分析から　鈴木幸子, 岩立京子　「保育学研究」(日本保育学会)　48(2)　2010　p180～191

◇「保育所児童保育要録」の様式に関する研究　真宮美奈子, 山内淳子, 三神敬子　「保育士養成研究」(全国保育士養成協議会)　(28)　2010　p11～20

◇小規模保育所に関する建築計画的考察—制度・社会の動向から見た施設計画への要求　伊藤泰彦　「武蔵野大学環境学部紀要」(武蔵野大学出版会)　(1)　2010　p55～63

◇保育所によるソーシャルワーク支援の可能性—保育所へのアンケート調査からの考察　土田美世子　「龍谷大学社会学部紀要」(龍谷大学社会学部学会)　(37)　2010　p15～27

◇コンパクトな保育所の普及促進を　松田茂樹　「Life design report」(第一生命経済研究所ライフデザイン研究本部)　通号194　2010.Spr.　p44～46

◇保育の最低基準廃止は許さない　大田みどり　「議会と自治体」(日本共産党中央委員会, 日本共産党中央委員会出版局(発売))　通号141　2010.1　p43～50

◇保育所保育指針から考える「こどもの貧困」の課題　見平隆　「名古屋学院大学論集. 社会科学篇」(名古屋学院大学総合研究所)　46(3)　2010.1　p101～118

◇特集 新春座談会 社会福祉施設としての保育所の役割　御園愛子, 湯澤たつ子, 小澤香［他］　「保育の友」(全国社会福祉協議会)　58(1)　2010.1　p10～25

◇特集 保育所の現状と課題(7)適正な面積基準について考える 「厚生福祉」(時事通信社) (5694) 2010.1.8 p2〜8

◇特集 保育所の現状と課題(8)保育所の民営化は何を目的としているのか 「厚生福祉」(時事通信社) (5695) 2010.1.15 p10〜16

◇特集 保育所の現状と課題(9)保育所の民営化の動向と企業参入問題 「厚生福祉」(時事通信社) (5696) 2010.1.19 p12〜18

◇特集 保育所の現状と課題(10・完)規制緩和求める経済界、財源の充実を求める自治体 「厚生福祉」(時事通信社) (5697) 2010.1.22 p2〜8

◇2010年度保育関係予算案 保育所運営費一般財源化2010（平成22）年度は先送り―2009年度第2次補正/「安心こども基金」に200億円積増し［含 資料 次世代育成支援対策交付金（ソフト交付金）について］ 逆井直紀 「保育情報」（全国保育団体連絡会、ちいさいなかま社（発売）) (399) 2010.2 p27〜29

◇保育所定員、5年で25万人増―政府が少子化対策ビジョン 「厚生福祉」（時事通信社）(5702) 2010.2.9 p11

◇認可保育所の最低基準 秋田喜代美 「ジュリスト」（有斐閣）(1394) 2010.2.15 p2〜5

◇今、保育園では（特集 貧困と子どもたち―貧困から子どもを守るたたかい ： 子どもが育つあらゆる場面） 保育士 「あいち保育研究所研究紀要」（あいち保育研究所）(1) 2010.3 p6〜12

◇保育園は福祉の最前線 ： 「子どもに向き合うこと」は「貧困と向き合うこと」を実感して（特集 貧困と子どもたち―子どもの貧困と福祉・保育） 原田明美 「あいち保育研究所研究紀要」（あいち保育研究所）(1) 2010.3 p32〜41

◇保育士の業務実践におけるソーシャルワーク機能に関する基礎研究―保育所保育士の保護者支援を中心に 鈴木敏彦、横川剛毅 「和泉短期大学研究紀要」（和泉短期大学）(30) 2010.3 p1〜15

◇保育に係る規制緩和政策批判 渡邉彩 「現代社会文化研究」（新潟大学大学院現代社会文化研究科紀要編集委員会）(47) 2010.3 p17〜34

◇保育所経営と主任保育士の経営能力 伊藤良高 「社会福祉研究所報」（熊本学園大学付属社会福祉研究所）(38) 2010.3 p1〜21

◇アタッチメント（愛着）理論から考える保育所保育のあり方 初塚眞喜子 「相愛大学人間発達学研究」（相愛大学人間発達研究所）(1) 2010.3 p1〜16

◇保育園児の生活リズム実態とその改善のための教育的アプローチの効果 豊田和子、梶美保 「中部教育学会紀要」（中部教育学会）(9) 2010.3 p1〜17

◇保育者をめざす短大生がえがく保育所・施設の「子ども像」―実習前後のイメージの変化 幸順子 「名古屋女子大学紀要. 家政・自然編, 人文・社会編」（名古屋女子大学）(56) 2010.3 p211〜221

◇保育士養成課程の課題―保育所の保育士を養成する課程としての検討 高山静子 「浜松学院大学研究論集」（浜松学院大学）(6) 2010.3 p97〜107

◇保育所職員の省察の声から改善への課題を探る試み―自己への言及に関する検討(1) 橋村晴美, 塚本恵信, 伊藤健次 「幼児教育研究紀要」（名古屋経済大学・名古屋経済大学短期大学部幼児教育研究会）(22) 2010.3 p39〜47

◇保育所職員の省察の声から改善への課題を探る試み―自己への言及に関する検討(2) 塚本恵信, 橋村晴美, 伊藤健次 「幼児教育研究紀要」（名古屋経済大学・名古屋経済大学短期大学部幼児教育研究会）(22) 2010.3 p49〜57

◇定員超過入所に関する規制撤廃通知―「保育所への入所の円滑化について」の一部改正について(2010.2.17) 「保育情報」（全国保育団体連絡会、ちいさいなかま社（発売)) (401) 2010.4 p18〜20

◇もう1つの"保活" 町にもっと保育園をつくって！ 宮貴子 「女性のひろば」（日本共産党中央委員会、日本共産党中央委員会出版局（発売)) 通号375 2010.5 p104〜107

◇貧困を生きる子どもたち―保育所は子どもを守る最初の砦 小宮純一 「保育情報」（全国保育団体連絡会、ちいさいなかま社（発売)) (402) 2010.5 p18〜22

保育施設・保育サービス　　　　　　　　　　　　　　　保育所・保育園

◇地方議員リポート(54)高出生率を支える認可外保育園を全力支援　長浜ひろみ　「公明」（公明党機関紙委員会）　通号55　2010.7　p72～75

◇保育所における0歳児の食事・午睡・あそびの行為と面積について　近藤ふみ, 定行まり子　「日本建築学会計画系論文集」（日本建築学会）　75(653)　2010.7　p1647～1654

◇「家庭支援」と「保育相談支援」―「保育所指針」及び保育士養成課程の改正を受けて　金戸清高, 犬童れい子　「Visio : Research reports」（九州ルーテル学院大学）　(40)　2010.7　p9～23

◇統計と現実の狭間(99)保育制度改革の展望―児童福祉法改正と保育所　村田久　「Estrela」（統計情報研究開発センター）　(197)　2010.8　p38～43

◇保育所における教育の独自性とは(特集 今、確かめたい保育所の教育)　北野幸子　「保育の友」（全国社会福祉協議会）　58(11)　2010.9　p21～25

◇子ども　ひどすぎる保育園を見抜く―とにかく入った保育園で虐待騒動/「待機児童減らし」でぎゅうぎゅう詰め　三宮千賀子　「Aera」（朝日新聞出版）　23(47)通号1251　2010.10.25　p36～38

◇「ポストの数ほど保育所を」と運動したころ スタートは女教師の悲鳴から　和田晶子　「女性のひろば」（日本共産党中央委員会, 日本共産党中央委員会出版局（発売））　通号381　2010.11　p108～111

◇地域論壇 大都市に限らない保育所問題 ひとり親対策に地域の知恵を　伊岐典子　「日経グローカル」（日経産業消費研究所）　(159)　2010.11.1　p54～57

◇「ポストの数ほど保育所を」と運動したころ 切実な願いを勉強会に持ち寄って　山根和栄, 山田喜代子　「女性のひろば」（日本共産党中央委員会, 日本共産党中央委員会出版局（発売））　通号382　2010.12　p66～69

◇保育要録の作成・送付を振り返る(特集 保育要録の作成と活用のポイント)　太田朋美　「保育の友」（全国社会福祉協議会）　58(14)　2010.12　p11～14

◇保育要録作成の振り返りと保小接続連携の課題(特集 保育要録の作成と活用のポイント)　福田泰雅　「保育の友」（全国社会福祉協議会）　58(14)　2010.12　p14～17

◇要録の価値を高める幼保小の連携推進(特集 保育要録の作成と活用のポイント)　雪野正三　「保育の友」（全国社会福祉協議会）　58(14)　2010.12　p17～20

◇点から線・面の連携をめざして(特集 保育要録の作成と活用のポイント)　高橋英明　「保育の友」（全国社会福祉協議会）　58(14)　2010.12　p20～23

◇子どもの育ちを伝えるために(特集 保育要録の作成と活用のポイント)　丸山裕美子　「保育の友」（全国社会福祉協議会）　58(14)　2010.12　p23～25

◇フリーソフトによる実践GIS(6)保育所は足りない？　高橋三雄　「Estrela」（統計情報研究開発センター）　(201)　2010.12　p58～61

◇私立認可保育所における課題と規制緩和　濱本賢二　「家計経済研究」（家計経済研究所）　(92)　2011.Aut.　p76～83

◇日本児童学会研究論文 事業所(大学)内保育施設の設置状況と保育の場としての大学資源の活用実態に関する研究　松橋圭子　「児童研究」（日本児童学会）　90　2011　p3～12

◇「保育所児童保育要録：子どもの育ちを支える資料」の共有化をめざして―領域「言葉」におけるルーブリック作成を通して　伊能恵子　「せいかつか&そうごう : 日本生活科・総合的学習教育学会誌」（日本生活科・総合的学習教育学会）　(18)　2011　p64～71

◇「保育所への入所」をめぐる行政の責任 : 東京都北区における「無認可共同保育所」を手がかりに　矢野雅子　「政治学研究論集」（明治大学大学院）　(35)　2011年度　p145～161

◇保育所保育指針の変遷と保育課程に関する考察　余公敏子　「飛梅論集 : 九州大学大学院教育学コース院生論文集」（九州大学大学院人間環境学府教育システム専攻教育学コース）　(11)　2011　p41～57

◇保育所保育士の受け持ち子ども数に関する調査研究　鈴木岩雄　「名古屋芸術大学研究紀要」（名古屋芸術大学）　32　2011　p197～227

◇保育所における2歳児の生活空間と生活行為について　須田悠, 定行まり子　「日本女子大学大学院紀要. 家政学研究科・人間生活学研究科」（日本女子大学）　通号17　2011　p67～71

◇子どもの発達のための環境とは何か―保育所における物理的環境の調査　髙橋節子　「発達研究 : 発達科学研究教育センター紀要」（発達科学研究教育センター）　25　2011　p107～120

◇幼児期における民主主義への教育―『保育要領』を観点として　船越美穂　「福岡教育大学紀要. 第4分冊, 教職科編」（福岡教育大学）　(60)　2011　p103～110

◇保育所において「保育の質を高める」ための工夫(保育の歩み(その2)―保育フォーラム 保育者の資質向上と研修のあり方)　大豆生田啓友　「保育学研究」（日本保育学会）　49(3)　2011　p325～327

◇保護者・保育者・大学専門機関を繋ぐ指導体制について―保育園における個別指導実施を通して　佐藤智恵, 真鍋健, 七木田敦　「幼年教育研究年報」（広島大学大学院教育学研究科附属幼年教育研究施設）　32　2011　p81～86

◇地域子育て拠点施設としての保育所の機能と可能性：保育所ソーシャルワーク支援からの考察　土田美世子　「龍谷大学社会学部紀要」（龍谷大学社会学部学会）　(39)　2011　p21～31

◇戦後の保育所における保育内容―保育所保育指針発行以前に着目して　亀崎美沙子　「東京家政大学博物館紀要」（東京家政大学博物館）　16　2011.2　p27～43

◇保育所保育課程の研究　丹羽孝　「名古屋市立大学大学院人間文化研究科人間文化研究」（名古屋市立大学大学院人間文化研究科）　(14)　2011.2　p1～23

◇保育の現場から : 今、保育園で起きていること(特集 新システムでどうなる保育・子育て)　中村真理　「あいち保育研究所研究紀要」（あいち保育研究所）　(2)　2011.3　p6～11

◇児童福祉施設としての保育所の最低基準―二重基準化の進行　野坂勉　「帯広大谷短期大学紀要」（帯広大谷短期大学）　(48)　2011.3　p33～40

◇地域主権改革とナショナルミニマム―保育所最低基準の地方条例化の問題を中心に　伊藤周平　「月刊保団連」（全国保険医団体連合会）　通号1059　2011.3　p39～44

◇戦間期日本における〈保育に欠ける子〉認識の形成―託児所保育事業における論理と実践　潤間嘉壽美　「社会研究」（法政大学大学院社会科学研究科社会学専攻委員会）　(41)　2011.03　p39～64

◇児童福祉法24条1項ただし書にいう「その他適切な保護」の実施にかかる家庭保育室の指定制度に対する裁判統制の可能性をめぐって―新座市家庭保育室「指定取消し」取消請求事件（さいたま地判平成21.6.24）の検討　大沢光　「賃金と社会保障」（賃社編集室, 旬報社（発売））　通号1534　2011.3.下旬　p53～62

◇「保育所選択権」とは何か―その「権利」としての成否に関する試論的考察　大野拓哉　「弘前学院大学社会福祉学部研究紀要」（弘前学院大学社会福祉学部）　(11)　2011.3　p1～9

◇対談 指導計画からみる保育所保育(特集 「私たちの指導計画」まとめ/指導計画からみる保育所保育)　柴崎正行, 増田まゆみ　「保育の友」（全国社会福祉協議会）　59(3)　2011.3　p18～25

◇保育所職員の省察の声から改善への課題を探る試み(3)他者や園への言及に関する検討(1)　橋村晴美, 塚本恵信, 伊藤健次　「幼児教育研究紀要」（名古屋経済大学・名古屋経済大学短期大学部幼児教育研究会）　(23)　2011.3　p17～27

◇保育所職員の省察の声から改善への課題を探る試み(4)他者や園への言及に関する検討(2)　塚本恵信, 橋村晴美, 伊藤健次　「幼児教育研究紀要」（名古屋経済大学・名古屋経済大学短期大学部幼児教育研究会）　(23)　2011.3　p29～41

◇保育園で子どもたちが安心して生活できる保育をめざして(特集 第50回全国保育問題研究集会 提案―分科会提案 保育時間と保育内容)　竹田真理子　「季刊保育問題研究」（新読書社）　通号248　2011.4　p306～309

◇保育園で地域活動を行う意味―地域の中の保育園(特集 第50回全国保育問題研究集会 提案―分科会提案 地域に開かれた保育活動)　守安紗紀　「季刊保育問題研究」（新読書社）　通号248　2011.4　p373～377

◇保育所に係る「東北地方太平洋沖地震」Q&A（厚生労働省/東日本大震災関連通知）　「保育情報」（全国保育団体連絡会，ちいさいなかま社（発売））　（414）　2011.5　p24～26

◇保育園　「EG : Electricity and gas」（経済産業調査会）　61(5)　2011.5　p8～12

◇地域社会における保育所役割の変遷　Ha-JeongLee　「国際教育文化研究」（九州大学大学院人間環境学研究院国際教育文化研究会）　11　2011.6　p23～32

◇厚生労働省/認可外保育施設の現況〔2009年度〕（2011.3.25）　「保育情報」（全国保育団体連絡会，ちいさいなかま社（発売））　（415）　2011.6　p59～64

◇対談　「福祉サービス第三者評価基準ガイドライン（保育所版）」をどう活用するのか（特集 再考・第三者評価をどう生かすか）　福田敬，増田まゆみ　「保育の友」（全国社会福祉協議会）　59(8)　2011.7　p10～17

◇東日本大震災と保育所　高野幸子　「保育の友」（全国社会福祉協議会）　59(8)　2011.7　p25～27

◇保育園における各年齢ごとの保育内容事例　布施仁　「箕面学園福祉保育専門学校研究紀要」（箕面学園福祉保育専門学校）　(2)　2011.8　p75～77

◇保育所保育士像，女性像に関する基礎的研究　板津裕己，竹内幸男　「ヘルスサイエンス研究」（ぐんまカウンセリング研究会）　15(1)　2011.10　p11～16

◇保育園で取り組む「命の教育」（特集 保育を再考する）　小林倫子　「保育の友」（全国社会福祉協議会）　59(12)　2011.10　p19～22

◇地方条例化による保育所最低基準の緩和は許されない（東京都）　大山とも子　「議会と自治体」（日本共産党中央委員会，日本共産党中央委員会出版局（発売））　通号163　2011.11　p98～102

◇児童福祉施設最低基準（昭和二三年厚生省令第六三号）一一条一項の規制の特例措置として，保育所における入所児童に対する食事の提供を給食センターで調理して搬入する外部搬入方式により行うことなどを内容とする構造改革特別区域計画について，内閣総理大臣が構造改革特別区域法四条八項に基づいてした認定は，抗告訴訟の対象となる行政処分には当たらないとされた事例［名古屋高裁2010.9.16判決］　藤澤宏樹　「賃金と社会保障」（賃社編集室，旬報社（発売））　通号1549　2011.11.上旬　p37～48

◇最低基準地方条例化関連資料—児童福祉施設最低基準新旧対照表　「保育情報」（全国保育団体連絡会，ちいさいなかま社（発売））　（420）　2011.11　p4～8

◇保育所関連状況取りまとめ（2011年4月1日）厚生労働省雇用均等児童家庭局保育課　「保育情報」（全国保育団体連絡会，ちいさいなかま社（発売））　（420）　2011.11　p30～36

◇保育所の存在が，地域のつながりをつくる大きな絆に（特集 子ども減少地域の保育を考える）　圓山章子　「保育の友」（全国社会福祉協議会）　59(13)　2011.11　p19～22

◇地域の中の保育園として—文化の伝承と地域への貢献（特集 子ども減少地域の保育を考える）　坂本晶代　「保育の友」（全国社会福祉協議会）　59(13)　2011.11　p22～25

◇ストック・ビジネス 既存改修で保育所をつくる　「日経アーキテクチュア」（日経BP社）　（963）　2011.11.10　p34～37

◇過疎地の保育園は，いま（特集 保育の現場から保育新システムに思うこと）　中根賢明　「季刊保育問題研究」（新読書社）　（252）　2011.12　p25～29

◇保育政策における保育所の規制緩和と生活環境　山戸隆也　「四條畷学園短期大学紀要」（四條畷学園短期大学）　（45）　2012　p69～74

◇「共同体」を形成するものとしての大学内保育施設 : 事業所内保育所，地域の認可保育所との比較を通して　尾崎博美　「新渡戸文化短期大学学術雑誌」（新渡戸文化短期大学）　2　2012　p1～9

◇保育士が保育所（園）児を観察した時の実感調査　伊藤巨志　「人間生活学研究」（新潟人間生活学会）　(3)　2012　p129～137

◇「子ども・子育て新システム」時代の保育所経営　松本和也，高田寛　「生活福祉研究 : 明治安田生活福祉研究所調査報」（明治安田生活福祉研究所）　通号80　2012.2　p31～47

◇保育所保育指針の変遷と子どもの発達に関する考察　森静子　「関東短期大学紀要」（関東短期大学）　55　2012.3　p1～30

◇保育園に通う幼児の生活習慣の検討　郷間英世、宮地友美、鈴木万喜子「他」　「京都教育大学紀要」（京都教育大学）　(120)　2012.3　p29～36

◇保育園が安心できる場所になるように（第51回全国保育問題研究集会　提案特集―乳児保育）　烏谷智子　「季刊保育問題研究」（新読書社）　(254)　2012.4　p60～63

◇民間保育園連盟の中で民主園の果たす役割（第51回全国保育問題研究集会　提案特集―保育政策と保育運動）　西山佳子　「季刊保育問題研究」（新読書社）　(254)　2012.4　p313～316

◇保育における環境構成のねらいに関する研究：教育要領・保育指針の変遷とある保育園の取り組みを通して　二橋香代子、上田敏丈　「名古屋市立大学大学院人間文化研究科人間文化研究」（名古屋市立大学大学院人間文化研究科）　(17)　2012.6　p111～121

◇（保育所最低基準地方）条例制定状況（H24.2厚労省調査）　「保育情報」（全国保育団体連絡会、ちいさいなかま社（発売））　(427)　2012.6　p42～44

◇厚生労働省2010（平成22）年度　認可外保育施設の現況取りまとめ　「保育情報」（全国保育団体連絡会、ちいさいなかま社（発売））　(427)　2012.6　p51～56

◇保育所保育指針は正確に理解されたか：行政と保育所の整理の違い　今清孝　「東北の社会福祉研究」（日本社会福祉学会東北部会）　(8)　2012.7　p5～19

◇特集　見てわかる、保育所最低基準　「はらっぱ：こどもとおとなのパートナーシップ誌」（子ども情報研究センター）　(330)　2012.7　p2～8

◇特集　多様化する保育所と経営(1)認可保育所と認可外保育施設はどう違うのか　「厚生福祉」（時事通信社）　(5935)　2012.9.28　p2～7

◇特集　多様化する保育所と経営(2)認定こども園法の改正内容、待機児童問題などを見る　「厚生福祉」（時事通信社）　(5937)　2012.10.5　p10～15

◇特集　多様化する保育所と経営(3)保育事業経営の現状と課題　「厚生福祉」（時事通信社）　(5939)　2012.10.16　p10～16

◇特集　多様化する保育所と経営(4)保育事業の決算、特性と利用者のニーズ　「厚生福祉」（時事通信社）　(5941)　2012.10.23　p10～15

◇特集　多様化する保育所と経営(5)地域の保育事情、待機児童の状況と自治体の取り組み　「厚生福祉」（時事通信社）　(5943)　2012.10.30　p10～16

◇保育所関連状況取りまとめ（平成24年4月1日）（抜粋）　厚生労働省　「共済新報」（共済組合連盟）　53(11)　2012.11　p39～41

◇保育所関連状況取りまとめ【2012（平成24）年4月1日】　厚生労働省雇用均等・児童家庭局保育課　「保育情報」（全国保育団体連絡会、ちいさいなかま社（発売））　(432)　2012.11　p37～44

◇特集　多様化する保育所と経営(6)国は施設の最低基準、認可要件をどう定めているのか　「厚生福祉」（時事通信社）　(5945)　2012.11.9　p2～7

◇特集　多様化する保育所と経営(7)自治体は国の最低基準や認可要件にどう対応してきたのか　「厚生福祉」（時事通信社）　(5947)　2012.11.16　p10～15

◇特集　多様化する保育所と経営(8)愛知県碧南市の幼児死亡事故が提起したもの　「厚生福祉」（時事通信社）　(5949)　2012.11.27　p10～16

【図書】

◇保育園「改革」のゆくえ―「新たな保育の仕組み」を考える　近藤幹生著　岩波書店　2010.1　63p　21cm　（岩波ブックレット no.775）　500円　Ⓣ978-4-00-009475-7　Ⓝ369.42
内容　1 子どもの育ちと保育園　2 現在の保育制度の基本　3 規制改革にさらされる保育制度　4 「新たな保育の仕組み」　5 保護者、子ども、職員からみた「新たな保育の仕組み」の問題

◇保育園の人材確保・育成・処遇等に関する実態調査―findings report　全国私立保育園連盟調査部著　全国私立保育園連盟　2010.2　11p　30cm

保育施設・保育サービス　　　　　　　　　　　　　保育所・保育園

◇保育園サービス第三者評価事業報告書　平成21年度　杉並区保健福祉部保育課　2010.3　1冊　30cm　Ⓝ369.42

◇保育園と家庭における相互理解に関する調査 3　5歳児版　全国私立保育園連盟調査部著　全国私立保育園連盟　2010.3　32p　30cm　(Kosodate renaissance booklet no.13)　143円　①978-4-904858-01-1

◇保育所のあり方に関する調査研究報告書　平成21年度　日本保育協会　2010.3　229p　30cm　Ⓝ369.42

◇保育所の環境整備に関する調査研究報告書—保育所の人的環境としての看護師等の配置　平成21年度　日本保育協会　2010.3　308p　30cm　Ⓝ369.42

◇「保育園ビジネス」の始め方・儲け方—誰も教えてくれない ビジネスチャンス急増中の「許可外保育施設」の設立と運営　井出利慶著　ぱる出版　2010.6　207p　21cm　〈2004年刊の加筆・修正〉　2500円　①978-4-8272-0567-1　Ⓝ369.42

　内容　第0章 知っておきたい保育園の基礎知識　第1章 開園に必要な準備と届け出　第2章 保育園の宣伝・営業活動　第3章 保育園やりくり運営ノウハウ　第4章 保育園における危機管理　第5章 利益が出る保育園経営のヒント

◇保育所問題資料集　平成22年度版　全国私立保育園連盟編　全国私立保育園連盟　2010.6　271p　30cm　2000円　①978-4-904858-04-2　Ⓝ369.42

◇保育所運営ハンドブック　平成22年版　保育所運営ハンドブック編集委員会監修　中央法規出版　2010.8　2425p　21cm　4200円　①978-4-8058-3350-6　Ⓝ369.42

　内容　1 保育所制度の概説　2 総則　3 保育所　4 保育対策等促進・子育て支援　5 保育士養成及び保育士試験　6 社会福祉法人　7 認定こども園　8 関連法令　参考資料

◇子どもと親が行きたくなる園—優れた保育実践に学ぶ　寺田信太郎、深野静子、塩川寿平、塩川寿一、落合秀子、山口学世著、佐々木正美監修　すばる舎　2010.10　174p　19cm　〈あんしん子育てすこやか保育ライブラリー3〉　1500円　①978-4-88399-951-4　Ⓝ369.42

　内容　第1章 川和保育園　第2章 さくらんぼ保育園　第3章 大中里保育園・野中保育園　第4章 東大駒場地区保育所　第5章 大津保育園

◇児童保護措置費保育所運営費手帳　平成22年度版　日本児童福祉協会　2010.10　800p　21cm　4300円　①978-4-930918-18-5　Ⓝ369.4

　内容　1 児童保護措置費・保育所運営費制度の概説（支弁、徴収及び国庫負担の関係　保護単価又は保育単価 ほか）　2 児童入所施設措置費関係（児童福祉法による児童入所施設措置費等国庫負担金について　「児童福祉法による児童入所施設措置費等国庫負担金について」通知の施行について ほか）　3 保育所運営費関係（児童福祉法による保育所運営費国庫負担について　「児童福祉法による保育所運営費国庫負担金について」通知の施行について ほか）　4 児童入所施設措置費・保育所運営費共通事項関係（措置費等（運営費）支弁台帳について　児童福祉施設（児童家庭局所管施設）における施設機能強化推進費について ほか）　5 関連法令・通達関係（国家公務員の俸給表　一般職の職員の給与に関する法律（抄） ほか）

◇保育所における家庭支援—新保育所保育指針の理論と実践　金子恵美著　増補　全国社会福祉協議会　2010.11　171p　26cm　1200円　①978-4-7935-1007-6　Ⓝ376.15

◇保育所運営マニュアル—保育指針を実践に活かす　網野武博、迫田圭子編　4訂　中央法規出版　2011.3　386p　26cm　〈索引あり〉　3000円　①978-4-8058-3441-1　Ⓝ369.42

　内容　第1章 保育所制度の現状と展望　第2章 保育制度のしくみ　第3章 保育対策等促進事業と保育関連施策　第4章 保育の内容と計画　第5章 健康と安全管理　第6章 保育サービスの質的向上　第7章 保育所のマネジメント　第8章 保育士の養成・研修　第9章 地域の子育て家庭支援　第10章 認定こども園　第11章 幼稚園や学校とのかかわり

◇保育所児童保育要録を中心とした保小連携推進事業報告書　日本保育協会　2011.3　160p　30cm　〈独立行政法人福祉医療機構社会福祉振興助成事業〉　Ⓝ376.14

◇保育所の発展・向上に関する調査研究報告書　平成22年度　日本保育協会　2011.3　171p　30cm　Ⓝ369.42

現代を知る文献ガイド 育児・保育をめぐって　281

保育所・保育園　　　　　　　　　　　　　　　　　　保育施設・保育サービス

◇保育所（ほいくしょ）問題資料集―1959-1970　第8巻　全国私立保育園連盟編　日本図書センター　2011.3　238,17p　27cm　〈全国私立保育園連盟1970年刊の複製〉　Ⓘ978-4-284-30502-0,978-4-284-30494-8　Ⓝ369.42

◇保育所（ほいくしょ）問題資料集―1959-1970　第7巻　全国私立保育園連盟編　日本図書センター　2011.3　395p　27cm　〈全国私立保育園連盟1969年刊の複製〉　Ⓘ978-4-284-30501-3,978-4-284-30494-8　Ⓝ369.42

◇保育所（ほいくしょ）問題資料集―1959-1970　第6巻　全国私立保育園連盟編　日本図書センター　2011.3　186,36p　27cm　〈全国私立保育園連盟1968年刊の複製〉　Ⓘ978-4-284-30500-6,978-4-284-30494-8　Ⓝ369.42

◇保育所（ほいくしょ）問題資料集―1959-1970　第5巻　全国私立保育園連盟編　日本図書センター　2011.3　160,43p　27cm　〈全国私立保育園連盟1967年刊の複製〉　Ⓘ978-4-284-30499-3,978-4-284-30494-8　Ⓝ369.42

◇保育所（ほいくしょ）問題資料集―1959-1970　第4巻　全国私立保育園連盟編　日本図書センター　2011.3　1冊　27cm　〈全国私立保育園連盟1965～1966年刊の複製合本〉　Ⓘ978-4-284-30498-6,978-4-284-30494-8　Ⓝ369.42

◇保育所（ほいくしょ）問題資料集―1959-1970　第3巻　全国私立保育園連盟編　日本図書センター　2011.3　206p　27cm　〈全国私立保育園連盟1964年刊の複製〉　Ⓘ978-4-284-30497-9,978-4-284-30494-8　Ⓝ369.42

◇保育所（ほいくしょ）問題資料集―1959-1970　第2巻　全国私立保育園連盟編　日本図書センター　2011.3　189p　27cm　〈全国私立保育園連盟1963年刊の複製〉　Ⓘ978-4-284-30496-2,978-4-284-30494-8　Ⓝ369.42

◇保育所（ほいくしょ）問題資料集―1959-1970　第1巻　全国私立保育園連盟編　日本図書センター　2011.3　1冊　27cm　〈タイトル：保育所問題資料集　全国私立保育園連盟1959～1962年刊の複製合本〉　Ⓘ978-4-284-30495-5,978-4-284-30494-8　Ⓝ369.42

◇保育制度改革と保育施設経営―保育所経営の理論と実践に関する研究　伊藤良高著　風間書房　2011.3　303p　22cm　〈文献あり　索引あり〉　7500円　Ⓘ978-4-7599-1822-9　Ⓝ369.42

内容　本研究の課題と方法、構成　第1部　保育制度改革と保育所経営論（保育制度改革と保育所経営　保育所経営の理論と構造　保育所経営法人・施設経営改革と保育所経営）　第2部　保育所経営と保育所経営者論―保育所長職及び主任保育士職を中心に（保育所経営と保育所長の職務・専門性　保育所経営改革と保育所長の経営能力　保育所経営と主任保育士の職務・専門性　保育所経営者としての主任保育士の経営能力）　第3部　保育所経営と幼稚園制度・経営―連携と競合の諸相（幼稚園・保育所の「一体化」「一元化」と幼児教育・保育行政の連携―認定こども園制度を中心に　「親と子が共に育つ」視点に立った幼稚園経営―当面する改革の課題と展望）　本研究の総括　私立幼稚園経営の基本問題　幼稚園制度・経営改革と私立幼稚園

◇先駆的自治体による認証型保育所の有効性と課題に関する研究―仙台市の「せんだい保育室」を事例として　調査研究報告書　鈴木健二著,都市のしくみとくらし研究所編　都市のしくみとくらし研究所　2011.5　84p　30cm　〈年表あり〉　非売品　Ⓝ369.42

◇たのしい保育園に入りたい！―子どもの視点をいかした保育制度改革への提言　村山祐一著　新日本出版社　2011.5　238p　21cm　1600円　Ⓘ978-4-406-05468-3　Ⓝ369.42

内容　第1部　どうして保育園に入れないの？―待機児童問題を考える（どうなっている、待機児童問題―その実情と影響　待機児童が解消しないのは現行制度が悪いから？　国の対策が待機児童の解消につながらない理由　待機児童問題でうまれる新たな局面）　第2部　たのしい保育園に入りたい！―子どもの視点から保育制度のあり方を提言する（現行保育制度の活用法と拡充・改革のポイント　改革提言！子どもの視点で現行保育制度の拡充）　第3部　国の制度改革でほんとうに保育園がよくなるの？―危険な「保育制度改革」を検証する（厚生労働省「新制度案」の危険性　民主党政権の危険な「地域主権改革」と子育て新システム制度案）　第4部　「保育」をさらに充実させるには？―保育制度改革のゆくえを展望する（保育所事業への企業参入問題を考える　幼保一体化・一元化問題と保育制度一元化へのとりくみ）

◇保育所問題資料集　平成23年度版　全国私立保育園連盟編　全国私立保育園連盟　2011.6

254p　30cm　〈年表あり〉　2000円　Ⓘ978-4-904858-07-3　Ⓝ369.42

◇保育所運営ハンドブック　平成23年版　中央法規出版編集部編　中央法規出版　2011.8　2465p　21cm　〈年表あり〉　4200円　Ⓘ978-4-8058-3517-3　Ⓝ369.42

内容 1 保育所制度の概説　2 総則　3 保育所　4 保育対策等促進・子育て支援　5 保育士養成及び保育士試験　6 社会福祉法人　7 認定こども園　8 関連法令　参考資料

◇児童保護措置費保育所運営費手帳　平成23年度版　日本児童福祉協会　2011.9　772p　21cm　4300円　Ⓘ978-4-930918-21-5　Ⓝ369.4

内容 1 児童保護措置費・保育所運営費制度の概説（支弁、徴収及び国庫負担の関係　保護単価又は保育単価　ほか）　2 児童入所施設措置費関係（児童福祉法による児童入所施設措置費等国庫負担について　「児童福祉法による児童入所施設措置費等国庫負担について」通知の施行について　ほか）　3 保育所運営費関係（児童福祉法による保育所運営費国庫負担金について　「児童福祉法による保育所運営費国庫負担金について」通知の施行について　ほか）　4 児童入所施設措置費・保育所運営費共通事項関係（措置費等（運営費）支弁台帳について　児童福祉施設（児童家庭局所管施設）における施設機能強化推進費について　ほか）　5 関連法令・通達関係（国家公務員の俸給表　一般職の職員の給与に関する法律（抄）ほか）

◇保育の評価のすすめ―福祉サービス第三者評価基準ガイドライン（保育所版）の更新を踏まえて　全国社会福祉協議会　2011.10　144p　26cm　1200円　Ⓘ978-4-7935-1041-0　Ⓝ369.42

◇保育園サービス第三者評価事業報告書　平成23年度　杉並区保健福祉部保育課　2012.3　166,48p　30cm　Ⓝ369.42

◇保育所運営の実態とあり方に関する調査研究報告書―人材育成について　平成23年度　日本保育協会　2012.3　137p　30cm　Ⓝ369.42

◇保育所児童保育要録と保小連携に関する調査研究報告書　日本保育協会　2012.3　170p　30cm　Ⓝ376.14

◇園長の責務と専門性の研究―保育所保育指針の求めるもの　小林育子,民秋言編著　改訂版　萌文書林　2012.6　345p　26cm　〈執筆：阿部和子ほか　文献あり　索引あり〉　3500円　Ⓘ978-4-89347-169-7　Ⓝ376.14

内容 1 園長に望まれる資質（園長に求められる要件　子どもの発達および発達過程についての理解　保護者（親）理解　園長の研修）　2 園を管理・運営する能力・力量（組織の中の園長の役割　保育のデザインと展開　職員の資質の向上　職員の服務管理　安全管理・危機管理　家庭・地域との連携　地域子育て支援　「小学校との連携」における園長の役割・専門性）　3 保育リーダーとして必要な法令・政策等の理解（関連する法令の理解　少子化対策と保育施策　保育・教育・福祉関連の社会資源）

◇保育園だいすき―私の山あり谷あり保育人生　山田静子著　ひとなる書房　2012.6　253p　19cm　1700円　Ⓘ978-4-89464-174-7

内容 私が子どもだったころ　看護婦、夜間高校、結婚、そして母親に　「保育」との出会い　ひょんなことから保育園勤務　小規模保育園「鶴川桔梗保育園」の創立　異年齢保育と病気明け保育　保育が変わるとき　保育園の危機　本当に保育園はできるのか？　問題を乗り越えて保育園づくり　新園舎での新たなスタート　「きょう保育園」に生まれ変わる　地域のお母さんを支えたい―「あじさい村」オープン　地域に溶け込み、息づく保育園

◇保育所問題資料集　平成24年度版　全国私立保育園連盟編　全国私立保育園連盟　2012.6　297p　30cm　〈年表あり〉　2500円　Ⓘ978-4-904858-11-0　Ⓝ369.42

◇保育所分園白書　東京都社会福祉協議会　2012.7　90p　30cm　762円　Ⓘ978-4-86353-125-3　Ⓝ369.42

◇保育所運営ハンドブック　平成24年版　中央法規出版編集部編集　中央法規出版　2012.8　2567p　21cm　〈年表あり　索引あり〉　4400円　Ⓘ978-4-8058-3694-1　Ⓝ369.42

内容 1 保育所制度の概説　2 総則　3 保育所　4 保育対策等促進・子育て支援　5 保育士養成及び保育士試験　6 社会福祉法人　7 認定子ども園　8 関連法令　参考資料

保育所・保育園　　　　　　　　　　　　　　　　　　　保育施設・保育サービス

◆待機児童問題

【雑誌記事】

◇待機児童が全国の3分の1を占める 東京の保育問題　望月康子　「議会と自治体」(日本共産党中央委員会, 日本共産党中央委員会出版局 (発売))　通号141　2010.1　p51～56

◇公的保育所増設で待機問題の解消を―緊急アンケートの結果と私たちの要望　新日本婦人の会　「女性&運動」(新日本婦人の会)　(183)　通号334　2010.6　p22～31

◇待機児童解消は子育て支援の第一歩　村山祐一「前衛 : 日本共産党中央委員会理論政治誌」(日本共産党中央委員会)　通号859　2010.7　p117～130

◇子ども 保育園に入りやすい街―最難関は江戸川区の22倍／入りやすいのは港区, 新宿区, 昭島市／初調査「真の待機児童数」／自治体別有利になる条件　三宮千賀子, 小林明子　「Aera」(朝日新聞出版)　23(34)通号1238　2010.8.9　p34～38

◇保育所関連状況取りまとめ(2010年4月1日)(保育所関連状況(2010.4.1)3年連続で待機児童数増加／2010年4月で2万6,275人)　厚生労働省雇用均等児童家庭局保育課　「保育情報」(全国保育団体連絡会, ちいさいなかま社 (発売))　(407)　2010.10　p19～25

◇待機児童八十万人の元凶 公立保育所の給料が高すぎる　鈴木亘　「文芸春秋」(文芸春秋)　88(13)　2010.11　p322～329

◇見えなくなる待機児童―子ども・子育て新システムにより待機児童はいなくなるのか？　田尻敦子　「大東文化大学紀要. 社会科学」(大東文化大学)　(49)　2011　p285～301

◇待機児童ゼロ特命チーム(2010.11.29)国と自治体が一体的に取り組む待機児童解消「先取り」プロジェクト(案)　「保育情報」(全国保育団体連絡会, ちいさいなかま社 (発売))　(410)　2011.1　p50～56

◇インタビュー これまでのタブーを破り待機児童の解消を目指す―村木厚子氏(待期児童ゼロ特命チーム事務局長)に聞く　村木厚子　「週刊社会保障」(法研)　65(2611)　2011.1.10　p46～47

◇アウトルック 保育所の抜本改革こそ待機児童解消策の原点　「週刊東洋経済」(東洋経済新報社)　(6309)　2011.2.12　p120～121

◇待機児童問題の新しい局面と新システム(新システムで保育はどうなる!?―子ども・子育て新システム＝幼保一体化の実像と問題点)　村山祐一　「保育情報」(全国保育団体連絡会, ちいさいなかま社 (発売))　(412)　2011.3　p4～6

◇厚生労働省/保育所入所待機児童数(2010.10)　厚生労働省雇用均等児童家庭局保育課　「保育情報」(全国保育団体連絡会, ちいさいなかま社 (発売))　(413)　2011.4　p39～41

◇自治体の待機児童対策/待機児童が多い主要自治体の対応施策の概要　「保育情報」(全国保育団体連絡会, ちいさいなかま社 (発売))　(413)　2011.4　p42～45

◇自治体の待機児童対策/東京23区の待機児童対策の概要　「保育情報」(全国保育団体連絡会, ちいさいなかま社 (発売))　(414)　2011.5　p51～58

◇霞ヶ関ニュース 待機児童解消「先取り」プロジェクト　村木厚子　「子育て支援と心理臨床」(福村出版)　3　2011.6　p91～95

◇自治体経営改革ツールとしての事業仕分け(6) 保育待機児対策(テーマ型)　南学　「地方財務」(ぎょうせい)　(687)　2011.9　p97～104

◇待機児童4年ぶり微減 定員増も依然2.5万人超―厚労省　「厚生福祉」(時事通信社)　(5851)　2011.10.14　p10

◇厚労省の12年度予算概算要求 4.3%増, 待機児童対策などに重点―特別枠には1059億円　「地方行政」(時事通信社)　(10264)　2011.10.24　p16～19

◇待機児童解決策は消費税増税とセット 「総合子ども園」は営利会社に丸投げ 「幼保一体化」の安易な狙いと思いつき 保育の分野に株式会社進出を強力に推進へ　本田英治　「社会保障」(中央社会保障推進協議会, あけび書房 (発売))　44通号443　2012.夏　p40～47

◇アウトルック これでいいのか 待機児童対策 相次ぐ不祥事で判明した企業頼み政策の危うさ　「週刊東洋経済」(東洋経済新報社)　(6370)　2012.1.21　p106～107

◇学生研究 待機児童増加の要因は何か：2001年から2010年における地域別のデータを比較して　木戸麻美　「家政経済学論叢」（日本女子大学家政経済学会）　(48)　2012.7　p33～54

◇待機児童、2年連続で減少 ： 都市部集中は解消されず：厚労省　「厚生福祉」（時事通信社）　(5938)　2012.10.12　p4～5

【図書】

◇保育所待機児童対策に関する区市町村アンケート報告書　東京都社会福祉協議会　2010.12　147p　30cm　762円　①978-4-86353-069-0　Ⓝ369.42

内容 1 集計結果概要（平成22年4月1日現在の施設数と定員児童数　平成21・22年度における増設の状況　平成22年4月1日現在の年齢別の入所申請・決定・待機児の状況　(3)の前年度の状況との比較と待機児童増加の理由　入所申請者と待機児童の家庭の状況別の傾向　ほか）　2 区市町村別集計結果（平成22年4月1日現在の施設数　平成22年4月1日現在の定員児童数　平成21年度増設施設箇所数　平成22年度増設予定箇所数　自治体独自の保育施設　ほか）

◇保育所待機児問題白書　東京都社会福祉協議会（保育所待機児問題対策プロジェクト）　2011.6（第2刷）　254p　30cm　952円　①978-4-86353-081-2　Ⓝ369.42

内容 第1章 保育所待機児問題に関するアンケート　調査実施のあらまし　第2章 保育所待機児問題に関するアンケート　調査結果の概要（保育所待機児問題の現状　子どもを保育する環境として重視するもの　保育に関わる社会資源の拡大　保育の質の向上―保育人材確保・育成と連携　保育所入所申請・相談と情報提供　ワーク・ライフ・バランスを支える子育て支援）　第3章 多面的なアプローチによる保育所待機児問題に関する提言（即応性が求められる中でも質を確保した大都市における保育所定員の拡大方策　大都市における多様な家庭環境をふまえた保育サービスと保育人材の確保・育成　保育所の入所をめぐる制度改善と情報提供・相談支援機能の強化　子育ての総合的な支援がワーク・ライフ・バランスの推進基盤の確立　大都市における1歳児の入所困難「1歳児問題」への対応）　資料編（認可・認証保育所、認定こども園向けアンケート　認可・認証保育所、認定こども園利用保護者向けアンケート　保育所利用希望保護者（見学者）向けアンケート　保育所利用希望保護者（講座参加者）向けアンケート　保育所待機児童対策に関する区市町村アンケート）　保育所待機児問題プロジェクト委員名簿

◇これならできる待機児童解消―「新システム」じゃムリ！　中山徹, 大阪保育運動連絡会編　京都　かもがわ出版　2011.8　61p　21cm（かもがわブックレット 183）　600円　①978-4-7803-0467-1　Ⓝ369.42

内容 第1章 待機児童ってなに？その実態　第2章 政府が進める待機児童解消策（政府が定めた目標　待機児童解消策の具体的内容 ほか）　第3章 自治体が進めてきた待機児童解消策（大阪市の待機児童解消方法　堺市の待機児童解消方法 ほか）　第4章 待機児童解消をどのように進めるべきか（新システムの下で進みそうな待機児童解消策　待機児童解消の基本的考え方 ほか）　第5章 待機児童解消の具体的提案（公立保育所の定員見直しによる待機児童解消策―大阪市西淀川区を例に　公立幼稚園と連携した待機児童解消策―東大阪市を例に ほか）　おわりに―待機児童解消をめぐる争点

◇保育所待機児童対策に関する区市町村アンケート報告書　2　東京都社会福祉協議会（保育所待機児問題対策プロジェクト）　2012.3　150p　30cm　762円　①978-4-86353-109-3　Ⓝ369.42

内容 1 集計結果概要（平成23年10月1日現在の施設数と定員児童数　平成23年度における増設の状況　平成23年4月1日現在の年齢別の入所申請・決定・待機児の状況　各年齢における保育需要やニーズの特徴、入所選考における工夫　認可保育所への入所が不承諾となった世帯へのフォロー ほか）　2 区市町村別集計結果（平成23年10月1日現在の施設数　平成23年10月1日現在の定員児童数　平成23年度新設施設箇所数（平成23年4月1日～10月1日）　平成23年度新設施設定員数（平成23年4月1日～10月1日）　平成23年度定員変更施設数と増加定員数（平成23年4月1日～10月1日）ほか）

◇保育所待機児問題への対応 実践の手引き　東京都社会福祉協議会（保育所待機児問題対策プロジェクト）　2012.3　151p　26cm　952円　①978-4-86353-121-5　Ⓝ369.42

内容 第1章 保育所待機児問題への対応における実践と工夫のポイント（即応性が求められる中での質を確保した定員拡大　多様な家庭環境や就労形態における保育ニーズへの対応

多様な保育サービスのネットワークによる質の向上 ほか）　第2章 保育所待機児問題への対応における実践事例（北区「公立保育所を基本とした分園、小規模保育所」　世田谷区「区有地を中心に完結型分園を整備」　下馬鳩ぽっぽ保育園分園・野の花園「地域の保育需要に応える分園運営」 ほか）　第3章 保育所待機児童対策に関する区市町村アンケート調査結果の概要（保育所待機児童問題の現状　即応性が求められる中での質を確保した定員拡大　多様なネットワークと人材確保による質の向上 ほか）　保育所待機児問題対策プロジェクトメンバー

◇認可保育園はこんな所—待機児童問題解消への提言　柊かりん著　創英社/三省堂書店　2012.7　154p　19cm　〈文献あり〉　952円　①978-4-88142-548-0　Ⓝ369.42

内容 第1編 保育園の実態（保育園の名称と分類　保育園の申し込み ほか）　第2編 ムダを見直す（ムダをしている事柄）　第3編 待機児童問題（待機児童の解消に向けて）　第4編 法律に関して（児童憲章　児童福祉法）　第5編 職員に関して（それぞれの職責）

◆公立保育所民営化問題

【雑誌記事】

◇筑波大学労働判例研究会 市立保育所を廃止・民営化する条例制定行為の違法性—横浜市市立保育所廃止事件［横浜地裁平成18.5.22判決］　田中達也　「季刊労働法」（労働開発研究会）　（219）　2007.冬季　p269～278

◇公立保育所の廃止に関する訴訟［最高裁判所第一小法廷判決］　峰良雄　「清和大学短期大学部紀要」（清和大学短期大学部）　（39）　2010　p51～56

◇地方行政判例解説　横浜市・市立保育所廃止（民営化）条例事件［東京高裁平成21.1.29判決］　蔡秀卿　「判例地方自治」（ぎょうせい）　（323）　2010.1　p90～94

◇横浜市立保育所廃止（民営化）事件2009.11.26最高裁判決［含 判決文］　田村和之　「保育情報」（全国保育団体連絡会、ちいさいなかま社（発売））　（398）　2010.1　p12～15

◇指定管理者方式による保育所民営化の法的統制—横浜地判平成21年7月15日（本号［賃金と社会保障No.1508号］42頁）を対象として

豊島明子　「賃金と社会保障」（賃社編集室、旬報社（発売））　通号1508　2010.2.下旬　p33～41

◇保育園の民営化問題を考える　井筒洋一　「あいち保育研究所研究紀要」（あいち保育研究所）　（1）　2010.3　p49～56

◇子ども・教育と裁判 判例研究(1) 保育所廃止民営化に係る取消訴訟の可否と違法性判断—東京高裁平成21.1.29判決の検討　豊島明子　「季刊教育法」（エイデル研究所）　（164）　2010.3　p90～98

◇保護者・児童の法的地位を認めるクリアな判決—横浜市立保育所廃止（民営化）事件・最高裁判決（平成21.11.26、本誌［賃金と社会保障］76頁）の意義　秦雅子　「賃金と社会保障」（賃社編集室、旬報社（発売））　通号1510　2010.3.下旬　p69～75

◇最新判例演習室 行政法 保育所廃止条例制定行為の処分性［最一小判2009.11.26］　高橋滋　「法学セミナー」（日本評論社）　55(4)通号664　2010.4　p131

◇保育所廃止条例の制定・公布行為の差止めと取消し—神戸市立枝吉保育所廃止・民営化事件（神戸地裁平成20.12.16判決・賃金と社会保障1516号、1517号）の検討　古畑淳　「賃金と社会保障」（賃社編集室、旬報社（発売））　通号1516　2010.6.下旬　p25～46

◇はんれい最前線 保育行政の民営化に重い教訓［最高裁平成21.11.26判決］　江原勲、北原昌文　「判例地方自治」（ぎょうせい）　（329）　2010.6　p4～8

◇高知地裁が公立保育所休止処分の停止を命じる—高知県安芸市立穴内保育所休止処分執行停止事件［2010.3.23決定］　田村和之　「保育情報」（全国保育団体連絡会、ちいさいなかま社（発売））　（403）　2010.6　p26～32

◇社会保障・社会福祉判例 神戸市立枝吉保育所廃止・民営化事件・神戸地方裁判所判決（平成20.12.16）（分載その2・完）　「賃金と社会保障」（賃社編集室、旬報社（発売））　通号1517　2010.7.上旬　p41～67

◇公立保育所民営化をめぐる自治体の動向と保護者の運動（上）データとアンケート結果から見えてくるもの　若林俊郎　「保育情報」（全国保育

団体連絡会，ちいさいなかま社（発売））（406）　2010.9　p13〜18

◇公立保育所民営化をめぐる自治体の動向と保護者の運動（下）データとアンケート結果から見えてくるもの　若林俊郎　「保育情報」（全国保育団体連絡会，ちいさいなかま社（発売））（407）　2010.10　p26〜37

◇判例批評 公立保育所を廃止する条例の制定行為の処分性［平成21.11.26最高裁第一小法廷判決］　前田雅子　「民商法雑誌」（有斐閣）　143（1）　2010.10　p91〜107

◇公立保育園をなくさないでください―民営化保育園で保育士として働いた体験から　豊ゆとり　「保育情報」（全国保育団体連絡会，ちいさいなかま社（発売））（408）　2010.11　p54〜58

◇［横浜］市立保育所廃止条例制定行為の処分性［最高裁第1小法廷平成21.11.26判決］　大竹昭裕　「青森県立保健大学雑誌」（青森県立保健大学雑誌編集委員会）　11　2010.12　p111〜119

◇公立保育所の民営化　大橋豊彦　「尚美学園大学総合政策論集」（尚美学園大学総合政策学部総合政策学会）　（11）　2010.12　p25〜55

◇公立保育所の廃止・民営化の課題：保育所選択権からの考察　正長清志　「岩国短期大学紀要」（岩国短期大学）　（40）　2011　p35〜45

◇公立保育園民営化に関する一考察―静岡県富士宮市の公立保育所財政分析を手がかりに　山本慎一　「都留文科大学大学院紀要」（都留文科大学）　15　2011　p53〜83

◇「静かな民営化」に「内なる民営化」―地方における保育園の実態（特集 激変する職場の問題にどうむきあうか）　自治労連ふくし公務公共一般労働組合　「季刊保育問題研究」（新読書社）　通号247　2011.2　p54〜62

◇行政判例研究（566・884）横浜市立保育園廃止条例制定行為取消請求事件［最高裁判所第一小法廷平成21.11.26判決］　髙橋滋　「自治研究」（第一法規）　87（2）通号1044　2011.2　p143〜157

◇判例研究 市の設置する特定の保育所を廃止する条例の制定行為が抗告訴訟の対象となる行政処分に当たるとされた事例［最一判平成21.11.26］　公法研究会　「法学論叢」（京都大学法学会）　168（5）　2011.2　p84〜98

◇子ども・教育と裁判 判例研究 廃止・統合を意図する「市立保育所の休止」の執行停止―安芸市立穴内保育所休止処分執行停止申立事件の検討［高知地裁平成22.3.23決定］　古畑淳　「季刊教育法」（エイデル研究所）　（168）　2011.3　p75〜81

◇学校事務職員必読！学校経営の基本判例 保護者の保育所選択権と民営化［東京高裁平成21.1.21判決］　小島優生　「学校事務」（学事出版）　62（4）　2011.4　p35〜41

◇児童定員の民間移譲で公立保育園の廃止・民営化―福井市における公立保育園の「行革」　五十嵐美智恵　「保育情報」（全国保育団体連絡会，ちいさいなかま社（発売））（414）　2011.5　p60〜64

◇株式会社が指定管理者制度により運営する保育所の問題点（上）その運営・経営実態、指定経過を議会会議録より検討　若林俊郎　「保育情報」（全国保育団体連絡会，ちいさいなかま社（発売））（417）　2011.8　p4〜9

◇条例の処分性についての一考察―保育所廃止条例の処分性を中心に　川内［ツトム］　「修道法学」（広島修道大学学術交流センター）　34（1）通号66　2011.9　p458〜416

◇株式会社が指定管理者制度により運営する保育所の問題点（下）その運営・経営実態、指定経過を議会会議録より検討　若林俊郎　「保育情報」（全国保育団体連絡会，ちいさいなかま社（発売））（419）　2011.10　p4〜11

◇スクラム組んで民営化ストップ（第51回全国保育問題研究集会 提案特集―保育政策と保育運動）　堂垣内あづさ　「季刊保育問題研究」（新読書社）　（254）　2012.4　p316〜320

【図書】

◇保育は人 保育は文化―ある保育園民営化を受託した保育園の話　平松知子著　ひとなる書房　2010.3　110p　21cm　762円　Ⓘ978-4-89464-146-4　Ⓝ369.42

内容　第1章 則武保育園廃園民営化発表―それは、突然やってきた（師走の通達　法人の決意ほか）　第2章 引き継ぎ保育―保育は人、保育は文化（お互いを知るところから　引き継ぐべきは「わかってもらっているという安心感」ほか）　第3章 けやきの木保育園開園―マイナスからのスタート（「のりたけほいくえ〜ん、ぼく

たちいってくるからね！」 子どもたちの苦しさほか） 第4章 受託園から見えた『公的保育』と『民営化』（自治体が守ってくれなかった心の傷は、決して癒えない 全国で広がる民営化が行き着く先は？ ほか） 第5章 どの子も笑って暮らせる社会を（保育園魂は変えられない 子どもにかかわるすべての人でつながろう ほか）

◆延長保育・夜間保育

【雑誌記事】

◇夜間に及ぶ長時間保育を行っている保育所の支援の役割に関する考察─育児環境の実態から 渡辺多恵子，田中笑子，冨崎悦子［他］ 「小児保健研究」（日本小児保健協会） 69(2) 2010.3 p329〜335

◇延長保育─保護者の要求を職員集団で受け止めて（特集 第49回全国保問研・福岡集会提案─分科会提案 保育時間と保育内容） 山本直美 「季刊保育問題研究」（新読書社） 通号242 2010.4 p271〜275

◇休日保育─保護者も子どもも安心できる場に（特集 第49回全国保問研・福岡集会提案─分科会提案 保育時間と保育内容） 佐々木英紀 「季刊保育問題研究」（新読書社） 通号242 2010.4 p275〜279

◇一五時間の長時間保育に取り組んで（特集 第49回全国保問研・福岡集会提案─分科会提案 保育時間と保育内容） 萩原美香 「季刊保育問題研究」（新読書社） 通号242 2010.4 p283〜286

◇人と人のつながりが支える夜間保育（特集 激変する職場の問題にどうむきあうか） 伊藤洋子 「季刊保育問題研究」（新読書社） 通号247 2011.2 p44〜53

◇夜間保育園から保育所の役割を考える 堀江京子 「あいち保育研究所研究紀要」（あいち保育研究所） (2) 2011.3 p36〜41

◇夜間保育に必要なことは……（特集 第50回全国保育問題研究集会 提案─分科会提案 保育時間と保育内容） 長谷川育美，坂本愛宣 「季刊保育問題研究」（新読書社） 通号248 2011.4 p299〜302

◇長時間生活を共にするということ（特集 第50回全国保育問題研究集会 提案─分科会提案 保育時間と保育内容） 深水高雪 「季刊保育問題研究」（新読書社） 通号248 2011.4 p302〜306

◇沖縄からの発信(11) 夜間保育園は悪ですか？ 山内優子 「子どものしあわせ」（草土文化） 731 2012.1 p32〜35

◇院内保育園から認可保育園へ：長時間保育の保育内容をどう作るか（第51回全国保育問題研究集会 提案特集─保育時間と保育内容） 吉川博子 「季刊保育問題研究」（新読書社） (254) 2012.4 p310〜312

◇延長保育で大切にしたいこと（特集 延長保育で大切にしたいこと） 「保育の友」（全国社会福祉協議会） 60(13) 2012.11 p10〜18

◇特集対談 つながりを大事にした独自性のある延長保育を（特集 延長保育で大切にしたいこと） 寺見陽子，園田巌 「保育の友」（全国社会福祉協議会） 60(13) 2012.11 p20〜25

◆乳児保育

【雑誌記事】

◇「乳児保育」教授内容についてのテキスト項目の検討 西村真実 「大阪成蹊短期大学研究紀要」（大阪成蹊短期大学） (7) 2010 p63〜74

◇中国における乳児保育の現状と課題─「0歳児集団保育」に関する意識調査の検討を中心に 劉郷英 「福山市立女子短期大学研究教育公開センター年報」（福山市立女子短期大学研究教育公開センター） (7) 2010 p149〜158

◇保育実習中の学生の乳児保育体験に関する研究 小屋美香 「育英短期大学研究紀要」（育英短期大学） (27) 2010.2 p33〜44

◇乳児保育（特集 第49回全国保問研・福岡集会提案─分科会案内） 亀谷和史 「季刊保育問題研究」（新読書社） 通号242 2010.4 p10〜13

◇現場実践レポート 保育所から乳児院を立ち上げて思うこと 金澤由紀 「子どもと福祉」（明石書店） 3 2010.7 p69〜72

◇命を守り育てるシェルターの役割─乳児院からの報告（特集 地域の中の子育て支援─親と子は何を求め、何を得ているのか─他施設・機関から支援実践を学ぶ） 岩田裕美 「季刊保育

問題研究」（新読書社）　通号244　2010.8　p69〜74

◇保育者養成校における「乳児保育」の意義と理解―わかる授業をめざして　萩尾ミドリ　「久留米信愛女学院短期大学研究紀要」（久留米信愛女学院短期大学）　(33)　2010.9　p71〜76

◇乳児期の集団保育の3歳児における影響に関するコホート研究　松本壽通, 井上貴太郎, 高崎好生［他］　「小児保健研究」（日本小児保健協会）　69(5)　2010.9　p637〜644

◇ハンガリーの保育指導主事から見た日本の乳児保育　サライ美奈　「女性のひろば」（日本共産党中央委員会, 日本共産党中央委員会出版局〔発売〕）　通号380　2010.10　p60〜65

◇対話の保育―乳児との対話　角野幸代　「湊川短期大学紀要」（湊川短期大学）　47　2011　p19〜22

◇社会の期待にこたえるきめ細かな乳児の保育(特集 子どもの豊かな育ちを次世代につなぐ)　中江潤　「保育の友」（全国社会福祉協議会）　59(1)　2011.1　p20〜23

◇乳児保育における環境構成について　鈴木方子　「名古屋女子大学紀要. 家政・自然編, 人文・社会編」（名古屋女子大学）　(57)　2011.3　p173〜184

◇分科会案内 乳児保育(特集 第50回全国保育問題研究集会 提案)　野村朋　「季刊保育問題研究」（新読書社）　通号248　2011.4　p10〜13

◇家庭とつながる乳児保育(特集 乳児保育に求められること)　海道洋子　「保育の友」（全国社会福祉協議会）　59(6)　2011.6　p11〜13

◇一人ひとりを大切にする乳児保育をめざして(特集 乳児保育に求められること)　中村小津枝　「保育の友」（全国社会福祉協議会）　59(6)　2011.6　p13〜16

◇保護者、子、保育園 三者の育ちのときと受けとめて(特集 乳児保育に求められること)　北野久美　「保育の友」（全国社会福祉協議会）　59(6)　2011.6　p16〜18

◇保育・ゆめ・未来 0歳から育ちあう保育―乳児の人権保育の目標・内容を考える　堀井二実　「はらっぱ：こどもとおとなのパートナーシップ誌」（子ども情報研究センター）　(319)　2011.7　p20〜22

◇子どもと家族の支えになるために―乳児院からの報告(特集 保育の本質をさぐる―さまざまな保育の現場から)　原田裕貴子　「季刊保育問題研究」（新読書社）　通号250　2011.8　p74〜83

◇乳児保育(第51回全国保育問題研究集会 提案特集―分科会案内)　松田千都　「季刊保育問題研究」（新読書社）　(254)　2012.4　p10〜13

◇分科会報告 乳児保育(特集 第51回全国保育問題研究集会報告)　菱谷信子, 野村朋, 吉岡万貴子　「季刊保育問題研究」（新読書社）　(257)　2012.10　p36〜50

◇保育所で過ごす乳児の育ちと教育(特集 乳幼児期の教育とは)　中瀬泰子, 久保田久美子, 小島美紅　「保育の友」（全国社会福祉協議会）　60(12)　2012.10　p19〜21

◇保育所における乳児保育の養護と教育の一体化(特集 乳幼児期の教育とは)　公立保育所保育士　「保育の友」（全国社会福祉協議会）　60(12)　2012.10　p21〜23

【図書】

◇資料でわかる乳児の保育新時代　乳児保育研究会編　改訂新版　ひとなる書房　2010.3　166p　26cm　〈文献あり 年表あり〉　1800円　①978-4-89464-145-7　Ⓝ376.11

　内容　第1章 乳児の発達と保育　第2章 乳児保育の内容と方法(1)基本的生活を中心に　第3章 乳児保育の内容と方法(2)あそびを中心に　第4章 保育の記録と計画　第5章 乳児保育と子どもの発達・親としての発達　第6章 保育士のあり方をめぐって　第7章 乳児保育のこれまでとこれから

◇乳児保育―科学的観察力と優しい心　川原佐公, 古橋紗人子編著　第3版　建帛社　2010.10　189p　21cm　（シードブック）〈共著：今井和子ほか　索引あり〉　1900円　①978-4-7679-3270-5　Ⓝ369.42

　内容　第1章 乳児保育の意義と機能　第2章 子どもの育ちと向き合う　第3章 0,1,2歳児の体と心の育ち　第4章 0,1,2歳児の集団生活と健康　第5章 子どもの命と向き合う保育内容　第6章 親が子育てを楽しみ、希望がもてる支援　第7章 0,1,2歳児にふさわしい生活環境　第8章 0,1,2歳児保育の見通しのために　終章 乳児保育の課題

保育所・保育園　　　　　　　　　　　　　　　　　　　保育施設・保育サービス

◇乳児の生活と保育　松本園子編著　相模原　ななみ書房　2011.3　187p　26cm　〈執筆：荒賀直子ほか　年表あり〉　2100円　①978-4-903355-25-2　Ⓝ376.1

◇乳児保育——一人一人を大切に　加藤敏子編著, 冨永由佳著　萌文書林　2011.10　191p　21cm　〈年表あり　文献あり〉　1600円　①978-4-89347-156-7　Ⓝ376.1

内容　第1章 乳児保育の意義　第2章 乳児保育の歴史と現状　第3章 3歳未満児の発達と保育　第4章 乳児保育の内容と方法　第5章 乳児を取り巻く保育の環境　第6章 保育の計画と記録　第7章 乳児保育の今後の課題

◇乳児保育　待井和江, 福岡貞子編　第8版　京都　ミネルヴァ書房　2012.3　292p　21cm　〈現代の保育学 8〉〈索引あり〉　2500円　①978-4-623-06328-4　Ⓝ369.42

内容　第1章 乳児保育（3歳未満児保育）の意義　第2章 3歳未満児の発達　第3章 3歳未満児の健康と安全　第4章 3歳未満児保育の環境　第5章 3歳未満児保育の内容と方法　第6章 3歳未満児保育のカリキュラム　第7章 3歳未満児保育の現状と課題

◇乳児保育—0歳児・1歳児・2歳児　巷野悟郎, 植松紀子編著　光生館　2012.3　150p　21cm　〈保育士養成課程〉〈文献あり　索引あり〉　1900円　①978-4-332-51036-9　Ⓝ369.42

内容　序章 乳児を対象とした保育とは　第1章 乳児保育の理念と役割　第2章 乳児保育の現状と課題　第3章 2歳児までの発達と保育内容　第4章 乳児保育の実際と保健　第5章 乳児保育における連携

◆一時保育

【雑誌記事】

◇子育て経験をもつ成人女性による一時預かり活動——支援することによる発達　加藤道代　「東北大学大学院教育学研究科研究年報」（東北大学大学院教育学研究科）　58(2)　2010.6　p153～168

◇子育て支援における一時保育の役割と課題——一時保育を利用している母親のアンケート調査を手がかりに（特集 地域の中の子育て支援—親と子は何を求め、何を得ているのか）　早瀬眞喜子　「季刊保育問題研究」（新読書社）　通号244　2010.8　p19～33

◇地域における子育て支援と保育環境(2)一時保育のあり方にみる地域特性　津田千鶴, 野呂アイ　「修紅短期大学紀要」（修紅短期大学）　(32)　2011　p37～48

◇一時保育の出会いを大切にした家庭支援（特集 育児困難家庭への支援）　宇佐美純代　「保育の友」（全国社会福祉協議会）　60(11)　2012.9　p16～19

【図書】

◇地域の子育て支援としての一時保育事業の学習機能に関する研究—ファミリー・サポート・センター事業に着目して　平成21年度総括研究報告書　厚生労働科学研究費補助金政策科学総合研究事業（政策科学推進研究事業）〔佐賀〕〔東内瑠里子〕　2010.3　42p　30cm

◇地域の子育て支援としての一時保育事業の学習機能に関する研究—ファミリー・サポート・センター事業に着目して　平成19年度～21年度総合研究報告書　厚生労働科学研究費補助金政策科学総合研究事業〔佐賀〕〔東内瑠里子〕　2010.3　169p　30cm

◆病児保育

【雑誌記事】

◇子どもが病気をした時の保護者の対応と病児保育支援ニーズ　谷原政江, 阿部裕美, 森照子［他］「川崎医療福祉学会誌」（川崎医療福祉学会）　19(2)　2010　p411～418

◇病児保育（これからの小児科クリニック—小児科クリニックの運営ポイント）　帆足英一　「小児科臨床」（日本小児医事出版社）　63通号751(増刊)　2010　p1489～1494

◇京都大学における病児保育室内の感染隔離室設置に関する調査　山中康成, 野間久史, 登谷美穂子［他］「小児保健研究」（日本小児保健協会）　69(2)　2010.3　p336～339

◇病児保育における保育看護に関する研究—子育て支援の視点から　菅田貴子, 宮津澄江　「弘前大学教育学部紀要」（弘前大学教育学部）　(103)　2010.3　p105～109

◇社会起業家 病児保育、高校・大学生のキャリア教育…を展開 西田亮介 「エコノミスト」(毎日新聞社) 88(36)通号4113 2010.6.22 p40～42

◇期待される病児保育の拡大 布施泰男 「The journal of JAHMC」(日本医業経営コンサルタント協会) 21(7)通号248 2010.7 p26～28

◇病児・病後児保育の現状(特集 乳幼児健診—食育と保育に関して) 稲見誠 「小児科」(金原出版) 51(11) 2010.10 p1451～1456

◇特集 病児保育の未来—医療機関の併設を期待して 「医療タイムス：週刊医療界レポート」(医療タイムス社) (1985) 2010.10.18 p4～9

◇インタビューシリーズ 私たちが動けば、社会が動く(第9回)NPO法人フローレンス 伝える 変える事業部 小林愛子氏—子育て家庭を支え、「働き方革命」を提唱する 小林愛子, 阿部まさ子 「賃金事情」(産労総合研究所) (2598) 2010.12.5 p4～7

◇病児保育における質的な改善策の提案に向けた文献検討 正田梨花, 喜多淳子, 工藤貴子 「大阪市立大学看護学雑誌」(大阪市立大学医学部看護学科) 7 2011 p55～63

◇病児・病後児保育のあり方に関する調査—看護師として働く母親の実情とニーズ 白坂真紀, 北原照代, 垰田和史 [他] 「滋賀医科大学看護学ジャーナル」(滋賀医科大学) 9(1) 2011 p36～39

◇病児保育の必要性と課題 高橋美知子 「花園大学社会福祉学部研究紀要」(花園大学社会福祉学部) (19) 2011.3 p59～78

◇mAリポート 小児科医のこころざしが支える病児保育の現状と課題 「メディカル朝日」(朝日新聞社) 40(3)通号472 2011.3 p43～45

◇病児・病後児保育における看護師による業務に対する認識 田中弓子 「小児保健研究」(日本小児保健協会) 70(3) 2011.5 p365～370

◇病児保育—その歩みと課題(特集 病児保育を考える) 帆足英一 「小児科」(金原出版) 52(10) 2011.9 p1329～1336

◇病児保育室開設にあたって(特集 病児保育を考える) 大川洋二 「小児科」(金原出版) 52(10) 2011.9 p1337～1343

◇保育士の立場から(特集 病児保育を考える) 犬飼惠子 「小児科」(金原出版) 52(10) 2011.9 p1345～1351

◇時代のキーパーソン 駒崎弘樹 病児保育NPO法人「フローレンス」代表理事 「病児保育」確立に奔走する若き社会起業家 中島久美子 「潮」(潮出版社) (638) 2012.4 p88～93

◆学童保育

【雑誌記事】

◇子どもへの余暇支援(1)学童保育指導員を対象として 山本存 「余暇学研究」(日本余暇学会) (11) 2008.3 p81～91

◇子どもへの余暇支援(2)学童保育現場の現状と課題 山本存 「余暇学研究」(日本余暇学会) (12) 2009.3 p49～60

◇学童保育の困難と現状に応じた継続的なコンサルテーションの試み 遠矢幸子 「香蘭女子短期大学研究紀要」(香蘭女子短期大学) (53) 2010年度 p107～121

◇学童保育指導員の実践場面におけるケア・福祉・教育の機能の関連性 中山芳一 「子ども家庭福祉学」(日本子ども家庭福祉学会) (9) 2010.2 p79～88

◇学童保育はいま 泊唯男 「福祉のひろば」(大阪福祉事業財団, かもがわ出版(発売)) 119 2010.2 p28～34

◇学童保育における子育て・家族支援の課題 伊部恭子 「社会福祉学部論集」(佛教大学社会福祉学部) (6) 2010.3 p1～18

◇学童保育指導員の労働と意識—2007年度全国調査報告 大谷直史 「地域学論集」(鳥取大学地域学部) 6(3) 2010.3 p247～270

◇医師に対する学童保育支援の必要性 児玉ひとみ, 竹宮孝子, 竹内千仙 [他] 「東京女子医科大学雑誌」(東京女子医科大学学会) 80(3) 2010.3 p65～68

◇学童保育が果たしてきた役割と今後の課題—コミュニティ心理学の視点から 内村公義 「長崎ウエスレヤン大学地域総合研究所研究紀要」

保育所・保育園　　　　　　　　　　　　　　　　　　保育施設・保育サービス

（長崎ウエスレヤン大学）　8(1)　2010.3　p23～29

◇教育　学童保育「子ども時代ならでは」を大切に　片山恵子　「婦人之友」（婦人之友社）　104(3)通号1282　2010.3　p113～118

◇子どもへの余暇支援(3)子どものあそびの実態と指導員の配慮との関係　山本存　「余暇学研究」（日本余暇学会）　(13)　2010.3　p51～61

◇学童保育の今後の在り方について（教育実践を指向した学習支援システム/一般）　横山大樹,藤村裕一　「日本教育工学会研究報告集」（日本教育工学会）　10(1)　2010.3.6　p359～364

◇この一冊　子どもの放課後を考える—諸外国との比較でみる学童保育問題　池本美香編著　「週刊社会保障」（法研）　64(2580)　2010.5.24　p26

◇学童保育巡回指導における個別対応とグループ対応に関する一援助　田中周子　「福祉心理学研究」（日本福祉心理学会）　7(1)　2010.7　p39～47

◇チェックチェック！　暮らし注意報　学童保育の環境整備に向けて—「学童保育サービスの環境整備に関する調査研究」より　「国民生活：消費者問題をよむ・しる・かんがえる」（国民生活センター）　(28)　2010.8　p34～37

◇増加する学童保育潜在的待機児、解消には制度の抜本的拡充が必要—二〇一〇年度実施状況調査から　真田祐　「議会と自治体」（日本共産党中央委員会,日本共産党中央委員会出版局（発売））　通号149　2010.9　p93～102

◇学童保育と全児童対策事業の連携のあり方に関する研究—「放課後子どもプラン」における学童保育の現状（その2）　松本歩子,中山徹　「日本建築学会計画系論文集」（日本建築学会）　75(655)　2010.9　p2115～2124

◇「ただいま」の瞬間を読み取る目（特集　学童保育と学校の連携）　梅原利夫　「学童保育研究」（学童保育指導員専門性研究会,かもがわ出版（発売））　通号11　2010.11　p6～13

◇子どもたちの放課後生活の現状と学童保育（特集　学童保育と学校の連携）　二宮衆一　「学童保育研究」（学童保育指導員専門性研究会,かもがわ出版（発売））　通号11　2010.11　p14～24

◇同じ子どもにかかわる者同士—学童保育は子どもたちの最後の砦（特集　学童保育と学校の連携）　永田郁　「学童保育研究」（学童保育指導員専門性研究会,かもがわ出版（発売））　通号11　2010.11　p25～32

◇ともに子育てできる基礎づくりを—学校と学童保育が対等平等の立場で（特集　学童保育と学校の連携）　竹中真美　「学童保育研究」（学童保育指導員専門性研究会,かもがわ出版（発売））　通号11　2010.11　p39～45

◇学校との連携・ひろば事業との連携——人ひとりの子どもを大切に、学童クラブ指導員のできること（特集　学童保育と学校の連携）　伊藤昭二　「学童保育研究」（学童保育指導員専門性研究会,かもがわ出版（発売））　通号11　2010.11　p46～52

◇子どもたちの夏をかえせ！—学校二学期制による学童保育の生活の変化（特集　学童保育と学校の連携）　林鉄男　「学童保育研究」（学童保育指導員専門性研究会,かもがわ出版（発売））　通号11　2010.11　p53～59

◇学童保育指導員に対する任期付短時間職員制度導入の問題点について　河村学　「学童保育研究」（学童保育指導員専門性研究会,かもがわ出版（発売））　通号11　2010.11　p85～93

◇学童保育研究における日本学童保育学会設立の意義と課題　石原剛志　「学童保育研究」（学童保育指導員専門性研究会,かもがわ出版（発売））　通号11　2010.11　p94～109

◇政策動向　学童保育　前田美子　「学童保育研究」（学童保育指導員専門性研究会,かもがわ出版（発売））　通号11　2010.11　p110～112

◇第5回学童保育指導員専門性研究大会のまとめ　二宮衆一　「学童保育研究」（学童保育指導員専門性研究会,かもがわ出版（発売））　通号11　2010.11　p122～126

◇[学童保育関係]文献リスト（二〇〇九年八月～二〇一〇年七月）　石原剛志　「学童保育研究」（学童保育指導員専門性研究会,かもがわ出版（発売））　通号11　2010.11　p131～137

◇委員活動「学童保育」での人権教室　中川賢一　「人権のひろば」（人権擁護協力会）　13(6)通号76　2010.11　p23～25

◇小学生の子育てと仕事の両立支援の課題と展望 (1) 学童保育サービスの実施状況と環境整備の課題　渡辺多加子　「国民生活研究」(国民生活センター)　50(3)　2010.12　p127～151

◇学童保育の独自性に関する考察：近年の放課後児童施策との比較から　三好正彦　「大阪女子短期大学紀要」(大阪女子短期大学学術研究会)　(36)　2011　p47～58

◇書評 池本美香編著『子どもの放課後を考える 諸外国との比較でみる学童保育問題』　西村智　「海外社会保障研究」(国立社会保障・人口問題研究所)　(174)　2011.Spr.　p82～86

◇学童保育実践の展開論理：人が育つコミュニティへの展望(特集 学童保育とは何か)　宮﨑隆志　「学童保育 : 日本学童保育学会紀要」(日本学童保育学会)　1　2011　p9～17

◇子育ち・子育てを支える学童保育の社会的役割に関する一考察：孤立の子育て・関係性の貧困の防波堤になってきた学童保育(特集 学童保育とは何か)　下浦忠治　「学童保育：日本学童保育学会紀要」(日本学童保育学会)　1　2011　p18～28

◇「学童保育」理解の視点の多重性(特集 学童保育とは何か)　久田敏彦　「学童保育 : 日本学童保育学会紀要」(日本学童保育学会)　1　2011　p29～36

◇学童保育指導員のバーンアウトと関連要因　大谷直史, 奥野隆一　「学童保育：日本学童保育学会紀要」(日本学童保育学会)　1　2011　p37～44

◇放課後児童指導員の資格認定カリキュラムの開発：日本放課後児童指導員協会の取り組みから　中田周作, 中山芳一　「学童保育 : 日本学童保育学会紀要」(日本学童保育学会)　1　2011　p45～54

◇学童保育の対象学年・入所要件が障害児と保護者の生活に及ぼす影響　丸山啓史　「学童保育 : 日本学童保育学会紀要」(日本学童保育学会)　1　2011　p74～82

◇書評 宮﨑隆志編著『協働の子育てと学童保育 : 共同学童保育で育つ札幌の子どもたち』　松浦善満　「学童保育 : 日本学童保育学会紀要」(日本学童保育学会)　1　2011　p86～88

◇書評 池本美香編著『子どもの放課後を考える : 諸外国との比較で見る学童保育問題』　小暮健一　「学童保育 : 日本学童保育学会紀要」(日本学童保育学会)　1　2011　p88～90

◇放課後における学童保育指導員の専門性と課題　藤田純子, 小林千尋, 草野篤子　「湘北紀要」(湘北短期大学・図書館委員会)　(32)　2011　p169～182

◇学童保育所における児童の行為と空間からみた生活実態　山崎陽菜, 定行まり子　「日本女子大学大学院紀要. 家政学研究科・人間生活学研究科」(日本女子大学)　通号17　2011　p85～93

◇全国アンケート調査にみる学童保育所の施設環境実態について　小池孝子, 定行まり子　「日本女子大学大学院紀要. 家政学研究科・人間生活学研究科」(日本女子大学)　通号17　2011　p153～160

◇放課後児童クラブの生活環境整備に関する研究(その1)北九州市の放課後児童クラブにおける施設の現状と問題点　藤原陽子, 鈴木佐代, 秋武由子[他]　「福岡教育大学紀要. 第5分冊, 芸術・保健体育・家政科編」(福岡教育大学)　(60)　2011　p199～206

◇学童保育施設におけるゾーンのつくりと児童の遊び様態の関係性についての事例的考察　山田あすか, 渡邊佐帆　「日本建築学会技術報告集」(日本建築学会)　17(35)　2011.2　p271～276

◇権利としての学童保育：子どもの権利としての学童保育(1)　森原照子　「あいち保育研究所研究紀要」(あいち保育研究所)　(2)　2011.3　p48～54

◇小学生の子育てと仕事の両立支援の課題と展望(2)学童保育サービスの実施状況と環境整備の課題　渡辺多加子　「国民生活研究」(国民生活センター)　50(4)　2011.3　p120～152

◇学童保育の現状と課題：学童保育と学校との連携に焦点をあてて　増田健太郎　「九州教育経営学会研究紀要」(九州教育経営学会)　(17)　2011.6　p101～108

◇小学生の子育てと仕事の両立支援の課題と展望(3)学童保育サービスの実施状況と環境整備の課題　渡辺多加子　「国民生活研究」(国民生活センター)　51(1)　2011.6　p91～111

保育所・保育園　　　　　　　　　　　　　　　　　　保育施設・保育サービス

◇学童保育、2万カ所超える いまだ不足、基盤整備必要―全国協議会調査　「厚生福祉」（時事通信社）　(5839)　2011.8.23　p2～3
◇小学生の子育てと仕事の両立支援の課題と展望(4・完)学童保育サービスの実施状況と環境整備の課題　渡辺多加子　「国民生活研究」（国民生活センター）　51(2)　2011.9　p86～116
◇子どもたちの放課後生活を保障するとは(特集 子どもたちが育つ放課後)　二宮衆一　「学童保育研究」（学童保育指導員専門性研究会, かもがわ出版（発売））　通号12　2011.11　p6～9
◇子どもたちにゆとりのある豊かな放課後の生活を(特集 子どもたちが育つ放課後)　葉枕健太郎　「学童保育研究」（学童保育指導員専門性研究会, かもがわ出版（発売））　通号12　2011.11　p26～32
◇放課後の生活、大人ができること(特集 子どもたちが育つ放課後)　英真子　「学童保育研究」（学童保育指導員専門性研究会, かもがわ出版（発売））　通号12　2011.11　p33～41
◇第6回学童保育指導員専門性研究大会のまとめ　二宮衆一　「学童保育研究」（学童保育指導員専門性研究会, かもがわ出版（発売））　通号12　2011.11　p63～68
◇学童保育の今日的意義―第6回学童保育指導員専門性研究大会基調講演　宮崎隆志　「学童保育研究」（学童保育指導員専門性研究会, かもがわ出版（発売））　通号12　2011.11　p69～86
◇意図的な働きかけのなかでの子どもの気持ちと指導員の思い(学童保育実践の記録)　和田友伸　「学童保育研究」（学童保育指導員専門性研究会, かもがわ出版（発売））　通号12　2011.11　p90～103
◇［学童保育関係］文献リスト(二〇一〇年八月～二〇一一年七月)　石原剛志　「学童保育研究」（学童保育指導員専門性研究会, かもがわ出版（発売））　通号12　2011.11　p110～117
◇政策動向 学童保育　前田美子　「学童保育研究」（学童保育指導員専門性研究会, かもがわ出版（発売））　通号12　2011.11　p118～120
◇求められる学童保育の制度拡充 : 被災地での教訓から考える　真田祐　「議会と自治体」（日本共産党中央委員会, 日本共産党中央委員会出版局（発売））　通号164　2011.12　p70～76
◇マッキーの子育て讃歌(21)働く親たちの子育てと学童保育　山本万喜雄　「子どものしあわせ」（草土文化）　通号730　2011.12　p60～63
◇学童保育における子どもの生活 : 発達心理学的観点からの探求　赤津純子, 金谷有子　「埼玉学園大学紀要. 人間学部篇」（埼玉学園大学）　(11)　2011.12　p113～122
◇書評 池本美香編著『子どもの放課後を考える 諸外国との比較でみる学童保育問題』　西村智　「海外社会保障研究」（アーバン・コネクションズ）　(174)　2011.21　p82～86
◇学童保育指導員の力量形成についての考察　千葉智生　「教育学研究紀要」（大東文化大学大学院文学研究科教育学専攻）　(3)　2012.3　p199～212
◇幼稚園・保育所で実施されている放課後児童クラブの予備的調査研究 : 5つの都道県における質問紙による実態調査　請川滋大, 高橋健介, 結城孝治［他］　「日本女子大学紀要. 家政学部」（日本女子大学）　(59)　2012.3　p5～14
◇学童保育における支援者の「危機」とその克服に関する一考察　嘉村友里恵　「地域環境研究 : 環境教育研究マネジメントセンター年報」（長崎大学環境科学部環境教育研究マネジメントセンター）　(4)　2012.5　p51～67
◇全国の学童保育施設における保育環境の実態と整備課題 : 児童の活動を視点として　菅原麻衣子, 林香菜子　「日本建築学会計画系論文集」（日本建築学会）　77(675)　2012.5　p995～1002
◇教育・鉄道会社の参入が活発化 学習強化型施設も注目を集める 民間学童保育(特集 市場拡大へ!子育て支援ビジネス :「保育所」「民間学童保育」「地域子育て支援施設」「ベビー・親子スクール」の実態)　「レジャー産業資料」（綜合ユニコム）　45(5) 通号548　2012.5　p22～29
◇学童保育・児童館の実践構造と職員の力量形成　李智　「東北大学大学院教育学研究科研究年報」（東北大学大学院教育学研究科）　60(2)　2012.6　p153～173
◇子どもの行為からみた学童保育所の空間のつかわれ方 : 児童館内施設と小学校内施設を対象として　山崎陽菜, 定行まり子　「日本建築学会技

保育施設・保育サービス　　　　　　　　　　　　　　　保育所・保育園

術報告集」（日本建築学会）　18(39)　2012.6　p657〜662

◇専門職としての指導員（特集 指導員の専門性をめぐる理念・実践・運動）　植田章　「学童保育研究」（学童保育指導員専門性研究会、かもがわ出版（発売））　(13)　2012.11　p9〜20

◇学童保育の生活と集団づくり（特集 指導員の専門性をめぐる理念・実践・運動）　川崎みゆき　「学童保育研究」（学童保育指導員専門性研究会、かもがわ出版（発売））　(13)　2012.11　p40〜45

◇私が考える保護者支援における専門性（特集 指導員の専門性をめぐる理念・実践・運動）　清都ひさ子　「学童保育研究」（学童保育指導員専門性研究会、かもがわ出版（発売））　(13)　2012.11　p55〜62

◇子どもたちが育つ地域と学童保育（特集 指導員の専門性をめぐる理念・実践・運動）　甲斐百合子　「学童保育研究」（学童保育指導員専門性研究会、かもがわ出版（発売））　(13)　2012.11　p63〜69

◇第7回学童保育指導員専門性研究大会のまとめ　二宮衆一　「学童保育研究」（学童保育指導員専門性研究会、かもがわ出版（発売））　(13)　2012.11　p86〜90

◇第7回学童保育指導員専門性研究大会記念講演　子どもの未来を拓く学童保育指導員の専門性　二宮厚美　「学童保育研究」（学童保育指導員専門性研究会、かもがわ出版（発売））　(13)　2012.11　p91〜103

◇学童保育関連文献リスト（二〇一一年八月〜二〇一二年七月）　石原剛志　「学童保育研究」（学童保育指導員専門性研究会、かもがわ出版（発売））　(13)　2012.11　p124〜130

◇政策動向 学童保育（2011・9〜2012・8）　前田美子　「学童保育研究」（学童保育指導員専門性研究会、かもがわ出版（発売））　(13)　2012.11　p131〜134

◇学童保育の現場から なぜ否定する言動から始まるか　石田かづ子　「子どものしあわせ」（草土文化）　(742)　2012.12　p35〜39

【図書】

◇学童保育サービスの環境整備に関する調査研究―都道府県の取り組みに大きな格差 調査研究報告　国民生活センター　2010.3　244p　30cm　953円　①978-4-906051-69-4　Ⓝ369.42

[内容]第1章 学童保育の環境整備に関する都道府県の責務　第2章 学童保育における安全・事故防止対策について都道府県が果たすべき役割と責任　第3章 学童保育環境での事故事例データの分析　第4章 市区町村調査から見た中途退所児童の現状と課題　第5章 学童保育制度の抜本的な拡充の必要性と都道府県の役割　第6章 学童保育サービスの環境整備に関する調査 調査対象：都道府県　第7章 学童保育サービスの環境整備に関する調査 調査対象：市区町村　第8章 学童保育サービスの環境整備に関する調査ケガ・事故事例 調査対象：市区町村　第9章 提言

◇民間委託で学童保育はどうなるの?―親たちによる"学童保育の質"をめぐる調査・研究・政策提言　東京・小金井の親たち編著　公人社　2010.3　312p　19cm　〈年表あり〉　2400円　①978-4-86162-066-9　Ⓝ369.42

[内容]プロローグ 子どもの居場所をどうするか?―それはオヤジの居場所づくりでもあった　第1章 そのとき保護者たちは―学童保育を民間委託するらしいよ　第2章 学童の毎日―子どもたちの日々のスケッチ　第3章 "質"を探求する―「研究部」の活動とその成果　第4章 オモテ舞台に出る―六〇〇世帯の保護者を代表してみての記　第5章 学童保育の"質"を形にする―運営基準案をつくろう　第6章 自治体の行政とかかわること―市役所は散歩道　第7章 言葉を届け、仲間を結ぶ―保護者間の広報活動　エピローグ 小金井の取組みのバックグラウンド―地域経営という視点で

◇協働の子育てと学童保育―共同学童保育で育つ札幌の子どもたち　宮崎隆志編著　京都　かもがわ出版　2010.10　195p　21cm　1600円　①978-4-7803-0388-9　Ⓝ369.42

[内容]第1部 共同学童保育の現場から（地域のなかで育つ子どもたち　六年間の軌跡―学童保育で育つ子どもたち　子ども・家族を協働で支える―ユッタとの二年二か月　子どもからだの発達と外あそび　子ども集団の育ち―おとまり会の取り組みをとおして　障がいのある子の放課後生活）　第2部 協働で育つ希望（子育てを支える学童保育の父母会　実践のなかで育つ指導員―自分を"書く"ことで見えてきたこと　札幌市における学童保育の歴史と課題

◇学童保育と子ども・子育て新システム—子どもたちの放課後はどうなる？　丸山啓史, 石原剛志, 中山徹著　京都　かもがわ出版　2011.4　64p　21cm　（かもがわブックレット 181）　600円　①978-4-7803-0440-4　Ⓝ369.42

内容　第1章「新システム」と学童保育（学童保育をめぐる政策動向　「放課後児童給付」の構想　個人給付にもとづく直接契約の問題性　ほか）　第2章 学童保育制度改革の二つの道—学童保育運動が創造・発展させてきた実践の文化や理論の到達点から考える（「放課後児童給付」に関する政府の姿勢　学童保育運動がつくってきたもの　学童保育運動がつくってきた実践の文化と理論から学ぶ　ほか）　第3章 子ども・子育て新システムの概要とこども園（新システムの概要　こども園をめぐる背景　こども園の仕組み　ほか）

◇子どもの発達と学童保育—子ども理解・遊び・気になる子　田丸敏高, 河崎道夫, 浜谷直人編著　福村出版　2011.10　235p　19cm　1800円　①978-4-571-10158-8　Ⓝ369.42

内容　1章 子どもの生活と発達（小学生の生活—学業の時間と放課後の時間　幼児から児童への三つの変化　人間の生涯発達　児童期の特徴　児童期から青年期へ　子どもの権利　学童保育の日常生活の意味　親、指導員とのコミュニケーション　学校と学童保育）　2章 遊びを豊かに—学童保育における遊びの理論と実際（子どもの生活と成長にとっての遊びの意味と学童保育の役割　学童保育における遊びを豊かにするために—指導・援助論の視点　学童保育における遊びの実践）　3章 発達障がい・気になる子ども（発達障がいのある子がかかえる困難とは？　指導員が直面する悩みとは？　保護者との関係をつくる）　4章 学童保育の過去・現在・未来（学童保育はどういう施設か　学童保育の歴史　親の労働保障と子どもの生活保護　当面の課題　まとめ—これからの学童保育を展望する）

◇連携と協働の学童保育論—ソーシャル・インクルージョンに向けた「放課後」の可能性　三好正彦著　大阪　解放出版社　2012.3　205p　21cm　〈文献あり〉　2000円　①978-4-7592-6751-8　Ⓝ369.42

内容　序章 はじめに　第1章「学童保育実践」の事例と可能性　第2章 障害のある子どもたちの放課後生活の場としての「学童保育」の意義—「じゃがいも子どもの家」におけるフィールドワークを通して　第3章 第3の教育の場としての学童保育論—元学童保育指導員・及川房子の実践をもとに　第4章「学童保育」の現在と独自性について　第5章 地域の教育力と子どもたちの放課後　第6章「ソーシャル・インクルージョン」と「学童保育」　第7章 連携と協働の「学童保育」

◇磨き耕す保育者のまなざし—学童保育カンファレンス　森崎照子著　京都　かもがわ出版　2012.9　163p　19cm　1400円　①978-4-7803-0544-9　Ⓝ369.42

内容　第1章 まなざしを磨く実践記録（実践構築の基礎としての記録　指導員の専門性と実践記録　実践記録「闇の中の光をみつめて」　感性へのアプローチ）　第2章 まなざしを耕す学童保育カンファレンス（学童保育における保育カンファレンスはこうして生まれた　子どもの見方・とらえ方　学童保育指導員の集団づくりと保育カンファレンス　保育カンファレンス『心にあいた穴は手をかけて埋める』）　第3章 命のレベルで響き合う—高垣忠一郎先生とともに（実践者からの報告　気になることに焦点をあてて、なぜかと考え合う　子どもの心の声を聴く　高垣先生ののまとめ　実践の一歩を踏み出す—子どもに内在するものを引き出す　学童保育カンファレンスルームについて）

◇学童保育実践入門—かかわりとふり返りを深める　中山芳一著　京都　かもがわ出版　2012.10　142p　21cm　1500円　①978-4-7803-0571-5

内容　第1章 学童保育実践とはなにか（学童保育は学童を保育すること　学童保育実践を養護・ケア・教育からとらえる　ほか）　第2章 放課後という場と学童という対象（放課後という場の学童保育実践　学童を対象とする学童保育実践—学童期の発達の特徴から）　第3章 集団づくりとしての学童保育実践（ケア的関係をつくり出す学童保育実践　異年齢集団づくりとしての学童保育実践　ほか）　第4章 学童保育実践の質を高めるために（方法としての学童保育実践　学童保育実践に求められる「まなざし」　ほか）　第5章 学童保育実践を協働するために（学童保育実践を協働するとは　学童保育実践を保護者と協働するために　ほか）

保育施設・保育サービス　　　　　　　　　　　　　　　　　　　　　　　　　　　　　　　　幼稚園

◇子どもも親もつなぐ学童保育クラブ通信―学童保育の生活を伝える　河野伸枝著　高文研　2012.10　207p　19cm　1500円　①978-4-87498-493-2

内容　第1章「クラブ通信」をなぜ書くの？（「クラブ通信」の持つ意味　「クラブ通信」を書く時に配慮したいこと　ほか）　第2章 子どもの生活の様子を伝える（四月―出会いの時　子どもたちの生活　ほか）　第3章 子どもを理解する（子どもたちの内面を探る）　第4章 つながりながら育ちあう子どもたち（存在が受け入れられてこそ　つながりながら　ほか）　第5章 働きながら子育てをする親を支える（伝え合いラムの変化　ほか）

◇現代日本の学童保育　日本学童保育学会編　旬報社　2012.11　285p　19cm　2500円　①978-4-8451-1276-0

内容　第1部 現代社会と学童保育（福祉国家における学童保育の発展　現代日本社会と学童保育　地域社会発展への学童保育実践の展望　子どもの生存権保障としての学童保育―学童保育から排除される子どもの問題から考える）　第2部 学童保育のなかの子どもと指導員（学童保育における教育的機能の特徴　学童保育実践の特質とその構造―「生活づくり」の歴史的変遷をたどりながら　指導員労働の実践と専門性　学童期の子どもの自我・社会性の発達過程と教育指導―仲間といっしょに、"九、一〇歳の発達の節目"を豊かに乗り越える　障害児の放課後保障と学童保育　学童保育研究への期待―被災地岩手からの発信　「義務教育と学童保育」考）

幼稚園

【雑誌記事】

◇豊田芙雄と草創期の幼稚園教育に関する研究（1）豊田芙雄の「代紳録 全」と氏原［チョウ］の「幼稚園方法」との関係　前村晃　「佐賀大学文化教育学部研究論文集」（佐賀大学文化教育学部）　12（1）　2007.8　p35～51

◇豊田芙雄と草創期の幼稚園教育に関する研究（2）鹿児島女子師範学校附属幼稚園の設立と園の概要　前村晃　「佐賀大学文化教育学部研究論文集」（佐賀大学文化教育学部）　12（1）　2007.8　p53～71

◇豊田芙雄と草創期の幼稚園教育に関する研究（3）豊田芙雄年譜の全容と作成の趣旨　高橋清賀子, 前村晃　「佐賀大学文化教育学部研究論文集」（佐賀大学文化教育学部）　12（2）　2008.1　p41～63

◇幼稚園教育における「集団」の意味―3歳児の園生活への「適応」をめぐって　奥山順子　「秋田大学教育文化学部教育実践研究紀要」（秋田大学教育文化学部附属教育実践総合センター）　（30）　2008.5　p121～132

◇豊田芙雄と草創期の幼稚園教育に関する研究（4）芙雄の生い立ちと結婚と学問修業　前村晃　「佐賀大学文化教育学部研究論文集」（佐賀大学文化教育学部）　13（1）　2008.8　p15～34

◇豊田芙雄と草創期の幼稚園教育に関する研究（5）豊田芙雄と明治前半期の女子教育との関わり　前村晃　「佐賀大学文化教育学部研究論文集」（佐賀大学文化教育学部）　13（1）　2008.8　p35～74

◇豊田芙雄と草創期の幼稚園教育に関する研究（6）芙雄とフレーベル主義保育の定着期の実相　前村晃　「佐賀大学文化教育学部研究論文集」（佐賀大学文化教育学部）　13（1）　2008.8　p75～126

◇幼稚園における親子の関わりに対する支援―親の過剰な接触態度がもたらす子どもの気になる行動を通して　後藤由美　「愛知教育大学幼児教育研究」（愛知教育大学幼児教育講座）　（15）　2010　p17～24

◇幼稚園の制度に関する史的考察―明治期における小学校教育との接続をめぐる検討　浜野兼一　「上田女子短期大学紀要」（上田女子短期大学）　（33）　2010　p13～20

◇〈自由〉をめぐるわが国の保育実践理論の変遷（1）草創期の幼稚園教育における自由尊重　山本淳子　「大阪キリスト教短期大学紀要」（大阪キリスト教短期大学）　50　2010　p175～185

◇幼稚園におけるクラス経営論の課題と方向についての覚書―クラス経営の実証的研究序説　玉置哲淳　「大阪総合保育大学紀要」（大阪総合保育大学）　（5）　2010　p45～68

◇幼稚園教育 幼児同士が心を通わせ、遊びを創り出す姿を求めて　大空町立東藻琴幼稚園　「オホーツク管内教育課程実践研究成果論文集録」

（北海道教育庁オホーツク教育局）　2010年度　2010　p1～5

◇「幼保一体化」の動きによる幼稚園教育への影響　田口康明　「鹿児島県立短期大学地域研究所研究年報」（鹿児島県立短期大学地域研究所）（42）　2010　p115～129

◇幼稚園教員の資質能力に関する研究 — 幼稚園教諭, 保護者, 園長の力量観の比較から　藤尾淳子, 古川雅文, 浅川潔司　「学校教育学研究」（兵庫教育大学学校教育研究センター）　22　2010　p13～21

◇幼稚園における「子育て支援」の課題 — 「預かり保育」の利用者に着目して　石黒万里子　「家庭教育研究所紀要」（小平記念日立教育振興財団日立家庭教育研究所）（32）　2010　p14～22

◇幼稚園における適切な幼児理解と評価のために　新井れ江子　「関東短期大学紀要」（関東短期大学）　54　2010　p37～63

◇幼稚園教育における保育内容の専門性の概念　門松良子　「就実教育実践研究」（就実大学教育実践研究センター）　3　2010　p1～18

◇「幼稚園教育実習指導」における模擬保育の意義と課題 — 模擬保育と幼稚園教育実習の比較を意図したアンケート調査から　田中珠美　「純心人文研究」（長崎純心大学）（16）　2010　p225～242

◇家庭との連携支援を目的とした幼稚園向けプライベートブログシステムの構築　加藤智也　「名古屋芸術大学研究紀要」（名古屋芸術大学）　31　2010　p119～131

◇日韓の幼稚園教育のガイドラインに見る「活動」の捉え方の一考察　林志妍　「人間文化創成科学論叢」（お茶の水女子大学大学院人間文化創成科学研究科）　13　2010　p189～197

◇幼稚園における非日常的な体験とその意味について — 幼児たちはどのようにゴーリーと出会うか（子どもの体験と成長・発達）　大野歩, 真鍋健, 岡花祈一郎［他］　「保育学研究」（日本保育学会）　48(1)　2010　p47～57

◇子育てコラムの展開 — 幼稚園だよりを通して　外池武嗣　「武蔵野短期大学研究紀要」（武蔵野短期大学）　24　2010　p99～106

◇書評　前村晃（執筆者代表）髙橋清賀子　野里房代　清水陽子著『日本人幼稚園保姆第一号　豊田芙雄と草創期の幼稚園教育』　藤枝充子　「幼児教育史研究」（幼児教育史学会）　5　2010　p66～69

◇若手幼稚園教師の精神的健康に及ぼすストレスと職場環境の影響　西坂小百合　「立教女学院短期大学紀要」（立教女学院短期大学）（42）　2010　p101～110

◇幼稚園教諭の身体活動量と形態的特徴　楠原慶子, 田代幸代, 佐々木玲子　「立教女学院短期大学紀要」（立教女学院短期大学）（42）　2010　p125～135

◇YMCA幼稚園の教育内容に関する調査　和田彩紀子　「YMCA総合研究所大阪YMCA研究フォーラム報告書」（YMCA総合研究所）　4　2010　p114～122

◇教育研究最前線　幼稚園教育における観察と記録の重要性　砂上史子　「初等教育資料」（東洋館出版社）（856）　2010.1　p78～81

◇幼稚園教諭のキャリア形成に関する研究 — 養成課程の現状と課題　川俣美砂子　「福岡女子短大紀要」（福岡女子短期大学）（73）　2010.1　p45～53

◇幼稚園（特集 学習指導の創造と展開）　山下文一, 楠田ゆかり　「初等教育資料」（東洋館出版社）（857）　2010.2　p46～51

◇幼稚園教師の専門性と反省的実践家 — 保育実践を通して　赤嶺優子　「沖縄キリスト教短期大学紀要」（沖縄キリスト教短期大学）（38）　2010.3　p45～64

◇幼稚園教師に求められる資質能力 — 幼稚園本調査の結果分析　寅丸尚恵, 西川正晃, 濱田格子［他］　「教育総合研究叢書」（関西国際大学教育総合研究所）（3）　2010.3　p17～40

◇保育制度の成立過程に関する一考察 — 戦後幼稚園制度を中心に　向平知絵　「現代社会研究科論集：京都女子大学大学院現代社会研究科博士後期課程研究紀要」（京都女子大学）（4）　2010.3　p59～72

◇幼児教育　適切な教育活動としての「預かり保育」　大竹節子　「初等教育資料」（東洋館出版社）（858）　2010.3　p94～101

◇幼稚園教育要領の第四次改訂とキリスト教保育　田中直美　「星美学園短期大学研究論叢」（星美学園短期大学）　通号42　2010.3　p1～34

◇韓国における幼稚園の量的発展　松尾智則　「中村学園大学・中村学園大学短期大学部研究紀要」（中村学園大学）　(42)　2010.3　p191～202

◇昭和初期の保育日誌からみた幼稚園教育　樋渡麻衣,青木あずさ,尾上花穂［他］　「保育研究」（平安女学院大学短期大学部保育科保育研究会）(38)　2010.3　p2～8

◇入園からクラス替えに至る幼稚園児の様子 ― 保育者の視点から見たクラスに「なじむ」ことと子どもの発達　大野和男　「松本短期大学研究紀要」（松本短期大学）　(19)　2010.3　p3～14

◇文部科学省発表資料から「幼稚園施設整備指針の改訂等について」のとりまとめについて「School amenity」（ボイックス）　25(3)通号288　2010.3　p30～32

◇幼児教育 平成22年度幼稚園教育理解推進事業解説　文部科学省初等中等教育局幼児教育課「初等教育資料」（東洋館出版社）(859)　2010.4　p54～61

◇我が国における『幼稚園教育要領』等の変遷と教育課程に関する考察　余公敏子　「九州教育経営学会研究紀要」（九州教育経営学会）(16)　2010.6　p113～121

◇保育の質と第三者評価に関する日韓比較研究（その2）日本における幼稚園評価に関するケーススタディー　丹羽孝,羽立享子,近田千佳子　「名古屋市立大学大学院人間文化研究科人間文化研究」（名古屋市立大学大学院人間文化研究科）(13)　2010.6　p39～56

◇アメリカ合衆国におけるプレ幼稚園プログラムの展開 ― ジョージア州を事例に　米村佳樹「保育の研究」（草土文化（発売），保育研究所）(23)　2010.6　p55～65

◇豊田芙雄と草創期の幼稚園教育に関する研究(7)仙台区木町通小学校附属幼稚園の開設期の景況と史的位置　前村晃　「佐賀大学文化教育学部研究論文集」（佐賀大学文化教育学部）15(1)　2010.8　p11～32

◇中国の幼稚園における目標観「自立、主動、責任感、愛父母」の検討 ― 日中幼稚園事例の比較検討を通して　楊静　「中部教育学会紀要」（中部教育学会）　(10)　2010.9　p16～24

◇これからの幼稚園を考える ― 子どもの権利条約を地域の暮らしに根付かせる拠点として（特集 第四九回全国保育問題研究集会・報告）　阿部富士男　「季刊保育問題研究」（新読書社）通号245　2010.10　p173～190

◇自己受容性と幼稚園教師像、女性像に関する基礎的研究　板津恕己,竹内幸男　「ヘルスサイエンス研究」（ぐんまカウンセリング研究会）14(1)　2010.10　p19～26

◇学校法人の財務分析に関する研究 ― 私立幼稚園の財務状況　峯岸正教　「埼玉学園大学紀要. 経営学部篇」（埼玉学園大学）　(10)　2010.12　p129～136

◇幼稚園教育年鑑 ― 平成22年度版 平成22年度幼稚園教育の動向及び平成21年度研究集録　「初等教育資料」（東洋館出版社）(868)（臨増）2010.12　p1～198

◇中国山東省の幼稚園の実態　範衍麗　「大阪女子短期大学紀要」（大阪女子短期大学学術研究会）(36)　2011　p101～108

◇4歳児のクラス経営の視点と展開 ： 保育におけるクラス経営の実証的研究(2)　玉置哲淳「大阪総合保育大学紀要」（大阪総合保育大学）(6)　2011　p77～112

◇幼稚園教諭の専門性に関する研究(1)組織・職業コミットメントを視点として　野呂育未　「教育学論究」（関西学院大学教育学会）　(3)　2011　p101～110

◇家庭との連携支援を目的とした幼稚園サイトのソーシャル化に関する検討　加藤智也,横井茂樹　「社会情報学研究 : 日本社会情報学会誌」（日本社会情報学会事務局）　15(1)　2011　p37～49

◇「幼稚園教育要領」におけるデューイ：平成元年から現行幼稚園教育要領までの分析を通して　柏まり,佐藤和順　「就実論叢」（就実大学）(41)　2011　p111～120

◇近年の幼児教育政策と幼稚園教員に求められる資質能力：幼保一体化の動きに注目して　臧俐「東海大学短期大学紀要」（東海大学短期大学紀要委員会）　(45)　2011　p61～67

◇大学卒業時に求められる幼稚園教員の実践的資質能力の明確化—幼稚園教員養成スタンダードの開発　別惣淳二, 名須川知子, 横川和章 [他]　「日本教育大学協会研究年報」（日本教育大学協会第二常置委員会）　29　2011　p161～174

◇幼稚園における仲間づくり：「安心」関係から「信頼」関係を築く道筋の探究　岩田恵子　「保育学研究」（日本保育学会）　49(2)　2011　p157～167

◇ドイツの幼稚園における「教育の質」をめぐる議論と成果：Tietzeら（ベルリン自由大学研究グループ）を中心に（特集 基準・条件と保育の質）豊田和子　「保育学研究」（日本保育学会）　49(3)　2011　p269～280

◇私立幼稚園の"教育の自由性"と"保育の質の高さ"を永続していくために幼児教育実践学会に込められた思い（保育の歩み（その2）—保育フォーラム 保育者の資質向上と研修のあり方）亀ヶ谷忠宏　「保育学研究」（日本保育学会）　49(3)　2011　p333～335

◇フランスの幼稚園：L'ecole maternelle「母性的な学校＝幼稚園」—過去, 現在, 未来 MichelSoetard, 小笠原文 [訳]　「幼年教育研究年報」（広島大学大学院教育学研究科附属幼年教育研究施設）　32　2011　p5～10

◇幼稚園における子どもの通過儀礼に関する研究 大野歩, 岡花祈一郎, 真鍋健 [他]　「幼年教育研究年報」（広島大学大学院教育学研究科附属幼年教育研究施設）　32　2011　p87～94

◇豊田美雄と草創期の幼稚園教育に関する研究(8)横川様子と私立八王子幼稚園の開設事情及び同園の史的位置　前村晃　「佐賀大学文化教育学部研究論文集」（佐賀大学文化教育学部）　15(2)　2011.1　p1～33

◇幼稚園における個別の指導計画フォームの開発 鶴巻正子, 朴香花　「福島大学総合教育研究センター紀要」（福島大学総合教育研究センター）　(10)　2011.1　p59～72

◇預かり保育における現状と課題—実態調査に基づいて　赤嶺優子　「沖縄キリスト教短期大学紀要」（沖縄キリスト教短期大学）　(39)　2011.3　p73～82

◇新たな幼児教育の創出に向けて、幼稚園教育の成果を問う試み—幼稚園の3歳児保育の内容に着目して　横山真貴子, 竹内範子, 上野由利子 [他]　「教育実践総合センター研究紀要」（奈良教育大学教育学部附属教育実践総合センター）　(20)　2011.3　p327～335

◇香港の幼稚園教育—二つの私立幼稚園の視察から　加藤いつみ, 三浦正子　「現代教育学研究紀要」（中部大学現代教育学研究所）　(4)　2011.3　p63～71

◇幼稚園教育要領・小学校学習指導要領における人間形成モデルとしての教師像に関する考察—教員免許状更新講習受講者の記述を手がかりとして　吉田尚史　「福岡女学院大学紀要. 人間関係学部編」（福岡女学院大学）　(12)　2011.3　p119～126

◇幼児教育 平成23年度幼稚園教育理解推進事業 文部科学省初等中等教育局幼児教育課　「初等教育資料」（東洋館出版社）　(872)　2011.4　p82～89

◇税務情報 相続税関係 通達等　「教育用財産に対する相続税の非課税制度における幼稚園事業経営者に係る家事充当金限度額の認定基準等について」の一部改正について（法令解釈通達）（課資2—1 平23.2.22）　「税理」（ぎょうせい）　54(5)　2011.4　p巻末19～21

◇大卒でも仕事がない。トップ中のトップを目指せ！月謝は平均月収並み「中国エリート幼稚園」現地レポート　燕洋子, 村井裕美　「プレジデント」（プレジデント社）　49(11)（別冊）　2011.4.15　p104～110

◇学級通信からみる昭和39年版幼稚園教育要領時代の保育の実際：幼稚園と家庭とのかかわりを視点として　奥山順子　「秋田大学教育文化学部教育実践研究紀要」（秋田大学教育文化学部附属教育実践総合センター）　(33)　2011.5　p91～102

◇幼稚園づくりでまちづくり　永橋爲成　「居住福祉研究」（東信堂）　通号11　2011.5　p76～82

◇学校法人の財務分析—幼稚園法人の財務状況について　峯岸正教　「産業経理」（産業経理協會）　71(2)　2011.7　p147～154

◇幼稚園における公民教育の論理：社会的領域論（Social Domain Theory）を手がかりとして

中原朋生 「社会科研究」（全国社会科教育学会）　(75)　2011.11　p21〜30

◇平成23年度版 幼稚園教育年鑑：平成23年度幼稚園教育の動向及び平成22年度研究集録　「初等教育資料」（東洋館出版社）　(881)(増刊)　2011.12　p1〜173

◇幼稚園向け私学助成存続を提案/保育団体反発：基本制度WTで次々新提案/しかし、制度の骨格は不変　「保育情報」（全国保育団体連絡会，ちいさいなかま社（発売））　(421)　2011.12　p4〜7

◇幼稚園施設整備指針の改訂とこれからの幼稚園施設　町田佳菜子, 正岡さち　「島根大学教育臨床総合研究」（島根大学教育学部附属教育臨床総合研究センター）　11　2012　p71〜78

◇幼稚園教育における環境構成のための専門的知識：その概念　門松良子　「就実教育実践研究」（就実大学教育実践研究センター）　5　2012　p13〜21

◇明石女子師範学校附属校園における幼小連携：モンテッソーリ法への対応と幼稚園カリキュラム　杉浦英樹　「上越教育大学研究紀要」（上越教育大学）　31　2012　p95〜110

◇幼稚園の第三者評価制度に関する研究：韓国に見るその効用と課題　朴信永　「椙山女学園大学教育学部紀要」（椙山女学園大学教育学部）　5　2012　p81〜90

◇公立幼稚園における「預かり保育」に関する一考察：「預かり保育」に関する公立幼稚園長への意識調査から　恒岡宗司　「奈良文化女子短期大学紀要」（奈良文化女子短期大学）　(43)　2012　p97〜113

◇ハワイの進歩主義教育における幼稚園教師の力量に関する史的考察　塩路晶子　「日本教師教育学会年報」（日本教師教育学会）　(21)　2012　p94〜104

◇イタリアにおける幼稚園導入期の一様相：A. ピックと女性活動家をめぐって　オムリ慶子　「人間教育の探究：日本ペスタロッチー・フレーベル学会紀要」（日本ペスタロッチー・フレーベル学会）　(24)　2012　p1〜21

◇幼稚園への入園が子育てにもたらすもの：幼稚園保護者会による「子育てトーク」の実践から 田丸尚美　「福山市立女子短期大学紀要」（福山市立女子短期大学）　(39)　2012　p55〜60

◇公立幼稚園における未就園児支援に参加する保護者の意識の推移：5, 6月期と11月期の比較から　滝口圭子, 吉村淳美　「幼年教育研究年報」（広島大学大学院教育学研究科附属幼年教育研究施設）　34　2012　p27〜34

◇豊田芙雄と草創期の幼稚園教育に関する研究（補遺1）保育者・古市静子の立ち位置　前村晃　「佐賀大学文化教育学部研究論文集」（佐賀大学文化教育学部）　16(2)　2012.1　p25〜56

◇幼児教育 「幼稚園における学校評価ガイドライン」の改訂について　文部科学省初等中等教育局幼児教育課　「初等教育資料」（東洋館出版社）　(882)　2012.1　p80〜83

◇幼児教育 信頼され魅力ある幼稚園づくりにつながる第三者評価の在り方：紀州っ子の根っこを育てる学校評価　西川厚子　「初等教育資料」（東洋館出版社）　(882)　2012.1　p84〜87

◇「森の幼稚園」試論：北欧から学ぶわが国の幼稚園への可能性　名須川知子, 片山知子, 米澤正人 [他]　「兵庫教育大学研究紀要」（兵庫教育大学）　40　2012.2　p11〜17

◇幼稚園と家庭を結ぶ「書き物」：大正、昭和、平成からの一考察　髙向山, 安部千鶴, 生駒美奈 [他]　「健康プロデュース雑誌」（浜松大学）　6(1)　2012.3　p67〜72

◇倉橋惣三の幼稚園教育の理念　乙訓稔　「実践女子大学生活科学部紀要」（実践女子大学）　(49)　2012.3　p65〜80

◇幼稚園の歴史を探る　矢野日出子　「児童教育学研究」（神戸親和女子大学児童教育学会）　(31)　2012.3　p95〜109

◇幼稚園教諭の意識についての比較調査（日・中・韓）　深谷野亜　「松蔭大学紀要」（松蔭大学）　(15)　2012.3　p75〜87

◇幼児教育 家庭や地域との連続性を踏まえた幼稚園生活の充実　湯川秀樹　「初等教育資料」（東洋館出版社）　(884)　2012.3　p86〜89

◇幼児教育 家庭や地域との連続性を踏まえた幼稚園生活の充実　福井直美　「初等教育資料」（東洋館出版社）　(884)　2012.3　p90〜93

◇幼稚園webサイトの運用状況とコンテンツ分析および今後の利用可能性について　森田健宏, 堀田博史, 松河秀哉［他］　「日本教育工学会論文誌」（日本教育工学会, 毎日学術フォーラム（発売））　35（4）　2012.3　p423〜431

◇幼稚園における未就園2歳児を対象にした子育て支援に関する一考察　青木好代　「兵庫大学短期大学部研究集録」（兵庫大学短期大学部）　（46）　2012.3　p1〜7

◇育児　はじめての集団生活を迎えるみなさんへ：4歳児の親からの手紙　「婦人之友」（婦人之友社）　106（3）通号1306　2012.3　p85〜89

◇倉橋惣三の『幼稚園真諦』について　大原正義　「箕面学園福祉保育専門学校研究紀要」（箕面学園福祉保育専門学校）　（3）　2012.3　p2〜4

◇未就園児保育における幼稚園教諭の専門性：保護者の意識調査を手がかりに　今岡由季　「幼年児童教育研究」（兵庫教育大学幼年教育コース）　（24）　2012.3　p69〜77

◇幼児教育　平成二四年度幼稚園教育理解推進事業　文部科学省初等中等教育局幼児教育課　「初等教育資料」（東洋館出版社）　（885）　2012.4　p110〜117

◇視学官・教育課程調査官の【講義ノート】ここが授業のポイント（第2回）幼児理解に始まる幼稚園教育　津金美智子　「内外教育」（時事通信社）　（6156）　2012.4.10　p4〜5

◇幼稚園教育における「集団」の意味（その2）4歳児にとっての「いっしょにあそぶ」ということ　奥山順子, 照山則子　「秋田大学教育文化学部教育実践研究紀要」（秋田大学教育文化学部附属教育実践総合センター）　（34）　2012.5　p105〜118

◇今、幼稚園に求められているもの（特集　保育の学校化を問う）　木都老克彦　「季刊保育問題研究」（新読書社）　通号255　2012.6　p72〜81

◇幼児教育　幼稚園における学校関係者評価の推進　地域の応援団を増やす取組：学校関係者評価を生かして　都築圭子　「初等教育資料」（東洋館出版社）　（889）　2012.8　p130〜133

◇幼児教育　幼稚園における学校関係者評価の推進　私立幼稚園における学校関係者評価の推進　安達譲　「初等教育資料」（東洋館出版社）　（889）　2012.8　p134〜137

◇フィリピンの幼稚園教育法：基礎教育の制度化（フィリピンの幼稚園教育法：基礎教育の制度化）　遠藤聡　「外国の立法：立法情報・翻訳・解説」（国立国会図書館調査及び立法考査局）　（253）　2012.9　p163〜169

◇幼稚園教育を基礎教育制度に組み込み、併せてその予算を充当する法律（幼稚園教育法：共和国法律第10157号）（フィリピンの幼稚園教育法：基礎教育の制度化）　遠藤［訳］　「外国の立法：立法情報・翻訳・解説」（国立国会図書館調査及び立法考査局）　（253）　2012.9　p170〜172

◇幼児教育　震災時における幼稚園の対応　原本憲子　「初等教育資料」（東洋館出版社）　（891）　2012.10　p104〜107

◇幼児教育　東日本大震災下での幼稚園の役割：幼児にとっての「いつもの幼稚園」　田中雅道　「初等教育資料」（東洋館出版社）　（891）　2012.10　p108〜111

◇都道府県等に事務連絡の趣旨を周知徹底　幼稚園就園奨励費補助金の交付で処置要求　「行政評価情報」（官庁通信社）　（2869）　2012.10.18　p2〜4

◇幼稚園幼児の生活実態と習い事との関連性（2011年調査結果）（日本レジャー・レクリエーション学会第42回学会大会）　泉秀生, 前橋明　「レジャー・レクリエーション研究」（日本レジャー・レクリエーション学会）　（70）　2012.11　p26〜29

【図書】

◇幼稚園施設整備指針　文部科学省大臣官房文教施設企画部　2010.2　54p　30cm　Ⓝ376.14

◇豊田芙雄と草創期の幼稚園教育—日本人幼稚園保姆第一号　前村晃執筆者代表　建帛社　2010.3　412p　図版8p　22cm　〈執筆：高橋清賀子ほか　文献あり　年譜あり〉　9200円　①978-4-7679-7048-6　Ⓝ376.12

内容　第1章　豊田芙雄の生い立ちと結婚と学問修業　第2章　豊田芙雄と明治前半期の女子教育　第3章　豊田芙雄と恩物保育の受容と初期定着期の実相　第4章　幼稚園における唱歌の初期定着期の実相　第5章　東京女子師範学校と幼稚園の広がり　第6章　豊田芙雄の「代紳録　全」と氏原鋹の「幼稚園方法」との関係　第7章　手記「保育の栞」をめぐる謎と現代保育との繋がり

第8章 鹿児島女子師範学校附属幼稚園の開設と保姆養成　第9章 イタリアでの教育・保育調査と女子教育への道　第10章 帰国と女子教育の再開

◇これからの幼稚園施設—幼稚園施設整備指針の改訂を踏まえて　〔出版地不明〕　幼稚園、小学校及び中学校施設整備指針改訂に係る事例集検討委員会　2010.6　24p　30cm　〈文部科学省委託事業〉　Ⓝ526.37

◇未来を育てる—私立幼稚園の教育と経営　倉橋保夫著　秋田　倉橋保夫　2010.10　290p　21cm　Ⓝ376.1

◇幼稚園誕生の物語—「諜者」関信三とその時代　国吉栄著　平凡社　2011.1　254p　20cm　〈文献あり　年譜あり〉　2200円　①978-4-582-82457-5　Ⓝ289.1

内容　序章 関信三と幼稚園の思想を今こそたどって　第1章 波乱前夜の青年僧時代　第2章 「邪教」と「正教」のはざまで　第3章 激動の時代を駆けた奔流　第4章 宗門への失望と不信　第5章 虚しさと無念の果てに　第6章 幼稚園にかけた残りの人生　第7章 翻訳者関信三によって創られた幼稚園　第8章 近代保育学の幕開け　終章 関信三の発見

◇わたしの幼稚園教育　渡辺桂子著　藤沢　湘南社　2012.1　193p　19cm　〈発売：星雲社〉　1200円　①978-4-434-16256-5　Ⓝ376.1

内容　教員生活を振り返って　幼児教育の中の幼稚園教育　幼児期の特性　幼児の特性を生かした領域の考え方　テーマ保育　テーマ保育のテーマの決め方　幼児の特性を考えたテーマ保育　身振り表現について　テーマ保育の一例身振り表現の他に〔ほか〕

◇地域で1番の園をめざして！幼稚園の経営を劇的に変える方法　雜賀竜一著　少年写真新聞社　2012.3　156p　21cm　1500円　①978-4-87981-419-7　Ⓝ376.14

内容　第1章 未来へのシフトチェンジ（幼稚園を取り巻く現状と今後の方向性　基本となる2本の軸足　ビジョンマネジメント）　第2章 幼稚園マーケティングの基礎（斜陽期・衰退期のマーケティング戦略　選ばれる時代の選ばれる視点　園のプレゼンテーション能力　ほか）　第3章 幼稚園マネジメントの基礎（園の根っこを強く育てる　リーダーシップマネジメント　感動と共感をつくり出す経営方針発表会　ほか）

◇近代日本幼稚園教育実践史の研究　小山みずえ著　学術出版会　2012.5　218p　22cm　〈学術叢書〉〈発売：日本図書センター〉　4800円　①978-4-284-10363-3　Ⓝ376.121

地域と育児

【雑誌記事】

◇地域の子育て資源に関する研究（1）子育てひろばの機能に関する一考察　斉藤進　「日本子ども家庭総合研究所紀要」（恩賜財団母子愛育会日本子ども家庭総合研究所）　45　2008年度　p325〜330

◇青年の子育て支援活動への参加の意義について—地域子育て支援組織への学外実習報告（1）　新谷和代　「帝京大学心理学紀要」（帝京大学心理学研究室）　（12）　2008.3　p59〜70

◇学生の地域子育て支援ひろばへの参加による心理的変化とひろば自体の変化に関する考察（その1）　馬見塚珠生, 竹之下典祥　「京都文教短期大学研究紀要」（京都文教短期大学）　48　2009　p30〜43

◇地域子育て支援における児童館の役割に関する研究（1）児童館の現状と課題　斉藤進, 小山修, 山口忍［他］　「日本子ども家庭総合研究所紀要」（恩賜財団母子愛育会日本子ども家庭総合研究所）　46　2009年度　p151〜165

◇地域活動を通した青年の自己の成長について—地域子育て支援組織への学外実習報告（2）　新谷和代　「帝京大学心理学紀要」（帝京大学心理学研究室）　（13）　2009.3　p17〜39

◇「地域親」としてのお年寄り（特集 おばあちゃんの知恵袋—家庭の中の老人力）　野島正也　「家庭フォーラム」（昭和堂）　通号21　2010　p26〜30

◇地域における子育て支援が行える保育士育成について　駒田聡子　「岐阜聖徳学園大学教育実践科学研究センター紀要」（岐阜聖徳学園大学）　（10）　2010　p95〜104

◇学生の地域子育て支援ひろばへの参加による心理的変化とひろば自体の変化に関する考察（その2）　馬見塚珠生, 竹之下典祥　「京都文教短

◇母親の育児と地域子育て支援センター利用に関する研究　鈴木順子　「金城学院大学大学院人間生活学研究科論集」（金城学院大学大学院人間生活学研究科）　(10)　2010　p19〜28

◇大学に期待される子育て支援の内容―地域のニーズ調査から　渡邉照美、森楙、山野井教徳［他］「くらしき作陽大学・作陽音楽短期大学研究紀要」（くらしき作陽大学、作陽音楽短期大学）43(2)通号76　2010　p41〜60

◇高齢者による地域の子育て支援意欲に関わる要因の検討：内的ワーキングモデル理論を用いた仮説モデルの検討　田渕恵、中原純　「高齢者のケアと行動科学」（日本老年行動科学会）15　2010　p48〜57

◇地域の子育て支援におけるコーディネーターの専門性と課題―ファミリー・サポート・センター事業に着目して　東内瑠里子　「佐賀女子短期大学研究紀要」（佐賀女子短期大学）44　2010　p71〜83

◇保育学生による地域子育て支援の取り組み―2010年度活動報告　澤津まり子、立石あつ子、柴川敏之［他］　「就実論叢」（就実大学）(40)　2010　p163〜172

◇「前向き子育てプログラム」の実践を通じた地域子育て支援の試み　堀口美智子　「淑徳短期大学研究紀要」（淑徳短期大学紀要委員会）(49)　2010　p83〜98

◇保育・介護労働の現状と課題（その4）保育所における地域子育て支援の実態調査を通じて　佐藤純子　「淑徳短期大学研究紀要」（淑徳短期大学紀要委員会）(49)　2010　p99〜110

◇地域子育て支援における児童館の役割に関する研究(2)児童館運営と館長業務　斉藤進、小山修、山口忍［他］　「日本子ども家庭総合研究所紀要」（恩賜財団母子愛育会日本子ども家庭総合研究所）47　2010年度　p161〜180

◇地域の子育て資源に関する研究(2)愛育班の自主性評価尺度の開発　斉藤進、小山修、山田芳子　「日本子ども家庭総合研究所紀要」（恩賜財団母子愛育会日本子ども家庭総合研究所）47　2010年度　p345〜352

◇子育て支援における地域組織化活動―関係づくりを視点とした「子育て講座」の実践をとおして　杉野聖子　「人間関係学研究：大妻女子大学人間関係学部紀要」（大妻女子大学人間関係学部）通号12　2010年度　p69〜84

◇地域子育て支援センター利用者における子育てイメージと子育て支援のあり方に関する調査研究　斎藤裕、小池由佳、角張慶子　「人間生活学研究」（新潟人間生活学会）(1)　2010　p65〜75

◇地域における子育て支援活動「親育ち講座」　柏葉三千子　「発達人間学論叢」（大阪教育大学教養学科人間科学専攻発達人間福祉学講座）(14)　2010　p175〜178

◇地域における子育て支援と保育環境―一時保育をめぐる乳幼児と保育士の発達保障を中心に（課題研究報告2009年公募「乳幼児の権利と保育〜幼児にとって望ましい保育環境とは」）　野呂アイ、津田千鶴　「保育学研究」（日本保育学会）48(2)　2010　p245〜254

◇書評　増山均著『子育て支援のフィロソフィア―家庭を地域にひらく子育て・親育て』　齋藤史夫　「早稲田大学教育研究フォーラム」（早稲田大学文学学術院教育学研究室）(2)　2010　p175〜177

◇農村地域における女性の子育て・農業参画に対する家族成員間協力と地域支援のあり方　菅原麻衣子、藍澤宏、有馬洋太郎　「農村計画学会誌」（農村計画学会、農村開発企画委員会（発売））28（Special issue）　2010.2　p195〜200

◇地域子育て支援センターの意義と課題―支援者による利用者との関係性の構築を中心に　三井登　「帯広大谷短期大学紀要」（帯広大谷短期大学）(47)　2010.3　p21〜30

◇地域子育て支援活動と教育機関を組み合わせた学外実習の効果について―地域子育て支援組織への学外実習報告(3)　新谷和代　「帝京大学心理学紀要」（帝京大学心理学研究室）(14)　2010.3　p75〜94

◇ドイツの子育て支援―地域母子保健の視点から　宮本郁子、大澤豊子、齋藤益子　「帝京平成大学紀要」（帝京平成大学）21(2)　2010.3　p27〜32

◇地域子育て支援の実践からみる支援活動の意義と課題　太田光洋　「中村学園大学発達支援センター研究紀要」(中村学園大学発達支援センター)　(1)　2010.3　p1～11

◇次世代育成支援地域行動計画と保育所―地域子育て支援事業に見る現状と課題　小堀智恵子　「佛教大学大学院紀要, 社会福祉学研究科篇」(佛教大学大学院)　(38)　2010.3　p1～18

◇子育て家族支援のためのアセスメント―地域子育て支援センターでの実践を通して　杉山佳子　「明治学院大学社会学・社会福祉学研究」(明治学院大学社会学会)　通号133　2010.3　p183～206

◇地域子育て支援事業の効果に関する研究―母親の親性の発達に影響する要因　小川佳代, 榮玲子, 野口純子［他］　「小児保健研究」(日本小児保健協会)　69(3)　2010.5　p432～437

◇日本における地域中心子育て支援の特徴―子育て支援拠点事業を中心に　LeeHa-Jeong　「国際教育文化研究」(九州大学大学院人間環境学研究院国際教育文化研究会)　10　2010.6　p99～110

◇陽だまりの時間(26)地域で子育て　大平光代　「婦人公論」(中央公論新社)　95(12)通号1299　2010.6.7　p52～55

◇子育ては仲間のなかで―安心して子育てができる街をめざして(特集 地域の中の子育て支援―親と子は何を求め、何を得ているのか―保育現場から)　墳原康代　「季刊保育問題研究」(新読書社)　通号244　2010.8　p42～51

◇親も子もありのままでいられる居場所を目指して―人と人とをつむぎ合う地域子育て支援拠点・ひろば事業(特集 地域の中の子育て支援―親と子は何を求め、何を得ているのか―施設・機関から支援実践を学ぶ)　奥山千鶴子　「季刊保育問題研究」(新読書社)　通号244　2010.8　p96～103

◇私の地域経営―達人の流儀(13) 若者の住むまちづくり―日本一の子育てのまちを目指して　綿引久男　「住民行政の窓」(日本加除出版)　通号353　2010.8　p21～25

◇大学における地域支援に関する調査報告―子育て支援と発達支援を中心として　大元千種, 大［ズル］香, 渋田登美子［他］　「筑紫女学園大学・短期大学部人間文化研究所年報」(筑紫女学園大学・短期大学部人間文化研究所)　(21)　2010.8　p195～208

◇小規模型地域子育て支援センターの社会資源を生かした子育て支援―母親の意識調査から　井野よし子, 高橋登, 中山徹　「家政学研究」(奈良女子大学家政学会)　57(1)　通号113　2010.10　p9～17

◇地域に開かれた公民館(文部科学省優良公民館)　異世代交流をとおしてはぐくまれる子育て支援活動―心豊かな子どもたちの成長を願って　広島県竹原市立忠海公民館　「月刊公民館」(全国公民館連合会, 第一法規(発売))　通号643　2010.12　p32～35

◇地域福祉の視点からみた拠点型地域子育て支援事業に関する研究―自治型地域福祉の枠組みによるつどいの広場への調査を中心に　近棟健二　「佛教福祉学」(種智院大学仏教福祉学会)　(20)　2010.12　p65～89

◇保育所併設型の地域子育て支援拠点における保育士の役割　百瀬ユカリ, 丸山アヤ子　「秋草学園短期大学紀要」(秋草学園短期大学)　(28)　2011　p139～150

◇書評 増山均著『子育て支援のフィロソフィア : 家庭を地域にひらく子育て・親育て』　中村強士　「学童保育 : 日本学童保育学会紀要」(日本学童保育学会)　1　2011　p84～86

◇学生の地域子育て支援ひろばへの参加による心理的変化の質的調査研究 : SCAT法導入による実習体験過程の理論的仮説生成の試み　竹之下典祥, 馬見塚珠生　「京都文教短期大学研究紀要」(京都文教短期大学)　50　2011　p70～81

◇特集 シニア世代が支援する、地域での子育て・子育ち　「こども未来」(こども未来財団)　(3)　2011年度　p6～11

◇地域住民による子育て支援の取組みについて :「ひろば型」支援事業の試みと調査研究　梅野和人　「四天王寺大学紀要」(四天王寺大学)　(53)　2011年度　p343～354

◇宅地化が進んだ地区のコミュニティセンターにおける乳幼児期の子育て支援と環境の現状　今田香織, 多々納有子, 青山由希［他］　「島根県立大学短期大学部出雲キャンパス研究紀要」(島根県立大学短期大学部出雲キャンパス)　6　2011　p78～88

◇保育学生による地域子育て支援の取り組み : 2011年度活動報告　澤津まり子, 芝川敏之, 松本希[他]　「就実論叢」(就実大学)　(41)　2011　p175～186

◇大学と地域子育て支援センター連携による子育て広場―平成21年度の試み　森下順子, 室みどり　「信愛紀要」(和歌山信愛女子短期大学)　(51)　2011　p67～73

◇地域を誇りに思う感性を育む保育をめざして(特集 子どもの豊かな育ちを次世代につなぐ)　成富清美　「保育の友」(全国社会福祉協議会)　59(1)　2011.1　p14～16

◇地域子育て支援拠点事業専任保育士の業務内容の定量的分析―保育所併設型地域子育て支援センター観察調査の試みから　中谷奈津子, 橋本真紀, 越智紀子[他]　「子ども家庭福祉学」(日本子ども家庭福祉学会)　(10)　2011.2　p47～57

◇商店街や地域とともに進める子育て支援活動とこれからの展開　川上由枝　「地域問題研究」(地域問題研究所)　通号80　2011.2　p20～29

◇地域における子育て支援コーディネーターの業務内容と役割の検討について　中川千恵美　「大阪人間科学大学紀要」(大阪人間科学大学)　(10)　2011.3　p21～29

◇地域子育て支援センター利用の意義と効果に関する研究 : 父親と母親の利用実態の比較調査から　鈴木順子　「家庭教育研究」(日本家庭教育学会)　(16)　2011.3　p73～82

◇地域活動が与える青年期の発達への効果―地域子育て支援組織への学外実習報告(4)まとめとして　新谷和代　「帝京大学心理学紀要」(帝京大学心理学研究室)　(15)　2011.3　p53～62

◇複合的ニーズをもつ家族への支援―地域子育て支援センターでの実践を通して　杉山佳子　「明治学院大学社会学・社会福祉学研究」(明治学院大学社会学会)　通号135　2011.3　p171～214

◇地域を基盤とした子育て支援実践の現状と課題―地域子育て支援拠点事業センター型実践の検証から　橋本真紀　「社会福祉学」(日本社会福祉学会)　52(1)通号97　2011.5　p41～54

◇地域子育て支援領域への心理臨床的取り組み―保育園巡回相談・小集団プログラムから見えてきたこと　中山文子　「地域総合研究」(松本大学)　(12)(1)　2011.7　p93～104

◇地域の「子育て支援」人材育成の試み―「江戸川総合人生大学・子ども支援学科」の活動を巡って　友野清文　「学苑」(光葉会)　(852)　2011.10　p78～92

◇家庭と共にあゆみ、地域の子育て支援の力を発揮する保育(特集 保育を再考する)　鈴木眞廣　「保育の友」(全国社会福祉協議会)　59(12)　2011.10　p17～19

◇地域ボランティアによる子育て支援 : パークエンジェル育成事業(特集テーマ 子育てと公園)　足立区都市建設部みどりと公園推進室公園管理課　「公園緑地」(日本公園緑地協会)　72(2)　2011.11　p16～18,図巻頭2p

◇地域子育て支援拠点における利用頻度と子育ち子育て環境との関連性 : ファミリーソーシャルワークの視点から　新川泰弘　「子ども家庭福祉学」(日本子ども家庭福祉学会)　(11)　2011.12　p35～44

◇日本における地域子育て支援の展望　平松紀代子　「京都聖母女学院短期大学研究紀要」(京都聖母女学院短期大学)　41　2012　p39～49

◇地域の社会資源を活用した子育て支援の実践的試み : ショッピングセンターでの学生による企画・催しを通して　吉見昌弘　「名古屋短期大学研究紀要」(名古屋短期大学)　(50)　2012　p51～63

◇地域の子育て支援のニーズの変化と今後の課題 : 支援の充実とその内容についての一考察　近藤真理子　「和歌山大学教育学部教育実践総合センター紀要」(和歌山大学教育学部附属教育実践総合センター)　(22)　2012　p157～166

◇子育てを楽しむための地域子育て支援の学びと省察　新川泰弘　「総合福祉科学研究」(関西福祉科学大学総合福祉科学学会)　(3)　2012.3　p41～46

◇地域子育て支援におけるファミリーソーシャルワーク実践の理論的研究 : 子どもと家庭のウェルビーイングを育む子育て支援の視点から　新川泰弘　「三重中京大学地域社会研究所報」(三重中京大学地域社会研究所)　(24)　2012.3　p69～88

保育施設・保育サービス　　　　　　　　　　　　　　　地域と育児

◇地域における子育て支援に関する研究　宮木康寿　「龍谷大学教育学会紀要」（龍谷大学教育学会）　(11)　2012.3　p33〜51

◇子育て支援の地域差と地方分権　別所俊一郎　「経済のプリズム」（参議院事務局企画調整室）　(99)　2012.4　p1〜8

◇子育てと当事者をつなげるとともに地域と家庭の連携を取り戻す場 地域子育て支援施設(特集 市場拡大へ！子育て支援ビジネス：「保育所」「民間学童保育」「地域子育て支援施設」「ベビー・親子スクール」の実態)　「レジャー産業資料」（綜合ユニコム）　45(5)通号548　2012.5　p30〜37

◇保育園が核となった地域子育て支援センター事業の展開(特集 私たちは地域の子育て応援団)　佐々木美緒子　「保育の友」（全国社会福祉協議会）　60(8)　2012.7　p11〜14

◇マイ保育園による地域子育て家庭へのアプローチ(特集 私たちは地域の子育て応援団)　長戸英明　「保育の友」（全国社会福祉協議会）　60(8)　2012.7　p14〜17

◇保育所・ボランティア・行政との連携・協働による子育て支援(特集 私たちは地域の子育て応援団)　木本宗雄　「保育の友」（全国社会福祉協議会）　60(8)　2012.7　p18〜21

◇保育所における地域子育て支援(特集 私たちは地域の子育て応援団)　橋本真紀　「保育の友」（全国社会福祉協議会）　60(8)　2012.7　p21〜25

◇地域の子育て支援活動を通して保育士が感じた難しさと気づき　大元千種, 大窟香, 渋田登美子[他]　「筑紫女学園大学・短期大学部人間文化研究所年報」（筑紫女学園大学・短期大学部人間文化研究所）　(23)　2012.8　p59〜70

◇保育現場と療育機関とが連携した子ども支援のあり方　牧野桂一　「筑紫女学園大学・短期大学部人間文化研究所年報」（筑紫女学園大学・短期大学部人間文化研究所）　(23)　2012.8　p221〜242

◇地域の関係機関と連携した家庭支援(特集 育児困難家庭への支援)　東京都・子ども家庭支援センター　「保育の友」（全国社会福祉協議会）　60(11)　2012.9　p19〜21

◇地域主催の子育て支援事業の分析：地域の子育て教室からみる行政保健師の役割　森礼子, 後閑容子　「保健師ジャーナル」（医学書院）　68(9)　2012.9　p800〜807

◇自治研賞受賞者インタビュー 公立保育士だからやれること 地域内連携で子育て支援のワンストップサービスができた！　久野みち子, 加藤和彦　「月刊自治研」（自治労システムズ自治労出版センター）　54通号638　2012.11　p73〜76

◇自主レポート 自治研活動部門優秀賞 公立保育士の経験と専門性を全ての子どもたちのために：民間移管反対運動の中から地域子育て支援センターを立ち上げる　久野みち子, 加藤和彦　「月刊自治研」（自治労システムズ自治労出版センター）　54通号638　2012.11　p77〜83

【図書】

◇ミニディを活用した地域三世代子育て支援マニュアル―地域を耕し、地域を培うコミュニティの創設　長寿社会文化協会　〔200-〕　31p　30cm

◇みんなで元気に子育て支援―地域における子育て支援に関する調査研究報告書　日本保育協会　2010.3　120p　30cm　Ⓝ369.4

◇みんなでつながる子育て支援―地域における子育て支援に関する調査研究報告書　日本保育協会　2011.3　197p　30cm　Ⓝ369.4

◇地域の特性を生かした子育て支援と保育のあり方の研究―ある地方都市の家庭・地域環境を事例として　牧野カツコ, 日吉佳代子, 加藤邦子, 桂木奈巳著, 地域社会研究所編　地域社会研究所　2011.7　135p　30cm　（調査研究報告書）　非売品　Ⓝ369.4

◇詳解地域子育て支援拠点ガイドラインの手引―子ども家庭福祉の制度・実践をふまえて　渡辺顕一郎, 橋本真紀編著, 子育てひろば全国連絡協議会編　中央法規出版　2011.11　157p　26cm　2000円　①978-4-8058-3546-3　Ⓝ369.4
　内容　第1章 子ども家庭福祉と子育て支援　第2章 子育て支援における基本的視点　第3章 地域子育て支援拠点とは　第4章 地域子育て支援拠点のガイドライン　第5章 地域子育て支援拠点における課題　巻末資料

◇子育ては、頼っていいんです！一つくろう！地域のつながり：共育て共育ち白書　「共育て共育ち白書」編集委員会編・著　横浜　神奈川新聞

現代を知る文献ガイド 育児・保育をめぐって　307

社　2011.12　226p　26cm　1200円　①978-4-87645-481-5　Ⓝ369.4

内容 第1章「孤育て」大国ニッポンみんなみんな子育てに困ってる!（子育てサポーター必要度チェック　熱中座談会 次世代子育てについて語ろう―目指せ!脱「孤育て」)　第2章 教えて!困ったときの子育て対策（パパ&ママ座談会 私たちが思わず「助けて!!」と叫んだ瞬間とは?　対策その1 パパを上手に巻き込むには築きたい家庭のビジョンを共有すべし ほか)　第3章 私にもできる!「共育て共育ち」子育て（地域で見守り、地域で育てる―古くて新しい子育ての形を見つけました　子育て当事者だからできる新しい形の支え合い ほか)　第4章 地域の育児支援サービス案内（育児に必要なサービスを見つけやすい"こんなとき"のシミュレーション　支援サービスガイド ほか)

◇子どもが育ち親も育つ地域がつながる子育て支援―新しい子育て文化の創造をめざして：地域における子育て支援に関する調査研究報告書　日本保育協会　2012.3　126p　30cm　Ⓝ369.4

◇へき地保育の展望　西垣美穂子著　京都　佛教大学　2012.3　289p　22cm　（佛教大学研究叢書 16）〈発売：高菅出版（京都）　文献あり〉　7800円　①978-4-901793-59-9　Ⓝ369.42

内容 序章 過疎地、へき地を対象とした保育研究の課題と展望　第1章 戦前農繁期託児所の誕生と戦後へき地・季節保育所制度への変遷（農村の生活問題と生活保障としての「託児所」の成り立ち　昭和初期の農村における児童保護(1926年～1930年)　戦時体制下直前の農村における児童保護(1935年～1937年))　第2章 戦前農繁期託児所の消滅とへき地・季節保育所（戦前農繁期託児所の保育実践から受け継ぐべき現代の保育実践の視点　戦前農繁期託児所の消滅とへき地・季節保育所制度の成り立ち)　第3章 過疎の誕生と保育所の変遷（「過疎」概念の誕生と農村福祉研究・事業　過疎地特有の保育問題と保育運動の発展　過疎地域保育所が抱える諸課題と保育問題)　第4章 保育保障と今後のへき地保育所制度（群馬県保育草創記(1947年～1964年)における保育行政と保育所　児童福祉法立法の制度設計と現在のへき地保育所をめぐる動き　保育保証と現在の保育制度の展開)

◇女性ホワイトカラーの保育環境としての地域社会の課題と展望―企業福祉との役割分担　川上千佳著　全国勤労者福祉・共済振興協会　2012.5　198p　30cm　（公募研究シリーズ 22）〈文献あり〉　Ⓝ369.4

◇地域子育て支援センターのエスノグラフィー―「親子の居場所」創出の可能性　松永愛子著　風間書房　2012.5　334p　22cm　9500円　①978-4-7599-1886-1　Ⓝ369.4

内容 第1章 序論　第2章「A市子育て支援センター」における「親子の居場所」性　第3章「児童相談所」における事例報告の言説分析―援助過程に働く「客観主義的規範」　第4章「児童相談所一時保護所」における「階層秩序的アプローチ」による危機管理的な援助実践の経過　第5章「A市子育て支援センター」の事例報告の言説分析―援助過程において働く「主観的規範」　第6章「A市子育て支援センター」における「間主観的アプローチ」により主体形成が可能となる援助実践の経過　第7章「S子育て支援センター」における援助実践の経過　第8章 現代社会における「親子の居場所」創出過程の意味　第9章「親子の居場所」創出の過程　付録 資料編

◇次世代育成支援行動計画における地域子育て支援事業の評価に関する研究　小野セレスタ摩耶著　全国勤労者福祉・共済振興協会　2012.6　84p　30cm　（公募研究シリーズ 23）Ⓝ369.4

◇地域で遊ぶ、地域で育つ子どもたち―遊びから「子育ち支援」を考える　深作拓郎代表編著、阿比留久美、安倍大輔、神田奈保子、高橋平徳、星野一人、松井茜編著　学文社　2012.6　196p　21cm　1900円　①978-4-7620-2296-8　Ⓝ369.4

内容 第1部 総論編（地域で遊ぶ、地域で育つ子どもたち―社会教育の観点から、地域を舞台に遊びを通した「子育ち支援」について考える　子どもの心とからだは遊びを通じてどのように育っていくのか　「地域のジレンマ」をのりこえ、子どもが豊かな地域へ)　第2部 実践編（「遊び」は本能的に組み込まれた学習プログラム　おかやまプレーパークでの子どもの様子から―特定非営利活動法人岡山市子どもセンター　木のすまい、暮らしを体験 谷中・上野桜木での寺子屋プロジェクト―特定非営利活動法人たいとう歴史都市研究会　子どもたちと映像で遊ぶ―特定非営利活動法人湘南市民メディアネットワーク　かかわることが「力」になる 学童保育と高校生カフェの実践から―特定非営利活動法人+和田NPO子どもセンター・

ハピたの 「あそび支援隊」被災地へ 子どもからお年寄りまで、みんなを元気にする「グッド・トイ」―認定特定非営利活動法人グッド・トイ委員会/東京おもちゃ美術館）　第3部 各論編（子どもがスポーツで「遊ぶ」機会を！　まねる、あそぶ、祭りで育つ―青森県蓬田村のねぶた祭りをみていくなかで　子どもの考える遊びの現状と課題―東京都と隣接する四県・五小学校全在籍児童アンケート調査から　「遊び」を通した子育ち支援を考える―いわて子どもの森での実践から）

なのに待機児童は増加し続けるのか ほか）　第1章 家庭的保育事業制度とは（家庭的保育事業制度とは何か）　第2章 家庭的保育者の実際（家庭的保育者とは　家庭的保育者になるまでの道筋 ほか）　第3章 各自治体における取り組みの実際（40年以上続く家庭的な環境での乳児保育―東京都江戸川区の取り組みから　子ども一人ひとりを見つめ、受け止める地域づくりを目指して―市原市の取り組みから ほか）　第4章 今後の課題と展望（現場の声から―自治体、利用者、家庭的保育者それぞれの立場を踏まえて　未来に向けての展望）

ベビーシッター

【雑誌記事】

◇極東ニュース 待機児童問題に取り組む沿海地方―ウラジオで保育ママ普及か？　「ダーリニボストーク通信」（JSN）　通号869　2010.10.25　p11～12

◇学校事務職員必読！学校経営の基本判例 「保育ママ」の暴行と国家賠償法の適否［東京地方裁判所平成19.11.27判決］　坂田仰　「学校事務」（学事出版）　62（2）　2011.2　p49～55

◇フランス認定保育ママ制度の沿革と現況　宮本悟　「経済学論纂」（中央大学経済学研究会）　51（1・2）　2011.3　p297～307

◇フランスの認証保育ママ制度の発展とその専門職化　原田康美　「東日本国際大学福祉環境学部研究紀要」（東日本国際大学福祉環境学部）　7（1）通号7　2011.3　p35～55

◇ベビーシッター事業の実際―民間事業者による家庭訪問保育（特集 家庭訪問（ホームビジティング）の新たな展開―ホームビジティングの実際）　中舘慈子　「世界の児童と母性」（資生堂社会福祉事業財団）　70　2011.4　p43～48

◇教育法規あ・ら・か・る・と 子ども・子育て関連3法と保育ママの拡大　「内外教育」（時事通信社）　（6207）　2012.11.16　p23

【図書】

◇子育て支援と保育ママ―事例にみる家庭的保育の実際　仲本美央, 南野奈津子編著　ぎょうせい　2011.9　185p　21cm　〈文献あり〉　1905円　Ⓘ978-4-324-09221-7　Ⓝ369.42
内容 序章 子育て支援と待機児童の実情（さまざまな保育サービスの現状と課題　なぜ少子化

里親制度

【雑誌記事】

◇里親経験の意味づけ―子どもの問題行動・子育ての悩みへの対処を通じて　安藤藍　「家族研究年報」（家族問題研究学会）　（35）　2010　p43～60

◇社会的養護における天理教里親の意義　八木三郎　「天理大学おやさと研究所年報」（天理大学おやさと研究所）　（17）　2010　p39～57

◇里親養育の必要性と新しい家族としての養育家族　園井ゆり　「活水論文集.人間関係学科編」（活水女子大学）　53　2010.3　p19～40

◇里親養育に関する意識の変遷　坂井摂子　「現代社会文化研究」（新潟大学大学院現代社会文化研究科紀要編集委員会）　（47）　2010.3　p35～52

◇ライフストーリーワークの視点に立った里子支援のあり方（特集 ［日本子ども虐待防止学会］第14回学術集会（埼玉大会）　平田修三　「子どもの虐待とネグレクト：日本子ども虐待防止学会学術雑誌」（日本子ども虐待防止学会, 金剛出版（発売））　12（1）通号28　2010.4　p52～60

◇活動報告 子ども中心の里親支援ソーシャルワーク確立を目指して（特集 ［日本子ども虐待防止学会］第14回学術集会（埼玉大会））　渡邊守　「子どもの虐待とネグレクト：日本子ども虐待防止学会学術雑誌」（日本子ども虐待防止学会, 金剛出版（発売））　12（1）通号28　2010.4　p99～107

◇社会的養護とは—小規模住居型児童養育事業の可能性と課題(特集 里親支援—里親養育の現場から) 廣瀬タカ子 「世界の児童と母性」(資生堂社会福祉事業財団) 69 2010.10 p40～45

◇里親に向けた心理教育的介入プログラムCARE (Child—Adult Relationship Enhancement)の実践 福丸由佳 「白梅学園大学・短期大学紀要」(白梅学園大学) (47) 2011 p1～13

◇養育里親の「不確実性の引き受け」による問題対処と支援ニーズ 宮里慶子, 森本美絵 「千里金蘭大学紀要」(千里金蘭大学) 2011 2011 p28～39

◇現代ナイジェリアの"里親養育"に見る親子のあり方:生みの親・育ての親と子の長期的共存関係(特集 諸文化における「近代家族」の諸相) 梅津綾子 「比較家族史研究」(比較家族史学会) (26) 2011 p148～180

◇乳児院における里親支援(庄司順一先生講演記録) 庄司順一 「子どもの虐待とネグレクト:日本子ども虐待防止学会学術雑誌」(日本子ども虐待防止学会, 金剛出版 (発売)) 13(1) 通号31 2011.5 p56～78

◇大規模災害と里親養育・社会的養護の源流—歴史研究の立場から読み解く 菊池義昭 「里親と子ども」(明石書店) 6 2011.10 p98～101

◇震災孤児と里親養育・社会的養護—英国研究の立場から読み解く 津崎哲雄 「里親と子ども」(明石書店) 6 2011.10 p102～105

◇庄司順一先生の仕事と今後—里親養育・社会的養護に関して 「里親と子ども」(明石書店) 6 2011.10 p106～111

◇里親の養育態度が里子の生活に対する充実感や自己受容, いらだち等に与える影響 廣瀬あや, 岩立志津夫 「家族心理学研究」(日本家族心理学会) 25(2) 2011.11 p160～173

◇シンポジウム報告 家族とは、家庭とは:里親家庭の実子として暮らした日々を通して 横堀昌子 「家族研究年報」(家族問題研究学会) (37) 2012 p39～56

◇シンポジウム報告 家族社会学における里親研究の射程と課題 野辺陽子 「家族研究年報」(家族問題研究学会) (37) 2012 p57～71

◇里親の養育態度が里子の生活満足感・自立心・いらだちに与える影響 廣瀬あや, 岩立志津夫 「日本女子大学大学院人間社会研究科紀要」(日本女子大学大学院人間社会研究科) (18) 2012.3 p47～61

◇特集にあたって(特集 社会的養護の改革と里親養育:「里親委託ガイドライン」「里親及びファミリーホーム養育指針」を読み解き、今後の家庭養護のあるべき姿を探る。) 木ノ内博道 「里親と子ども」(明石書店) 7 2012.10 p6～8

◇社会的養護改革と里親委託推進のあり方(特集 社会的養護の改革と里親養育:「里親委託ガイドライン」「里親及びファミリーホーム養育指針」を読み解き、今後の家庭養護のあるべき姿を探る。) 林浩康 「里親と子ども」(明石書店) 7 2012.10 p9～18

◇里親及びファミリーホーム養育指針の策定の目的と構造(特集 社会的養護の改革と里親養育:「里親委託ガイドライン」「里親及びファミリーホーム養育指針」を読み解き、今後の家庭養護のあるべき姿を探る。) 横堀昌子 「里親と子ども」(明石書店) 7 2012.10 p19～24

◇これからの里親委託と里親支援機関のあり方・方向性(特集 社会的養護の改革と里親養育:「里親委託ガイドライン」「里親及びファミリーホーム養育指針」を読み解き、今後の家庭養護のあるべき姿を探る。) 櫻井奈津子 「里親と子ども」(明石書店) 7 2012.10 p25～30

◇社会的養護の改革のなかで里親に求められるもの(特集 社会的養護の改革と里親養育:「里親委託ガイドライン」「里親及びファミリーホーム養育指針」を読み解き、今後の家庭養護のあるべき姿を探る。) 星野崇 「里親と子ども」(明石書店) 7 2012.10 p31～36

◇社会的養護の改革とファミリーホームのこれから(特集 社会的養護の改革と里親養育:「里親委託ガイドライン」「里親及びファミリーホーム養育指針」を読み解き、今後の家庭養護のあるべき姿を探る。) 卜蔵康行 「里親と子ども」(明石書店) 7 2012.10 p37～42

◇児童相談所の実践と里親委託ガイドライン:大分県の取り組み(特集 社会的養護の改革と里親養育:「里親委託ガイドライン」「里親及びファミリーホーム養育指針」を読み解き、今後の家庭養護のあるべき姿を探る。) 河野洋子

◇愛着理論を知る：歴史、基礎知識、里親養育との関連での功罪(特集 愛着の形成と里親養育：「愛着」という考え方の基本・最新事情を押さえ、里親養育の質の向上にどうつなげるかを確認する。) 金井剛 「里親と子ども」(明石書店) 7 2012.10 p52~57

◇複雑性トラウマへの接近：ARCモデルによる里親と子ども支援(特集 愛着の形成と里親養育：「愛着」という考え方の基本・最新事情を押さえ、里親養育の質の向上にどうつなげるかを確認する。) 池埜聡 「里親と子ども」(明石書店) 7 2012.10 p58~64

◇「試し行動」というとらえ方をめぐって：支援者としての観点から(特集 愛着の形成と里親養育：「愛着」という考え方の基本・最新事情を押さえ、里親養育の質の向上にどうつなげるかを確認する。) 内海新祐 「里親と子ども」(明石書店) 7 2012.10 p65~70

◇里親の語り 愛着の問題に恐怖を感じていた頃(特集 愛着の形成と里親養育：「愛着」という考え方の基本・最新事情を押さえ、里親養育の質の向上にどうつなげるかを確認する。) 金川世世子 「里親と子ども」(明石書店) 7 2012.10 p71~76

◇里親の語り 愛着を築く16年間の試行錯誤：智子と共に(特集 愛着の形成と里親養育：「愛着」という考え方の基本・最新事情を押さえ、里親養育の質の向上にどうつなげるかを確認する。) 主藤歩 「里親と子ども」(明石書店) 7 2012.10 p77~82

◇愛着をどう育てるか：乳児院での取り組み(特集 愛着の形成と里親養育：「愛着」という考え方の基本・最新事情を押さえ、里親養育の質の向上にどうつなげるかを確認する。) 島田恭子 「里親と子ども」(明石書店) 7 2012.10 p83~89

◇乳(幼)児の里親委託をすすめる：現状・課題・国連ガイドラインを踏まえて(特集 愛着の形成と里親養育：「愛着」という考え方の基本・最新事情を押さえ、里親養育の質の向上にどうつなげるかを確認する。) 宮島清 「里親と子ども」(明石書店) 7 2012.10 p90~101

【図書】

◇里親ってなんだろう？—地域における子育て支援を考える 田中希世子, 松山清編著 京都 あいり出版 2010.3 24,45p 21×21cm 〈絵：竹岡紀子〉 2000円 ①978-4-901903-28-8 Ⓝ369.43

◇シンポジウム「子どものための養子縁組を考える」報告書 [八千代] 千葉県里親家庭支援センター 2010.3 176p 30cm 〈独立行政法人福祉医療機構「長寿・子育て・障害者基金」助成事業〉 Ⓝ369.4

◇里親になる人のためのワークブック 里親養育ネットワーク著, 鈴木力, 谷口純世監訳, 篠島里佳, 白倉三紀子, 山田勝美, 齋藤美江子訳 明石書店 2011.3 192p 26cm 〈文献あり〉 2300円 ①978-4-7503-3362-5 Ⓝ369.43
内容 第1章 里親は何をするのでしょうか？ 第2章 子どもとは誰でしょうか？ 第3章 協働すること 第4章 安全な養育 第5章 行動を理解すること 第6章 旅立ち 付録(語彙の説明 英国国家基準(The UK National Standards) 参考文献・資料)

◇里親養育と里親ソーシャルワーク 庄司順一, 鈴木力, 宮島清編 福村出版 2011.7 240p 21cm (社会的養護シリーズ 1) 〈執筆：庄司順一ほか 文献あり〉 2400円 ①978-4-571-42510-3 Ⓝ369.43
内容 1部 総論(里親制度の概要 里親養育の歴史的な流れ 里親制度と養子縁組 海外の里親制度) 2部 里親養育(里親養育の実際 里親養育における子どもの自立支援と委託解除後の課題 里親会の現状と里親支援機関の可能性 里親の養育力・専門性の向上とトレーニング) 3部 里親ソーシャルワーク(里親ソーシャルワークの意義と内容 里親の開拓および申請・認定・登録の流れと留意点 子どものニーズとマッチング、委託までのプロセス 里親が抱えるニーズと里親支援 子どもと里親が困難を抱えるときの支援 実親の生活課題と子どもとの交流)

◇里子・里親という家族—ファミリーホームで生きる子どもたち 吉田菜穂子著 大空社 2012.11 199p 21cm 1400円 ①978-4-283-00797-0
内容 交流期間が長かったひとみは… 実母をつなぎ止めておきたい一心の純子(15歳)は…

実母と酷似した生育歴の少年博之(16歳)は…　実母との生活を夢見た少女和美(16歳)は…　実父の厳しいしつけから放浪した少年信雄(16歳)は…　知的障がいを持つ少年隆(8歳)は…　「パパ・ママ」と呼んでくれた幼い兄弟祐一(4歳)祐二(2歳)は…　家庭復帰後、行方がわからなくなった少女文香(15歳)は…　どこか憎めない激情型性格の少女未知子(15歳)は…　カルチャーショックを受けた一時保護委託の少年洋平(16歳)は…〔ほか〕

早期教育

【雑誌記事】

◇韓国幼児教育における第三者評価に関する研究（その1）第三者評価制度概要とその特徴　丹羽孝　「名古屋市立大学大学院人間文化研究科人間文化研究」（名古屋市立大学大学院人間文化研究科）　(12)　2009.12　p101～112

◇明治初期におけるプロシア・ドイツの幼児教育摂取とその背景—フレーベルのKindergarten導入のもう一つのルート　藤田博子　「大阪芸術大学短期大学部紀要」（大阪芸術大学短期大学部）　(34)　2010　p103～122

◇日本の就学前教育・保育の状況と政策の方向—諸外国と比較しつつ日本の今後を考える（特集　諸外国の就学前教育・保育サービス—子どもの「育ち」を保障する社会のしくみ）　小宮山潔子　「海外社会保障研究」（国立社会保障・人口問題研究所）　(173)　2010.Win.　p4～15

◇ブルーナーの幼児教育論における一考察—心理学との関わりを中心に　今井康晴　「学習開発学研究」（広島大学大学院教育学研究科学習開発学講座）　(3)　2010　p53～59

◇幼児教育の歴史と概説　ダルクローズのリトミック：日本への導入期に携わった人物の教育活動　石丸由理　「国際幼児教育研究：国際早期教育研究」（国際幼児教育学会）　(18)　2010　p51～56

◇子どものちから(34)幼児教育への私見　保良徹　「子どもと発育発達」（日本発育発達学会、杏林書院（発売））　8(2)　2010　p125～127

◇オーエンの幼児教育における環境論—性格形成学院での具体的方法から　榊原博美　「鈴鹿短期大学紀要」（[鈴鹿短期大学図書委員会]）　30　2010　p145～155

◇日本人の仏教的他界観に関する予備的考察—幼児教育への応用を視野に入れて　寺田喜朗　「鈴鹿短期大学紀要」（[鈴鹿短期大学図書委員会]）　30　2010　p157～185

◇日本の保育・幼児教育の特色と今後の方向性：教育学の立場から(2010年度シンポジウム　変わる0歳から就学までの保育・教育)　亀谷和史　「日仏教育学会年報」（日仏教育学会）　(17)通号39　2010年度版　p34～40

◇書評　乙訓稔『西洋現代幼児教育思想史—デューイからコルチャック』　大沢裕　「人間教育の探究：日本ペスタロッチー・フレーベル学会紀要」（日本ペスタロッチー・フレーベル学会）　(22)　2010　p83～88

◇ニュージーランドにおける就学前教育の週20時間無償政策に関する研究—1999年から2008年における労働党Clark政権に注目して　飯野祐樹　「保育学研究」（日本保育学会）　48(2)　2010　p112～122

◇モンテッソーリ教育を保育者養成に活かすために　岡田耕一　「モンテッソーリ教育」（日本モンテッソーリ協会）　(43)　2010　p124～133

◇ラウンド・テーブル　幼児教育におけるコスミックな見方　関聡、綿貫真理　「モンテッソーリ教育」（日本モンテッソーリ協会）　(43)　2010　p170～173

◇講演記録　イタリア幼児教育史研究の一つの試み—ルネサンス期の子ども・「ピノッキオ」・モンテッソーリ教育をめぐって　前之園幸一郎　「幼児教育史研究」（幼児教育史学会）　5　2010　p45～61

◇書評　浜田栄夫編著『ペスタロッチー・フレーベルと日本の近代教育』　奥平康照　「幼児教育史研究」（幼児教育史学会）　5　2010　p63～65

◇幼児教育—3つの教育現場の事例発表［含　質疑応答］　前川眞佐世、中岡和己、吉野智富美［他］　「YMCA総合研究所大阪YMCA研究フォーラム報告書」（YMCA総合研究所）　4　2010　p124～155

◇文部科学省　2010年度幼児教育関係予算額（案）の概要(2010年度保育関係予算案の概要)　文部科学省幼児教育課　「保育情報」（全国保育団体

◇連絡会，ちいさいなかま社（発売））　（399）　2010.2　p37〜40

◇特集 てい談 今，幼児期に求められる教育　赤坂榮，戸塚陽子，無藤隆　「保育の友」（全国社会福祉協議会）　58（2）　2010.2　p10〜25

◇モンテッソーリ教育における敏感期と脳―幼児教育と脳（1）　永江誠司　「教育実践研究」（福岡教育大学教育学部附属教育実践総合センター）　（18）　2010.3　p91〜98

◇モンテッソーリ教育における日常生活のプログラムと脳―幼児教育と脳（2）　永江誠司　「教育実践研究」（福岡教育大学教育学部附属教育実践総合センター）　（18）　2010.3　p99〜106

◇レッジョ・エミリアとハーバード・プロジェクト・ゼロによるコラボレーションMaking Learning Visible―幼児教育から学ぶドキュメンテーションによる学習過程の可視化　池内慈朗　「美術教育学：美術科教育学会誌」（美術科教育学会）　（31）　2010.3　p43〜54

◇翻訳 乳幼児教育の構造的特殊性　LudwigLiegle，荒川麻里［訳］　「山形県立米沢女子短期大学附属生活文化研究所報告」（山形県立米沢女子短期大学附属生活文化研究所）　（37）　2010.3　p143〜152

◇パラグアイの幼児教育改革（1）改革の背景と現状　長尾和美　「幼年児童教育研究」（兵庫教育大学幼年教育コース）　（22）　2010.3　p57〜66

◇幼児教育における「いのちの教育」について　吉田永正　「東洋文化研究所所報」（身延山大学東洋文化研究所）　（14）　2010.4　p17〜36

◇まちづくり支援事業 幼児教育公開講座 子どもにコミュニケーションへの希望を育てる―人を信じて，自分を信じて　佐々木正美　「Socius」（仁愛女子短期大学地域活動実践センター）　（4）　［2010］．［6］　p12〜17

◇筑波大附属の実践（第6回）幼稚部における乳幼児教育支援―「育児学級」の取り組み　髙見節子　「内外教育」（時事通信社）　（6004）　2010.6.22　p4〜5

◇会員新刊紹介 小林恵子著『日本の幼児教育につくした宣教師 下巻』　「キリスト教史学」（キリスト教史学会）　64　2010.7　p275〜277

◇幼児教育（特集 学習指導の創造と展開）　津金美智子　「初等教育資料」（東洋館出版社）　（862）　2010.7　p52〜57

◇幼児教育 幼児理解と評価　湯川秀樹　「初等教育資料」（東洋館出版社）　（862）　2010.7　p90〜97

◇あすの政策 田熊美保OECDアナリストに聞く 幼児教育は「支出から投資へ」　田熊美保　「内外教育」（時事通信社）　（6010）　2010.7.16　p2〜3

◇「幼児教育」への投資増加が社会の利益につながる　田熊美保　「エコノミスト」（毎日新聞社）　88（51）通号4128　2010.9.7　p76〜77

◇2011年度 幼児教育関係概算要求の概要（2011年度 保育関係予算概算要求の概要）　文部科学省　「保育情報」（全国保育団体連絡会，ちいさいなかま社（発売））　（407）　2010.10　p51〜54

◇高い志と確固たる信念で幼児教育に心血を注ぐ 籠池靖憲 塚本幼稚園幼児教育学園園長　「産業新潮」（産業新潮社）　59（11）通号698　2010.11　p36〜39

◇フレーベルの教育観・発達観に関する一考察　山﨑高哉　「大阪総合保育大学紀要」（大阪総合保育大学）　（6）　2011　p1〜31

◇早期教育の実践から教育を考える：3歳児，こうじとてっぺいの実践からの考察　井上眞理子　「お茶の水女子大学生涯学習実践研究」（お茶の水女子大学大学院人間文化研究科生涯学習論研究室）　（10）　2011年度　p1〜13

◇「諸外国の就学前教育・保育サービス―子どもの『育ち』を保障する社会のしくみ」に関する投稿論文 アメリカにおける保育の質と児童の利益―行政規制をめぐる判例を手がかりとして　常森裕介　「海外社会保障研究」（国立社会保障・人口問題研究所）　（175）　2011.Sum.　p83〜92

◇経済成長戦略として注目される幼児教育・保育政策―諸外国の動向を中心に（特集 幼児教育の社会学）　池本美香　「教育社会学研究」（東洋館出版社）　88　2011　p27〜45

◇書評 児玉衣子著『フレーベル近代乳幼児教育・保育学の研究―フリードリッヒ・フレーベル著『母の歌と愛撫の歌』の教育方法学的検討から』

◇諏訪佳代　「近代教育フォーラム」（教育思想史学会）　(20)　2011　p239〜243

◇データから見る幼児教育　保護者の子育ての実態　「これからの幼児教育」（ベネッセコーポレーション）　2011（夏）　［2011］　p12〜16

◇現場で求められる幼児教育職務実践力とは？ ―幼児教育職務実践力尺度の作成を通して　秋山真奈美　「佐野短期大学研究紀要」（佐野短期大学）　(22)　2011　p129〜141

◇日本の幼児教育におけるICT活用の現状―メディア世代を生きる幼児教育の課題　冨津田香　「児童教育研究」（安田女子大学児童教育学会）　(20)　2011　p73〜82

◇ルドルフ・シュタイナーの幼児教育に関する一考察　馬場結子　「淑徳短期大学研究紀要」（淑徳短期大学紀要委員会）　(50)　2011　p69〜82

◇幼児教育からの提言(1)（中部人間学会　創立10周年記念号）　生田貞子　「人間学研究」（中部人間学会）　(10)　2011　p29〜38

◇スウェーデンの就学前クラスに関する研究：「学校化」問題と生涯学習アプローチの観点から　大野歩，七木田敦　「保育学研究」（日本保育学会）　49(2)　2011　p135〜145

◇南信子：その幼児教育史上の位置　畠山祥正　「北陸学院大学・北陸学院大学短期大学部研究紀要」（北陸学院大学・北陸学院大学短期大学部）　(4)　2011年度　p65〜78

◇書評　酒井玲子著『わが国にみるフレーベル教育の探求』　森山賢一　「幼児教育史研究」（幼児教育史学会）　6　2011　p55〜57

◇ブルーナーの就学前教育論の核心：ブルーナーのヘッドスタートに関与した経験に着目して　嶋口裕基　「早稲田大学教育学会紀要」（早稲田大学教育学会）　(13)　2011年度　p227〜234

◇主要な保育雑誌にみる幼児教育モデルカリキュラムと「幼稚園教育要領」（1956年）との関係に関する一考察　大岡ヨト　「早稲田大学大学院教育学研究科紀要　別冊」（早稲田大学大学院教育学研究科）　(19-2)　2011　p233〜244

◇羽仁説子の幼児教育観についての考察（その1）　藤田泉　「平成音楽大学紀要」（平成音楽大学）　10(1) 通号19　2011.1　p41〜57

◇世界の動き　基礎教育・早期教育の充実に挑む―欧米・アジアの教育改革動向　川野辺敏　「内外教育」（時事通信社）　(6048)　2011.1.4　p11〜13

◇文部科学省 2011年度幼児教育関係予算額（案）の概要（2011年度保育関係予算案の概要）　文部科学省幼児教育課　「保育情報」（全国保育団体連絡会，ちいさいなかま社（発売））　(411)　2011.2　p42〜44

◇フレネ技術の幼児教育への適用に関する研究　北島信子　「桜花学園大学保育学部研究紀要」（桜花学園大学保育学部）　(9)　2011.3　p51〜68

◇幼児期のことばの教育に関する一考察―シュタイナーの幼児教育思想とその実践から　木戸啓絵　「教育研究：青山学院大学教育学会紀要」（青山学院大学教育学会）　(55)　2011.3　p81〜96

◇モンテッソーリ教育における日常生活の練習と脳―幼児教育と脳(3)　永江誠司　「教育実践研究」（福岡教育大学教育学部附属教育実践総合センター）　(19)　2011.3　p205〜210

◇モンテッソーリ教育における感覚教育と脳―幼児教育と脳(4)　永江誠司　「教育実践研究」（福岡教育大学教育学部附属教育実践総合センター）　(19)　2011.3　p211〜217

◇幼児教育における道徳性の育成に関する一考察：ペスタロッチー、ピアジェ、コールバーグの諸論を中心として　百瀬光一　「研究紀要」（貞静学園短期大学）　(2)　2011.3　p17〜26

◇日本と中国における幼児教育思想交渉史―先秦代から明代における中国幼児教育思想の根本原理　増田翼　「仁愛女子短期大学研究紀要」（仁愛女子短期大学）　(43)　2011.3　p51〜59

◇文献紹介　幼児教育研究―2010.第30巻第2号，283―308　幼稚園―小学校　連携教育に対する幼稚園と小学校教師の認識及び実態比較　チソンエ　「人間文化研究所年報」（名古屋市立大学人間文化研究所）　(6)　2011.3　p51〜69

◇ニュージーランドにおける1980年代後半の幼児教育改革についての考察―Education to be Moreを検討資料として　石毛久美子　「松本短期大学研究紀要」（松本短期大学）　(20)　2011.3　p39〜46

◇名トレーナーが0歳からの資質の磨き方を伝授します オリンピック選手、人気女優の夢に近づく英才育児法　大宮冬洋　「プレジデント」（プレジデント社）　49（11）（別冊）　2011.4.15　p124～127,129～130

◇幼児教育 今、求められる幼児期の教育　無藤隆　「初等教育資料」（東洋館出版社）　（873）　2011.5　p84～91

◇異文化多文化 イギリス幼児教育――異質なものの出会いによる摩擦と創造性　加藤美帆　「季刊保育問題研究」（新読書社）　通号249　2011.6　p88～92

◇幼児教育公開講座 障害をもつ子どもへの支援――脳科学からのヒント　榊原洋一　「Socius」（仁愛女子短期大学地域活動実践センター）　（5）　［2011］．［6］　p11～17

◇2012年度 幼児教育関係概算要求の概要（2012年度 保育関係予算概算要求の概要）　文部科学省　「保育情報」（全国保育団体連絡会、ちいさいなかま社（発売））　（420）　2011.11　p47～49

◇よりよい教育を目指して（特集 子ども・子育て新システム：幼児教育を中心として）　徳武敬子　「文部科学時報」（ぎょうせい）　（1632）　2011.12　p23～25

◇明治初期におけるプロシア・ドイツの幼児教育摂取とその背景(2) フレーベルのKindergarten導入のもう一つのルート　藤田博子　「大阪芸術大学短期大学部紀要」（大阪芸術大学短期大学部）　（36）　2012　p15～36

◇幼稚園教育要領（保育所保育指針）にみる幼児教育の基本と教師（保育士）の役割　益川優子, 益川浩一　「岐阜大学総合情報メディアセンター生涯学習システム開発研究」（岐阜大学総合情報メディアセンター生涯学習システム開発研究部門）　11（2）　2012　p31～38

◇ニュージーランドにおける乳幼児教育のセルフ・レビューに関する研究　鈴木佐喜子　「保育学研究」（日本保育学会）　50（1）　2012　p61～71

◇2012（平成24）年度 幼児教育関係予算額（案）の概要（2012（平成24）年度 保育関係予算案の概要）　文部科学省幼児教育課　「保育情報」（全国保育団体連絡会、ちいさいなかま社（発売））　（423）　2012.2　p57～60

◇1930年代の幼児教育制度改革案：保育界の動向を中心に　湯川嘉津美　「上智大学教育学論集」（上智大学総合人間科学部教育学科）　（46）　2012.3　p1～30

◇幼児教育におけるメディア　田中洋一　「仁愛女子短期大学研究紀要」（仁愛女子短期大学）　（44）　2012.3　p5～10

◇生涯学習社会における幼児教育の課題：幼児の日常生活習慣の形成　浅井夏美　「常葉学園大学研究紀要．教育学部」（常葉学園大学）　（32）　2012.3　p209～228

◇香港の就学前教育におけるバウチャー制の導入　西村史子　「和光大学現代人間学部紀要」（和光大学現代人間学部）　（5）　2012.3　p39～51

◇ベビー・親子スクール（特集 市場拡大へ！子育て支援ビジネス：「保育所」「民間学童保育」「地域子育て支援施設」「ベビー・親子スクール」の実態）　「レジャー産業資料」（綜合ユニコム）　45（5）通号548　2012.5　p38～43

◇関係法令等の改正概要 就学前の子どもに関する教育、保育等の総合的な提供の推進に関する法律の一部を改正する法律（平二四・八・二二 法律第六六号）（内閣府本府）　「共済新報」（共済組合連盟）　53（9）　2012.9　p84～86

◇森信茂樹が問う 霞が関の核心 公平な教育機会の提供は将来への先行投資、就学前教育の充実を 子どもの安全を守るために一元的な窓口を設置　森信茂樹, 髙井美穂　「時評」（時評社）　54（11）通号596　2012.11　p40～51,1

◇2013（平成25）年度 幼児教育関係予算概算要求の概要（2013年度保育関係予算概算要求の概要）　文部科学省　「保育情報」（全国保育団体連絡会、ちいさいなかま社（発売））　（432）　2012.11　p52～54

◇座談会 幼児教育サービスのプロモーション：ほっぺんくらぶ（学研エデュケーショナル）×ドラキッズ（小学館集英社プロダクション）×くぼたのうけん（城南進学研究社）×こどもちゃれんじ（ベネッセコーポレーション）（各社を徹底取材！業界別販売促進（vol.48）若い母親の気持ちをつかむ新手法を模索 幼児教育サービスのプロモーション）　関根美和子, 玉田洋, 水野拓児［他］

「Top promotions販促会議」(宣伝会議) (176) 2012.12 p98〜105

【図書】

◇のびのび子育て―子どもに受けさせたい世界の幼児教育 世界の幼児教育/モンテッソーリ、フレーベル、シュタイナー/北欧の子育て 「月刊クーヨン」編集部編 クレヨンハウス 2010.1 144p 29cm （クーヨンbooks 3） 〈索引あり〉 1500円 ⓘ978-4-86101-158-0 Ⓝ379.5

内容 巻頭インタビュー 北欧の子育て 世界の教育者からのメッセージ 絵本作家インタビュー いま注目の子ども教育 日本の園事情

◇自ら学ぶ幼児教育―幼児教育っておもしろい 船井廣則編著 大阪 創元社 2010.3 183p 21cm 1800円 ⓘ978-4-422-12061-4 Ⓝ376.1

内容 第1章 保育とは何か（教育とは何か 幼稚園の役割 保育所の役割 家庭の教育と子育て支援） 第2章 保育の思想と歴史（西欧における幼児教育思想 わが国における幼児教育思想 近代日本における幼児教育・保育制度の成立と展開 戦後の幼児教育・保育の成立と発展） 第3章 子どもの発達にかかわる―心理学より（発達を知ること―幼児教育・保育の役割 発達に即した働きかけ 生涯発達という視点 どう働きかけるか―発達の最近接領域） 第4章 子どもと環境（総論 家庭環境 社会的環境 文化的環境 自然環境 子どもの事件 多文化教育） 第5章 保育内容と方法（総論 健康 人間関係 環境 言葉 表現(音楽) 表現(造形))

◇西洋近代幼児教育思想史―コメニウスからフレーベル 乙訓稔著 第2版 東信堂 2010.4 204p 20cm 〈索引あり〉 2300円 ⓘ978-4-88713-987-9 Ⓝ371.2

内容 第1章 ヨハン・アモス・コメニウス 第2章 ジョン・ロック 第3章 ジャン・ジャック・ルソー 第4章 ヨハン・ハインリッヒ・ペスタロッチ 第5章 ロバート・オウエン 第6章 フリードリヒ・ヴィルヘルム・フレーベル 補遺 近代教育とポストモダン

◇幼児教育をめざす人の情報リテラシー 2010年度版 山本孝一著 名古屋 三恵社 2010.4 114p 26cm 1905円 ⓘ978-4-88361-619-0 Ⓝ007.63

◇幼児教育と犯罪―三つ子の魂百まで 渡部雄二著 文芸社 2010.4 122p 19cm 〈マップテクノ社平成15年刊の加筆改訂版〉 1000円 ⓘ978-4-286-08588-3 Ⓝ379.9

◇これからのシュタイナー幼児教育―いま、おとなにできること 入間カイ著 春秋社 2010.5 160p 18cm 1700円 ⓘ978-4-393-32227-7 Ⓝ376.1

内容 はじめにすこし―シュタイナーと「幼児教育」 光のなかから生まれる 空気に触れる 歩く、話す、考える 地球と人間 自由、平等、友愛 熱のひみつ 教育者のファンタジー いま、おとなにできること さいごにすこし―あとがきにかえて

◇モンテッソーリ教育の実践理論―カリフォルニア・レクチュア マリア・モンテッソーリ著、クラウス・ルーメル、江島正子共訳 サンパウロ 2010.5 468p 19cm 〈奥付のタイトル（誤植）：モンテッソーリ教育実践理論〉 2700円 ⓘ978-4-8056-8605-8 Ⓝ376.11

◇学びへの眼差し―ありのままに見る幼児教育 豊田岩男著 文芸社 2010.9 269p 19cm 〈文献あり〉 1400円 ⓘ978-4-286-09236-2 Ⓝ376.1

◇なるほど幼児教育―育児のために知っておきたいこと 福田博子著 勉誠出版 2010.10 160p 19cm 1800円 ⓘ978-4-585-23501-9 Ⓝ376.1

◇幼児教育の質的向上に関する研究 山本和美著 風間書房 2010.11 275p 22cm 8000円 ⓘ978-4-7599-1818-2 Ⓝ376.1

内容 研究の目的と方法 第1部 日本の幼児教育（幼児教育における遊びの意義と質について 主体的な活動／遊びと質の向上について わが国の幼児教育・保育の質研究について） 第2部 質の向上を目指すイギリスの幼児教育が示唆するもの（イギリスの幼児教育について イギリスの新しい動きと幼児教育の質について 質的向上を目指す「幼児教育の目標」設定と評価について ほか） SUMMARY：Study for Improvement of the Quality of Early Years Education

◇モンテッソーリの子育て―0〜6歳のいまをたのしむ 子どもの自主性が育つ 「月刊クーヨン」編集部編 クレヨンハウス 2011.2 127p

◇幼児教育の世界　永井聖二, 神長美津子編　学文社　2011.3　175p　21cm　（子ども社会シリーズ 2）〈シリーズの監修者：住田正樹, 武内清, 永井聖二　索引あり〉　2000円　①978-4-7620-2018-6　Ⓝ376.1

内容　幼児教育の現在、そして未来　日本における幼児教育の系譜　「人間関係の基礎」を培う幼児教育　「遊び」と「学び」　幼児期から児童期へ・学びをつなぐ　「小学校との連携」その現状と課題　幼児教育のカリキュラム　保育環境におけるジェンダー形成　育児メディアの変遷　職業としての幼稚園教員　幼稚園教師の専門性とその成長　海外における幼児教育

◇わが国にみるフレーベル教育の探求　酒井玲子著　札幌　共同文化社　2011.3　213p　22cm　〈文献あり〉　2095円　①978-4-87739-195-9　Ⓝ371.234

内容　序論　フリードリッヒ・フレーベル「生命の合一」思想について　第1章　近代教育の始まり（教育思想の二面性　中村正直の道徳思想と女子教育　ほか）　第2章　婦人宣教師によるフレーベル教育の展開（婦人宣教師の教育活動―S.スミスとC.ロース　A.L.ハウによるフレーベル教育の導入　ほか）　第3章　新教育の時代とフレーベル教育（自由主義教育の広まり　倉橋惣三の「フレーベル主義新釈」　ほか）　第4章　フレーベル教育の全体的研究（昭和期・教育界の様相―S.アルウィンと玉成幼稚園　後藤真造のフレーベル研究　ほか）　第5章　児童神性のフレーベル教育論（長田新の宗教教育論　『児童神性論』とフレーベル教育学　ほか）

◇驚くべき学びの世界―レッジョ・エミリアの幼児教育　ワタリウム美術館編, 佐藤学監修　ACCESS　2011.4　343p　22cm　〈会期・会場：2011年3月25日～3月30日　石川県行政庁舎19階　ほか　年表あり〉　3800円　①978-4-901976-91-6　Ⓝ376.11

内容　第1章　場所との対話（コレオグラフィーのためのノート　もしも円柱が…　ほか）　第2章　モノとの対話（黒はすべての色からできている　白、白、白　ほか）　第3章　書くことの魅力（記号を描くことと文字を書くことの間　レタリング）　第4章　光線（二つのパラレルな世界に出会うこと　光の通り道　ほか）　第5章　アイデアとプロジェクト（アイデアのあれこれ　見る・聴くプロジェクト）　第6章　展覧会づくり―スケールの大きな共同作業（展覧会をとりまく会話　可能性の大きさ　ほか）

◇教育社会学研究　第88集　特集　幼児教育の社会学　日本教育社会学会編　東洋館出版社　2011.6　339p　21cm　3000円　①978-4-491-02690-9, ISSN0387-3145

内容　特集　幼児教育の社会学（幼児教育をめぐるポリティクス　経済成長戦略として注目される幼児教育・保育政策　ほか）　論稿（少子化と90年代高校教育改革が高校に与えた影響　アカデミック・ハラスメントの形成過程　ほか）　書評（苅谷剛彦・金子真理子（編著）『教員評価の社会学』　馬渕仁（著）『クリティーク多文化、異文化―文化の捉え方を超克する―』　ほか）　課題研究報告（子どもの貧困と教育（2）―学校で何ができるか　教育調査の在り方を問い直す―量的研究の課題と展望）　学会賞選考委員会報告

◇子育ての魔法の杖―奇跡はもう起きている！21世紀の早期教育　ランディー由紀子著　文芸社　2011.7　177p　19cm　1200円　①978-4-286-10573-4　Ⓝ379.93

◇戦後幼児教育問題史　竹内通夫著　名古屋　風媒社　2011.10　444p　22cm　〈索引あり〉　6500円　①978-4-8331-0619-1　Ⓝ376.12

内容　本書の問題意識　第1部　幼児教育内容問題（知的早期教育・才能教育問題　幼児の文字教育問題）　第2部　幼児教育制度問題（幼保一元化問題　「長時間保育」問題―少子化対策と待機児問題　幼児教育義務化問題―就学年齢引き下げ論・幼稚園義務化論　ほか）　第3部　わが国の「学力」問題と「教育格差」問題―アメリカからの示唆とわが国の諸問題（発達と教育の社会的背景―ハントとバーンスタインを中心に　いわゆる能力の「欠陥説・差異説」問題　「知的発達の背景としての潜在的カリキュラム」問題　ほか）　幼児教育の本質

◇イタリアの幼児教育思想―アガッツィ思想にみる母性・道徳・平和　鈴木昌世著　福村出版　2012.1　198,6p　19cm　〈索引あり

文献あり〉 2300円 ①978-4-571-11030-6 Ⓝ376.11

内容 第1章 アガッツィ思想の理想の子ども観―国境を越える存在としての子ども 第2章 アガッツィ思想の理想の教師像―母性的な教師が育てるこころの平和 第3章 母性と道徳 第4章 アガッツィ思想にみられるエコ保育 第5章 アガッツィ思想における「自然」「大地」「いのち」―理論と実践の統合を目指して 第6章 子どもの望みに応える教師を目指して―生きた模範としての佐藤初女

◇幼児教育を考える―研究と断想 竹内通夫著 名古屋 あるむ 2012.1 288p 20cm 2200円 ①978-4-86333-050-4 Ⓝ376.1

◇幼児教育でいちばん大切なこと―聞く力を育てる 外山滋比古著 筑摩書房 2012.1 188p 19cm 1300円 ①978-4-480-87847-2 Ⓝ379.911

内容 第1章 ゼロ歳児の教育を考える 第2章 みんな、絶対語感をもっている 第3章 意味より先に「カタチ」を覚える 第4章 スキンシップで子どもを安心させる 第5章 上手にほめて才能を伸ばす 第6章 耳をよくすれば頭がよくなる

◇10歳までに決まる!頭のいい子の育て方 vol.18 早期教育vsスロー教育2012 学研パブリッシング 2012.1 106p 29cm (Gakken mook) 〈発売:学研マーケティング〉 933円 ①978-4-05-606533-6

◇「集中」すれば子どもは伸びる!モンテッソーリ園―0歳から6歳までの気になる教育メソッド 東京書籍 2012.3 144p 21cm 〈文献あり〉 1600円 ①978-4-487-80630-0 Ⓝ376.11

内容 モンテッソーリの基本となる考え―子どもの生きる力を最大限に引き出すことそれがモンテッソーリ教育です 新浦安モンテッソーリ子どもの家を訪ねて―これがモンテッソーリ子どもの家だ! これがモンテッソーリのお仕事だ!PART1(日常生活の練習) これがモンテッソーリのお仕事だ!PART2(感覚教育 言語教育 数教育 文化教育) 参観と見学のポイント7 卒園児ママ・在園児ママの座談会―子どもを主体にしたモンテッソーリ教育で子も親も成長できる!

◇幼児教育と保育のための発達心理学 小池庸生,藤野信行編著 建帛社 2012.4 150p 26cm 2000円 ①978-4-7679-5000-6

内容 発達と教育・保育を学ぶ 発達の理解1―乳児期まで 発達の理解2―幼児前期 発達の理解3―幼児後期 発達の理解4―児童期(卒園した子どもたち学校への第一歩) 発達の理解5―青年期・成人期・老年期 保育者の心と子ども理解 障害児の理解と支援 教育相談のあり方(何でも相談できる先生になる) 情報化社会における発達と教育 幼児教育のあり方と今後の展望

◇整理オンチにしないための幼児教育―日本産業を救うのはモンテッソーリ教育かもしれない! 橋詰岳幸著 名古屋 ブイツーソリューション 2012.6 229p 19cm 〈発売:星雲社 文献あり〉 1200円 ①978-4-434-16804-8 Ⓝ376.11

内容 第1章 仕事の8割は整理で決まる(整理は得意ですか?苦手ですか? 企業はなぜ整理整頓を重く見るのか 整理といえどもいろんな整理がある 仕事の原動力それが「秩序の感性」) 第2章 「敏感期」が整理のできる大人をつくる(モンテッソーリ教育と教具 「秩序の感性」を生み出す「敏感期」 今なぜモンテッソーリ教育なのか) 第3章 遺伝子が与えてくれた贈り物(模倣が文化を生み出す 模倣のミスが文化を進化させる 人間は白紙の状態で生まれるか 敏感期はなぜ幼少期にしかないのか) 第4章 整理オンチにしないモンテッソーリ教育(秩序の感性が育つ理由がここにある 手指の運動を鍛える「日常の練習」 分類・秩序の感性を磨く「感覚教育」 記号化を養う「言語教育」 論理的思考を生み出す「数の教育」 物や人の関係を整理する「文化教育」)

「お受験」

【雑誌記事】

◇書評 小針誠「著」『〈お受験〉の社会史―都市新中間層と私立小学校』 井上好人 「教育社会学研究」(東洋館出版社) 87 2010 p90～92

◇書評 小針誠著『〈お受験〉の社会史―都市新中間層と私立小学校』 細辻恵子 「子ども社会研究」(日本子ども社会学会,ハーベスト社) (16) 2010 p138～140

◇書評 小針誠著『〈お受験〉の社会史―都市新中間層と私立小学校』 伊藤彰浩 「教育学研究」(日本教育学会) 77(2) 2010.6 p203～205

「お受験」　早期教育

◇戦国マーケティング福永雅文の小よく大を制すビジネス兵法(第30回)潜在ニーズを顧客と共有して"お受験"専門店を確立　有限会社マムエモア　社長　郷司泰子氏　福永雅文　「ニュートップL：topによるleaderのためのreader誌」(日本実業出版社、エヌ・ジェイ出版販売（発売）)　4(8)通号34　2012.7　p48〜51

◇「お受験」はこう変わった　目玉は慶應横浜初等部の開校(特集　モトがとれる　学校　塾・習い事─「学ぶ力」を開花させる)　「週刊ダイヤモンド」(ダイヤモンド社)　100(44)通号4455　2012.11.3　p38〜45

【図書】

◇〈お受験〉の社会史─都市新中間層と私立小学校　小針誠著　横浜　世織書房　2009.3　334,6p　22cm　〈文献あり　年表あり　索引あり〉　3800円　①978-4-902163-42-1　Ⓝ376.2136

[内容] 序論　第1部　私立小学校の入学志向と存廃条件(私立小学校の誕生と存続条件　私立中・高等教育機関の動向と併設の小学校への影響　私立小学校・入学家族の教育戦略　淘汰された私立小学校)　第2部　私立小学校の入学選抜メカニズム(入学選抜考査の導入　"目に見えない入学選抜考査"における能力と評価　入学選抜考査と家族・子ども　入学選抜考査の陰謀?)　結論

◇親がブレなければ子どもは合格します!!　─親子が幸せになれる小学校合格受験術　福澤晃典著　オープン・エンド　2010.5　196p　19cm　〈発売：牧野出版〉　1400円　①978-4-89500-130-4　Ⓝ376.8

[内容] 第1章　お受験ブルー初期─受験を考えはじめたとき(受験をするかしないか　受験勉強は?　学校選び　家族とお受験)　第2章　お受験ブルー前期─受験を決めたとき(周りの人たちとのつきあい方　幼稚園内で起こりがちな問題　お受験が怖い…)　第3章　お受験ブルー中期─子どもの態度や勉強が気になるとき(よくない態度をなおすには…　チームワークを身につけるには…　苦手を克服するには…　お勧めのお受験アイテム)　第4章　お受験ブルー後期─受験のあとに(合格してはみたものの…　不合格から学ぶこと─受験前にも通じる心構え)　受験の心得(受験スケジュールの心得　両親面接の際の心得　受験当日の心得　子どもを試験会場に送り出すときの心得)

◇名門小学校お受験の実態と成功のカギ─小学校受験の実情をここまで克明に書いた本は今までなかった!!　橋本健史著　エール出版社　2010.5　274p　19cm　（〔Yell books〕）　1700円　①978-4-7539-2945-0　Ⓝ376.8

[内容] 年中七月─初めての夏期講習　年中八月─初めての模擬試験　年中九月─日々の体験・感動を大切に　年中十月─「お兄ちゃんと同じ近くの学校に行きたいよ」模試はまだ遊び気分　年中十一月─「新年長」始まる　年中十二月─「○○ちゃんは、どこの学校に行くの?」　年中一月─大手幼児教室みどり会に通う　年中二月─志望校決定　年中三月─模試で浮き沈み　年長四月─個人教室「平野塾」に通う〔ほか〕

◇パパから見たお受験　丸山城矢著　文芸社　2012.3　246p　15cm　640円　①978-4-286-11642-6　Ⓝ376.8

◇めざせキラ星─小学受験日々多感　大岡史直著　講談社ビジネスパートナーズ　2012.6　161p　18cm　800円　①978-4-87601-977-9

[内容] 机に向かう習慣づけを　幼児期にこそ、学ぶことの楽しさを教えたい　英雄体験によって生まれる自信　胆力を鍛えようしつけにも「我が家流」の視点を　母親と違う視点の父親のサポートに期待　ほめ言葉は「かわいい」ではなく「しっかりしている」　自分で考え、行動できる子に…　外観と中身は一致する?　「お受験」の意義とは〔ほか〕

事項名索引

【あ】

赤ちゃんポスト　→赤ちゃんポスト ………… 112
預かり保育　→幼稚園 ………………………… 297
アトピー　→アトピー・アレルギー ………… 96
アレルギー
　　→食物アレルギー ………………………… 80
　　→アトピー・アレルギー ………………… 96
安全管理　→園児の病気・ケガ・安全管理 · 259
家　→住環境と育児 …………………………… 83
医学　→育児の医学 …………………………… 85
育児エッセイ　→育児体験記 ………………… 40
育児への影響　→父親の育児への影響 …… 216
「育児・介護休業法」　→改正「育児・介護
　　休業法」………………………………… 204
育児学級　→育児支援 ……………………… 161
育児観　→育児観 ……………………………… 37
育児観（女性）　→女性の育児観 …………… 38
育児観（男性）　→男性の育児観 …………… 38
育児環境　→育児環境 ……………………… 140
育児休業
　　→育児休業 ……………………………… 199
　　→男性の育児休業 ……………………… 203
　　→改正「育児・介護休業法」………… 204
育児協同　→育児分担 ……………………… 212
育児語　→育児語 …………………………… 100
育児コスト　→経済問題 …………………… 141
育児サークル　→育児ネットワーク・サーク
　　ル ……………………………………… 177
育児サービス業　→育児サービス業 ……… 179
育児サポート　→育児支援 ………………… 161
育児参加　→父親の育児参加 ……………… 213
育児支援
　　→育児支援 ……………………………… 161
　　→企業の育児支援 ……………………… 210
　　→保育園・幼稚園と保護者 …………… 253
　　→地域と育児 …………………………… 303
育児支援（行政）　→育児支援（行政）…… 180
育児支援ビジネス　→育児サービス業 …… 179
育児時短制度　→育児時短制度 …………… 209

育児習俗　→習俗 ……………………………… 99
育児ストレス　→育児ストレス・トラブル · 106
育児ストレス（父親）　→父親の育児ストレ
　　ス ……………………………………… 217
育児相談　→育児相談 ……………………… 175
育児体験記　→育児体験記 …………………… 40
育児と仕事の両立　→育児と労働 ………… 193
育児トラブル　→育児ストレス・トラブル · 106
育児と労働　→育児と労働 ………………… 193
育児日記　→育児体験記 ……………………… 40
育児ネットワーク　→育児ネットワーク・サ
　　ークル ………………………………… 177
育児の医学　→育児の医学 …………………… 85
育児ノイローゼ　→育児ノイローゼ ……… 112
育児の歴史　→育児の歴史 …………………… 98
育児不安　→育児不安 ……………………… 110
育児分担　→育児分担 ……………………… 212
育児法　→育児法 ……………………………… 16
育児放棄　→育児放棄 ……………………… 112
育児問題　→育児問題 ………………………… 1
育児用品　→育児用品 ………………………… 81
育児論　→育児論 ……………………………… 11
イクメン　→父親の育児参加 ……………… 213
一時預かり　→一時保育 …………………… 290
一時保育　→一時保育 ……………………… 290
医療ネグレクト　→子ども虐待 …………… 115
医療保育　→園児の病気・ケガ・安全管理 · 259
インクルーシブ保育　→障害児保育 ……… 263
インターネット　→テレビ・ゲーム・ネット・
　　ケータイ ………………………………… 60
うつ病
　　→子どもの心 …………………………… 95
　　→育児ノイローゼ …………………… 112
SIDS　→乳幼児突然死症候群 ……………… 92
エッセイ　→育児体験記 ……………………… 40
延長保育　→延長保育・夜間保育 ………… 288
大阪二児遺棄事件　→大阪二児遺棄事件 … 139
「お受験」　→「お受験」…………………… 319
男の子　→男の子・女の子 ………………… 48
男の子育て　→父親の育児参加 …………… 213
おむつ　→おむつなし育児 ………………… 82
おむつなし育児　→おむつなし育児 ……… 82
親　→保育園・幼稚園と保護者 …………… 253

現代を知る文献ガイド 育児・保育をめぐって　321

おやこ　　　　　　　　　　　　　　　　　　　　　　　　　　　　　　　　事項名索引

親子関係　→ 育児問題 ……………………… 1
親論　→ 親論 …………………………………… 32
女の子　→ 男の子・女の子 …………………… 48

【か】

海外事情　→ 海外事情 ……………………… 102
外国の育児　→ 海外事情 …………………… 102
学童保育　→ 学童保育 ……………………… 291
学童保育(障害児)　→ 障害児保育 ………… 263
家庭教育　→ しつけ・家庭教育 ……………… 26
家庭的保育　→ 保育施設・保育サービス … 218
家庭と仕事の両立　→ 育児と労働 ………… 193
カンガルーケア　→ 未熟児・低出生体重児 … 46
環境問題　→ 環境問題と育児 ………………… 61
企業の育児支援　→ 企業の育児支援 ……… 210
岸和田中学生虐待事件　→ 岸和田中学生虐待
　事件 ………………………………………… 138
規制緩和　→ 保育所・保育園 ……………… 275
「気になる子」
　→ 障害児の育児 …………………………… 51
　→ 障害児保育 ……………………………… 263
虐待　→ 子ども虐待 ………………………… 115
虐待への対応　→ 虐待への対応 …………… 128
虐待死　→ 虐待事件 ………………………… 138
虐待児　→ 被虐待児のケア ………………… 136
虐待事件　→ 虐待事件 ……………………… 138
虐待防止　→ 虐待への対応 ………………… 128
休憩室　→ 休憩室 …………………………… 192
休日保育　→ 延長保育・夜間保育 ………… 288
給食　→ 食と育児 …………………………… 62
教育費　→ 経済問題 ………………………… 141
行政サービス　→ 育児支援(行政) ………… 180
きょうだい　→ ひとりっ子・きょうだい …… 47
居住環境　→ 住環境と育児 ………………… 83
キリスト教保育　→ 宗教と育児 …………… 100
経済問題　→ 経済問題 ……………………… 141
携帯電話　→ テレビ・ゲーム・ネット・ケー
　タイ ………………………………………… 60
ケガ
　→ 育児の医学 ……………………………… 85
　→ 園児の病気・ケガ・安全管理 ………… 259
ケータイ　→ テレビ・ゲーム・ネット・ケー
　タイ ………………………………………… 60
ゲーム　→ テレビ・ゲーム・ネット・ケータ
　イ …………………………………………… 60
健康　→ 育児の医学 ………………………… 85
健康診断　→ 育児の医学 …………………… 85
公園　→ 住環境と育児 ……………………… 83

合同保育　→ 保育園と幼稚園 ……………… 247
「こうのとりのゆりかご」　→ 赤ちゃんポス
　ト …………………………………………… 112
公立保育所廃止　→ 公立保育所民営化問題 … 286
公立保育所民営化問題　→ 公立保育所民営化
　問題 ………………………………………… 286
子殺し　→ 虐待事件 ………………………… 138
心育て　→ しつけ・家庭教育 ………………… 26
子育て意識　→ 育児観 ……………………… 37
子育て意識(女性)　→ 女性の育児観 ……… 38
子育て意識(男性)　→ 男性の育児観 ……… 38
子育て観　→ 育児観 ………………………… 37
子育て観(女性)　→ 女性の育児観 ………… 38
子育て観(男性)　→ 男性の育児観 ………… 38
子育て環境　→ 育児環境 …………………… 140
子育てグループ　→ 育児ネットワーク・サー
　クル ………………………………………… 177
子育てコスト　→ 経済問題 ………………… 141
子育てサークル　→ 育児ネットワーク・サー
　クル ………………………………………… 177
子育て支援
　→ 育児支援 ………………………………… 161
　→ 企業の育児支援 ………………………… 210
　→ 保育園・幼稚園と保護者 ……………… 253
　→ 地域と育児 ……………………………… 303
子育て支援ビジネス　→ 育児サービス業 … 179
子育て事情　→ 育児問題 …………………… 1
子育て相談　→ 育児相談 …………………… 175
子育てネットワーク　→ 育児ネットワーク・
　サークル …………………………………… 177
子育て論　→ 育児論 ………………………… 11
言葉の遅れ　→ 言葉の遅れ ………………… 59
こども園　→ 保育園と幼稚園 ……………… 247
子ども虐待　→ 子ども虐待 ………………… 115
「子ども・子育て支援法」　→「子ども・子
　育て新システム」 ………………………… 181
「子ども・子育て新システム」
　→「子ども・子育て新システム」 ……… 181
　→ 保育園と幼稚園 ………………………… 247
「子ども・子育てビジョン」　→「子ども・
　子育て新システム」 ……………………… 181
子ども手当　→ 児童手当 …………………… 145
子どもの心　→ 子どもの心 ………………… 95
子ども部屋　→ 住環境と育児 ……………… 83
粉ミルク　→ 粉ミルク ……………………… 79

【さ】

在日外国人の育児　→ 在日外国人の育児 … 102

322　現代を知る文献ガイド　育児・保育をめぐって

事項名索引　　　　　　　　　　　　　　　　　　　　　　　　　　　　　　　　にゅう

里親制度　→ 里親制度 ………………… 309
里子　→ 里親制度 ……………………… 309
産育習俗　→ 習俗 ……………………… 99
産後うつ病　→ 育児ノイローゼ ……… 112
叱り方　→ しつけ法 …………………… 31
事業所内保育所　→ 企業の育児支援 … 210
慈恵病院(熊本市)　→ 赤ちゃんポスト … 112
仕事と育児の両立　→ 育児と労働 …… 193
「次世代育成支援対策推進法」→ 育児支援
　(行政) ……………………………… 180
時短制度　→ 育児時短制度 …………… 209
しつけ　→ しつけ・家庭教育 ………… 26
しつけ法　→ しつけ法 ………………… 31
指導員　→ 学童保育 …………………… 291
児童虐待　→ 子ども虐待 ……………… 115
「児童虐待防止法」→ 虐待への対応 … 128
児童手当　→ 児童手当 ………………… 145
児童扶養手当　→ 児童手当 …………… 145
自閉症　→ 障害児の育児 ……………… 51
社会環境　→ 育児環境 ………………… 140
就学前教育　→ 早期教育 ……………… 313
住環境　→ 住環境と育児 ……………… 83
宗教と育児　→ 宗教と育児 …………… 100
習俗　→ 習俗 …………………………… 99
住宅　→ 住環境と育児 ………………… 83
就労　→ 育児と労働 …………………… 193
出生率低下問題　→ 少子化 …………… 153
障害児
　→ 障害児の育児 …………………… 51
　→ 障害児保育 ……………………… 263
小学校受験　→ 「お受験」 …………… 319
少子化　→ 少子化 ……………………… 153
少子化対策　→ 少子化 ………………… 153
小児栄養　→ 食と育児 ………………… 62
小児科　→ 育児の医学 ………………… 85
小児虐待　→ 子ども虐待 ……………… 115
食育　→ 食と育児 ……………………… 62
食生活　→ 食と育児 …………………… 62
食と育児　→ 食と育児 ………………… 62
食物アレルギー　→ 食物アレルギー … 80
助産師　→ 助産師 ……………………… 92
女性の育児観　→ 女性の育児観 ……… 38
女性労働　→ 育児と労働 ……………… 193
自立支援　→ 母子生活支援施設 ……… 191
シングルファーザー　→ 単親家庭 …… 159
シングルマザー　→ 単親家庭 ………… 159
「健やか親子21」→ 母子保健 ………… 92
ストレス
　→ 育児ストレス・トラブル ……… 106
　→ 父親の育児ストレス …………… 217
早期教育　→ 早期教育 ………………… 313

総合こども園　→ 保育園と幼稚園 …… 247
早産児　→ 未熟児・低出生体重児 …… 46
双生児　→ 多胎児育児と支援 ………… 45
育て方　→ 育児法 ……………………… 16

【た】

ダイオキシン　→ 母乳 ………………… 70
待機児童問題　→ 待機児童問題 ……… 284
体験記　→ 育児体験記 ………………… 40
代理ミュンヒハウゼン症候群　→ 子ども虐
　待 …………………………………… 115
多胎児　→ 多胎児育児と支援 ………… 45
タッチケア　→ 母子同室 ……………… 91
多文化保育　→ 保育施設・保育サービス … 218
短時間勤務　→ 育児時短制度 ………… 209
男女共同参画　→ 男女共同参画 ……… 212
単親家庭　→ 単親家庭 ………………… 159
男性の育児観　→ 男性の育児観 ……… 38
男性の育児休業　→ 男性の育児休業 … 203
男性の育児参加　→ 父親の育児参加 … 213
地域と育児　→ 地域と育児 …………… 303
父親の育児への影響　→ 父親の育児への影
　響 …………………………………… 216
父親の育児参加　→ 父親の育児参加 … 213
父親のストレス　→ 父親の育児ストレス … 217
父親論　→ 父親論 ……………………… 36
チャイルドシート　→ チャイルドシート … 82
長時間保育　→ 延長保育・夜間保育 … 288
長女　→ ひとりっ子・きょうだい …… 47
長男　→ ひとりっ子・きょうだい …… 47
低出生体重児　→ 未熟児・低出生体重児 … 46
テレビ　→ テレビ・ゲーム・ネット・ケータ
　イ …………………………………… 60
電話相談　→ 育児相談 ………………… 175
統合保育　→ 障害児保育 ……………… 263
特別支援保育　→ 障害児保育 ………… 263
突然死　→ 乳幼児突然死症候群 ……… 92
豊田芙雄　→ 幼稚園 …………………… 297
トラブル　→ 育児ストレス・トラブル … 106

【な】

24時間保育　→ 延長保育・夜間保育 … 288
日記　→ 育児体験記 …………………… 40
乳児保育　→ 乳児保育 ………………… 288

現代を知る文献ガイド 育児・保育をめぐって　323

にゅう　　　　　　　　　　　　　　　　　　　　　　　　　　　　　事項名索引

乳幼児虐待　→子ども虐待 ……………… 115
乳幼児健診　→育児の医学 ……………… 85
乳幼児突然死症候群　→乳幼児突然死症候
　群 …………………………………………… 92
認可外保育所　→保育所・保育園 ……… 275
人間関係　→母親の人間関係 …………… 114
認定こども園　→保育園と幼稚園 ……… 247
ネグレクト　→子ども虐待 ……………… 115
ネット　　→テレビ・ゲーム・ネット・ケータ
　イ …………………………………………… 60

【は】

歯　→育児の医学 ………………………… 85
働く母親　→育児と労働 ………………… 193
発達障害
　→障害児の育児 ………………………… 51
　→障害児保育 …………………………… 263
母親のストレス　→育児ストレス・トラブル
　 ……………………………………………… 106
母親の人間関係　→母親の人間関係 …… 114
母親論　→母親論 ………………………… 33
バリアフリー　→育児環境 ……………… 140
被虐待児のケア　→被虐待児のケア …… 136
ひとり親家庭　→単親家庭 ……………… 159
ひとりっ子　→ひとりっ子・きょうだい … 47
病気
　→育児の医学 …………………………… 85
　→園児の病気・ケガ・安全管理 ……… 259
病児保育　→病児保育 …………………… 290
ファミリーホーム　→里親制度 ………… 309
父子家庭　→単親家庭 …………………… 159
双子　→多胎児育児と支援 ……………… 45
仏教保育　→宗教と育児 ………………… 100
父母　→保育園・幼稚園と保護者 ……… 253
父母論　→親論 …………………………… 32
フランスの育児　→海外事情 …………… 102
フレーベル　→早期教育 ………………… 313
ペアレント・トレーニング　→障害児の育児
　 ……………………………………………… 51
ベビーカー　→育児用品 ………………… 81
ベビーシッター　→ベビーシッター …… 309
ベビーフード　→ベビーフード ………… 79
ベビー用品　→育児用品 ………………… 81
保育　→保育施設・保育サービス ……… 218
保育（障害児）　→障害児保育 ………… 263
保育園　→保育所・保育園 ……………… 275
保育園と保護者　→保育園・幼稚園と保護者
　 ……………………………………………… 253

保育園と幼稚園　→保育園と幼稚園 …… 247
保育カウンセリング　→育児相談 ……… 175
保育サービス　→保育施設・保育サービス … 218
保育士　→保育従事者 …………………… 240
保育指針　→保育所・保育園 …………… 275
保育施設　→保育施設・保育サービス … 218
保育者
　→保育従事者 …………………………… 240
　→保育従事者の労働問題 ……………… 246
保育者と保護者　→保育園・幼稚園と保護者
　 ……………………………………………… 253
保育従事者
　→保育従事者 …………………………… 240
　→保育従事者の労働問題 ……………… 246
保育所　→保育所・保育園 ……………… 275
保育所入所待ち児童　→待機児童問題 … 284
保育制度　→保育施設・保育サービス … 218
保育施策　→保育施設・保育サービス … 218
保育費　→経済問題 ……………………… 141
保育ビジネス　→育児サービス業 ……… 179
保育ママ　→ベビーシッター …………… 309
放課後保育　→学童保育 ………………… 291
放射能
　→環境問題と育児 ……………………… 61
　→母乳 …………………………………… 70
保健
　→育児の医学 …………………………… 85
　→母子保健 ……………………………… 92
保護者　→保育園・幼稚園と保護者 …… 253
保護者と保育者　→保育園・幼稚園と保護者
　 ……………………………………………… 253
母子家庭　→単親家庭 …………………… 159
母子生活支援施設　→母子生活支援施設 … 191
母子同室　→母子同室 …………………… 91
母子保健　→母子保健 …………………… 92
母性　→母性 ……………………………… 35
母乳　→母乳 ……………………………… 70
母乳育児　→母乳 ………………………… 70
ほめ方　→しつけ法 ……………………… 31

【ま】

ママ友　→母親の人間関係 ……………… 114
未熟児　→未熟児・低出生体重児 ……… 46
三つ子　→多胎児育児と支援 …………… 45
民営化　→公立保育所民営化問題 ……… 286
民間委託　→公立保育所民営化問題 …… 286
民俗　→習俗 ……………………………… 99
無認可保育所　→保育所・保育園 ……… 275

モバイル →テレビ・ゲーム・ネット・ケータイ 60
モンテッソーリ →早期教育 313

【や】

夜間保育 →延長保育・夜間保育 288
役割分担 →育児分担 212
揺さぶられっ子症候群 →子ども虐待 115
養育費 →経済問題 141
養子 →里親制度 309
幼児虐待 →子ども虐待 115
幼児教育 →早期教育 313
幼児食 →ベビーフード 79
幼稚園 →幼稚園 297
幼稚園教育 →幼稚園 297
幼稚園受験 →「お受験」 319
幼稚園と保護者 →保育園・幼稚園と保護者 253
幼保一元化 →保育園と幼稚園 247
予防接種 →予防接種 97

【ら】

離乳食 →ベビーフード 79
療育 →障害児保育 263
両親 →親論 32
両立支援 →育児と労働 193
歴史 →育児の歴史 98
労働 →育児と労働 193
労働災害 →保育従事者の労働問題 246
労働問題 →保育従事者の労働問題 246

【わ】

ワーキングマザー →育児と労働 193
ワークライフバランス →育児と労働 193

現代を知る文献ガイド 育児・保育をめぐって
— 待機児童問題から児童虐待まで

2013年3月25日　第1刷発行

発　行　者／大高利夫
編集・発行／日外アソシエーツ株式会社
　　　　　〒143-8550 東京都大田区大森北 1-23-8 第3下川ビル
　　　　　電話 (03)3763-5241(代表)　FAX(03)3764-0845
　　　　　URL http://www.nichigai.co.jp/
発　売　元／株式会社紀伊國屋書店
　　　　　〒163-8636 東京都新宿区新宿 3-17-7
　　　　　電話 (03)3354-0131(代表)
　　　　　ホールセール部(営業)　電話 (03)6910-0519

電算漢字処理／日外アソシエーツ株式会社
印刷・製本／株式会社平河工業社

不許複製・禁無断転載　　　　　　　《中性紙三菱クリームエレガ使用》
〈落丁・乱丁本はお取り替えいたします〉
ISBN978-4-8169-2403-3　　　　**Printed in Japan, 2013**

本書はディジタルデータでご利用いただくことができます。詳細はお問い合わせください。

現代を知る文献ガイド

現代社会を象徴する問題や現象に関する図書や雑誌記事・論文を紹介する文献目録シリーズ。テーマごとに様々な側面から文献を収集し、体系立てて分類。

現代を知る文献ガイド
いじめ・自殺問題
―不登校から教育改革まで
A5・300頁　定価5,985円（本体5,700円）　2013.3刊

現代を知る文献ガイド
育児・保育をめぐって
―待機児童問題から児童虐待まで
A5・300頁　定価5,985円（本体5,700円）　2013.3刊

現代を知る文献ガイド
食の安全性
―産地偽装から風評被害まで
A5・300頁　定価5,985円（本体5,700円）　2013.3刊

ノーベル賞受賞者業績事典
新訂第3版―全部門855人　　ノーベル賞人名事典編集委員会編
A5・790頁　定価8,925円（本体8,500円）　2013.1刊
1901年の創設から2012年までの、ノーベル賞各部門の全受賞者の業績を詳しく紹介した人名事典。835人、20団体の経歴・受賞理由・著作・参考文献を掲載。

日本ジャーナリズム・報道史事典
―トピックス1861-2011
A5・490頁　定価14,910円（本体14,200円）　2012.10刊
日本初の新聞が発行された1861年から、テレビがデジタル放送へ移行した2011年までのジャーナリズム・報道の歴史を、主要なトピックス4,454件で辿る年表事典。

データベースカンパニー
日外アソシエーツ　〒143-8550　東京都大田区大森北1-23-8
TEL.(03)3763-5241　FAX.(03)3764-0845　http://www.nichigai.co.jp/